Fragmentos Póstumos
1884–1885

Volume V

O GEN | Grupo Editorial Nacional reúne as editoras Guanabara Koogan, Santos, Roca, AC Farmacêutica, Forense, Método, LTC, E.P.U. e Forense Universitária, que publicam nas áreas científica, técnica e profissional.

Essas empresas, respeitadas no mercado editorial, construíram catálogos inigualáveis, com obras que têm sido decisivas na formação acadêmica e no aperfeiçoamento de várias gerações de profissionais e de estudantes de Administração, Direito, Enfermagem, Engenharia, Fisioterapia, Medicina, Odontologia, Educação Física e muitas outras ciências, tendo se tornado sinônimo de seriedade e respeito.

Nossa missão é prover o melhor conteúdo científico e distribuí-lo de maneira flexível e conveniente, a preços justos, gerando benefícios e servindo a autores, docentes, livreiros, funcionários, colaboradores e acionistas.

Nosso comportamento ético incondicional e nossa responsabilidade social e ambiental são reforçados pela natureza educacional de nossa atividade, sem comprometer o crescimento contínuo e a rentabilidade do grupo.

Friedrich Nietzsche
Fragmentos Póstumos
1884–1885

Volume V

Tradução
Marco Antônio Casanova

Rio de Janeiro

■ A EDITORA FORENSE se responsabiliza pelos vícios do produto no que concerne à sua edição, aí compreendidas a impressão e a apresentação, a fim de possibilitar ao consumidor bem manuseá-lo e lê-lo. Os vícios relacionados à atualização da obra, aos conceitos doutrinários, às concepções ideológicas e referências indevidas são de responsabilidade do autor e/ou atualizador.
As reclamações devem ser feitas até noventa dias a partir da compra e venda com nota fiscal (interpretação do art. 26 da Lei n. 8.078, de 11.09.1990).

■ Traduzido de:
Nachgelassene Fragmente 1884-1885
All rights reserved.

■ **Fragmentos Póstumos 1884-1885 (Volume V)**
ISBN 978-85-309-5897-8
Direitos exclusivos para o Brasil na língua portuguesa
Copyright © 2015 by
FORENSE UNIVERSITÁRIA um selo da EDITORA FORENSE LTDA.
Uma editora integrante do GEN | Grupo Editorial Nacional
Travessa do Ouvidor, 11 – 6º andar – 20040-040 – Rio de Janeiro – RJ
Tels.: (0XX21) 3543-0770 – Fax: (0XX21) 3543-0896
bilacpinto@grupogen.com.br | www.grupogen.com.br

■ O titular cuja obra seja fraudulentamente reproduzida, divulgada ou de qualquer forma utilizada poderá requerer a apreensão dos exemplares reproduzidos ou a suspensão da divulgação, sem prejuízo da indenização cabível (art. 102 da Lei n. 9.610, de 19.02.1998).
Quem vender, expuser à venda, ocultar, adquirir, distribuir, tiver em depósito ou utilizar obra ou fonograma reproduzidos com fraude, com a finalidade de vender, obter ganho, vantagem, proveito, lucro direto ou indireto, para si ou para outrem, será solidariamente responsável com o contrafator, nos termos dos artigos precedentes, respondendo como contrafatores o importador e o distribuidor em caso de reprodução no exterior (art. 104 da Lei n. 9.610/98).

1ª edição brasileira – 2015
Tradução: Marco Antônio Casanova

■ CIP – Brasil. Catalogação-na-fonte.
Sindicato Nacional dos Editores de Livros, RJ.

N581f

Nietzsche, Friedrich Wilhelm, 1844-1900
    Fragmentos póstumos: 1884-1885: volume V / Friedrich Nietzsche; tradução Marco Antônio Casanova. – Rio de Janeiro: Forense Universitária, 2015.
    il.

    Tradução de: Nachgelassene Fragmente 1884-1885
    ISBN 978-85-309-5897-8

    1. Filosofia alemã. I. Título.

14-15758.
    CDD: 193
    CDU: 1(43)

Índice Sistemático

Edição crítica de estudos organizada por Giorgio Colli e Mazzino Montinari	VII
[25 = WI 1. Primavera de 1884]	1
[26 = W I 2. Verão – Outono de 1884]	139
[27 = Z II 5a. Verão – Outono de 1884]	255
[28 = Poemas e fragmentos de poemas. Outono de 1884]	275
[Z II 5b]	275
[Z II 7a]	289
[Z II 6a]	293
[29 = N VI 9. Outono de 1884 – Início de 1885]	306
[30 = Z II 5, 83. Z II 7b. Z II 6b. Outono de 1884 – Início de 1885)	325
[31 = Z II 8. Inverno 1884-1885]	330
[32 = Z II 9. Inverno 1884-1885]	368
[33 = Z II 10. Inverno de 1884-1885]	387
[34 = N VII 1. Abril – Junho de 1885]	391
[35 = W I 3a. Maio – Julho de 1885]	472
[36 = W I 14. Junho – Julho de 1885]	509
[37 = W I 6a. Junho – Julho de 1885]	533
[38 = Mp XVI 1a. Mp XVI 2a. Mp XV 2b. Junho – Julho de 1885]	551
(39 = N VII 2a. Z I 2b. Agosto – Setembro de 1885]	574
[40 = W I 7a. Agosto – Setembro de 1885]	583
[41 = W I 5. Agosto – Setembro de 1885]	621
[42 = Mp XVII 2a. Agosto – Setembro de 1885]	641
[43 = Z I2c. Outono de 1885]	648
[44 = Mp XVII 2b. Outono de 1885]	653
[45 = W I 6b. Outono de 1885]	657
Posfácio	659
Os fragmentos póstumos da primavera até o outono de 1884 (Grupo 25-27)	659
Os fragmentos póstumos do outono de 1884 até o outono de 1885 (Grupos 28 – 40)	666

**Edição crítica de estudos organizada
por Giorgio Colli e Mazzino Montinari**

Observação prévia

O volume 11 da edição crítica de estudos contém a segunda parte dos fragmentos póstumos de Nietzsche do período que vai de julho de 1882 ao outono de 1885. Ele corresponde aos volumes VII/2 e VII/3 (os dois: Berlim/Nova York 1974) da edição crítica completa e encerra os fragmentos da primavera de 1884 até o outono de 1885. A observação prévia ao volume 4 sobre a constituição da obra póstuma nos faz um relato desse período como um todo.

Ao final do presente volume encontram-se traduzidos os posfácios, que Giorgio Colli escreveu para os fragmentos póstumos da primavera de 1884 até o outono de 1885 (que surgiram em 1975 e 1976 na Editora Adelphi, Milão).

Mazzino Montinari

[25 = WI 1. Primavera de 1884]

25 (1)

**O
eterno retorno**

Uma predição.

De
Friedrich Nietzsche

Primeira parte principal
"É tempo!"

25 (2)

(Nice, março de 1884)

Minhas próximas tarefas:
Moral para moralistas.
Autorredenção
O eterno retorno.
   Danças dionisíacas e cantos de festa.

25 (3)
   "O paraíso está à sombra das espadas". Oriental

25 (4)
   "Os nobres empurram francamente". A saga de Olof Haraldsson

25 (5)
   "Quem segue muito de perto a verdade em seu encalço corre o risco de quebrar um dia o pescoço" – ditado inglês.

25 (6)

O eterno retorno
Uma predição.

Primeira parte principal
"É tempo!"

Segunda parte principal
O grande meio-dia

Terceira parte principal
Os devotos

25 (7)

I.

Meus amigos, eu sou o mestre do eterno retorno. Ou seja: eu ensino que todas as coisas eternamente retornam e vocês mesmos com elas – e que vocês já estiveram aí inúmeras vezes e todas as coisas com vocês; eu ensino, que há um grande ano do devir, um ano longo e descomunal, que, no momento em que chega ao fim de seu transcurso, no momento em que tem o seu decurso total, é sempre uma vez mais virado de cabeça para baixo como uma ampulheta: de modo que todos esses anos são iguais a si mesmos, no que há de menor e no que há de maior.

E eu diria a um moribundo: "Vê, tu morres e pereces agora, desparecendo: e não há aí nada que reste de ti como um 'tu', pois as almas são tão mortais quanto os corpos. Mas as mesmas causas violentas, que te criaram dessa vez, retornarão e precisarão te criar uma vez mais: tu mesmo, poeirinha da poeira, pertence às causas, nas quais se articula o retorno *de todas* as coisas. E se tu renasceres um dia, não será para uma nova vida ou para uma vida melhor ou mesmo para uma vida semelhante, mas para uma vida igual, para a mesma vida, tal como tu agora experimentas o teu fim, no que há de menor e no que há de maior."

Essa doutrina ainda não foi ensinada sobre a Terra: a saber, sobre a Terra dessa vez e no grande ano dessa vez.

***

"*Dans le véritable amour c'est l'âme, qui envelope le corps.*"[1]

25 (8)
Os jovens de nosso tempo foram obrigados a vivenciar coisas demais: ao menos aqueles que estavam entre os poucos que ainda eram profundos o bastante para "vivências". Pois aos homens em geral falta agora essa profundidade e, para o dizer corretamente, o estômago adequado: por isso, eles também não conhecem a necessidade daquele estômago próprio que precisa "fazer frente" a toda e qualquer vivência e as maiores novidades passam por eles. Nós outros tivemos de engolir de uma vez um alimento pesado demais, plural demais, supertemperado, quando éramos jovens: e se já temos de antemão o prazer com pratos raros e inusitados em comparação com os homens de tempos mais simples, então quase só conhecemos a digestão propriamente dita, o vivenciar, o acolher, o incorporar como *aflição*.

25 (9)
Meus amigos, nós tivemos uma vida dura quando éramos jovens: nós mesmos sofremos com a juventude como se ela fosse uma pesada doença. É este o caráter do tempo em que fomos jogados – o tempo de uma decadência e de uma desagregação cada vez piores, que atuam com todas as suas fraquezas e ainda com a sua melhor força contra o espírito da juventude. A desagregação, ou seja, a incerteza é própria a esse tempo: nada se encontra em terra firme e com uma crença inflexível em si: vive-se pelo dia de amanhã, porque o depois de amanhã é duvidoso. Tudo é liso e perigoso em nossa via, e, nesse caso, o gelo que ainda nos sustenta se tornou fino demais: nós todos sentimos o ar quente e sinistro de um vento tépido – para onde vamos, logo ninguém mais *poderá* ir.

---

1 **N.T.**: Em francês no original: "No amor verdadeiro, é a alma que envolve o corpo."

Vivi solitariamente e me enrolei hábil e cordialmente no manto da solidão: isso faz parte de minha astúcia. Agora, é preciso mesmo muito ardil, para se conservar, para manter a si mesmo *em cima*. Toda tentativa de suportar estar *no* presente, de se haver *com* o presente, toda aproximação dos homens e metas de hoje, foram até aqui fracassadas para mim; e eu fiquei embasbacado com a sabedoria velada de minha natureza que, apesar de todas as tentativas como essas, sempre me traz imediatamente de volta a mim mesmo por meio da doença e da dor.

É compreensível por si mesmo que eu conheça tudo aquilo que se denomina hoje os sofrimentos do gênio: o desconhecimento, o descaso, a superficialidade de todos os graus, a suspeita, a perfídia; sei o quanto alguns pensam que estão nos fazendo um bem, quando procuram nos colocar em uma situação "mais confortável", em meio a homens ordenados e *confiáveis*; admirei o impulso inconsciente à destruição, que toda mediocridade ativou contra nós, e, em verdade, com a melhor crença em seu direito a isso. Em alguns casos por demais espantosos, experimentei um enfado em relação ao meu antigo consolo: trata-se – para falar em francês – de *la bêtise humaine*[2] – uma coisa que, no fundo, sempre me deleitou mais do que me asfixiou. Ela faz parte do grande desvario, cuja visão nos mantém, a nós, homens superiores, presos à vida. E se meu olhar não se engana: há 100 vezes mais estupidez em *toda* ação humana do que se acredita. Do mesmo modo, porém, a visão da *hipocrisia* profunda e fina, segura de si mesma, mas totalmente inconsciente, que está presente entre todos os homens bons, gordos e honestos em relação àquilo que pode vê-los, é uma coisa que encanta: e em contraposição à *bêtise humaine*, a *astúcia* inconsciente é aqui encantadora.

25 (10)
    Usar as paixões como o vapor para as máquinas. Autossuperação.

---

2 **N.T.:** Em francês no original: "a tolice humana".

25 (11)
Quando rapaz, eu fui pessimista, por mais ridículo que isso possa soar: de tudo o que conheço em termos de música soturna, algumas estrofes de música oriundas dos meus 12, 13 anos de vida estão entre o que há de mais negro e mais decisivo. Jamais encontrei até hoje em nenhum poeta ou filósofo pensamentos e palavras, que proviessem tanto do abismo do derradeiro dizer não, no qual eu mesmo por um tempo estive sentado; e mesmo no que diz respeito a Schopenhauer, não consigo me libertar da convicção de que ele, em verdade, tinha uma boa vontade grande demais em relação ao p<essimismo>, mas também um caráter inconformado muito melhor: ele não o deixou ganhar suficientemente voz graças àquela estúpida superstição acerca do gênio, que ele tinha aprendido dos românticos, e graças à sua vaidade, que o obrigou a permanecer assentado sobre uma filosofia, que provinha do tempo em que tinha 26 anos e que também *pertence demais a esse tempo* – como nós todos sabemos de modo efetivamente fundamental, não é verdade, meus amigos?

25 (12)
O quão grande é o sentimento de insegurança: é isso que se revela da melhor forma possível em meio ao encantamento com *fatos* firmes (uma espécie de "*fait-alisme*", que impera agora sobre a França) – uma espécie de loucura, que ainda não tinha existido sobre a Terra: e não apenas a ciência, mas também uma grande parte da arte atual provém *dessa* necessidade. Ela se dissimula com frequência: por exemplo, em meio à exigência de uma impessoalidade do artista – a própria obra não deve revelá-lo, mas restituí-lo, *constatá*-lo como um espelho fiel constata um fato qualquer até os mínimos detalhes: mas a necessidade mesma de tais fatos que ficam parados, por assim dizer como borboletas que se acham presas fixamente por colecionadores – é algo muito pessoal. Nos contos de fadas e nas fábulas temos o prazer oposto, o prazer de homens, que se sentem eles mesmos presos por hábitos e juízos. – Diverge daí um tatear tosco pelo *próximo* **prazer**: "o próximo" torna-se o mais importante.

25 (13)

Foram-nos permitidos, tal como nunca aconteceu ainda com nenhum outro homem, visões para todos os lados: não há em parte alguma como vislumbrar nenhum fim. Por isso, temos de antemão o sentimento de uma amplitude descomunal – mas também de um *vazio* descomunal: e a inventividade de todos os homens superiores consiste nesse século em se lançar para além desse terrível *sentimento do desértico*. O oposto desse sentimento é a *embriaguez*: na qual todo o mundo por assim dizer se compacta em nós e nós padecemos da felicidade da exuberância. Assim, então, no que concerne à invenção de meios de embriaguez, essa nossa era é a mais inventiva de todas. Nós todos conhecemos a embriaguez, como música, como um entusiasmo cego que obnubila a si mesmo e como o louvor a alguns homens e eventos, nós conhecemos a embriaguez do trágico, ou seja, a crueldade diante da visão do perecimento, sobretudo quando é o nobre que perece: nós conhecemos as formas mais modestas da embriaguez, o trabalho irreflexivo, o sacrificar-se como instrumento de uma ciência, de um partido político ou de um partido voltado para o lucro; um fanatismo estúpido qualquer, um girar qualquer inevitável em mínimos círculos em torno de si já possui forças embriagantes. Também há uma certa modéstia que excentricamente vem a ser e que torna possível experimentar uma vez mais prazerosamente o sentimento do próprio vazio: sim, um gozo com o vazio eterno de todas as coisas, uma mística da crença no nada e um sacrificar-se por essa crença. E que olhos não criamos para nós como homens do conhecimento para todos os pequenos deleites do conhecimento! Como registramos e conduzimos por assim dizer um livro caixa sobre os nossos *pequenos* deleites, como se pudéssemos alcançar com a *soma* dos muitos deleites pequenos um contrapeso em relação àquele vazio, um preenchimento daquele vazio –: como nos iludimos com essa astúcia adicional!

25 (14)

Há homens, que se convencem com gestos sublimes, mas que se tornam desconfiados com razões.

25 (15)
Nunca consegui levar muito tempo a sério inimizades. No instante, com efeito, sobretudo sob a pressão de um céu encoberto, poderia facilmente matar alguém – já me espantei algumas vezes por não o ter feito. Mas logo, logo rio uma vez mais, de tal modo que um inimigo nunca tem muito o que remediar em mim. Além disso, estou em última instância convencido de que tenho mais a agradecer aos meus sentimentos hostilmente despertos do que aos sentimentos amistosos.

25 (16)
O pessimismo europeu ainda se acha em seus primórdios: ele ainda não tem aquela rigidez nostálgica descomunal do olhar, na qual o nada se reflete, tal como ele a possuiu um dia na Índia. Há ainda muita coisa feita que "não veio a ser" aí, muito pessimismo de poetas e eruditos: acho que boa parte disso é acrescentada pelo pensamento e por invenção, é "criada", mas não é *causa*, foi feita, mas não "veio a ser".

Houve tempos mais pensantes e mais consumidos pelo pensar do que o nosso: tempos tais como, por exemplo, aquele no qual Buda surgiu, no qual o próprio povo, depois de séculos de velhas querelas entre seitas, se viu tão profundamente perdido nos fossos das opiniões doutrinárias filosóficas quanto os povos europeus se viram por vezes presos em finezas do dogma religioso. Com certeza, o que menos nos seduzirá a pensar de maneira grandiosa o "espírito" de nosso tempo será a "literatura" e os jornais: os milhões de espíritas e um Cristianismo com exercícios de ginástica de uma feiura horripilante, que caracteriza todas as invenções inglesas, demonstram em relação a tudo isso pontos de vista melhores – um testemunho contra si mesmo.

25 (17)
Depois que a melhor época grega passou, surgiram os filósofos morais: nomeadamente a partir de Sócrates, todos os filósofos gregos são em primeiro lugar e no seu mais profundo fundamento filósofos morais. Ou seja: eles buscam a felicidade

– terrível que eles a tenham precisado buscar! Filosofia: isso é a partir de Sócrates aquela forma maximamente elevada da astúcia, que não se engana com a felicidade pessoal. Será que eles tiveram realmente muito de tal felicidade? Quando penso que o deus de Platão é sem prazer e dor e que o mais elevado sábio se aproxima dele, vejo um juízo pessoal: Platão experimentava a plena indiferença como a sua maior boa ação: foi só muito raramente, contudo, que ela lhe coube realmente! Aristóteles imaginou o seu deus como conhecendo de maneira pura, sem todo e qualquer sentimento de amor: e ele mesmo teve certamente com isso os seus melhores instantes, ao desfrutar de maneira fria e clara (e alegre) a vertigem voluptuosa das mais elevadas universalidades. Sentir o mundo como sistema e esse sistema como o ápice da felicidade humana: como se revela aí a cabeça esquemática! E Epicuro: o quanto ele não se deliciou quando a dor *cessou*? – essa é a felicidade de um sofredor e, com certeza, também de um doente.

25 (18)
Os criminosos na prisão dormem bem; sem nenhum remorso. Mendacidade. Em mulheres, crises nervosas to *"break out"* (gritar, xingar, amaldiçoar, destruir tudo).

25 (19)
Em uma sociedade civilizada, muitos homens quase selvagens (fortes e *saudáveis* caçadores, pescadores, juntamente com muitas crianças ilegítimas) transformam-se em criminosos; e isso justamente porque lhes falta trabalho e porque eles acabam presos a más companhias. Seus filhos principalmente constituem um contingente; ligados a pessoas do *tipo* criminoso. Rápida degradação.

25 (20)
Sinto com frequência "compaixão", onde não se faz presente nenhuma paixão, mas onde vejo uma dissipação e um ficar aquém *daquilo que alguém teria podido se tornar.* Assim, por exemplo, acontece em relação a Lutero. Que força é dissipada com que tipo de problemas!

25 (21)
Teria podido escrever um bom capítulo sobre a *pluralidade de caráteres*, que se escondem em cada um de nós: e deve-se tentar deixar alguns aparecerem, isto é, um *grupo copertinente* de propriedades a *serem favorecidas* vez por outra por meio de circunstâncias, regiões, estudos, decisões astutamente ordenados, de tal modo que elas se apoderem de todas as forças existentes. Outras propriedades não são alimentadas aí ou não são senão pouco alimentadas, ficando para trás: *a elas* podemos dar vazão mais tarde.

25 (22)
Um bom capítulo "A crítica aos pais, mestres, à pátria, à terra natal" – como início da libertação, de saída a dúvida.

25 (23)
"Sobre a força da vontade", os meios para fortalecê-la e enfraquecê-la.

25 (24)
"Sobre a dissipação de nossas paixões" e como nós nos habituamos facilmente com uma espécie *precária* de sua satisfação.

O ascetismo como meio para *concentrar e represar* nossas inclinações.

Balzac e Stendhal aconselham a todos os homens produtivos a castidade.

Com vistas àquilo de que homens produtivos necessitam acima de tudo e em primeiro lugar, a fim de não sofrerem com os vermes do espírito – colocar ovos, cacarejar e chocar ovos com uma graça *in infi\<nitum\>*, para falar por imagens.

25 (25)
Sobre o clima de Gênova, Michelet nos diz que ele é *"admirable pour tremper les forts"*. *Gênes est bien la patrie des après génies nés pour dompter l'océan et dominer les*

tempêtes. Sur mer, sur terre que d'hommes aventureux et de sage audace![3]

25 (26)
Balzac sobre W. Scott. Em 1838, depois de 12 anos de conhecimento: Kenilworth com vistas ao *plano* da obra capital ("o maior, o mais completo, o mais extraordinário de todos"): *"les eaux de St. Ronan* a obra capital e a obra de mestre *comme détail et patience du fini. Les Chroniques de la Canongate comme sentiment.* Ivanhoe *(le premier volume s'entend) comme chef-d'œuvre historique. L'Antiquaire comme poésie. La prison d'Edimbourg, comme intérêt. – 'Auprès de lui, lord Byron n'est rien ou presque rien'. – 'Scott grandira encore, quand Byron sera oublié'. – 'Le cerveau de Byron n'a jamais eu d'autre empreinte que celle de sa personnalité, tandis que le monde entier a posé devant le génie créateur de Scott et s'y est miré pour ainsi dire'"*.[4]

25 (27)
"*Je comprends, comment* la continence absolue de *Pascal et ses immenses travaux l'ont amené à voir sans cesse un abîme à ses côté<s>*" –[5]

---

3   **N.T.**: Em francês no original: "'admirável por temperar os fortes'. Gênova é mesmo a pátria dos gênios rudes, nascidos para subjugar o oceano e dominar as tempestades. Sobre o mar, sobre a terra apenas de homens aventureiros e de sábia audácia!".
4   **N.T.**: Em francês no original: "as águas de St. Ronan a obra capital e a obra de mestre como detalhe e paciência com o finito. As crônicas da Canongate como sentimento. *Ivanhoé* (o primeiro volume é compreensível) como carro chefe histórico. O antiquário como poesia. A prisão de Edimburgo, como interesse. – 'Ao seu lado, lorde Byron não é nada ou quase nada'. – 'Scott ainda crescerá, quando Byron for esquecido'. – 'O cérebro de Byron nunca teve outra marca senão a da sua personalidade, enquanto o mundo inteiro se colocou diante do gênio criador de Scott e se viu aí, por assim dizer'".
5   **N.T.**: Em francês no original: "Eu entendo como a *continência absoluta* de Pascal e seus imensos trabalhos o levaram incessantemente a ver um abismo ao seu lado."

25 (28)
Notice biographique sur Louis Lambert: "uma obra, na qual quis lutar com Goethe e com Byron, com Fausto e Manfredo". "Il jettera peut-être, un jour ou l'autre, la science dans des vois nouvelles."[6]

25 (29)
Sobre Stendhal, "un des esprits les plus remarquables de ce temps".[7] "Ele se preocupou pouco demais com a *forma*", "ele escreve como os pássaros cantam", "notre langue est una sorte de madame Honesta, qui ne trouve rien de bien que ce qui est irréprochable, ciselé, leché".[8] La Chartreuse de Parme, um livro maravilhoso, "le livre des esprits distingués".[9]

25 (30)
"je n'ai pas de continuité dans le vouloir. Je fais des plans, je conçois des livres et, quand il faut exécuter, tout s'échappe".[10]

25 (31)
No que concerne à Chartr<euse>, "eu seria incapaz de criá-la. Je fais une fresque et vous avez fait des statues italiennes".[11] "Tudo é original e novo." Belo como *l'italien*, e se Maquiavel tivesse escrito um romance em nossos dias, então esse livro seria

---

6   **N.T.**: Em francês no original: "Ele talvez lance, um dia ou outro, a ciência para o interior de novas vias."
7   **N.T.**: Em francês no original: "um dos espíritos mais notáveis desse tempo".
8   **N.T.**: Em francês no original: "nossa língua é uma espécie de senhora Honesta, que não encontra nada de bom senão aquilo que é irrepreensível, ilibado, polido".
9   **N.T.**: Em francês no original: "o livro dos espíritos distintos".
10 **N.T.**: Em francês no original: "eu não tenho continuidade no querer. Eu faço planos, eu concebo livros e, quando é preciso realizá-los, tudo me escapa".
11 **N.T.**: Em francês no original: "eu faço um afresco e vós criais a partir daí estátuas italianas".

a *Chatreuse*. "Completamente claro." "*Vous avez expliqué l'âme de l'Italie.*"[12]

25 (32)
É preciso ler o romance de Custine: *Etel*. Seus romances pertencem mais à literatura *idée* do que à literatura *imagée*: ou seja, ao século XVIII por meio da observação *à la Chamfort et à l'esprit de Rivarol par la petite phrase coupée*.[13]
Scribe conhece o *métier*, mas ele não conhece a arte. Ele tem talento, mas não tem nenhum gênio dramático; falta-lhe completamente o estilo.

25 (33)
Solidão, jejum e abstinência sexual – forma típica da qual surgiu a neurose religiosa. Volúpia suprema e castidade extrema em alternância. Consideração estranha em relação a *si*: como se elas fossem vidro ou duas pessoas.

25 (34)
Balzac "desprezo profundo pelas massas". "Há vocações às quais é preciso obedecer: alguma coisa irresistível me atrai para a fama e para o poder." 1832.
"*mes deux seuls et immenses désirs*, être célèbre et être aimé".[14]

25 (35)
Caso se quisesse *saúde*, então se suprimiria o gênio. Assim como o homem religioso. Caso se quisesse moralidade, **da mesma forma**: eliminação do gênio.

---

12 **N.T.**: Em francês no original: "Vós explicastes a alma da Itália."
13 **N.T.**: Em francês no original: "*à la Chamfort* e ao espírito de Rivarol pela frase curta cortada".
14 **N.T.**: Em francês no original: "meus dois únicos desejos, ser famoso e ser amado".

A doença.
O crime.
O vício.
A mentira.

       e sua missão cultural.

25 (36)
 Antes de precisarmos pensar na ação, é preciso que um trabalho infinito tenha sido feito. Na questão principal, porém, o *aproveitamento astuto* da situação dada é com certeza a melhor e mais aconselhável atividade. A *criação* real e efetiva de tais condições, tal como o acaso as criou, pressupõe *homens de ferro*, que ainda não ganharam a vida. De saída, *impor e realizar efetivamente* o ideal pessoal!
 Quem **concebeu** a natureza do homem, *o surgimento de seu elemento mais elevado, treme diante do homem e foge de todo agir*: consequência das avaliações herdadas!!
 O fato de a natureza do homem ser *má* é meu consolo: ele garante a *força*!

25 (37)
 Incompreensão do animal de rapina: *muito saudável* como César Bórgia! As propriedades do cão de caça.

25 (38)
 O decréscimo de *espírito* nesse século. A moda das pantufas dos eruditos ingleses. Maquiavel tem a clareza da Antiguidade. O *esprit* francês é uma espécie de *rococó* do espírito – mas, de qualquer modo, um *véritable goût*!
 Goethe entediante e "ondulatório".
 Os eruditos ingleses cultuam o gênio dos jornais e sua profunda mediocridade.

25 (39)
 Relação entre a mediocridade e a virtude – Aristóteles experimentou como agradável *o estado de fato fatal*!

25 (40)
Platão – o elemento não grego nele, o desprezo pelo corpo, pela beleza etc. Trata-se de um estágio prévio da Idade Média – Jesuitismo da educação e despotismo. Ele é caracterizado por meio de seu deus "indiferente" –: prazer e desprazer já são constrangedores para ele. Evidentemente, ele jejuava e vivia de maneira abstinente.

25 (41)
Encontrei o estado de minha juventude muito bem descrito em De Custine, *Mémoires et voyages*. Ele tinha 18 anos (1811).
"*Je n'aspire qu'à des affections puissantes et sérieuses*", p. 25.[15]

25 (42)
"*Ce n'est pas par vanité, que le génie veut des encouragements, c'est par modestie, par défience de lui-même.*"[16] De Custine

25 (43)
"*L'homme de génie pressent, l'homme de talent raconte: mais nul ne se sent et n'exprime dans le même moment. Le vrai malheureux ne peut que se taire: son silence est l'effet et la preuve même de son infortune.*"[17] De Custine

---

[15] **N.T.**: Em francês no original: "eu não aspiro senão às afecções potentes e sérias".
[16] **N.T.**: Em francês no original: "Não é por vaidade que o gênio quer encorajamentos, mas por modéstia, por desconfiança de si mesmo."
[17] **N.T.**: Em francês no original: "O homem de gênio pressente, o homem de talento conta: mas nenhum deles sente e se exprime no mesmo momento. O verdadeiro infeliz não tem como se esconder: seu silêncio é o efeito e a prova mesma de seu infortúnio."

25 (44)
"*Tant d'intérêts à ménager, tant de mensonges a écouter avec cet air de dupe, première condition de la politesse sociale, fatiguent mon esprit sans l'occuper.*"[18] De Custine

26 (45)
Madame de Lambert disse para o seu filho: "*mon ami, ne vous permettez jamais que les folies, que vous feront grand plaisir*".
"*un crime, quand on y est poussé par une puissance qui vous paraît irrésistible, trouble moins la conscience qu'une faiblesse volontaire et vaniteuse*".[19] De Custine

26 (46)
Madame de Boufflers: "*il n'y a de parfaits que le gens qu'on ne connaît pas*".[20]

26 (47)
Precisamente a vitalidade de sua imaginação torna compreensível a dificuldade que ele encontra em agir. Ele chegou a uma tal altitude do pensamento que, para ele, a vida intelectual está cindida da vida ativa por um abismo. *Ele* (Werner) *est l'Allemagne personnifiée* (1811).[21]

---

18 **N.T.**: Em francês no original: "Tantos interesses com os quais lidar, tantas mentiras para escutar com esse ar de tonto, primeira condição da polidez social, enfadam meu espírito sem ocupá-lo."
19 **N.T.**: Em francês no original: "meu amigo, não admita senão as loucuras que lhe derem grande prazer". "um crime, quando somos levados a ele por uma potência que nos parece irresistível, perturba menos a consciência do que uma fraqueza voluntária e vã".
20 **N.T.**: Em francês no original: "perfeitos são apenas os homens que não conhecemos".
21 **N.T.**: Em francês no original: "a Alemanha personificada".

25 (48)
"Nascido em um período cuja obra-prima é *René* – preciso me libertar da tirania involuntária, que ele exerce sobre mim": De Custine 1811. A influência de Chateaubriand.

25 (49)
"A inquietude do espírito é insaciável como o vício." De Custine

25 (50)
A desvantagem do viajante (assim como do cosmopolitismo do *erudito*) está bem descrita em *De Custine*, I, p. 332-333. Sem a aprovação e a vigilância, ele busca um apoio no desprezo dos homens. Seus estudos superficiais mostram-lhe aquilo que está na superfície: erros e ridículos. Na medida em que ele foi envelhecendo, ele foi se tornando incapaz de deixar germinar inclinações profundas.

25 (51)
A Antiguidade já tinha aquela pequena dose de Cristianismo em si, que é boa para o florescimento das artes. O catolicismo, porém, foi uma brutalização bárbara desse elemento: transformar um Platão em um patriarca da Igreja!

25 (52)
"*noblesse tragique, cette dignité, égalité de style, nos gestes peu naturels, notre chant ampoulé*"[22] – aparecendo na Inglaterra como afetação. O francês experimenta o teatro inglês como ignóbil.

"Em Shakespeare impera o sentido do verdadeiro sobre o sentido <do> belo. Seu estilo, vez por outra sublime, está abaixo de suas concepções, raramente ele se liberta dos erros de

---

22 **N.T.:** Em francês no original: "nobreza trágica, essa dignidade, igualdade de estilo, nossos gestos pouco naturais, nosso canto empolado".

seu século: *les concetti, la recherche, la trivialité, l'abondance des paroles.*"²³

25 (53)
A força atraente de coisas terríveis (aniquiladoras): a vertigem de se precipitar nos abismos do futuro –

25 (54)
quelque philosophe morose finira peut-être par oser dire de la liberté moderne, qu'elle consiste dans la double faculté de mentir aux autres et de se mentir à soi-même (1822).²⁴

25 (55)
Sobre Walter Scott: ele conhece melhor a obra de um "*Décorateur* do que a obra de um pintor". Ele pinta aquilo que se oferece aos olhares: a análise dos sentimentos *échappe à cette plume, qui n'est jamais qu'un pinceau*.²⁵ – Sua poesia não é *l'expression immédiate de ce qui se passe dans son âme*,²⁶ ele não escapa ao estilo, porque *il ne prend pas lui-même assez de part à ce qu'il dit*.²⁷ "*Aparência* da verdade." Desejam-se traços sublimes, onde a alma se desentranha com uma palavra. Ele é o Rossini *de la littérature* – ele *não* escolhe com *gosto suficiente* as particularidades, que são as mais notáveis. Falta aos seus quadros a perspectiva – há objetos *demais* no primeiro plano, *parce qu'il ne sait pas prendre un partie pour la lumière*.²⁸ Trata-se de

---

23 **N.T.**: Em francês no original: "os conceitos, a pesquisa, a trivialidade, a abundância de palavras".
24 **N.T.**: Em francês no original: "qualquer filósofo moroso acabará talvez ousando dizer sobre a *liberdade moderna*, que ela consiste na dupla faculdade de mentir aos outros e de mentir para si mesmo".
25 **N.T.**: Em francês no original: "escapa a essa pena, que não é jamais senão um pincel".
26 **N.T.**: Em francês no original: "a expressão imediata daquilo que acontece em sua alma".
27 **N.T.**: Em francês no original: "ele não toma suficientemente parte naquilo que ele diz".
28 **N.T.**: Em francês no original: "porque ele não sabe tomar partido pela luz".

possessões – não de uma *ação*, para a qual o artista dá a todos aqueles que observam o único *point de vue* correto. No lugar do gênio, instinto histór<ico>. Por meio de seu talento para criar ilusão, ele se torna o autor mais popular do *temps peu consciencieux où nous vivons*.[29] Seu mérito, uma revolução: ele resolveu melhor do que qualquer um antes dele o problema do *romance hist<órico>*. *"pour avoir su ramener, si <ce> n'est le sentiment, au moins la* **mode** *du vrai dans le siècle du faux"*.[30]

25 (56)
"A razão age como todos os escravos: ela despreza os senhores que amam a paz e serve a um tirano. Em meio à luta contra paixões violentas, ela nos deixa na mão; ela só nos defende contra pequenas afecções."

25 (57)
Sobre a escravidão moderna *De Custine*, II, p. 291.

25 (58)
Para a santificação dominical: *on a rendu le délassement si pénible, qu'il fait aimer la fatigue*[31] – – – – – – "eles voltam para as suas casas, completamente felizes por pensarem que amanhã o trabalho começa de novo".

25 (59)
Os grandes atores ingleses como *Kean* têm a mais elevada simplicidade dos gestos e o talento raro para imitar com verdade os afetos mais violentos em seu nível mais elevado.

---

29 **N.T.**: Em francês no original: "tempo pouco consciente em que vivemos".
30 **N.T.**: Fm francês no original: "por ter sabido trazer consigo, se não o sentimento, *ao menos* a **moda** *do verdadeiro no interior do século do falso*".
31 **N.T.**: Em francês no original: "transformou-se o relaxamento em algo tão sofrível, que ele faz com que amemos a fatiga".

Kean também tinha simplicidade na declamação: em oposição à escola de *Kemble*, que tinha introduzido *un chant ampoulé très peut favorable aux grands effets tragiques*.[32] "Surpreender a natureza no ato, em estados onde ela é mais difícil de ser observada" – seu talento.

25 (60)
"O coração dos franceses no teatro enrijece-se quando se procura *tocá-lo por demais*. Ele ama *aperfeiçoar* as ideias de um autor: na Inglaterra, *teme-se* ter de *aconselhar* algo."

25 (61)
"A poesia como uma espécie de reação do ideal contra *le positif*: quanto mais a alma é pressionada, de tanto mais força ela precisa em seu *élan vers l'idéal*. O espírito revolucionário essencialmente antipoético: pois a poesia quer se *vingar* da realidade efetiva, e, para tanto, é necessária uma base sólida, *contra* a qual ela combate. O espírito conservador é, nessa medida, favorável para o desenvolvimento do gênio: a fantasia voa aí em frente: poesia e crença só são o pressentimento de um *mundo melhor.*" C<ustine>. Para a explicação de Byron em uma nação calculadora.

25 (62)
O *pedantismo* inato dos ingleses leva tudo ao *extremo*: o amor à ordem transforma-se em minúcia; *le goût pour l'élégance puérilité*[33] ("infantilismo"), a necessidade de conforto torna-se egoísmo, o orgulho, preconceito em relação ao próximo, a atividade, rivalidade etc.

---

32 **N.T.:** Em francês no original: "um canto empolado muito pouco favorável aos grandes efeitos trágicos".
33 **N.T.:** Em francês no original: "o gosto pela elegância, puerilidade".

25 (63)

Le comfort no interior, *la "fashion* fora – os inimigos mortais da felicidade e da calma dos ingleses. A *necessidade da moda é apenas a necessidade de ser invejado* ou *admirado".*

25 (64)

A maldição, que condena o homem ao trabalho, está escrita em sua fronte. *"Les Anglais sont des galériens opulents."*[34]

25 (65)

Nenhum gosto: o resultado de uma grande inteligência, que não está ligada a um *esprit* mesquinho e que é tenaz na inovação. *L'esprit de détail, l'attention aux petites choses produit le soin,*[35] mas "nem o que há de grandioso, nem o que há de belo nas artes".

25 (66)

L'esprit frondeur[36] assumido como elemento na constituição – isso leva ao paradoxo. *"Não se avalia as coisas como elas são em si, mas segundo suas ligações com o poder dominante".*

25 (67)

Os povos críticos julgam *pior* sobre os homens e as coisas: sua *présumption* é a causa.

25 (68)

"As opiniões mudam aí constantemente e *prompt par pour esprit de* parti.[37] Por ódio a um ministério chamar o branco de negro é mais fatídico para a moral do que uma *soumission* levada adiante.

---

34 **N.T.:** Em francês no original: "Os ingleses são homens condenados às galés opulentos."
35 **N.T.:** Em francês no original: "O espírito do detalhe, a atenção às pequenas coisas produz o cuidado".
36 **N.T.:** Em francês no original: "O espírito crítico".
37 **N.T.:** Em francês no original: "e prontamente por puro espírito partidário".

O obediente nos deixa, levado mais além, a abdicar dos nossos direitos: *l'esprit de revolte* nos deixa sacrificar nossos deveres."

25 (69)
"Os hábitos regulares, os sentimentos romanescos."

25 (70)
N.B. O aumento excessivo da postura *escrava* na Europa: o grande levante dos escravos. (ego)
O escravo no regimento.
A desconfiança em relação a toda *noblesse* do sentimento, domínio dos carecimentos mais toscos. A mendacidade moral.
A incompreensão dos escravos em relação à cultura e ao belo. Moda, imprensa, *suffrage universel, faits* – ele inventa formas sempre novas do carecimento escravo.
O homem *inferior* se indignando, por exemplo, Lutero em relação aos *sancti*.
A submissão aos *facta*, como ciência dos escravos.

25 (71)
O *emburrecimento* e a vulgarização crescentes da Europa.
Os sucessores do nobre *l'homme supérieur* cada vez mais hostilizados.
A cultura moral dos espanhóis e franceses em conexão com o jesuitismo. Esse é incompreendido.
A falta de toda prática moral; sentimentos ao invés de princípios.

25 (72)
"*il souffre, il succombe au lieu de combattre et de vaincre*.[38]
O que se deve fazer com um sentimento contra uma paixão!

---

38 **N.T.**: Em francês no original: "ele sofre, ele sucumbe ao invés de combater e de vencer".

L'attaque et la défense viendraient de la même source![39] Se o inimigo está no coração, então autoridade, hábito, então obediência, humilhação, regra, disciplina, lei, exercícios, mesmo aparentemente pueris, então um outro em relação a nós, um padre, um confessor, cuja voz silencia a nossa: é disso que se necessita, para nos salvar de nós mesmos." C<ustine>. "Quando se *ensandece*, não é suficiente para não se matar que se tenha *sonhado* ser um filósofo cristão: como o é a maioria dos protestantes, que pensam."

25 (73)
Portanto, é necessário: *uma espécie de educador e de salvador*, mesmos sítios de refúgio fora do mundo habitual, uma vida dura, muitas invenções da ascese para o autocontrole. Proteção diante da vulgaridade dos escravos e do farisaísmo.

25 (74)
Ápice da *probidade*: Maquiavel, o jesuitismo, Montaigne, La Rochefoucauld.
Os alemães como recaída na mendacidade moral.

25 (75)
"As naturezas vulgares iludem-se quanto às nobres: elas não desvendam os seus motivos!"

25 (76)
"A capacidade de esquecer de nós mesmos, a entrega, o autossacrifício – todo o mérito de dons tão raros se perde para aquele que não sabe se fazer amado, quando ele ama. Essas almas apaixonadas tornam-se, então, *ingratas*: elas se nutrem de sua civilização, para amaldiçoá-la. Onde é que elas podem viver, afinal, se não nas florestas e não no mundo!"

---

39 **N.T.:** Em francês no original: "O ataque e a defesa viriam da mesma fonte!"

25 (77)
"Onde estão os caráteres mais completos em nosso mundo? A representação da virtude em livros morais falsificou todos os espíritos, enrijeceu todos os corações, que só são tocados de uma maneira."
"*Il ne faudra pas moins d'une ère toute entière de cynisme littéraire, pour nous débarrasser des habitudes d'hypocrisie.*"[40]

25 (78)
"Glória ao forte, que é louvado por nosso tempo como o chefe da escola romântica" – Victor Hugo, 1835.

25 (79)
"*L'amour exalté de la vérité est la misanthropie des bons coeurs.*"[41]

25 (80)
Nós saímos da época da hipocrisia religiosa e passamos para o tempo da hipocrisia moral. "Uma das boas ações do *représenta<tif> gouvernem<ent>* é exatamente isso: obrigar os ambiciosos a colocar a máscara da moral e da humanidade. Mas por que é, afinal, que eles se entusiasmam tanto com a espiritualidade que, enquanto se mostrou dominante, apoiou a civilização com meios completamente semelhantes? – Não se deve censurar aos padres a sua ambição, mas o seu *querer sem poder*. Eles enganam-se em relação ao tempo: por isso, eles causam danos."
No mundo não *há* de modo algum bem e mal: esses estão sempre *à part*. As virtudes do além-do-homem são *insociables*, assim como os grandes crimes. Mas há em todas as sociedades espíritos atrasados e "avançados". Eles possuem a mesma paixão: mas os primeiros servem-se das palavras, a fim de se

---
40 **N.T.:** Em francês no original: "Não seria necessária menos do que uma era toda de cinismo literário para nos livrar dos hábitos hipócritas."
41 **N.T,:** Em francês no original: "O amor exaltado da verdade é a misantropia do bom coração."

iludirem quanto aos seus propósitos políticos, das palavras cujo vazio o mundo já conhece: e os outros falam, para os mesmos fins, uma língua que ainda *engana* a massa: ela não tem a chave para essas palavras.

Essa é a diferença entre os medianos e os espíritos mais elevados: esses últimos compreendem no fundo a linguagem de seu tempo: os primeiros observam a mentira apenas na linguagem de seus avós. Se está esclarecido sobre a "salvação eterna", o "inferno", o "paraíso", a *charité*; nossos netos serão esclarecidos quanto à filantropia, a *liberté*, os *privilégés*, o *progrès*.

"Os reformadores de uma época são os conservadores de uma outra. O mesmo *génie* pode ser considerado *comme créateur* ou *comme radoteur.*"⁴²

25 (81)
"O verdadeiro não é nunca verossímil."

25 (82)
"O *luxe* só deveria ser permitido onde os pobres têm bom humor": ele estraga aqueles que o invejam.

25 (83)
"– *les apôtres modernes, les auteurs philosophes, mentent plus que les prêtres qu'ils ont détrônés sans les remplacer*".⁴³

25 (84)
Esse é o tempo da *mendacidade*: os bens morais são aquilo que é pendurado. As pessoas resistem a La Rochefoucauld e ao Cristianismo –: o grande levante dos escravos.

O que precisa ser constatado: o homem é mau – é o mais terrível animal de rapina, em termos de dissimulação e de crueldade.

---

42 **N.T.:** Em francês no original: "como criador ou como rabugento".
43 **N.T.:** Em francês no original: "os apóstolos modernos, os autores filosóficos, mentem mais do que os pais que eles destronaram, *sem substituí-los*".

O que precisa ser constatado: *o fato de ele* ainda *ser mau encerra em si a esperança*. Pois o bom homem é a caricatura, que enoja: ele sempre se antecipa ao fim.

25 (85)
O emburrecimento, também na ciência. A falta de petições na veneração de Darwin. A modéstia na política etc.

25 (86)
Tendência do drama segundo Schopenhauer, II, p. 495: "O que dá a tudo o que é trágico o impulso peculiar para a elevação é o despontar do reconhecimento de que o mundo, a vida, não pode oferecer nenhuma verdadeira satisfação, e, ao mesmo tempo, de que nosso apego não teria nenhum valor: nisso consiste o espírito trágico: ele conduz, por conseguinte, à *resignação*." – Ó, de que maneira diversa Dioniso não fala *comigo*! – Schopenhauer: "porque os antigos ainda não tinham alcançado o ápice e a meta do drama, sim, da visão da vida em geral".

25 (87)
Grandes poetas têm *muitas* pessoas em si: alguns apenas *uma*, mas uma *grande*! –

25 (88)
O temor – escravo
O mínimo dispêndio de espírito
(imitação)
A indiferença e o ódio em relação
ao raro.
A feiura. A confusão dos estilos.
A irrupção da necessidade da mentira –
(epidemia)

Era
Da
Mendacidade

25 (89)
O essencial nos artistas e no gênio: o ator. Nenhum homem possui ao mesmo tempo expressão e sentimento; palavras

e realidade efetiva. O profundo *égoisme* sob a linguagem da *sensibilité*.

25 (90)
"Falta de delicadeza na escolha dos meios do sucesso, abuso da inventividade, ódio àquilo que está presente, indiferença em relação àquilo que será – algo comum aos escritores franceses dos últimos 100 anos (1835). Elogiar o retorno à vida com uma pena, da qual se espera fama e felicidade no mundo social – é uma ingratidão e uma infantilidade."

25 (91)
"*L'effet ordinaire du désespoir est de rendre l'énergie à ceux, qui sont témoins de cette maladie morale.*"[44]

25 (92)
"as mulheres, cada vez menos civilizadas do que os homens: selvagens no fundo da alma; elas vivem na cidade como os gatos em casa, sempre prontas para saltar em direção à porta ou à janela e retornar para o seu elemento".

25 (93)
O moral, isto é, os afetos – como idênticos ao orgânico, o intelecto como "estômago dos afetos".

25 (94)
A *identidade* na essência do *conquistador*, do *legislador* e do *artista* – o *formar-se inserindo-se* na matéria-prima, força suprema da vontade, outrora se sentindo como um "instrumento de Deus", aparecendo para si mesmos de maneira completamente irresistível. Forma mais elevada do impulso à procriação e, *ao mesmo tempo*, das forças maternas. **A transformação do mundo**, *a fim de poder se manter nele* – é o elemento impulsio-

---

44 **N.T.:** Em francês no original: "O efeito ordinário do desespero é dar energia àqueles que são testemunhas dessa doença moral."

nador: consequentemente como pressuposição há um sentimento descomunal de *contradição*. Junto aos artistas, já é suficiente lidar com *imagens* e figurações disso, por exemplo, Homero entre os "desprezíveis mortais". O "estar livre de interesses e o ego" são um disparate e uma observação inexata: trata-se muito mais de um encanto estar agora em *nosso* mundo, estar livre da angústia diante do alheio!

25 (95)
Coloquei o conhecimento diante de imagens tão terríveis, que toda e qualquer "satisfação epicurista" se mostra aí impossível. Só o prazer dionisíaco *é suficiente* – **fui o primeiro a descobrir o trágico**. Junto aos gregos, ele foi mal compreendido, graças à sua superficialidade moral. A resignação também *não* é uma doutrina da tragédia! – mas uma incompreensão dela! Nostalgia do nada é *negação* da sabedoria trágica, sua oposição!

25 (96)
Meus pressupostos:
1) nenhuma "causa" final. Mesmo nas ações humanas, o intuito não explica *de maneira alguma* o fazer.
2) o "intuito" não toca na essência da ação, *consequentemente* o juízo *moral* das ações segundo as *intenções* é **falso**.
3) "Alma" como pluralidade de afetos, com um intelecto, com limites incertos.
4) a explicação mecânica do mundo tem de explicar tudo, mesmo a vida orgânica, *sem* prazer, desprazer, pensamento etc.: ou seja, não há nenhum "átomo animado"! – ela tornar *intuitivo* para os olhos todo acontecimento. "Calculabilidade" para fins práticos é o que ela quer! –
5) Não há de maneira alguma ações altruístas!

25 (97)
A questão acerca do nosso "bem-estar" foi **aprofundada** pelo Cristianismo e pelo Budismo: *em contrapartida*, o Anglicismo

é estupidamente cotidiano: o inglês tem em vista o *"comfort"*. Não medir o mundo segundo os nossos sentimentos paralelos mais próprios, mas *como se* eles fossem uma peça de teatro e *nós fizéssemos parte da peça*!

25 (98)
"Na era da *liberté* pública: os franceses de hoje se tornaram pesados, estúpidos e frios, quando eles estão *en public*: por medo de fazerem inimigos, eles se tornam aí profundos diplomatas e bajuladores refinados. Sem *esprit*, sem julgamento e astutos por medo. *Escravidão do indivíduo.*" C<ustine>

25 (99)
Estudar os grandes rebanhos:
A ampliação crescente do homem consiste no fato de que surgem os líderes, os "touros que vão na frente", os raros. "Bons": é assim que os membros do rebanho se denominam: a motivação principal no surgimento dos bons é o temor. Compatibilidade, vir ao encontro dos outros com bens, adaptar-se, evitar muita coisa e se curvar diante da necessidade, com uma expectativa silenciosa de que nos seja logo retribuído, *renúncia a incutir medo* – tudo isso, **durante muito tempo apenas hipocrisia dos bens, se transforma finalmente em bens**.

25 (100)
Todo elogio, toda censura, toda recompensa e toda punição só me parecem justificados, caso eles se mostrem como *vontade da força formadora*: ou seja, *absolutamente* livre da questão moral "será que *eu tenho o direito* de elogiar, de punir?" – *ao mesmo tempo, de maneira completamente imoral*. Eu elogio, censuro, recompenso puno, *para que* o homem se transforme segundo a minha imagem; pois eu *sei* **que** meu elogiar, punir etc. possuem uma força transformadora. (E isso em virtude do efeito sobre a vaidade, a ambição, o medo e todos os afetos junto ao elogiado e punido). *Enquanto* eu me *colocar* sob a lei moral, *eu não teria o direito de elogiar e punir.*

25 (101)
Dos meios do embelezamento. Uma tolice que é preciso colocar na conta de Kant: "isso agrada sem interesse". E, nesse caso, ainda há algumas pessoas que apontam com orgulho para o fato de que experimentam esse agrado em meio à visão de uma vênus grega etc. Em contrapartida, descrevi o estado que produz o belo: o mais essencial, porém, é partir do artista. Tornar suportável para si a visão das coisas, não temê-las e colocar nelas uma felicidade aparente – a sensação fundamental de que o homem feliz, que ama a si mesmo, não é nenhum *causador de dor*. – O homem também aplicou a si, então, essa reinterpretação do factual no feliz, no "divino": *esse meio do autoembelezamento* e do embelezamento do homem é *moral*. Há aí: 1) afastar o olhar, 2) ver o que de modo algum está aí – resumir, simplificar, 3) dissimular-se, de tal modo que muitas coisas não se tornem visíveis, 4) dissimular-se, de tal modo que o que se torna visível produza uma falsa conclusão. – O produto é o "homem bom", ao que sempre pertence uma sociedade. Está, portanto, na essência da moral algo que se remete *contra* a probidade: porque ela é *arte*. Como é possível, então, que haja uma "probidade", que decompõe a própria moral? – 1) Essa probidade precisa ser derivada do sentido para os fatos: a saber, sofremos muitos *danos* causados por essa hipocrisia do embelezamento, os danificados arrancam a *máscara*. 2) Há um prazer com o feio, quando ele é terrível: a emoção da visão terrível da verdadeira natureza humana foi buscada frequentemente pelos moralistas. 3) O afeto cristão da autodestruição, a contradição em relação a tudo o que embeleza trabalhou: o prazer com a crueldade. 4) O antigo sentido de escravo, que quer se prostrar e que, por fim, se prostra diante dos "fatos" nus e crus, divinização dos fatos, das leis etc. um *descansar* depois de um longo trabalho da destruição de deuses, aristocracias, preconceitos etc., e como consequência de uma visão do *vazio*.

O resultado conjunto de todos os moralistas: *o homem é mau* – um animal de rapina. O "aprimoramento" não vai ao fundamento e é mais extrínseco, o "bem" é essencialmente decoração, ou fraqueza.

Nesse caso, porém, os próprios moralistas surgiram sob o efeito dos juízos morais, ou do Cristianismo, da negação do mundo: *ninguém teve ainda* uma satisfação com esse resultado. Isso significa: eles têm a avaliação dos "bons" eles mesmos! "É preciso embelezar o homem e torná-lo suportável": em contrapartida, o Cristianismo e o Budismo diziam – é preciso *negá*-lo. Portanto, não há no fundo nada tão *contra* si como o *homem bom*: **é ele** que eles mais odeiam. Por isso, os padres buscam uma autodestruição do prazer em si com todos os meios.

Os filósofos gregos não buscaram outra *"felicidade"* senão sob a forma de *se achar belo*: portanto, formar a partir de si a estátua, *cuja visão faz bem* (não desperta nenhum temor e nenhum nojo).

O "homem feio" como ideal dos modos de pensamento negadores do mundo. Mas mesmo as religiões são ainda resultados daquele impulso por beleza (ou para poder suportá-la): a última consequência seria – conceber a absoluta feiura do homem, a existência sem Deus, razão etc. – Budismo puro. Quanto mais feio melhor.

Busquei essa forma mais extrema da negação do mundo. "Tudo é sofrimento", tudo o que parece "bom" é **mentira** (felicidade etc.). E, ao invés de dizer "tudo é sofrimento", disse: tudo é fazer sofrer, matar, mesmo no melhor homem.

"Tudo é aparência" – tudo é mentira

"Tudo é aparência" – tudo é machucar, matar, aniquilar, ser injusto

A própria vida está em *oposição* à "verdade" e ao "bem" – ego

A afirmação da vida – isso mesmo significa afirmar a mentira. – Portanto, só se pode viver *com um modo de pensar absolutamente imoral*. A partir desse modo de pensar, suporta-se, então, uma vez mais a moral e o *intuito do embelezamento*. – Mas a inocência da mentira foi perdida!

Os gregos como atores. Seu "idealismo".

Apresentar a *heleni-zação* por um lado como romance. Retroativamente – mesmo a sensibilidade, cada vez mais elevada, cada vez mais rigorosa. Finalmente até a manifestação do dionisíaco. Descoberta do *trágico*: "bode e deus".

25 (102)
Em que medida a *cientificidade* ainda porta em si algo do Cristianismo, é um disfarce – – –

25 (103)
A) *Em primeiro lugar*: a decadência da alma moderna em todas as formas. Em que medida a *decadência* começa a partir de Sócrates – minha antiga *inclinação* contra **Platão**, como *antiantigo*.
    a "alma moderna" já *estava* presente!
B) Apresentar: a rigidez *crescente*
    Força dos sentidos
    descaramento
    o não histórico.
    Competição
    Sentimento *contra* o
    Bárbaro
    Ódio ao indeterminado
    desprovido de forma de curva
    o caráter puro e simples
    do modo de vida.
    Criar deuses, como a
    sua sociedade superior.
C) – – –

25 (104)
À escola do *romantisme* se seguiu na França *l'école du document humain*.[45] O autor da expressão é Edmond de Goncourt.
Histeria científica – digo.

---

45 **N.T.**: Em francês no original: "A escola do documento humano".

Consequência: o prazer *científico* do homem *consigo mesmo*. –
O não científico aí é o prazer no caso excepcional.

25 (105)
É preciso aprender dos guerreiros: 1) a trazer a morte para junto dos interesses pelos quais se luta – isso *nos* torna veneráveis; 2) é preciso aprender a sacrificar *muitas coisas* e a considerar a sua questão de maneira suficientemente importante, a fim de não poupar os homens; 3) a rígida disciplina, e se conceder na guerra violência e astúcia.

25 (106)
As perspectivas dos moralistas gregos: a moralidade como a consequência de julgamentos (e de julgamentos falsos) – "por que?" questão falsa e desenvolvimento falso, a *própria* felicidade como meta de todo agir (é preciso que seja a felicidade *suprema* como consequência da mais elevada intelecção – cheio de *hipocrisia* por conseguinte) – a falta de vergonha na apresentação da virtude (divinização em Platão) o amaldiçoamento de todas as emoções inconscientes, o desprezo dos afetos –

Inconscientemente, todos eles aspiram às belas *colunas (estoas)* – eles querem representar diante de toda virtude, trata-se da grande *teatralidade da virtude*.

mas eles são filhos de *seu* tempo – não mais atores *trágicos*, *não* apresentadores do heroísmo, mas "olímpicos", *superficiais*. Há aí muita ambição e muita coisa de novos ricos. A "raça" não deve ser nada: o indivíduo começa consigo mesmo.

Muito *estrangeirismo* – o Oriente, o quietismo, a invenção semita da "sacralidade" produzem um efeito.

Ciúme das artes plásticas.

25 (107)
A **antiga** eticidade tem aquela crença fundamental de que as coisas *estão andando para trás* com os homens: de que felicidade, força, virtude estão muito distantes de nós. Trata-se de

um julgamento daqueles que veem a *dissolução* e que veem na cristalização a cura. Meta de todos os grandes moralistas *até aqui*: criar uma forma definitiva, um "modo de pensar" – na China, no bramanismo, no Peru, no jesuitismo, mesmo no Egito; Platão também o queria. Criar uma casta, cuja *existência* está ligada com o enrijecimento dos juízos morais, *como interesse da vida* – a classe dos bons e justos.

25 (108)
"A revolução francesa criou uma sociedade, ela busca ainda o seu *gouvernement*." –

25 (109)
"1789: os homens 'da boa vontade', dos quais fala a bíblia, pareciam pela primeira vez os senhores das coisas da Terra. Um povo, pacífico, confiante, habituado há séculos a sofrer pacientemente e a esperar de seus líderes uma solução para a sua indigência: uma classe média, rica, esclarecida, *honnet*; uma *noblesse*, que se orgulhava de abandonar os privilégios, encantada pela filosofia, ardente pelo bem-estar público; um clero, penetrado por ideias liberais: um rei pronto a aniquilar a vontade de poder e se tornar o *restaurateur de la liberté française*"[46] –

E por que tudo acabou mal? Porque todas essas boas pessoas eram *fracas de vontade*! *Le roi trop défiant, trop faible*;[47] a rainha com um *ódio cego* em relação à *révol<ution>*, a *noblesse* chamada de volta pelo risco da coroa para os seus antigos instintos: todos veem agora na revolução um *erro* e *comme une lâcheté ses concessions premières*[48] (sim! esse é o tipo dos fracos!); *la maladresse janséniste*[49] faz uma tentativa funesta de organizar a Igreja por meio do Estado, alienando, assim, a espiritualidade: e,

---

46 **N.T.**: Em francês no original: "restaurador da liberdade francesa".
47 **N.T.**: Em francês no original: "O rei descrente demais, fraco demais".
48 **N.T.**: Em francês no original: "como uma covardia suas primeiras concessões".
49 **N.T.**: Em francês no original: "a inabilidade jansenista".

no interior e nas cidades, temos ainda um ódio mortal há muito tempo acumulado contra a época feudal (*agora* ainda maior do que o medo do "fantasma vermelho").

25 (110)

Napoleão pertencia a um outro tipo de seres, nos quais a força do cálculo, o poder das combinações, a capacidade do trabalho é infinitamente mais desenvolvida do que em nós. Por outro lado, é em vão que se buscariam nele certas qualidades morais, que são habituais em nós: – "alheio em relação às ideias de justiça, pouco afeito à compreensão da história e de seu próprio tempo, dominado inteiramente por interesses pessoais e completamente obstinado por esse interesse: falta de distinção entre bem e mal, *cette soif impérieuse de succès*,[50] indiferença absoluta em relação aos meios, tudo isso que constitui o criminoso –: em um aspecto moral, não melhor nem pior do que *os nossos iguais*. Mas o que mais lhe faltava era a *lacuna* mais espantosa: *la grandeur d'âme* (*magnanimité*), a nobre propriedade, que com frequência toma sua *origem* no próprio sucesso e se desenvolve no mesmo passo que a nossa felicidade, elevando gradualmente as naturezas com frequência vulgares e desprovidas de sentido moral à *hauteur de la destinée imprévue*.[51] Com certeza, há nele *grandeza* da concepção, se é que o desmedido pode ser chamado de grande (aquilo que se encontra fora de proporção em relação aos meios, com os quais agimos aqui embaixo).

Não se trata de grandeza da alma: o fato de ele, de resto tão duro, mas não em relação aos seus momentos, ter sido indulgente, por vezes *bonhomie bienveillante*, algo que a massa sempre confunde em seu senhor com *bonté*: mas *ces rares relâchements* de um espírito sempre tenso, *cette facilité intermittente d'un cœur indifférent*.[52]

---

50 **N.T.**: Em francês no original: "essa sede imperiosa de sucesso".
51 **N.T.**: Em francês no original: "altura da natureza destinada imprevista".
52 **N.T.**: Em francês no original: "essa facilidade intermitente de um coração indiferente".

Ele viu na França "essa criatura tocante cheia de instintos sublimes, mas afundada sob o peso de seus sofrimentos e erros", apenas a sua *presa*. O primeiro cônsul estava colocado diante do maior dos espetáculos, ele teria precisado sentir a mais profunda e *desinteressée emotion* diante dessa cena, que é única na história: pois César encontrou uma república velha e expirante diante de si. Mas ele pensava em *si*!

esprit mal cultivé, imagination méridionale[53] – ele tomou ora César, ora Carlos Magno como modelo, *imbu surtout du féticisme monarchique, il revê pourpre, trone et courone pour les siens*,[54] quase como aqueles chefes bárbaros, que acreditavam que estavam ficando maiores ao imitar a corte de Constantinopla.

25 (111)
Mostrar onde há *tudo*, onde há crueldade, onde há cobiça, onde há despotismo etc.

25 (112)
Primeira questão: o domínio da terra – anglo-saxão. O elemento alemão é um bom fermento, ele não sabe dominar. O domínio na Europa só é alemão porque ele tem algo em comum com os povos cansados e anciãos. Trata-se de uma *barbárie*, sua cultura retardada, que dá o poder.

A França na frente na cultura, sinal da *decadência da Europa*. A Rússia precisa se tornar senhora sobre a Europa e a Ásia – ela precisa *colonizar* e conquistar a *China* e a *Índia*. A Europa como a Grécia sob o domínio de Roma.

A *Europa*, portanto, precisa ser concebida como centro da cultura: as tolices nacionais devem nos deixar cegos para o fato de que *já existe na região mais elevada uma dependência mútua ininterrupta*. A França e a filosofia alemã. R. Wagner de 1830-1850

---

53 **N.T.:** Em francês no original: "espírito mal cultivado, imaginação meridional".
54 **N.T.:** Em francês no original: "imbuído sobretudo do fetichismo monárquico, ele sonha com o púrpura, o trono e a coroa para os seus".

e Paris. Goethe e Grécia. Tudo aspira a uma *síntese do passado europeu em* **tipos** *espirituais maximamente elevados* – – – –
— uma espécie de **meio**, que *recusa* o doentio em toda e qualquer nação (por exemplo, a histeria científica dos parisienses). A **violência** está dividida por um lado entre *escravos* e *anglo-saxões*. A influência espiritual *poderia* estar nas mãos do *europeu típico* (é preciso comparar esse europeu com o ateniense, mesmo com o parisiense – *vide* a descrição de Goncourt em Renée Mauperin). Até aqui, os ingleses foram estúpidos, os americanos tornar-se-ão necessariamente superficiais (rapidez) – – – –
Mas se a Europa acaba nas mãos da plebe. Assim, tudo está *perdido* para a cultura europeia! Luta entre os pobres e os ricos. Portanto, temos aqui um último recrudescimento. *E de tempos em tempos alijar aquilo que precisa ser salvo!* Designar os países para os quais se pode **trazer de volta a cultura** – por meio de uma certa inacessibilidade, por exemplo, México. – – – –

25 (113)
Moral de escravos
Moral dominante   e sua oposição dos valores
Crueldade
Volúpia   e o que há disso nos bens, e na
Despotismo   justiça, compaixão, veracidade
Cobiça   fidelidade, aplicação etc.
Inveja
Virtudes doentias e virtuosas – e o saudável no animal de rapina.
Desproporcionalmente *menos* consciência sobre nossos *efeitos* (dúvida fundamental: se nossos sentimentos e pensamentos conscientes "mobilizam")
O corpo como mestre: moral linguagem de sinais dos afetos.
O dano dos bons: as boas como de segundo nível, degradação.
Embrutecimento, ódio ao desenvolvimento espiritual.
Indivíduo e comunidade.
O "indivíduo" como pluralidade e crescimento.
"Mal" como função orgânica. Compaixão. *Pelos* outros.

As religiões como morais com o pressuposto de outros mundos: mas senhoriais ou escravas.

25 (114)
Em que medida nossa *ordem de valores* agora usual aponta para pressupostos simplesmente falsos: origem das avaliações fundamentais dominantes. NB!

25 (115)
Os alemães degradam, como *retardatários*, o grande curso da cultura europeia: Bismarck, *Lutero*, por exemplo; recentemente, quando Napoleão quis levar a Europa a uma associação de Estados (ele era o único homem suficientemente forte para tanto), eles macularam tudo com as *"guerras pela paz"* e conjuraram a infelicidade do delírio das nacionalidades (com a consequência das lutas raciais em países há tanto tempo marcados pela mestiçagem na Europa!). Assim, os alemães (Carl Martell) trouxeram à tona a cultura *sarracena* –: eles sempre se mostraram como os retardatários!

25 (116)
O mundo essente é uma *invenção* – só há um mundo deveniente. – *As coisas poderiam ser assim*! Mas a invenção já não pressupõe o poeta como *sendo*? – Talvez o outro mundo inventado seja apenas uma causa do fato de que o poeta se *considere e se contraponha como sendo*. – Se o *essencial* do sentir e do pensar é o fato de se precisar estabelecer equívocos ("realidades"):

Há um sentir e um pensar: como é, porém, que isso é afinal *possível* no mundo do devir? – As propriedades *negativas* superficialidade estultícia dos sentidos lerdeza do espírito transformaram-se em forças *positivas* (*o mal também é aqui a origem do bem*).

Estabelecer uma imagem, *aprontar*, com base em poucos indícios, estabelecer algo como *permanecendo*, porque não se *vê* a transformação.

A capacidade de viver favorecida por essa força *poetante*.

25 (117)
Considerou-se "impessoal" aquilo que era expressão das pessoas mais poderosas (J. Burckhardt com um *bom* instinto diante do Palazzo Pitti): "*Homem violento*" – do mesmo modo Fídias – a abstração do estímulo único – Mas os senhores gostam de se esconder e de se liberar, por exemplo, *Flaubert* (cartas).

25 (118)
É preciso ser bem *e* mal! E quem não era bom por fraqueza também era sempre mau em um grau maximamente elevado.

25 (119)
Avaliar um homem segundo as suas intenções! Fazer isso seria o mesmo que classificar um artista não segundo o seu quadro, mas segundo a sua visão! Quem não matou sua mãe, traiu sua mulher, quando o que estava em questão eram ideias?!? Viver-se-ia em uma total solidão, se pensamentos pudessem matar!

25 (120)
Nós contemos em nós o *projeto de* **muitas** pessoas: o poeta se revela em suas figuras. As circunstâncias trazem à tona uma figura em nós: se as circunstâncias se alterarem muito, então também se vê em si duas ou três figuras. – A partir de cada instante de nossa vida há ainda muitas possibilidades: o acaso sempre joga junto! – E até mesmo na história: os destinos *de cada* povo não são necessários no aspecto qualquer de uma razão: reside em *cada* povo *muitos caracteres dos povos*, e todo evento alimento um mais do que outro.

25 (121)
A barbárie domesticada
A *barbárie* factual da Europa – e de maneira crescente:
  o embrutecimento ("dos ingleses" se estabelecendo como o homem normal)
    o enfeiamento ("japanismo") (o plebeu revoltante)
    o acréscimo das virtudes eslavas e de seus valores ("o chinês")

a arte como estado neurótico nos artistas, meios do desvario: o prazer com o factual (perda do ideal)

os alemães como **retardatários** (na política da centralização do monárquico, tal como Richelieu: na filosofia com Kant *ceticismo* (em favor da pequena burguesia e das virtudes de funcionários), com Hegel *panteísmo* em favor da veneração do Estado, com Schopenhauer *pessimismo* em favor da mística cristã "pascalismo"),

a má alimentação de todo o sul da Europa. A melhor sociedade da Inglaterra está *na frente* por meio da alimentação,

"o homem bom" como gado de rebanho, transformado em gado a partir do animal de rapina,

a doença histórica como falta da força formadora ideal – a "justiça" resta e a "não nocividade" no sentido exterior.

Trata-se da *barbárie domesticada*, que vem à tona!

A vigência dos estúpidos, das mulheres etc.

25 (122)

Quer-se *impor*, "violentar" o leitor, levando-o a prestar atenção: por isso, os muitos traços pequenos e impressionantes do "naturalismo" – isso faz parte de uma era democrática: intelectos **toscos** e cansados por conta do trabalho excessivo devem ser *excitados*!

25 (123)

Só com muito esforço consigo suportar essa vulgaridade de Shakespeare e Balzac: um odor de sensações plebeias, um fedor de cloaca de grande cidade, chega por toda parte aos nossos narizes.

25 (124)

Quero reformar as mulheres: demonstrar a Sand e Madame de Staël *contra* elas. (Sévigné e Eliot deveriam ser mais do que escritoras e também o foram – em parte, *um expediente*.) Eu as condeno ao *comércio*: o *commis* deve cair em desprezo!

25 (125)
Pintores como Dickens, V. Hugo, Gautier – isso também significa compreender mal a palavra.
O oposto ao pintor é o *descritor* (como Balzac).

25 (126)
(*Taine* sobre Balzac)
"A virtude como transformação ou estágio do desenvolvimento de uma paixão ou de um hábito": *l'orgueil, la roideur d'esprit, la niaiserie obéissante, la vanité, le préjugé, le calcul.*[55] Os vícios servem para formá-los (como um perfume com *substances infectes*). Esse ama os pobres como um jogador o jogo: aquele é fiel como um cão. O íntegro por orgulho social, estreiteza de espírito e de educação. Todas as pequenas misérias, as grandes feiuras do virtuoso. A mais pura fonte da virtude: *la grandeur d'âme* (M<arc> Aurel) e *la délicatesse d'âme* (P<rincesse> de Clèves)

25 (127)
Antigamente buscava-se os propósitos de Deus na história: em seguida, alguma conformidade a fins inconsciente, por exemplo, na história de um povo, uma transformação das ideias etc. *Agora* pela primeira vez, por meio da consideração da história dos animais, criou-se para si o olhar para a história da humanidade: e a primeira intelecção é a de que não <houve> até aqui nenhum plano, nem para o homem, nem para um povo. Os acasos de todos os mais toscos foram o elemento imperioso no todo – e continuam sendo.
Em *toda e qualquer ação, por mais conscientemente que ela se encontre articulada a fins*, a soma do casual, não consonante a fins e inconsciente em relação a fins é totalmente preponderante, tal como o arder do sol inutilmente irradiado: aquilo que *teria* sentido é dissipadoramente pequeno.

---

55 **N.T.:** Em francês no original: "o orgulho, a rudeza do espírito, a ninharia obediente, a vaidade, o preconceito, o cálculo".

25 (128)
"Útil" é apenas um ponto de vista para o que se encontra próximo: todas as consequências *distantes* não têm como ser abarcadas pelo olhar, e *toda e qualquer* ação pode ser igualmente classificada como útil e como nociva.

25 (129)
1. *Todas* as valorações até aqui provêm de estados da mais profunda *ignorância*.
2. Nas avaliações atuais, as diversas morais se confundem.

25 (130)
Rousseau, em seu privilégio dos pobres, das mulheres, do povo como soberano, está completamente imerso no *movimento cristão*: é possível estudar nele todas os erros e virtudes escravos, mesmo a mais incrível mendacidade. (*É um tal tipo* que quer ensinar justiça!)
Seu oposto *Napoleão* – antigo, desprezador de homens.

25 (131)
Quem teve de lidar até aqui com o homem no grande estilo classificou-o segundo as propriedades fundamentais: não tem nenhum sentido considerar as mais tênues nuanças. Foi assim que fez Napoleão. Ele não se constituiu a partir de *virtudes cristãs*, ele não as tomou *de maneira alguma como presentes* (– ele tinha um direito a isso).

25 (132)
Esse século, no qual as artes conceberam o fato de que uma arte também pode produzir efeitos das outras: *talvez arruíne as artes*! Por exemplo, *pintar* com poesia (Victor Hugo, Balzac, W. Scott etc.).
Provocar sentimentos *poéticos com música* (Wagner).
Provocar sentimentos poéticos com pintura, sim *pressentimentos filosóficos* (Cornelius).

Empreender com romances anatomia e o tratamento de doentes mentais etc.

25 (133)
"*ce talent* (filosofia da história) não consistia, à *l'allemande, dans l'improvisation risquée de théories sublimes*"[56] – Taine.

25 (134)
Princípio:

A conquista
da
humanidade:
"os senhores
da terra":

1) *Profundo desprezo em relação àqueles que trabalham na imprensa.*
2) Criar um gênero de seres, que substituam o o padre, o mestre e o médico.
3) Uma aristocracia do espírito e do corpo, que se cultiva e que assume elementos sempre novos em si, destacando-se em relação ao mundo democrático dos mal fadados e dos malsucedidos.

25 (135)
Nesta era, na qual se compreende que o fato de a ciência *começar* a construir sistemas é uma infantilidade. De resto tomar longas resoluções sobre métodos, por séculos! – pois a *guia do futuro humano* **precisa** chegar um dias às nossas mãos!

– *Métodos*, porém, que provêm por si mesmos a partir de nosso instinto, ou seja, hábitos regulados, que já existem por exemplo, exclusão das metas.

25 (136)
Apresentação da máquina "homem"
Cap. I. No destino conjunto da humanidade imperava absolutamente o acaso: *mas* é chegado o tempo, no qual *precisamos* ter metas!!!

---

56 **N.T.:** Em francês no original: "esse talento (filosofia da história) não consistia, na Alemanha, na improvisação arriscada de teorias sublimes".

Cap. II. As metas não se acham presentes, os ideais se contradizem – eles são consequências de relações muito mais estreitas e também nasceram de inúmeros equívocos. Crítica dos valores – autodecomposição da moral.
Cap. III. Incompreensão até aqui da *arte*: ela olhava *para trás*. Mas ela é a força formadora do ideal. – Tornar-se visível das esperanças e desejos mais íntimos.

25 (137)
Eu escrevo para uma espécie de homens, que ainda não existem: para os "senhores da terra".

As religiões como consolos, como desarreamentos *perigosos*: o homem acredita que pode se *aquietar* agora.

No Teages de Platão encontra-se escrito: "cada um de nós gostaria, se possível, de se tornar senhor sobre todos os homens, de se tornar quiçá um *deus*". *Essa* mentalidade precisa se fazer presente uma vez mais.

Ingleses, americanos e russos – – –

25 (138)
O grande paisagista Turner que, ao invés de falar aos sentidos, procura falar à alma e ao espírito – epopeias filosóficas e humanitárias. Ele se considerava o primeiro dos homens, e morreu louco. "No meio de uma tempestade, o sol nos olhos, a vertigem na cabeça", é assim que se sente o espectador. "Em consequência da profunda atenção à moral de *l'homme*, sua *sensibilité* ótica se encontra em desacordo. Desagradável para o olhar! Excessivo, brutal, aos gritos, duro, dissonante." Taine.

25 (139)
"A arte quer produzir movimentos mais elevados, o prazer dos sentidos é apenas a base da impressão, mas ele precisa ser acompanhado por *alegria* 1) sentimento do amor pelo *objeto* pintado, 2) conceito dos bens de uma inteligência mais elevada, 3) um desenvolvimento de gratidão e veneração por essa inteligência: Ruskin amigo de Turner."

25 (140)
N.B. Conceber o homem mais elevado como retrato da natureza: supérfluo descomunal, razão descomunal no particular, se dissipando no todo, *indiferente* em relação a isso: – – –

25 (141)
Ingres: l'inventeur au 19ème siècle de la photographie en couleur pour la reproduction des Pérugin et des Raphaël. Delacroix c'est l'antipôle[57] – imagem da *décadence* desse tempo, *le gâchis, la confusion, la littérature dans la peinture, la peinture dans la littérature, la prose dans le vers, les vers dans la prose, les passions, les nerfs, les faiblesses de notre temps, le tournement moderne. Des éclairs du sublime dans tout cela.*[58]
Delacroix, uma espécie de Wagner.

25 (142)
M<anette> Salomon, I, p. 197.
Delacroix – ele prometeu tudo, anunciou tudo. Seus quadros? Foetus de obras-primas; o homem que, *après tout*, despertará mais paixões *comme tout grand incomplet*. Uma vida febril em tudo aquilo que cria, *une agitation de lunettes, un dessin fou*[59] – – – ele busca *la boulette du sculpteur, le modelage de triangles qui n'est plus contour de la ligne d'un corps, mais l'expression, l'épaisseur du relief de sa form – harmoniste désaccordé*,[60] subtons trágicos, fornos infernais como em Dante. Não há nenhum sol.

---

57 **N.T.:** Em francês no original: "Ingres: o inventor no século XIX da fotografia a cores para a reprodução de Perugin e de Rafael. Delacroix é o polo oposto".
58 **N.T.:** Em francês no original: "zona, confusão, a literatura na pintura, a pintura na literatura, a prosa nos versos, os versos na prosa, as paixões, os nervos, as fraquezas de nosso tempo, a virada moderna. Os brilhos do sublime em tudo isso".
59 **N.T.:** Em francês no original: "uma agitação dos óculos, um desenho louco".
60 **N.T.:** Em francês no original: "a massa do escultor, a modelagem dos triângulos que não é mais o contorno da linha de um corpo, mas a expressão, a espessura do relevo de sua forma – harmonista em desacordo".

– Um grande mestre para o nosso tempo, porém, no fundo *la lie* de Rubens.⁶¹

25 (143)
O melhor que é dito contra o *casamento* é expresso a partir do ponto de vista do homem criador Man<ette> Salomon I 200e seg. e 312.

25 (144)
Em 1840, o *romantisme* estabelece uma ligação com a literatura. *Peintres poètes*. Simbolismo vago dantes que em um. Outros, com o instinto alemão, seduzidos pelos *cantos* para além do Reno, se tornaram sonhadores, melancólicos, noite de Valpurga. Ary Scheffer no topo pinta almas brancas e luminosas por meio de *poesias*: anjos. *Le sentimentalisme*. Na outra ponta *un peintre* de *prose*, Delaroche: hábil encenador teatral, aluno de Walter Scott e Delavigne, com cores locais ilusórias – mas *falta* a vida. Tais pintores são no fundo personalidades *estéreis*: eles não conseguem criar nenhuma corrente, nenhuma escola propriamente dita. – A *paisagem* permaneceu pouco avaliada: ela tinha as ideias do passado contra si. Ninguém ousou se colocar contra a vida moderna, ninguém mostrou aos jovens talentos *ce grand cote dédaigné de l'art: la contemporanéité*.⁶² – Nesse cansaço e nesse desprezo dos grandes gêneros, todos os jovens se filiaram às duas naturezas *extremas* – o número muito menor a Delacroix (*le beau expressiv* –), a maioria a Ingres *comme sauveur du Beau de Rafael*, escola *romana*.

25 (145)
Retorno do homem à natureza *naturelle*, na qual se *refrescam* culturas antigas. – Ruptura com a paisagem histórica.

---

61 **N.T.:** Em francês no original: "a gentalha de Rubens".
62 **N.T.:** Em francês no original: "esse lado desprezado da arte: a contemporaneidade".

25 (146)
De qualquer modo, nós não queremos deixar passar por nós os preconceitos em jogo em não saber a maior parte das coisas e viver em um pequeno recôncavo do mundo. O homem *deve* ser louco – ele também deve se sentir *deus*, essa é uma possibilidade entre tantas outras!

25 (147)
Dir-se-á para mim que falo de coisas que não vivenciei, mas apenas sonhei: ao que eu poderia responder: é uma coisa bela sonhar *assim*! E, em relação a tudo isso, nossos sonhos são muito mais nossas vivências do que se crê – é preciso reaprender tudo sobre os sonhos! Se sonhei umas mil vezes que estava voando – vocês não acreditariam que eu também teria *de antemão* acordado uma sensação e uma necessidade diante da maioria dos homens – e – – –

25 (148)
Precisei conferir a Zaratustra, um *Persa*, a honra: os persas foram os primeiros a *pensarem* a história na totalidade e em grande escala. Uma série de desenvolvimentos, cada um deles presidido por um profeta. Cada profeta tendo seu *hazar*, seu reino de mil anos. – – –

25 (149)
A solidariedade do povo judeu como ideia fundamental: não se pensava em uma divisão segundo os méritos do particular. Renan, I, p. 54. Nenhuma retribuição pessoal *depois* da morte: a motivação central dos mártires é o amor puro pela lei, a vantagem que sua morte trará para o povo.

25 (150)
Lucas 6, 25 a maldição para aqueles que *riem* –

25 (151)
"Sede bons banqueiros!" Dar aos pobres – é emprestar a Deus.

25 (152)
Os europeus *se revelam* pelo modo como eles *colonizaram*.

25 (153)
Jesus, com a melancolia da má alimentação.

25 (154)
"Belo" – *c'est une promesse de bonheur*. Stendhal. E isso deve ser "altruísta"! "*desintéressé*"!
O que é belo aí? Supondo que St<endhal> teria razão, como!

25 (155)
É preciso ter clareza quanto àquilo *que* propriamente mais *interessa*: o que, *porém, interessa* aos **homens superiores** é algo que se mostra para os *inferiores* como **des***interessante*; consequentemente, a entrega a ele se revela aí como algo "*não* egoísta"!
A terminologia da moralidade moderna é feita pelos *homens inferiores*, que elevam o olhar de baixo para cima para a moralidade:
"sacrificando-se" – mas *quem* faz sacrifícios *sabe* que não se tratava de nenhum *sacrifício*!
Quem ama já vem à tona como antiegoísta! Mas a essência do sentimento do ego mostra-se efetivamente apenas no *querer-ter* – entrega-se, *para* ter (ou para manter). Quem se entrega quer *manter* algo que ele *ama*.

25 (156)
Jesus: quer que se acredite n*Ele* e manda tudo aquilo que resiste a Ele para o inferno. Pobres, estultos, doentes, mulheres, inclusive prostitutas e canalhas, crianças – são por ele privilegiados: ele se sente *bem* entre eles. O sentimento da *condenação* de tudo o que é belo, rico, poderoso, o ódio contra os que riem. Os *bens*, com o seu maior contraste em uma alma: foi o pior de todos os homens. *Sem* qualquer *condescendência* psicológica. O *orgulho* louco, que tem o mais fino prazer com a humildade.

25 (157)
Os homens superiores são os que mais sofrem com a existência – mas eles têm também as maiores *forças contrárias*.

25 (158)
Comprovar o caráter descomunalmente *casual* de todas as combinações: *daí se segue* que *toda* ação de um homem possui uma *influência* ilimitadamente grande sobre tudo o que está por vir. A mesma veneração que ele, olhando retrospectivamente, dedica ao destino como um todo, ele dedica *ao mesmo tempo* a si mesmo. **Ego fatum**.

25 (159)
Imaginar o pessimista perfeito (Schopenhauer o *estragou*?) Incognoscibilidade. – em que medida *aflitivo*? (só para uma humanidade dogmaticamente exercitada!)
A ideia da morte: "medo da morte" incitado, "doença europeia" (mania medieval pela morte).
A inutilidade de toda luta – *aflitiva* sob o pressuposto dos juízos morais fundamentais, isto é, se algo é constatado como *critério de medida* – também poderia ser um ensejo para o riso!
O pessimista perfeito seria aquele que concebe a mentira, mas é ao mesmo tempo incapaz de *rejeitar* seu ideal: fosso entre querer e conhecer. Contradição absoluta – o homem é um indivíduo entre poderes hostis, que dizem apenas *não* uns aos outros.
Cobiçar absolutamente inevitável, mas ao mesmo tempo *concebido e avaliado* como estúpido (isto é, um *segundo* contra-cobiçar!).
Pertence, portanto, ao pessimismo o fato de que ele vem à tona junto a seres cindidos, dotados de duas partes – trata-se de um sinal de *decadência* – como doença do tempo. O ideal não atua animadoramente, mas obstrutivamente.

25 (160)
As consequências de raças *em extinção* são diversas, por exemplo, uma filosofia pessimista, fraqueza da vontade.

Exploração voluptuosa do instante, com espasmos histéricos e uma tendência para o terrível

Sinal da idade também pode ser a astúcia e a avareza (China), *frieza*.

Europa sob a impressão de um modo de pensar atemorizado e habituado com a situação de escravidão: um tipo inferior torna-se *vitorioso* – contenda estranha entre dois princípios da moral.

25 (161)
"Exatamente como os deuses imortais, os amigos. Os outros todos precisam ser considerados como iníquos, como não sendo dignos de nomeação, nem da enumeração."

25 (162)
Os alemães talvez tenham caído apenas em um clima *falso*! Há algo neles que poderia ser *helênico* – é isso que desperta em meio ao contato com o *Sul* – Winckelmann, Goethe, Mozart. Por fim: nós somos ainda totalmente *jovens*. Nosso último evento continua sendo sempre *Lutero*, nosso único livro continua sendo ainda a *Bíblia*. Os alemães jamais chegaram a "se moralizar". A alimentação dos alemães também foi a sua fatalidade: a sandice filisteia.

25 (163)
Característica do europeu: a contradição entre palavra e ação: o oriental é fiel a si mesmo na vida cotidiana.

O modo como os europeus fundaram *colônias* demonstra a sua natureza de predador.

A contradição explica-se pelo fato de que o Cristianismo *abandonou* a camada social a partir da qual ele cresceu.

Essa é a nossa diferença em relação aos helenos: sua eticidade cresceu nas castas *dominantes*. A moral de Tucídides é a mesma que explode por toda parte em Platão.

Pontos de partida para a sinceridade, por exemplo, no Renascimento: a cada vez para o melhor da arte. A concepção de Miguel Ângelo, segundo a qual Deus se mostrava como "tirano do mundo" era sincera.

A preponderância da *mulher* se segue daí: e, consequentemente, um "caráter pudico" totalmente mendaz. A degradação das mulheres é quase necessária (como em Paris) para que os escritores tenham se tornado sinceros. – O caráter escravo da moralidade como uma moralidade que veio de fora, que não foi criado por nós, gera constantemente novas formas de uma escravidão semelhante, por exemplo, a escravidão estética (em relação à Antiguidade). É quase necessária a degradação do caráter e uma fraqueza para que, junto aos europeus, esse caráter se emancipe das autoridades e conquiste "gosto".

O fato de "tudo nos ser aprazível" é a consequência das diversas morais: nós nos encontramos em meio à "doença histórica".

25 (164)
O "*querer ser objetivo*", por exemplo, em Flaubert é uma incompreensão moderna. A grande forma, que se abstrai de todo estímulo particular, é a expressão do *grande* caráter, que cria para si o mundo como imagem: que se "abstrai amplamente" de todo "estímulo particular" – homem violento. Há, contudo, desprezo de si por parte dos modernos, eles gostariam, tal como Schopenhauer, de "se livrar" da arte – fugir para o interior do objeto, "negar" a si mesmos. Mas não há nenhuma "coisa em si" – meus senhores! O que eles alcançam é cientificidade ou fotografia, isto é, descrição sem perspectivas, uma espécie de pintura chinesa, puro primeiro plano e tudo superpovoado. – De fato, há muito *desprazer* em todo o afã moderno histórico e histórico-natural – foge-se de si e da formação do ideal, do *aprimorar*, por meio do fato de que se busca como tudo *chegou a ser*: o fatalismo aquieta diante do desprezo de si.

Os romancistas franceses narram *exceções* e, em verdade, por um lado a partir das esferas mais elevadas da sociedade, por outro a partir das mais inferiores – e o meio, o *bourgeois*, é igualmente *odiado* por todos eles. Por fim, eles não conseguem se livrar de Paris.

25 (165)
O caráter negativo da "verdade" – como afastamento de um erro, de uma ilusão. Pois bem, o surgimento da ilusão era uma exigência da vida – –

25 (166)
Não se deve buscar na história a necessidade com vistas aos meios e aos fins! A regra é a irrazão do acaso! A grande soma dos acontecimentos representa desejos fundamentais de um povo, de uma estirpe – isso é verdade! No particular, tudo ocorre cega e estupidamente. Como em um riacho uma folha segue seu caminho, por mais que ela seja parada aqui e acolá.

25 (167)
As personagens de Tucídides falam em sentenças de Tucídides: elas possuem, segundo a sua concepção, o mais elevado grau possível de razão, para realizar a *sua* coisa. Aí eu descobri os gregos (algumas palavras de Platão em acréscimo).

25 (168)
Primeiro imagens – para explicar como imagens surgem no espírito. Em seguida *palavras* aplicadas a imagens. Por fim conceito, que só se tornam possíveis se há palavras – uma síntese de muitas imagens sob algo não intuitivo, mas audível (palavra). Um pequeno bocado de emoção, que surge junto à "palavra", ou seja, junto à intuição de imagens semelhantes, para as quais uma palavra se faz presente – essa fraca emoção é o elemento comum, a base do conceito. O fato de sensações fracas serem estabelecidas como iguais, serem sentidas como *as mesmas*, é o fato fundamental. Portanto, a confusão entre duas sensações completamente vizinhas na *constatação* dessas sensações – *quem*, porém, constata? A *crença* é o elemento originariamente inicial em toda e qualquer impressão sensível: uma espécie de dizer sim, uma *primeira* atividade intelectual! Um "tomar por verdadeiro" no início! Portanto, o que precisa ser explicado é: como é que *surgiu* um "tomar por verdadeiro"! O que se esconde *por detrás de* "verdadeiro" para uma sensação?

25 (169)
"*Il n'a pas peur d'être de mauvais goût, lui.*"[63]

25 (170)
As mulheres junto aos gregos de Homero até Péricles são cada vez mais *reprimidas*: isso faz parte da cultura dos gregos – uma certa violência exercida *contra* os sentimentos tênues e suaves. Irrupção da corrente contrária, por exemplo, Pitágoras e os animais. O fraco, sofredor, pobre – há levantes de escravos, a pobreza impele ao extremo (Tucídides). De resto, todos os grandes crimes são os crimes provenientes do mal por *força*.

25 (171)
Erro fundamental: nós estabelecemos *nossos* sentimentos morais de hoje como critério de medida e avaliamos de acordo com eles o progresso e o retrocesso. Mas cada um desses retrocessos seria um progresso para um ideal oposto.

"Humanização" – é uma palavra cheia de preconceitos, e soa em meus ouvidos quase inversamente como em vossos ouvidos.

25 (172)
Nós somos por demais exigentes em termos musicais para a constante repetição – ∪ – ∪ etc. do ritmo da poesia rimada (para não falarmos do hexâmetro mal compreendido!). O quanto já nos faz bem a forma de Platão e de Hölderlin! Mas elas são rígidas demais para nós! O jogo com as métricas mais diversas quando, por vezes, é a falta de métrica que é o certo: a liberdade, que já conquistamos na música, por meio de R<ichard> <Wagner>! Temos o direito de tomá-la para a poesia! Por fim: ela é a única que consegue falar fortemente ao coração! – Graças a Lutero!

---

63 **N.T.:** Em francês no original: "Ele não tem medo de ter mau gosto."

25 (173)
A linguagem de Lutero e a forma poética da Bíblia como base de uma nova *poesia* alemã: – essa é a *minha* invenção! A arcaização, a essência da rima – tudo falso e não fala de maneira suficientemente *profunda* para nós: ou mesmo a aliteração de Wagner!

25 (174)
É necessária uma declaração de guerra dos *homens superiores* à massa! Por toda parte, o mediano anda junto, a fim de se tornar senhor! Tudo o que amolece, que torna suave, que faz valer o "povo" ou o "feminino" atua em favor do *suffrage universel*, isto é, do domínio dos homens *inferiores*. Mas nós queremos levar a termo represálias e trazer à luz e para diante do tribunal toda essa economia (que se inicia na Europa com o Cristianismo).

25 (175)
O isolamento nobre de Goethe – para os mais elevadamente nascidos faz-se necessária uma espécie de burguesia e de cavalaria de assalto. Eu quero me apossar da de Napoleão: em seu desprezo pelas "virtudes cristãs" e por toda a hipocrisia moral, ele faz parte da Antiguidade (Tucídides). Frederico, o grande talvez – como alemão, porém, ele é por demais um homem de intenções reservadas com *almas* reservadas.

25 (176)
A tartufaria do poder desde o Cristianismo tornou-se vencedora. O "rei cristão" e o "Estado". História do sentimento de poder.

25 (177)
Julgar o caráter dos *europeus* segundo a sua relação com o exterior, na *colonização*: extremamente terrível.

25 (178)
O elemento cavalheiresco como a posição conquistada do poder: sua paulatina decomposição (e, em parte: transição para o elemento burguês mais amplo). Em La Rochefoucauld, a cons-

ciência está presente acima dos motores propriamente ditos da *noblesse* do ânimo – e o julgamento obscurecido em termos cristãos desses motores. *Prosseguimento* do *Cristianismo* por meio da *Revolução Francesa*. O sedutor é Rousseau: ele desencadeia uma vez mais a mulher, que é apresentada a partir daí como sendo cada vez mais interessante – *cada vez mais* sofredora. Em seguida, os escravos e a M<istre>ss Stowe. Então os pobres e os trabalhadores. Então os viciados e os doentes – tudo isso é colocado no primeiro plano (mesmo que seja para recolher para o gênio, faz 500 anos que eles não sabem fazer outra coisa senão apresentar os grandes portadores do sofrimento!). Em seguida, surge a maldição sobre a volúpia (Baudelaire e Schopenhauer), a convicção de todas a mais decisiva de que o despotismo seria o maior de todos os vícios, uma segurança plena no fato de que a moral e o *désintéressement* são conceitos idênticos, <de que a> "felicidade de todos" <seria> uma meta digna de ser almejada (isto é, o reino dos céus de Cristo). Nós estamos no melhor caminho: o reino dos céus dos pobres de espírito começou.

Estágio intermediário: o *bourgeois* (em consequência do dinheiro *parvenu*) e o trabalhador (em consequência da máquina).

Comparação da cultura grega e da cultura francesa do tempo de Luís XIV. Crença decidida em si mesmo. Uma casta de ociosos, que dificultavam as coisas para si e exercitavam muito a autossuperação. O poder da forma, vontade de *se* formar. "Felicidade" assumida como meta. Muita força e energia *por detrás* da essência das formas. O gozo com o instante de uma vida *que parece tão simples*. – *Os gregos* pareciam para os egípcios como **crianças**.

25 (179)
O homem, como ser orgânico, tem impulsos à alimentação (avidez).
   N.B. | aqui só o mundo interior| impulsos da secreção
       é visualizado   (amor)
             (ao que também
             pertence a regeneração)

e a serviço dos impulsos um aparato de autorregulação (intelecto) (a isso pertence a assimilação da alimentação, dos eventos, o ódio etc.

25 (180)
　　Meu conceito de "sacrifício". Não gosto dessa hipocrisia! Naturalmente, a fim de impor o que se encontra em meu coração, jogo muita coisa fora: algumas coisas também que "me são caras ao coração"! Mas o principal é sempre: esse jogar fora é apenas *consequência*, um efeito colateral – o principal é que algo se encontra mais em meu coração do que *todo* o resto.

25 (181)
　　A plenitude de instintos *plebeus* sob o juízo *estético* atual dos romancistas franceses. – E, por fim: há muita coisa velada que não quer vir à tona, completamente como em R<ichard> W<agner> 1) seu método é *mais fácil*, mais confortável, a maneira científica de lidar com a massa de matérias-primas e com a *colportage*, carece-se do grande princípio do ruído para velar esse fato – mas os alunos o desvendam, os talentos inferiores, 2) a falta de cultivo e de bela harmonia em si torna o semelhante interessante para eles, eles são curiosos com o auxílio de seus instintos inferiores, eles não têm o nojo e a égide, 3) sua pretensão de impessoalidade é um sentimento de que sua pessoa é mesquinha, por exemplo, Flaubert, mesmo apesar de si, como "*bourgeois*", 4) eles querem ganhar muito e fazem um escândalo como um meio para o grande sucesso *momentâneo*.

25 (182)
　　A psicologia desse senhor Flaubert é em suma falsa: eles veem sempre apenas o mundo exterior atuar e o ego formado (exatamente como Taine?) – eles conhecem apenas os fracos de vontade, nos quais o *désir* se encontra no lugar da vontade.

25 (183)
　　Quero mostrar uma vez como a incompreensão schopenhaueriana da *vontade* é um "sinal do tempo" – ela é a reação à

era napoleônica, não se *acredita* mais em heróis, isto é, em força da vontade. (No "Stello" encontra-se a confissão: "não há herói algum e monstros" – antinapoleônico.)

25 (184)
A pintura no lugar da lógica, a observação particular, o plano, a preponderância do primeiro plano, das mil particularidades – tudo tem o paladar das necessidades de homens nervosos, em R<ichard> W<agner> como nos Goncourts.

R<ichard> W<agner> pertence ao movimento francês: heróis e monstros, paixão extrema e, nesse caso, puras particularidades, *horror* momentâneo.

25 (185)
(Psicologia)
§ Reaprender tudo sobre "interior" e "exterior".
§ "Ser" indemonstrável porque não há nenhum "ser". O conceito ser é formado a partir da oposição ao "nada".
§ Conceitos surgem, como imagens sonoras, que sintetizam uma pluralidade de imagens visuais simbólicas.
§ Afetos como contraparte em relação aos grupos fisiológicos, que possuem uma espécie de unidade do devir, um decurso periódico.
§ O intelecto como reino intermediário dos sentidos, as impressões sendo trabalhadas com o auxílio do antigo material, uma espécie de estômago de todos os afetos (que querem ser alimentados).
§ Vontade? O acontecimento propriamente dito de todo sentir e conhecer é uma explosão de força: sob certas condições (intensidade extrema, de tal modo que um sentimento de prazer pela força e pela liberdade surge aí), denominamos isso "querer".
§ "Finalidade" como imagem vaga, insuficiente para mobilizar.
§ A atuação mútua dos pensamentos (no elemento lógico) é aparente – trata-se de uma luta entre os afetos.

§ A dissipação de força também é o caráter essencial junto às ações mais conformes a fins.

§ Causa e efeito – toda essa cadeia é uma *seleção* de antemão e em seguida a, uma espécie de tradução do acontecimento na linguagem de nossas memórias, que acreditamos *compreender*.

25 (186)
A visão de grandes gestos como causas de grandes ações – consequência de Corneille e Racine.

25 (187)
Voltaire, ao compreender mal Maomé, se viu imerso em uma luta *contra* as naturezas superiores; Napoleão tinha razão de se indignar.

25 (188)
Napoleão: Religião como apoio da boa moral, de verdadeiros princípios, de bons costumes. *Et puis l'inquiétude de l'homme est telle, qu'il lui faut ce vague et ce merveilleux qu'elle lui présente.*[64] É melhor que ele o busque aí do que em pilantras e em Cagliostros.

25 (189)
O sermão da montanha: *il se disait ravi, extasié de la pureté, du sublime et de la beauté d'une telle morale.*[65]

25 (190)
"*J'ai refermé le gouffre anarchique et débrouillé le chaos. J'ai dessouillé la révolution, ennobli les peuples et raffermi les rois. J'ai excité toutes les émulations, récompensé tous les*

---
64 **N.T.**: Em francês no original: "E a inquietude do homem é tal que é necessária para ele essa onda e essa maravilha que ele lhe apresenta."
65 **N.T.**: Em francês no original: "ele se dizia maravilhado, extasiado com a pureza, com o sublime e com a beleza de uma tal moral".

mérites et reculé les limites de la gloire. Tout cela est bien quelque chose!"⁶⁶

25 (191)
Para a explicação dos sucessos de Mohamed em 13 anos: talvez tenha havido longas guerras civis antes (pensa Napoleão), guerras essas *sob as quais tinham se formado grandes caráteres, grandes talentos, impulsos irresistíveis* etc.

25 (192)
A "primeira causa" é como "a coisa em si", não um enigma, mas uma contradição.

25 (193)
As desvantagens do isolamento, uma vez que o instinto social é o que é melhor herdado – a impossibilidade de ratificar a si mesmo ainda por meio de uma outra concordância, o sentimento do gelo, do grito "me ame" – os casos *patologiques* como Jesus. Heinrich von Kleist e Goethe (Catita de Heilbronn).

25 (194)
Andrea Doria – *uma* coisa lhe é cara ao coração, ao que ele sacrifica *todo* o resto. Traidor de seus amigos, amigo de seus inimigos. Totalmente solitário e impassível. O cão. Cruel com seus sobrinhos.

25 (195)
Idealistas – por exemplo, ao admirarem em meio a arrepios no céu a medida, a ordem, o tipo descomunal de sistema e de simplicidade, afastam as coisas, olham para além do particular. Os realistas querem o arrepio oposto, o arrepio dos inumeravel-

---

66 **N.T.**: Em francês no original: "Estanquei o abismo anárquico e desbaratei o caos. Dissolvi a revolução, enobreci os povos e ratifiquei os reis. Excitei todas as emulações, recompensei todos os méritos e recuei os limites da glória. Tudo isso não é qualquer coisa!"

mente muitos: por isso, eles se amontoam no primeiro plano, seu gozo é a crença na exuberância das forças criadoras, a impossibilidade de poder contar.

25 (196)
Pluralidade das propriedades e o seu laço – meu ponto de vista. As forças dos gêmeos duplos; por exemplo, em Wagner, poesia e música; nos franceses, poesia e pintura; em Platão, poesia e dialética etc. A singularização de uma força é um *barbarismo* – "aleijado às avessas".

25 (197)
O gosto pela natureza do século passado é deplorável. Voltaire Ferney. Caserta. Rousseau Clarens!

25 (198)
As naturezas superiores cometeram todos os crimes: o único ponto é que elas não são tão animalescamente visíveis. Mas traição, abjuração, assassinato, renegação etc.

25 (199)
Para os homens totalmente grandes, os lábios encontram-se fechados em relação ao seu mais íntimo interesse. Encontrar alguém, para quem eles se abriram – Napoleão, por exemplo, Düster –

25 (200)
Como o mundo aristocrático esfola e enfraquece cada vez mais a si mesmo! Em virtude de seus nobres instintos, ele joga fora suas prerrogativas, e, em virtude de sua supercultura refinada, ele se interessa pelo povo, pelos fracos, pelos pobres, pela poesia do pequeno etc.

25 (201)
É preciso erigir uma vez mais os *graus* e tornar possível que uma estúpida mulher possa pretender um nível mais elevado de moral.

25 (202)
As oposições se mostram em pares como homem e mulher para a geração de algo terceiro – gênese das obras do gênio!

25 (203)
Incompreensão da glória, pensada como motivo dos criadores!!! *Vaidade* é o instinto dos rebanhos, *orgulho*, coisa dos touros líderes.

25 (204)
"*l'amour*", segundo Napoleão, "*l'occupation de l'homme oisif, la distraction du guerrier, l'écueil du souverain*".[67]

25 (205)
Caráter do francês: sempre *les Gauloius d'autrefois: la légèreté, la même inconstance et surtout la même vanité.*[68] Quando é que poderemos trocá-los finalmente por um pouco de *orgulho*!

25 (206)
"Os homens *não* são ingratos: mas o benfeitor esperara na maioria das vezes coisas demais!"
Ele diz que os homens mudam, no bem tanto quanto no mal.
Ele acha que a grande maioria das ações não são ações de caráter, mas ações momentâneas, que não demonstram nada sobre o caráter.

25 (207)
As boas ações, que acolhemos, são mais graves do que todas as infelicidades: quer-se exercer poder sobre nós. – Deveria estar entre as prerrogativas fazer o bem. O sentimento grego, que considerava rigorosamente o "*poder* restituir", era nobre.

67　**N.T.:** Em francês no original: "o amor", segundo Napoleão, "é a ocupação do homem ocioso, a distração do guerreiro e a escolha do soberano".
68　**N.T.:** Em francês no original: "os gauleses de outros tempos: a leveza, a mesma inconstância e a mesma *vaidade*".

25 (208)
A infelicidade na grande hipocrisia de *todos* os filósofos morais antigos. Eles exercitavam a fantasia dos homens, cindindo mutuamente virtude e poder. Poder aparece como *pretensão de felicidade* – **isso** ainda é antigo aí, ressonância da forma fundamental aristocrática. A partir de Sócrates, a ἀρετή é, apesar disso, compreendida de maneira falsa – ela passou a precisar se fundamentar sempre uma vez mais e não se dispôs mais a ser individual!, mas tiranicamente "boa para *todos*!" Tentativa de pequenas fundações públicas no Estado: tal como acontece agora com os maometanos no Norte da África.

25 (209)
Nunca encontrei um homem talentoso que não tivesse me dito que tinha perdido o sentimento do dever ou que nunca o tinha possuído. Agora, quem não possui uma vontade forte –

25 (210)
Os meios de outrora para obter seres *de um mesmo tipo* duradouramente através de longas gerações: posse fundamental inalienável dos mais antigos (origem da crença nos deuses e nos *heróis* como ancestrais)
Agora, o *estilhaçamento dos bens de raiz* na tendência oposta: uma *temporalização* (ao invés da *oração* diária) trem de ferro telégrafo. Centralização de uma quantidade descomunal de interesses diversos em uma alma: que precisa ser forte demais e extremamente capaz de transformação *para tanto*.

25 (211)
Precisa-se de uma doutrina, forte o suficiente para atuar de maneira *seletiva e cultivante*: de maneira fortalecedora para os fortes, obstrutiva e destruidora para os que estão cansados do mundo.
A aniquilação das raças decadentes. Decadência da Europa.
A aniquilação das valorações escravas.
O domínio sobre a Terra, como meio para a geração de um tipo mais elevado.

A aniquilação da tartufaria, que se chama "moral". (O Cristianismo como um tipo histérico de sinceridade, nesse caso Agostinho, Bunyan.)

A aniquilação do *suffrage universel*: isto é, do sistema, graças ao qual as naturezas mais inferiores se prescrevem como lei para as superiores.

A aniquilação da mediocridade e de sua validade. (Os unilaterais, particulares – povos, por exemplo, ingleses. Dühring. Aspirar à plenitude da natureza por meio da junção de oposições: misturas de raças além disso.)

A nova coragem – nenhuma verdade *a priori* (*tais* verdades eram buscadas por aqueles que estavam acostumados a acreditar!), mas *livre* subordinação a um pensamento dominante, que tem seu tempo, por exemplo, tempo como propriedade do espaço etc.

25 (212)
"Homens famintos Schnack é entediante."

25 (213)
A tartufaria (sob todas as camadas dominantes) na Europa (ou a moral sob a impressão do Cristianismo).

A histeria na Europa (ócio, parca alimentação, pouco movimento – irrompe em loucura religiosa como no caso dos indianos. Falta de satisfação sexual.) *Vantagem* é que os religiosos não procriam.

A pedanteria do escravo e do não artista como crença na razão, na conformidade a fins. Vem à tona como repercussão da era estética que ensina a ver tudo *mais simples* do que é: superficialidade dos moralistas gregos, assim como dos franceses do século XVIII.

Agora junto aos ingleses como moral satisfação com a existência confortável, o problema de viver felizes parece resolvido para eles: *isso* se reflete uma vez mais em seu modo de pensar.

O elemento escravo como exigência de *autoridade*. Lutero.

25 (214)
   Minha consumação do fatalismo:
   Por meio do eterno retorno e da preexistência.
   Por meio da eliminação do conceito "vontade".

25 (215)
   Problema físico encontrar o estado no qual + e − são.

25 (216)
   A falta de almas poderosas, mesmo junto aos sábios.
   Tartufaria dos homens do conhecimento em relação a si mesmos: "conhecimento em virtude de si mesmos!"
   Objetividade – como meio moderno de se libertar, por menosprezo (como em Flaubert)
   os lógicos, matemáticos e mecânicos e seu valor. O quanto de embuste não impera aí!
   A teatralidade dos antigos: Sócrates, a *plebe* vê na virtude o seu ideal, isto é, a felicidade na libertação dos desejos plebeus *super*violentos e portadores de sofrimentos. A abulia como meta do conhecimento. ("Tudo tem pouco valor" *precisa* surgir como resultado.)
   A falta das poderosas
   das nobres   almas nos filósofos até aqui.
   das ricas e múltiplas
   das saudáveis

25 (217)
   Movimentos vikings, constituição do Estado e hábitos dos antigos escandinavos. Von Stinnholm. Tradução de Frisch. (Hamburgo, Perthes, 1879.)

25 (218)
   Valor do antissemitismo, impelir os judeus a estabelecerem para si metas mais elevadas e acharem *baixo demais* entrar em Estados nacionais.

25 (219)
O armamento do povo – é, por fim, o armamento da plebe.

25 (220)
É difícil utilizar homens como eu: aprendo cada vez mais o quanto de superficialidade e de atrevimento se esconde nas ações, com as quais se acredita me "fazer um bem". Há muito tempo não gosto mais de homem algum: a meia dúzia de talentos primorosos, para os quais eu poderia ser útil não gostaria de deixar que me fossem roubados por tolices de um pérfido parvo – esse ser útil é quase a minha única desforra, a desforra que tive até aqui da lida.

25 (221)
A tarefa é formar uma *casta dominante*, com as almas mais abrangentes possíveis, capaz de realizar as mais diversas tarefas do governo da Terra. Centralizar todas as capacidades particulares até aqui em uma natureza.

Posição dos *judeus* em relação a isso: grande exercício prévio na *adaptação*. Eles são vez por outra os maiores atores *por isso*; mesmo como poetas e artistas, eles são os mais brilhantes imitadores e aqueles que melhor compreendem os sentimentos alheios. O que, por outro lado, lhes falta. Só quando o Cristianismo for aniquilado, far-se-á *justiça* aos judeus: mesmo como autores do Cristianismo e do mais elevado *páthos* da moral até aqui.

25 (222)
O século XX tem *duas faces*: uma da decadência. Todas as razões pelas quais a partir de agora poderiam surgir almas mais poderosas e mais abrangentes do que jamais houve (mais desprovidas de preconceitos, mais morais), atuam sobre as naturezas mais fracas, levando-as à decadência. Talvez venha a emergir uma espécie de Cristianismo europeu, com uma crença budista-cristã suave, e, na práxis, astutamente epicurista, tal como o que caracteriza o chinês – homens reduzidos.

25 (223)
O impulso fundamental do filosofar inglês é o confortismo.

25 (224)
Se é necessário para a tua saúde, que assim seja! O que isto importa! Mas não faça nenhum barulho por isto! É ridículo falar entusiasmadamente de legumes verdes – quem faz isso, tem pouca coisa na cabeça.

25 (225)
O governo da Terra é um problema *próximo*. A questão radical é: *precisa* haver escravidão? Ou muito mais: não se trata de questão alguma, mas do fato: e só o maldito Cant inglês-europeu faz – –
Em verdade, sempre *há* escravidão – quer vocês queiram, quer não! Por exemplo, o funcionário prussiano. O erudito. O monge.

25 (226)
A morte. É preciso converter o estúpido fato fisiológico em uma necessidade moral. Viver de tal modo que também se tenha *no tempo certo a vontade de morte*!

25 (227)
O eterno retorno do mesmo
Dedicado aos meus irmãos.
Mas onde estais, meus irmãos?
Introdução
O que foi, afinal, que os filósofos quiseram até aqui? Olhar retrospectivo a partir dos brâmanes.
Quero ensinar o pensamento, que dá a muitos o direito de eliminar a si mesmos – o grande pensamento *seletivo e cultivante*.

25 (228)
A questão do *casamento*. Dispor as coisas para o criador: pois temos aí um antagonismo entre casamento e obra.

25 (229)
Tema central: a inteligência precisa se assenhorear *sobre* o querer bem: esse precisa ser avaliado de maneira nova, assim como o dano ilimitado, que é constantemente produzido pelo ato do fazer bem. Ironia do amor *materno*.

25 (230)
As línguas nos induzem em erro em relação aos *"povos"*: as línguas que também são aquelas a produzir os maiores danos ao conhecimento mais elevado.

25 (231)
Os erros sobre o mesmo e o semelhante: 1) porque *parece* igual, 2) porque se move de maneira igual, 3) porque oferece os mesmos tons de si.

25 (232)
A necessidade da escravidão.

25 (233)
O artista plástico recusa do "idealismo" até aqui e de suas brincadeiras com imagens. Trata-se do *corpo*.

25 (234)
Na Europa, os judeus são a raça mais antiga e mais pura. Por isto, a beleza das judias é a mais elevada.

25 (235)
Os macacos são por demais bondosos, para que o homem pudesse ter surgido deles.

25 (236)
A *domesticação* do homem foi mal compreendida até aqui como "moral".

25 (237)
Uma consideração indescritivelmente terna, firme, decidida e cordial de todas as coisas se encontra em Zaratustra, 1.

25 (238)
"*Filosofia do futuro*"
1. A tartufaria moral.
2. A necessidade da escravidão (o homem como *instrumento* –).
3. A decadência da Europa.

25 (239)
A liberdade da vontade ensinada a partir de dois impulsos opostos: "*liberum arbitrium* nunca pode ser imposto, pois onde há coerção, aí não há nenhuma liberdade, uma vez que não há nenhum *mérito*" – mas os outros concluem: "não há aí nenhuma *culpa*". Os primeiros querem o princípio da vontade livre a partir do sentimento de orgulho, os outros a partir do "sentimento de pecado" e da "humildade".

25 (240)
Ainda não houve até aqui na Alemanha nenhuma cultura, mas sempre apenas separatistas místicos. Sempre apenas *particulares* – isto é um *consolo*!

25 (241)
A música como ressonância de estados, cuja expressão conceitual foi a *mística* – sentimento de transfiguração do particular, *transfiguration*. Ou: a reconciliação das oposições interiores em relação a algo novo, *nascimento do terceiro*.

25 (242)
Para o assinalamento do *escravo*: *a natureza instrumental*, fria, útil – considero todos os utilitaristas como *escravos involuntários*. **Fragmentos** de homens – isto distingue os escravos.

25 (243)
Primeiro princípio: não levar em conta o número: a massa, os miseráveis e infelizes me interessam pouco – só me interessam *os primeiros e mais exitosos exemplares*, e que *eles não sejam abortados cedo demais por levar em consideração os desvalidos* (isto é, a massa).
Aniquilação dos desvalidos – para tanto, é preciso se emancipar da moral até aqui.

25 (244)
Nós precisamos auscultar o Cristianismo, extraindo-o de muitas músicas e *superando*-o.

25 (245)
Instrumentos particulares
1. *Os que comandam* poderosos – que *não amam*, a não ser as imagens, segundo as quais eles criam.
Os incondicionados plenos e múltiplos, que superam o existente.
2. *Os liberados* obedientes – amor e veneração é sua felicidade (suspensão de sua imperfeição em vista do mais elevado).
3. *Os escravos* "o tipo servo" – criar conforto para eles, compaixão entre si.

25 (246)
Na primeira parte, clarificar a *decadência* e sua *necessidade*! Em que medida o escravo se tornou senhor, sem possuir as virtudes do senhor.
O nobre sem o fundamento da descendência e da postura pura.
Os monarcas, sem serem os *primeiros homens*.

25 (247)
Em relação a I – o desespero e a insegurança em todas as formas aproximam-se de Zaratustra.
"Tu és um escravo", ele diz para o rei, mesmo para o filósofo.

Quem *deve ser o senhor da terra*? Este é o **refrão** de minha filosofia prática.
O que precisa ser superado aí? Vós fizestes do escravo senhor. *Refrão.*
"o menor dos homens"
"onde aconteceram mais estultices do que junto aos compassivos", diz Zaratustra para a mulher
"Pátria e povo" – como a linguagem induz em *erro*!

25 (248)
"Alemanha, Alemanha acima de tudo" – talvez essa seja a mais estúpida de todas as palavras de ordem, que jamais foram proferidas. Por que, afinal, a Alemanha – me pergunto: se ela não *quiser, não representar, nem apresentar* algo que tenha mais valor do que aquilo que foi representado por qualquer outro poder até aqui! Em si, só mais um grande Estado, uma tolice a mais no mundo.

25 (249)
Último discurso: aqui o martelo, que supera os homens
o homem falhou? pois bem, coloquemos à prova se ele consegue suportar esse martelo!
este é o grande meio-dia.
o que está em declínio *abençoa*-se
ele prediz do ocaso inúmeros particulares e raças
eu sou o *fatum*
eu *superei* a compaixão – júbilo do artista em meio ao grito de mármore.
os animais e as plantas suportam este pensamento (ele se volta para os seus animais)
"Afastai-vos de mim"! – rindo, ele vai embora.
Na última parte, Zaratustra vai ficando cada vez mais *alheio, distante, silencioso* em seus discursos. Finalmente, ele mergulha no mais profundo silêncio – durante sete dias. *Durante* esse tempo emerge a *indignação*, a *pressão* muda junto aos discípulos.

– seu desprendimento, o fugir para longe um do outro, trovoada e tempestade. A mulher quer matá-lo, quando seus discípulos decidem dizer-lhe o seu *não*.

25 (250)
   Leo Gfrörer – "Gustav Adolf"
   Walter Rogge "Grandezas parlament<ares>"

25 (251)
   Não somos suficientemente estúpidos para nos entusiasmarmos pelo princípio "Alemanha, Alemanha acima de tudo" ou pelo Império Alemão.

25 (252)
   Nem todos têm o direito de falar sobre qualquer coisa: assim como nem todos podem estender para qualquer um a mão. Considero <isto>a "epidemia da bocarra e do furto".

25 (253)
   Como é que, como Lutero, se pode querer dar liberdade ao particular nas coisas supremas! Por fim, o instinto de rebanho é mais forte e eles logo recaem imediatamente na servidão (por exemplo, os protestantes diante dos desprezíveis pequenos príncipes – um povo de servos –)

25 (254)
   As avaliações da Igreja são as avaliações dos *escravos*. A profunda *mendacidade* é europeia. Quem quer que tenha querido produzir até aqui um efeito sobre os europeus em grande abrangência precisou da tartufaria moral (por exemplo, o primeiro Napoleão em suas proclamações, e, recentemente, R. Wagner em virtude de sua música de atitude).
   O "bem-estar da maioria" como princípio mesmo junto aos príncipes!

25 (255)
O futuro só chegou muito raramente a ser vislumbrado até aqui, afora junto aos romanos.

25 (256)
No Oriente, povos cristalizados sob o domínio de uma lei moral. A Europa permaneceu viva sob o domínio de duas instâncias contrapostas.
A história da Europa desde o Período Imperial Romano é um levante de escravos.

25 (257)
Sem o platonismo e o aristotelismo, não haveria nenhuma filosofia cristã.

25 (258)
Conceito do místico: aquele que tem o bastante e mesmo demais em sua felicidade e que busca para si uma linguagem para a sua felicidade – ele gostaria de *doar e presentear* as pessoas com essa felicidade!

25 (259)
Comparemos os vikings em casa e ao longe: era de bronze e de ouro, sempre de acordo com o ponto de vista. Do mesmo modo o grande homem da *Renaissance*! O verme da consciência é uma coisa para a plebe, e uma verdadeira *degradação* de uma postura *nobre*.
Todos os homens que pensam grande cometeram crimes; se esses crimes são jurídicos ou não, isto depende do caráter terno e da fraqueza do tempo. Mas pensemos em Lutero entre outros. E em Cristo – aquele que não o *ama* deve queimar no inferno!
O fato de se realizar e suportar ações terríveis, mantidas em um nível alto por meio da grandeza do modo de pensar que não *teme* a condenação da *fama* – uma firmeza e uma grandeza originárias, abstraindo-se de valorações *adquiridas por meio do aprendizado*. (Em Rée faltam todos os homens originários.)
É preciso caracterizar Bismarck.

Do mesmo modo Napoleão – um bem-estar sem igual atravessou a Europa: o gênio deve ser *senhor*, o estúpido "príncipe" de outrora se mostrou como caricatura. – Só os mais estúpidos se opunham, ou então aqueles que tinham a maior desvantagem com ele. *Não se compreendem os grandes homens*: eles se perdoam por qualquer crime, mas não se perdoam por uma fraqueza. Quantos eles não matam! Todo e qualquer gênio – que desertos não o circundam!

Quem *se torna* o homem "de seu crime" não se encontra de maneira suficientemente sublime acima do juízo.

25 (260)
O caminho da liberdade é *duro*. Parte I.

25 (261)
Todo indivíduo elevado atribui a si os *direitos* que o Estado se permite – matar, aniquilar, espionar etc. A covardia e a má consciência da maioria dos príncipes inventou o Estado e a palavra de ordem sobre o *bien public*. O homem propriamente dito sempre utilizou esse bem como *meio* em suas mãos, para uma finalidade qualquer.

A cultura surgiu *apenas* em culturas nobres – e junto a ermitões, que atearam fogo em tudo à sua volta com desprezo.

25 (262)
Idealismo do *escravo*, que é o **mentiroso**: o maior tipo de tal idealismo é o papa!

25 (263)
O socialismo moderno quer criar a forma secundária mundana do jesuitismo: *todo e qualquer* instrumento absoluto. Mas a finalidade não foi inventada até aqui. Para quê!

25 (264)
Os niilistas não deveriam se rebaixar por meio de metas europeias: eles não querem mais *ser escravos* –

25 (265)
Nem todos têm o direito a *qualquer* problema, por exemplo, Dühring, Lutero – em compensação, liberdade de pensamento e de imprensa. –

25 (266)
Tomei como um sinal de "pobreza de espírito" nomear de uma vez só Schopenhauer e Hartmann.

25 (267)
Doença e depressão trazem consigo uma espécie de insanidade: assim como um duro trabalho mecânico.

25 (268)
O camponês como o tipo mais vulgar de *noblesse*: porque é o mais dependente de si. O sangue campesino ainda é o melhor *sangue* na Alemanha: por exemplo Lutero Niebuhr Bismarck.

Onde há uma família nobre, cujo sangue não possua uma contaminação e uma degradação venéreas?

Bismarck, um escravo. Basta ver os rostos dos alemães (compreende-se o espanto de Napoleão, ao ver o poeta do Werther e descobrir um *homem*!): tudo aquilo que tinha em si um sangue masculino superfluente foi para o estrangeiro: a deplorável população que ficou para trás, o povo de almas marcadas pela servidão, experimentou a partir do estrangeiro um aprimoramento, sobretudo por meio do *sangue eslavo*.

A nobreza americana e a nobreza prussiana em geral (e o camponês de certas regiões do Norte da Alemanha) contêm atualmente as naturezas *mais viris* da Alemanha.

O fato de os *homens mais viris* dominarem é algo que procede.

25 (269)
Nós não somos tolos falastrões da castidade: quando se precisa de uma mulher, encontra-se já uma mulher, sem que seja necessário por isto cometer o adultério ou estabelecer um matrimônio.

25 (270)

1º Princípio: não há nenhum Deus. Ele encontra-se tão bem refutado quanto qualquer coisa. É preciso fugir em direção ao "intangível", para impor sua tese. *Consequentemente*, não passa a partir de agora de *mentira* ou de *fraqueza* acreditar em Deus.

2º Princípio: *os homens viris devem dominar*, e as pseudo-mulheres, os padres e os eruditos: – contra o fanatismo católico de Comte

3º Princípio: para além do dominante, liberto de todos os laços, vivem os homens mais elevados: e nos dominantes eles têm o seu instrumento.

Guerreiros, *camponeses* do interior, *indústria* da cidade, o mais profundamente os *comerciantes*.

25 (271)

O camponês em Lutero gritava sobre a mentira do "homem superior", na qual ele tinha acreditado: "não há nenhum homem superior" – gritava ele.

25 (272)

Bismarck queria criar com o parlamento para o estadista dirigente um para-raios, uma força *contra* a coroa e, sob certas circunstâncias, uma alavanca para a pressão sobre o estrangeiro: – ele também tinha aí o seu bode expiatório e o seu bode para eventualidades.

25 (273)

A *noblesse* cresce segundo o grau da *independência* em relação ao lugar e ao tempo. Homens da cultura mais elevada, a partir de corpos fortes, encontram-se acima de todos os *soberanos*.

25 (274)

O homem doméstico e o homem domesticado – esse é a grande massa.

25 (275)
Quem é a vítima de uma paixão não se encontra suficientemente no alto: ele deveria se des – – – dela.

25 (276)
O futuro de nossas instituições de ensino
O *bem* compreendido R. Wagner.
O bem compreendido Schopenhauer. Ele enojava-se com aquilo que me enoja.

25 (277)
Resolução. Quero falar, e não mais Zaratustra.

25 (278)
Os maus são para mim justamente aqueles que, como reis etc., oferecem a *falsa imagem* do homem mais poderoso, apoiados no poder de exércitos, de funcionários (mesmo do gênio sem consumação interior, tal como Frederico, o grande, e Napoleão), que fazem surgir a pergunta: para quê?

25 (279)
bien public é o canto das sereias: com isto, os instintos inferiores são cativados e aprisionados.

25 (280)
A *noble* simplicidade do espanhol, seu orgulho.

25 (281)
Elogio dos niilistas: é preferível aniquilar e perecer por si mesmo!

25 (282)
"Estilo".
Imitação – como talento do *judeu*. "Adaptar-se a formas" – por isto, ator, por isto, poeta como Heine e Lipiner.

25 (283)
 Outrora buscava-se sua *salvação* futura às custas de sua salvação *atual*. Assim, todo criador vive com vistas à sua obra. E a grande atitude quer, então, que eu viva com vistas ao futuro do homem *às custas do conforto atual*.

25 (284)
 Desprezar o elogio do *dévouement* e do *héroisme*[69] – por desprezo dos que elogiam a compaixão, quase fiquei *duro*.

25 (285)
 Meu ódio ao grande palavrório em relação a mim. Quem poderia alcançar com a sua fantasia tudo aquilo *que* exigi de mim até aqui na vida e os sacrifícios que fiz, assim como as resistências pelas quais passei em meu duro percurso; incluindo aí o fato de que eu, no que diz respeito à duração e à intensidade dos martírios corporais, talvez esteja entre os homens mais experientes de todos. E, então, ver-me agora uma vez mais em um aspecto mesquinho por meio dos olhos amesquinhadores de parentes, amigos, em suma, de qualquer um, soterrado pelas suspeitas tanto quanto pelas censuras da fraqueza, além das advertências. – E quem teria mesmo que apenas o direito de me encorajar!

25 (286)
 dar aos alemães um nível mais elevado entre os povos – porque o Zaratustra está escrito em alemão. –

25 (287)
 Egoísmo! Mas ninguém ainda perguntou: que tipo de ego! Ao contrário, qualquer um estabelece agora involuntariamente o ego como igual a todo e qualquer ego. Estas são as consequências da teoria dos escravos sobre o *suffrage universel* e a "igualdade".

---

69 **N.T.:** Em francês no original: *"desprezar* o elogio desprendimento e do heroísmo".

25 (288)
No caso da *beleza*, o olho permanece bastante na superfície. Mas precisa haver beleza ainda em todos os processos internos do corpo: toda a beleza corporal é apenas uma alegoria, e algo *superficial contra essa grande quantidade* de profundas harmonias.

25 (289)
Meu discurso contra os maus (que *bajulam os escravos* –) os caluniadores do mundo
os bons (que acreditam que fazer bem seria fácil e algo para qualquer um)
(contra a bazófia padreca, mesmo contra a bazófia das paróquias)

25 (290)
Era dos *experimentos*.
Eu faço a grande prova: *quem consegue suportar o pensamento do eterno retorno do mesmo*? – Quem pode ser aniquilado com a sentença "não há nenhuma redenção", este deve ser extinto. Quero *guerras*, nas quais os que têm coragem de viver expulsam os outros: essa questão deve desatar todos os laços e *expulsar* os cansados do mundo – vós deveis expeli-los, cobri-los com desprezo ou trancá-los em manicômios, impeli-los ao desespero etc.

25 (291)
Vocês compreenderam bem: o amor ao próximo é uma receita para aqueles que tiveram uma terrível experiência na mistura das propriedades. Seus *admiradores* como Comte dão a entender que eles estão saciados.

25 (292)
Com o grande *paradoxo* "o Deus na cruz", estragou-se por milênios todo *bom gosto* na Europa: trata-se de uma ideia pavorosa, um superlativo do paradoxo. Assim como o inferno em um Deus do amor. Veio à tona um *esprit* barroco, contra o qual o paganismo não conseguiu mais se manter.

25 (293)
O fato de termos reconquistado uma sensibilidade para *Homero* é algo que considero a maior vitória sobre o Cristianismo e a cultura cristã: o fato de *estarmos* **fartos** do mimo, do embrutecimento, da desertificação, da ultraespiritualização cristãos.

25 (294)
É preciso sentir na Igreja a mentira, não apenas a inverdade: *impelir o Esclarecimento a tal ponto no povo, que os padres se tornem todos padres com má consciência – –*
– é preciso fazer a mesma coisa com o Estado. Temos aí uma **tarefa do Esclarecimento**, transformar para os príncipes e os estadistas toda a sua conduta em uma *mentira intencional*, eliminar deles a boa consciência, e **excluir uma vez mais a tartufaria inconsciente do corpo do homem europeu**.

25 (295)
"O medo da morte é um tipo europeu de medo". oriental.

25 (296)
O novo Esclarecimento. Contra as igrejas e os padres
          contra os estadistas
          contra os benevolentes compassivos
          contra os eruditos e o luxo
          em suma, contra a tartufaria.
como Maquiavel.

25 (297)
Sócrates: o homem *comum*: esperto: tornando-se senhor sobre si por meio de um entendimento claro e de uma vontade forte: humor do vitorioso: no trato com o nobre, ele sempre notava que eles não conseguiam dizer *por que (pertence à nobreza o fato de que a virtude é exercida sem por quê?* –) Antes, a ciência encontrava-se entre homens puramente nobres!

No julgamento de sua morte: uma espécie de falsidade, porque ele encobre a sua vontade de morte: em seguida, ele envergonha sua terra pátria. De qualquer modo, mais egoísta do que patriota.

A dialética é *plebeia* segundo a sua origem: o fanatismo de Platão é o fanatismo de uma natureza **poética** por sua contrapartida. Ao mesmo tempo, ele nota, como *natureza* **agonal**, que é dado aqui o *meio para a vitória* contra todos os *combatentes*, e que a capacidade é *rara*.

25 (298)
Acerca do nível hierárquico. A terrível consequência da "igualdade" – por fim, qualquer um acredita ter o direito a qualquer problema. Perdeu-se toda ordem hierárquica.

25 (299)
Nossos pressupostos: nenhum Deus: nenhuma finalidade: força finita. Nós queremos *tomar cuidado* para não inventarmos e prescrevermos aos homens baixos o modo de pensar que lhes é necessário!!

25 (300)
Sentido da religião: os *desvalidos* e os infelizes devem ser *conservados*, e mantidos longe do suicídio por meio da melhora da atmosfera (esperança e medo).
Ou no caso dos nobres: um excedente de *agradecimento* e *elevação*, que é *grande demais*, para que pudesse ser apresentada a um homem.

25 (301)
Irrupção de meu *nojo* em relação à falta de vergonha, com a qual mesmo os parvos se dão o direito de falar sobre "bem" e "mal" junto aos grandes homens.

25 (302)
Jovens camponeses, transformados em padres, cheirando ao monastério

25 (303)
a filosofia alemã, que cheira à pena de Tuebingen

25 (304)
"Nada é verdadeiro, tudo é permitido"

25 (305)
Zaratustra: "retiro de todos vós, o Deus, o dever – agora, vós precisais dar a *maior de todas as provas* de um modo de ser *nobre*. Pois **aqui** a senda está aberta para os réprobos – prestai atenção!
– a luta pelo domínio, por fim o rebanho mais rebanho e o tirano mais tirano do que nunca.
– nenhuma liga secreta! As *consequências* de minha doutrina precisam enfurecer terrivelmente: mas *inúmeros homens devem perecer por conta dela.*
– *nós estamos fazendo um experimento com a verdade!* Talvez a humanidade pereça aí! Pois muito bem!

25 (306)
Parte I. A montanha por fim cercada pela névoa da aflição e da indigência.
Todos os tipos possíveis fogem para ela – um exército de loucos à minha volta!
– Sobre a religião dos escravos
– Sobre o nível hierárquico
– Os sem Deus, por sinceridade chegam até ela.

25 (307)
1º *Princípio*. Todas as valorações até aqui surgiram de um saber falso e presunçoso sobre as coisas: – elas não possuem mais nenhum caráter obrigatório; e isto mesmo quando trabalham como um sentimento, instintivamente (como consciência moral).
2º *Princípio*. Ao invés da crença, que não nos é mais possível, colocamos uma vontade forte acima de nós, uma vontade que retém uma série provisória de avaliações fundamentais,

como princípio heurístico: para ver *até que ponto* se vai com isto. Como o marinheiro em mares desconhecidos. Em verdade, toda aquela "crença" também não era outra coisa: só que o *cultivo do espírito* foi outrora parco demais, para poder suportar nossa *grandiosa cautela*.

3º *Princípio*. A *coragem* da cabeça e do coração, aquilo que nos **distingue**, homens europeus: conquistada na luta entre as muitas opiniões. A maior flexibilidade na luta com religiões que se tornaram sutis, e um áspero rigor, sim, crueldade. Vivisseção é uma *prova*: quem não a suporta não é um dos nossos (e habitualmente também há, de resto, sinais de que ele não é um dos nossos, por exemplo, Zöllner).

4º *Princípio*. A matemática contém descrições (definições) e deduções a partir de definições. Seus objetos *não existem*. A verdade de suas deduções baseia-se na correção do pensamento lógico. – Se a matemática é aplicada, então acontece o mesmo que com as explicações de "meio e fim": o real e efetivo é primeiro *retificado* e *simplificado* (**falsificado – –**)

5º *Princípio*. Aquilo em que mais acreditamos, tudo o que é *a priori*, não é *mais certo* porque nós acreditamos nele de maneira intensa. Ao contrário, ele se mostra talvez como condição de existência de nosso gênero – uma suposição fundamental qualquer. Por isto, outros seres poderiam fazer outras suposições fundamentais, por exemplo, quatro dimensões. *Por isto*, todas essas suposições poderiam continuar sendo sempre falsas – ou muito mais: até que ponto alguma coisa qualquer poderia ser *"em si verdadeira"*! Este é o *disparate fundamental*!

6º *Princípio*. Pertence à virilidade conquistada o fato de que nós não nos iludimos sobre a nossa posição *humana*: nós queremos antes levar a termo a *nossa medida* e **almejar a maior medida de poder sobre as coisas**. Perceber que o risco é descomunal: que o acaso até aqui *imperou* –

7º *Princípio*. Surge a tarefa de governar a Terra. E, com isto, a questão: **como** é que *queremos* o futuro da humanidade! – Novas tábuas de valor são *necessárias*. E a luta contra os *representantes* dos antigos valores "*eternos*" como questão suprema.

8º *Princípio*. Mas *de onde* recebemos o nosso imperativo? Não se trata de nenhum "tu deves", mas o "eu preciso" do superpotente, do criador.

25 (308)
Os filósofos procuraram dissolver o mundo em 1) imagens (fenômenos) ou 2) conceitos ou em 3) vontades – em suma, em algo qualquer conhecido para nós homens – ou equipará-lo à *alma* (como "Deus").
O povo estabeleceu "a causa e o efeito" da relação considerada como conhecida do agir humano na natureza. "Liberdade da vontade" é a teoria para um *sentimento*.
Uma coisa, cuja proveniência é conhecida, ainda não se acha com isto *demonstrada* como "*não sendo*", por exemplo, espaço, tempo etc.
A ciência da matemática dissolve o mundo em *fórmulas*. Ou seja, ela – – –
Em contrapartida, é preciso *insistir* naquilo apenas que conceitos e fórmulas podem ser: meios para o entendimento e a calculabilidade, a *aplicabilidade prática* é a meta: que o homem possa se servir da natureza, o limite racional.
Ciência: o apoderamento da natureza para os fins do homem – – isolar *o excessivo* fantasiar junto a metafísicos e matemáticos: apesar de ele ser necessário como um experimentar com vistas àquilo que talvez seja pego casualmente aí.
A maior massa de trabalho espiritual na ciência *dissipada* – aqui também vigora o princípio da maior estupidez possível.
Princípio junto à explicação de toda a história humana: os empenhos são infinitamente maiores do que o *produto*.

25 (309)
Princípio: ser como a natureza: inúmeros seres *podem* ser sacrificados, a fim de alcançar algo com a humanidade. É preciso estudar **como** de fato um homem grande qualquer pode ser produzido. *Toda* a ética até aqui se mostrou como ilimitadamente restrita e local: e, além disto, cega e mendaz em relação às leis reais e

efetivas. Ela fez-se presente não para a explicação, mas para o **impedimento** de certas ações: para não falar de para a **geração**.

Ciência é uma coisa *perigosa*: e antes de sermos perseguidos por sua causa, não fazemos nada que possua a sua "dignidade". Ou então quando se porta a ciência para a escola popular: agora, até mesmo as mocinhas e os parvos começam a grasnar ciência; isto se deve ao fato de que ela sempre foi empreendida com uma *tartufaria moral*.

Quero pôr um fim nisto.

Todos os pressupostos da "ordem" subsistentes estão *refutados*.

1) Deus está refutado; porque todo acontecimento não é nem benévolo, nem astuto, nem verdadeiro;

2) porque "bom" e "mal" não são nenhuma oposição e os valores morais se transformam;

3) porque "verdadeiro" e "falso" são os dois necessários – querer iludir, assim como deixar-se iludir são um pressuposto do vivente;

4) ser de modo "não egoísta" não é de maneira alguma possível. "Amor" compreendido de maneira falsa. "Oração" indiferente; "resignação" perigosa.

25 (310)

O fato de nossos órgãos sensíveis mesmos não serem senão fenômenos e consequências de nossos sentidos e de nossa organização corporal ser uma consequência de nossa organização me parece algo extremamente contraditório ou no mínimo totalmente indemonstrável. O fato de o *tartarus stibiatus* me fazer vomitar não tem nada em comum com todos os "fenômenos" e "opiniões".

A fotografia é uma contraprova suficiente contra a forma mais tosca possível do "idealismo".

25 (311)

De onde o sentido para a verdade? Em primeiro lugar: nós não tememos nos desviar, 2) ele aumenta nosso sentimento de poder, mesmo contra nós mesmos.

25 (312)
"humanizar" o mundo, isto é, sentirmo-nos cada vez mais como senhores nele –

25 (313)
Sentir, conceber, querer não seriam de maneira alguma possíveis em relação à mobilidade indizivelmente pequena dos átomos, se não pertencessem à sua essência o *reunir*, o *tornar mais grosseiro*, o *alongar*, o *igualar*.
Surgem a imagem e o conceito, na medida em que uma *força produtiva configura* alguns estímulos dados: *produz* um "fenômeno".

25 (314)
Na matemática não há nenhum *conceber*, mas apenas uma *constatação de necessidades*: de relações que não mudam, de leis no ser.
Uma *visão de mundo mecânica*, isto é, uma na qual se abdica por fim de um conceber: nós só concebemos lá onde compreendemos *motivos*. Onde não há nenhum motivo, aí cessa o conceber.
Minha intenção no que diz respeito mesmo às ações conforme a fins é mostrar que nosso "conceber' mesmo aí não é senão uma aparência e um *erro*.

25 (315)
Capítulo: sobre o "conceber" de ações.

25 (316)
O ideal é construir o mais complicado dos seres maquinais, surgido a partir do *mais estúpido* de todos os métodos.

25 (317)
Diante de uma obra de arte, é possível se deixar levar. Diante do grande homem, não! Por isto o cuidado com as artes junto aos *submissos*, que *criam* para si um mundo da liberdade – os artistas são aqueles que na maioria das vezes *não* são senhores.

Os imperadores adoram os artistas, porque eles querem *retratos de si*.

25 (318)
Lange, p. 822, "uma *realidade efetiva*, tal como a que o homem imagina, e tal como ele a *almeja*, quando essa imaginação é *abalada*: uma existência *absolutamente firme, independente de nós* e, contudo, conhecida por nós – uma tal realidade efetiva não há". Nós somos ativos nisto: mas isto não dá ao Lange nenhum orgulho!

Portanto, ele deseja para si algo que não seja em nada ilusório, mutável, dependente, incognoscível – *esses* são os instintos de seres *angustiados* e daqueles que ainda se acham dominados moralmente: eles anseiam por um *senhor absoluto*, algo adorável que fale a verdade – em suma, essa nostalgia dos idealistas é estabelecida em termos morais e religiosos a partir do ponto de vista dos escravos.

Ao contrário, poder-se-ia gozar de nosso direito à elevação dos artistas por *terem criado* esse mundo.

"subjetivamente *apenas*", mas eu sinto inversamente: nós o criamos!

25 (319)
Formador – este é o impulso do *elemento ético*: formar tipos: para tanto, as oposições da avaliação são necessárias.

Ver formas ou *computá-las* é a nossa grande felicidade – trata-se de nosso mais longo exercício.

25 (320)
Em todos os juízos estéticos escondem-se juízos morais. P<eter> G<ast> é por demais benevolente, para cunhar um querer sobre sua proposição, ele *cede*.

25 (321)
O grande estilo consiste no desprezo à pequena e breve beleza, trata-se de um sentido para o pouco e o duradouro.

25 (322)
   Esperando Zaratustra
   1) Indício da maior confusão. "Nada é verdadeiro, tudo é permitido."
   2) Ele anuncia o seu e<terno> r<etorno>. Não vontade, queixa – até o atentado. Zaratustra ri, é feliz, porque ele traz consigo a *grande crise*.
   3) Os cansados do mundo vão embora, a multidão fica menor. Ele comunica a ela sua doutrina, a fim de encontrar o caminho para o além-do-homem e, contudo, apresentar *boas coisas*.
   Sereno como no acampamento. Cortejos etc.

25 (323)
   O eterno retorno do mesmo
   Meio-dia e eternidade
   É tempo!
   O grande meio-dia.
   Os que prometem.   A predição
                              do eterno retorno

25 (324)
   Ver e ouvir pressupõem um *aprender* a ver, aprender a ouvir de formas totalmente determinadas.

25 (325)
   O fato de, na cadeia morfológica dos animais, o sistema nervoso e, mais tarde, o cérebro ter se *desenvolvido*: fornece um ponto de apoio – desenvolve-se o *sentimento*, assim como se *desenvolve* mais tarde a criação de imagens e o *pensar*. Por mais que ainda não o compreendamos: nós *vemos* que as coisas são assim. Nós achamos improvável transpor prazer e dor para tudo o que é orgânico: e mesmo junto ao homem o *estímulo* é sempre ainda um estágio, no qual *os dois* não se acham presentes.

25 (326)
Nós desconfiamos da possibilidade de partir do "que pensa", do "que quer", do "que sente" em nós. Trata-se aí de um *fim* e, em todo caso, do que há de mais intrincado e mais difícil de ser compreendido.

25 (327)
O surgimento da sensação *subjetiva* do espaço, do tempo, da força, da causalidade e da liberdade, supondo que ele seja conhecido: do mesmo modo que o surgimento da imagem (isto é, de formar figuras), dos conceitos (isto é, sinais de memória para grupos de imagem como um todo com o auxílio de *sons*): todos esses fenômenos subjetivos não deixam nenhuma dúvida quanto à *verdade objetiva* das leis químicas, mecânicas, matemáticas e lógicas. Uma outra coisa é a nossa capacidade de nos *expressarmos* sobre essas leis: nós precisamos nos valer da linguagem.

25 (328)
Encontrar a linguagem de naturezas *mais plenas* – refletir sua imagem do mundo.

25 (329)
Encontrar *o caráter* de um modo de pensamento tal como o meu: mecânico, o acaso, o prazer com belas conformações, o prazer junto à destruição (porque ele é *devir*), utilização astuta, exploração do acaso, irresponsável, corajoso, sem rigidez.

25 (330)
Comunicação de estados – neste caso, a prosa está longe de se mostrar como suficiente – a ciência, porém, só pode comunicar o estado científico e *não deve fazer outra coisa*!!!
Da multiplicidade da linguagem (por meio de imagens, sons) como meio do homem *mais pleno* para se comunicar.

25 (331)
Zaratustra, depois de seus discípulos se afastarem assustados e de, rindo, ter expressado sua missão de uma maneira segura, como é próprio ao além-do-homem: – – chamando-os para junto de si com a *mais profunda ternura*, por assim dizer retornando da mais elevada alienação e distância: *paternalmente*.

25 (332)
Nexo entre o estético e o ético: o grande estilo quer uma vontade forte fundamental e abomina ao máximo a distração.
A dança e um leve desenvolvimento de uma fase para a outra são *extremamente perigosos* – uma dança de espadas. Pois a consequência tosca e a tenacidade dão ao indivíduo de resto a durabilidade.
Unidos da maneira mais pesada possível: uma vontade, a força do sentimento fundamental e a mudança dos movimentos (transformações).

25 (333)
Tudo o que é orgânico e que julga age *como o artista*: ele cria a partir de estímulos particulares um todo, ele deixa de lado muitas coisas particulares e cria uma *simplificatio*, ele iguala e afirma sua criação como *sendo*. *O lógico é o próprio impulso, que faz com que o mundo transcorra de maneira lógica, de acordo com o nosso juízo.*
O elemento criador: – 1) apropriador 2) seletivo 3) o elemento transformador – 4) o elemento autorregulador – 5) o excludente.

25 (334)
Através de muitas gerações de uma espécie, há uma *necessidade* que já se encontra no primeiro germe: supondo que as condições da *alimentação* se aviam favoravelmente, a criatura orgânica é condicionada para todo o seu futuro: o ponto temporal da entrada em cena das *novas* formas singulares (por exemplo, nervos) depende dos acasos da alimentação.

N.B. *Elevação da vida segundo a duração dos astros.*

25 (335)
O grande homem sente o seu *poder* sobre um povo, sua coincidência temporária com um povo ou com um milênio: essa *ampliação* no sentimento de si como causa e *voluntas* é mal compreendida como "altruísmo" –
– isto o impele a buscar *meios* para a comunicação: todos os grandes homens são **inventivos** em termos desses *meios*. Eles querem configurá-los em grandes comunidades, eles querem dar uma forma ao multifacetado, desordenado, ele estimula essas comunidades a verem o caos.
– incompreensão do amor. Há um amor *escravo* que se submete e abandona: que idealiza e se ilude – há um amor *divino*, que despreza e ama e que *recria* o amado, **que o leva para cima**. –
– conquistar aquela *energia* descomunal *da grandeza*, a fim de, por meio de cultivo e, por outro lado, por meio da aniquilação de milhões de fracassados, configurar o homem futuro e *não perecer* junto ao sofrimento, que se *cria*, e para o qual ainda não houve nada igual! –
– o credo dos *fracassados implica se sacrificar*: este é o sentido das ordens que elogiam a sua castidade.
– o gozo das formas nas artes plásticas: elas comunicam um estado do artista (de maneira tranquila e veneradora). O músico é *movido pelos afetos*, sem que ele veja objetos para tanto – e comunica seu estado. *Muito mais abrangente* do que o estado do pintor.

25 (336)
Para a psicologia.
1. Todo sentimento "ético", que nos chega à consciência, é cada vez mais *simplificado*, quanto mais ele se torna consciente, isto é, ele se aproxima do conceito. Em si, ele é múltiplo, um ressoar de muitos sons.
2. O mundo "interior" é mais intangível do que o exterior: o soar concomitante de muitos sons superiores pode se tornar claro por meio da música, que oferece uma imagem.

3. Para que, em uma ordem mecânica do mundo, algo possa se tornar consciente, é preciso haver um aparato perspectivístico, que torne possível 1) um certo repouso 2) uma simplificação 3) uma seleção e um deixar de lado. *O orgânico é um direcionamento prévio, no qual a consciência pode se desenvolver, porque ela mesma* tem necessidade *das mesmas condições prévias para a sua conservação.*

4. O mundo interior precisa ser transformado em aparência, para que ele possa se tornar consciente: muitos estímulos sentidos como unidade etc. Em virtude de que força ouvimos um acorde como unidade e, ainda por cima, o tipo de som de um instrumento, sua intensidade, sua relação com o que foi justamente ouvido etc.?? A força semelhante *re*úne toda imagem dos olhos.

5. Nosso constante exercício de *formas*, inventivo, ampliador, repetitivo: *formas* do ver, ouvir e tatear.

6. *Todas estas formas, que vemos, ouvimos, sentimos etc.* não estão *presentes no mundo exterior*, que nós constatamos de maneira mecânica e matemática.

7. Minha suposição é a de que todas as propriedades do próprio orgânico são **impassíveis de serem deduzidas** por nós a partir de fundamentos mecânicos, porque nós mesmos só *percebemos* a princípio processos antimecânicos por meio de uma inserção levada a termo pelo olhar: nós introjetamos o indedutível.

8. Cuidado para não tratar o muito complicado como algo *novo*.

25 (337)
Para um homem pleno e direto, um mundo tão condicionado e mal calculado como o de Kant é um horror. Nós temos uma necessidade de uma verdade *tosca*; e se essa verdade não há, então amamos a aventura e nos pomos ao mar.

— minha tarefa: demonstrar que as consequências da ciência são *perigosas*. "Passou o tempo do 'bom' e 'mau'." –

— na era do *suffrage universel*, o *tom do desrespeito* com o qual o filósofo é agora tratado é o mais elevado: todos os parvos já

se dispõem a participar da tagarelice geral! – Lê-se, por exemplo, o grasnar filosófico de Georg Sand ou da senhora John Stuart Mill. Agora, *prefiro tornar* sua posição *odiosa e perigosa*: deve-se *amaldiçoar um tal grasnar*, se é que não se sabe honrá-lo de outro modo!
– *a luta com a linguagem.*

25 (338)
Conta-se <que> o célebre fundador do Cristianismo, diante de Pilatos, disse "eu sou a verdade"; a resposta do romano a essa frase é digna de Roma: como a maior cidade de todos os tempos.

25 (339)
"Deus" na Antiguidade era sentido de maneira diversa, totalmente sem o travo monoteísta e moral. – Príapo nos jardins, como espantalho. Um pasto grato pela fertilidade dos rebanhos, por exemplo.
A quantidade de *gratidão* na religião grega. Mais tarde, na *plebe*, prepondera o *medo*: Epicuro e Lucrécio.

25 (340)
Princípio. Caso se tratasse do *bien public*, o jesuitismo teria razão, assim como o império dos assassinos; do mesmo modo, o chineísmo.

25 (341)
Princípio. Revolver com todas as forças as valorações eternas inertes! Grande tarefa.

25 (342)
A revolução, confusão e indigência dos povos é o menos significante em minha consideração, *em comparação com a indigência* dos grandes singulares em seu desenvolvimento. Não é preciso se deixar enganar: as muitas indigências de todos esses *pequenos* não formam juntas nenhuma *soma*, a não ser no sentimento de homens poderosos.

Pensar em si, em instantes de grande perigo: retirar sua utilidade a partir das desvantagens de muitos: – em meio a um grau muito elevado de desvio, isto pode ser um sinal de um *grande caráter*, que se assenhoreia dos sentimentos compassivos e justos.

25 (343)

Quando um homem inferior concebe *sua* existência tola, sua felicidade bovina e estúpida como *meta*, ele provoca indignação no observador; e se ele oprime e suga mesmo outros homens com a finalidade de alcançar *seu* bem-estar, então dever-se-ia matar, assim, uma mosca venenosa.

O valor de um homem deve demonstrar que tipo de direitos ele pode assumir para si: a "equiparação" acontece a partir da desconsideração das naturezas mais elevadas e é um crime contra elas.

Por meio do fato de um homem acolher sobre si o fomento de uma família, de um povo etc., ele conquista significado, supondo que sua *força permite* que ele estabeleça para si uma tal tarefa. Um homem, que não *tem* nada senão desejos bovinos no corpo, não deveria ter o direito de *se casar*.

Os direitos, que um homem alcança para si, encontram-se em uma ligação com os deveres, que ele se apresenta, com as tarefas, em relação às quais ele se *sente* à altura.

A maioria dos homens não possui direito à existência, mas se mostra como um infortúnio para os homens superiores: não dou ainda direito aos *desvalidos*. Também há povos desvalidos.

A "humanidade" tola! Computada em relação aos animais, o homem pode se sentir como homem junto "aos seus iguais". Mas como homem diante de homens –

25 (344)

A **degeneração dos senhores e das camadas senhoriais** instituiu o maior disparate na história! Sem os Césares romanos e a sociedade romana, a loucura do Cristianismo não teria chegado a dominar.

Se os homens mais baixos se veem tomados pela dúvida em relação a *se* há ou não homens superiores, neste caso o perigo é grande! E acaba-se por descobrir que também há *virtudes* junto aos homens baixos, submissos, pobres de espírito e que os homens são todos iguais perante Deus: o que foi até aqui o *non plus* ultra da tolice sobre a Terra! A saber: os homens superiores mediram a si mesmos por fim segundo o critério de medida da virtude dos escravos – eles achavam-se "orgulhosos" etc. – eles achavam todas as suas propriedades *superiores* abomináveis!

– quando Nero e Caracala se achavam no poder, surgiu o paradoxo: o homem mais baixo tem *mais valor* do que o homem lá de cima! E uma *imagem de Deus* abriu caminho para si, uma imagem que estava o mais *distante* possível da imagem dos mais poderosos – o Deus na cruz!

– os romanos causaram até aqui o *maior infortúnio da Europa*, o povo da *desmedida* – – eles trouxeram extremos ao poder e *extremos paradoxos*, tal como o paradoxo do "Deus na cruz".

– é preciso aprender primeiro a distinção: para os gregos, *contra* os romanos – ou seja, eu *de formação antiga*.

25 (345)
Causas do pessimismo
a moral dos escravos no primeiro plano "igualdade"
os homens mais vulgares têm todas as "vantagens" para si
a degradação dos governantes e das camadas dominantes
a consequência dos padres e dos caluniadores do mundo.
os compassivos e sentimentais: ausência da *dureza* – poupar os fracassados
a ausência de meta, porque falta o grande homem, cuja visão já *justifica a existência*.
os falsos ideais, a partir de um Deus uno, "todos os pecadores diante de Deus".
os espíritos pobres e ressequidos, e, além disto, covardes.

25 (346)
É preciso *aprender* o *orgulho* da infelicidade –

25 (347)
Sêneca como uma culminação da mendacidade moral antiga – um espanhol maravilhoso, como Graciano

25 (348)
As raízes de todo mal: o fato de a moral escrava ter *vencido*, a vitória da humildade, da castidade, da obediência absoluta, do altruísmo –
– as naturezas dominantes foram condenadas por meio daí 1) à dissimulação 2) à aflição da consciência – as naturezas criadoras sentiram-se como rebeldes contra Deus, inseguros, e foram inibidos pelos valores eternos
– os bárbaros mostraram que o **poder-se-manter-comedido** não se achava em casa com eles: eles temiam e caluniavam as paixões e os impulsos da natureza: – do mesmo modo que a face dos Césares e das camadas dominantes;
– surgiu, por outro lado, a suspeita de que toda *moderação* seria uma fraqueza ou um envelhecimento e um cansaço (assim, La Rochefoucauld tem a suspeita de que a "virtude" seria uma bela palavra junto àqueles para os quais o vício já não dá mais nenhum prazer);
– o manter-se comedido mesmo era descrito como coisa da rigidez, de um controle de si, de uma ascese, como luta com o diabo etc. *O bem-estar* natural da natureza estética com a medida, o **gozo** *com o belo da medida foi desconsiderado ou negado*, porque se queria uma moral *anti*eudaimonista.
Em suma: as melhores coisas foram caluniadas (porque os fracos ou os porcos desmedidos lançaram uma luz ruim sobre isto) – e os melhores homens *permaneceram escondidos* e *com frequência* conheceram mal a si mesmos.

25 (349)
O extermínio dos "impulsos"
as virtudes, que são impossíveis ou
as virtudes que imperam junto aos escravos, aos padres, e que são as mais dignas de apreço junto a eles

as camadas dominantes apodrecidas degradaram a imagem dos dominantes

o "Estado", exercendo-se como tribunal, é uma covardia, porque falta o grande homem, a partir do qual é possível estabelecer medidas.

– por fim, a insegurança é tão grande, que o homem cai na poeira já diante de *toda e qualquer* vontade que comanda.

N.B. *Escárnio* em relação aos reis com as virtudes de pessoas burguesas.

25 (350)

Fala-se de maneira tão estúpida sobre *orgulho* – e o Cristianismo fez com que o experimentássemos como *pecaminoso*! A coisa é: quem *exige algo grande de si e alcança algo grande para si* precisa se sentir muito distante daqueles que não fazem isto – essa *distância* é interpretada por esses outros como "opinião sobre si": mas aquele só conhece tal opinião como trabalho constante, guerra, vitória, dia e noite: de tudo isto, os *outros* não sabem nada!

25 (351)

A doutrina μηδὲν ἄγαν[70] está voltada para homens com uma força transbordante – não aos medíocres.

A ἐγκράτεια e a ἄσκησις[71] são apenas um estágio da elevação: mais elevadamente se encontra a "natureza áurea".

"Tu deves" – obediência incondicionada nos estoicos, nas ordens do Cristianismo e dos árabes, na filosofia de Kant (é indiferente se a algo superior ou a um conceito).

Mais elevado do que o "tu deves" encontra-se o "eu quero" (os heróis); mais elevado do que o "eu quero" encontra-se o "eu sou" (os deuses dos gregos).

Os deuses bárbaros não expressam nada do prazer com a *medida* – não são nem simples, nem fáceis, nem comedidos.

---

70 **N.T.**: Em grego no original: "nada em excesso".
71 **N.T.**: Em grego no original: "O autocontrole e a ascese".

25 (352)
Sobre o Zaratustra: "os áureos" como o estágio mais elevado.

25 (353)
N.B. A simplicidade na vida, na vestimenta, na moradia, na comida, ao mesmo tempo como *sinal do mais elevado gosto*: as naturezas mais elevadas necessitam do melhor, *por isto* sua simplicidade!
Os homens exuberantes e comodistas, assim como os luxuosos estão longe de serem tão independentes: eles também não têm em si mesmos nenhuma sociedade tão suficiente.
Em que medida o sábio estoico e ainda mais o monge é um *excesso*, um *exagero* bárbaro.

25 (354)
– os *príncipes* são sob todas as circunstâncias homens de segundo nível: *os homens totalmente elevados* dominam por milênios e não podem se interessar assim por coisas atuais. Os príncipes são seus *instrumentos* ou cães espertos, que se *colocam* como instrumentos.
Mostrar a imagem do sábio mais elevado *acima* da imagem do príncipe (como instrumento do sábio).

25 (355)
Ordem hierárquica: aquele que *determina* o valor e dirige a vontade por milênios, por meio do fato de que ele dirige as naturezas mais elevadas, *é o homem mais elevado*.

25 (356)
Aquilo que é pura e simplesmente atribuído ao *espírito* me parece constituir a essência do orgânico: e nas funções mais elevadas do espírito encontro apenas um tipo sublime de função orgânica (assimilação, seleção, secreção etc.).
Mas a oposição "orgânico" "inorgânico" pertence, sim, ao mundo fenomênico!

25 (357)
As grandes atividades espirituais são doentias, na medida em que são dominadas por um pensamento; falta de espontaneidade – uma espécie de hipnotismo. Elas destonificam e tornam a vontade fraca sob outras circunstâncias.
Será que não há na obediência com frequência algo assim como um hipnotismo?

25 (358)
N.B. Princípio: *toda e qualquer* vivência, perseguida retroativamente em suas origens, pressupõe todo o passado do mundo. – *Bendizer* um *factum* significa aprovar *tudo*.
Na medida em que aprovamos tudo, porém, também aprovamos todas as *aprovações* e *rejeições* existentes e realizadas!

25 (359)
A maior parte de nossas vivências é *inconsciente* e age *inconscientemente*.

25 (360)
O domínio sobre si é o equilíbrio de *muitas* lembranças e motivações acumuladas – uma espécie de paz entre forças inimigas.
voluntas é uma preponderância mecânica final incondicionada, uma vitória que ganha a consciência.

25 (361)
O exercício do olhar nas formas: supostamente também do ouvido e do tato. Do mesmo modo, o sonho nos mostra *o quanto poderíamos ser outras pessoas* – nós as imitamos muito bem.

25 (362)
A força **criadora** – imitadora, conformadora, formadora, marcada pelo autoexercício – o tipo representado por nós é *uma* de suas *possibilidades* – nós *poderíamos* representar ainda muitas pessoas – temos *em nós* o material para tanto. – Considerar nosso

modo de viver e de empreender as coisas como um *papel* – inclusive as máximas e os princípios fundamentais – – – *nós buscamos apresentar um* **tipo**, instintivamente – nós escolhemos a partir de nossa memória, nós juntamos e combinamos os *facta* da memória.

25 (363)
    O singular contém muito *mais* pessoas do que ele acredita. "Pessoa" é apenas um acento, uma síntese de traços e qualidades.

25 (364)
    A incompreensão da ação, por meio de falsas motivações imputadas.

25 (365)
    N.B. Em que medida nossa vida consciente é inteiramente falsa e um *véu*.

25 (366)
    Mentir por mentir é a inclinação primitiva: em todas as eras plebeias.
    Dominar por dominar, e *não*, como pensa Helvécio, para ter os prazeres.

25 (367)
    – falta geral de conhecimento da natureza

25 (368)
    O filósofo *não sabe* que motivos o impelem à investigação.

25 (369)
    Sobre a superficialidade da consciência

25 (370)
    Pessimismo do século XIX como consequência do domínio da plebe.

Le plaisir no século XVIII.

25 (371)
Causa e efeito não são nenhuma verdade, mas uma *hipótese* – e, em verdade, uma hipótese tal com a qual nós *humanizamos* o mundo, o aproximamos de nosso *sentimento* (a "vontade" é inserida por meio do nosso modo de sentir)
– com a *hipótese* atomista, nós tornamos o mundo acessível para os nossos olhos e ao mesmo tempo para o nosso cálculo.
– a medida do espírito cientificamente *forte* é o quanto ele suporta rejeitar ou o quanto ele ainda precisa da loucura dos juízos e avaliações absolutos. A saber, o quanto ele consegue não se tornar *inseguro*! E *reter* uma tal *hipótese* com uma vontade obstinada e viver por isto!

25 (372)
Sempre se **esqueceu** da coisa principal: *por que*, afinal, o filósofo *quer* conhecer? Por que ele *aprecia* a "verdade" de maneira mais elevada do que a aparência? *Essa avaliação* é mais antiga do que todo *cogito, ergo sum*: mesmo se supusermos o processo lógico, há algo em nós que o *afirma* e que *nega* o seu oposto. De onde o primado? Todos os filósofos esqueceram-se de explicar *por que* eles apreciam o verdadeiro e o bom, e ninguém tentou fazer o mesmo com o seu oposto. Resposta: o verdadeiro é *mais útil* (conserva mais o organismo) – mas não é *em si mais agradável*.
Isso basta, logo no início achamos o organismo como um todo, com "finalidades", falando – ou seja, *avaliando*.

25 (373)
o *pleno paladar de um prato* é a *consequência* de seu caráter salutar!

25 (374)
Em que medida o homem é um ator.
Suponhamos que o homem particular recebe um *papel* para desempenhar: ele vai se adaptando cada vez mais a esse papel.

Por fim, ele passa a mostrar os juízos, os gostos, as inclinações, que são próprias de seu papel, mesmo a medida usual admitida para tanto de intelecto: –
– primeiro como criança, jovem etc. Em seguida, o papel que pertence ao gênero, o papel ligado à posição social, o papel próprio ao trabalho e, então, o de suas obras –
No entanto, se a vida lhe der a ocasião para a mudança, então ele também desempenha um outro papel. E, com frequência, em um homem, os papéis são diversos de acordo com cada dia, por exemplo, o inglês de domingo e o inglês do cotidiano. Em um dia, somos muito diferentes como aqueles que se encontram em vigília e aqueles que dormem. E no sonho *nos recuperamos* talvez do cansaço que nos é dado pelo papel do dia – e colocamos a nós mesmos em outros papéis.

Realizar o papel, isto é, ter vontade, concentração e atenção: muito mais ainda negativamente – resistir e rejeitar aquilo que *não* faz parte daí, a corrente invasiva de sentimentos e estímulos de outra ordem, e – realizar e, em particular, *interpretar* nossas ações no sentido do papel.

O *papel* é um resultado do mundo exterior sobre nós, com o qual nós afinamos nossa "pessoa", como em um jogo de cordas. Uma simplificação, um sentido, uma finalidade. Nós temos os *afetos* e os *desejos* de nosso papel – ou seja, sublinhamos aqueles que se adéquam a eles e nos deixam vê-los.

Sempre natural *à peu près*.

O homem um *ator*.

25 (375)

Nós temos *muitos tipos* em nós. Coordenamos nossos *estímulos internos, assim como os externos*, formando uma imagem ou um decurso de imagens: como artistas.

A superficialidade de nossos tipos, assim como de nossos juízos, conceitos, imagens.

25 (376)

O espaço em meio ao fumo de haxixe é muito mais extenso, porque vemos muito mais no mesmo espaço de tempo do que normalmente. Dependência do sentimento do espaço em relação ao tempo.

25 (377)
É preciso achar que o "conhecer em si" é tão contraditório quanto a "primeira" causa e a "coisa em si".
O *aparato cognitivo* como um aparato de apequenamento: como aparato de redução em todos os sentidos. Como meio do aparato de *alimentação*.

25 (378)
Os instintos como juízos com base em experiências mais antigas: *não* experiências de prazer e desprazer: pois o prazer não passa da forma de um juízo instintivo (*um sentimento de um poder ampliado* ou: como se o poder *tivesse* se ampliado). **Diante** dos sentimentos de prazer e de desprazer, há *sentimentos de força e de fraqueza* na totalidade.

25 (379)
Como animal que imita, o homem é *superficial*: é suficiente para ele, como no caso de seus instintos, a aparência das coisas. Ele assume juízos, que fazem parte da mais antiga necessidade de *desempenhar* um papel.
Desenvolvimento da *mimicry* entre os homens, em virtude de sua fraqueza. O animal de rebanho desempenha um *papel*, que lhe é *ordenado*.

25 (380)
Querer é comandar, algo raro, portanto, mal herdado.

25 (381)
A vontade forte é compreensível junto a homens frios, e a vontade fraca, junto a homens quentes. O espantoso é: um afeto ardente e uma cabeça e uma vontade frias e claras.

25 (382)
O risco do homem esconde-se lá onde se encontra a sua força: ele é inacreditavelmente habilidoso para se conservar, mesmo nas mais desafortunadas situações. (Faz parte de tal habilidade mesmo as religiões dos pobres e infelizes etc.) *Assim, o fracassado se conserva por um tempo muito mais longo e piora a raça*: razão pela qual o homem, em comparação com os animais, é o mais doente dos animais. No grande curso da história, porém, precisa se romper a lei fundamental e o melhor precisa se sair vitorioso: supondo que o homem busque com a maior de todas as vontades *impor o domínio do melhor*.

25 (383)
Só permito aos homens que são bem constituídos filosofar sobre a vida. Mas há homens e povos mal constituídos: a esses é preciso calar a boca. É preciso pôr um fim no Cristianismo – ele é o maior de todos os vícios que já se abateram até aqui sobre a Terra e sobre a vida terrena – é preciso calar a boca de homens e povos mal constituídos.
É preciso pôr um fim no Cristianismo – ele foi e continua sendo o maior vício que já se abateu até hoje sobre a Terra e sobre a vida terrena –

25 (384)
Visto a distância: a filosofia de Schopenhauer dá a entender que as coisas se transcorrem de maneira indizivelmente mais *estúpida* do que se acredita. Nisto reside um progresso da intelecção.

25 (385)
É preciso *reter* a nossa crença no corpo vivo, em nossos sentimentos de prazer, e dor e outros do gênero: não se deve tentar neste caso uma derrubada. *A contradição* de alguns lógicos e religiosos não os libertou disso – ela não é levada em consideração. *A condenação do corpo* como traço característico da mistura desvalida *tanto quanto a condenação da vida*: sinal dos vencidos.

25 (386)
Da origem da *arte*. A capacidade de mentir e de se dissimular é a que há mais tempo vem se desenvolvendo: sentimento da *segurança* e da superioridade espiritual neste caso junto aos que iludem. Admiração do ouvinte: junto ao narrador, *como se* ele tivesse estado aí. Do mesmo modo, a segurança do ouvinte em saber que se trata de *ilusão* e que essa arte perigosa *não* é exercida para provocar o seu dano. Admiração de auxílios vindos do além-do-homem. – No caso do poeta frequentemente uma alienação de sua pessoa: ele se sente "transformado". Do mesmo modo junto ao dançarino e ao ator, com crises nervosas, alucinações etc. Artistas mesmo agora ainda mendazes e iguais a crianças. Incapacidade de cindir entre "verdadeiro" e "aparência".

25 (387)
Sobre a origem da *religião*. Quantidade de alucinações e de todas as histerias possíveis, não apenas "diabólicas". A *visibilidade* dos deuses é um pressuposto. Os fundadores de religião sentem-se atestados pelas contrações, amnésia e perda da vontade.

25 (388)
A crença no caráter terrível do "depois da morte" é antiga e a base do Cristianismo. As associações dos pobres com o seu "amor fraterno" é a outra base. A exigência por *vingança* em relação a tudo aquilo que tinha *poder*, a terceira. – Uma forma popular do sábio estoico, que é feliz na maior "infelicidade": as curas repentinas de histéricos, a ausência de dor em meio aos ferimentos – –

25 (389)
Vontade – um comandar: na medida, contudo, em que se encontra à base desse ato consciente um ato inconsciente, nós também não precisamos fazer outra coisa senão pensar esse ato como eficaz. Mas, no caso de um comando, em um obediente? A palavra do comando *não* atua como palavra, *não* como som,

mas como aquilo que se esconde *por detrás* do som: e, em virtude dessa ação, algo é levado adiante. Mas a redução do som a "vibrações" é, contudo, apenas a expressão do mesmo fenômeno para um outro *sentido* – nenhuma "explicação". Por detrás da vibração "visível" esconde-se uma vez mais o processo propriamente dito.

A ciência está voltada para a *interpretação dos mesmos fenômenos por meio de sentidos diversos* e para a redução de tudo ao sentido *mais distinto*, o sentido ótico. Assim, tomamos contato com os sentidos – o mais obscuro é elucidado pelo mais claro.

Os movimentos das moléculas são uma consequência do sentido visual e do sentido do tato. – Nós refinamos os sentidos – nós não explicamos nada. Por detrás de toda "vontade", de todo "sentir", pressupomos um processo de movimento, que seria o mesmo para o *olhar*.

25 (390)

A dor: não o estímulo enquanto tal. Ao contrário, é no intelecto que, pela primeira vez, se produz a dor. É preciso pensá-la como surgindo por meio de herança – uma soma de muitos juízos: "isto é perigoso, isto traz consigo morte, exige defesa, a maior atenção", um comando: "saia daí! Presta atenção!". Um grande e repentino *abalo* como *resultado*.

25 (391)

A dor física é de início a consequência de uma dor psíquica: essa, porém: caráter repentino, medo, prontidão para a luta, *uma quantidade de juízos e de atos volitivos e afetos concentrados em um instante*, como grande abalo e, em suma, sentida como dor e projetada num lugar.

Afetos de todos os tipos, cujos juízos e atos volitivos resultantes se mostram como em unidade no instante da dor: as atitudes da defesa estão imediatamente presentes com a dor. Consequência de um grande *abalo dos nervos* (do centro): que ressoa durante muito tempo.

25 (392)
Transformação de todos os processos em fenômenos óticos: e, finalmente, uma vez mais, desses fenômenos em fenômenos conceituais e numéricos puros.

Este é o *curso* em nossa história: *acredita-se compreender*, quando se quer: quando se sente: quando se vê: quando se ouve: quando se transpõe isto para conceitos: quando se o traduz em números e fórmulas.

"Tudo é vontade"   "tudo quer"
"Tudo é prazer e desprazer"   "tudo sofre"
"Tudo é movimento"   "tudo flui"
"Tudo é som"   "tudo ressoa"
"Tudo é espírito"   "tudo é espírito"
"Tudo é número"   "tudo é número"

Portanto: a transformação de todos os processos em nosso mundo conhecido para nós, em suma: *em nós* – isto foi até aqui "conhecimento".

25 (393)
Apresentar o homem como um *limite*.

25 (394)
O valor da atomística é: encontrar linguagem e meios de expressão para *nossas* leis.

25 (395)
A ciência da natureza é "conhecimento humano" em relação às capacidades mais universais do homem.

25 (396)
O passado é *para cada um de nós* um outro: na medida em que ele atravessa uma linha, uma simplificação (como junto a meios e fins).

25 (397)
Valorações surgem a partir daquilo que acreditamos como condições da existência: se nossas condições existenciais se alteram ou nossa crença nelas, então também se alteram as valorações.

25 (398)
Conservação das *comunidades* (do povo) é minha correção ao invés de "conservação da espécie".

25 (399)
O medo da morte é talvez mais antigo do que o prazer e a dor, e a causa da dor.

25 (400)
Dor – uma antecipação das consequências de uma ferida, que traz consigo um *sentimento da diminuição de força*? – Não, um abalo.

25 (401)
No que concerne ao prazer como haxixe e ao sonho, sabe-se que a *rapidez dos processos espirituais* é descomunal. Evidentemente, a maior parte disso permanece *vedada* para nós, sem se tornar consciente.

Precisa haver uma *quantidade de consciência* e de vontade em todo e qualquer ser orgânico complicado: nossa consciência suprema considera habitual os outros seres fechados. A menor criatura orgânica precisa ter consciência e vontade.

25 (402)
O mais vigoroso estímulo não é em si nenhuma dor: em cada abalo que sentimos, porém, o centro nervoso é macerado, e isto *projeta* pela primeira vez a dor na posição do estímulo. Essa projeção é uma medida defensiva e de proteção. No abalo, uma *grande quantidade de afetos* está presente: surpresa, medo, reação, irritação, ira, precaução, reflexão sobre medidas de segurança – os movimentos de todo o corpo *resultam daí*. Dor é um

profundo movimento do ânimo, com uma gama imensa de pensamentos de uma vez só; um adoecimento por meio da perda do equilíbrio e uma *subjugação* momentânea *da vontade*.

25 (403)
Eu *pressuponho a memória e uma espécie de espírito junto a tudo o que é orgânico*: o aparato é tão fino que ele parece não existir *para nós*. A tolice de Häckel: estipular dois embriões como iguais! Não se pode deixar se *iludir* por meio da pequenez – o orgânico como não tendo surgido.

25 (404)
Que tipo de propriedades se precisa ter para poder prescindir de Deus – que tipo para "a religião da cruz"? Coragem, rigor da cabeça, orgulho, independência e dureza, nenhum caráter meditabundo, decisão etc. Em virtude de um *retrocesso* vence sempre uma vez mais o Cristianismo. – Certas circunstâncias temporais precisam ser favoráveis.

25 (405)
Pressupostos regulativos
1. A prescindibilidade de Deus.
2. Contra os consoladores e os consolos da cruz.
3. O consciente como superficial.
4. Crítica do homem bom.
5. Crítica do gênio.
6. Crítica do fundador de religião.
7. Crítica dos poderosos.
8. As raças e a colonização.
9. O impulso sexual.
10. A escravidão.
11. Crítica da cultura grega.
12. Espírito da música.
13. Espírito da revolução.
14. Governo da terra.
15. Festas.

16. A compaixão.
17. Punição, recompensa, pagamento.
Minha tarefa: *impelir a humanidade a resoluções, que decidam sobre todo o futuro*!
Máxima paciência – precaução – **mostrar** *o* **tipo** *de tais homens, que podem se colocar tais tarefas!*

25 (406)
Nossa dedução do sentimento do tempo etc. continua *pressupondo* sempre o tempo como absoluto.

25 (407)
Todas as nossas religiões e filosofias são *sintomas* de nossa disposição corporal: – o fato de o Cristianismo ter se tornado vitorioso foi a consequência de um sentimento geral de desprazer e de uma mistura de raças (isto é, de uma confusão e de uma luta no organismo).

25 (408)
Veneração diante dos instintos, impulsos, desejos, em suma, diante de tudo aquilo cujos fundamentos não são completamente vislumbrados! Estão presentes forças que são mais fortes do que tudo aquilo que pode ser formulado junto ao homem. Do mesmo modo, porém, **temor e desconfiança** em relação a tudo, porque o que está em questão é a herança de *tempos e homens* dotados de **valores** muito diversos, que nós *arrastamos conosco* neste caso!
– o fato de a força mais elevada, como domínio sobre *oposições*, fornece o critério de medida: –
o corpo humano é um construto muito mais pleno do que um sistema de pensamentos e de sentimentos jamais poderia ser, sim, mais *elevado do que uma obra de arte* – –

25 (409)
– a obra de arte como um testemunho de nosso prazer com a *simplificação*, com continuação da criação por meio de uma concentração sob uma lei

– o intelecto é um *aparato de abstração*
– a memória: tudo aquilo que nós vivenciamos *vive*: ele é elaborado, ordenado conjuntamente, incorporado.

25 (410)
Desenvolvimento da crueldade: alegria na visão do que *sofre* – também junto a cultos sangrentos, ela é pressuposta como *alegria dos **deuses*** (a automutilação). A visão do sofrimento estimula a *sim*patia, e o *triunfo* do poderoso, saudável, seguro desfruta de si como *prazer com esse próprio sofrimento* – nós somos suficientemente fortes para podermos causar dor a nós mesmos! Os que estão seguros na vida gozam, portanto, da tragédia (talvez junto aos gregos a crença no retorno? como contrapeso).

25 (411)
Diferença entre as funções *inferiores* e as *superiores*: ordem hierárquica dos órgãos e dos impulsos, representada por meio dos que comandam e dos que obedecem.

Tarefa da ética: a diferença valorativa como ordem hierárquica *fisiológica* entre "mais elevado" e "mais baixo" ("mais importante", mais essencial, mais imprescindível, mais insubstituível etc.).

25 (412)
As intenções *ocultas* junto aos filósofos, por exemplo, privilegiar o caráter aparente do mundo (brâmanes, eleatas, Kant): uma insatisfação qualquer de natureza *moral*, como algo mendaz: um juízo de valor. – Para um muito petulante, a *aparência* poderia encantar até mesmo como tal.

25 (413)
Os consolos voltados para o além têm o valor de manter na vida muitos viventes cansados que carregam um fardo pesado: de propagar os malfadados: o que (tal como no caso das misturas de raças) pode ser valoroso em si, porque mais tarde uma raça se torna *pura*.

Todo o conflito interno dos sentimentos, a consciência dos impulsos superpotentes, a fraqueza diante do mundo exterior – esses são fatos muito frequentes, mas o caráter da vida traz consigo o fato de que o maior número de exemplares fracassa. O que faz, porém, com que aqueles que sofrem em si já tenham tornado, então, a vida aceitável para si?
Esperança
Caluniamento da vida
Caluniamento do homem
Resistência contra uma espécie de homens como causa da indigência
Fazer com que um número menor sofra: anestésico
Dar vazão à sua dor, orgia da aflição.

25 (414)
O quanto eles não cobram pelo fato de *venerarem*!

25 (415)
Parte I. Reunir todos os tipos de indícios da maldição mundana: e suas motivações:
os putrefatos
os inconstantes
os sem sucesso etc.
como a aflição torna mau: ela degrada a *música*.

25 (416)
Com a conclusão de sua vida, Richard Wagner riscou a si mesmo: *involuntariamente*, ele admitiu que tinha se desesperado e se *curvado* diante do Cristianismo.
Um superador! – Isto é uma *felicidade*: pois que confusão seu ideal ainda teria podido produzir! A posição em relação ao *Cristianismo* fez com que eu me decidisse – ao mesmo tempo com que eu me decidisse sobre todo o schopenhauerianismo e sobre o pessimismo.
Wagner tinha completamente *razão*, quando sempre se submetia humildemente a *todo e qualquer* cristão profundo: ele

se encontrava efetivamente em uma dimensão muito mais profunda do que tais naturezas! – Só que ele não podia se deixar apanhar, rebaixando *naturezas* **mais elevadas**, e que lhe eram superiores, à sua atitude! Seu intelecto, sem rigor e cultivo, estava ligado a Schopenhauer de maneira *escrava*: bom!

25 (417)
"Le public! Le public! Combien faut il de sots pour faire un public?"[72]

25 (418)
Ducis disse: *"tout notre bonheur n'est qu'un malheur plus ou moins consolé"*.[73]

25 (419)
Quero dizer algo sobre os profetas, salmos e Jó: e sobre o Novo Testamento.
– sobre a dependência de Beethoven em relação a Rousseau – sua ressonância.
– sobre a ordem hierárquica, por exemplo, Montaigne em relação com Lutero
– os exuberantes franceses como homens *nobres*
– sobre Napoleão e a sua influência sobre o século XIX.
– sobre Richard Wagner. Conclusão um *vae victis*![74] Pessoas deste tipo fazem bem em se curvar diante da cruz.
– os irmãos Goncourt, Mérimée, Stendhal
– um fundador de religiões *pode* ser insignificante, um palito de fósforo, nada mais!
– os árabes na Espanha, os provençais: pontos de luz

---

72 **N.T.:** Em francês no original: "O público! O público! Quantos estultos são precisos para fazer um público?"
73 **N.T.:** Em francês no original: "toda a nossa felicidade não é senão uma infelicidade mais ou menos consolada".
74 **N.T.:** Em latim no original: "ai dos vencidos!".

– também em favor de Luís XIV e de Corneille
– La Rochefoucauld
– quem vê a *massa* tem sempre a impressão do disparate, do fracasso: como Zaratustra em face do **povo**!
– os sintomas do afeto religioso (exército da salvação) (a *ekstase* religiosa)
– as neuroses do ator criador, aparentadas com os histéricos
– todos os homens muito ricos, desordenados, recebem um caráter *ético* por meio da influência da mulher que eles amam
– somente por meio do contato com a mulher é que muitos homens grandes alcançam o seu grande caminho: eles veem sua imagem em um espelho que amplifica e simplifica.
– há muitos particulares com muito sucesso!
– os corsos e os espanhóis possuem uma masculinidade exuberante.
– uma história do movimento alemão.
– todos os verdadeiros germanos foram para o exterior; a Alemanha atual é uma estação pré-eslava e prepara o caminho para a Europa paneslavista.
– depressão das casernas.
– Luís XIV e, em contrapartida, o Renascimento!
– as nobres ilusões, das quais um povo como o francês é *capaz*, por exemplo, diante de Napoleão – isso o caracteriza! Assim como o ceticismo – aos alemães!
– o erotismo e o fanatismo da cruz um ao lado do outro.

25 (420)
A crença no *prazer* em meio à **moderação** faltou completamente até aqui – esse prazer do cavaleiro sobre o cavalo fogoso!
– O caráter comedido de naturezas fracas confundido com a moderação das naturezas fortes!

25 (421)
– A loucura no *amor materno*. Todo amor, onde a intelecção não é correspondentemente grande, institui a desgraça.

25 (422)
— As mulheres sob tutela. Propriedade.
— Primado da educação feminina do século anterior junto aos franceses. Madame Roland como a "burguesa" tola, na qual a vaidade ressoava de uma maneira feminina e plebeia.

25 (423)
— a confiança na ordem do mundo ("em Deus") como afluência de sentimentos nobres.
— a bem-aventurança na crença característica do século passado. Ducis. Ternura, ímpeto, delicadeza – Beethoven.
— Mozart citadino-social-cortês –: Haydn interiorano, talvez um sangue cigano (negro) "pagão" (*paganus*).

25 (424)
Há muito tempo, "a conceitualidade das coisas, por exemplo, reside no fato de que só se faz fundamentalmente um uso mediano de seu entendimento?" Contra os homens de Bayreuth.

25 (425)
— O elemento comum de nossos juízos sensíveis também é o ponto de partida para as nossas valorações morais e estéticas.

25 (426)
— Problema fundamental da "ética".
Provocar dor e prazer: compaixão, causar dor – tudo isso já pressupõe uma avaliação da dor e do prazer. "Útil", "nocivo" são conceitos mais elevados: pode ser que eu precise causar dor (e que faça o bem "de uma maneira ruim"!), para ser útil. Mesmo no sentido mais amplo: poderia ser que eu precisasse de toda a imoralidade, para ser útil no grande sentido.
Mas o que é mais originário, prazer e dor – ou "útil e nocivo"?
Será que toda sensação de dor e de prazer seria apenas um *efeito* do juízo "útil, nocivo" (habitual, segura, não perigoso, conhecido etc.)?

No juízo sobre certas coisas vemos o nojo desparecer: a harmonia dos sons originariamente sem prazer. O gozo com as linhas talvez seja inconcebível. O gozo com as fórmulas, com movimentos dialéticos primeiro *emerge*.

Mas se prazer e desprazer são apenas resultados de *avaliações*, então as *origens* da valoração *não* se encontram nas sensações. Os juízos "funções mais elevadas" e "funções inferiores" já precisam estar presentes em todo construto orgânico, muito antes de todas as sensações de prazer e desprazer.

A *ordem hierárquica* é o primeiro resultado da avaliação: na relação dos órgãos entre si, todas as *virtudes* já precisam ser exercitadas – obediência, aplicação, prestar auxílio, vigilância – *falta* totalmente o caráter maquinal em tudo o que é orgânico (autorregulação).

25 (427)

N.B. O princípio da *conservação do indivíduo* (ou "o medo da morte") não pode ser deduzido do prazer e do desprazer, mas se mostra antes como algo *dirigente*, como uma *valoração*, que já se encontra à base de todos os sentimentos de prazer e de desprazer.

– Isto é válido ainda mais para a "conservação da espécie": mas isto é apenas uma *consequência* da lei da "conservação do indivíduo", nenhuma lei originária.

– Conservação do indivíduo: isto significa pressupor que uma pluralidade com as mais múltiplas atividades quer se "conservar", *não* como igual-a-si-mesmo, mas "de maneira vital" – dominando – obedecendo – alimentando-se – crescendo –

Todas as nossas leis mecânicas são *a partir de nós*, não a partir das coisas! Nós construímos *segundo* elas as "coisas".

A síntese "coisa" provém de *nós*: todas as propriedades da coisa provêm de *nós*. "Efeito e causa" são uma generalização de nosso sentimento e de nosso juízo.

Todas as funções, que trazem consigo a conservação do organismo, se conservaram sozinhas e podem se procriar.

As atividades intelectuais que puderam se conservar foram apenas aquelas que conservaram o organismo; e, na luta dos organismos, essas atividades intelectuais sempre se *intensificaram* e *se refinaram*, isto é – – –

N.B. – a luta como *proveniência das funções lógicas*. A criatura, que podia se *regular*, se *disciplinar*, julgar da maneira mais forte possível – com a maior suscetibilidade e com ainda maior autocontrole – sempre restou.

25 (428)
Princípio fundamental: aquilo que a luta do homem com os animais arrancou para o homem trouxe ao mesmo tempo consigo o desenvolvimento doentio difícil e perigoso. Ele é o *animal ainda não fixado*.

25 (429)
Que "*virtudes*" a luta dos animais cultivou?
(Obediente junto ao rebanho – Coragem, iniciativa, intelecção junto aos líderes)

25 (430)
A ordem hierárquica se fixou por meio da *vitória* do mais forte e da *imprescindibilidade* do mais fraco para o mais forte e do mais forte para o mais fraco – surgem aí funções cindidas: pois obedecer é tanto uma função de autoconservação quanto o comandar para o ser mais forte.

25 (431)
Será que há no organismo humano "compaixão" entre os diversos órgãos? Com certeza, no mais elevado grau. Uma forte ressonância e um agarrar-se ao seu entorno de uma dor: uma procriação da *dor*, mas não da *dor* igual. (Mas o mesmo se mostra junto aos indivíduos entre si!)

25 (432)
Podemos conceber tudo aquilo que *é necessário* para **conservar** o *organismo* como "exigência *moral*": há um "tu deves" para os órgãos particulares, que lhes advém pelo órgão que co-

manda. Há *insubordinação* dos órgãos, fraquezas de vontade e de caráter do estômago, por exemplo.
— Não impera aí uma necessidade mecânica – – –? Algumas coisas são comandadas que não podem ser completamente *realizadas* (porque a força é parca demais). Com frequência, porém, temos uma *tensão* extrema do estômago, por exemplo, para consumar sua tarefa – um *emprego* da vontade, tal como nós conhecemos esse emprego mesmo em nós junto a tarefas difíceis. O *empenho* e seu *grau* **não** podem ser concebidos a partir de motivos conscientes: *obediência* não é no órgão um mecanismo que transcorre – – –?

25 (433)
O "mais elevado" e o "mais baixo", a seleção do mais importante, do mais útil, do mais urgente, já existe nos organismos mais inferiores. "*Vivo*": isto é, já *avaliar*: –
Em toda vontade há *avaliação* – e a vontade está presente no orgânico.

25 (434)
Todo o mundo existente também é um *produto de nossas valorações* – e, em verdade, das que permaneceram iguais. –

25 (435)
Os homens *elevados*: a necessidade da incompreensão, a impertinência geral dos homens de hoje, sua crença na possibilidade de *participarem do discurso* sobre todo e qualquer grande homem. Veneração – – –
– o falatório estúpido sobre o gênio etc. O sentimento da *superioridade* incondicionada, o nojo diante da prostração e da escravidão. *O que pode ser feito a partir do homem*: isso o concerne. A amplitude de sua visão.

25 (436)
(não se deveria falar de causas da vontade, mas de estímulos do querer)

Querer <é> *comandar*: comandar, porém, é um determinado *afeto* (esse afeto é uma *repentina explosão de força*) – tensa, clara, exclusivamente uma coisa em vista, a mais íntima convicção da superioridade, segurança de que será obedecido – "liberdade da vontade" é o "sentimento de superioridade do que comanda" com vistas ao que obedece: "*eu* sou livre e *aquele* precisa *obedecer*".

Agora vós dizeis: aquele mesmo que comanda precisa – – –

25 (437)

As morais de Kant, de Schopenhauer já partem, sem que o percebam, de um *cânone moral*: da igualdade dos homens, e de que o que é moral para um também precisaria ser moral para o outro. Esta, porém, já é a *consequência de uma moral*, talvez de uma muito questionável.

Do mesmo modo, a rejeição do egoísmo também pressupõe já um cânone moral: por que ele é rejeitado? Porque ele é *sentido* como reprovável. Mas este já é o *efeito* de uma moral e não de uma muito bem pensada!

– E o fato de que se *queira* uma moral já pressupõe um cânone moral! Dever-se-ia ter, contudo, veneração diante dessa *moral da autoconservação* **incorporada**! Ela é por muito o mais refinado sistema da moral!

A moralidade *factual* do homem na vida de seu corpo é 100 vezes maior e mais refinada do que toda moralização conceitual jamais o foi. Os muitos "tu deves", que trabalham continuamente em nós! As considerações daqueles que comandam e daqueles que obedecem entre si! O saber em torno de funções mais elevadas e mais baixas!

Fazer a tentativa de conceber tudo aquilo que parece conforme a fins como a **única coisa** que *conserva a vida* e, *consequentemente, como a única coisa conservada* – – –

O modo como a finalidade se relaciona com o processo propriamente dito é o mesmo modo segundo o qual o juízo moral se relaciona com o *juízo* efetivo *mais multifacetado* e mais refinado *do organismo* – só uma ramificação e um ato conclusivo disso.

25 (438)
1) Nós queremos manter nossos sentidos e a crença neles – e pensá-los até o fim! A hostilidade aos sentidos característica da filosofia até aqui como o maior disparate do homem.

2) O mundo presente, junto ao qual tudo o que é terrenamente vivo construiu, queremos *continuar* construindo, de tal modo que ele se mostre assim (movido de maneira duradoura e *lenta*) – mas não queremos alijá-lo criticamente como falso.

3) Nossas apreciações de valor constroem-se junto a esse mundo presente, elas o acentuam e sublinham. Que significado tem, quando todas as religiões dizem: "tudo é ruim, falso e mau!" Esta condenação de todo o processo só pode ser um juízo dos malfadados!

4) Ora, mas os malfadados poderiam naturalmente ser os maiores sofredores e os mais refinados? Os satisfeitos poderiam possuir pouco valor?

5) É preciso compreender o fenômeno fundamental artístico, que se chama vida – *o espírito construtivo*, que constrói em meio a circunstâncias as mais desfavoráveis: da maneira mais longa possível – – – a **prova** para todas as suas combinações precisa ser primeiro fornecida: *ela se conserva*.

25 (439)
Antes de tudo: sem pressa! Lentamente! Primeiro assegurar a conquista! De acordo com o paradigma russo! E estar bem disposto em cada estação!

25 (440)
A visão das massas e dos mestres das massas *turva os olhos*! –

25 (441)
Por que a ética foi a que mais ficou para trás? Pois mesmo os últimos sistemas célebres não passam de ingenuidades! Do mesmo modo os gregos! As doutrinas do Cristianismo sobre o pecado se tornaram caducas por causa da queda de Deus.

– nossas ações medidas por nossos paradigmas! Mas *o fato* de termos um paradigma e um como esse já é a consequência de uma moral.

– o judeu, que se mediu por seu Deus – tinha no pano de fundo a vontade de *desprezar a si mesmo* e de se ajoelhar diante d'Ele pela graça e desgraça. – Mesmo Jesus resistia a ser chamado de bom. "Ninguém é bom além de Deus!", dizia ele. O fato de ninguém ter podido atribuir-lhe um pecado é outra coisa: isto não prova nada em relação à crítica diante de sua consciência. Um homem, que se sente absolutamente bom, precisaria ser espiritualmente um idiota.

– Esse ajoelhar-se pela graça e desgraça é oriental no *Cristianismo*: *não* nobre!

– o *elemento escravo* nos judeus atuais, mesmo nos **alemães** –

– O *igualar-se*, na compaixão, já é a *consequência* de um juízo moral: nenhum fenômeno fundamental e não por toda parte: além disto, na alma do ser de rebanho, ela é diversa do que na alma do poderoso: propriamente apenas um *sentimento entre iguais* –: para o inferior, o superior *sofredor* é uma razão para o sentir-se bem e para o supersentimento.

– "os sistemas filosóficos tanto quanto os sistemas religiosos estão de acordo quanto ao fato de que a significância ética das ações precisaria ser ao mesmo tempo uma significância *metafísica*" etc. Schopenhauer, base da moral p. 261. Péricles diante da morte: os pensamentos tomam uma direção moral.

Pois bem, no caso de Péricles: ele pondera o seu *necrológio* junto aos seus cidadãos. O aluno de Anaxágoras era um espírito livre. – É natural que, *porquanto* esses sistemas acreditam na vida da alma, eles ocasionem no momento da morte um juízo sobre o *valor da vida levada a termo*: – que tipo de vida *distante* teremos?

Recompensa aos bons e punição aos maus no além: este foi o meio de domesticação, que foi empregue pelas religiões, uma espécie de consumação da ordem do mundo, um equilíbrio diante dos fatos.

25 (442)
O caráter de um homem bom "em si mesmo": "o fato de ele fazer menos do que os outros uma diferença entre si e os outros". Schopenhauer l.c. 265.

25 (443)
Os éticos até aqui não tiveram nenhuma ideia de como eles se encontravam sob o domínio de preconceitos totalmente determinados da moral: todos eles acham que já sabiam o que é bom e mau.
Sócrates *não* o sabia: mas todos os seus discípulos o *definiram*, isto é, eles supunham que isto *estava aí presente* e que se tratava de *descrevê-lo* de maneira fundamental. **Como! Ele** se acha aqui? Já se refletiu sobre *de acordo com o que* ele precisa ser medido aí? E, por outro lado: talvez não saibamos de maneira alguma *suficientemente* que vivemos *experimentalmente* durante muito tempo segundo *uma* moral!

25 (444)
O quanto nos afligimos em relação aos sofrimentos que não experimentamos, mas *causamos*! Mas é *inevitável*; e não nos satisfazemos conosco por conta disso, a não ser em estados de fraqueza e de desconfiança em nosso direito a isso!

25 (445)
O transcurso da filosofia até aqui: pretendia-se explicar o mundo a partir daquilo que é *claro* para nós mesmos – onde nós mesmos *acreditamos* **compreender**. Portanto, ora a partir do espírito ou da alma, ou da vontade, ou como representação, aparência, imagem, ou a partir dos olhos (como fenômeno ótico, átomo, movimentos) ou corpo, ou a partir de finalidades, ou a partir do impulso e da tração, isto é, a partir de nosso sentido tátil. Ou a partir de nossas valorações, como Deus da bondade, justiça etc., ou a partir de nossas valorações estéticas. Basta: mesmo a ciência faz aquilo que o homem sempre fez: utilizar *algo* de si que lhe é compreensível, que é válido para si como verdadeiro, para a

explicação de todo o resto – *antropomorfização* em suma. Ainda falta a grande *síntese* e mesmo o trabalho particular ainda está totalmente em gênese, por exemplo, a redução do mundo aos fenômenos óticos (átomos). Nós *in*serimos o homem – isto é tudo, nós continuamos incessantemente criando esse mundo antropomorfizado. Trata-se de ensaios sobre *que* procedimento possui a maior força de conclusão (por exemplo, mecanicamente).

25 (446)
 Não se zangar com alguém que nos causa danos, *porque* tudo é necessário – isto mesmo já seria a consequência de uma moral: a qual consistiria em afirmar: "tu não deves te indignar contra o necessário". – É irracional: mas quem diz: "Tu deves **ser** *racional*!"

25 (447)
 Probidade, como *consequência* de longos hábitos morais: a *autocrítica da moral* é ao mesmo tempo um *fenômeno moral* <um> evento da moralidade.

25 (448)
 O método da consideração mecânica do mundo é por enquanto em muito *o mais probo*: a boa vontade em relação a tudo aquilo que se controla, todas as funções lógicas de controle, tudo aquilo que não mente, nem engana, está aí em atividade.

25 (449)
As verdades provisórias
 Trata-se de algo infantil ou de uma espécie de engodo, quando um pensador apresenta agora um todo de conhecimento, um sistema – nós somos por demais refinados, para não colocarmos em nós mesmos sob a mais profunda dúvida a *possibilidade* de um tal todo. Basta que entremos em acordo quanto a um todo de *pressupostos do método* – quanto a "verdades provisórias", por cujas linhas mestras queremos trabalhar: assim como o navegante no mar aberto mantém uma certa direção.

25 (450)
Aquilo que está melhor *desenvolvido* no homem é a sua vontade de poder – por mais que um europeu precise se deixar enganar precisamente por meio de um par de milênios de uma cristandade mendaz, mentirosa diante de si mesma.

25 (451)
Filosofia como amor à sabedoria. Para cima em direção ao sábio como o mais exitoso, poderoso, que justifica *todo devir* e sempre o quer uma vez mais.

– não amor aos homens ou aos deuses, ou mesmo à verdade, mas *amor a um estado, a um sentimento de consumação espiritual e sensível*: uma afirmação e uma aprovação a partir de um sentimento de um poder configurador, sentimento esse que flui em profusão. A grande distinção.
Amor real e efetivo!

25 (452)
Comandos do tipo "assim vós **deveis** avaliar!" são os inícios de todos os juízos morais – algo mais elevado, mais forte manda e anuncia *seu* sentimento como *lei* para outros.

Não se poderia deduzir a *veneração* da utilidade. Em primeiro lugar, homens são venerados: a crença em deuses ganha o primeiro plano, quando o homem aparece cada vez menos como "venerável" – ou seja, a crença em "ancestrais" ou nas decisões de juízes de outrora.

25 (453)
Zaratustra na segunda parte como *juiz*

A grandiosa forma e revelação da *justiça* que configura, constrói e, consequentemente, *precisa* aniquilar (descobrindo aí a si mesma, espantada de conhecer repentinamente a *essência do que julga*)

Escárnio em contrapartida: "destrói o bom e o justo" – grita a mulher, que o assassina.

25 (454)
"O homem é algo que precisa ser superado" – o que está em questão é o ritmo: os gregos dignos de admiração: sem pressa.
– meus antecessores *Heráclito, Empédocles, Spinoza, Goethe*

25 (455)
A) Há valorações morais. Crítica: onde? Há quanto tempo? Onde há outras valorações?
B) Explicação da origem dessas valorações.
    Recondução a outros valores.
    Valores e importância *fisiológica* etc.
    Elogiar, criticar (fama)
    Escravos poderosos
C) Crítica a essas valorações. Contradições.
    De onde retiro a crítica? Cuidado para não tomá-la uma vez mais da moral. "Útil"
    Supondo que se a retirasse da moral mesma, isto seria uma prova de que elas seriam míopes.
D) O problema é primeiramente *apresentado*. Até aqui uma espécie de astrologia – marcada pela crença segundo a qual os processos cósmicos se encontrariam em uma ligação estreita.
    Os filósofos morais mesmos são sintomas. Autoaniquilação da moral.

25 (456)
N.B. "Eu não preciso de nada disto: mas eu o tomo como um presente. Eu o consagro como aquele que acolhe" – assim acontece com Zaratustra em relação a muitos *bens da vida*.

25 (457)
Nós queremos ser *herdeiros* de toda a moralidade até aqui: e *não* começar de novo. Todo o nosso fazer é apenas moralidade, que se volta contra a sua forma até aqui.

25 (458)
"**Vós poderíeis** *jurar*? Vós estais suficientemente seguro de vós para tanto?", pergunta Zaratustra.

25 (459)
O princípio, em virtude do qual o homem se tornou senhor sobre *os animais*, também será certamente o princípio que estabelecerá "o homem mais elevado": poder, inteligência, poder esperar, encontro, rigor, afetos guerreiros.

25 (460)
Todas as valorações são resultados de determinadas quantidades de força e do grau de consciência em relação a isso: trata-se de leis *perspectivísticas* sempre de acordo com a essência de um homem e de um povo – o que é próximo, importante, necessário etc.

Todos os impulsos humanos, assim como todos os impulsos *animais* são, sob certas circunstâncias, formados como *condições de existência* e foram colocados no primeiro plano. *Impulsos* são as *repercussões de longas valorações nutridas*, que agora atuam instintivamente, como um sistema de juízos de prazer e dor. Em primeiro lugar, coerção, em seguida, hábito, então, necessidade, então, ímpeto natural (impulso).

25 (461)
O sentimento – uma *consequência* de valorações. *Sensorium commune*.

25 (462)
Como somos os herdeiros de gerações humanas, que viveram sob condições existenciais *as mais diversas*, contemos *em nós mesmos* uma *pluralidade de instintos*. Quem se faz passar por "verdadeiro" é provavelmente um asno ou um enganador.

A diversidade dos caracteres humanos: em média, um *caráter* é a *consequência de um meio – um **papel** firmemente cunhado*, em virtude do qual certos fatos sempre são *sublinhados* *e fortalecidos*. A longo prazo surge assim a *raça*: supondo que o entorno não se altera.

Em meio à mudança do meio surge um *emergir* das propriedades *por toda parte* mais úteis e aplicáveis – ou um perecer. Isto se mostra como força de assimilação também nas situações mais desfavoráveis; ao mesmo tempo, porém, como tensão, cuidado, falta a beleza na figura.

O europeu como uma espécie de sobrerraça. Do mesmo modo que o judeu; trata-se, por fim, de um tipo *dominante*, apesar de muito diverso de raças dominantes velhas e simples, que não tinham alterado seu entorno.

Por toda parte, começa-se com a *coerção* (quando um povo chega a uma terra). A natureza, as épocas do ano, o calor e a frieza etc. Tudo isto é de início um elemento *tiranizante*. Paulatinamente se atenua o sentimento do ser coagido –

25 (463)
Nós sempre fomos seres criadores de figuras, muito antes de criarmos conceitos. O conceito só surgiu sonoramente, quando *muitas* imagens foram sintetizadas por meio de um som: com a escuta, portanto, os fenômenos óticos internos *foram rubricados*.

25 (464)
N.B. Os conceitos "bom" etc. são deduzidos dos *efeitos*, que "homens bons" produzem: –
– mesmo junto ao autojulgamento. –

25 (465)
O homem *desconhecido*, a ação *desconhecida*. Ora, mas se, apesar disto, se fala de homens e ações, como se eles fossem conhecidos, então isto se deve ao fato de se chegar a um acordo sobre certos *papéis*, que quase podem ser desempenhados por qualquer um.

25 (466)
O desenvolvimento da cleptomania

da mentira e da dissimulação
da crueldade
do impulso sexual   em direção a coisas elevadamente
da desconfiança   apreciadas
da dureza
do despotismo
– por outro lado, a transformação da valoração de qualidades más, logo que elas se tornam condições existenciais.
Talvez recondução de todos os desejos à fome.

25 (467)
Vivisseção – este é o ponto de partida! Tem vindo à consciência de muitos agora que certos seres sentem dor, *quando se precisa conhecer*! Como se as coisas tivessem sido algum dia diversas!! Canalha covarde e molenga!

25 (468)
Ponto de partida: é natural que nossos *juízos* mais fortes e mais habituais tenham o mais longo passado, ou seja, tenham surgido e se firmado em épocas imemoriais – que tenhamos *provavelmente* acreditado em tudo aquilo em que mais acreditamos precisamente com base nas piores razões: com a "demonstração" a partir da experiência, os homens sempre facilitaram demais as coisas, assim como ainda há hoje homens que pretendem "demonstrar" a bondade de Deus a partir da experiência.

25 (469)
"Sentar-se-no-tribunal"
De todos os juízos, o juízo sobre o valor *dos homens* é o mais adorado e exercitado – o reino das maiores burrices. Minha tarefa – ordenar aqui alguma vez um *pare*, até que isto se mostre como sujeira, como o despojamento das partes pudendas. Tanto mais, uma vez que estamos no tempo do *suffrage universel*. Deve-se *elogiar* a si mesmo por ter duvidado durante muito tempo aqui e por ter desconfiado de si, *não* "da bondade da humanidade", mas de sua justificação ao dizer: "*isto* é a bondade!"

25 (470)
"o sentido para a verdade" precisa, caso a moralidade do "tu não deves mentir" seja rejeitada, se legitimar diante de um outro fórum. Como meio de conservação do homem, como *vontade poderosa*.
– do mesmo modo nosso amor ao belo é uma *vontade configuradora*. Os dois sentidos encontram-se um ao lado do outro – o sentido para a realidade efetiva é o meio para receber nas mãos o poder para configurar as coisas ao nosso bel-prazer. O prazer com a configuração e com as reconfigurações – um prazer originário! Nós só podemos *conceber* um *mundo* que nós mesmos *fizemos*.

25 (471)
A aprovação de nossa *limitação* do conhecimento – as vantagens aí: é possível aí muita coragem e prazer. O suspirar e o ceticismo de Pascal são de um *sangue ruim*.
– o *Cristianismo como o efeito* de um **sangue** ruim e degenerado.

25 (472)
bonus = *phan*: o brilhante, o emergente?
malus   man-lus (Manlius) = *man* o louco?
mau isto é baixo   o forte?
bom   Gothe (*Gott* – Deus) "o divino" (*der Göttliche*) designação originária dos deuses nobres (*Gothen*)
(ou será que deu o doador? Como *optimismus*?) o *Deus* é designado como o bom (*optimus*) ou o bom como divino?
optimus   op-   o presenteador?

25 (473)
Arquimedes no banho encontrando uma lei fundamental da hidráulica
Goethe: "toda a minha ação interna revelou-se como uma heurística viva que, reconhecendo uma regra desconhecida, mas pressentida, *buscava* encontrar tal regra no mundo exterior – *introduzi-la no mundo exterior*".

25 (474)
Os fariseus fizeram *bem* ao condenar Jesus. Assim como os atenienses.

25 (475)
Goethe: "Todo aquele que não goza *por si mesmo* sofre. *Age-se para outros*, a fim de *gozar com os outros*."

25 (476)
A explicação de Goethe do "ânimo alemão": "*indulgência com fraquezas, próprias e alheias*".

25 (477)
Quem se encontra como eu, perde, para falar como Goethe, "um dos maiores direitos humanos, o direito de não mais ser julgado pelos seus iguais".

25 (478)
"A maestria é com frequência considerada egoísmo", Goethe.

25 (479)
Vellejus Paterculus I 9,3 virum in tantum laudandum, in quantum intellegi virtus potest.[75]

25 (480)
Goethe: "nós todos somos tão restritos, que sempre acreditamos ter razão; e, assim, é possível pensar em um espírito extraordinário, que não apenas erra, mas que tem até mesmo prazer com o erro".

25 (481)
Chi non fa, non falla, "não erra".

---

75 **N.T.:** Em latim no original: "Um homem digno do maior apreço que pode ser associado ao valor."

25 (482)
"*Magna ingenia conspirant.*"⁷⁶

25 (483)
Os juízos de valor morais são muito mais *ousadas inserções de valores* – e *o arrancar de um reconhecimento de valores* – no fundo uma realização muito pequena da capacidade judicativa.

25 (484)
Os caminhos da liberdade.
– *Cindir* de si o seu passado (contra pátria, crença, pais, companheiros).
– o trânsito com os *excluídos* de todo tipo (na história e na sociedade).
– a derrubada do que há de mais venerável, a afirmação do que há de mais degradado – a *alegria maliciosa* no grande estilo no lugar da veneração.
– tentativa, novas avaliações.
Justiça como modo de pensar construtivo, alijador e aniquilador, a partir de valorações: *supremo representante da própria vida.*
Sabedoria e sua relação com o *poder*: algum dia ela será mais influente – até o erro, a valoração da plebe foi por demais abrangente mesmo no *sábio*!

25 (485)
Para distinguir o bem constituído do mal constituído, o *corpo* é o melhor conselheiro, no mínimo ele é aquele que pode ser mais bem estudado.

25 (486)
Os diversos juízos morais *não* foram até aqui reconduzidos à existência do *gênero* "homem": mas à existência de "povo",

---

76 **N.T.**: Em latim no original: "Espíritos grandes concordam."

"raça" etc. – e, em verdade, de povos que procuraram se afirmar *contra* outros povos, de *estirpes* que procuraram se demarcar agudamente de camadas mais baixas.

25 (487)
 É preciso conceder a qualquer um a pergunta: minha existência, calculada em contraposição à minha não existência, é uma coisa que pode ser justificada?

25 (488)
 Intelecção fundamental: as "boas" e as "más" propriedades são *no fundo o mesmo* – baseiam-se nos mesmos impulsos de autoconservação, de apropriação, escolha, intenção de procriação etc.

25 (489)
 O sábio e as artes. (Ele as tem *em si*.)
 O sábio e a política.
 O sábio e a educação.
 O sábio e os gêneros sexuais.
 – como um ser, cuja influência só chega a ser pressentida *mais tarde*. Independente, paciente, irônico –

25 (490)
Sabedoria e amor à sabedoria
Acenos para uma filosofia do futuro.
Por
Friedrich Nietzsche

25 (491)
 O necessário *velamento* do sábio: sua consciência de *não* ser necessariamente compreendido, seu maquiavelismo, sua frieza em relação ao que é atual.
 – a absoluta incompatibilidade da sabedoria com "o bem--estar das massas": "liberdade de imprensa", "ensino público" –

tudo isto só se compatibiliza da maneira mais tosca possível com o caráter da sabedoria. Ela é a *coisa mais perigosa* do mundo!
– naturalmente, um *casamento sem* toda sanção só me parece justificado para o sábio. Trata-se de uma comédia, quando ele se comporta em relação a isto de um modo diverso do que seria aconselhável sob certas circunstâncias, por exemplo, Goethe.
– princípio fundamental de que todas as condições estão dirigidas para torná-lo *impossível*: a veneração diante do sábio é soterrada pelas religiões, pelo *suffrage universel*, pelas ciências! É preciso primeiro *ensinar* que essas religiões são uma questão da plebe, em comparação com a sabedoria! É preciso aniquilar as religiões existentes, apenas para afastar essas avaliações absurdas, como se um Jesus Cristo pudesse ser levado em consideração ao lado de um Platão, ou um Lutero ao lado de um Montaigne!

25 (492)
Acerca da *ordem hierárquica*.
Onde se julga "moralmente", ouço os instintos, as inclinações *hostis*, vaidades feridas, o ciúme escolhendo palavras – trata-se de uma mascarada dos termos –
– achei impossível ensinar a "verdade" onde o modo de pensar é baixo.
Era vindoura das grandes *guerras*. A desconfiança da durabilidade. *A corrupção* de todos os partidos e interessados, a aplicação de todos os meios pérfidos.

25 (493)
– só *o amor deve condenar* – – Refrão
o amor criador, que *esquece* de si mesmo em meio a suas obras –

25 (494)
é preciso demonstrar que alguns homens *precisam ser alijados*

25 (495)
Nós chamamos uma propriedade de "má" em um animal e encontramos, contudo, sua condição existencial aí! Para o animal, trata-se de seu "bem" – ele é *saudável* e *forte* aí, em sinal disto! – Portanto: denomina-se algo "bom" ou "mau" em comparação *conosco*, **não** para si! Isto é: a base de "bom" e "mau" é egoísta.

25 (496)
Rebaixar-se diante daquilo que não se tem, quando se sente mal junto a tudo aquilo que se tem, por exemplo, Wagner: ele acredita na felicidade da entrega *ilimitada*, da *confiança* ilimitada, da felicidade do compassivo, do casto – *tudo* isto ele não conhece por experiência! Por isto, a imaginação fantástica!

25 (497)
Honrar as más maneiras, por exemplo, Shakespeare e Beethoven, a fim de preparar a ideia de que *ele* seria a união dos dois.

25 (498)
Isto me deixou *mais livre* – toda profunda difamação, todo desconhecimento: cada vez menos quero algo dos homens: cada vez mais posso lhes dar algo. A cisão de todo e qualquer laço singular é *dura*, mas asas cresceram para mim no lugar dos laços.
– ser incondicionado em seu direito: compaixão com os fracos, que supero. Foi bom, quando o mais abominável *abuso* de minha compaixão e de minha proteção me ensinou finalmente que *não* tenho *nada* a fazer aqui.

25 (499)
A *"transformação"* de um homem por meio de uma representação dominante é o fenômeno psicológico originário, sobre o qual o Cristianismo foi construído; ele vê aí um "milagre". Nós ---
Não acredito de maneira alguma no fato de um homem se tornar de uma hora para a outra um homem *elevado e valoroso*;

o Cristo é para mim um homem totalmente comum com um par de outras palavras e avaliações. *A longo prazo*, essas palavras e obras causam naturalmente um efeito e criam talvez um tipo: *o Cristo como o tipo mais mendaz de homem*. O fato de ele falar moralmente o estraga inteiramente: vejamos Lutero. Uma visão abominável, suave e sentimental, temerosa, excitada – – – estranha! Como o "sentido da verdade" desperta e já uma vez mais adormece!

– me cindo de toda e qualquer filosofia por meio do fato de que pergunto: "bom"? "Para quê!" E "bom?" Por que vós o nomeais assim?

O Cristianismo *aceitou* o "bom" e o "mau" e não *criou* nada aí.

25 (500)
*Sabedoria
e amor à sabedoria*
Prolegômenos a uma filosofia do futuro
Por
Friedrich Nietzsche

Amor fati.

25 (501)
Frio, esperto, ávido por prazer, maldoso – pode-se reconduzir quase todos os procedimentos de um filósofo a faltas de caráter – –

25 (502)
Acontece de <nós> estimarmos e distinguirmos um homem desinteressado: não, por exemplo, porque ele é desinteressado, mas apenas porque ele parece ter um direito de ser útil a um outro homem às suas próprias expensas: e junto a alguém que é criado para dominar sempre haverá autonegação e desinteresse – – – É de se perguntar sempre *quem* é um e quem é o outro. O ímpeto incondicionado para o desinteresse só seria considerado por nós como um sinal das naturezas de rebanho.

25 (503)
Do mais elevado nível da moralidade: ele volta o olhar *contra* si mesmo, à guisa de ensaio.

25 (504)
O *amor* à sabedoria.
Os malfadados e os com o sangue estragado. (Contra o Cristianismo.)
O sábio, e os bens da vida.

25 (505)
Este mundo perspectivístico, este mundo para o olho, para o tato e para o ouvido é muito falso, comparado com um aparato sensível muito mais fino. Mas sua compreensibilidade, abarcabilidade, sua praticabilidade, sua beleza começam a *cessar*, quando *refinamos* nossos sentidos: do mesmo modo, a beleza também cessa quando refletimos inteiramente sobre os processos históricos; a ordem do *fim* é já uma ilusão. Basta, quanto mais superficial e toscamente sintetizado tanto mais *valioso*, determinado, significativo *aparece* o mundo. Quando mais profundamente se insere nele o olhar, tanto mais desaparece nossa valoração – a *insignificância se aproxima*! Nós criamos o mundo que tem valor! Ao reconhecermos isto, também reconhecemos que a veneração da verdade já é a *consequência* de uma ilusão – e que se tem de estimar mais do que ela a força formadora, simplificadora, configuradora – o que Deus era.
"Tudo é falso! Tudo é permitido!"
Somente em meio a uma certa obtusidade da visão, em meio a uma vontade de simplicidade, insere-se o "belo", o "valoroso": em si ele é *eu não sei o quê*.

25 (506)
Será que o ímpeto para a verdade é realmente o sentido do homem *bom*? Que mendacidade fundamental não está contida, por exemplo, na escrita do Novo Testamento!

25 (507)
Toda física é apenas sintomática.

25 (508)
É impossível provar a existência dos indivíduos. Não há nada fixo na "personalidade".

25 (509)
Uma explicação de nosso "mundo" a partir de "premissas falsas" seria possível. Tudo é apenas perspectivístico, apenas com vistas à *conservação* de pequenos seres orgânicos.

25 (510)
"O homem bom" é uma coisa perigosa, um sinal de esgotamento – um egoísmo que está se tornando fraco e extenuado.

25 (511)
As confissões de Marco Aurélio são para mim um livro estranho.

25 (512)
O afeto religioso foi a doença mais interessante jamais contraída pelo homem até aqui. Seu estudo torna os homens saudáveis quase entediantes e repulsivos a alguém.

25 (513)
É preciso negar o *ser*.

25 (514)
O surgimento da memória é o problema do elemento orgânico. Como é que a memória é possível?
Os afetos são sintomas da formação do material da memória – sobrevivência ininterrupta e atuação conjunta.

25 (515)
Até que ponto alguém pode viver com vistas a *hipóteses*, por assim dizer se lançar rumo a mares ilimitados, ao invés de viver com vistas a "crenças": este é o grande critério de medida da plenitude da força. Todos os espíritos menores sucumbem.

25 (516)
Egoísmo dos gatos.
Há um egoísmo dos cães no homem e um egoísmo dos gatos: esses escolhem meios opostos. O primeiro é doador e entusiasmado –

25 (517)
Prazer e desprazer são afirmações e negações.
Juízos são 1) Crenças em que "isto é assim" e 2) em que "isto possui tal e tal *valor*".
Prazer e desprazer são *efeitos* da inteligência conjunta, consequência de *juízos críticos*, que nós *sentimos* como prazer e desprazer.

25 (518)
– De acordo com P. Secchi, o espaço não pode ser ilimitado, uma vez que nenhuma coisa composta de corpos particulares pode ser infinita e porque uma abóbada celeste infinita povoada com inúmeras estrelas *precisaria* parecer brilhante como o sol segundo toda a sua extensão –

25 (519)
Maupertius sugeriu, para que se pudesse investigar a essência da alma, que se deveria fazer vivisseções com os patagônios. Todo moralista autêntico propriamente dito se trata como um patagônio.

25 (520)
As valorações não dependentes de prazer e desprazer: trata-se do valor medido *segundo a conservação do todo*: ou seja, segundo algo futuro, que é *representado* de acordo com fins.

Prazer e desprazer não são senão consequências de juízos finais. Todas *as tendências para a conservação* não são deriváveis da mecânica: elas pressupõem uma *presentificação* do todo – suas metas, perigos e exigências; o ser inferior, obediente, precisa poder imaginar também, até um certo grau, a tarefa do ser superior. Com prazer e desprazer, a vivência particular é caracterizada com vistas à *conservação*. Valorações de eventos em relação às suas *consequências*.

25 (521)
Opiniões incompreensíveis possuem por toda parte direito de cidadania. Incompreensível pela primeira vez em mim.

25 (522)
O mundo do bem e do mal é apenas *aparente*.

25 (523)
Contra a modéstia
Zaratustra, I
O apequenar-se e o envergonhar-se dos poderosos
– a falha de não ver pessoas destacadas.
– a feiura dos plebeus.
– a inveja e a pequenez do plebeu.
– a vitória da tartufaria moral.
– o perigo de que o governo do mundo caia nas mãos dos medíocres.
– o sufocamento de todas as naturezas *superiores*.
ego como *distração* do ponto de vista eudaimonológico
– histórico.

25 (524)
contra a igualdade
contra a tartufaria moral
contra o Cristianismo e Deus
contra o nacional – o bom europeu.

25 (525)
Um Deus do amor poderia falar um dia, entediado com a sua virtude: "façamos um experimento com o diabolismo!" E eis aí uma nova origem do mal! Por tédio e virtude!

25 (526)
Uma opinião, supondo também que ela seja *irrefutável*, ainda não precisa ser verdadeira.

[26 = W I 2. Verão – Outono de 1884]

26 (1)

*O provisório
e os antecessores*

26 (2)

Convencimento cético.

26 (3)
    Os grandes filósofos raramente são bem-sucedidos. O que são afinal este Kant, Hegel, Schopenhauer, Spinoza! O quão pobres, o quão unilaterais! Compreende-se neste caso como é que um artista pode se imaginar como possuindo um significado maior do que o deles. O conhecimento dos grandes gregos me educou: há mais a honrar em Heráclito, Empédocles, Parmênides, Anaxágoras e Demócrito, eles são *mais plenos*. O Cristianismo traz na consciência o fato de ter *estragado* muitos homens plenos, por exemplo, Pascal, e, antes dele, Mestre Eckart. Ele acaba, por fim, por estragar até mesmo o conceito do artista: ele aspergiu uma hipocrisia tímida sobre Rafael; por fim, o seu Cristo transfigurado também não passa de um mongezinho flutuante e exaltado, que não ousa se mostrar nu. Goethe cai bem aí.

26 (4)
    "Amar os homens por um sentimento de agradecimento, por corações transbordantes, porque se escapou da morte", Lagarde p. 54 contra a "humanidade".

26 (5)
    A vantagem da Igreja, tal como a da Rússia: eles podem esperar.

26 (6)
Uma religião, em cujo portal se encontra o adultério de Deus (para ele, afinal, coisa alguma é impossível!).

26 (7)
– amar o próximo, mesmo o inimigo, porque Deus age assim – "Ele deixa que chova sobre os justos e os injustos". Mas isto ele não faz de maneira alguma.

26 (8)
– Fichte, Schelling, Hegel, Schleiermacher, Feuerbach, Strauss – todos teólogos.

26 (9)
– na era do *suffrage universel*, isto é, onde qualquer um pode se sentar no tribunal e julgar qualquer um e qualquer coisa, estou impelido a reproduzir a *ordem hierárquica*.

26 (10)
Em povos envelhecidos uma grande *sensibilidade*, por exemplo, húngaros, chineses, judeus e franceses (pois os celtas já eram um povo cultural!) –

26 (11)
Os autênticos beduínos do deserto e os antigos vikings –

26 (12)
N.B. As "verdades" *a priori* nas quais mais se creem são para mim – *por enquanto suposições*, por exemplo, a lei da causalidade, hábitos de crença tão bem exercitados, tão incorporados, que *não* acreditar nelas levaria a espécie ao perecimento. Por isto, porém, elas são verdades? Que conclusão! Como se a verdade demonstrasse, com isto, que o homem subsiste!

26 (13)
Preciso *expor o mais difícil ideal do filósofo*. O aprendizado não é suficiente para ele! O erudito é o animal de rebanho no

reino do conhecimento, que investiga, porque lhe é comandado e demonstrado.

26 (14)
Não há em si nenhum sentido para a verdade; no entanto, como um forte preconceito fala em favor do fato de que seria mais útil saber a verdade do que se deixar iludir, a verdade é buscada – enquanto em muitos outros casos ela é buscada porque talvez *pudesse* ser mais útil – seja para a ampliação do poder, da riqueza, da honra, da dignidade própria.

26 (15)
Mesmo por detrás dos amigos propriamente ditos da verdade, dos filósofos, trabalha uma intencionalidade com frequência inconsciente para eles: eles querem desde o princípio uma certa "verdade", constituída de tal e tal modo – e com bastante frequência eles revelaram sua necessidade mais íntima, na medida em que percorreram *seu* caminho até a sua "verdade".

26 (16)
O pobre Schopenhauer! E. von Hartmann cortou-lhe as pernas, com as quais ele se movimentava, e Richard Wagner cortou-lhe ainda a cabeça!

26 (17)
Nós só podemos reconhecer da vontade aquilo que nela é reconhecível – ou seja, supondo que nós nos reconhecemos como volitivos, algo intelectual precisa estar presente no querer.

26 (18)
Um aparato cognitivo, que pretende conhecer a si mesmo!!! Dever-se-ia se lançar para além dessa absurdidade da *tarefa*! (o estômago que quer consumir a si mesmo! –)

26 (19)
Assim como Winckelmann conquistou no Lacoonte, por assim dizer no fim da Antiguidade, o sentido para a Antiguidade,

Richard Wagner também conquistou na ópera, o *pior* de todos os gêneros artísticos, o sentido para o estilo, isto é, a intelecção de que não é possível *isolar* artes.

26 (20)
– o caráter demagógico da arte de Wagner: por fim com a consequência de que ele se curvou diante de Lutero, a fim de receber sua influência.

26 (21)
– a música alemã *não* se encontra fora do movimento cultural: em Mozart há muito Rococó e aquela ternura do século XVIII. Em Beethoven, o ar vem da França, dos fanatismos, a partir dos quais emergiu a revolução: sempre eco, ressonância. Wagner e o Romantismo.
– como as coisas se encontram no que diz respeito à conexão entre a música e as artes plásticas? E a poesia? Solidão relativa do músico, ele vive menos *com*, suas excitações são ressonâncias de *sentimentos anteriores*.
Continua faltando sempre o grande estilo na *música*; e se cuidou para que esse estilo não cresça agora!

26 (22)
Tudo o que eu tinha dito sobre R<ichard> W<agner> é falso. Eu o pressenti em 1876: "tudo nele é inautêntico; o que é autêntico está escondido ou decorado. Ele é um ator, em todo e qualquer sentido bom e ruim do termo".

26 (23)
Distanciar-se tanto dos fenômenos morais quanto o médico se encontra distante da crença em bruxas e da doutrina "do veneno do diabo".

26 (24)
A dor, a incerteza, a maldade: os homens de rebanho se encontram posicionados de uma maneira muito diversa em relação a essas três coisas.

26 (25)
As vantagens nesse tempo. "Nada é verdadeiro: tudo é permitido."

26 (26)
Considero os criminosos, punidos e não punidos, como homens, junto aos quais é possível fazer experimentos. Proteção, *não* aprimoramento, *não* punição!

26 (27)
– um povo, que se subordina à inteligência de um *Lutero*!

26 (28)
N.B. São *boas* perspectivas; abalos *totalmente grandes e puros* estão se preparando. Se eu levasse em consideração o que a Revolução Francesa *provocou* – mesmo Beethoven não teria como ser pensado sem ela, assim como Napoleão. Deste modo, espero que todos os problemas fundamentais sejam descobertos e que se vá fundamentalmente além das tolices do Novo Testamento ou de Hamlet ou Fausto, os dois "homens de todos os mais modernos".

26 (29)
Alcei-me a uma altura boa e clara: e alguns daqueles que, quando era jovem, brilhavam sobre mim como uma estrela estão agora distantes de mim – mas *sob* mim, por exemplo, S<chopenhauer>, W<agner>.

26 (30)
Não se deve construir, onde não há mais tempo algum. O júbilo do grande movimento: e *eu sou* aquele que vê do que se trata: em relação a tudo o que é "bom" e "mau".

26 (31)
Descrever R<ichard> W<agner> – tentativa de uma ditadura. Mas por fim ele *riscou a si mesmo*, incapaz de uma con-

cepção conjunta própria. Os "encantos" da ceia protestante o seduziram!
Montaigne – – –

26 (32)
"Conquista do mundo." Por que via o homem buscou até aqui submeter as coisas a si:
– os limites, com os quais ele não podia seguir além e aos quais ele se submeteu (Moira) – "Deus". Os "dominadores" sonharam a si mesmos ainda uma vez como dominadores do mundo em meio às coisas.
– Consolos. Submissão.

26 (33)
"A paz como ilusão." "Satisfação."

26 (34)
Durante o dia, o intelecto inferior está fechado para a consciência. De noite, o intelecto superior dorme, o inferior ganha a consciência (sonho).

26 (35)
Como no sonho se busca a causa para o tiro de canhão e o tiro só é *ouvido* em seguida (portanto, tem lugar uma inversão temporal): *esta inversão temporal sempre tem lugar*, mesmo na vigília. As "causas" são imaginadas *segundo o "ato"*; acho que nossas *finalidades* e *meios* são consequências de um processo??

O quão seguramente estamos treinados para não acreditar em nada sem causa é algo que nos mostra o fenômeno que acabamos de mencionar: nós só *aceitamos* o tiro de canhão, se tivermos imaginado a possibilidade de determinar o modo como ele surgiu, isto é, a toda e qualquer *vivência* propriamente dita antecede um tempo, no qual o fato a ser vivenciado é *motivado*.
– este poderia ser o caso no movimento *de cada nervo, de cada músculo*.

Portanto, em toda e qualquer assim chamada percepção sensível há um *juízo*, que *afirma ou nega* a ocorrência antes de ela "entrar em cena" na consciência.
Como movimento visível, toda vida orgânica *está coordenada* a um *acontecimento espiritual*.
Um ser orgânico é a expressão visível de um *espírito*.

26 (36)
O sistema nervoso e o cérebro são sistema de condução e um aparato de centralização de inúmeros espíritos individuais de uma posição hierárquica diversa. *O eu-espiritual mesmo* é dado com a célula.

Antes da célula não há *nenhuma espiritualidade egoica*, mas é apenas um *processo de pensamento* que corresponde certamente a tudo o que é normativo, isto é, ao *caráter relacional* de todo acontecimento (memória e conclusão).

26 (37)
Onde não há nenhum erro, esse reino encontra-se mais elevado: o inorgânico como a espiritualidade desprovida de individualidade. A criação orgânica tem seu ângulo de visão a partir do egoísmo, a fim de se conservar.
– só se pode pensar até o ponto em que pensar serve à conservação.
– um processo duradouro com crescimento, geração etc.

26 (38)
Os pensamentos são forças. A natureza revela-se como uma quantidade de relações de forças: trata-se de pensamentos, *processos lógica e absolutamente seguros*, falta toda possibilidade do erro. Nossa ciência percorreu o caminho que leva a descobrir *por toda parte* fórmulas lógicas e nada além disto.
– todos estes processos móveis que vemos ou quase vemos (átomos) são consequências.
1. A unicidade indestrutível da força, o espaço com a função força. Tudo o que é mecânico.

2. O mecânico no fundo lógica.
3. A lógica indedutível. Como é que o erro é possível? Mais corretamente: leis de conservação para processos de duração pressupõem uma *ilusão* perspectivística.

26 (39)
"O homem justo" é muito refrescante para o observador, na medida em que apazigua: para si mesmo, porém, um tormento terrível.

26 (40)
Arte – a alegria de *se comunicar* (e de acolher por parte de alguém mais rico) – por meio de figuras formar as almas –

26 (41)
Essa necessidade de ter pronto o conhecimento em torno de si não está presente em uma natureza muito decidida –

26 (42)
Coloco de maneira nova o problema da ordem hierárquica (Platão) do artista; ao mesmo tempo, formo o artista tão elevadamente quanto posso. De fato, encontramos todos os artistas *submetidos* a grandes movimentos espirituais, não a seus dirigentes: com frequência consumadores, por exemplo, Dante para a Igreja católica. R<ichard> W<agner> para o movimento romântico. Shakespeare para o jogo de espíritos livres de Montaigne.
As formas mais elevadas, nas quais o artista é apenas uma parte do homem – por exemplo, Goethe, G<iordano> Bruno. Essas formas raramente têm sucesso.

26 (43)
Todos os sistemas filosóficos são *superados*; os gregos irradiam um brilho maior do que nunca, sobretudo os gregos antes de Sócrates.

26 (44)
A inversão do tempo: nós acreditamos no mundo exterior como causa de seu efeito sobre nós, mas *transformamos* primeiro o seu efeito factual, um efeito que transcorre inconscientemente, *no mundo exterior*: aquilo, como o que ele se encontra contraposto a nós, é nossa obra, que agora reage sobre nós. É preciso *tempo* antes de ele estar pronto: mas esse tempo é tão pequeno!

26 (45)
Nossas valorações encontram-se em relação com nossas condições vitais cridas: se essas se alteram, então se alteram nossas valorações.

26 (46)
Coordenação ao invés de *causa e efeito*.

26 (47)
O caminho até a sabedoria
Acenos para a superação da moral.
O primeiro movimento. Melhor venerar (e obedecer e *aprender*) como um qualquer. Reunir tudo o que é venerável em si e deixar que lutem entre si. Carregar tudo o que é pesado. Ascetismo do espírito – coragem, tempo da comunidade.
O segundo movimento. Destroçar o coração venerante (quando *se está o mais firmemente possível ligado*). O espírito livre. Independência. Tempo do deserto. Crítica a tudo o que é venerado (idealização do não venerado), tentativa de avaliações inversas.
O terceiro movimento. Grande decisão, saber se se está em condições de fazer frente à posição positiva, à afirmação. Nenhum Deus, nenhum homem mais *acima* de mim! O instinto do criador, que sabe onde coloca a mão. A grande responsabilidade e a inocência. (Para ter alegria em algum lugar com alguma coisa, é preciso afirmar *tudo*.) Dar-se o direito de agir.

26 (48)
1. A superação das inclinações más e mesquinhas. O coração abrangente só se conquista algo com amor. (R<ichard> W<agner> rebaixou-se diante de um coração profundo e amoroso, assim como Schopenhauer. Isto pertence ao *primeiro* nível). Pátria, raça, tudo isto faz parte *daqui*.
2. A superação também das boas inclinações. Sem serem notados, tais naturezas como D<ühring> e W<agner> ou Sch<openhauer> não se encontram *nem mesmo neste nível*!
3. Para além de Bem e Mal. Ele assume a consideração mecânica do mundo e não se sente humilhado sob o peso do destino: ele tem a sorte dos homens nas mãos.

Só para poucos: a maioria já perece no segundo nível. Platão Spinoza? Talvez *tenham sucesso*? Finalmente se dar o direito de agir.

Tomar cuidado diante de ações, que não se adéquam ao *nível alcançado*, por exemplo, o querer-ajudar junto àqueles que não são suficientemente significativos – isto é falsa compaixão.

26 (49)
N.B. "Consciência" – em que medida a representação representada, a vontade representada, o sentimento representado (*a única coisa que nos é conhecida*) são totalmente superficiais! "Fenômeno" também o nosso mundo *interior*!

26 (50)
Critério de medida. O quanto alguém suporta da verdade, sem se *degenerar*! E sem ser levado ao desespero por meio da contradição, da hostilidade e da incompreensão? Também não por meio da *estupidez do amor* daqueles que o veneram?

26 (51)
Que terrível destino teve Schopenhauer! *Suas injustiças* encontraram *aqueles que as exageraram* (Dühring e Richard Wagner), sua intelecção fundamental do *pessimismo* encontrou um berlinense, um *amesquinhador* involuntário (E. v. Hartmann)!

26 (52)
Achamos que nosso intelecto *consciente* seria a causa de todas as instituições consonantes a fins em nós. Isto é fundamentalmente falso. Nada é mais superficial do que todo o estabelecimento de "finalidades" e "meios" por meio da consciência: trata-se de um aparato de simplificação (tal como o dizer uma palavra etc.), um meio de entendimento, praticável, nada mais – sem intenção de *penetração* com o conhecimento.

26 (53)
"Acaso" – em grandes espíritos uma profusão de concepções e possibilidades, por assim dizer jogo de figuras, e, a partir daí, escolha e adequação a algo anteriormente selecionado. – A *dependência* das naturezas inferiores em relação às naturezas inventivas é *inexprimivelmente* grande – é preciso apresentar alguma vez *o quão grande* é toda imitação e harmonização das *valorações indicadas*, que partem de grandes singulares. Por exemplo, Platão e o Cristianismo. Paulo teria grandes dificuldades de reconhecer *o quanto* tudo nele cheirava a Platão.

26 (54)
Capítulo. Do *valor* do aparato cognitivo humano. Só lentamente se evidencia o que ele pode e não pode realizar para nós: a saber, até onde todos os seus resultados se encontram em uma conexão *interna* ou se contradizem.

26 (55)
Capítulo. Se não se tem um ponto de vista determinado, não há como falar do valor de coisa alguma: isto é, uma *afirmação* determinada de uma vida determinada é o pressuposto de toda e qualquer *avaliação*.

26 (56)
Elogia-se e critica-se por *si*: quem desconsidera aquele que elogia a partir de pontos de vista mais elevados, não acha *nada lisonjeiro* ser elogiado por ele.

26 (57)
N.B. Em que medida é necessário, para o homem do mais elevado nível hierárquico, ser mortalmente *odiado* pelos representantes de uma *determinada* moral. Quem ama o mundo precisa amaldiçoar todos os singulares: a perspectiva de sua *conservação* exige que não haja nenhum destruidor de todas as perspectivas.

26 (58)
N.B. O primeiro limite de todo "sentido para a verdade" é – mesmo para todas as criaturas inferiores animadas – o seguinte: o que não serve à sua conservação *não lhe diz respeito*. O segundo é: o modo de considerar uma coisa, que lhes é *maximamente útil*, é preferível e só é paulatinamente incorporado por meio de herança. Isto também não se alterou ainda de maneira alguma por meio dos homens: no máximo poder-se-ia perguntar se não haveria raças degeneradas, que se colocam assim em relação às coisas, tal como é próprio à intenção interior voltada para o ocaso – portanto, contra a vida. Mas a morte do envelhecido ou fracassado faz parte ela mesma da *conservação* da vida: razão pela qual anciãos podem julgar de maneira anciã e cristãos autênticos de maneira hostil ao mundo.

Seria em si possível que *equívocos fundamentais* fossem necessários para a conservação do vivente e não "verdades fundamentais". Poder-se-ia pensar, por exemplo, uma existência na qual o conhecer mesmo seria impossível, porque haveria uma contradição entre o absolutamente fluido e o conhecimento: em um tal mundo, uma criatura viva precisaria *acreditar* primeiro em coisas, em duração etc., para poder existir: o erro seria a sua condição de existência. Talvez seja assim.

26 (59)
Para qual de nossos avós o amor era uma questão importante, isto é algo que descobrimos quando estamos apaixonados e, talvez para o nosso espanto, nos comportamos tal como nossos avós o fizeram: *é difícil para **uma pessoa** começar uma paixão*

verdadeira – mas mesmo paixões podem ser ensinadas e cultivadas, o amor tanto quanto o despotismo e o egoísmo.

26 (60)
Por toda parte onde há uma grande conformidade a fins, **não** temos na consciência os fins e os meios. O artista e sua obra, a mãe e a criança – e, do mesmo modo, minha ruminação, digestão, caminhada etc., a economia das forças de dia etc. – tudo isto é sem consciência.

O fato de algo ocorrer em conformidade a fins, por exemplo, o processo da digestão, não é explicado *de maneira alguma* pela suposição de um aparato cognitivo centuplamente refinado do *tipo* do intelecto consciente: ele não poderia ser pensado de modo apropriado para a tarefa, que de fato é realizada, porque relações finas demais (em números) precisariam ser consideradas. O segundo intelecto continuaria sempre deixando o mistério sem ser resolvido. Se não se deixa iludir por "grande" e "pequeno" em relações *temporais*, o processo de uma *digestão particular* é precisamente tão rico em termos de processos particulares do movimento quanto *todo o processo do vivente* em geral: e quem não supõe para esse último processo nenhum intelecto diretriz também não precisa supô-lo para o primeiro.

26 (61)
Todo o aparato cognitivo é um aparato de abstração e de simplificação – não voltado para o conhecimento, mas para o *apoderamento* das coisas: "fim" e "meio" estão tão distantes da essência quanto os "conceitos". Com "fim" e "meio", é possível se apoderar do processo (– *inventa-se* um processo que é tangível!), com conceitos, porém, das coisas que fazem o processo.

26 (62)
A essência de uma ação é incognoscível: aquilo que denominamos suas "motivações" não *mobiliza* nada – trata-se de uma ilusão apreender uma sucessão como uma interpenetração.

26 (63)

Com a "liberdade da vontade", a "responsabilidade" também cai por terra. Restam, porém, todas as questões morais: como é que o vivente se posiciona em relação à "verdade"? Em relação a uma outra vitalidade? E caso se tenha sido punido e recompensado pelo erro, por que não se *poderia* continuar punindo e recompensando? O que é possível empregar contra uma "vontade de não verdade"? E de onde provém a avaliação do justo inútil? – Basta! Todo o *estado de fato* da posição moral do vivente até aqui, 1) o *estado de fato das avaliações* e 2) *a causa das valorações*, ainda precisaria ser fixado. De onde surgiria a questão de saber 3) *se há um critério de medida* para todas as valorações até aqui, incluindo aí a questão de saber se os dois primeiros problemas são passíveis de solução *sem esse critério de medida* – e *por que* eu os levanto, afinal.

26 (64)

Os grandes problemas do *valor do devir* levantados por Anaximandro e Heráclito – ou seja, a decisão quanto a se uma avaliação moral ou uma avaliação estética são efetivamente permitidas, no que concerne ao todo.

O grande problema sobre que parcela o *entendimento posicionador de finalidades* possui em todo devir – levantado por Anaxágoras.

O grande problema sobre se há um *ser* – levantado pelos eleatas; e o que é toda aparência.

Todos os grandes problemas são formulados por Sócrates:

Sócrates: a intelecção como meio para o aprimoramento moral, o irracional nas paixões, o *não consonante a fins* no ser ruim.

Platão diz não! *O amor* ao bem traz consigo o aprimoramento moral; a intelecção, porém, é necessária para a apreensão do bem.

Sócrates não busca a sabedoria, mas *um sábio* – e não o encontra – mas ele distingue essa *busca* como a sua mais suprema alegria. Pois não haveria nada mais elevado na vida do que *sempre falar de virtude*.

26 (65)
Talvez aquilo que sentimos como o que há de mais certo seja o que há de mais afastado do "efetivamente real". No juízo está presente uma crença de que as coisas são "de tal e tal modo"; como se precisamente a *própria crença* fosse o fato mais imediato, que podemos constatar! Como é que a crença é possível??

26 (66)
Pitágoras funda uma ordem para *nobres*, uma espécie de ordem dos cavaleiros do templo.

26 (67)
– Heráclito: o mundo como uma legalidade absoluta: como é que ele poderia ser um mundo da injustiça! – ou seja, um julgamento *moral* "o preenchimento da lei" é absoluto; o oposto é uma ilusão; mesmo os homens maus não alteram nada no modo como eles são, neles se preenche a absoluta *legalidade*. A necessidade é aqui divinizada e *sentida* moralmente.

26 (68)
Até aqui, as duas explicações da vida orgânica *não* conseguiram ter êxito, nem a proveniente da mecânica, *nem a proveniente do espírito*. Eu acentuei essa última. O espírito é mais superficial do que se acredita. O governo do organismo acontece de um tal modo, para o qual *tanto* o mundo mecânico *quanto* o espiritual só podem ser aduzidos para a explicação *simbolicamente*.

26 (69)
A ideia de que só o que é capaz de viver *restou* é uma concepção *de primeiro nível*.

26 (70)
Por fim, a incognoscibilidade da vida poderia residir justamente no fato de que *tudo* é em si incognoscível e que nós só concebemos aquilo que primeiro construímos e estabelecemos

em nossa carpintaria; ou seja, sobre a contradição das primeiras funções do "conhecer" com a vida. Quanto mais cognoscível algo é, tanto mais distante do ser, tanto mais *conceito*.

26 (71)
Egoísmo como o ver e o julgar perspectivísticos de todas as coisas com a finalidade da conservação: todo ver (*o fato de que* em geral algo é percebido, este escolher) já é um valorar, um aceitar, em oposição a uma rejeição e a um não querer ver.

26 (72)
Há valorações em todas as atividades sensíveis. Há valorações em todas as funções do ser orgânico.
O fato de prazer e desprazer serem formas originárias da valoração é uma hipótese: talvez elas sejam apenas *consequências* de uma valoração.
O "bom" é, visto a partir de dois seres diversos, algo diverso.
Há algo bom, que tem por critério de medida a conservação do particular; algo bom, que tem por critério de medida a conservação de sua família ou de sua comunidade ou de sua estirpe – pode surgir um conflito no indivíduo, dois impulsos.
Cada "impulso" é o impulso para "algo bom"; visto a partir de algum ponto de vista; há uma valoração aí, só por isto é que ele se incorporou.
Cada impulso foi cultivado como uma *condição* temporária *da existência*. Ele se lega durante muito tempo, mesmo depois de ter deixado de ser.
Um determinado grau do impulso na relação com outros impulsos, como capaz de conservação, é sempre legado uma vez mais; um impulso contraposto desaparece.

26 (73)
O "não egoísta". A pluralidade de pessoas (*máscaras*) em um "eu".

26 (74)
A lei da causalidade *a priori* – o fato de que se crê – pode ser uma condição existencial de nossa espécie; com isto, ela não é *demonstrada*.

26 (75)
Para a introdução.
§ 1. A mais difícil e mais elevada figura do homem é aquela que mais raramente terá êxito: assim, a história da filosofia mostra uma quantidade enorme de fracassados, de casos infelizes, e um progresso extremamente lento; milênios como um todo se interpõem aí e esmagam aquilo que foi alcançado, o nexo sempre cessa uma vez mais. Esta é uma terrível história – a história do homem mais elevado, o *sábio*. – O que é mais prejudicado é precisamente a memória dos grandes, pois os semiexitosos e os fracassados os desconhecem e os vencem por meio de "sucessos". Toda vez que "o efeito" se mostra, uma massa plebeia entra em cena; o fato de os pequenos e de os pobres de espírito poderem tomar parte no discurso é um terrível martírio para os ouvidos daquele que sabe com arrepios, que o *destino da humanidade depende do êxito de seu tipo mais elevado*. – desde a primeira infância refleti sobre as condições existenciais do sábio; e minha alegre convicção de que ele é agora uma vez mais *possível* na Europa – talvez apenas por um curto espaço de tempo – não quer se silenciar.

§ 2. O que precisa se reunir no sábio? Aqui se compreende por que ele tão facilmente fracassa, abstraindo-se totalmente das condições exteriores.

§ 3. *O mundo das opiniões* – o quão profundamente as valorações penetram nas coisas foi desconsiderado até aqui: como nós nos encontramos em um mundo criado por nós, e o fato de que mesmo em todas as nossas percepções sensíveis ainda se encontram presentes valores morais. – Restrição do campo de visão do idealismo kantiano (por fim, refutado por ele mesmo: o que nos importa a verdade, quando se trata de nossas valorações mais elevadas – "é preciso, então, acreditar nisto e naquilo", acha Kant).

26 (76)
Trata-se de um problema saber se prazer e desprazer são fatos mais primitivos do que o juízo "útil", "nocivo" para o todo.

26 (77)
O estímulo precisa ser conceitualmente cindido de "prazer" e "desprazer".

26 (78)
Schopenhauer confessa o "prazer particular" em demonstrar a razão prática e o imperativo categórico de Kant "como suposições completamente injustificadas, desprovidas de fundamento e imaginadas, e, com isto, entregar uma vez mais a moral à sua antiga e total aporia" (*Base da moral* p. 116).

26 (79)
Condições do sábio.
É preciso se *libertar* da sociedade por meio da *culpa* de todo tipo.

26 (80)
O desenvolvimento do orgânico obtém uma grande probabilidade para o fato de que o intelecto surgiu a partir de inícios pequenos, ou seja, de que também ele *veio a ser*: os órgãos sensoriais comprovadamente surgiram, antes deles não havia nenhum "sentido". É de se perguntar o que precisa ter existido: por exemplo, que propriedades tem o embrião para que o pensamento também se desenvolva, por fim, no transcurso de seu desenvolvimento? –

26 (81)
Nós não tivemos *nenhuma ideia* até aqui das leis internas do movimento do ser orgânico. "Figura" é um fenômeno ótico: abstraindo-nos dos olhos, um disparate.

26 (82)
Sentença principal: nenhuma hipótese retrógrada! É preferível um estado de ἐποχη! E tantas observações particulares

quanto possível! Por fim: podemos reconhecer aquilo que quisermos, por detrás de todos os nossos trabalhos se encontra uma *utilidade* ou inutilidade *que **não** abarcamos*. Não há nenhum prazer, mas tudo é absolutamente necessário: e o destino da humanidade está há muito decidido, porque ele já esteve eternamente *presente*. Nosso empenho e cautela mais zelosos pertencem concomitantemente ao fato de todas as coisas; e, do mesmo modo, toda estupidez. Quem se esconde diante desse pensamento também se mostra por meio daí como um fato. Contra a ideia da necessidade, não há nenhum refúgio.

26 (83)
    Qual é a crença *mais útil* e mais desejável? (se algum dia o que estiver em questão *não* for a verdade) poder-se-ia perguntar. Mas é preciso seguir questionando aí: útil para quê?

26 (84)
    Kant diz p. 19 R<osenkranz>, "o valor moral de uma ação não reside de maneira alguma na intenção, de acordo com a qual ela aconteceu, mas na máxima que se seguiu". "Algo contra o que (Schopenhauer *Base da moral*, p. 134) dou a refletir o fato de que a intenção só decide sobre o valor ou a falta de valor moral de um ato, razão pela qual o mesmo ato, sempre de acordo com a sua intenção, pode ser reprovável ou elogiável" *etc*.
    ego: mas *o que* ele queria com o ato, quer isto seja elogiável ou reprovável, depende de qualquer modo da máxima que aquele que elogia ou censura possui, e, consequentemente, do julgamento da máxima, segundo a qual o agente agiu: caso não se trate da mesma máxima, então o homem comum se revolta contra o agente; mas pressupõe que ele *avalia* da mesma forma as ações. Kant tem razão ao dizer que, porquanto há diversas máximas; e, de diversos valores morais, o valor de uma ação sempre *reconduz* por fim *à questão acerca do valor da máxima que se encontra à sua base.*
    Sch<openhauer> está tão certo de saber o que é bom e mau quanto Kant – este é o humor da coisa.

26 (85)

O comando e a obediência são o fato fundamental: isto *pressupõe* uma ordem hierárquica.

Sch<openhauer> p. 136: "O princípio ou a premissa maior fundamental de uma ética é a expressão mais breve e mais concludente para o modo de ação, que ela prescreve ou, se ela não tivesse nenhuma forma imperativa, para o modo de ação ao qual ela atribui um valor moral propriamente dito – ou seja, o ὅτι da virtude. O fundamento de uma ética, em contrapartida, é o διότι da virtude, o *fundamento* daquele compromisso ou recomendação ou elogio, ou seja, o διότι da virtude. – O ὅτι é tão fácil, o διότι tão horrivelmente difícil".

"O princípio, a sentença fundamental, cujo conteúdo todos os éticos estão propriamente de acordo: *neminem laede, imno omnes quantum potes juva*[77] – o fundamento propriamente dito da ética, que se busca como a pedra da sabedoria há milênios."

A dificuldade de demonstrar esta sentença é naturalmente grande: ela é tola e escrava-sentimental.

neminem laede: por que não?

Neminem contém uma equiparação de todos os homens: como, contudo, os homens não são iguais, então está contida aí uma *exigência* de *estabelecê-los* como iguais. Ou seja: "trata todo homem como teu igual" é o pano de fundo desta moral. "Ser útil" contém a questão "útil *para quê?*", ou seja, já uma valoração e uma meta. Sob certas circunstâncias poderia ser necessário ferir a muitos, para ser útil a todos: ou seja, a primeira parte poderia ser falsa. É ridículo acreditar em "um fazer bem e um fazer mal" *em si*, quando se é filósofo. Uma dor e uma perda trazem para nós com frequência o maior ganho, e "é muito bom ter terríveis inimigos", se algo grande deve vir a ser a partir de ti. –

Ou seja: primeira questão, saber se a moral é praticável, *executável*. Mas como é que eu posso *"ser útil a todos"*!

---

[77] **N.T.:** Em latim no original: "não fira ninguém, antes ajude a todos até onde tu puderes".

Há instantes em Schopenhauer nos quais ele não se encontra de maneira alguma tão distante da sentimentalidade de Kotzebue – ele também tocava diariamente *flauta*: isto diz algo.

26 (86)
Schopenhauer ridicularizou com razão o "fim em si", o "dever absoluto", o "valor absoluto" de Kant como contradições: ele deveria ter acrescentado aí a "coisa em si".

26 (87)
Onde a *indiferença* começa, junto a seres vivos, na relação com o mundo exterior –

26 (88)
O sábio é aquele que é menos distinto pela uniformidade rígida do olhar: enquanto – – –

26 (89)
Os espíritos *insignes* fracassam mais facilmente; a história de seus sofrimentos, suas doenças, sua indignação quanto ao grasnar atrevido sobre a virtude de todos os pavões morais etc. Tudo conspira contra eles, irrita-os não ser oportunos por toda parte em casa. – Perigo na era democrática. Desprezo absoluto como medida de segurança.

26 (90)
O que foi *alcançado* no conhecimento é coisa do filósofo constatar; e não apenas aí, mas em geral! A história como o grande *tubo de ensaio* para *preparar* a sabedoria consciente que compele ao governo do mundo. O pensar conjuntamente o vivido –

26 (91)
Em meio a um excesso de forças vivificantes complementares brilham mesmo os casos infelizes com o brilho de um sol e geram seu próprio consolo: inversamente, todos os profundos abatimentos, os remorsos, as longas noites amargas entram em

cena junto aos corpos *enfraquecidos* (com frequência, a alimentação ainda é recusada).

26 (92)

O involuntário no pensar

O pensamento vem à tona com frequência misturado e obscurecido por uma multidão de pensamentos. Nós o retiramos, o purificamos, o colocamos sobre seus pés e vemos como *ele anda* – tudo muito rápido! Nós nos sentamos, então, acima dele no tribunal: pensar é uma espécie de exercício de justiça, junto ao qual também há a escuta das testemunhas. O que *ele significa*?, perguntamos e convocamos outros pensamentos. Ou seja: o pensamento, portanto, não é tomado como imediatamente certo, mas apenas como um *sinal*, um ponto de interrogação. O fato de todo pensamento ser em um primeiro momento plurissignificativo e oscilante, e, em si, apenas uma *ocasião* para uma múltipla interpretação e para uma constatação arbitrária, é uma questão ligada à experiência de todo e qualquer observador, que não permanece na superfície. – A origem do pensamento nos é velada; há uma grande probabilidade de que ele seja um *sintoma* de um estado mais abrangente, exatamente como todo e qualquer sentimento –: no fato de precisamente *ele* surgir e não algum outro, de ele surgir com esta maior ou menor clareza, por vezes de maneira insegura e carente de um apoio, no todo sempre inquietante e estimulante, questionador – para a consciência, todo pensamento é um estimulante – nisto tudo se expressa em *sinais* algum coisa de um estado conjunto. – As coisas se dão do mesmo modo no que concerne a cada sentimento – ele não significa para nós algo em si; ele é, ao surgir, interpretado por nós, e, com frequência, o quão estranhamente interpretado! Consideremos todas as necessidades dos intestinos, os estados doentios do *nervus sympathicus* e de todo o *sensorium commune* –: só aquele que se acha anatomicamente instruído desvenda aí o gênero correto de causas; todo ignorante, porém, *busca* em tais dores uma explicação moral e *insere de maneira subreptícia* um falso fundamento para a ocasião factual de indisposições, na medida em que busca no espectro de suas vivências experiências e receios desagradáveis uma razão para se sentir mal. Ao ser torturado, quase qualquer um se confessa culpado: em meio à dor, cuja causa não se conhece, o torturado se pergunta de maneira longa e inquisitória, até que acaba achando a si mesmo ou a outros como culpados, tal como acontecia, por exemplo, com os puritanos que interpretavam moralmente como remorso a mania que com frequência se ligava ao seu modo de viver irracional.

26 (93)
A ação de um homem superior é indescritivelmente *múltipla* em sua motivação: com uma tal palavra como a "compaixão" *não se está dizendo nada*. O mais essencial é o sentimento "quem sou eu?", quem é o outro em comparação comigo – juízos de valor constantemente ativos.

26 (94)
É preciso reaprender tudo sobre a memória: trata-se da grande quantidade de todas as vivências de toda a vida orgânica, vital, ordenando-se, formando-se mutuamente, lutando um com o outro, simplificando, concentrando e transformando em muitas unidades. Precisa haver um *processo* interno, que se comporta como a *formação conceitual* a partir de muitos casos particulares: o destacar e o sempre sublinhar novamente o esquema fundamental e o deixar de lado os traços secundários. – Enquanto algo ainda puder ser evocado como um *factum* particular, ele ainda não se encontra amalgamado: as vivências mais recentes ainda boiam na superfície. Sentimentos de inclinação, aversão etc. são sintomas de que unidades já são formadas; nossos assim chamados "instintos" são tais formações. Pensamentos são o que há de mais superficial: valorações que soam intangíveis e que se fazem presentes são mais profundas – prazer e desprazer são efeitos de valorações complicadas reguladas por instintos.

26 (95)
Uma vez que ódio, inclinação, desejo, ira, despotismo etc. ainda se fazem presentes, pode-se supor que eles têm suas funções

de conservação. E "o bom homem" – sem os afetos poderosos do ódio, da indignação, do nojo, sem inimizade é uma *degeneração*, ou um autoengodo.

26 (96)
O grosseiro pedantismo e particularismo do velho Kant, a grotesca falta de gosto deste chinês de Königsberg que, contudo, era um homem do dever e um funcionário prussiano: e a falta de cultivo interno e a apatridade de Sch<openhauer> que, porém, podia se entusiasmar com o burguês compassivo, como Kotzebue: e que conhecia a compaixão pelos animais, como Voltaire.

26 (97)
Quem se alegra com um espírito extraordinário também precisa amar as condições, sob as quais ele emerge – a obrigação do disfarce, do desvio, da exploração da ocasião; e aquilo que incute em naturezas mais baixas contrariedade, no fundo, medo, sobretudo se eles odiarem o espírito como tal –

26 (98)
Posição fundamental: a falta de veneração diante dos grandes espíritos, por várias razões e também a partir do fato de que *faltam* espíritos grandes. As maneiras históricas de nosso tempo precisam ser explicadas a partir da crença no fato de que tudo *se acha livre* para o julgamento de qualquer um.
O traço característico do grande homem era a profunda intelecção da *hipocrisia moral* de todos (ao mesmo tempo como consequência do plebeu, que *busca um* costume).

26 (99)
Meu consolo é o fato de que todos os grandes conhecedores do homem continuam dizendo: "o homem é mau" – e onde quer que as coisas se mostraram de maneira diversa, logo ficou claro para o homem compreensivo que "o homem era aí *fraco*".
O enfraquecimento do homem foi a causa das revoluções – a sentimentalidade.

26 (100)
O que *faltava* ao filósofo a) sentido histórico
b) conhecimento da fisiologia
c) uma meta em direção ao futuro
Fazer uma crítica, sem toda ironia e condenação moral.

26 (101)
Um intelecto exuberante é o efeito de uma quantidade de qualidades morais, por exemplo, coragem, força de vontade, pureza, seriedade – mas, ao mesmo tempo, também de muita πολυτροπία, disfarce, transformação, experiência em oposições, malícia, ousadia, maldade, descontrole.

Para que surja um intelecto exuberante, os avós de um homem precisam ter sido os dois em um grau preponderante, maus e bons, espirituais e sensíveis.

26 (102)
O fato de um bom homem poder ter um espírito extraordinário precisaria ser sempre primeiramente demonstrado: os grandes espíritos foram até aqui homens maus.

26 (103)
Esses bons homens alegres e pacíficos não possuem nenhuma representação da gravidade daqueles que querem pesar *novamente* as coisas e que precisam levá-las uma vez mais para a balança.

26 (104)
A quantidade dos fracassados abala ainda mais a comodidade e a segurança (a falta de *compaixão por todo o desenvolvimento* "homem") – como tudo vai rapidamente ao fundo e perece!

26 (105)
Não pode espantar o fato de que são necessários alguns séculos para encontrar uma vez mais a articulação – falar em alguns séculos não significa muita coisa!

26 (106)
O cognoscente tem alegria em todos os seus afetos, desejos, ações ruins; ele utiliza doenças, humilhações, ele deixa a dor ser profundamente enterrada e salta, então, repentinamente de volta, logo que *tem* seu conhecimento.

26 (107)
A intenção de apresentar o homem bom danificou até aqui no máximo o conhecimento dos filósofos. Grande mendacidade, o maior possível junto aos moralistas.

26 (108)
Não há hoje nenhuma diversidade essencial do juízo quanto ao que é bom e ruim. É de se perguntar apenas por que não há nenhuma diversidade essencial. Ninguém duvida do fato de as coisas se mostrarem de tal e tal modo. – Sócrates pergunta "por que?", mas tampouco ele duvida – e faz parte até aqui da vaidade do homem o fato de ele *saber* por que ele faz algo – o fato de ele agir com vistas a motivos conscientes. – Desde Platão, todo mundo acredita que bastaria *definir* "bom", "justo" etc. para que se *soubesse* o que eles significam e para que, então, se precisasse agir de acordo com isto.

26 (109)
N.B. Homens bons e justos são elogiados com razão? 1) O que elogia tem efetivamente um direito de julgar em geral? 2) Seu juízo é correto – e *correto* segundo que critério de medida?

26 (110)
Muito se julgou e se condenou até aqui, lá onde faltava o saber, por exemplo, em relação às bruxas; ou junto à astrologia. Muitos "juízos com a melhor das consciências" se revelaram como injustificados. No que concerne a "bom" e "mau", as coisas não podiam se mostrar deste modo, uma vez que a fundamentação até aqui não abarcava propriamente nenhuma crítica em si? – As pessoas estavam de acordo.

26 (111)
O sábio se espanta quando descobre o quão pouco a maioria dos que se consideram homens bons está interessada pela verdade – e ele se propõe a devotar o mais profundo desprezo contra toda a malta moral da virtude. O que é ruim lhe é preferível. – Que sacrifícios ele não fez! E, então, ele nota que os homens acreditam poder concordar ou dizer *não*. – Um livro que "agrada"!

26 (112)
Tenho um profundo desprezo por todo julgamento, elogio e condenação moral –
No que se refere aos juízos morais habituais, pergunto 1) aquele que julga tem efetivamente o direito de julgar? 2) ele tem razão ou não tem razão em julgar assim?
Ele se encontra em uma posição suficientemente alta.
Ele possui intelecção, fantasia, experiência para *imaginar* um todo.

26 (113)
N.B. Viver *fora das cidades*!

26 (114)
Não há nenhum fato imediato! As coisas se encontram do mesmo modo no que concerne aos sentimentos e pensamentos: na medida em que me *conscientizo* deles, faço um extrato, uma simplificação, uma tentativa de configuração: *isto justamente é que significa conscientizar-se*: *uma retificação* completamente **ativa**.
De onde tu sabes disto? –
Nós estamos conscientes do *trabalho* em jogo, quando queremos apreender agudamente uma ideia, um sentimento – com a ajuda da *comparação (memória)*.
Uma ideia e um sentimento são *sinais* de processos quaisquer: se eu os tomo absolutamente – se eu os posiciono como inevitavelmente *inequívocos*, então estabeleço ao mesmo tempo

os homens como intelectualmente iguais – uma *simplificação* temporariamente permitida do verdadeiro estado de fato.

26 (115)
*Trabalhamos com **todas as forças** para nos convencermos da ausência de liberdade*: para nos sentirmos tão livres diante de nós quanto *diante da natureza* – – custa o mais extremo empenho manter um sentimento deste tipo e não deixá-lo cair.

26 (116)
A "*indignidade*" de um homem é apenas uma indignidade com vistas a determinadas *finalidades* (da família, da comunidade etc.): deve-se *dar* a ele *um valor* e torná-lo sensível ao fato de que ele *é* útil, por exemplo, o doente como meio do conhecimento; o criminoso como espantalho etc. Os viciosos como ocasiões, junto a eles etc.

26 (117)
Para me conservar, tenho *meus* instintos protetores, instintos de desprezo, nojo, indiferença etc. – eles me impelem para a solidão: na solidão, porém, onde eu *sinto tudo como necessariamente articulado*, todos os seres me são *divinos*.
N.B. Para poder estimar e amar *qualquer coisa*, precisei conceber como ligada de maneira absolutamente necessária com tudo aquilo que é – ou seja, *por sua causa* eu preciso *aprovar tudo* e saber agradecer ao acaso, no qual coisas tão deliciosas são possíveis.
Nós *podemos pressupor* as condições mais favoráveis, sob as quais surgem seres dotados do mais elevado valor! É mil vezes por demais complicado e a probabilidade do fracasso é *muito grande*: assim, não entusiasma aspirar por isto! – Ceticismo.
– Em contrapartida: podemos intensificar a coragem, a intelecção, a independência, o sentimento da irresponsabilidade, refinar a fineza da balança e esperar que acasos favoráveis venham nos ajudar. –

26 (118)
– todas as tendências só têm sentido em um certo campo de visão, por exemplo, ele é valoroso, quando a razão é refinada, ele também é valioso, quando ele é embrutecido: o sábio concebe a necessidade de *critérios de medida* opostos, ele quer o acaso mais colorido sob muitos opostos.
– Para viver, é preciso apreciar. Apreciar algo *tem como consequência* aprovar *tudo*, ou seja, mesmo o iníquo, detestável: isto é, ao mesmo tempo apreciar e não apreciar. – Apreciar o ceticismo, ou seja, apreciar o direito e a falta de direito *como se condicionado*.

26 (119)
Intelecção: em toda valoração, o que está em questão é uma determinada perspectiva: *conservação* do indivíduo, de uma comunidade, de uma raça, de um Estado, de uma igreja, de uma crença, de uma cultura.
– em virtude do *esquecimento* de que só há uma avaliação perspectivística, tudo pulula de avaliações contraditórias e, *consequentemente, de impulsos contraditórios em um* homem. Esta é a *expressão do adoecimento no homem*, em oposição ao animal, onde todos os instintos presentes satisfazem a tarefas totalmente determinadas.
– esta criatura contraditória, porém, tem em seu ser um grande método do *conhecimento*: ele sente muitos prós e contras – ele se eleva *à justiça* – à concepção *para além do avaliar como bom e mau*.
O homem mais sábio seria *o mais rico em contradições* que tem por assim dizer órgãos de tato para todos os tipos de homem: e, entrementes, seus grandes instantes de uma *ressonância grandiosa* – o elevado *acaso* também em nós!
– uma espécie de movimento planetário –

26 (120)
Questões de um questionável.

26 (121)
Tenho uma desconfiança em relação a todos os homens morais: sua falta de autoconhecimento e de desprezo de si me torna impaciente não apenas em relação ao seu entendimento – sua visão me ofende.

26 (122)
O homem de uma alma elevada não está inclinado para a admiração, pois o que há de maior é para ele de fato próprio e aparentado, não há para ele nada grande. – Os bens externos, tais como riqueza, poder não são levados em consideração, eles não possuem mesmo um valor próprio, mas só são úteis para o melhor.
"O elevado, em relação ao qual não se pode expressar outra coisa senão veneração não é particularmente regozijado por essa honra (porque essas honras são sempre parcas demais para o valor de sua virtude): mas ele não as recusará, porque os homens não estão em condições de lhe dar nada maior."

26 (123)
Diversão e chiste auxiliam no descanso, são uma espécie de cura, por meio da qual conquistamos uma vez mais força para uma nova atividade.
"melhor é a seriedade" – é aristotélico.

26 (124)
O fato de uma vontade ilimitada de conhecimento ser um grande perigo é algo que ainda foi concebido por poucos. A era do *suffrage universel* vive sob pressupostos benevolentes e fanáticos do século passado.

26 (125)
Ainda não houve nunca uma desconfiança suficiente junto aos pensadores. Talvez tenha sido um grande perigo para o conhecimento o fato de que se tenha querido encontrar juntos virtude e conhecimento. As coisas são instituídas de maneira cruel acima das medidas – para falar alegoricamente.

26 (126)
Trabalha-se com pressupostos, por exemplo, o pressuposto de que o conhecimento é *possível*.

26 (127)
Da *pluralidade de modos* do conhecimento. Pressentir a *sua* relação com muitas outras coisas (ou a relação do tipo) – como deveria ser o "conhecimento" do outro! O modo de conhecer e de reconhecer já se encontra ele mesmo sob condições da existência: neste caso, a conclusão é a de que não poderia haver nenhum outro tipo de intelecto (para nós mesmos) senão aquele que nos conserva, uma precipitação: esta condição existencial *factual* talvez seja apenas *casual* e talvez de maneira alguma necessária.

Nosso aparato cognitivo não está *erigido* com base no "conhecimento".

26 (128)
Enquanto eu *quero*, acontece um movimento *véritable*: este movimento desconhecido para mim não deveria ser considerado como *causa efficiens*? O ato de vontade é ele mesmo a conclusão de uma "luta entre os motivos" – esses motivos mesmos, porém – – –

Rejeição das *causae finales*.

Rejeição das *causae efficiens*: elas também não são outra coisa senão tentativas de nos – – – um caso.

26 (129)
"Folhagem e grama, felicidade, bênção e chuva."

26 (130)
História das valorações
Nobre
Duro

26 (131)
causa efficiens   as duas coisas apenas meios
causa finalis   do entendimento.

26 (132)
Imagino os homens mais pérfidos, com mais sangue frio, mais impiedosos.

26 (133)
Liberação da moral
1) por meio de ações
2) – – –

26 (134)
N.B. Com a conformidade a fins ainda não se demonstra a finalidade.
Junto ao fato de que há por toda parte em costumes e direitos uma finalidade não *está* indicado que essa finalidade é *visada* no que se refere aos meios de uma tal finalidade.
Contradição em meios de uma inteligência inferior e de uma finalidade de uma inteligência suprema.

26 (135)
As propriedades secundárias das coisas sob a influência cultivadora do que nos é útil e nocivo (ou seja, não "em si agradável", "desagradável", privilegiando algumas cores: desenvolve-se sob certas circunstâncias nervos etc. Órgãos dos sentidos etc. Quente, pesado etc.).

26 (136)
"Um homem de uma determinada constituição" (*não* cruel) – isto é um absurdo, pois só em relações puras ele *tem* em geral uma constituição!

26 (137)
Até que ponto nosso intelecto é uma consequência de condições existenciais – nós não o teríamos, se não tivéssemos necessidade dele e não o teríamos *assim*, se não tivéssemos necessidade dele assim, se também pudéssemos viver de outro modo.

26 (138)
A adaptação a condições sempre novas e, portanto, a *preponderância* da herança e da durabilidade por parte dos seres *mais capazes de adaptação*, dos particulares *mais astutos e calculistas*.

26 (139)
Para além de bem e mal
Tentativa de uma consideração extramoral dos fenômenos morais.
1. Recondução das valorações morais para as suas raízes.
2. Crítica das valorações morais.
3. A superação prática da moral.

26 (140)
1) O sentimento de poder.
2) Moral do senhor e moral de escravos.

26 (141)
Partir do indivíduo como pluralidade (espírito como estômago dos afetos) assim também a comunidade.
1. As condições existenciais de uma comunidade aparecendo sob a figura de *juízos de valor* sobre homens e ações.
2. As condições da formação contínua e da recondução formadora do tipo à figura dos juízos de valor.
3. Virtudes de rebanho e virtudes de líderes, contrapostas.

26 (142)
Conservação de uma espécie – e o prosseguimento do desenvolvimento.
– Naturezas, nas quais esta diferença conceitual se incorpora como *contradição*.
Problema
Invenções para *poupar* experiências (encurtar uma vida passada em fórmulas cada vez mais breves)
O filósofo como senhor, mas *não* em seu tempo.

Em homens como Napoleão, toda e qualquer abstração de *si* é um risco e uma perda: eles precisam manter seu coração fechado – assim como o filósofo. Zaratustra.
As coisas acontecem de maneira terrivelmente *casual*: inserir cada vez mais razão! Cautela etc.

26 (143)
O amor por alguém é em si tão pouco (ou tão) valioso quanto o ódio ou a vingança. Há no amor tanta cegueira própria da entrega, tanta indigência e coerção, a saber, por meio do desconforto em prescindir da outra pessoa, tanto sentido de escravos (na suportação de todo tipo de maus tratos) – há algo tão pernicioso e degradante no amor que a pessoa *amada* é na maioria das vezes rebaixada em termos de espírito, força e cautela por meio do ser amado. – O amor materno não é em si valioso. – Assim como algo pode ser extremamente conforme a fins, sem que, por isto, precise ser honrado: muitas ações são extremamente úteis para a conservação da sociedade, ou de um povo, mas não são feitas em virtude dessa conservação, nem surgiram muito menos em virtude dela: elas são *equivocadamente* honradas, porque se as avaliam equivocadamente com vistas às boas consequências.

26 (144)
Os independentes

26 (145)
De acordo com o que se mensura o valor (de uma ação) na relação com outras ações?
De acordo com o sucesso (até onde ele é cognoscível?) (mesmo segundo o sucesso provável) (também de acordo com o sentimento junto ao sucesso).
De acordo com o agente.
De acordo com a execução.
De acordo com a intenção (tendo em vista se ela foi alcançada).

O valor de uma ação, na medida em que ela é meio (o quão bem eleito ou casualmente como meio).
Problema central: até onde alcança a cognoscibilidade de uma ação?

26 (146)
Onde não se precisa ter nenhuma desconfiança, onde se pode deixar as coisas acontecerem, onde um querer bem e uma benevolência falam a partir de nossos olhos e gestos, onde nossas capacidades são acolhidas talvez até mesmo com prazer ou com admiração, aí alguns costumam transformar *seu* conforto em um *elogio* de tais homens: eles os denominam bons e gostariam mesmo de dar à sua faculdade de julgar um boa censura – tem-se aqui seu prazer em iludir a si mesmo.

26 (147)
A grande complicação dos meios em relação a um "fim" dá sempre ocasião para suspeitas quanto a se uma razão livre atuou ou não aqui de maneira ordenadora.

26 (148)
"Ninguém quer voluntariamente o que é terrível". Em Platão, o que é terrível é o que se mostra como nocivo para alguém.

26 (149)
Justiça, como função de um poder que olha à sua volta de maneira abrangente e que lança esse seu olhar para além das pequenas perspectivas de bom e mau, ou seja, que possui um horizonte mais amplo da *vantagem* – a intenção de conservar algo que é mais do que esta e aquela pessoa.

26 (150)
Quando se extrai aquilo que é comum a todos os fatos, as formas fundamentais da mais extrema abstração – chega-se aí a "verdades"? Houve até aqui este caminho até a verdade, a

universalização – descobre-se, com isto, apenas os *fenômenos fundamentais do intelecto*. Efetivamente?

26 (151)
A capacidade de um bom ver e julgar extramorais isentos de preconceitos é extraordinariamente rara.

26 (152)
Mentir com consciência e com vontade *é mais valioso* do que dizer involuntariamente a verdade – neste ponto Platão tem razão. Apesar de a valoração habitual ser inversa: a saber, considera-se *fácil* dizer a verdade. Mas isto só é tão fácil para os homens toscos e superficiais, que não têm nada em comum com coisas finas.

26 (153)
Do surgimento do filósofo
1. O profundo desconforto entre os benevolentes – como entre as nuvens – e o sentimento de se tornar comodista e negligente, mesmo vaidoso. Isto degrada. – Caso se queira deixar claro o quão ruim e fraco é aqui o fundamento, basta estimulá-los e vê-los praguejar.
2. Superação da sede de vingança e da desforra, a partir de um profundo desprezo ou por compaixão pela sua estupidez.
3. Mendacidade como medida de segurança. E ainda melhor fuga para o interior de sua solidão.

26 (154)
Olhei por toda parte – mas um "tu deves" não tem mais como ser encontrado para homens como eu. Compreende-se que em um caso determinado, por exemplo, em meio a um passeio pelo deserto, eu obedeceria a qualquer um que tivesse a capacidade de poder comandar aqui, por meio de uma experiência maior. Do mesmo modo que a um médico. Eu me submeteria a um espírito superior, no que concerne às valorações: por vezes digo "eu quero"; e espero que um espírito superior cruze o meu caminho novamente.

26 (155)
Fez-se o tempo dos que prometem: *livres* promessas de fidelidade em favor de uma virtude qualquer: não porque esta virtude comanda, mas porque eu a comando para mim.
O valor das virtudes para os que conhecem.
A desvantagem das virtudes para os que conhecem. A utilização do mau, do repelido, do ser condenado. Não se consegue se tornar um líder, se não se é primeiramente *expelido* de maneira peremptória pelo rebanho.

26 (156)
O processo da vida só é possível por meio do fato de que muitas experiências não precisam ser feitas sempre, mas são de alguma forma incorporadas – o problema propriamente dito do orgânico é: como é que a experiência é possível? Nós só temos uma forma de entendimento – o conceito, o caso mais universal, no qual reside o especial. Em um caso ver o universalmente típico parece para nós algo que pertence à experiência – *nesta medida*, todo "vivente" só parece pensável para nós com um intelecto. Agora, porém, há a outra forma do entendimento – só restam as organizações, que sabem se conservar e se defender contra uma grande quantidade de efeitos.

26 (157)
Para o surgimento da consciência humana poder-se-ia utilizar o surgimento da consciência de rebanho. Pois o homem também é, por fim, uma pluralidade de existências: eles *não* criaram para si esses órgãos em comum, tal como a circulação sanguínea, a concentração dos sentidos, estômago etc., *com vistas a essas finalidades*, mas formações casuais, que produziram a utilidade de melhor conservar o todo, foram melhor desenvolvidas e se mantiveram. O *crescimento conjunto* de organismos, como meios de conservar por um tempo mais longo o ser particular –
– onde a aproximação, a adaptação são as maiores, aí a probabilidade da conservação também é a maior.

26 (158)
Eu não quero me preocupar: a proteção de livros profundos reside agora no fato de que a maioria não tem tempo para considerá-los profundamente, supondo que eles teriam por si mesmos a força para tanto. O abuso do conhecimento –

26 (159)
Scho<penhauer> disse de maneira suficiente intensa e engraçada como é que não bastaria ser filósofo apenas com a cabeça.

26 (160)
O surgimento do filósofo talvez seja o mais perigoso de todos os surgimentos: na medida em que extraio aqui algumas coisas desse surgimento e "ofereço para o melhor", não acredito de maneira alguma estar atenuando este perigo: e, por fim, toda comunicação dos que conhecem não tem justamente senão o sentido de evitar que cada novo ser cognoscente tenha de fazer uma vez mais todas as experiências que já foram feitas.

26 (161)
As pessoas poderiam ter demonstrado ainda muitas coisas desfavoráveis sobre a origem das valorações morais: agora, quando estas forças *estão* presentes, elas podem ser empregadas e têm enquanto forças o seu *valor*. Do mesmo modo que uma dominação pode remontar à astúcia e à violência: mas o valor, que ela tem, reside no fato de que todas as valorações morais estariam ligadas à legitimidade de sua origem ou, em geral, a uma crença determinada *sobre a sua proveniência*: de tal modo que, então, com a descoberta de um erro, a *força da convicção do valor* cairia por terra. Não obstante: estamos dirigidos por toda parte para erros e valorações óticos. O conhecimento insuficiente de um *beefsteak* não impedirá ninguém de degustá-lo.

26 (162)
As mulheres são muito mais sensíveis que os homens (apesar de a pudicidade cultivada produzir para elas a partir daí um

segredo): para os quais há, por fim, funções mais importantes do que as sexuais. Mas quando um homem belo se aproxima de uma mulher – mulheres são absolutamente incapazes de pensar para si uma relação entre homem e mulher, que não traga consigo uma tensão da sexualidade.

26 (163)
1. Significado da questão acerca da história dos sentimentos morais.
2. Avaliar a possibilidade de um alijamento destes juízos morais. Será que singulares podem prescindir deles? – Todos os sinais da decadência junto aos criminosos.

26 (164)
A história das valorações e o desenvolvimento da cognoscibilidade da ação não caminham lado a lado.

26 (165)
Valor segundo o sucesso.
Habitualmente mensura-se o valor de uma ação segundo o ponto de vista *arbitrário particular*, por exemplo, o valor de uma ação para meu bem-estar atual ou universal.
– ou para a minha ampliação, aumento de concentração, autodomínio ou abrangência do sentimento (aumento do conhecimento).
– ou com vistas ao fomento de meu corpo, de minha saúde, habilidade, robustez.
– ou para o bem de minhas crianças ou comunidade ou país ou príncipe ou superiores ou setor ou jardim ou agronomia.
– e qualquer outro pode considerar a minha ação ainda com vistas ao *seu* bem-estar.
Também podemos perguntar sobre o que uma ação *não* tem influência.

26 (166)
O valor de uma ação reside em sua cotidianidade ou raridade ou dificuldade – ponto de vista da *comparação de uma ação com outras ações*.

O tipo do acontecimento, até que ponto ele é arbitrário ou impedido, apoiado, por meio do acaso talvez. Como membro de uma cadeia – e o quão bem realizado ou o quão parcial e obscuramente.

26 (167)
Minha valoração das religiões.
Origem daquela moral, que exige o extermínio dos impulsos sensíveis e o desprezo do corpo: *uma medida de emergência* de tais naturezas, que não sabem manter uma medida e que só têm a escolha de se tornarem perdulários e porcos ou, em contrapartida, ascetas. Como saída pessoal admitir prontamente; exatamente como um modo de pensar cristão ou budista junto àqueles que se sentem *fracassados* como um todo; é preciso fechar os olhos para o fato de que eles amaldiçoam um mundo, no qual eles levaram a pior. – Mas isto é coisa de nossa sabedoria, julgar tais modos de pensar e religiões como grandes sanatórios e manicômios.

26 (168)
O homem, um animal múltiplo, mendaz, artificial e turvo, sinistro e atemorizante para todos os outros animais por meio de sua astúcia e argúcia – se porta de maneira superficial, logo que moraliza.

26 (169)
Precavei-vos! Martírio e sentir-se atacado *estragam* facilmente o sentido puro para a verdade: vós vos tornais por meio daí teimosos e cegos em relação a objeções! Fugi também das hostilizações!

26 (170)
Ciência – transformação da natureza em conceito com a finalidade do domínio da natureza – isto faz parte da rubrica "meio".
Mas a finalidade e a vontade do homem precisam crescer *do mesmo modo*, a intenção com vistas ao todo.

26 (171)
Platão e Aristóteles se entregaram energicamente à tarefa de fixar o *reino* dos conceitos – tratou-se de uma incompreensão.
Criar um contraimpério, isto é, uma estatística e uma valoração.

26 (172)
o homem supremo, que possui os olhos mais claros e mais agudos, os braços mais longos e o coração mais duro e mais decidido, o homem da responsabilidade mais consciente e mais ampla.

26 (173)
Se agora, depois de uma longa solidão voluntária, me volto uma vez mais para os homens, e se eu clamo: onde estais vós, meus amigos? Então isto acontece em virtude de grandes coisas.
Quero criar uma nova classe: uma ordem dos mais elevados homens, junto aos quais espíritos e consciências aflitas poderiam buscar conselhos: que, como eu, não sabem viver apenas para além das doutrinas de fé políticas e religiosas, mas que também superaram a moral.

26 (174)
Em todas as questões acerca da origem de costumes, direitos e moralidades, é preciso tomar certamente cuidado para não considerar a utilidade, que um determinado hábito ou uma determinada moralidade possuem para o particular, também como o *fundamento* de seu surgimento; como o fazem os ingênuos da pesquisa histórica. A própria utilidade é algo mutável, oscilante; em formas antigas, um sentido é sempre inserido uma vez mais, e com frequência o "sentido mais imediato" de uma instituição só foi inserido nela por fim. As coisas se encontram aí como no caso dos "órgãos" do mundo orgânico; também neste caso, os ingênuos acreditam que o olhar teria surgido em virtude do ver.

26 (175)
Manter-se puro da crença em Deus é uma questão de sinceridade, e, em verdade, de uma sinceridade bem comedida e

de maneira alguma espantosa; e aquilo que outrora, por exemplo, no tempo de Pascal, ainda era uma exigência da consciência intelectual, pode ser considerado hoje como uma *proibição* por parte da mesma consciência em toda e qualquer cabeça e coração vigorosos de um homem. O modo desprovido de pensamentos característico de um aprendizado sem comprovação de opiniões legadas pela tradição e de honrarias a essas opiniões, assim como a veneração por aquilo que nossos pais tinham acreditado e, por fim, um temor diante das consequências do fato de não se ter nenhum Deus – isto é a causa.

26 (176)

Quem mede o valor de ações humanas apenas segundo os motivos e *intenções* também precisa insistir como pesquisador do surgimento da moralidade no fato de que a moralidade da humanidade teria tanto valor quanto as *intenções*, que vigoraram junto às valorações morais primitivas, junto aos inventores dessas valorações. "*Por que* o não egoísta foi elogiado?"

26 (177)

Há um número excessivo de famílias e espécies que não fazem justamente outra coisa senão propagar e prosseguir o legado de um modo de avaliar: mas não se deve desconsiderar as naturezas fortes, comprovadoras e autônomas, que só se submetem a uma valoração depois de uma crítica e que ainda mais frequentemente a negam e dissolvem. Também há uma corrente que prossegue, uma corrente de forças aniquiladoras e comprovadoras no desenvolvimento dos juízos morais.

26 (178)

O fatalismo e sua demonstrabilidade.

(*causa efficiens* do mesmo modo que *c<ausa> f<inalis>*, só uma seleção e uma simplificação populares)

A cognoscibilidade das ações. A essência das ações é aberta por testemunhas.

Bem e mal como perspectivísticos.

Surgimento do sentimento "culpa". O que é a pena? A condenação do "eu" e da "comunidade", recentemente "o próximo".

26 (179)
"Responsabilidade por algo" compreendida como liberdade da vontade.
"Irresponsabilidade, seu próprio senhor."
"não precisar se responsabilizar perante ninguém" este tipo de liberdade da vontade remonta a Platão, como herança da *noblesse* – inocência absoluta.
"Senhor de suas virtudes, senhor de sua culpa", como Manfredo.
Inocência por causa do ser dominado pelo fato é a concepção de escravos. O orgulho se faz sentir, quando o homem quer ser considerado autor para o seu mérito.
– mas o orgulho de Homero e de todos os inspirados por não serem eles mesmos autores, mas instrumentos de um deus!
– se é punido pelo sucesso, não pela intenção – como produtor de danos. Ainda não há aí "culpa" no sentido subjetivo.

26 (180)
Há fatos fundamentais, sobre os quais se baseia em geral a possibilidade do julgamento e da conclusão – formas fundamentais do intelecto. Com isto, porém, eles são verdades – eles poderiam ser erros.

26 (181)
Hino ao fato e à felicidade da *irresponsabilidade*.

26 (182)
Diversidade das morais
1) a partir do ponto de vista do prosseguimento do desenvolvimento no interior da mesma estirpe (primitivo mais elevado)
2) a partir do ponto de vista do domínio coetâneo e justaposto de diversas morais (por exemplo, duas estirpes)

Condições da existência em geral.
Condições do desenvolvimento para o superior:
a) com vistas a comunidades
b) com vistas a particulares.

26 (183)
Assim como o homem vive há muito tempo em uma profunda ignorância com o seu corpo e tem demais de algumas fórmulas para se comunicar sobre ele: as coisas também se mostram assim em relação aos juízos sobre o *valor* do homem e das ações humanas. Alguns pontos totalmente extrínsecos e secundários são retidos e acentuados exageradamente.

26 (184)
Moral de senhores e moral de escravos.
O quão dispendiosas são todas essas valorações da moralidade! Por exemplo, o casamento é agora pago por meio do amaldiçoamento profundamente penetrante e a degradação interna de toda relação sexual diversa!
Todas as valorações estão tão dirigidas contra as naturezas inferiores *quanto* contra os sábios excepcionais, naturezas superiores.

26 (185)
Para que alguém seja difamado e estigmatizado pelo rebanho, ele também precisa escapar daquela mendacidade, que faz parte dos primeiros compromissos da consciência de rebanho: e alguém que esteja marcado pela presença de uma série de maus impulsos, tal como Sócrates, segundo o seu próprio testemunho, ao menos não sofrerá daquilo que constitui a história lamuriosa do homem bom.

26 (186)
Capítulo sobre a *influência* das valorações sobre o desenvolvimento dos afetos.

É preciso distinguir: *por que* se julga moralmente de tal e tal modo? E qual o valor desse julgamento?
Os pressupostos de todo julgamento moral:
   a) a cognoscibilidade da ação (a similitude entre as ações, possibilidade de uma determinação conceitual)
   b) a diversidade do valor *moral* de todos os outros valores.

Com o fato, porém, de que esses pressupostos são de fato estabelecidos há muito tempo *não* se demonstram esses pressupostos. As coisas poderiam se mostrar tal como no caso da astrologia. Neste caso, então, restaria a apresentação do tipo de moral até aqui, além da investigação de suas origens.

26 (187)
Valor do homem na relação com animais ou com os seres mais inferiores.

26 (188)
Olhei à minha volta, mas não vi até aqui nenhum perigo maior para todo conhecimento do que a hipocrisia moral: ou, para não deixar nenhuma dúvida, aquela hipocrisia que se chama moral.

26 (189)
Moral como hipocrisia
Se, em meio ao refinamento progressivo dos nervos, certas penas duras e cruéis não são mais infligidas ou são diretamente extintas, isto acontece porque a representação de tais penas fere cada vez mais os nervos da sociedade: não a consideração crescente do criminoso, não um aumento do amor fraterno, mas uma fraqueza maior em meio à visualização de dores é que põe em movimento essa atenuação do código de penas.

26 (190)
Homens pérfidos e difamados podem prestar um serviço extraordinário ao conhecimento moral, contanto que eles tenham em geral espírito e espiritualidade suficientes para sentir prazer

junto ao conhecimento: assim como a fraqueza e a docilidade do homem bom, por um lado, a sua falta de desconfiança, a sua vontade de virar os olhos, o seu não querer olhar exatamente, o seu medo de causar dor, que está ligado com toda a cisão entre carne e alma, também há muitos perigos para o conhecimento moral. Já o fato de que um homem, por meio do encanto que a sociedade exerce sobre ele, se sente liberado da mendacidade, para o interior da qual, como a primeira condição e o primeiro dever de sua existência, todo rebanho introduz todo e qualquer homem de rebanho – – –

26 (191)
É preciso imaginar em relação com um tal modo de pensar (como é o modo de pensar cristão) o homem ideal, criado completamente para ele – Pascal, por exemplo. Pois para o homem médio nunca há senão um substitutivo do Cristianismo, mesmo para tais naturezas, como Lutero – ele ajustou para si um Cristianismo da plebe e de camponeses.

26 (192)
A vida é extremamente enigmática: até aqui todos os grandes filósofos acreditaram ter em vista uma solução por meio de uma *inversão* decidida da visão e das valorações. – Do mesmo modo, todos acreditavam que, para os intelectos inferiores, restava sendo oferecido um substitutivo, por exemplo, moral, crença em Deus, imortalidade etc. (migração da alma).
A questão principal é o fato de que uma tal *inversão* não é apenas um *modo de pensar*, mas um *modo de se postar*: para homens, que não são capazes de uma valoração conjunta revolucionária – todo *saber* erudito sobre tais sistemas é *infrutífero*. – *O caráter infrutífero* do modo de pensar filosófico, por exemplo, em Kant, Schopenhauer, R. Wagner etc.

26 (193)
No fato de o mundo ser um jogo divino e para além de bem e mal – tenho a filosofia Vedanta e Heráclito como antecessores.

26 (194)
Obras oferecidas e proibidas = bom e mau.

26 (195)
Faz parte do modo de ser do desenvolvimento humano o fato de que um "*tu deves* formal no sentido de um faça isto e aquilo, deixe de fazer isto e aquilo" nos é certamente inato – *um instinto de obediência*, que aspira por um conteúdo; quanto mais alguém se mostrar como escravo ou feminino, tanto mais forte será esse instinto. Junto aos outros, os mais raros, esse instinto é *suplantado* por um instinto diverso – uma vontade de *comandar, de seguir na frente,* ao menos de estar *sozinho* (esta é a forma mais tênue da natureza que comanda –).

Até que ponto outros instintos de virtude podem ser inatos –

26 (196)
A partir do mal (do que é sentido como mau) surge algo "bom"; e, por outro lado, algumas coisas boas, quando ascendemos a um nível mais elevado, podem ser sentidas em nós como más, por exemplo, a diligência para o artista pleno, a obediência para aquele que chega a comandar, a entrega e a graça para o representante de uma grande meta pessoal (Napoleão). Todos estes sentimentos nobres, que o jovem Napoleão tinha em comum com o seu tempo, eram seduções e tentações, que buscavam enfraquecer o emprego exclusivo da força em uma direção.

26 (197)
Quanto ao fato de se poder acrescentar virtudes e suprimir erros não há qualquer dúvida: o que acontece aí propriamente?

26 (198)
Desforra das obras em relação aos autores – um pensamento fundamental da filosofia vedanta. Todo o mundo mesmo *é* apenas a desforra das obras em relação aos autores – mas essa desforra se baseia no *não saber*.

26 (199)
"Os bramas tentam conhecê-lo por meio do estudo dos Vedas, por meio do sacrifício, das esmolas, das expiações, do jejum: os meios próprios do conhecimento são: paz do espírito, domínio, renúncia, paciência, concentração" – meios para uma *intuição mística* como a aventurança extrema do homem.

26 (200)
A saber: qual é de fato o estado extremo de felicidade do homem? *Isto* forneceu nos mais diversos sistemas o critério de medida. Haxixe.

26 (201)
O fato de mesmo a sensação da *dor* estar baseada na ilusão (p. 448).

26 (202)
N.B. Aquele que não experimenta como penoso imaginar o estado do homem comum não é nenhum homem *superior*. Na medida em que o filósofo, porém, precisa saber como o homem comum é constituído, ele precisa realizar este estudo: neste caso, Rée, por exemplo, me foi de grande valia. Com uma probidade insigne, e *sem* desvendar os estados mais elevados, que os artistas possuem, ele viu em todos os homens algo comum –

26 (203)
Os limites do homem. Fazer a tentativa de determinar o quão elevadamente e o quão amplamente se pode impelir o homem:
– o *desprazer* com os homens induziu os bramas, Platão etc. a buscar uma forma de existência *divina, extra-humana* – para além do espaço, do tempo, da pluralidade etc. O desprazer estava ligado ao inconstante, ilusório, mutável, "fedorento" etc. De fato, deu o ensejo para a solução 1) o êxtase, 2) o sono profundo.
– agora, porém, o sentimento de prazer e de poder do homem poderia aspirar a uma forma de existência – buscar um modo de pensar que também se sentisse à altura do inconstante,

do ilusório, do mutável etc. – o prazer *criador*. Princípio fundamental neste caso: o incondicionado *não* pode ser o elemento criador. Só o condicionado pode condicionar.

– De fato, o mundo presente, que nos diz respeito, é *criado* por nós – por nós, isto é, por todos os seres orgânicos – ele é um produto do processo orgânico, que aparece aí como *produtivamente* configurador, como criador de valores. *Visto a partir dele como um todo*: tudo o que é bom e mau é apenas perspectivamente para o particular ou para partes particulares do processo; no todo, contudo, tudo o que é mau é tão *necessário* quanto o bom, o ocaso, tão necessário quanto o crescimento.

– o mundo do incondicionado, se ele existisse, seria o *improdutivo*.

Mas é preciso finalmente compreender que existente e incondicionado são predicados contraditórios.

26 (204)
A força criadora (reunindo oposições, sinteticamente).

26 (205)
Todos aqueles que precisam representar algo, por exemplo, príncipes, pastores etc. buscam *ter tal e tal aparência*, quando eles não são de tal e tal modo – isto acontece constantemente nas menores relações, pois no trato com os homens cada um representa sempre algo, um tipo qualquer. Nisto se baseia o trânsito humano, no fato de que todos se comportam de maneira maximamente *inequívoca*, igualmente significativa: para que não seja necessária muita desconfiança (uma dissipação de forças espirituais!).

As pessoas entram em relações lá onde nossa atenção e precaução espirituais não se encontram por demais tensionadas – e, quando as coisas se mostram de um modo diverso, elas xingam todos aqueles que nos *impingem* a isto.

Os grandes causadores de inquietudes e desconfianças, que nos obrigam a reunir todas as forças, são terrivelmente *odiados* – ou as pessoas se submetem a eles cegamente (isto é um relaxamento para almas inquietas) –

– para não ter nenhum de tais horrores soberanos, inventa-se a democracia, o ostracismo, o parlamentarismo – mas a questão reside na natureza das coisas.

Se a distância dos homens uns dos outros é muito grande – então se constituem formas em seguida.

O fato de as naturezas mais bem dotadas aprenderem a obedecer é difícil: pois elas só obedecem a naturezas mais elevadamente bem dotadas e mais plenas, mas como, se não há *tais naturezas*!

26 (206)
Como nós interpretamos estados morais incompreendidos como sofrimentos morais – vingando-nos por isto em nós, em nossos convivas.

26 (207)
Corresponde ao comportamento do *sábio* em certo sentido o comportamento do organismo em relação ao mundo exterior, especialmente no intelecto suntuosamente como poder regente, retentor, ordenador, que permanece *frio* sob a tempestade das impressões.

26 (208)
Os mil enigmas à nossa volta só nos interessariam, só *não* nos atormentariam, se fôssemos saudáveis e serenos o bastante no coração.

26 (209)
A falácia antiquíssima relativa a uma primeira causa, a um Deus, como causa do mundo. Mas o *nosso* próprio comportamento em relação ao mundo, o nosso comportamento multiplamente criador em cada instante mostra de maneira mais correta que criar faz parte das propriedades inalienáveis e constantes do próprio mundo: – para não desprezar a linguagem da mitologia.

26 (210)
Os mimetizadores

26 (211)
Julgar moralmente o estômago e sua atividade: originariamente, todo acontecimento foi interpretado de maneira moral. O reino do "querer e do valorar" foi se tornando cada vez menor.

26 (212)
É preciso se encontrar efetivamente *para além* da irritação por ser julgado pelas naturezas pequenas e inferiores – há, contudo, muita afeção neste "para além de".

26 (213)
A *aparência* da virtude alcançada torna-se um compromisso para nós: todo e qualquer homem comedidamente probo sucumbiu sob o peso do desprezo geral.

26 (214)
No que concerne à mulher tendo ao tratamento oriental: mesmo as mulheres mais excepcionais não demonstram nunca senão o mesmo – incapacidade para a justiça e uma vaidade inacreditavelmente excitável. Não se deve levar nada a sério demais nelas, muito menos o seu amor: ao menos se deve saber que justamente as amantes mais fiéis e mais apaixonadas precisam de uma pequena infidelidade como descanso, sim, para a possibilidade da *duração* do amor.

26 (215)
O fato de se amar (perdoar, mimar etc.), porque não se é forte, firme o suficiente para ser inimigo, para causar dor por meio de sua hostilidade – o fato de se preferir amar do que permanecer neutro de maneira justa – o fato de se suportar preferivelmente a desonra a ser como alguém mau – tudo isto é muito feminino!

26 (216)
Um intelecto não é possível sem o estabelecimento do incondicionado. Assim, há intelectos e, neles, a consciência do incondicionado. Mas esse incondicionado como condição da

existência do intelecto: – em todo caso, o incondicionado não pode ser, então, *nada* de intelectual: o funcionamento do intelecto, a existência do intelecto com vistas a uma condição, fala contra a possibilidade do incondicionado *como* intelecto.

– Por fim, o lógico poderia ser em consequência de um erro fundamental, de um estabelecimento equivocado (de um *criar*, de um *poetar* algo absoluto).

26 (217)
Digo: o intelecto é uma força criadora: para que ele possa estabelecer conclusões, para que ele possa realizar fundamentações, ele precisa ter criado primeiro o conceito do incondicionado – *ele acredita naquilo que cria como se ele fosse verdadeiro*: este é o fenômeno fundamental.

Sobre as condições do pensamento lógico:

26 (218)
O fato de desejarmos *agradar* a tais homens, que veneramos, não é uma vaidade – contra Rée.

26 (219)
Zaratustra, 1.
Superação da vaidade
Veneração

26 (220)
2. (3.) Zaratustra
Grande discurso cósmico "eu sou a crueldade" "eu sou a astúcia" etc. Escárnio em relação ao pudor de tomar a culpa sobre si – escárnio do criador – e todo sofrimento – pior do que qualquer homem ruim já foi até hoje etc. Forma suprema da satisfação com sua obra – ele a destrói, para juntá-la sempre uma vez mais. Buda p. 44, 46.

Nova superação da morte, do sofrimento e da aniquilação.

O Deus que se *apequena* (estreita) e se impõe por meio de todo o mundo (a vida *sempre presente*) – jogo, escárnio – *também como demônio da aniquilação.*

26 (221)
          Para: Parte 2
    Consideração extramoral
         1 verdadeiro   mendaz
bom e mau 2 como *puro*   e   *impuro* Buda, p. 50
         3 honrado   desprezível
         4 como nobre e inferior
         5 útil   nocivo
bom   6 como se libertar do mundo
           renunciando ao mundo
           (não "figuras agentes") p. 50
           mau = mundano
         7 oferecido   proibido
         8 não egoísta   egoísta
         9 pobre (Ebion) rico
           miserável   feliz
<bom>   10 Inversão: possuidor, rico (também arya)
              (no erânico, e passando para o
eslavo.
puro = feliz
mau = infeliz   p. 50
    a **força** suprema, no Bramanismo e no Cristianismo – *se afastar do mundo*. p. 54

26 (222)
    Zaratustra, 1. Terrível tensão: Zaratustra precisa *vir* ou tudo na Terra está *perdido*.

26 (223)
    Zaratustra, 3 (2.) a grande *consagração* da nova essência do médico, do pastor, do mestre, essência essa que antecede ao super-homem.

26 (224)
    Ações não egoístas são impossíveis: um "impulso não egoísta" soa aos meus ouvidos como um "ferro de madeira". Eu

queria que alguém fizesse a tentativa de demonstrar a possibilidade de tais ações: que elas existem é algo em que acredita com certeza o povo e quem se encontra no mesmo nível que ele – por exemplo, como aquele que denomina o amor materno ou o amor em geral algo não egoísta.

Trata-se de um erro histórico que, aliás, os povos tenham *interpretado* sempre as tábuas de valores morais como "bom" e "mau" enquanto "não egoísta" e "egoísta".

Ao contrário, bom e mau precisam ser considerados como "permitido" e "proibido" – "de acordo ou contrário ao hábito" – muito mais antigo e universal.

O fato de que, com a intelecção do *surgimento* dos juízos morais de valor, ainda não é dada uma crítica e uma determinação valorativa desses juízos – tão pouco quanto uma qualidade é explicada por meio do conhecimento das condições quantitativas, sob os quais ela surgiu.

26 (225)
Exercício na obediência: os discípulos do brama. O voto dos templários, os assassinos.

26 (226)
O conhecimento é, segundo sua essência, algo posicionador, poetante, falsificador.

26 (227)
"Ciência" (tal como ela é exercitada hoje) é a tentativa de criar uma linguagem comum de sinais para todos os fenômenos, com a finalidade da *calculabilidade* mais fácil e, consequentemente, a possibilidade do domínio da natureza. Essa linguagem de sinais, que reúne todas as "leis" observadas, *não explica nada, porém* – trata-se apenas de um tipo oriundo *da mais breve observação* do acontecimento.

26 (228)
A massa descomunal do casual, do contraditório, do desarmônico, do estúpido no mundo humano atual aponta para o futu-

ro: visto a partir do futuro, este é o seu campo de trabalho agora necessário, onde eles podem criar, organizar e harmonizar. – Do mesmo modo no universo.

26 (229)
Os bramas e os cristãos nos desviam da aparência, porque eles a consideram má (*a temem* –) mas os científicos trabalham a serviço da vontade de *domínio da natureza*.

26 (230)
De quantas coisas casuais eu me tornei senhor! Que ar ruim soprou sobre mim, quando era criança! Quando os alemães foram mais embrutecidos, temerosos, verminosos, rastejantes do que nos anos 1850, nos anos nos quais era criança!

26 (231)
N.B. O homem até aqui – por assim dizer um embrião do homem do futuro – *todas as* forças configuradoras, que apontam para *esse homem*, se encontram nele: e como elas são descomunais, surge para o indivíduo atual, *quanto mais ele é determinante do futuro*, **sofrimento**. Esta é a mais profunda concepção do *sofrimento*: as forças configuradoras se impelem mutuamente.

A singularização do indivíduo não pode nos iludir – em verdade, algo flui e continua fluindo sob os indivíduos. *O fato de ele* não se sentir particular é o *mais poderoso* **ferrão** no processo mesmo que conduz a metas longínquas: sua busca por *sua* felicidade é o meio que mantém por outro lado coesas e comedidas as forças configuradoras, de tal modo que elas <não> se destroem reciprocamente.

26 (232)
Não "humanidade", mas *o além-do-homem* é a meta! Incompreensão em *Comte*!

26 (233)
A felicidade de seres mais elevados nas estrelas (em Dühring) é uma fuga mais refinada ante a insatisfação terrena! Como acontece com os trasmundanos e os supramundanos!

26 (234)
A desesperança em relação aos homens – *minha* saída! A meta, que os ingleses veem, causa **riso** em *qualquer* natureza mais elevada! Ela não é desejável – *muitas coisas felizes do mais baixo nível* é quase uma ideia repulsiva.

26 (235)
Ao vento Mistral
Uma rapsódia.

26 (236)
Junto a um tipo mais elevado de seres, o conhecimento também terá novas formas, que agora ainda não são necessárias.

26 (237)
"Sem a minha flecha, a Troia do conhecimento não será conquistada" – digo eu, Filocteto.

26 (238)
O filósofo, a espécie mais elevada, mas *muito fracassada* até aqui. O artista, a inferior, mas desenvolvida de maneira muito mais bela e rica.

26 (239)
Como plano
A. As hipóteses regulativas   no primeiro plano
B. O experimento   minha filosofia: *conteúdo*
C. A descrição (no lugar da   *da primeira parte.*
Suposta "explicação")
Os estados psíquicos pertinentes como *as conquistas mais elevadas até aqui* (por mim para mim).
Filosofia como expressão de um estado de alma extremamente *elevado.*

26 (240)
Os que explicam poemas não compreendem que o poeta *tem as duas coisas*, a realidade *e* o simbolismo. Do mesmo

modo, ele possui o primeiro e o segundo sentidos de um *todo*. Assim como o *prazer* com o que é brilhante, ambíguo, plurissignificativo, *também o reverso é bom*.

26 (241)
Primeira parte
Os novos verazes
Superação do dogmático : o estado de alma pertinente
   e do obscuro   mais elevado
Superação do cético da fraqueza
A. as hipóteses regulativas
B. o experimento
C. a descrição
O novo sentimento de poder: o estado místico, e a mais clara e mais ousada racionalidade como um caminho para aí.
Segunda parte
Para além de bem e mal

26 (242)
Galiani acha que o homem seria o único animal religioso. No modo como um cachorro se revolve diante do homem, contudo, reconheço uma vez mais o modo de ser do "divinamente venturoso", ainda que de uma maneira mais tosca.

26 (243)
A nova ordem hierárquica
Prefácio à filosofia do eterno
retorno
Perguntar de maneira cada vez mais rigorosa: para quem ainda escrever? – Para muitas coisas pensadas por mim não encontrei ninguém suficientemente maduro; e Zaratustra é uma prova de que alguém pode falar com a maior clareza e distinção e não ser ouvido por ninguém. – Sinto-me em oposição à moral da igualdade.
   1. Líderes e rebanhos. (Significado do isolado). Ironia
      em relação aos moralistas

A desigualdade dos homens.

2. Homens completos e fragmentos (problema da mulher, por exemplo, também do homem científico)
3. os que se saem bem e os desvalidos (esses últimos talvez os mais elevados na disposição, mesmo junto a povos e raças. Problema: indogermânicos e semitas, esses últimos mais próximos do Sul. N.B. mais religiosos, mais completamente dignos, mais dotados de uma perfeição de animais de rapina, mais sábios - os primeiros mais musculosos, mais frios, mais toscos, mais difíceis, mais degeneráveis
4. Criadores e "cultos" ("homens elevados" apenas os criadores)
5. Os artistas (como os pequenos consumidores), mas *dependentes* em todas as valorações.
6. Os filósofos (como os mais abrangentes, os de visão panorâmica, *descritores* no todo) (mas *dependentes* em todas as valorações), já muito desvalidos.

A desigualdade dos criadores.

7. Os formadores de rebanhos (legisladores), os governantes, um tipo muito desvalido (*se* tomando como medidor valorativo, perspectivas curtas)
8. Os que estabelecem valores (os fundadores de religiões), **extremo** fracasso e engano.
9. Um tipo faltante: o homem que comanda da maneira mais forte possível, que lidera, que estabelece novos valores, do modo mais abrangente possível sobre toda a humanidade e sabe os meios para a sua configuração – sob certas circunstâncias *sacrificando--os* em nome de um construto *mais elevado*. Só se houver um governo da terra, surgirão tais seres, há muito provavelmente *fracassando na mais elevada medida*.

A desigualdade dos superiores.

10. O sentimento da incompletude, mais elevado ou mais fraco, distinto (valor do "sentimento do pecado")
O sentimento em direção à plenitude, predominando como necessidade (valor dos castos, dos eremitas, dos monges, dos sacerdotes)

A força capaz de *configurar* algo pleno em um lugar qualquer (valor das "belas almas", dos artistas, dos estadistas)
(sabedoria dionisíaca) A força mais elevada capaz de *sentir* tudo o que não é pleno, tudo o que sofre como necessário (como *digno da eterna repetição*) a partir de um ímpeto excessivo da força criadora, que sempre precisa se esfacelar uma vez mais e não escolhe senão o caminho mas difícil, mais atrevido homens (princípio da maior estupidez possível, Deus como diabo e o símbolo da petulância)

O homem até aqui como *embrião*, no qual se *concentram* todos os poderes configuradores – razão de sua profunda *inquietude* – – – – o mais criador como o mais sofredor?

26 (244)
Para o prefácio
Educar *para a veneração*, nesta era plebeia, que também se mostra como plebeia ao prestar homenagem, mas que é habitualmente impertinente e desavergonhada (mesmo com o seu "fazer bem" e a sua "compaixão"). Um prefácio para *espantar* a maioria. Sim, não tenho ninguém em quem pensar – a não ser naquelas comunidades ideais, que Zaratustra educou para si nas ilhas dos bem-aventurados.

26 (245)
A visão constante em direção ao que é pleno, e, com isto, *quietude* – o que Schopenhauer descreve como fenômeno estético também se mostra como o elemento característico dos crentes. *Goethe* (para Rath Schlosser): "só podemos estimar verdadeiramente quem não se *busca* por si mesmo... preciso admitir que só encontrei caráteres altruístas deste tipo em toda a minha vida lá onde me deparei com uma vida religiosa firmemente fundada, uma confissão de fé, que tinha um fundamento imutável, que se baseava por assim dizer em si mesma, que não dependia do tempo, de seu espírito, de sua ciência".

(o oriental, a mulher causam aqui este efeito –)

26 (246)
Neste século das impressões maximamente superficiais e velozes, o mais perigoso livro não é perigoso: ele procura os cinco, seis espíritos que são suficientemente profundos. De resto – que mal faz se ele auxiliar na destruição *desse* tempo!

26 (247)
Os americanos se consomem rápido demais – talvez apenas aparentemente uma potência mundial do futuro.

26 (248)
Leibniz é mais interessante do que Kant – tipicamente *alemão*: ousado, cheio de palavras nobres, astuto, flexível, dócil, um mediador (entre o Cristianismo e a visão mecânica do mundo), descomunalmente temerário por si, velado sob uma máscara e impertinente de maneira cortês, aparentemente modesto.

26 (249)
Os franceses *profundamente* artísticos – o pensar exaustivo de sua cultura, a consequência na realização da bela *aparência* – não fala de maneira alguma contra a sua *profundidade*---

26 (250)
Platão pensava: o que se ordena a partir de Deus, por exemplo, quando se proíbe o casamento entre irmãos como um horror perante Deus: ele acha que a proibição incondicionada seria um *fundamento explicativo suficiente* para os juízos morais. Míope!

26 (251)
Admirava-se o independente na Antiguidade, ninguém se queixava quanto ao "egoísmo" do estoico.

26 (252)
Cada povo tem a sua própria tartufaria.

26 (253)
"Aqui a *perspectiva* é livre, a visão elevada."

26 (254)
O problema da liberdade e da falta de liberdade da vontade pertence às antessalas da filosofia – para mim não há nenhuma vontade. Que a crença na vontade seja necessária para "querer" – é um disparate.

26 (255)
"Menosprezo pela Alemanha atual, que não tem tato suficiente para recusar pura e simplesmente tais livros mexeriqueiros como o de Jansen": assim como ela se deixou enganar pelas "velhas e novas crenças" do velho, muito velho e nada novo Strauss.

26 (256)
Como título: "uma predição".

Acho que *desvendei* algumas coisas da alma do homem mais elevado – talvez todos aqueles que o desvendem pereçam, mas quem o viu precisa ajudar a torná-lo *possível*.

Pensamento fundamental: nós precisamos tomar o futuro como *normativo* para todas as nossas valorações – e não buscar **atrás** de nós as leis de nosso agir!

26 (257)
Homens complementares – onde?

26 (258)
Prefácio:
Da ordem hierárquica do espírito

Da desigualdade dos homens:
a) Líderes e rebanhos
b) Completudes e fragmentos
c) Exitosos e fracassados
d) Criadores e "cultos" antes de tudo, porém, "incultos" e patetas até o último fundamento

Da desigualdade dos homens superiores (segundo o aspecto da quantidade de *força*):
a) segundo o sentimento da incompletude, como decisivo
b) sentimento com vistas ao que é pleno
c) poder *configurar* a força de alguma coisa plena
d) força suprema para sentir mesmo o que não é pleno como necessário, como superconcentração da força configuradora (dionisíaco)
Da ordem hierárquica dos criadores de valores (em relação ao estabelecimento de valores)
a) os artistas
b) os filósofos
c) os legisladores
d) os fundadores de religião
e) os homens mais elevados como governantes da terra e criadores do futuro. (por fim se esfacelando –)

26 (259)
Filosofia do eterno retorno.
Uma tentativa de transvaloração de todos os valores.

26 (260)
Nesta época plebeia, o espírito que nasceu nobre precisa começar todo dia com o *pensamento sobre a ordem hierárquica*: aqui residem seus deveres, aqui se encontram seus mais finos equívocos.

26 (261)
Incompreensões em grande estilo, por exemplo, o ascetismo como meio da autoconservação para naturezas selvagens e por demais irritáveis. As la Trappe como "manicômio", para o qual as pessoas condenam a si mesmas (precisamente entre franceses compreensível, assim como o Cristianismo no ar exuberante da helenização do sul da Europa). O puritanismo tem como pano de fundo a convicção de sua *própria vulgaridade fundamental*, do "*gado interior*" (ego) onipresente – e o *orgulho* seco e sombrio do inglês puritano *quer* que *todos* acabem por pensar da mesma maneira ruim sobre o seu "homem interior" como ele pensa!

Os hábitos e modos de vida foram tomados como meios *demonstrados* da conservação – nisto temos uma *primeira* incompreensão e superficialidade. *Segunda* incompreensão: esses devem ser a partir de agora os *únicos* meios.
Castos – consciência de um *nexo mais elevado de todas as vivências*.

26 (262)
Incompreensão do egoísmo: por parte das naturezas *comuns*, que não sabem nada sobre o prazer em tomar posse e sobre a insaciabilidade do grande amor, assim como sobre os sentimentos de força afluentes, que dominam, obrigam a se submeter a si e procuram ditar a cadência – o impulso do artista em relação ao seu material. Com frequência, o sentido de atividade também só busca um terreno. – No egoísmo comum, justamente o "não ego", a *profunda essência mediana*, a espécie homem busca a sua conservação – isto avilta, caso seja percebido pelos mais raros, mais refinados e menos medianos. Pois esses homens julgam: "nós *somos* os **mais nobres**! *Nossa* conservação é mais importante do que a daquele gado!"

26 (263)
Eu considero *todas* as morais até aqui como construídas sobre hipóteses relativas aos meios de conservação de um *tipo* – mas o modo de ser do espírito até aqui ainda era muito fraco e inseguro de si, para conceber *uma hipótese* **como** hipótese e para considerá-la como regulativa – carecia-se da **crença**.

26 (264)
N.B. Assim como os homens até aqui imaginaram figuras *mais elevadas* do que o homem – –

26 (265)
N.B. Sobre os gritos das parturientes por causa de toda a impureza. A festa da purificação é necessária para os maiores espíritos!

26 (266)
O mais fraco, terno como o mais nobre.

26 (267)
a força descomunal *idealizante*, que o Cristianismo empregou para suportar sentimentos corporais de desprazer e sentimentos bárbaros de desordem – essa força reinterpretou tudo o que é *anímico*.

26 (268)
Os homens precisam se ver *atados* na medida em que eles não podem correr livremente por si. Revoluções morais, por exemplo, durante o Cristianismo, são 1) dirigidas contra povos enervados, desertificados, anciões 2) contra a terrível crueza dos bárbaros.

26 (269)
Zaratustra precisa incitar seus discípulos para se *apossarem da terra* – extrema periculosidade, tipo maximamente elevado de vitória: toda a sua moral é uma moral da *guerra* – incondicionadamente querer *vencer*.

26 (270)
Para os homens superiores
Clamor heroico de um eremita.
Por
Friedrich Nietzsche.

26 (271)
Os homens querem suas ações e o tipo de seu agir
1) ou bem glorificar – por isto, a moral da glorificação
2) ou justificar e **responder por** (diante de um fórum, seja esse fórum a comunidade, a razão ou a consciência –) ou seja, a ação precisa ser explicável, precisa ter surgido de motivações racionais e conscientes – do mesmo modo que todo o modo de ação

3) ou condenar, apequenar, a fim de, com isto, se violentar e despertar compaixão e sair ileso do contato com os poderosos.

26 (272)
No processo orgânico
1) *Substituição excessivamente* rica – expressão falsa e teleologicamente matizada.
2) *Pressupõe*-se a autorregulação, ou seja, a capacidade de domínio sobre a coisa pública, o que significa, contudo, o desenvolvimento contínuo do orgânico *não* está articulado com a alimentação, mas com o comandar e com o poder-comandar: *apenas* um resultado é a alimentação.

26 (273)
A *vontade de poder* nas funções do orgânico.
Prazer e desprazer e sua relação com a vontade de poder.
Suposto altruísmo e a vontade de poder. Amor materno, por exemplo, e amor sexual.
O desenvolvimento dos sentimentos a partir do sentimento fundamental.
Falta de liberdade e liberdade da vontade.
Pena e retribuição (o tipo mais forte como o mais elevado afasta de si e atrai para si)
Dever e *direito*.

26 (274)
Recondução da geração à vontade de poder! (Ela também precisa estar presente, portanto, na *matéria inorgânica* apropriada!): a dissociação do protoplasma no caso em que uma forma se configura, na qual o peso mais pesado é distribuído igualmente em dois lugares. A partir de cada lugar acontece uma força reunidora, *conjuntora*: neste ponto *se esgarça* a massa intermediária. Portanto: a *igualdade* das relações de poder é a origem da geração. Talvez todo o desenvolvimento contínuo esteja ligado a tais equivalências de poder que surgem.

26 (275)

O prazer é um tipo de ritmo na sequência de dores menores e de suas relações *de grau*, um *estímulo* por meio de sequências rápidas de elevação e relaxamento, tal como acontece junto à excitação de um nervo, de um músculo; e, no todo, temos uma curva que se move para cima: a tensão é aí essencial, assim como a distensão. Cosquinha.

O desprazer é um sentimento junto a uma inibição: no entanto, como o poder só pode se conscientizar de si junto a inibições, então o desprazer é um *ingrediente necessário de toda atividade* (toda atividade é dirigida contra algo, que deve ser superado). A vontade de poder *aspira*, portanto, a resistências, ao desprazer. Há uma vontade de sofrimento no fundo de toda vida orgânica (contra a "felicidade" como "meta").

26 (276)

Se dois seres orgânicos se chocassem, se *só* houvesse luta pela vida ou a alimentação: como? Precisa haver a luta em virtude da luta: e *dominar* é suportar o contrapeso da força mais fraca, ou seja, uma espécie de *prosseguimento* da luta. *Obedecer* também é do mesmo modo uma *luta*: *resta* tanta força justamente para resistir.

26 (277)

Contra o *impulso à conservação* como um impulso radical: o vivente quer muito mais *descarregar* sua força – ele "*quer*" e "*precisa*" (as duas palavras têm *para mim* o mesmo peso!): a conservação é apenas uma *consequência*.

26 (278)

Os virtuosos querem nos fazer crer (e ao mesmo tempo fazer crer a si mesmos) que *eles* teriam inventado a felicidade. A verdade é que a virtude foi inventada pelos felizes.

26 (279)

O fato de já residir retribuição e pena nas consequências das ações – esta ideia de uma justiça imanente é fundamentalmente falsa. Aliás, ela se encontra em contradição com a representação de uma "ordem sagrada" nas vivências e nas consequências: algo segundo o que coisas terríveis de todo tipo precisam ser apreendidas como testemunhos favoráveis de um deus, que quer o nosso melhor. – Por que é que o sofrimento deve se seguir a um crime não é algo compreensível em si: na prática, as coisas confluem até mesmo para o fato de que a um crime *deveria* se seguir um crime. – O fato de alguém, que é diferente de nós, precisar considerar isto como *ruim* é uma ideia de defesa, uma saída de emergência para as castas dominantes, um meio de cultivo – mas nada particularmente "nobre". – Todas as representações possíveis como essas sobre uma "justiça imanente" passeiam agora *em todas as* cabeças – elas formam concomitantemente o *caos* da alma moderna.

26 (280)
　　Nós nos portamos de outra maneira em relação à "certeza". Uma vez que foi o medo que por mais tempo domesticou o homem e que toda existência suportável começou com o "sentimento de segurança", isto continua atuando agora junto aos pensadores. Todavia, logo que a "periculosidade" externa da existência retrocede, surge um prazer com a insegurança, com a ilimitação das linhas do horizonte. A felicidade dos grandes descobridores na busca pela certeza poderia se transformar agora na felicidade por comprovar por toda a parte a incerteza e a ousadia.
　　Do mesmo modo, o caráter temeroso da existência mais antiga é a razão pela qual os filósofos acentuaram tanto a conservação (do ego ou do gênero) e a tomaram como princípio: enquanto nós jogamos constantemente na loteria contra esse princípio. É a este contexto que pertencem todas as sentenças de Spinoza: isto é, *a base do utilitarismo inglês*. Ver o caderno marrom.

26 (281)
　　Os estúpidos moralistas sempre almejaram o *enobrecimento* sem ao mesmo tempo quererem a base: *o enobrecimento corporal* (por meio de um modo de vida "primoroso" *otium*, do-

minação, veneração etc.) por meio de um entorno nobre e primoroso em termos de homens e natureza. Por fim, eles pensaram no indivíduo e *não* na perduração do nobre por meio da procriação. Míope! Somente por 30 anos e não por mais tempo!

26 (282)
De acordo sempre com o modo como um povo sente: "o direito, a intelecção, o dom da liderança etc. se encontram junto aos poucos" ou "junto aos muitos" – há um regimento *oligárquico* ou um *democrático*.

A monarquia *representa* a crença em alguém completamente superior, um líder, um salvador, um semideus. A *aristocracia* representa a crença em uma humanidade de elite e em uma casta superior. A democracia representa a *descrença* no grande homem e na sociedade de elite: "todos são iguais a todos". "No fundo, nós todos somos gado e plebe egoísta."

26 (283)
Para *suportar* o pensamento do retorno:
é necessária liberdade da moral,
Novos meios contra o fato da *dor* (dor concebida como instrumento, como pai do prazer – não há nenhuma consciência *somativa* do desprazer)
O *gozo* com todo o tipo de incerteza, de ensaio, como contrapeso em relação àquele fatalismo extremo
Afastamento do conceito de necessidade *imperiosa*
Afastamento da "vontade"
Afastamento do "conhecimento em si"
Maior elevação possível da consciência da força do homem, como daquele que cria o além-do-homem.

26 (284)
1. O pensamento: seus pressupostos, que precisariam ser verdadeiros, se ele fosse verdadeiro
o que se segue dele

2. Como o pensamento *mais pesado*: seu efeito presuntivo, caso esse efeito não seja evitado, isto é, caso nem todos os valores sejam transvalorados
3. Meios para *suportá-lo*
a transvaloração de todos os valores:
não mais o prazer com a certeza, mas com a incerteza
não mais "causa e efeito", mas o elemento constantemente criador
não mais vontade de conservação, mas de poder

               etc.
não mais a formulação humilde "tudo é *apenas* subjetivo", mas "também é obra *nossa*!", sejamos orgulhosos disso!

26 (285)
  Da hipocrisia dos filósofos.
  Os gregos: escondem seu afeto agonal, travestem-se como os "mais felizes" por meio da virtude, e como os mais virtuosos (dupla hipocrisia)
  (Sócrates, vitorioso como o feio plebeu entre os belos e nobres, aquele que falava coisas baixas em uma cidade de oradores, o vencedor de seus afetos, o homem astuto e vulgar com o "por que?" entre os nobres por herança – esconde seu pessimismo)
  os brâmanes querem no fundo a redenção do sentimento cansado, morno, desprazeroso da existência.
  Leibnitz, Kant, Hegel, Schopenhauer, sua natureza dupla alemã
  Spinoza e o afeto vingativo, a hipocrisia da superação dos afetos
  A hipocrisia da "ciência pura", do "conhecimento pelo conhecimento".

26 (286)
  Eu, como a mulherzinha de um elefante, acompanhado por uma longa gravidez, de tal modo só poucas coisas me concernem, nem mesmo – pro pudor – a "criança".

26 (287)
Vós compreendeis certamente minha nova nostalgia, o anseio pelo finito? A nostalgia daquele que contemplou o anel do retorno –

26 (288)
N.B. O elemento continuamente criador, ao invés do único, passado

26 (289)
Zaratustra, 3
Os inconstantes, os eternos viandantes
Aquele que possui o cérebro do sanguessuga – – –
O feio, que quer se mascarar
O hipócrita da felicidade
A nostalgia do finito, da gleba e do recanto
O trabalhador e o arrivista invejoso e ressequido
Os sóbrios demais com a nostalgia da embriaguez
    aquele que a satisfez outrora
    os super-sóbrios
Os destruidores
Grito de socorro dos homens superiores?
Sim, dos fracassados –

26 (290)
Junto à vontade de crueldade é *de início* indiferente saber se o que está em questão é a crueldade em *nós* ou em *outros*. **Aprender** o gozo com o sofrimento – – o diabólico tanto quanto o divino pertence *ao* vivente e à sua *existência*.

26 (291)
Montaigne, I, p. 174
"as leis da consciência, que pretendemos que emerjam da natureza, emergem muito mais do hábito. Todos honram em seus corações as opiniões e os costumes louvados e introduzidos em

seu país, de tal modo que ele não consegue se abstrair deles sem remorsos e nunca age de acordo com eles sem um prazer".

26 (292)
Da superstição dos filósofos.
Da comunicabilidade das opiniões.

26 (293)
O novo esclarecimento
Uma preparação
para a "filosofia do eterno retorno".

26 (294)
Não é suficiente que tu percebas em que ignorância o homem e o animal vivem; tu precisas ter e aprender ainda a vontade de ignorância. É necessário para ti compreender que, sem este tipo de ignorância, a vida mesma seria impossível, que ela é uma condição, sob a qual apenas o vivente se conserva e medra: uma grande e firme redoma de ignorância deve estar à sua volta.

26 (295)
A vontade de ignorância.
A vontade de incerteza.
A vontade de inverdade.
A vontade de poder.
A vontade de sofrer.
A vontade de crueldade.
A vontade de aniquilação.
A vontade de injustiça.
A vontade do feio.
A vontade do desmedido.
A vontade de embriaguez.
A vontade de cristalização.

26 (296)
Afastamento da vontade, da livre e da cativa.

do "precisa" e da "necessidade"
do "conhecimento em si" e da "coisa em si".
do conhecer em virtude do conhecer
do "bem e do mal"
A hipocrisia dos filósofos.
Os bons.
Os artistas.
Os castos e abençoados por Deus.

26 (297)
Para além de bem e mal
O filósofo como artista mais elevado
A nova ordem hierárquica
Da superstição
O pensamento mais pesado
A *possibilitação* vital do sábio.
O velamento social do sábio.
Sua alimentação.
Sua sexualidade.
Comunicabilidade de suas opiniões.
O sobrenacional, o bom europeu.
Discípulos etc. Graus da iniciação.

26 (298)
O novo Esclarecimento
Um prefácio e um encômio
à filosofia do eterno retorno.
Da superstição entre os filósofos.
Para além de bem e mal.
O filósofo – um artista mais elevado.
A nova ordem hierárquica.
A possibilitação do novo filósofo.
O pensamento mais pesado como martelo.

26 (299)
Esta é uma era na qual a plebe vem se tornando cada vez mais senhora e na qual gestos plebeus do corpo e do espírito

alcançaram já por toda parte a autoridade doméstica, nas cortes e junto às mulheres mais dignas de amor –: não acho mesmo apenas "nas" e "junto às", mas "dentro delas". Meu jardim, com a sua gaiola dourada, não precisa se proteger apenas contra ladrões e vagabundos: seus piores perigos vêm de seus admiradores impertinentes. "Quero ter minha solidão" – assim o sábio elogia a si mesmo, quero fixar com os dentes a minha solidão, gradeá-la com uma gaiola de ouro –

26 (300)

Os filósofos arrogantes **contra**	1) a aparência
	2) a mudança
dirigidos por determinações	3) a dor
valorativas instintivas, nas	4) a morte
quais se refletem estados	5) o corporal,
culturais *anteriores*	os sentidos
(mais perigosos)	6) o destino e a
	falta de liberdade
	7) O que é desprovido
	de finalidade.
	N.B. Tudo o que é
	humano, ainda mais o
	animal, ainda mais o
	material.
eles acreditam	no conhecimento
	absoluto
	no conhecimento em
	virtude do
	conhecimento.
	na virtude e felicidade
	em aliança
	na cognoscibilidade
	das ações humanas
as falsas oposições	por exemplo, prazer
	e dor, bem e mal
as seduções da linguagem	

26 (301)
 Vontade de verdade e certeza emergem do *temor* na incerteza.

26 (302)
 nenhuma matéria (Boscovich)
 nenhuma vontade
 nenhuma coisa em si
 nenhuma finalidade

26 (303)
 A coragem não seria designada nenhuma virtude, se ela não fizesse parte dos fatos mais frequentes do homem, assim como a entrega voluntária de urina: o que, até onde compreendo, o caro Spencer *et hoc genus omne*[78] estão prontos a contar entre as manifestações do altruísmo.

26 (304)
 A meia dúzia de bons livros que restarão deste século, dito mais corretamente: que alcançam com suas ramificações um espaço para além deste século, como árvores, que não têm suas raízes nelas mesmas – tenho em vista o Memorial de St. Helena e os diálogos de Goethe com Eckermann.

26 (305)
 Onde certamente tenho menos prazer é em expressar minha opinião sobre – a comunicabilidade das opiniões (ou sobre a "comunicabilidade da verdade", tal como se exprimiriam todos os hipócritas virtuosos neste caso). O fato de eu ainda expressar tal posição aqui claramente já quase ultrapassa os limites que tracei para mim no âmbito indicado.

---

78 **N.T.:** Em latim no original: "e todos os do seu gênero".

26 (306)
Ainda agora há muito mais coisas serenas sobre a Terra do que os pessimistas gostariam de admitir; por exemplo, E<duard> von H<artmann> mesmo. O grupo do Lacoonte, representado por três palhaços tanto quanto por muitos guarda-chuvas, não me enfurece tanto quanto esse Eduard brigando com seus problemas.

26 (307)
Poetas líricos alemães, justamente quando eles são suabos, por exemplo, Uhland bem asseado com os sentimentos de uma mocinha burguesa, ou Freiligrath como –
Ou Hölderlin – – –

26 (308)
N.B. Completamente *claro* quanto a se se afirma e *quer* prosseguir este mundo dos sentidos!
Kant superado.
A descoberta da Antiguidade prosseguida.
A finalidade propriamente dita de todo filosofar é a *intuitio mystica*.

26 (309)
O mais adorado *circulus vitiosus*: se nossos órgãos sensoriais fossem apenas resultados de nossos sentidos, todas as nossas observações desses órgãos seriam absurdamente falsas enquanto causas.

26 (310)
Sobre saúde e doença gênio neurose, dionisíaco.

26 (311)
Finalmente – não se quer mais se desprender de suas opiniões: chegou-se a ter uma ideia do caráter parco de nosso jardim e não se espera mais adquirir muitas coisas boas e novas – as pessoas se decidem a *amar* aquilo que elas *já* têm. E ai daquele que quiser retirar de nós agora tais opiniões adoravelmente *desejadas*.

26 (312)
A religião interpretando todos os impulsos fortes, estranhos, repentinos e espantosos como vindo *de fora*.
A moralidade só é acrescentada como um meio para a religião (um meio para a violentação dos deuses *ou* para se alcançar estados extáticos).
Incompreensão do corpo: a embriaguez, a volúpia, o êxtase da crueldade como *divinização*, como se juntar a um deus.
Diferença fundamental da Antiguidade: a sexualidade *venerada* religiosamente; e, consequentemente, também os instrumentos.
Os êxtases são diversos junto a um homem casto, sublime, nobre como Platão – e junto aos cameleiros, que fumam haxixe e – – –
Transformação fundamental da religião:
1) quer-se obrigar a deus a fazer aquilo que nos é preferível – oração, por exemplo.
2) as pessoas se entregam à vontade de Deus
A primeira é a forma nobre, a segunda é a forma dos escravos.

26 (313)
"Autoconservação" apenas um efeito colateral, não uma meta! O efeito de Espinoza!

26 (314)
Buratti e sua influência sobre Byron.

26 (315)
O sentimento no Sul, por exemplo, expresso em Stendhal, "viagem para a França" – em que ele consiste?

26 (316)
N.B. Que *provas* faltam (no lugar da apenas intelectual ou experta)?

As refutações corretas são fisiológicas (corporais), ou seja, afastamento de modos de pensar.

26 (317)
Preciso aprender a pensar de maneira mais oriental sobre a filosofia e o conhecimento. *Visão panorâmica da terra do sol nascente sobre a Europa.*

26 (318)
O homem mais elevado.
Dos filósofos.
Dos líderes de rebanhos.
Dos castos.
Dos virtuosos.
Dos artistas.
Crítica ao homem mais elevado.

26 (319)
Os europeus imaginam, no fundo, que eles representam agora os homens mais elevados sobre a Terra.

26 (320)
Os bons europeus
Sugestões para o cultivo de uma nova nobreza.
Por
Friedrich Nietzsche.

26 (321)
Há 1) uma arte monadológica (ou em "diálogo com Deus").
2) uma arte social, pressupondo-se a *société*, um tipo mais refinado de homem.
3) arte demagógica, por exemplo, Wagner para o "povo" alemão, Victor Hugo.

26 (322)
Onde as pessoas possuem um grande entusiasmo pelo povo, aí as mulheres logo se colocam à escuta, elas sentem que essa é a sua coisa.

26 (323)
Os eruditos e sua superavaliação. De onde? Trata-se também aí de uma emancipação do tipo inferior, que *não acredita mais no tipo superior*.

26 (324)
O grande levante da plebe e dos escravos
As pequenas pessoas, que não acreditam mais no sagrado e nos grandes virtuosos (por exemplo, Cristo, Lutero etc.).
Os burgueses que não acreditam mais no tipo superior da casta dominante (por exemplo, a revolução).
Os artesãos científicos, que não acreditam mais nos filósofos.
As mulheres, que não acreditam mais no tipo mais elevado do homem.

26 (325)
Para além de bem e mal
*Prefácio a uma filosofia
do eterno retorno.*
Por
Friedrich Nietzsche.

26 (326)
O sensualismo e o hedonismo do século passado são a melhor herança que esse século tem a nos dar: por detrás de mil cláusulas e mascaradas.
Hedonismo = prazer como princípio.
Prazer como critério de medida efetivamente encontrado junto aos *utilitaristas* (Comfort-Ingleses).
Prazer como princípio regulativo (de fato *não* encontrado) junto aos schopenhauerianos.

Von Hartmann um cabeça de vento superficial, que *enodoa* o pessimismo por meio da teologia e procura construir a partir daí uma filosofia da comodidade (ele se aproxima, com isto, dos ingleses).

Aquilo que se segue ao pessimismo é a doutrina da *ausência de* **sentido** *da existência*.

o fato de prazer e desprazer não possuírem nenhum *sentido*, o fato de Hedoné não poder ser nenhum princípio.

Isto no próximo século. Doutrina do grande cansaço.

Para quê? Nada vale a pena.

26 (327)

A vontade é descerrada – não é nenhum fato imediato, como Schopenhauer o quer. Se descerrada com direito, isto é algo que permanece questionável – –

26 (328)

A crença no "ser" é a base de toda ciência, assim como de toda vida. Com isto, não está decidido nada sobre a *legitimidade* dessa crença, equívocos dos sentidos (azul ao invés de vermelho) não são nenhum argumento contra o fato de que uma folha é verde. O surgimento de um sentido *formador de cores* em um mundo desprovido de cor é um disparate em termos de pensamento.

Descrição e constatação dos fatos.

26 (329)

Uma coisa não se deixa *desvendar* a partir de suas causas, isto é, uma coisa = seus efeitos. O conhecimento das causas de uma coisa não fornece nenhum conhecimento de seus efeitos, isto é, nenhum conhecimento *da coisa*.

26 (330)

Profundamente interessado pela *verdade* – a partir de onde? Comprometido com o Cristianismo – Pascal.

26 (331)

os diversos graus do gozo pelo "verdadeiro"

por exemplo, Kant e Schelling
Maquiavel e Sêneca
Stendhal e Walter Scott
Platão e Hafis

26 (332)
1) Para que as pessoas *juram* que querem conhecer? "o verdadeiro mais do que o não verdadeiro"
2) Para que se *quer* (efetivamente) *conhecer*?
3) Para que se *deve* conhecer? E é *verdade*?! que se prefere o verdadeiro?

26 (333)
Há hoje tantos pensadores superficiais, que se aquietam em reconduzir uma coisa ao hábito e à herança e a tê-la com isto *explicada*. Mas "como é *possível* o hábito? Como é possível a herança?"

26 (334)
A crença na verdade
O elemento dissonante e doentio em muitas coisas que se denominaram até aqui "vontade de verdade".

Com uma seriedade terrível, os filósofos advertiram em relação aos sentidos e à ilusão dos sentidos. O profundo antagonismo dos filósofos e dos amigos da ilusão, dos artistas, atravessa a filosofia grega: "Platão *contra* Homero" – é o lema dos filósofos!

Mas ninguém *concebeu* o lado oposto, a incapacidade da verdade para a vida e a condicionalidade da vida por meio de uma ilusão perspectivística. – *Trata-se dos mais perigosos excessos*, querer o conhecimento *não* a serviço da vida, mas *em si*, a todo custo: como o voluptuoso segue os seus impulsos, em si, sem o controle dos outros instintos, se não é uma estupidez – – –

26 (335)
É possível se interessar por este império alemão? Onde está o novo *pensamento*? Trata-se apenas de uma nova combinação de poder? Tanto pior, caso ele não saiba o que quer. *Paz* e deixar

fazer não constituem de maneira alguma uma política, pela qual eu tenha respeito. Dominar e ajudar o pensamento mais elevado a vencer – a única coisa que poderia me interessar na Alemanha. O que me importa que haja ou não haja os hohenzollerianos? – A *pusilanimidade* da Inglaterra é o grande perigo agora sobre a Terra. Vejo mais inclinação para a grandeza nos sentimentos dos niilistas russos do que naqueles dos utilitaristas ingleses. Uma miscigenação das raças alemãs e eslavas – nós também necessitamos incondicionadamente dos mais habilidosos homens do dinheiro, dos judeus, a fim de possuirmos o domínio sobre a Terra.

26 (336)
1) o sentido para a realidade
2) quebra com o princípio inglês da representação popular, nós precisamos da representação dos grandes interesses
3) nós precisamos de um caminhar incondicionadamente junto com a Rússia, e com um novo programa *conjunto*, que não deixa dominar na Rússia nenhuma quimera inglesa!
4) uma política europeia é insustentável, e a circunscrição mesmo a perspectivas cristãs um *malheur totalmente grande*. Na Europa, todos os homens castos são *céticos*, quer eles o digam ou não.

Acho que nós não queremos nos restringir nem em meio a perspectivas cristãs, nem em meio a perspectivas americanas.

26 (337)
buona femmina e *mala femmina vuol bastone* (Sacchetti, novembro de 1886).

26 (338)
hinc mihi quidquid sancti gaudii sumi potest horis omnibus praesto est. Petrarca, famil. XIX 16.

26 (339)
A vontade de não se deixar iludir e a vontade de se deixar iludir – – mas o filósofo? O religioso? O artista?

26 (340)
Há ainda filósofos? Em verdade, há muitas coisas filosóficas em nossa vida, a saber, junto a todos os homens científicos, mas *filósofos mesmos* restam tão poucos quanto restam *nobres autênticos*. Por quê?

26 (341)
Assim como os franceses refletem a cortesia e o *esprit* da sociedade francesa, os alemães refletem algo da profunda seriedade sonhadora de seus místicos e músicos, tanto quanto de sua infantilidade. Em italiano há muita nobreza e arte republicanas de se sentir bem e orgulhoso, sem vaidade.

26 (342)
Não se acredita mais em filósofos, mesmo entre os eruditos; essa é a espécie de uma era **democrática**, que *recusa* o tipo superior de homem. A psicologia do século está essencialmente dirigida *contra* as naturezas mais elevadas: quer-se conferir a eles as suas humanidades.

26 (343)
Pitágoras foi a tentativa de um ideal *antidemocrático*, entre os movimentos tempestuosos em direção ao domínio popular.

26 (344)
O *"juiz"*. A um homem como esse não se lhe poupa o comandar: seu "tu deves" não tem como ser deduzido da natureza das coisas, mas, como ele *vê* o mais elevado, ele precisa *impô-lo* e forçá-lo. O que lhe importa o sucumbir! Ele sacrifica sem hesitar – posição do artista em relação ao homem: o grande homem precisa comandar e a valoração, que ele possui, *introduzir*, *imprimir*, *mandar*. Todas as valorações mais antigas também não surgiram de outra forma. Mas elas são todas impossíveis para nós, seus pressupostos são falsos.

26 (345)
"Punir": para tanto indicar uma *posição hierárquica*, uma degradação em relação ao nosso ideal. *Não*, porém, um querer

conservar de muitos às custas de particulares, em geral *nenhum* ponto de vista da sociedade!

26 (346)
Não há nada a fazer com a "felicidade" como meta, assim como não há tampouco nada a fazer com a felicidade de uma comunidade. Trata-se de alcançar uma pluralidade de *ideais*, que precisam ser na *luta*. Isto, porém, não aponta para o bem estar de um rebanho, mas para um tipo superior. *Esse tipo*, contudo, *não* é alcançado por meio do bem-estar de um rebanho! Tão pouco quanto o homem particular chega à sua elevação por meio de conforto e de transigência.

"Graça", "amor em relação ao inimigo", "tolerância", direitos "iguais" (!) são todos princípios de um nível hierárquico mais baixo. O superior é a *vontade* para além de nós, por meio de nós, ainda que seja *criada* por meio de nosso ocaso.

26 (347)
Desconheceu-se o fato de que todo "tu deves" moral é criado por pessoas particulares. *Quis-se* ter um Deus ou uma consciência, a fim de se *livrar* da tarefa que a *criação* exige do homem. A fraqueza ou a preguiça estão veladas por detrás do modo de pensar cristão-*católico*. – Para que, contudo, o homem possa criar, ele precisa aprender e saber etc.

26 (348)
Ridicularizar a escola do "objetivo" e "mais positivo". Eles querem contornar as valorações, e só descobrir e apresentar os *facta*. Mas atentemos, por exemplo, para Taine: no pano de fundo, ele *tem* predileções: pelos tipos fortes e expressivos, por exemplo, também pelos que desfrutam mais do que pelos puritanos.

26 (349)
Fazer algum dia um livro *mau*, pior do que Maquiavel e do que aquele diabo bastante alemão e de todos o mais serviçal, suave e pérfido chamado Mefistófeles!

Suas propriedades: cruel (prazer em observar como é que um belo tipo sucumbe)

Sedutor (convidando para a doutrina de que o um *e* também o outro precisariam ser)

Satírico em relação às virtudes do monge, do filósofo, em relação aos artistas que se consideram grande coisa etc., assim como em relação ao bom e corajoso homem de rebanho.

Nobre em relação ao elemento curioso, impertinente, plebeu dos homens do conhecimento, assim como em relação ao elemento enrolado, palerma; nenhum riso, nenhuma ira.

26 (350)
Como é que uma tal palavra atravessa o coração de alguém!

– "nossa ousadia se fez a caminho de todas as terras e mares, fundando por toda parte para si monumentos imperecíveis para o bem e para o mal" – diz Péricles.

26 (351)
Onde, de uma maneira plebeia, um desejo a tudo conduz com supremacia (ou em geral os desejos), aí não há nenhum homem superior. Compreende-se que um tal homem (tal como, por exemplo, Agostinho ou Lutero) não conhece de maneira alguma os *problemas superiores*, que pressupõem todos uma atitude mais ousada. Em Agostinho e Lutero, o que está em questão é sempre uma *necessidade* puramente pessoal. Trata-se da questão de um doente por uma cura. As religiões podem <ser> essencialmente tais instituições de domesticação de animais ou tais instituições psiquiátricas para aqueles que não podem se dominar. – É estranha essa necessidade relativa ao impulso sexual, por exemplo, também no Parsival e no Tannhäuser.

26 (352)
Eu *não* me interesso
1) pelo Estado nacional, como algo efêmero em contraposição ao movimento democrático conjunto.

2) pela questão dos trabalhadores, porque o próprio trabalhador não é senão um entreato.
3) pelas diferenças da religião e da filosofia, porque elas são uma e a mesma na questão principal, a saber, para além de bem e mal – onde tenho minhas dúvidas.
4) pelos modos de pensar, que não fixam o corpo e os sentidos, e a terra
5) *não* pela *l'art pour l'art*, os objetivos etc.

26 (353)
Oração pela cegueira
A moral é aniquilada: apresentar o *factum*! Resta: "eu quero".
Nova ordem hierárquica. Contra a igualdade.
No lugar do juiz e daquele que pune característico dos criadores.
Nossa *boa* situação, como aqueles que colhem
A mais elevada responsabilidade – meu orgulho!
Conjuração do que há de pior.
O legislador e o político.
Os castos (por que impossível?)
Primeiro formar o corpo de maneira elevada: já se encontra aí o modo de pensar. Platão.
Até aqui, depois de uma longa consideração cosmopolita, o grego como homem, que levou essa ideia o mais longe possível. Europa.

26 (354)
A ingenuidade de Platão e do Cristianismo: eles acreditavam saber o que é "bom". Eles desvendaram o homem *de rebanho – não* o artista criador. Já em Platão se tinha inventado o "salvador" que desce até os *que sofrem e até os piores*. Ele não tem nenhum olhar para a *razão e a necessidade* do **mal**.

26 (355)
Não o bem, mas *o mais elevado*! Platão é mais valioso do que sua filosofia! Nossos instintos são melhores do que sua expressão em conceitos. Nosso corpo é mais sábio do que nosso es-

pírito! *Se* Platão equivalia àquele busto em Nápoles, então temos aí a melhor refutação de *todo* Cristianismo!

26 (356)
Sócrates, ao que parece, percebeu que não agimos moralmente em consequência de um raciocínio lógico – e ele mesmo não *achou* que fosse assim. O fato de Platão e de todos depois dele acreditarem que eles teriam feito isso, e de o Cristianismo ter se deixado batizar sobre essa ninharia platônica, este foi até hoje o maior ensejo para a *falta de liberdade* na Europa.

26 (357)
Sócrates, que diz: "eu não sei o que é bom e mau", foi mais inteligente do que Platão: esse o define! Mas *Platão o apresenta*, o homem superior.

26 (358)
O falso germanismo em R<ichard> W<agner> (e a falsidade psicológica fundamental dessa mistura extremamente "moderna" entre brutalidade e mimo dos sentidos) é para mim tão repulsivo quanto o falso romanismo em David, ou a falsa Idade Média inglesa em Walter Scott.

26 (359)
O problema da *veracidade*. O primeiro e o mais poderoso é precisamente a vontade e a força para a preponderância. Somente o dominante fixa posteriormente a "justiça", isto é, ele mede as coisas segundo a *sua* medida; se ele é *muito poderoso*, ele pode ir muito longe na *concessão* e no reconhecimento do indivíduo *aventureiro*.

O problema da *compaixão*. Somente um instinto profundo de crueldade, um gozo com o sofrimento alheio, precisa ser cultivado. Pois em primeiro lugar se faz presente a descomunal indiferença em relação a todo "fora de nós". A simpatia de um tipo mais refinado é uma crueldade atenuada.

O problema do homem *bom*. O homem de rebanho, que leva a termo e elogia as propriedades que tornam social. As propriedades opostas são avaliadas pelos homens dominantes, a saber, a partir de sua própria essência: dureza, sangue frio, visão fria, nenhuma tolerância, visão para fatos, visão para grandes distâncias e não para o que há de mais imediato e para o próximo etc.

26 (360)
 Assim como os socialistas são ridículos para mim, com o seu tolo otimismo do "bom homem", que espera por detrás do arbusto, até que se tenha abolido a "ordem" até aqui e abandonado todos os "impulsos naturais".
 E o partido oposto é igualmente ridículo, porque ele não assume o ato de violência na lei, a dureza e o egoísmo em todo e qualquer tipo de autoridade. "Eu e minha espécie" queremos dominar e restar: quem degenera é alijado ou aniquilado – este é o sentimento fundamental de toda e qualquer legislação antiga.
 Odeia-se a representação de um *tipo mais elevado* de homem, mais do que se odeiam os monarcas. Antiaristocrático: toma-se o ódio aos monarcas apenas como máscara e – – –

26 (361)
 Masculinização das mulheres é o nome correto para a "emancipação da mulher". Ou seja, elas se formam segundo a imagem que o homem oferece agora, e *cobiçam* seus direitos. Vejo aí uma *degradação* no instinto da mulher atual: elas precisariam saber que, por essa via, elas condenam seu poder. – Logo que elas não querem mais se deixar manter e concorrem seriamente com o homem no sentido político-burguês, e, consequentemente, também procuram abdicar daquele tipo de tratamento suave, indulgente e cuidadoso, com o qual elas foram tratadas até aqui, acontece, então, – – –

26 (362)
 No Oriente e na Atenas dos melhores séculos, trancavam-se as mulheres, não se queria a degradação da fantasia da mulher: *isto degrada* a raça, mais do que a relação corporal com um homem.

26 (363)
Não adianta se reportar a costumes arcaicos e à castidade arcaica germânicos: não há mais nenhum germano, também não há mais florestas.

26 (364)
Nunca encontrei um homem, com o qual tivesse podido falar de moral à *minha* maneira: ninguém foi até aqui sincero e ousado o bastante para isto. Neste caso, pode ser que isto se deva em certa medida ao acaso: por exemplo, o fato de eu ter vivido muito tempo entre alemães que, desde sempre, em toda a sua inocência, se mostraram como tartufos morais, mais do que todos os outros. Na questão principal, porém, acho que a mendacidade em questões morais faz parte do caráter dessa era democrática. Uma tal era justamente, que tomou a grande mentira "igualdade entre os homens" como lema, é superficial, precipitada e está assentada sobre a aparência de que as coisas estão bem em relação ao homem e que "bom" e "mau" não seriam mais nenhum problema.

26 (365)
O moral "tu deves" como uma falsa *interpretação* de determinados sentimentos impulsivos.

26 (366)
Os mais fortes em termos de corpo e alma *são os melhores* – princípio fundamental para o **Zaratustra** – a partir deles a moral mais elevada, a moral do criador: *recriar* o homem à *sua* imagem. É isto que ele quer, esta é a sua sinceridade.

26 (367)
Zaratustra, 5.
A coluna cantante que é tocada por um raio do sol da manhã.

26 (368)
Em meio a uma excitação extraordinária, dores violentas (autoferimentos) só agem como estimulantes.

26 (369)
Supondo que tenhamos nos libertado das ingenuidades de Kant que, lá onde descobriu os instintos, no elemento espiritual e moral, imediatamente concluiu que "esses instintos não seriam *deste* mundo". A mesma ingenuidade impera ainda junto aos ingleses, aos "instintivos" e aos "intuitivos".

Mas onde me torno crítico é aqui: todos os pesquisadores histórico-fisiológicos da moral julgam da seguinte maneira: *como* os instintos morais falam de tal e tal modo, esses juízos são *verdadeiros, isto é, úteis em relação à conservação da espécie*: uma vez que eles restaram! Da mesma maneira, digo que os instintos mais *amorais* precisam ser verdadeiros: só que se cunha aí algo diverso precisamente da vontade de conservação, a saber, a vontade de seguir em frente, de mais, de – – – Conservação é a única coisa que um ser quer?

E vós pensais "conservação da espécie", eu só vejo "conservação de um rebanho, de uma comunidade".

26 (370)
Somos mais ricos do que pensamos, portamos o testemunho de muitas pessoas no corpo, tomamos por "caráter" aquilo que só pertence à "pessoa", a *uma* de suas máscaras. A maioria de nossas ações não vêm da profundeza, mas são superficiais: como a maioria das erupções vulcânicas: não devemos nos deixar iludir pelo barulho. O Cristianismo tem razão neste ponto: é possível *extrair um novo homem*: naturalmente, então, um ainda mais novo. Erramos quando julgamos um homem por suas ações particulares: ações particulares não permitem nenhuma universalização.

26 (371)
Uma filosofia que não promete tornar mais feliz e mais virtuoso, que dá muito mais a entender que provavelmente se perecerá a seu serviço, a saber, que se será solitário em seu tempo, consumido pelo fogo e escaldado, precisa atravessar os muitos tipos de desconfiança e ódio, torna necessária muita rigidez em relação a si mesma e, infelizmente, também em relação aos outros: uma

tal filosofia não se congraça com ninguém facilmente: é preciso ter *nascido* para ela – e ainda não encontrei ninguém que o fosse (senão não teria nenhuma razão para escrever isto). Como reparação, ela promete alguns calafrios agradáveis; tal como acontece com aquele que, vindo de montanhas completamente elevadas, vê um mundo de novos aspectos; e ela não torna por fim estulto, o que era o efeito do filosofar kantiano (foi-se bastante cruel a ponto de, recentemente, editar festivamente a obra capital restante de sua estultícia – o que não é possível entre alemães!).

26 (372)
Assim como penso sobre coisas morais, fui condenado a um longo silêncio. Meus escritos contêm este e aquele aceno; eu mesmo me postei ousadamente em prol deles; já aos meus 25 anos concebi *para mim* um *pro memoria* "sobre verdade e mentira no sentido extramoral".

26 (373)
Há uma inclinação para a verdade: por mais inverossímil que isto possa soar: ao menos junto a alguns homens. Também há uma inclinação oposta, por exemplo, junto aos artistas. E nós queremos nos alegrar com isto: muitas coisas boas e ruins surgiram das duas inclinações. No todo, a segunda inclinação é mais importante, há boas razões para que os filósofos permaneçam raros e que sua influência seja fortemente reprimida.

26 (374)
Do autoespelhamento do espírito ainda não surgiu nada de bom. Somente agora, quando as pessoas buscam se informar também sobre todos os processos espirituais a partir do fio condutor do corpo, por exemplo, sobre a memória, as pessoas conseguiram sair do lugar.

26 (375)
O frio Kant constata alguns instintos espirituais, que atuam *antes* de todo raciocínio e antes de toda atividade sensível: do

mesmo modo, mais tarde, ele constata um instinto moral, a saber, para obedecer. O fato de, com isto, ter-se estabelecido uma ponte com "um outro mundo", foi uma precipitação. Mesmo se tivesse sido constatado que a existência do homem está ligada com esses instintos, não se teria definido nada em relação à sua "verdade". Trata-se justamente de *nosso* mundo.

26 (376)
Minha filosofia traz consigo o pensamento vitorioso, junto ao qual por fim todo e qualquer outro modo de pensar sucumbe. Trata-se do grande pensamento *cultivante*: as raças, que não o suportam, são condenadas; aquelas, que o experimentam como a maior das boas ações, estão destinadas ao domínio.

26 (377)
A ausência de caráter intelectual
Quando Richard Wagner começou a falar para mim do prazer que sabia arrancar da ceia cristã (protestante), neste momento minha paciência se esgotou. Ele era um grande ator: mas sem postura, e por dentro uma presa de todas as coisas que inebriam intensamente. Ele atravessou todas as mudanças pelas quais os bons alemães tinham passado desde os dias do Romantismo: a Garganta do Lobo, Euriante, Schauer-Hoffmann; em seguida "Emancipação da carne" e sede por Paris; logo depois o gosto pela grande ópera, pelo meyerbeeriano e pela música de Beline, tribunas populares, mais tarde Feuerbach e Hegel – a música deveria provir do "inconsciente"; em seguida, então, a revolução, em seguida, a desilusão, e Schopenhauer, e uma aproximação com o príncipe alemão; logo depois, as homenagens ao imperador, ao império e ao exército; então também ao Cristianismo, que desde a última guerra e desde suas muitas "vítimas fatais" passara a fazer parte do bom gosto na Alemanha – com imprecações contra a ciência.

26 (378)
Resistir a todas as suas inclinações e tentar ver se também não há em nós algo da inclinação oposta: uma coisa útil, ape-

sar de ela trazer consigo muito desconforto. Como quando um homem é transposto de um ar seco com o qual ele se encontra habituado para um clima úmido. Necessita-se neste caso de uma *vontade* inabalável – e se meu modo de pensar não exige outra coisa senão isto, então esta já é uma razão pela qual ela terá poucos discípulos. É rara uma tal vontade forte e flexível.

26 (379)
O povo marcado por uma fraqueza da vontade (tal como Sainte-Beuve) possui uma aversão interior à raça oposta, por exemplo, a Stendhal.

26 (380)
O quanto de vulgaridade bovina não há nos ingleses, para que eles agora tenham ainda a necessidade de pregar com toda violência o *utile*! Este é o seu ponto de vista mais elevado: seu *dulce* é por demais parco. – Assim como o exército da salvação!

26 (381)
"une croyance presque instinctive chez moi, c'est que tout homme puissant ment, quand il parle, et à plus forte raison, quand il écrit".[79] Préface "Vie de Napoléon", p. XV Stendhal.

26 (382)
Fala-se comigo à mesa de Eugen Dühring, "desculpa-se" muitas coisas nele, pois, diz-se: ele é cego. Como? Eu quase sou cego. Homero o era totalmente. É preciso ter mau humor por isto? E estar repleto de vermes? E ter a aparência de um vidro de tinta para caneta tinteiro? Eugen Dühring nos contou recentemente o seguinte sobre a sua vida: ele nunca esqueceu nenhum aborrecimento, nenhuma mágoa desde a primeira infância, ele pode contar por horas a fio pequenas historinhas mesquinhas e

---

79 **N.T.:** Em francês no original: "uma crença quase instintiva em mim: todo homem potente mente quando fala, e, com ainda maior razão, quando escreve".

sórdidas de seus professores e adversários, desde o tempo em que ele ainda não estava cego: ao menos ele assume uma pose depois disto, se é que a imagem é boa, com a qual ele adornou seu livro e refutou sua filosofia. – Ele nos diz que a imagem é boa.

26 (383)
Efeitos ulteriores do antigo Deus 1) –
Assim como não estou familiarizado com aquilo que se filosofa hoje entre alemães: cheguei, graças a alguns acasos fortuitos, a descobrir que agora na Alemanha está na moda não pensar, em verdade, na criação do mundo, mas, de qualquer modo, em um início: as pessoas resistem em pensar em uma "infinitude para trás" – Os senhores compreendem de qualquer modo a minha fórmula abreviada? Com isto concordam Mainländer, Hartmann, Dühring etc. Mainländer encontrou a expressão mais descarada para a visão oposta de que o mundo é eterno. Mainländer, um apóstolo da castidade incondicionada, assim como R. Wagner.
Efeitos ulteriores do antigo Deus 2) eternamente novo.

26 (384)
Espaço uma abstração: não há nenhum espaço em si, a saber, não há nenhum espaço *vazio*. Muitos absurdos provêm da crença no "espaço vazio". –

26 (385)
O fato de termos um instinto temporal, um instinto espacial, um instinto voltado para razões; isto não possui nada em comum com tempo, espaço e causalidade.

26 (386)
Vitória do modo de pensar mecanicista antiteleológico como uma *hipótese regulativa* 1) porque só com ele a ciência é possível 2) porque ele é o que menos pressupostos estabelece e, *sob todas as circunstâncias, precisa* ser primeiro colocado à prova: – o que precisa de alguns séculos 3) – – –

26 (387)
    Luta contra Platão e Aristóteles.

26 (388)
    O baile de torres celestes góticas de Hegel (– *efeitos retardatários*). Tentativa de desenvolver uma espécie de razão: – eu, no ponto oposto, vejo na própria lógica uma espécie de irrazão e de acaso. Nós nos empenhamos <por conceber> como é que, apesar da maior de todas irracionalidades, a saber, totalmente sem razão, o desenvolvimento chegou por si mesmo até o homem.

26 (389)
    Contra o altruísmo: o altruísmo é uma ilusão.
    O *désintéressement* na moral (Schopenhauer, Comte), na teoria do conhecimento (os "objetivos" – como Taine), na arte (a beleza ideal, na qual, por exemplo, acredita Flaubert)

26 (390)
    Quando tinha 12 anos inventei para mim uma maravilhosa trindade: a saber, Deus-pai, Deus-filho e Deus-diabo. Minha conclusão foi a de que Deus, pensando a si mesmo, criou a segundo pessoa da divindade: mas que, para poder pensar a si mesmo, ele precisou pensar, ou seja, precisou criar o seu oposto. – Com isto, comecei a filosofar.

26 (391)
    As muitas falas "*oposições*" (sobre a transformação dos afetos, sua genealogia etc.)

26 (392)
    Uma quantidade inumeravelmente grande de particulares de um tipo superior perecem agora: mas *quem conseguir sair dessa* será forte como um diabo. De maneira semelhante ao que se tinha no tempo da *Renaissance*.

26 (393)
O ator
O sentido histórico: Platão e toda a filosofia não possuem nenhuma noção disso. Trata-se de uma espécie de arte de *ator* acolher por vezes uma alma alheia: consequência das *grandes misturas de raças e povos*, em virtude das quais há em cada um deles um pedaço de tudo o que um dia foi. Um sentido de artista, na região do conhecimento. Ao mesmo tempo, um sinal de *fraqueza* e falta da *unidade*.

Exotismo, cosmopolitismo etc. Romantismo. O sentido se *aguçou*; por exemplo, agora Walter Scott não é mais possível para nós. Assim como Richard Wagner.

Rousseau, Georg Sand, Michelet, Sainte-Beuve – seu tipo de farsa. Uns diante do povo, outros (como Voltaire) diante da sociedade.

Os poderosos são atores de um tipo totalmente diferente, como Napoleão, Bismarck.

26 (394)
Os senhores sabem o que é um pântano? – O acaso me permitiu ver uma vez mais junto a um outro, aquilo que Richard Wagner e seus discípulos pregaram com palavras: nas folhas mal afamadas de Bayreuth. Os senhores estão vendo, trata-se de um pântano: arrogância, obscuridade, ignorância e – mau gosto misturados. Assim como o homem velho canta, os jovens hoje chilram; ninguém se espantará com isto. E se fosse apenas um canto! Mas trata-se de um lamento, a prepotência de um antigo arcebispo, que não teme mais nada senão os claros e distintos conceitos. E é isto que quer falar concomitantemente nas coisas da filosofia e da história! – *Il faut être sec*,[80] diz, tocando o meu coração, o meu amigo Stendhal. Não se deve revolver o lodaçal. Deve-se morar nas montanhas: assim falou meu filho Zaratustra.

---

80 **N.T.:** Em francês no original: "É preciso ser seco".

26 (395)
   Parece que sou um alemão de um tipo em extinção. Ser um bom alemão significa ser desgermanizado – disse certa vez: mas isto não se quer admitir em relação a mim. Goethe talvez tivesse me dado razão.

26 (396)
   *Pour être bon philosophe, il faut être sec, clair, sans illusion. Un banquier, qui a fait fortune, a **une parte du caractère** requis pour faire des découvertes en philosophie, c'est-à-dire pour **voir clair dans ce qui est**.*[81] Não querer iludir – isto é algo totalmente diverso, isto pode ser moral. Não querer se deixar iludir, a saber, quando se tem a maior inclinação para tanto!

26 (397)
   Stendhal precisa (18 de dezembro de 1829) os problemas morais.
   Quais são os motivos das ações humanas: *est-ce la recherche du plaisir, comme dit Virgile*[82] *(trahit sua quemque voluptas)*.[83] *Est-ce la sympathie?* O que é o remorso? Ele provém de diálogos que escutamos? *Ou naît-il dans la cervelle, comme l'idée de becqueter le blé qui vient au jeune poulet?*[84]

26 (398)
   A espiritualização estabelecida como *meta*: assim, a oposição aguda entre bem e mal, virtude e vício, como um meio de cultivo para tornar o homem *senhor* sobre si, é uma preparação

---

81 **N.T.:** Em francês no original: "Para ser bom filósofo, é preciso ser seco, claro, sem ilusão. Um banqueiro, que fez fortuna, *possui uma parte do caráter* necessário para fazer descobertas em filosofia, ou seja, para *ver claramente o que é*."
82 **N.T.:** Em francês no original: "será a busca do prazer, como diz Virgílio".
83 **N.T.:** Em latim no original: "cada um tem o seu prazer que o arrasta".
84 **N.T.:** Em francês no original: "Ou será que ele (o remorso) nasce no cérebro, tal como a ideia de uma bicada no trigo que chega ao jovem franguinho?"

para a espiritualidade. – Mas quando não há aí sensualização, o espírito se torna diáfano demais.

26 (399)
Os alemães são um povo perigoso: eles entendem de embriaguez. Gótico, talvez mesmo Rococó (segundo Semper), o sentido histórico e o exotismo, Richard Wagner – Leibniz perigoso ainda hoje – a alma de quem é servido (*idealizada* como virtude de eruditos e de soldados), também como sentido histórico. Os alemães podem ser com certeza o povo *mais mestiço de todos*.
"O povo do centro", os inventores da porcelana e de uma espécie chinesa de desvendar mistérios.

26 (400)
O profundo bem-querer em relação a todas as coisas. Custa-me uma comédia ficar irritado com pessoas que eu conheço: contanto que eu não esteja doente.

26 (401)
Um filósofo também precisa se consolar como aquele diplomata: "nós desconfiamos de nossas primeiras emoções? Elas são quase sempre boas".

26 (402)
Bismarck: tão distante da filosofia alemã quanto um camponês ou um estudante politizado. Desconfiado em relação aos eruditos. Isto me agrada nele. Ele jogou fora tudo aquilo que a estúpida cultura alemã (com ginásios e universidades) quis produzir. – E ele ama evidentemente uma boa refeição com um forte vinho mais do que a música alemã: que na maioria dos casos não passa de uma hipocrisia e uma dissimulação mais refinadas e mais femininas da antiga inclinação alemã masculina para a embriaguez. Ele reteve suas honestas *restrições*, a saber, em relação a Deus e ao rei: e, mais tarde ainda, acrescentou de modo correto a restrição que qualquer um que tenha criado algo tem, o amor por sua obra (tenho em mente o império alemão).

26 (403)

Michelet: simpatia transpirante, algo plebeia, como se ele retirasse a casaca antes do trabalho. Tribuna popular: ele também conhece os ataques de fúria dos predadores, ataques esses que acometem o povo. Tudo aquilo que me agrada lhe é estranho. Montaigne tão bem quanto Napoleão. Peculiar, também ele, o homem trabalhador e rigoroso em termos morais, tem a concupiscência sexual curiosa do gaulês.

26 (404)

Sainte-Beuve – ira silenciosa própria a todos os franceses mais refinados em relação à "estupidez" frutífera –: ele gostaria de negar que lhe falta toda filosofia, assim como todo caráter, sim, até mesmo, o que não é de se espantar depois dessas duas coisas, todo gosto fixo em *artibus et litteris*. Ele não sabe se haver nem com os lados fortes de Voltaire, nem com Montaigne, nem com Charron, Chamfort, La Rochefoucauld, Stendhal: – ele se irrita com uma espécie de inveja, com o fato de que esses conhecedores do homem têm todos ainda uma vontade e um caráter no corpo.

26 (405)

O modo de ser de *Hölderlin* e de *Leopardi*: sou forte o suficiente, para rir de seu perecimento. Tem-se uma representação falsa disso. Tais ultraplatônicos, dos quais sempre provém uma ingenuidade, terminam mal. Algo precisa ser duro e bruto no homem: senão ele perece de uma maneira ridícula diante de puras contradições com os fatos mais simples: por exemplo, com o fato de que um homem de tempos em tempos precisa de uma mulher, assim como ele de tempos em tempos tem a necessidade de uma refeição bem constituída. Por fim, os jesuítas trouxeram à tona o fato de que Leop<ardi> – – –

26 (406)

Em minha juventude, quando era muitas coisas, por exemplo, também pintor, pintei um dia um retrato de Richard Wagner, sob o título: Richard Wagner em Bayreuth. Alguns anos mais tarde, disse a mim mesmo: "Diabos! Esse quadro não lhe é semelhante." Alguns anos mais tarde, respondi: "tanto melhor! Tanto melhor!" – Em certos anos da vida, tem-se um direito a ver falsamente coisas e homens – lentes de aumento, que nos dão esperança.

Quando tinha 21 anos, talvez fosse o único homem na Alemanha que amava com entusiasmo esses dois, ao mesmo tempo Richard Wagner e Schopenhauer. Alguns de meus amigos foram contaminados por esse amor.

No fundo, fui – – – por Händel

Quando jovem, amava Händel e Beethoven: mas *Tristão e Isolda* juntou-se a eles, quando tinha 17 anos, como um mundo que me era compreensível. Enquanto eu, outrora, experimentara por outro lado o Tannhäuser e o Lohengrim como "abaixo do meu gosto": rapazes são abusadamente orgulhosos em questões de gosto.

26 (407)

O legislador do futuro

Homens, diante dos quais começa a emergir a imagem de uma tarefa descomunal, buscam se *livrar* dessa tarefa: e encontrar-se-á as tentativas mais ousadas e mais temerárias junto aos grandes homens, para *escapar* para algum lugar, por exemplo, para se convencer a) de que a tarefa já se encontra resolvida b) ou de que ela é insolúvel c) ou de que sou muito fraco para ela d) meu dever, minha moralidade a rejeita como imoral – e) ou perguntar-se: quem me confere essa tarefa? Ninguém. Ceticismo em relação a todas as missões difíceis. – Muitos conseguem contorná-las, há uma fina má consciência em relação a elas. Por fim, é uma questão de *força*: *de que tamanho se sente a sua* **responsabilidade?**

Depois que busquei ligar durante muito tempo com a palavra "filósofo" um determinado conceito, achei finalmente que há dois tipos de filósofos: 1) aqueles que buscam *constatar* um grande estado de fato 2) aqueles que são *legisladores* das valorações. Os primeiros buscam se apoderar do mundo presente ou passado, na medida em que sintetizam o acontecimento por meio de sinais: para eles, o que importa aí é tornar abarcável, reflexível, tangível, palpável – eles servem à tarefa do homem de empregar todas as coisas em seu favor. Os outros, porém, ordenam e dizem: assim deve ser! Eles determinam pela primeira vez a utilidade, aquilo *que* é útil ao homem; eles dispõem sobre o trabalho prévio dos homens de ciência, mas o saber é neles apenas um meio para criar. De fato, sua situação é descomunal, e eles vedaram com muita frequência seus olhos, por exemplo, Platão, quando ele pensou outrora não fixar o bem, mas encontrá-lo previamente como algo eterno. E em formas mais toscas, a saber, junto aos fundadores de religião, o seu "tu deves" chegou até eles como uma ordem de seu Deus: como no caso de Maomé; sua legislação dos valores era considerada por eles como uma "inspiração", e o fato de eles a terem levado a termo, como um ato de obediência. –

Ora, logo que aquelas representações se tornaram caducas 1) as de Deus e 2) as dos valores eternos: surge a tarefa do legislador dos valores com uma grandeza terrível. Os meios de atenuação, que se tinham anteriormente, se dissiparam. O sentimento é tão terrível, que um tal homem busca refúgio

    1) junto ao fatalismo absoluto: as coisas seguem seu curso e a influência do particular é indiferente

    2) junto ao pessimismo intelectual: os valores são ilusões, não há em si nenhum "bem e mal" etc. Mas o pessimismo intelectual derruba mesmo o fatalismo, ele mostra que o sentimento "necessidade" e "causalidade" só foram inseridos por nós,

    3) junto ao autoapequenamento intencional.

2.
A resolução
3.
O novo problema: o meio da comunicação, e toda a questão da veracidade
4.
O problema do cultivo, porque um particular vive de maneira breve demais

26 (408)
É bastante indiferente saber se, então, minha imagem de outrora do artista ou do filósofo, com vistas ao sujeito que talvez me tenha sido oferecido casualmente (Richard Wagner), é falsa: talvez seja possível que o erro siga até mesmo em direção ao descomunal, o que importa!
Depois de muitos anos, que não foram, porém, em nada outra coisa senão longas interrupções, continuo a fazer publicamente uma vez mais aquilo que sempre faço e sempre fiz por mim: a saber, pintar na parede imagens de um *novo* ideal.

26 (409)
Como é que certos homens chegam a uma grande força e a uma grande tarefa? – Todas as virtudes e habilidades no corpo e na alma foram miúda e penosamente adquiridas, por meio de muito empenho, autodomínio, restrição a poucas coisas, por meio de muita repetição tenaz e fiel dos mesmos trabalhos, das mesmas restrições: há homens que são os herdeiros e os senhores dessa riqueza talvez lentamente adquirida em termos de virtudes e habilidades – porque, com base em casamentos felizes e racionais e mesmo em acasos fortuitos, as forças adquiridas e acumuladas de muitas gerações não são dissipadas e estilhaçadas, mas antes reunidas por meio de um anel e de uma vontade firmes. Por fim, aparece um homem, uma quantidade descomunal de força, que exige uma tarefa descomunal. Pois é nossa força que dispõe sobre nós: e o jogo espiritual deplorável de metas, intenções e motivações fornece apenas um primeiro plano – por mais que olhos ruins vejam aqui as coisas mesmas.

26 (410)
A crença em causa e efeito, assim como o *rigor* aí constituem o elemento distintivo das naturezas *científicas*, que buscam formular o mundo humano e fixar o calculável. Mas a consideração mecanicista-atomista do mundo quer contar. Ela ainda não deu seu derradeiro passo: o espaço como máquina, o espaço *finito*. – Com isto, o movimento é impossível: Boscovich – a consideração dinâmica do mundo.

26 (411)

O fato de o desenvolvimento mecanicista e atomista querer apenas criar um sistema de *sinais*: ele *abdica* de *explicações*, ele renuncia ao conceito "causa e efeito".

26 (412)

A fama de *Kant* foi elevada ao extremo, porque os muitos críticos de uma era crítica reencontraram nele a sua virtude cardinal: eles se elogiam, quando prestam homenagem a Kant. Mas todas as naturezas meramente críticas são de um *segundo* nível, são mantidas em contraposição aos grandes *sintéticos*: é por eles que passa tangencialmente a imensurável ambição de Hegel que, por isto, continua sendo experimentado sempre no exterior como sendo o maior espírito alemão.

A fama de *Schopenhauer* também depende do tempo: um tempo mal humorado, desesperançado, desfolhado elevou o seu modo de pensar. Temos aí os anos 1850 na Alemanha. Na França, ele "está florescendo" agora. Sua fama é exagerada. Nela há um traço maior de mística e de obscuridade do que em Kant: com isto, ele seduz nossos jovens alemães. – Por outro lado, ele traz para a nossa juventude mal educada alguma ciência e interessa; ele também cita bons livros e não sofre tampouco, assim como *Frederico*, o grande, e Bismarck, daquela *niaiserie allemande*,[85] que mais chama a atenção do estrangeiro em relação às nossas melhores cabeças (mesmo em relação a Goethe). Ele é um dos alemães mais *bem formados*, o que significa que ele é um *Europeu*. Um *bom* alemão – desculpem se repito isto 10 vezes – não é mais nenhum alemão. –

Fichte, Schelling, Hegel Feuerbach Strauss – todos eles fedem a teólogos e a padres da Igreja. Disto, Schopenhauer se mostra bastante *livre*, respira-se aí um ar melhor, sente-se até mesmo o cheiro de Platão. Kant cheio de floreados e pesadão: nota-se que os gregos não tinham sido ainda descobertos. Homero e Platão não ressoavam nestes ouvidos.

---

85 **N.T.:** Em francês no original: "ninharia alemã".

26 (413)
As ciências naturais deixaram se intimidar pelo discurso sobre o "mundo fenomênico"; vige aí um conceito totalmente mitológico, o conceito de "conhecimento puro", com o qual se mensura aí. Este conceito é um "ferro de madeira", assim como o conceito de "coisa em si". Os filósofos até aqui têm na maioria das vezes como o seu problema fundamental uma *contradictio in adjecto*.

26 (414)
Nossas valorações determinam quais são as coisas que nós efetivamente aceitamos e como nós as aceitamos. Essas valorações, porém, são dadas e reguladas por nossa vontade de poder.

26 (415)
"A atitude (drama) é a meta; a música apenas um meio para o fortalecimento de sua impressão" – esta é a práxis de Richard Wagner.

26 (416)
O fato de algo assim como o *amor dei* de Spinoza ter podido ser *vivenciado* uma vez mais é seu grande evento. Contra o escárnio de Teichmüller quanto ao fato de que esse evento já *existia*! Que felicidade o fato de as coisas mais deliciosas estarem pela segunda vez presentes! – Todos os filósofos! Trata-se de homens que vivenciaram algo *extraordinário*.

26 (417)
Eu me *alegro* com o desenvolvimento militar da Europa, também com os estados internos anárquicos: o tempo da tranquilidade e dos chineses, que tinha sido previsto por Galiani, passou. A habilidade pessoal *masculina*, a habilidade corporal recebe uma vez mais valor, as avaliações se tornam físicas, a alimentação mais carnívora. Homens belos tornam-se uma vez mais possíveis. A palermice esmaecida (com mandarins no topo, tal como Comte tinha sonhado) passou. O bárbaro em cada um

de nós é *afirmado*, assim como o animal selvagem. *Precisamente por isto* haverá mais com os filósofos. – Kant é um espantalho, algum dia!

26 (418)
Mérimée diz de alguns poemas líricos de Puchkin: "grego pela verdade e simplicidade, *très supérieurs pour la précision et la netteté*".[86]

26 (419)
Como a senhora Pasta observou certa feita em relação a Mérimée: "Não se fez mais desde Rossini nenhuma ópera, que tivesse unidade e na qual as peças todas se mantivessem em coesão. Aquilo, por exemplo, que Verdi faz é completamente equiparável à jaqueta de um arlequim."

26 (420)
Em tudo que Goethe fez, diz Mérimée, há uma mistura de gênio e de ninharia alemã (bom! Isto é que é alemão!) "ele zomba de si ou dos outros?" – Wilhelm Meister: as coisas mais belas do mundo alternadas com as infantilidades mais ridículas.

26 (421)
Après tout, il y a de bons moments, et le souvenir de ces bons moments est plus agréable que le souvenir des mauvais n'est triste. Mérimée.[87]

26 (422)
"A influência das mulheres, não a partir do Cristianismo, mas a partir da influência dos bárbaros nórdicos sobre a sociedade romana. Os germanos tinham exaltação, eles amavam a alma.

---

86 **N.T.:** Em francês no original: "muito superiores pela precisão e nitidez".
87 **N.T.:** Em francês no original: "Depois de tudo, há bons momentos, e a lembrança desses bons momentos é mais agradável do que a lembrança dos maus momentos é triste."

Os romanos amavam apenas o corpo. É verdade que as mulheres não tiveram durante muito tempo nenhuma alma. Elas ainda não a possuem no Oriente – pena!" Mérimée.

26 (423)
Viver no estrangeiro é a pior das infelicidades para os antigos gregos. Mas ainda é pior morrer aí: não há nada mais terrível para a sua imaginação. Mérimée

26 (424)
A primeira impressão sensível é elaborada pelo intelecto: simplificada, retificada segundo esquemas anteriores, a *representação* do mundo fenomênico é, como obra de arte, *nossa* obra. Mas o material não – *arte* é justamente aquilo que sublinha *as linhas principais*, que mantém os traços decisivos, que deixa muitas coisas de fora. Esta reconfiguração intencional em algo *conhecido*, esta *falsificação* –

"Sentido histórico" é o mesmo: ele foi bem ensinado aos franceses por meio de Taine, antes de tudo os fatos principais (fixar a *ordem hierárquica* dos *facta* é o elemento produtivo do historiador). O poder sentir simpaticamente, *ter* a impressão é naturalmente o pressuposto: **alemão**.

26 (425)
Por que o filósofo *raramente* aparece: entre as suas condições estão propriedades, que levam habitualmente um homem ao perecimento:

1) uma pluralidade descomunal de propriedades, ele precisa ser uma abreviatura do homem, de todos os seus desejos elevados e baixos: perigo das oposições, mesmo do nojo em si

2) ele precisa ser curioso em relação aos lados mais diversos – perigo do esfacelamento

3) ele precisa ser justo e módico em sentido extremo, mas também profundo no amor ódio (e injustiça)

4) ele não precisa ser apenas espectador, mas também legislador – juiz e julgado (na medida em que ele é uma abreviatura do mundo)
5) extremamente plural, e, contudo, firme e duro. Flexível.

26 (426)
Os filósofos do futuro
Por
Friedrich Nietzsche.

26 (427)
Petrônio: o céu mais claro, ar seco, presto do movimento: nenhum deus, que se encontra no lixo; nada infinito, nada lascivo-sagrado, nada do porco do Santo Antônio. Escárnio benevolente; autêntico epicurismo; – – –

26 (428)
"Ainda haverá em geral filósofos? Ou eles são supérfluos? No sangue e na carne de todos nós, há o suficiente agora como resíduo deles. Não se terá mais tampouco nenhum fundador de religiões: os maiores animais estão se extinguindo." – Contra isto, digo: – – –

26 (429)
A partir do incondicionado não pode surgir nada condicionado. Ora, mas tudo o que conhecemos é condicionado. Consequentemente, não há nada incondicionado, esta é uma suposição supérflua.

26 (430)
Nenhum filósofo idealista se deixa iludir quanto ao seu almoço, como se esse fosse apenas um fenômeno perspectivístico imaginado por ele.

26 (431)
O fato de a "força" e o "espaço" serem apenas duas expressões e dois modos diversos de consideração da mesma coisa: o

fato de um "espaço vazio" ser uma contradição, assim como uma "finalidade absoluta" (em Kant), uma "coisa em si" (em Kant), uma "força infinita" uma "vontade cega" – – –

26 (432)
Quando penso em minha genealogia filosófica, sinto-me em conexão com o movimento antiteleológico, isto é, spinozista de nosso tempo; com uma diferença, porém, na medida em que também considero uma ilusão "a finalidade" e "a vontade" *em nós*; assim como com o movimento mecânico (recondução de todas as questões morais e estéticas a questões fisiológicas, todas as fisiológicas a questões químicas, todas as químicas a questões mecânicas), só que com uma diferença, na medida em que não acredito em "matéria" e considero Boscovich como um dos maiores pontos de virada, tal como Copérnico; na medida em que considero infrutífero todo ponto de partida pelo autoespelhamento do espírito e não acredito em nenhuma boa investigação sem o fio condutor do corpo. Não uma filosofia como *dogma*, mas como um regulativo provisório da *investigação*.

26 (433)
Para um homem como o senhor, a filosofia não pode ser perigosa. Não acredito de modo algum no fato de que as filosofias são perigosas. Os homens são de tal e tal modo – para que deveria falar de maneira mais clara! – e precisam de vestidinhos e de máscaras para, apesar disto, se apresentarem como belos: as filosofias estão entre essas máscaras.

26 (434)
Um mundo *perecendo* é um prazer, não apenas para o observador (mas também para o aniquilador). A morte não é apenas necessária, "feia" não é suficiente; há uma grandeza, um caráter sublime de todos os tipos junto a mundos que estão perecendo. A Europa é um mundo perecendo. Democracia é a *forma de decadência* do Estado.

26 (435)

Montaigne, como escritor, está com frequência "no ápice da perfeição por meio da vitalidade, da juventude e da força". "*Il a la grâce des jeunes animaux puissants. – L'admirable vivacité et l'étrange énergie de sa langue.* Ele é como Lucrécio *pour cette jeunesse virile. Un jeune chêne tout plein de sève, d'un bois dur et avec la grâce des premières années*".[88] Doudan

26 (436)

"Eu começo a acreditar que *cette race douce, énergique, méditative et passionnée*[89] nunca existiu senão nos livros." Doudan, sobre os alemães.

26 (437)

Considero, juntamente com Doudan, a grande maioria dos músicos uns charlatões e mesmo uns *dupes*. –
Chantaient déjà, faute d'idées.[90]

26 (438)

Como se deve considerar o gosto francês! Doudan diz: *c'est un bruit dans les oreilles et un petit mal de coeur indéfinissable qu'on aime pas à sentir.*[91]

26 (439)

"*Motu quiescunt*" – pela felicidade da atividade, "*la volonté désennuie*"[92] Doudan.

---

88 **N.T.:** Em francês no original: "Ele possui a graça dos jovens animais potentes. – A admirável vivacidade e a estranha energia de sua língua. Ele é como Lucrécio por conta dessa jovialidade viril. Um jovem carvalho cheio de seiva, de uma madeira dura e com a graça dos primeiros anos".
89 **N.T.:** Em francês no original: "essa raça doce, enérgica, meditativa e apaixonada".
90 **N.T.:** Em francês no original: "uns tolos. Já cantavam, por falta de ideias".
91 **N.T.:** Em francês no original: é um barulho nas orelhas e uma pequena mágoa indefinível que não gostamos de sentir".
92 **N.T.:** Em francês no original: "A vontade desentediada".

26 (440)

Só o autêntico filósofo é um animal ousado e fala para si como Turenne: "*Carcasse, tu trembles? Tu tremblerais bien davantage, si tu savais où je te mène.*"[93]

26 (441)

A admiração por Cícero: *c'est un amaible et nobre créature. Le petit parvenu d'Arpinum est tout simplement le plus beau résultat de toute la longue civilisation qui l'avait précédé. Je ne sais rien de plus honorable pour la nature humaine que l'état d'âme et d'ésprit de Cicéron.*[94] Doudan.

L'habitude d'admirer l'intelligible au lieu de rester tout simplement dans l'inconnu:[95] *que ravages* (destruições) ela não desencadeou nos espíritos do novo tempo! Doudan.

Entre si e a natureza, ele não tinha *aucun de ces fantômes imposants, mais informes, qui ravissaient Saint Antoine dans le désert et Saint Ignace de Loyola dans le monde.*

"*Il y a quelque chose de Cicéron dans Voltaire*".[96]

26 (442)

O místico alemão

As grandes autoadmirações e os grandes autodesprezos se compertencem mutuamente: o místico que se sente ora Deus, ora um verme. O que *falta* aqui é o *sentimento de si*. Parece-me que *modéstia* e *orgulho* se compertencem estreitamente, e se mostram

---

93 **N.T.**: Em francês no original: "Carcassa, tu estás tremendo? Tu tremerias muito mais se tu soubesses para onde estou te levando."
94 **N.T.**: Em francês no original: "Trata-se de uma nobre e amável criatura. O pequeno arrivista de Arpinum é simplesmente o mais belo resultado de toda a longa civilização que o havia precedido. Não conheço nada mais honorável para a natureza humana que o estado de alma e o espírito de Cícero".
95 **N.T.**: Em francês no original: "O hábito de admirar o inteligível ao invés de permanecer simplesmente no desconhecido."
96 **N.T.**: Em francês no original: "nenhum desses fantasmas imponentes, mas amorfos, que encantavam Santo Antônio no deserto e Santo Inácio de Loyola no mundo. Há qualquer coisa de Cícero em Voltaire".

apenas como juízos que se dão sempre de acordo com em que direção se olha. O comum é: a visão fria e segura da avaliação nos dois casos. Aliás, faz parte da boa dieta não viver entre homens, com os quais não se pode comparar, seja por modéstia, seja por orgulho. Essa dieta é uma dieta aristocrática. Sociedade *seletiva* – vivos e mortos. – Fato é um pensamento sublime para aquele que compreende que ele pertence *a isto*.

26 (443)
Em Pascal, pela primeira vez na França, *la raillerie sinistre et tragique,* – *"la comédie et la tragédie tout ensemble"*.[97] Pelos Provinciales.

26 (444)
De Gênova, Doudan diz: *On peut porter là les grandes tristesses sans souffrir d'aucun contraste.*[98]

26 (445)
Schleiermacher:[99] *os filósofos alemães*.

26 (446)
Renan, do qual Doudan diz: "ele dá às pessoas de sua geração aquilo que elas querem em todas as coisas, *des bombons, qui sentent l'infini*". *"Ce style, doux, insinuant, tournant autour des questions sans beaucoup les serrer, à la manière des petits serpentes.* **C'est aux sons de cette musique-là, qu'on se résigne à tant s'amuser de tout, qu'on supporte** *des despotismes en rêvassant à la liberté."*[100]

---

97 **N.T.**: Em francês no original: "a ridicularização sinistra e trágica, – 'a comédia e a tragédia juntas'".
98 **N.T.**: Em francês no original: "Nós podemos experimentar lá grandes tristezas, sem sofrer nenhum contraste."
99 **N.T.**: Nietzsche está se valendo na passagem referida do sentido etimológico do nome Schleiermacher. O nome significa "fazedor de véus".
100 **N.T.**: Em francês no original: "doces que sentem o infinito. Este estilo sonhador, doce, insinuante, girando em torno de questões sem apertá-las

26 (447)
Sobre Taine: "*mais que cela est rouge, bleu, vert, orange, noir, nacré, opale, iris et pourpre!... c'est une boutique de marchand de couleurs*". Para o dizer com Mirabeau, o pai: *quel tapage de couleurs!*[101]

26 (448)
O olho, quando ele vê, faz exatamente aquilo que o espírito faz para *conceber*. Ele simplifica o fenômeno, dá a ele novos contornos, assemelha-o ao anteriormente visto, o reconduz ao anteriormente visto, reestruturando-o, até que ele se torna apreensível, útil. Os sentidos fazem o mesmo que o "espírito": eles se apoderam das coisas, totalmente como a ciência é uma dominação da natureza em conceitos e números. Não há nada naquilo que quer ser "objetivo": mas apenas uma espécie de incorporação e adequação, com a finalidade da alimentação.

26 (449)
Ainda não encontrei nenhuma razão para o desencorajamento. Quem conserva para si e inculca em si uma *vontade forte*, ao mesmo tempo com um espírito vasto, tem chances mais favoráveis do que nunca. Pois a *adestrabilidade* se tornou grande nesta Europa democrática; homens, que aprendem fácil, que se adaptam facilmente, são a regra: o animal de rebanho, até mesmo extremamente inteligente, está preparado. Quem pode comandar encontra aqueles que *precisam* obedecer: eu penso, por exemplo, em Napoleão e Bismarck. A concorrência com uma vontade forte e *não* inteligente, que obstrui na maioria das vezes, é baixa.

---

muito, à moda das pequenas serpentes. *É ao som dessa música que nós nos resignamos a nos divertirmos tanto com todas as coisas, que suportamos os despotismos em meio a devaneios de liberdade".*

---

101 **N.T.:** Em francês no original: "mas o fato de isto ser vermelho, azul, verde, laranja, preto, perolado, opala, íris e púrpura!... trata-se de uma butique de um vendedor de cores. Para o dizer com Mirabeau, o pai: que ruído de cores!".

Quem não derruba estes senhores "objetivos" dotados de uma vontade fraca, tais como Ranke e Renan.

26 (450)
Eruditos. Esses "objetivos", só-científicos, são, por fim, conscienciosos e louváveis. Eles permanecem nos limites de sua capacidade de mostrar em relação a uma coisa extremamente estimada que há algo absurdo por detrás dela, que ela, por conseguinte, mensurada intelectualmente, possui menos valor do que se acredita medianamente. A saber, eles se sentem como os únicos que se encontram *justificados* a se comunicarem, a tomarem concomitantemente a palavra quanto a graus valorativos lógicos; eles mesmos não possuem nenhum outro valor senão *serem lógicos*.

26 (451)
É preciso ser capaz de admirações fortes, e se arrastar com amor até o coração de muitas coisas: senão, não se presta para ser filósofo. Olhos cinzentos e frios não sabem qual o valor das coisas; espíritos cinzentos e frios não sabem quanto pesam as coisas. Naturalmente, porém: é preciso ter uma força oposta: um voo para o interior de distâncias tão amplas que se veja mesmo as coisas, que se admiram, profundamente, profundamente abaixo de si e muito próximas daquilo que se desprezava. – Coloquei-me à prova, quando não me deixei alienar de minha questão principal pelo grande movimento político da Alemanha, nem pelo movimento artístico de Wagner, nem pelo movimento filosófico de Schopenhauer: todavia, isto me foi difícil e, por vezes, adoeci por isto.

26 (452)
Não quero convencer ninguém para a filosofia: é necessário, talvez mesmo desejável, que o filósofo seja uma planta *rara*. Nada é mais repulsivo do que o elogio edificante da filosofia, tal como em Sêneca ou mesmo em Cícero. A filosofia tem pouco em comum com a virtude. Permitam-me dizer: que mesmo o homem de ciência é algo fundamentalmente diverso do filósofo. – O que

desejo é que o conceito autêntico do filósofo na Alemanha não pereça completamente. Há tantos seres parciais de todo o tipo na Alemanha, que gostariam de esconder seu caráter falho sob um nome tão nobre.

26 (453)
    Avaliar qual é o *valor* das coisas: para tanto, não é suficiente o fato de as conhecermos. Não sei nem mesmo se isto é já necessário! É preciso *poder* lhes atribuir valor, lhes conferir e lhes tomar o valor, em suma, é preciso *ser* alguém, que tem o *direito* de *distribuir valores*. Por isto, os muitos "*homens objetivos*" de hoje: eles são modestos e sinceros demais para recusarem a si tal direito.

26 (454)
    Vitor Hugo: rico e mais do que rico em *insights* pitorescos, com um *olhar de pintor vendo tudo o que é visível*, sem gosto e sem cultivo, chão e demagógico, escravo diante de todas as palavras que ressoam no estômago, um bajulador do povo, com a voz do evangelista para tudo o que é baixo, fracassado, oprimido, mas sem qualquer noção de uma consciência intelectual e de uma grandeza nobre. Seu espírito atua sobre os franceses como uma bebida alcoólica, que ao mesmo tempo embriaga e *emburrece*. As orelhas soam para alguém, quando se dá seu falatório atordoante: e sofre-se, como quando um trem de ferro nos leva através de um túnel escuro.
    Flaubert: falsa erudição. Ênfase.
    De *Rossini*: nenhum ator conseguia igualá-lo, quando ele cantava o barbeiro de Sevilha. Um dos homens mais engenhosos.

26 (455)
    "As grandes palavras, os monstros em termos de acontecimentos – de maneira crescente. De resto, sempre houve, em eras absurdas, barbaramente ignorantes, uma espécie de compensação por meio de alguns homens completamente grandes. Agora um *nivellement* rápido e profundo de todas as inteligências."

26 (456)
O fato de um bife não dever ser senão um fenômeno, propriamente, porém, uma coisa em si, algo assim como o absoluto ou o amado Deus: é isto que acredita quem – – –

26 (457)
Bismarck: camponês, corpo de estudantes: não estudantes, não ingênuo, graças a Deus! Não um alemão, como ele "se encontra no livro"!

26 (458)
O quanto não rio de Flaubert, com a sua raiva em relação ao *bourgeois*, que se fantasia não sei do quê! E Taine, como M. Graindorge, que quer ser completamente um homem do mundo, um conhecedor das mulheres etc.

26 (459)
Minha escola da *desconfiança*, da μέμνησο α}πιστειεν[102] – algo para ser ridicularizado também!

26 (460)
Problema: os valores "bom", "mau", "louvável" etc. são adquiridos por meio do aprendizado. Todavia, "covarde", "corajoso", "patife", "paciente" são inatos e incorporados. Em consequência disto, *aprender* e *aprender* são coisas *diferentes*: uma pessoa acolhe, uma outra deixa que se lhe imponha algo, uma terceira cede, copia, é um macaco. Há muita resistência junto aos outros, junto a mim, muito de um *colocar-se-à-disposição* benevolente, como se eu aceitasse tudo: enquanto estava *adiando* minha decisão: tudo não era senão "provisório" e "temporário". Para mim apenas, não acreditava em nada disto. Não conheci nenhum homem que tivesse experimentado como *autoridade* nos

---

102 **N.T.:** Em grego no original: "lembra-te de desconfiar".

juízos *mais gerais*: sendo que tinha uma profunda necessidade de um tal homem.

26 (461)
O absurdo de Kant com o "fenômeno". E onde ele não encontra nenhuma explicação, ele estabelece uma *faculdade*! Foi em direção a esse processo que se encaminhou o grande engodo chamado Schelling.

26 (462)
Uma grande quantidade de homens mais elevadamente e melhor constituídos terá, como espero, finalmente tanta autossuperação, para afastar de si o mau gosto para as atitudes e a obscuridade sentimental, e para <se voltar> contra Richard Wagner assim como contra Schopenhauer. Esses alemães nos degradam, eles mimam as nossas propriedades mais perigosas. Encontra-se preparado em Goethe, Beethoven e Bismarck um futuro mais vigoroso do que nessas degradações da raça. Nós ainda não tivemos nenhum filósofo.

26 (463)
Os corsos não são dignos de amor: e quem faz parte do rebanho se irrita com isto.

26 (464)
Se Kant quis reduzir a filosofia à "ciência", então essa vontade foi uma coisa de filisteus alemães: junto a essa vontade é possível que ache muita coisa digna de atenção, mas com certeza ainda mais para rir. O fato de os "positivistas" da França, ou os "filósofos da realidade efetiva" ou os "filósofos científicos" estarem completamente em seu direito nas universidades alemãs, quando se comportam como trabalhadores filosóficos, como eruditos a serviço da filosofia, aponta para a mais bela ordem das coisas. O mesmo acontece quanto ao fato de que eles não conseguem se ver para além de si mesmos e retificar o tipo "filósofo" segundo a sua imagem.

26 (465)
Meio-dia e eternidade
Uma filosofia do eterno retorno
Por
Friedrich Nietzsche.

26 (466)
Adventavit asinus
Pulcher et fortissimus.
Mysterium.[103]

26 (467)
Para além de bem e mal
Cartas
Para um amigo filosófico de *Satis*.
"*Satis sunt mihi pauci, satis est unus, satis est nullus.*"[104]
Por
Friedrich Nietzsche

26 (468)
O que é nobre?
Pensamentos sobre a ordem hierárquica entre os homens.
Por
Friedrich Nietzsche.

26 (469)
Mas este – não o conheço. Com frequência, verdadeiramente, gostaria de acreditar que mesmo ele não seria senão uma bela larva do sagrado.

---

103 **N.T.:** Em latim no original: "O asno vem chegando, belo e muito forte. Mistério."
104 **N.T.:** Em latim no original: "Para mim bastam poucos, basta um, basta nenhum."

[27 = Z II 5a. Verão – Outono de 1884]

27 (1)
A reflexão sobre a "liberdade e a falta de liberdade da vontade" levou-me a uma solução desse problema, que não se pode pensar de maneira alguma de modo mais fundamental e conclusivo – a saber, levou-me ao afastamento do problema, por força da intelecção alcançada: *não há nenhuma vontade, nem uma vontade livre, nem uma desprovida de liberdade.*

27 (2)
Sob certas circunstâncias, uma ação se segue a um pensamento: ao mesmo tempo, surge com o pensamento o afeto do que comanda – a ele pertence o sentimento de liberdade, que se transpõe comumente para a própria "vontade" (enquanto ele não passa de um efeito colateral do querer).

27 (3)
Todos os processos fisiológicos são iguais no fato de que eles são desencadeamentos de forças que, quando chegam ao *sensorium commune*, trazem consigo uma carta elevação e intensificação: essa elevação e intensificação, medidas a partir dos estados de pressão e de carga da coerção, são reinterpretadas como sentimento de "liberdade".

27 (4)
A autossuperação, que o pesquisador exige de si no âmbito da moral, é a de não ser parcial em relação a estados e ações, que ele aprendeu a venerar; ele precisa, enquanto ele é um pesquisador, "ter partido o seu coração venerador".

27 (5)
Quem se deu conta das condições sob as quais uma avaliação moral surgiu, ainda não tocou, com isto, o seu valor: há

muitas coisas úteis, assim como há intelecções igualmente importantes que foram encontradas de uma maneira falha e desprovida de método; e toda e qualquer qualidade é ainda desconhecida, mesmo que se tenha já compreendido sob que condições ela surge.

27 (6)
 Junto a todo e qualquer utilitarismo, sempre há no pano de fundo o útil *para quê*? (a saber, felicidade: quer dizer, a felicidade inglesa com *comfort* e *fashion* bem-estar, η{δονή), estabelecido como uma coisa conhecida; ou seja, trata-se de um hedonismo disfarçado e fingido. Neste caso, porém, precisaria ser primeiro demonstrado o fato de que bem-estar e bem viver "em si", junto ao ser comum ou mesmo junto à humanidade, seriam meta e não meio! A experiência pessoal ensina que tempos de infelicidade possuem um valor elevado – e as coisas se mostram do mesmo modo em tempos de infelicidade dos povos e da humanidade.

27 (7)
 O sentimento surge pela primeira vez junto a uma certa intensidade do estímulo: ele é o momento, no qual o órgão central constata a relação do estímulo com o organismo como um todo e o *torna* cognoscível para a consciência com "prazer" ou "dor": ou seja, *um produto* do intelecto, assim como a cor, o som, o calor etc.

27 (8)
 O homem como pluralidade: a fisiologia dá apenas a indicação de um trânsito maravilhoso entre essa pluralidade e a subordinação/coordenação das partes em relação a um todo. Mas seria falso concluir a partir de um Estado necessariamente a presença de um monarca absoluto.

27 (9)
 Há tanta infelicidade *perdida* – tão perdida quanto a maior parte do calor do sol no universo.

27 (10)
O homem extraordinário aprende com a infelicidade quão baixo é o valor de toda a dignidade e venerabilidade de todos aqueles que o avaliam. Eles explodem – quando as pessoas os ferem em sua vaidade – e uma vaca intolerante e restrita vem à tona.

27 (11)
A grandeza da alma não tem como ser cindida da grandeza espiritual. Pois ela envolve independência; sem grandeza espiritual, porém, essa independência não é permitida, ela produz disparates, mesmo que por meio da vontade de fazer o bem e de exercer a "justiça". Os espíritos baixos têm de *obedecer* – não podem, portanto, ter *grandeza*.

27 (12)
Não significa nada ser duro como um estoico: com a insensibilidade houve um desprendimento. É preciso ter a contradição em si – a sensação terna *e* o poder oposto, o poder de não se esvair em sangue, mas "aplicar" sempre uma vez mais toda infelicidade praticamente "para o melhor".

27 (13)
A "salvação da alma" é um conceito muito mais pleno do que a felicidade, da qual não param de falar todos os moralistas. Deve-se ter em vista toda a alma que sente, quer e cria, assim como a sua salvação – não apenas um fenômeno paralelo como a "felicidade" etc. – O desejo por felicidade caracteriza os homens parciais ou fracassados, os impotentes – todos os outros não pensam na "felicidade", mas sua força quer *sair daí*.

27 (14)
"Vontade livre e não livre"
Ações não egoístas.
"Tudo é permitido" (como para o Estado)
A tartufaria na Europa.
O mais elevado sentimento de poder até agora.

"Ciência" como meio de pensar economicamente
Os valores que se tornaram até aqui soberanos.
Utilidade dos "bens". (Animais de rebanho)
Fisiologia da moral.

27 (15)
"Os homens são iguais" e "o bem-estar da comunidade se encontra em uma posição mais elevada do que o bem-estar do particular". Ao mesmo tempo, "por meio do bem-estar do particular também é necessariamente fomentado da melhor maneira possível o bem-estar da comunidade", e "quanto melhor estiverem as coisas para muitos particulares tanto maior é o bem-estar conjunto" – estas são as platitudes correntes que provêm da Inglaterra. Trata-se do instinto de rebanho, que ganha aqui o espaço dos conceitos, o espaço das palavras.

Pois bem, o Cristianismo ensina inversamente que a vida seria uma prova e uma educação da alma e que em todo bem-estar haveria um perigo. Ele compreendeu o *valor do mal*.

27 (16)
Eu ensino: que há homens superiores e inferiores, e que um particular pode justificar sua existência sob certas circunstâncias por milênios – isto é, um homem pleno, rico, grande, total com vistas a inúmeros homens fragmentários não plenos.

27 (17)
Eu ensino: o rebanho busca conservar um tipo e se defende contra os dois lados: tanto contra os degenerados (criminosos etc.) quanto contra os que se colocam acima do tipo. A tendência do rebanho está dirigida para a inércia e para a conservação, não há nada de conservador nele.

27 (18)
Os sentimentos agradáveis, que o bom, benevolente e justo incute em nós (em oposição à tensão, ao medo, que o grande e novo homem produz), são *nossos* sentimentos pessoais de segu-

rança e igualdade: o animal de rebanho diviniza aí a natureza de rebanho e se sente, então, bem. Esse juízo do bem-estar mascara-se com belas palavras – assim surge a "moral".

Observou-se, porém, o *ódio dos rebanhos* pelos homens verazes –

27 (19)
A *vontade* determinada (como comando) é uma vaga abstração, na qual inúmeros casos particulares são abarcados e, portanto, também inúmeros caminhos para esses casos particulares. O que leva a termo, com isto, a *seleção* de um caso, que efetivamente entra em cena? De fato, uma quantidade enorme de indivíduos pertence à execução, todos eles se encontrando em um estado totalmente determinado, quando o comando é dado – eles precisam compreendê-lo, assim como precisam compreender a tarefa especial que há aí, isto é, precisa-se sempre uma vez mais obedecer até as raias do que há de mais ínfimo (e se obedece), para só então, quando o comando é decomposto na quantidade enorme de pequenos subcomandos, o movimento poder ocorrer por si, o *movimento que começa com o último e mais ínfimo elemento* a obedecer – ou seja, *tem lugar uma inversão*, como no caso do sonho do tiro de canhão.

Pressupõe-se aqui que todo o organismo pensa, que todos os construtos orgânicos têm partes, que isto se dá junto ao pensar, ao sentir, ao querer – consequentemente que o cérebro não passa de um enorme aparato de centralização.

27 (20)
Busca pela felicidade? Não consigo fazer isso. Tornar feliz? Mas há para mim tanta coisa mais importante.

27 (21)
Em meio ao *prazer* e ao *desprazer*, um fato é primeiro telegrafado para os centros nervosos. Lá, o valor do fato (do ferimento) é determinado; em seguida, a dor é localizada no lugar em que o ferimento ocorreu e, assim, a *consciência* passa a prestar

atenção nesse lugar, assim como por meio do grau e da qualidade da dor é indicado o quão rapidamente é necessário ajuda. – O quão rapidamente isto acontece – pois os movimentos opostos, por exemplo, em meio a um tropeção, só ganham corpo em consequência de um ato de vontade da consciência e precisam, então, constatar primeiro todos os comandos particulares – e, então, a ordem dos movimentos ocorre na ordem inversa!

Portanto: para cada *prazer e desprazer* é necessário *pensamento* (por mais que esse pensamento não se torne consciente) e, na medida em que ações opostas são causadas por meio daí, também *vontade*.

27 (22)
Um homem, que jamais pensou nem em dinheiro, nem em honra, nem em conquistar ligações influentes, nem em alcançar posições políticas – será que ele poderia conhecer os homens?

27 (23)
Zaratustra, 1, todos os tipos de homens e sua aflição e definhamento (exemplos particulares, Dühring levado ao perecimento pelo isolamento) – no todo o *destino dos homens superiores* no presente, o modo como eles parecem *condenados à extinção*: como um grande grito de ajuda chega aos ouvidos de Zaratustra. Todo tipo de degradação louca de naturezas superiores (por exemplo, niilismo) se aproxima dele.

Zaratustra, 2 – "A doutrina do eterno retorno" – de início triturante para os mais nobres, aparentemente o meio para levá-los à extinção – pois as naturezas mais baixas, menos sensíveis permanecem? "É preciso reprimir essa doutrina e matar Zaratustra."

Zaratustra, 3 – "eu vos dei o pensamento mais pesado: talvez a humanidade pereça, talvez ela se eleve por meio do fato de que os elementos superados, hostis à vida são afastados". "Não se zangar com a vida, mas *vos* zangar *convosco mesmo*" – Determinação do homem superior como o criador. Organização dos homens mais elevados, educação dos *dominadores* do futuro como tema de Zaratustra 3. Vossa preponderância precisa se alegrar com ela mesma no dominar e no configurar. "Não apenas o homem, mas *também o além-do-homem retorno eternamente!*"

27 (24)
 Liberdade e sentimento de poder. O sentimento do jogo em meio à superação de grandes dificuldades, por exemplo, pelo virtuoso; certeza de si mesmo, na medida em que à vontade se segue a ação exatamente correspondente – uma *espécie de afeto da arrogância* está aí presente, soberania suprema do *que comanda*. Precisa haver o sentimento da resistência, da pressão. – Neste caso, precisa haver também uma *ilusão* em relação à vontade: não é a vontade que supera a resistência – fazemos uma síntese entre dois estados coetâneos e inserimos aí uma *unidade*.
 A vontade como imaginação.
 1) acredita-se que ela mesma mobilize (enquanto ela é apenas um estímulo, com cuja entrada em cena começa um movimento)
 2) acredita-se que ela supera resistências
 3) acredita-se que ela é livre e soberana, porque sua origem permanece velada para nós e porque o afeto do comando a acompanha
 4) Porque nos casos mais gerais só se *quer*, quando o sucesso pode ser esperado, a "necessidade" do sucesso é computada como pertencendo à vontade como *força*.

27 (25)
 Prazer como o *crescimento* que se faz sensível do sentimento de poder.
 Prazer e dor são algo diverso e não opostos.

27 (26)
 A pluralidade de impulsos – nós precisamos supor um *senhor*, mas esse senhor *não* está na consciência, mas a consciência é um órgão, como o estômago.

27 (27)

A partir do fio condutor do corpo reconhecemos o homem como uma pluralidade de seres vivificados que, em parte lutando uns com os outros, em parte coordenados e subordinados uns aos outros, também afirmam em meio à afirmação de sua essência particular o todo.

Entre esses seres vivos há aqueles que são em uma medida elevada dominadores como aqueles que obedecem, e, entre eles, também há, por sua vez, uma vez mais luta e vitória.

O conjunto do homem tem todas aquelas propriedades do orgânico, que permanecem em parte inconscientes para nós e que <em parte> se acham conscientes sob a forma de *impulsos*.

27 (28)

O sentimento valorativo diverso, com o qual destacamos esses impulsos uns dos outros, é a consequência de sua maior ou menor importância, de sua ordem valorativa factual com vistas à nossa conservação.

27 (29)

Sempre de acordo com o entorno e com as condições de nossa vida, um impulso vem à tona como o mais elevadamente apreciado e como o mais dominante; o pensar, o querer e o sentir se tornam para ele particularmente instrumentos.

27 (30)

Se a condição absoluta do homem é uma comunidade, então o impulso que é mais intensamente desenvolvido nele é o impulso, em virtude do qual a comunidade é mantida. Quanto mais independente ele é, tanto mais se atrofiam os instintos de rebanho.

27 (31)

N.B. Sob certas alterações das *quantidades* surge aquilo que nós sentimos como uma *qualidade* diversa. É assim que as coisas se mostram mesmo em relação ao elemento moral. Aqui surgem sentimentos paralelos do *bem-fazer*, do útil junto àquele que percebe uma propriedade humana em um certo *quantum*; duplicada, triplicada, ele passa a ter medo dela - - -

27 (32)
O valor de uma ação depende de quem a faz e de se ela provém de seu fundamento ou de sua superfície: isto é, de quão profunda ela é.

27 (33)
O valor de uma ação é determinável, se o homem mesmo é passível de ser conhecido: o que em geral precisa ser negado.

27 (34)
Concluímos em nós mesmos as origens de uma ação a partir de sinais: tais sinais são nossos afetos, modelos, finalidades etc. que antecedem à ação.

É com frequência o caso de uma ação se desenvolver de acordo com uma finalidade: mas a finalidade não é aí a causa, mas o efeito dos mesmos processos, que condicionaram a ação propriamente dita.

27 (35)
Onde tudo ainda se encontra desprovido de configuração, aí o nosso *campo de trabalho* está voltado para o futuro humano!

27 (36)
A ciência natural quer com suas fórmulas ensinar o *domínio* das forças naturais: ela não quer colocar uma concepção "mais verdadeira" no lugar de uma concepção empírica e sensível (como a metafísica)

27 (37)
Fundamentação da moral
Os preconceitos dos rebanhos.   Nenhuma

Os preconceitos dos poderosos. *hipocrisia* da consciência
Os preconceitos dos independentes.

I
Cognoscibilidade do homem.
Ordem hierárquica dos impulsos.
Da vontade.
"Não egoísta."
Punir e recompensar.
Homens mais elevados e mais baixos. Ordem hierárquica.
"Humanidade" e a suposta utilidade dos bons.
"Finalidade."
O afeto religioso e a moral.
Fisiologia da moral.
O presente.
Direitos e deveres.
O impulso sexual.
A coragem.
A fidelidade.

27 (38)
Toda vida baseia-se no erro – como é que o erro é *possível*?

27 (39)
Para o tempo das viagens aéreas, no qual se elimina a vigilância involuntária mútua por meio do próximo, o homem não é bom o suficiente.

27 (40)
O conforto, a segurança, a fecundidade, a preguiça, a covardia: é isto que busca retirar da vida o seu caráter *perigoso* e que gostaria de "organizar" tudo – tartufaria da ciência econômica.
A planta homem prospera da maneira mais intensa possível, quando os perigos são grandes, em relações inseguras: naturalmente, porém, a maioria perece justamente aí.

Nossa posição no mundo do conhecimento é suficientemente insegura – todo homem se sente como *aventureiro*.

27 (41)
Caso se quisesse sair do mundo das perspectivas, então se pereceria. Mesmo um tornar *retroativas* as grandes ilusões já incorporadas destruiria a humanidade. É preciso legitimar e aceitar muitas coisas falsas e terríveis

27 (42)
1) Da *dissimulação* ante "o seu igual" como origem da moral de rebanho.
Temor. Querer-compreender-se. Dar-se-por-igual.
Tornar-se-igual – origem do animal de rebanho.
(Aqui o sentido da convenção, dos hábitos) Sempre ainda uma hipocrisia geral.
Moralidade como asseio e adorno, como *disfarce* das naturezas mais dignas de se envergonhar.
2) Da bajulação diante do mais poderoso como fonte da moral de escravos (parentesco entre bajulação, veneração, exagero, se-revolver-na-poeira e apequenar-se-a-si-mesmo)
– o rebanho em face do animal de rebanho ideal (*igual*)
– em face do poderoso o *instrumento* mais venerável e útil (sob o modo de ser do escravo) "desigual" (isto produz uma dupla hipocrisia)

27 (43)
O homem superior e o homem de rebanho
Se *faltam* os grandes homens, então se faz dos grandes homens do passado semideuses ou deuses inteiros: a irrupção da religião demonstra que o homem não tem mais *prazer* com o homem (– "e também não mais com a mulher", para falar como Hamlet) Ou: se reúne muitos homens em um amontoado, como parlamento, e se deseja que eles atuem de maneira igualmente tirânica.

27 (44)
O elemento "tiranizante" é o fato de grandes homens: eles *tornam* os menores *estúpidos*.

27 (45)
É melhor viver ameaçado e armado do que sob essa amistosidade covarde e mútua dos rebanhos!

27 (46)
Todos os homens que se mostraram até aqui como relevantes foram maus.

27 (47)
Junto aos filósofos, deve-se atentar para o seguinte: encontra-se por detrás daí um nojo qualquer, um estar farto, por exemplo, em Kant, em Schopenhauer, no indianos. Ou: uma vontade de domínio, tal como em Platão.

27 (48)
A consideração do devir mostra que ilusão e querer-iludir-se, que *a não verdade* pertencia às condições da existência do homem: é preciso retirar algum dia o véu.

27 (49)
A *necessidade* da formação do rebanho consiste no caráter amedrontado (dos mais fracos?) – os sentimentos benevolentes em meio ao contato com o próximo, quando, ao invés de magoar ou de ameaçar, se mostra como "bondoso".

27 (50)
O desenvolvimento da *astúcia*, da rebeldia, no conhecimento.

27 (51)
Interpretação falsa do amor materno por parte daqueles que podem retirar daí uma vantagem – e por parte das próprias mães.

27 (52)
Um tigre, que dá um salto inábil, se envergonha de si mesmo.

27 (53)
Prazer – um sentimento relacional de diversos graus de desprazer – portanto, articulado com a lembrança e com a comparação!

27 (54)
Querer bem em um primeiro nível: não querer fazer o mal.

27 (55)
Que boa ação o fato de tanta coisa na natureza ser enumerável e calculável – em suma, o fato de nosso entendimento humano restrito e falsificador não ter prescrito todas as leis ---

27 (56)
Moral sob o ponto de vista da dissimulação (igualar), astúcia e hipocrisia (*"não* se dar a conhecer") – como falsificação da expressão do ânimo (autocontrole) para despertar uma incompreensão
sob o ponto de vista do adorno, do disfarce, do embelezamento, da bajulação
sob o ponto de vista da autoilusão com a finalidade do sentimento de segurança
sob o ponto de vista da autodivinização com a finalidade de incutir horror
sob o ponto de vista do desconforto e do fracasso, em parte por vingança em relação a si mesmo, em parte por vingança em relação aos outros
sob o ponto de vista do que incondicionadamente comanda ou obedece
sob o ponto de vista do particular que se desprende
sob o ponto de vista da domesticação, com frequência não intencional

sob o ponto de vista do *cultivo* de um determinado tipo de homem (legislador e príncipe como criadores, assim como a opinião pública)
Para além de bem e mal: para a educação das naturezas *dominantes*, que têm de cumprir os deveres mais elevados.

27 (57)
N.B. Dupla *distinção* de um órgão correspondendo à dupla *distinção* do todo –

27 (58)
O eterno retorno
Uma predição.
Primeira parte. O pensamento mais pesado.
Segunda parte. Para além de bem e mal.
Terceira parte. Homem e além-do-homem.

27 (59)
O homem, em oposição ao animal, cultivou em si uma profusão de impulsos e ímpetos *opostos*: por meio dessa síntese, ele é o senhor da terra. – Morais são a expressão de *ordens hierárquicas* localmente restritas nesse mundo múltiplo dos impulsos: de tal modo que, em suas *contradições*, o homem não perece. Portanto, um impulso como senhor, seu impulso contrário enfraquecido, refinado, como impulso que abdica do *estímulo* em nome da atividade do impulso principal.
O homem mais elevado teria a maior pluralidade de impulsos, e mesmo na força relativamente maior, que se poderia ainda suportar. De fato: onde a planta homem se mostra como forte, encontram-se aí os instintos que impelem poderosamente uns *contra* os outros (por exemplo, Shakespeare), mas reprimidos.

27 (60)
A *educação* para aquelas virtudes dominantes, que também se tornam senhoras sobre o seu querer bem e a sua compaixão, as grandes virtudes cultivantes ("perdoar seu inimigo") é,

em contrapartida, uma brincadeira) que *trazem* o *afeto do criador* para as *alturas* – não mais cinzelar o mármore! – A posição de exceção e de poder daqueles seres, comparada com os príncipes até aqui: o César romano com a alma de Cristo.

27 (61)
    N.B. Quando se conhecem as condições do surgimento, ainda *não* se conhece o que surgiu! Essa lei é válida na química, assim como no orgânico.

27 (62)
    N.B. Sobre o caráter superficial do espírito! – nada é mais perigoso do que o "olhar para o próprio umbigo" autossuficiente por parte do espírito, tal como acontece junto aos brâmanes.

27 (63)
    N.B. Todas as sensações, todas as percepções sensíveis estão originariamente em uma relação qualquer com o prazer e o desprazer dos seres orgânicos: verde, vermelho, duro, suave, claro, escuro, *significam* algo com vistas às condições de vida (isto é, com vistas ao processo orgânico). De fato, muitas delas são "indiferentes", isto é, não se *tornaram* nem prazerosas, nem dolorosas, sua base subterrânea de prazer e desprazer se esmaeceu agora. No artista, porém, ela vem uma vez mais à tona! – Assim como todas as formas e figuras significam originariamente algo com vistas ao prazer e ao desprazer da criatura vivente (– elas significam perigo, nojo, conforto, segurança, amizade, paz). – Acho que determinadas *avaliações*, determinadas representações de utilidade e nocividade se acham presentes em todas as sensações, por exemplo, o que é ainda visível junto ao nojo. Prazer e desprazer como *inclinação* ou *aversão* –?

27 (64)
    Nós só *sentimos* tudo isto a partir das coisas que nos *concernem* de algum modo (*ou que nos concerniam*) – todo o processo orgânico retira em nós seu resultado. "Experiência", isto é,

o resultado de todas aquelas *reações*, nas quais reagimos a algo fora de nós e em nós. – Nós temos nossa *reação fundida com a coisa*, que reage a nós.

27 (65)
Os erros habituais: nós atribuímos à *vontade* aquilo que é possibilitado por inúmeros e complicados movimentos exercitados. O que comanda *confunde*-se com os seus instrumentos obedientes (e sua vontade)

27 (66)
O processo *inverso* não precisa estar presente por toda parte, por exemplo, junto ao pianista, a vontade em primeiro lugar, então a distribuição correspondente das tarefas junto a vontades subordinadas, então o *início* do movimento a partir dos últimos grupos mais baixos – desde o mais tosco mecanismo, subindo até os mais finos nervos táteis?

A saber: acorde, intensidade, expressão, tudo precisa estar já presente *de antemão* –: *a obediência* precisa estar presente e a *possibilidade* de obedecer!

27 (67)
Como plano
(Nós estamos em meio à constatação de *fatos*)
Descrição, não explicação (por exemplo, morfologia como descrição da sucessão).
Intenção última de tal descrição: domínio prático, em nome do futuro.
Homens e métodos provisórios – aventuras (de fato, tudo na história é uma tentativa).
Uma tal concepção prévia para a conquista da força extrema é o *fatalismo* (ego – *fatum*) (forma mais extrema "eterno retorno").
Para suportá-lo, para não ser otimista, é preciso *afastar* "bom" e "mau".

Minha primeira solução: o *prazer* trágico com o declínio do mais elevado e melhor (ele é experimentado como restrito com vistas ao todo): todavia, isto é mística em meio à intuição e um "bem" ainda *mais elevado*.
Minha segunda solução: o bem e o mal mais elevados coincidem um com o outro.

27 (68)
Por meio do fato de eu mostrar o surgimento subjetivo, por exemplo, do espaço, a coisa mesma não é nem refutada, nem demonstrada. Contra Kant – –

27 (69)
Faz parte da sensação *a duração*: o tempo é "tempo coisal", é causal ---

27 (70)
Aquilo que é mais complicado contém mais ocasião para a confiança do que o simples (por exemplo, o espiritual –) O corpo como fio condutor.

27 (71)
Zaratustra, 1. Zaratustra entre os animais, falando para aqueles que o visitavam – teoria da moral de acordo com pontos de vista zoológicos.
Zaratustra, 2. Fatalismo extremo, porém, idêntico ao *acaso* e ao *elemento criador*. (Nenhuma ordem valorativa nas coisas!, mas essa ordem precisa ser primeiro criada.)

27 (72)
Se alguém, por língua e história, tivesse sondado o surgimento dos pontos de vista humanos sobre a *alimentação* e apresentado a gênese e o transcurso destes "juízos de valor" – então ele ainda não teria decidido nada com isto quanto ao **valor** *da alimentação* para o homem. E, do mesmo modo, ainda não se teria oferecido com isto uma crítica aos tipos factuais da alimentação

na história. O mesmo vale para a moral: o surgimento dos juízos morais precisa ser descrito – com isto, contudo, ainda não se descreveu, nem tampouco se criticou o comportamento *factual* do homem, a história de sua moralidade. O *valor das ações*, contudo, é ele que está mais longe de ser dado em geral por meio do fato de a *história dos juízos sobre ações* ser dada.

27 (73)
sentimentos psíquicos – corporais (estados paralelos e estados consecutivos – a dor é corporal.

27 (74)
Considero todos os modos metafísicos e religiosos de pensamento como consequência de uma insatisfação com os *homens* dotados de um impulso para um futuro mais elevado, próprio ao além-do-homem – só que os homens queriam *se* refugiar no além: ao invés de construir junto ao futuro. *Uma incompreensão das naturezas mais elevadas, que sofrem da feia imagem do homem.*

27 (75)
Dühring, superficial, vê por toda parte corrupção – eu experimento muito mais o outro risco da época, a grande mediocridade; nunca houve tanta *legalidade* e *benignidade*.

27 (76)
Da insinceridade dos filósofos de *deduzir* algo que eles acreditam desde o princípio como bom e verdadeiro (tartufaria, por exemplo, Kant, razão prática).

27 (77)
Quero despertar a mais extrema desconfiança em relação a mim: falo apenas de coisas *vividas* e não apresento apenas processos cerebrais.

27 (78)
Incompreensões de minha juventude: eu não tinha me libertado completamente da metafísica – mas tinha a mais profunda

necessidade de uma *outra imagem do homem*. No lugar da pecaminosidade, eu vivenciei um fenômeno muito *mais pleno* – eu desmascarei a mesquinhez em toda a satisfação moderna. "trazer à luz tudo o que há de falso nas coisas" p. 49. – eu como um *prosseguidor* sério do pessimismo schopenhaueriano.

27 (79)

O novo Esclarecimento

1. A descoberta dos *erros fundamentais* (por detrás dos quais se encontram a covardia, a inércia e a vaidade do homem), por exemplo, no que concerne aos sentimentos (e ao corpo)
A aberração do puramente espiritual
A causalidade
A liberdade da vontade
O mal
O animal no homem
Moralidade como domesticação
Incompreensão das ações "a partir de motivos"
Deus e além como pegas falhas do ímpeto configurador
"conhecimento puro" "impulso à verdade"
"o gênio"
Sentimento conjunto: no lugar da pecaminosidade, *o ser fracassado geral do homem*
2. O segundo nível: a descoberta do *impulso criador*, também em seus esconderijos e degenerações.
("Nosso ideal não é *o* ideal", Taine Literatura Inglesa 3, p. 42)
O *espírito* de Hegel – a *vontade* de Schopenhauer
Os artistas ocultos: os religiosos legisladores estadistas como poderes *reconfiguradores*: pressuposição: *insatisfação* criadora, sua *impaciência* – ao invés de *continuar* formando junto ao homem, eles fazem deuses e heróis a partir de *grandezas passadas*.
3. *A superação do homem*
Nova concepção da religião

Minha simpatia pelos castos – trata-se do *primeiro* grau: sua insatisfação em **si** –
A autossuperação como nível da superação do homem

27 (80)
O eterno retorno
Uma predição.
Grande prefácio.
O novo esclarecimento – o último foi empreendido no sentido do rebanho democrático. Igualação de todos. O novo quer mostrar o caminho para as naturezas dominantes – em que medida, para eles, *é permitido tudo aquilo* que não se encontra livre para os seres de rebanho:
1. Esclarecimento em relação à "verdade e mentira" junto ao vivente.
2. Esclarecimento no que concerne ao "bem e ao mal"
3. Esclarecimento no que concerne às forças configuradoras e transformadoras (os artistas ocultos)
4. A autossuperação do homem (a educação do homem mais elevado)
5. A doutrina do eterno retorno como *martelo* na mão dos homens *mais poderosos*, – – –

27 (81)
Algum homem já buscou algum dia pela via da verdade como eu o fiz até aqui – a saber, resistindo e falando contra tudo aquilo que faz bem ao meu sentimento mais imediato? E – – –

27 (82)
O eterno retorno
Primeira parte principal. Os novos verdadeiros.
Segunda parte principal. Para além de bem e mal.
Terceira parte principal. Os artistas ocultos.
Quarta parte principal. A autossuperação do homem.
Quinta parte principal. O martelo e o grande meio-dia.

[28 = Poemas e fragmentos de poemas. Outono de 1884]
[Z II 5b]

28 (1)
        Dedicado a todos os criadores
Do mundo inseparáveis
Nos deixe ser!
O eterno masculino
Nos empurra para dentro.

28 (2)
    toda corcunda se curva mais profundamente –
    todo cristão empreende um regateio de judeus –
    os franceses se tornam mais profundos –
    E os alemães cada dia mais superficiais!

28 (3)
        A maldade do sol
    Em meio a um ar mais claro,
    Quando do outono o consolo
    Já brota na terra,
    Invisível, também inaudito – pois um calçado suave porta
    O consolador outono, como todos os seres suaves –
    Reflete agora, reflete, caloroso coração,
    Como tu outrora ansiavas
    Por celestes gotas de outono,
    Imerso e cansado tu anseias,
    Por conta disto, por suaves caminhos de grama
    Silenciosos olhares noturnos para o sol
    Corriam através de escuras árvores em torno de ti,
    Olhares benévolos e pérfidos se voltavam para o sol,
    Mas, então, o sol te perguntou silenciosamente:
    O que é que tu tens nas mãos, louco
    Uma máscara dilacerada?
    Uma máscara dos deuses? Para quem tu a arrancas da face?

Tu não te envergonhas de bisbilhotar por aí entre os homens
lascivamente em busca dos deuses?
O quão frequentemente já!

Da verdade um ser livre? Portanto, sofria –
Não! Apenas um poeta!
Buscar cobiçosamente máscaras, disfarçado em si mesmo.
Máscaras dilaceradas! Uma ilusão das máscaras dos deuses!

Em meio a um ar mais claro,
ainda que da lua o crescimento
verde entre elementos purpúreos
e invejosamente se esgueirando
– com cada passo secretamente,
junto a redes de rosas,
crescendo até que elas caiam
para trás esmaecidamente mergulhando:
é aí que ele fica mais ruborizado.

se ele se acha mais ruborizado
envergonhando-se de uma má ação, – – –

28 (4)
O deserto cresce, ai daquele que se tornou um deserto!
O deserto é fome, que em cadáveres tropeça.
Se a fonte e a palma aqui constroem ninhos para si –
Do deserto dentes de dragão mascam e mascam
Pois areia é dente junto de dente, voraz tormenta
Traz como queixo pedra sobre pedra
Roça eternamente aqui
Queixos nunca cansados – – –
Fome voraz afia aqui dente em dente
Do deserto os dentes de dragão – – –
Areia é mordida, é sementeira de dentes de dragão
Esses dentes mascam e mascam – esses dentes mascam e nun-
 ca se cansam

A areia é a mãe que seu filho mastigou
Com um voador punhal em sua pele – – –

28 (5)
Tu espinho dor, até onde tu me levarás com teus olhos ciosos?
Céus já derrubei
Com novos céus, temperos ultratemperei
Os deuses honraram – permanecendo para ti vitoriosos!
Tu espinho dor, a quem a mão encurtei
A quem os mais corajosos pés de gato paralisei
O que fiz outrora, que me pareceram atos vergonhosos
– – –   nós   atei
– – –   domadas
– – –   peles
– – –   arranhei
– – –   adaptadas
– – –   rapidamente
– – –   impelirei

28 (6)
Árvore no outono
O que vós, grandes estultos, em mim não estremeceram
Quando em venturosa cegueira me encontrava:
Nunca horrores mais pavorosamente sobre mim se abateram
– Vendo meu sonho, meu áureo sonho que se dissipava.
Vós rinocerontes com elefantes dormindo
Não seria educado primeiro: bater com a haste da argola?
Por pavor vos jogo as tigelas que vêm vindo
Com frutos plenamente maduros – na cachola.

28 (7)
por uma nova via rumar para o antigo helenismo
pensei em *redimir a ti, alemão*
tua imagem deturpada de Siegfried, Parsifal!

28 (8)
Ao longe brama o raio sobre a terra avante

A chuva cai gota a gota:
Loquaz já cedo, o pedante,
Para o qual nada mais fecha sua boca.
A tarde olha perfidamente de soslaio em minha direção
Apagai para mim a luz!
Ó, boa noite! Ó, solidão!
Ó, livro! Ó, tinteiro!
Agora tudo se torna para mim obscuro e doloroso.

28 (9)
Pois bem, agora que o dia
Do dia se cansou, e de toda nostalgia riachos
De um novo alento murmuram
mesmo todos os céus, pendurados em áureas teias de aranha,
a todo homem cansado falam: "descansa apenas", –
o que acontece contigo que tu não te aquietas, tu, obscuro
    coração,
o que te atiça para uma fuga a pé milagrosa
por quem tu aguardas?
Tu que te desesperas! Tu sabes também –
o quanto tu encorajas aqueles
que te olham
Ah, como tu te queixas!   para onde minha fuga?
Ah, a quem tu deleitas!
Prisioneiros mesmo tu deleitas.
O quão certo é dizer que se trata para os instáveis
sim de uma prisão!
O quão tranquilamente dormem criminosas
almas, aprisionadas –
Pois bem, como o rato a montanha gerou –
Onde tu estás elemento criador?
Ó, aquecei-me! amai-me
estendei calorosas mãos
não vos espantei com minha frieza de ferro!
Por muito tempo estive fantasmagoricamente sobre geleiras
   – – –

empurrado de um lado para o outro, turbilhonado
em que espelho não me sentei –
eu, poeira em todas as superfícies
fora de mim, diante da entrega
como um cão
Oco, infernal, cheio de veneno e de asas noturnas
decantado e temido de mil novas maneiras,
solitário –.
Vós salteadores! Vosso sou então!
O que vós quereis como resgate?
Vós quereis muito – assim desvenda meu orgulho.
E falai brevemente – isto é o que desvenda meu outro orgulho.
Fico quieto –
estirado,
quase como um semimorto, para quem os pés se esquenta
– os besouros têm medo de mim.
Vós me temeis? Vós *não* temeis o arco estendido? Ai de vós,
    ele poderia atravessar alguém com a flecha

28 (10)
    Agora, tudo me cabe
    A nobreza de minha esperança encontrou
    Uma pura, nova Grécia que entoou
    Dos ouvidos e dos sentidos graça e arte –
    De uma concentração sonora abafada e alemã
    Mozart Rossini e Chopin
    Olho para as gregas paisagens
    O barco te volta, Orfeu alemão, para outras paragens.
    Ó, não hesite em te lançar em direção a paisagens do sul
    Ilhas bem-aventuradas, grego jogo de Ninfas aí se projeta
    De se atirar ao desejo do navio e do mar azul
    Nenhum navio jamais encontrou uma mais bela meta –
    Pois bem, tudo continua me cabendo
    Tudo o que minha nobreza um dia vislumbrou –:
    Por mais que alguma esperança já tenha envelhecido, o cerne
        ainda restou.

– teu tom me fere como uma flecha
Dos ouvidos e dos sentidos graça,
Que sobre mim do céu em degelo despencou
O som que em degelo sobre mim despencou
Para fora, em direção às gregas paisagens
O mais belo navio museu voltar.

28 (11)
Artur Schopenhauer
O que ele ensinou é menosprezado,
O que ele viveu permanecerá estagnado:
Vede que engraçado!
De ninguém ele foi um empregado!

28 (12)
1. Vós, salteadores de pensamentos
   Aplicação outrora
   Tormento da criação
2. Por amor buscando – e sempre a *larva*,
   A maldita *larva* precisa encontrar e decompor.

28 (13)
O amor é que me leva a acompanhar,
Esse amor chama-se almejado!

28 (14)
Ovelhas
O nobre vede! Nostálgica e fixamente
olha ele para baixo, para o abismo,
para o seu abismo, que lá em
profundezas cada vez maiores se enrosca!
De repente, diretos voos,
de um intenso movimento
precipita-se ele sobre sua presa.
Vós acreditais realmente que se trata de *fome*?
Pobreza de entranhas? –

E tampouco se trata de amor
— o que é um carneiro para um nobre!
Ele odeia a ovelha
Portanto, precipito-me
para baixo, nostalgicamente,
sobre esses rebanhos de carneiros
dilacerando, pingando sangue,
escárnio ante os acomodados
ódio contra a estupidez de carneiro — — —

28 (15)
— os cativos da riqueza
seus pensamentos tilintam como pesadas correntes

28 (16)
eles inventaram o longo átimo (tédio)[105] sagrado
e os desejos de dias da semana e dias lunares

28 (17)
Sede breve: vós me aconselhais
ou vós cansais o orgulho de meu espírito

28 (18)
Espíritos tenazes, finos e mesquinhos

28 (19)
um bem querer bovino

28 (20)
Amando os maus
Vós me temeis?

---

105 **N.T.:** Há um jogo de linguagem que tende a se perder na tradução. Em verdade, tédio em alemão significa literalmente um átimo (*Weile*) longo (*lange*). Como a etimologia do termo em português é diversa, inserimos a palavra tédio entre parênteses.

Vós temeis o arco esticado?
Ai de nós, alguém poderia colocar a sua flecha aí!

Ah, meus amigos?
Para onde foi o que se aprovou!
Para onde foram todos os "bons"!
Para onde, para onde a inocência de todas essas mentiras

Que um dia o homem vislumbrou
Tanto Deus quanto bode
O poeta que pode mentir
Com saber, intencionalmente
É o único que pode dizer a verdade
"O homem é mau"
assim continuam falando todos os mais sábios –
para meu consolo.

Pecaminosamente-saudável e belo
Tal como animais de rapina pintalgados

Quem como gatos e ladrões
Na floresta se esconde,
E salta pelas janelas

O que torna silencioso, rígido, frio, liso
O que torna imagem e coluna,
O que se coloca diante dos templos,
O que se expõe
    – virtude –?

28 (21)
    Da verdade livre? Tu o anseias?
    Silencioso, rígido, frio, liso,
    Tornado imagem e coluna, exposto
    Diante do templo – fala,
    O que tu almejas?

Não, tu buscas larvas
E peles de arco-íris
Ímpeto-de-gato-selvagem, que pula a janela
Em direção a todo acaso selvagem!
Não, tu precisas da floresta,
A fim de sorver o mel,
Pecaminosamente – saudável e belo
Como animais de rapina pintalgados

28 (22)
Os cansados do mundo

Tempos mais pensantes, tempos mais consumidos por pensamento
do que o é o nosso hoje e o nosso ontem

sem mulheres, mal alimentadas
e sua cicatriz contemplando
– à sujeira gentil
Fétido!
Ou seja, eles inventaram para si a volúpia de Deus

em um céu encoberto
no qual se atiram flechas e pensamentos mortais
em seus inimigos,
aí eles caluniam os felizes

eles amam, ah! E não são amados
eles dilaceram a si mesmos
porque ninguém quer abraçá-los.

Vós, desesperadores! O quanto de coragem
Vós não dais àqueles que vos olham!

Eles desaprenderam a comer carne,
A jogar com mulherezinhas,
– eles se afligem para além das medidas

o quão seguro é para os instáveis mesmo
uma prisão!
O quão tranquilamente dormem as almas
de um aprisionado criminoso!
Com a consciência só sofrem os conscienciosos!

28 (23)
Para além do tempo

Este tempo é como uma mulher doente
deixai-o apenas gritar, enlouquecer-se, xingar e mesa e pratos quebrar.

impelido de cá pra lá, revolvido
– em todas as superfícies, vós já vos sentastes,
em todos os espelhos vãos, já dormistes
– poeira

tais pessoas se tornam com razão desconfiadas
com sublimes gestos as convencemos

De volta! Vós me seguis muito na cola de meus pés!
De volta, para que minha verdade não vos esmague a cabeça!

excitáveis como povos anciãos
em termos de cérebro e partes pudendas

fora de si, como o cão, na entrega

28 (24)
Houve uma gritaria por volta da meia-noite
– ela vinha do deserto

28 (25)
Elogio da pobreza
Aos cativos da riqueza,

cujas ideias são frias
como cadeias que tilintam, está devotada minha canção.

28 (26)
    Ó, bons tempos, que florescem agora para mim
    Ó, grandes épocas festivas –
    Do Norte para o Sul
    Os hóspedes dos deuses – estrangeiros e desconhecidos
    os sem nome
    vossos convidados divinos e imperiais
    De toda altitude aflui para mim uma anunciação
    Como fragrâncias
        Como ventos cheios de presságio corre
    Do Norte para o Sul
        Meu coração, cujo tempo de festas está floresce

Um eremita não deve ficar mais tempo sozinho!

O tempo está próximo, a grande época festiva e bela do ano,
onde meus convidados chegam – o meio do ano,
agora sou como o amante
cuja saudade conta as horas,
que espia e para e vê, com a alma indisposta,
até que, oprimido pelas câmaras estreitas,
ele se lança na escura via do acaso
– E quando o vento da noite bate na janela,
   com ramos florescentes despertando homens que dormem
      mal.

28 (27)
        6. O poeta – Aflição do criador
Ah, salteadores! Agora sou vosso
O que vós quereis, recompensa?
Queirais muito – assim aconselha meu orgulho – e falai pou-
    co: isto me aconselha meu outro orgulho
Amo dar conselhos: facilmente isto me cansa

Para onde minha fuga?

Fico quieto,
estendido
Semimorto quase, do qual se aquecem os pés
– os escaravelhos temem o meu silêncio
– espero
Tudo aprovo
Folhagem e grama, felicidade, bênção e chuva

28 (28)
    de vossa vinda
    de vossa proximidade
    – elas me amam

    Todos esperam por elas – a todos falo certamente
    de vós, vossa

28 (29)
    Não são as coisas feitas
    afiadas para pés dançarinos

    lentamente passam, como camelos,
    homens e mais homens ao largo

28 (30)
    Oco, cripta, cheio de asas noturnas
    envolto em cantos e em temor

28 (31)
    Aqui sentei-me olhando, olhando – para fora, para a estrada!
    Os dedos brincando em uma coroa desfolhada
    E quando as lágrimas das pálpebras saíram
    Envergonhado e curioso: ah, para quem afinal elas caíram!

    Aí – – –

Aqui sentei-me amando, amando – imóvel
Como o mar, que – – –
Quem esse espelho do mar vê como magia:
Dentro com o leite, a violeta e o granito a unidade se ungia.

28 (32)
1. *A folha vermelha*
   Que muitas coisas boas não me escapem e eu ingrato as isole
2. *à manhã.*
3. *o que escapa a todas as prisões* (casamento, repartição, *lugar* etc.)
4. *música do sul*
5. *aos gregos* (na relação com os alemães)
6. *para os cristãos* (não tenho a necessidade do Cristianismo)
7. *ódio em relação aos ingleses* (em contrapartida aos alemães e aos russos)
8. *nostalgia de uma alma elevada*
9. *sacrifício do mel* – agradecimento
10. *contra* a primavera (escárnio)
11. elogio do espírito guerreiro como *me* preparando
12. o *mais sério* rapaz – ó, que tu te *tornes* na velhice criança!
13. Para *Schopenhauer* como o *discípulo* filosófico
14. Para Napoleão (Córsega), onde o homem é de granito?
15. Da *longa escada*
16. Com qualquer um *afável*, mesmo com os anciãos
17. Humor de alguém que a *tudo* **venceu**.
18 Canto de escárnio sobre a *superficialidade* dos homens
19. O *mais velado* (escárnio de um mascarado eternamente sem ser notado)
20. Ao sono (Três horas de espera, dizendo)
21. *Nenhum* mártir! Para tanto, também *astuto demais*, eu me esgueiro! (e as coisas foram muito *piores* para mim do que para todos vocês!)
22. O *bom europeu*
23. A *partida à meia-noite*

24. *Calina* vermelho amarronzado, tudo intenso demais na proximidade, no mais extremo verão. Fantasmagórico (meu perigo *atual*!)
25. Para Richard Wagner

[Z II 7a]

28 (33)

"Pensamentos do meio-dia"
de
Friedrich Nietzsche

1. Para Napoleão (Córsega: onde está o homem de granito?)
2. Da mais longa escada.
3. Afável com qualquer um, mesmo com anciãos.
4. Humor de alguém que a tudo venceu.
5. Canto de escárnio sobre a superficialidade dos homens.
6. O mais abscôndito dos homens (escárnio quanto à mascarada eternamente sem ser notada).
7. Ao sono (Três horas de espera. Dizendo-lhe).
8. Nenhum mártir! (Para tanto também por demais astuto: eu me esgueiro. E, contudo, as coisas foram piores para mim do que para todos!)
9. Os bons europeus.
10. A partida à meia-noite.
11. Calina: meu perigo atual, no mais extremo verão, fantasmagórico, vermelho amarronzado, tudo por demais intenso na proximidade.
12. Para Richard Wagner.
13. A folha vermelha (que muitas coisas boas não me escapem e eu ingrato as isole!)
14. À manhã.
15. O que escapa a todas as prisões (como a repartição, o casamento etc.)
16. Aos gregos (contra os alemães)
17. Música do sul
18. Aos cristãos (não tenho *necessidade* de vosso Cristianismo)
19. Ódio aos ingleses (em contrapartida os russos-alemães)
20. Nostalgia de uma alma elevada.
21. Sacrifício do mel. Grande agradecimento.

22. Contra a primavera (escárnio).
    Pedido de cegueira (ao sol)
23. Elogio do espírito guerreiro – *me* preparando.
24. O mais sério rapaz (isto é, que tu te tornes *criança* na velhice!).
25. Para Schopenhauer (como para o discípulo filosófico).

28 (34)
Do aplicado invejo sua aplicação:
Claro como o ouro e homogêneo flui e vem à tona para ele o dia
Claro como o ouro e logo de volta,
Para o interior do escuro mar, –
e em torno de seu leito brota esquecimento, que desfaz os elos.

28 (35)
Da noite – o que bate a minha janela?

28 (36)
O sacrifício do mel.

Trazei mel para mim, um fresco favo de mel como ouro!
Com mel sacrifico em nome de tudo o que presenteia,
O que não possui inveja, o que é benevolente –: eleva os corações!

28 (37)
O clamor do arauto
Rico em espírito
Do nada e do escárnio criado

28 (38)
Tu que olhas ciumento à noite para a minha respiração
e em meus sonhos gostaria de te esgueirar

28 (39)
Outrora – o quão longe se encontra esse outrora! E ah! Doce
    é já a palavra

"outrora", como o som perdido do sino,
e, então, vem o dia, o compromisso, o arado,
o bramido do touro, – – –

28 (40)
Ó, vós que brincais,
Vós crianças na floresta, vós que rides,
Não fujais daí – não! Protegei-me,
Escondei a agitada selvageria,
Ficai, escutai! Pois o que me açula,
o que desde a cinzenta manhã através de toda errância me
    açula,
são caçadores? Salteadores? São pensamentos?
Não sei ainda,
De qualquer modo crianças veem
E jogos de criança – – –

28 (41)
O mais belo corpo – um véu apenas,
No qual envergonhadamente se – encobre algo mais belo –

28 (42)
Para Hafis.
Questão de um bebedor de água.
A taberna que tu para ti construíste,
    é maior do que qualquer casa,
As bebidas que tu aí produziste,
    nem mesmo o mundo extravasa.
O pássaro que um dia foi fênix,
    contigo mora como hóspede,
O rato, que a uma montanha deu a luz,
    para te tornares quase nada o impede!
Tu és tudo e nada, tu és taberna e vinho,
    Tu és fênix, montanha e rato,
Tu cais eternamente em ti nesse cantinho,
    Voas eternamente para além de ti de fato –

Tu és de toda altitude imersão,
   De toda profundeza aparência e caminho,
De todos os bêbados embriaguez irmão
   – para que, para que *a ti* – vinho?

[Z II 6a]

28 (43)
Assim me falou uma mulher cheia de timidez
No despontar da aurora:
"Se tu já te achas venturoso com tua sobriedade
O quanto tu não te mostrarás venturoso – embriagado!"

28 (44)
Quem não puder rir aqui, aqui não deve ler!
Pois se não rir, ele será pego pela "má criatura".

28 (45)
Aos asnos alemães

Esses bravos ingleses
Medíocres hermeneutas
Vós tomais como "filosofia"?
Colocar Darwin ao lado de Goethe
Significa: *ferir a majestade –
majestatem genii!*
Em relação a todos os espíritos medíocres
Em primeiro lugar – eis um mestre,
E diante dele ajoelhar-se!
Colocá-lo acima
Significa – – –

28 (46)
Saudações a vós, honestos ingleses
Saudações a vosso Darwin, ele vos compreende
Tão bem quanto ao seu gado!

Justamente vós ingleses honrais
De maneira elevada o vosso Darwin, ele também não compreende
Mais do que a criação de gado.

Só que – colocá-lo em relação a *Goethe*
Significa ferir a majestade
Majestatem genii!

28 (47)
        Em face de uma camisola de dormir

Se, apesar da roupa de dormir, ganhou
Um dia o alemão a compreensão,
Ai de nós, como foi que isso se arranjou!
Abotoado em rígidas vestimentas
Ao seu alfaiate ele deixou,
Ao seu Bismarck – o entendimento!

28 (48)
        Para Richard Wagner

Tu que padeces de todos os grilhões,
Espírito cativo, sedento de liberdade,
Vitorioso sempre e, contudo, aprisionado,
Cada vez mais enojado, maltratado,
Até te embebedares com o veneno de todo bálsamo –
Ai de ti! Que tu também tenhas te curvado junto à *cruz*,
Também tu! Também tu – um superado!

Diante desse espetáculo encontro-me há muito tempo
Respirando prisão, aflição, rancor e sepultura,
E entre tudo isto nuvens de incenso, aroma de putas de igreja
Aqui me vejo tomado por medo:
O gorro de louco lanço ao ar dançando!
Pois saltei – – –

28 (49)
        Para Spinoza

Ao "um em tudo" por amor devotado,

Um *amor dei*, venturoso, por entendimento –
Descalço! Que terra três vezes sagrada! – – –
No entanto, sob esse amor devorava
Um fogo de vingança ingentemente ardente:
junto ao Deus judeu devorava o ódio judeu! –
Eremita, te reconheci?

28 (50)
Para falsos amigos

Tu roubaste, teus olhos puros não são –
Só um pensamento tu roubaste? – Não,
Quem pode ser tão atrevidamente modesto então!
Leva de mais a mais essa tua cheia mão –
Toma todo o meu quinhão –
E te consome *completamente* aí, porco irmão!

28 (51)
Ardente suspiro romano

Só alemão! Não teuto! É o que quer a espécie alemã agora.
E só no que diz respeito ao "balbuciar" é que ela permanece
– *dura toda hora*!

28 (52)
O "autêntico alemão"

"*Ó peuple des meilleurs Tartuffes*,
Continuo fiel a ti, com certeza!"
– Ele falou isso, e com o mais rápido navio
foi para Cosmópolis.

28 (53)
O novo testamento

Este o mais sagrado livro de orações

para o bem e para a dor?
– Ora, em seu portal encontra-se
o adultério de Deus!

28 (54)
>
> *Enigma*

Resolvei para mim o enigma que essa frase encobre:
"A mulher *inventa*, enquanto o homem *descobre* – –"

28 (55)
>
> *O eremita fala*

Ter pensamentos? Bom! – assim eles estão sob minha posse.
Mas *fazer* elucubrações com pensamentos – isso adoro desaprender!
Quem faz elucubrações com pensamentos – é possuído
E nunca me disponho a servir.

28 (56)
>
> *Resolução*

Quero ser sábio, porque me apraz
E ainda seguindo um próprio clamor.
Louvo a Deus, porque Deus foi capaz
De criar o mundo tão estúpido quanto possível.

E quando eu mesmo meu caminho propício
Tão torto quanto possível segui –
O mais sábio teve aí seu início,
O louco – dele me despedi.

28 (57)
A onda não se aquieta,
A noite ama o luminoso dia –
Bela ressoa a expressão "eu quero"

Mais belamente ainda "eu gosto"!
Todas as eternas águas fontais
Brotam eternamente em nossa direção:
Deus mesmo – não começou jamais?
Deus mesmo – sempre começa então?

28 (58)
O viandante
Um viandante atravessa a noite
Com bom passo:
E um tortuoso vale e longas altitudes –
Ele leva consigo.
A noite é bela –
Ele avança e não se aquieta,
Não sabe para onde seu caminho ainda o leva.

Um pássaro canta através da noite:
"Ah, pássaro, o que tu fizeste!
O que faz com que tu obstruas meu sentido e meus pés
E vertas um doce desgosto ao coração
Em meus ouvidos, de tal modo que me vejo obrigado a parar
E a me colocar à escuta – –
O que tu *despertas* em mim com teu som e teu cumprimento" –

O bom pássaro silencia e fala:
"Não, viandante, não! A ti não atraio
Com meu canto –
Uma mocinha atraio das alturas –
O que isso te interessa?
Só a noite não é bela para mim.
O que isso te interessa? Pois tu deves seguir
E nunca, nunca te aquietares!
Por que tu continuas parado?
O que meu canto de flauta fez contigo,
Tu viandante?"
O bom pássaro silenciou e meditou:

"O que meu canto de flauta fez com ele?
Por que ele continua aí? –
O pobre, pobre viandante!"

28 (59)
    No novembro alemão
Eis o outono: ele – parte ainda teu coração!
Continua voando! Continua voando!
O sol esgueira-se em direção à montanha
E sobe e sobe
E repousa a cada passo.

O que fez com que o mundo se tornasse tão tíbio!
Em cordas estendidas e cansadas toca
O vento sua canção.
A esperança fugiu –
Ele se queixa depois dela.

Eis o outono: ainda parte o teu coração.
Continua voando! Continua voando!
Ó fruto da árvore,
Tu tremes, cais?
Que mistério não te ensina
A noite,
Que o férreo horror tua face,
A face purpúrea cobre? –

Tu silencias, não respondes?
Quem fala ainda? – –

Eis o outono: ele – ainda parte teu coração.
Continua voando! Continua voando! –
"Não sou bela"
– assim fala a flor estrelada –
"Mas amo os homens
E consolo os homens –

Eles devem agora continuar vendo flores,
em minha direção se curvar
Ah! e quebrar-me –
em seus olhos reluz, então,
lembrança,
lembrança de algo mais belo do que eu: –
– eu o vejo, eu o vejo – e morro assim". –

Eis o outono: ele – continua partindo teu coração!
Continua voando! Continua voando!

28 (60)
Junto à geleira
Por volta do meio-dia, quando pela primeira vez
O sol nas montanhas se levanta,
O rapaz com os olhos cansados, quentes:
Aí mesmo ele fala,
Mas *vemos* apenas seu falar.
Sua respiração brota como a respiração de um doente brota
Na noite febril.
Montanhas de gelo, abeto e fonte
Também lhe respondem,
Mas só vemos a resposta.
Pois mais rapidamente salta da pedra
A torrente como que em saudação
E se encontra, tremendo como colunas brancas,
Nostalgicamente aí.
E mais obscura e fielmente ainda olham os abetos,
Mais do que comumente o fazem
E entre o gelo e a morta pedra cinza
Irrompe repentinamente a iluminação – –
Tal iluminação já vi: foi o que isso me indicou. –

Mesmo os olhos de um homem
Ganha um dia brilho,
Quando candidamente seu filho o

Abraça, aperta e beija:
Ainda uma vez brota aí certamente de volta
A chama da luz, de modo ardente falam
Os olhos mortos: "criança!
Ah, criança, tu sabes que te amo!" –

E ardentemente fala tudo – montanha de gelo
E o riacho e o abeto
Conjuntamente olham aqui a mesma sentença:
"Nós te amamos!
Ah, criança, tu sabes que nós amamos, que nós te amamos!"

E ele,
O rapaz com os olhos cansados e quentes,
Ele a beija candidamente,
De maneira cada vez mais fervorosa,
E não se dispõe a seguir;
Ele sopra sua palavra como véus apenas
De sua boca,
Sua terrível palavra
"minha saudação é despedida,
minha vinda uma ida,
morro jovem".

Aí se escuta ao redor
E quase não se respira:
Nenhum pássaro canta.
Aí paira, como
Uma cintilância, a montanha.
Aí pensa-se ao redor –
E se silencia – –

Por volta do meio-dia aconteceu,
Por volta do meio-dia, quando pela primeira vez
O sol nas montanhas se eleva,
O rapaz com os olhos cansados e quentes.

28 (61)
"O viandante e sua sombra"
um livro
Não mais de volta? E não para lá?
Também nenhuma via de camurça?

Assim espero aqui e *me mantenho*,
Junto ao que os olhos e as mãos me permitem alcançar!

Cinco pés largos de terra, aurora,
e *sob* mim – mundo, homem e morte!

28 (62)
Yorick como cigano
Lá a forca, aqui a corda
E do carrasco a barba ruiva,
Povo em volta e um venenoso olhar que transborda –
Nada é novo aí em minha espécie viva!
Por mais que se conheçam mil vias,
um grito vos confronta rindo:
inútil, inútil me enforcar!
Morrer? Morrer não posso!

Mendigos todos vós! Pois para a vossa inveja,
veio até mim aquilo que vós – nunca conquistais:
Em verdade, eu sofro, em verdade o sofrimento caleja –
Mas vós – vós morreis, vós morreis cada vez mais!
Mesmo depois de cem vias mortais
Permaneço respiração, aroma e luz –
Inútil, inútil me enforcar!
Morrer? Não posso jamais!

Outrora ressoou, nas distâncias da Espanha,
Para mim a *canção* em disparate,
Turva olhava o candeeiro em banha,
Claro o cantor, feliz e impertinente rebate.

Feliz me lembrava de meus pérfidos
Inimigos com um venturoso escárnio:
Se uma maldição não puder vos redimir,
Então vos redimirá um som claro e alegre.

28 (63)
Yorick – Colombo
Amiga! Falou Colombo, não confiais
Em nenhum genovês!
Ele sempre olha para o azul de vez –
O instante o atrai por demais!

O que há de mais estrangeiro me é caro!
Gênova – imergiu, desvaneceu –
Coração, sê frio! Mão segura o timão com gesto raro!
Diante de mim o mar – e a terra? – e a terra, onde se escondeu?

Para lá quero ir – e confio
Desde então em minha pega.
Aberto está o mar, para o azul
Me impele meu navio genovês.

Tudo se torna cada vez mais novo,
Para muito além brilham tempo e espaço –
E o mais belo descomunal
Ri para mim: a eternidade

28 (64)
O espírito livre
Despedida
"Os corvos gritam
E trazem voos vibrantes para a cidade:
Logo nevará –
Bom para aquela que agora ainda – tem sua terra natal!

Agora ficas rijo,
Olhas para trás, ah! Há quanto tempo já!

O que tu és, louco
Diante do inverno para o mundo – fugido?

O mundo – um portal
Para mil desertos mudo e frio!
Quem perdeu
O que tu perdeste, não para em lugar algum.

Agora tu te empalideces,
À viandança de inverno condenado,
Como a fumaça,
Que busca constantemente céus mais frios.

Voa, pássaro, chilreia
Tua canção no tom do pássaro do deserto! –
Esconde, tu louco,
Teu coração sangrando em meio ao gelo e ao escárnio!

Os corvos gritam
E trazem voos vibrantes para a cidade:
Logo nevará,
Ai daquele que não tem nenhuma terra natal!"
Resposta

Que Deus se compadeça!
Daquele que acha que aspiraria a voltar
Para o calor da Alemanha,
Para a abafada felicidade enclausurada alemã!

Meu amigo, o que aqui
Me impede e retém é *teu* entendimento,
Compaixão *contigo*!
Compaixão com o entendimento torto alemão!

28 (65)
Te amo, gruta das sepulturas,

A ti, mendacidade de mármore!
Para o mais livre escárnio vós tornais
Minha alma constantemente livre.
Só hoje paro, choro,
Dou vazão às minhas lágrimas
Diante de ti, <tu> imagem na pedra,
Diante de ti, tu palavra sobre tal pedra!

E – ninguém precisa saber –
Essa imagem – eu já a beijei.
Há tanto a beijar:
Desde quando se beija afinal – som!
Quem soubesse interpretá-lo!
Como! Eu um louco de pedra sepulcral!
Pois admito ter beijado
Até mesmo a longa palavra.

28 (66)

2.

Amigo Yorick, coragem!
E se teu *pensamento* te afligir,
Tal como ele agora o faz,
Isto não significa – "Deus"! Pois, erro crasso,
Trata-se apenas de teu próprio *filho*,
Tua carne e *teu* sangue,
O que aí te atormenta e aflige,
Teu pequeno maroto e teu pequeno não-faça-o-bem!
– Preste atenção tal como o faz a *Rute*!

E logo, amigo Yorick! Deixa a sombria
Filosofia – e que eu aqui
Ainda sussurre uma sentença como médico
No ouvido e uma receita doméstica!
– *meu* meio contra um tal *spleen* –:
"Quem seu 'Deus' ama o cultiva."

28 (67)
    Lá a forca, aqui a corda,
    Carrasco aqui, e a moda dos carrascos,
    Nariz vermelho, venenoso olhar –
    E a barba digna de um sacerdote:
    Se vos conheço por mil vias –
    Cuspo com prazer em vossa face –
    Para que enforcar?
    Morrer? Morrer – não aprendi.

    Vós mendigos! Pois, para a vossa inveja
    Veio até mim aquilo que vós – nunca conquistais
    Em verdade, sofro, sofro
    Mas vós – vós morreis, vós morreis!
    Mesmo depois de cem vias mortais
    Reencontrei-me na luz –
    Para que me enforcar?
    Morrer? Morrer – não aprendi.

    Assim soou, nas distâncias da Espanha,
    Para mim a canção em disparate.
    Sombriamente olhava o candeeiro,
    Claramente o cantor, feliz e impertinente.
    Como eu, escutando, na profundeza
    De minhas mais profundas águas mergulhei,
    Parecia que dormia, dormia
    Eternamente são, eternamente doente.

[29 = N VI 9. Outono de 1884 – Início de 1885]

29 (1)
    Há aqueles que se tornam com razão desconfiados; com gestos sublimes, porém, eles são convencidos.
    – excitáveis como povos anciãos no cérebro e nas partes pudendas
    – o que me importa a vossa crença, em cuja porta se encontra o adultério de Deus!
    – vós me seguis muito colados em meu calcanhar: cuidado para que eu não pise em vossas cabeças!
    – voos e cursos diretos, como águias em choque
    – vosso paraíso está "sob as sombras das espadas"
    – nostálgica e fixamente, ele olha para o abismo – o abismo que se enrosca para baixo em profundezas cada vez mais intensas
    – assim como é certa para o instável uma prisão! Os criminosos dormem de qualquer modo com uma alma tranquila!
    – daqui a muito pouco tempo voltarei a rir: um inimigo tem pouco a remediar em mim.
    – com um céu encoberto, quando se lançam flechas e pensamentos mortais sobre seus inimigos.
    – tempos pensantes, tempos esgarçados por pensamentos, como o nosso hoje e ontem
    – esse tempo é como uma mulher doente: deixemos que ela grite, xingue, se enlouqueça e quebre pratos e mesas!
    – envolvido pelos pensamentos mais distantes e mais frios, como um fantasma sobre o gelo
    – sem mulheres, mal alimentados e olhando para a sua cicatriz: assim, eles inventaram a volúpia de Deus.
    – "o homem é mau": assim falavam ainda todos os mais sábios dentre os sábios, para o meu consolo.
    – sensivelmente saudável e belo, tal como animais de rapina com manchas coloridas
    – sou como um vento que torna claro todos os céus e tornam tempestuosos todos os mares.

– impelidos de lá pra cá, revolvidos, vós viajantes, vós haveis dormido uma vez em todas as superfícies, vós, poeira sobre todos os vidros das janelas e sobre todos os espelhos vãos!
– a infelicidade silencia: e quem pode chegar a cantar a sua infelicidade, também pode se lançar para além de sua infelicidade.
– sê breve, aconselhai-me: ou vós cansais o orgulho de meu espírito.
– eles inventaram o mais longo tédio sagrado e os desejos por montagens e por dias úteis.
– aqui giram coisas terríveis: mesmo os homens com vertigem aspiram a se precipitar no abismo do futuro.
– os cativos da riqueza: seus pensamentos chilram como frias correntes.
– Espíritos tenazes, finos e mesquinhos
– Este é o ímpeto dos pequenos: eles gostariam de puxar o grande para baixo, seduzi-lo a vir para baixo por meio de bajulações.
– fora de si, como um cão, por entrega
– ah, eles caem de volta nas grandes palavras e nos fracos feitos: ah, eles se chamam uma vez mais virtuosos!
– eles amam, ah! e não são amados! Eles se dilaceram, porque ninguém quer abraçá-los.
– tu és rico demais, tu degradas um número grande demais de pessoas: pois tu deixas um número grande demais de pessoas invejoso!
– as coisas estão péssimas: alguns achavam estar mentindo e encontraram pela primeira vez a verdade.
– Vós desesperados! O quanto vós não encorajais aqueles que vos observam!
– como gatos e mulheres se esconder no deserto e pular janelas.
– eles criaram para si seu Deus e seu mundo a partir do nada: não é de se espantar que –
– vós não dizeis o suficiente. Como? Tudo é aparência? Tudo é mentira! Como? Tudo é sofrimento e ocaso? Tudo é fazer sofrer e deixar perecer!

– vós já o descobristes, o mais feio dos homens? Sem Deus, sem bondade, sem espírito –
– Ah, meus amigos! Para onde foram o bom e os bens! Para onde foi a inocência dessas mentiras!
– Aqueles que outrora olhavam para os homens, tanto um deus quanto um bode.
– Como! Virtude é aquilo que torna tranquilo, rijo, frio, plano, o que transforma em imagem e em coluna? O que se expõe no templo?
– vós temeis o arco estendido: ai de vós, alguém poderia colocar nele uma flecha.
– quem não consegue mentir, por saber e vontade, como é que poderia um dia aprender a dizer a verdade!
– ele se aflige para além da medida e se alimenta parcamente; ele desaprendeu a comer carne e a brincar com mocinhas bem comportadas.
– desajeitado e tímido como um tigre depois de um salto fracassado

Homem – uma longa corda; e vós quereis me convencer de que eu sou o nó que está aí amarrado? (Zaratustra rindo.)
no sonho despertar um cachorro dormindo: os dois se atropelam como inimigos mortais – e, contudo, os dois não estão senão assustados!
traga mel para cá, mel real do favo fresco como o gelo! Com mel sacrifico a tudo aquilo que doa, que é livre de inveja, que é benevolente – eleva o coração!
do aplicado invejo sua aplicação: claro como ouro e homogêneo corre para ele o dia – e bem para longe em eternidades emergentes.
Outrora – ah, o quão longe está esse outrora! O quão doce, como batidas dos sinos errantes na floresta, o quão doce já a palavra!

escrito com punhais voadores – "das velhas e novas tábuas"
– "Uma benevolência de vaca"

– o dia se extingue
– cabeças de cardo, gotinhas e pontinhos
– caixões e serragem
– como macacos-aranha ultrarrápidos –
rápido para dentro, rápido para fora, como em um banho de água fria
É tempo e já passou mesmo do tempo de eu ir embora
Cães famélicos em torno de mim perfazem uma malta franzina

29 (2)
Os princípios fundamentais da ciência da linguagem de Paul Sanders
Leuthold, Rückert, Hebbel
Keller, poetas arcaicos alemães (b<iblioteca> de empréstimo, sebo)
Líricos ingleses?

29 (3)
Em face de um homem que nos é estranho, questões passam por nossas cabeças: quem ele é? O que ele é? O que ele pode? – e sempre de acordo com as respostas, que alcançamos para essas perguntas, determinamos o valor desse homem. Se nós mesmos formos independentes, influentes, poderosos, então determinamos imediatamente o seu valor como valor *para nós*: se formos dependentes e subordinados a algum rebanho ou comunidade, então nossa questão acerca de seu valor significa: que valor ele tem para nós, isto é, para o rebanho?

29 (4)
(Faltam para mim
1) Uma cozinheira
2) Músicos
3) Alguém para ler para mim em voz alta
4) Uma espécie de mestre de cerimônia)

Probabilidade do sucesso: piramidal. Base larga de minha vida. Utilização dos fracassos
Como primeiro sucesso: Köselitz (meu *gosto*) – como um segundo (efeito *moral*) Stein.
Finanças: em Overbeck
       em Naumburg
       junto a Schmeitzner.
O que *alcançamos*? **Constatamos?**
1) Meus *domicílios*
   a) a Engadin devo minha *vida*,
                  Zaratustra
   b) a Nice devo a *condição* do Zaratustra
   c) os dois lugares condizem muito bem com a minha tarefa: Nice como cosmopolita, Sils como as altas montanhas
(*As duas* devem contribuir para a *impressão* de mim. –)
Fundamental – *não* viver na Alemanha, porque se trata de uma missão europeia.
– *não* entre universidades –
– meus antecessores: Schopenhauer e Richard Wagner conservam-se como movimentos europeus.
Talvez seja possível nos dois lugares uma espécie de atividade docente.
O que resta inventar *de início*?
Recolhimento. Locais de descanso. Meios calmantes.

29 (5)

Aos homens superiores
O clamor do arauto
Por
Friedrich Nietzsche

29 (6)
    Toda virtude tem os seus reversos e suas perdas

29 (7)
    a ser ensinado:

1) Isolamento
2) Contra os joguetes políticos
3) Vontade de governo da terra
4) Não se confundir com os mansos de espírito e com os presunçosos
5) Ligando nações
6) Contra os poderosos e ricos caso eles tenham abalado a crença nos homens superiores – assim como a Igreja abalou a crença nos santos
7) Contra Deus como motivação da submissão e do arrefecimento
8) Os tipos supremos como os que mais fracassam
Morte a todo imperecível.
Força, selvageria, energia, nenhuma *suavidade*
Ardor, drama

29 (8)
O estar sozinho com um grande pensamento é insuportável.

Plano. Busco e conclamo os homens, para os quais posso comunicar esse pensamento, que não pereçam com ele.
Conceito do homem superior: quem sofre do homem e não apenas em si, quem não pode outra coisa senão criar *em si* apenas "o homem"
– contra todo o pôr-se-à-parte prazeroso e contra todo fanatismo dos místicos.
– contra os "arranjados"
– nós fracassados! Tipo supremo! *Nos* redimir é redimir "o próprio homem": esse é nosso *"egoísmo"*!

4. Zaratustra. Essas são as canções de Zaratustra, que ele entoou para si mesmo, para que ele pudesse suportar a sua derradeira solidão:

29 (9)
Vós me prendestes em cadeias: mas mesmo meus carrascos devem se tornar ainda meus discípulos.

29 (10)
eles são pérfidos em relação a mim – por isto, porém, não quero abandoná-los; eles pensam pequeno de mim: assim, quero ver como faço para torná-los maiores.

29 (11)
– as ondas sobem cada vez mais alto: logo meu umbigo não estará mais no seco
– aquele que também dá asas aos asnos e que ordenha leoas
– na hora, em que o meio-dia repousa nos corredores: nenhum pastor sopra aí a flauta
– canções do Deus desconhecido
– silêncio sem nuvens (arrebol alpino) (eremita)
– doces cães

29 (12)
1. Clamor do arauto
2. No grande meio-dia
3. Hipocrisia dos bons.
4. Os que prometem

29 (13)
Da hipocrisia dos bons.
1) Motivações: vós me levais ao tribunal – mas eu vos transformo em meus apóstolos e dou asas ao asno.
2) Canções da altitude, dedicado a todos os homens do futuro. Silêncio sem nuvens.
3) Eu vos tomo nos braços – ah, eu vejo a convulsão epilética da própria criança.
4) Onde vós ficais? Estou cheio de aleijados ao meu redor.
5) Todo futuro luta sem redenção em mim e em vós – como não devemos ser mal formados!
6) Aos castos. Eles sentem o laço mais elevado dos acontecimentos e a significação absoluta da pessoa e se sentem como fracassados. – Se todas as coisas são um *fatum*, então também *eu* sou um *fatum* para todas as coisas.

29 (14)
(4)
O sacrifício do mel.
Visita – tentações (e sinais) *Sente-se o cheiro* da miséria que se aproxima
O poeta
O discípulo possuído
O rei (o político "camponês")
A mulher (busca o *homem* –)
Envia os animais para sondagem.
A sétima solidão.
O santo "uma vez mais?" Resolução.
Leão e o bando de pombas.
A mensagem.
Despedida da caverna: saída abrupta da solidão. Eterno retorno de todas as coisas boas.

29 (15)
o Zaratustra moribundo mantém a terra *abraçada*. – E apesar de ninguém lhes ter dito, todos sabiam que Zaratustra estava morto.

29 (16)
Não há nada para reter desses povos antigos – eles gostam de se opor e de se eriçar uns contra os outros: vindos de baixo, eles são todos iguais, isto é, todos eles são agora da plebe.
Linguagem e jornais –

29 (17)
1. Exploração dos muitos pelos melhores
2. Os eremitas se decompõem e se transformam em cínicos e estoicos
– em que consiste seu desperdício de força
sua falta de força
nossos *adversários* os mestres da moral absoluta.

29 (18)
a veneração diante de Deus é a veneração diante da conexão de todas as coisas e a convicção da existência de seres mais elevados do que o homem.
Formar deuses –
O artista é um formador de deuses (ele seleciona o que dá certo, o sublinha etc.)

29 (19)
Zaratustra diz aos seus animais "nós precisamos nos preparar para os hóspedes".

29 (20)
O instinto em questões morais, assim como em questões artísticas, carece do mais fino, seletivo e bem formado gosto. A maioria das ações humanas "não pode ser levada em consideração" para mim.

29 (21)
Zaratustra em primeiro lugar *convidado* pelos *fracassados* – ele os rejeita "vós não quereis me *festejar*, mas vos *salvar* por meu intermédio".
Finalmente chegam os seus *"bem aventurados"*.

29 (22)
"Quem me ama ainda" – um espírito *congelando*
Um epilético
Um poeta
Um rei

29 (23)
A profunda paciência e cautela de Zaratustra em face do fato de que é chegado o tempo.
Os hóspedes: o vidente difunde um pessimismo negro.
Os mansos contra os criminosos (como na Revolução Francesa).

Os sinais: a grande cidade em chamas.
Tentações para o retorno **antes** do tempo – por meio da excitação da **compaixão**.
Notícia do ocaso da ilha
Finalmente: eu gostaria de antes questionar ainda, se eles estão vivos – envia a águia –
Dupla série dos sinais
1) da decadência dos homens
2) da presença de grandes singulares
Convosco não tenho como me tornar *senhor*.

29 (24)
    O viandante (ávido por saber).
    O rei.
    O vidente.
    O discípulo da montanha.
    O louco da grande cidade.
    O santo (*por fim*).
    A multidão de crianças.
    O poeta.

29 (25)
    Apresentar uma oposição entre os *fracassados* (solitários) e o "povo" eleito que cresceu junto.

29 (26)
    Zaratustra: estou tão cheio de felicidade e não há ninguém para quem eu possa doá-la, nem mesmo aquele a quem eu poderia agradecer. Assim, meus animais, deixai que vos ofereça a minha gratidão.

    1.   1. Zaratustra agradecendo aos seus animais e preparando-os para receber hóspedes. Oculta paciência do que espera e profunda cautela com vistas a seus amigos.
    2–9.   2. Os hóspedes como tentações de abandonar a solidão: eu não cheguei para ajudar os que sofrem etc. (pintura fran<cesa>).

3. O eremita-santo casto.
10–14. 4. Zaratustra envia os seus animais em viagem de inspeção. Sozinho, sem *oração*, – e sem os animais. Suprema tensão!
15. 5. "Eles estão vindo!" Quando a águia e a serpente falam, então o leão se liga a eles – ele chora!
16. 6. Despedida para sempre da caverna. (Uma espécie de cortejo!) Ele segue com os quatro animais, até a cidade - - -

29 (27)
Hesitação dos jovens. "Nós já conseguimos suportar essa doutrina, mas não *destruiremos* os muitos com ela?"
Zaratustra ri: "vós deveis ser o martelo, eu vos dei o martelo nas mãos."

29 (28)
Toda virtude é virtude *adquirida*, não há nenhuma virtude casual. Acumulada pelos pais –

29 (29)
O problema da solidão com e sem Deus – esse orar, agradecer, amar *dissipado* no vazio.

29 (30)
o vidente: descobri o cansaço secreto de todas as almas, a descrença, a não crença – *aparentemente* eles deixam de bom grado que as coisas sigam seu curso – eles estão cansados. Todos eles não acreditam em seus *valores*.
E mesmo tu, Zaratustra! Basta um pequeno raio para te destruir!
Bem, mas restam aí – – –

29 (31)
fala tudo uma vez mais (retornando como a **cabeça da Medusa**)

29 (32)
Primeira cena. Zaratustra é tolo com seus animais, faz o sacrifício do mel, compara-se com o pinheiro, agradece também à sua infelicidade, ri de sua barba branca.

Espantado pelo vidente
Razões do grande cansaço

Evangelho dos sofredores, até aqui *seu* tempo.

Igualdade.

Hipocrisia.

29 (33)
Zaratustra, 5: pleno reconhecimento do humano no que diz respeito ao mundo visível – *recusa* da filosofia idealista e da explicação oriunda do fato de se estar farto, contrariedade junto ao homem. – Explicar a "falsidade" nas coisas como resultado de *nossa* força criadora!

29 (34)
"Para vós felicidade e escravidão!"

29 (35)
Inconscientemente criador e artístico no mundo dos fenômenos mesmo conscientes.
Mentirosos inconscientes
Todo o lado inconsciente de nossa moralidade, por exemplo, nossa hipocrisia inconsciente.

29 (36)
Enobrecimento – aristocratização

29 (37)
Quer o poder se encontre junto aos muitos ou aos poucos, é o sentimento de se mostrar de tal ou tal modo que determina uma forma *oligárquica* ou *oclocrata*.

29 (38)
almas secas e ressequidas

29 (39)
os dois reis com o burro
Plebe que não aprende a venerar.

o homem mais alegre – vidente obscurecimento
o grande homem todo – o gênio doente
o inimigo da plebe – dois reis
o belo-nobre – médico, degeneração e fraqueza
o não bajulador – penitente do espírito mendacidade
os corpos trêmulos
Horda dos suplicantes
"Escutai agora o gênio!"
Zaratustra cheio de nojo silencia.
a alma dos trompetistas
o bajulador da felicidade

29 (40)
O novo Esclarecimento.
Uma preparação
para a filosofia do eterno retorno do mesmo.
Por
Friedrich Nietzsche.

29 (41)
o poder é mau: nós não somos grandes o suficiente mesmo para o seu mal.
O criador é um aniquilador: nós não somos grandes o suficiente para criar e aniquilar.

29 (42)
Um pequeno remediar de um grande fracasso.

29 (43)
Ó, Zaratustra, tu és o primeiro e o único a trazer o destino do homem no coração: já sabemos quem tu és. Outrora mesmo os piores tinham facilidade em suportar isto: vê, eles falaram, isto vai além de nossa capacidade e de nossa previsão, é possível que Deus mesmo lance um olhar para aí.
Tu, porém, falas: "Capacidade? Previsão? O que isto me importa! Tentemos! Tudo depende aqui de antes de tudo *fazer*!"

29 (44)
Que outros também **aprendam** a cuidar do futuro do homem, que eles permaneçam calados, que eles se livrem dos grunhidos sobre nós e os vizinhos, o hoje e apesar de toda a penúria.

29 (45)
Tu esperas que braços, pernas e instrumentos cresçam para ti de tua obra – que cresçam para ti crianças e heranças.

29 (46)
Mas deveria dizer antes: tua boa consciência, a saber, teu resto de probidade. Um pequeno resto, com certeza, pois tu és já um falsário.

29 (47)
E quem quiser um nome para tanto, esse pode ser: "*A tentação de Zaratustra*".

Conclusão

29 (48)
Não em comum com eles o melhor.

29 (49)
Mesmo nesta humildade há ainda um germe de arte e de hipocrisia; mas o que eu vejo, de que eu sinto cheiro com todos os sentidos – tu te enojas de ti mesmo.
Tu estás farto e cansado de ti mesmo.

29 (50)
O caçador selvagem.
Tu, vendo noturno nos desfiladeiros, o que tu dizes?

29 (51)
Para o papa: Tu tens belas mãos. As mãos de alguém que distribuiu muitas bênçãos.

Zaratustra para seus hóspedes – vós sereis *pressionados* a ascender, até mim; o povo diz "vós subis"

o bom europeu "eu cometi todos os pecados. Amo os pensamentos mais perigosos e as mulheres mais perigosas.

O papa: vós não me conheceis: tenho o direito de ser mais esclarecido do que vós. Melhor venerá-lo sob *tal* figura do que sob figura alguma!

Aquele que diz: "Deus é um espírito" – foi quem deu até aqui o passo e o salto maior para a descrença; tal expressão não é mais tão fácil de remediar uma vez mais na terra.

Zaratustra para o livro mendigo: "tu tens certamente algum supérfluo: me dê algo daí!"

Nisso reconheço Zaratustra.

– Tu queres te enojar de meu supérfluo?

– eles dançam certamente para o melhor dos pobres, há toda vergonha diante da infelicidade aí

– o *consciencioso*

Bem ao lado do sanguessuga começa minha ignorância: mas eu desaprendi a me envergonhar por isto.

29 (52)
Homem superior
na era em que a *satisfação da plebe* impera, o *nojo* é o traço distintivo do homem superior

29 (53)
E se eu um dia precisar uivar com lobos, então eu uivarei melhor do que um lobo.

29 (54)
Quem quiser ter uma única vivência uma vez mais precisa desejar para si todas uma vez mais.

29 (55)
Sou um fazedor de palavras: o que importam palavras! O que importo eu!

29 (56)
Fazei como eu: assim aprendereis o que aprendi: só o agente aprende.

Colocai-vos na praça de tal modo que vós possais aprender o que é a plebe e o barulho da plebe: logo o ouvir e o ver deverão perecer para vós.

o que habita ao meu redor logo se habitua também.

Caso vós tenhais convencido e superado algum dia uma virtude: então sabeis e não vos zangueis quanto a isto: tudo o que há de ruim em vós quer se vingar disso: –

Da maneira mais dura possível, vós, homens superiores, vós sois punidos por vossa virtude.

29 (57)
Viandantes
A nostalgia da terra natal, não de uma terra natal, não de uma casa paterna e de uma pátria, pois não tive nenhuma dessas duas coisas: mas a dor quanto ao fato de não ter nenhuma terra natal.

29 (58)
vós sois os homens superiores, o casto, para o qual seu Deus morreu, o superbenevolente no tempo da plebe, o viandante

sem meta e sem volta para a terra natal, o sapiente e o consciencioso, o mágico sem magia, que se parte em si mesmo, o rei púrpura, que é um zero e significa um 10.
vossos reis púrpuras, que são vossos zeros e significam vossos 10, vós, conscienciosos do espírito – – –
mesmo sem dinheiro, ó, Zaratustra, mesmo sem dinheiro! Nada torna mais feio do que não ter dinheiro!

Sejamos todos nós felizes e cheios de boas coisas: e no que concerne a Deus, vós, homens superiores, que – o diabo o carregue!

29 (59)
Quando o solitário é acometido pelo grande temor, quando ele anda e anda, e não sabe para onde?
quando bramem terríveis tempestades, quando o raio testemunha contra ele, quando sua caverna o faz temer com fantasmas –

Que se diga aos poetinhas e aos preguiçosos: a quem não tem nada a criar um nada acaba destruindo.

29 (60)
O último pecado

29 (61)
o júbilo destes homens superiores veio até ele como um vento do orvalho: sua rigidez se dissolveu. Seu coração tremeu até as raízes.

29 (62)
Em torno daqui gira o futuro, aqui se abre o abismo, aqui ladra o cão do vulcão, aqui mesmo os mais sábios sentem vertigem.

29 (63)
O sacrifício do mel.
O vidente.
O poeta.

O rei.
O santo.

A sétima solidão.
Entre novos animais.
A mensagem dos bem-aventurados.
Despedida da caverna.

29 (64)
— E uma vez mais tinham se passado luas e anos, e os cabelos de Zaratustra ficaram brancos, mas Zaratustra se sentava em sua caverna, olhava para fora e não prestava atenção no tempo. O mundo tinha se esquecido de Zaratustra: ele também tinha se esquecido do mundo?

Não vos aproximeis demais de mim se vós quereis vos aquecer — senão vossos corações podem sair chamuscados. Sou quente demais e é só com muito esforço que consigo obrigar minhas chamas a não saírem do corpo.

Tu ataste tuas garras: agora tu não consegues arranhar, tu, gato rabugento!

com espadas sedentas e ressequidas, que brilharam por tempo demais na parede e – – –
com espadas, como cobras manchadas de vermelho

29 (65)
1. O nascimento da tragédia
2. Considerações extemporâneas
3. Humano, demasiadamente humano
4. O viandante e sua sombra
5. Aurora
6. A gaia ciência
7. Assim falou Zaratustra
8. *Dioniso* ou: as orgias sagradas

29 (66)
          Meio-dia e eternidade
                  De
          Friedrich Nietzsche.

            Segunda parte
          O clamor do arauto

          Meio-dia e eternidade
                  Por
          Friedrich Nietzsche.

            Terceira parte
         O sem nome abençoa

29 (67)
    von Ouwaroff, Nonnos de Panopolis o poeta.
    Letorneau fisiologia des passions (na Bibliotèque des Sciences
        Contemporaines)
    Amiel jornal intime tom. II Mémoires I Viel Castel
    Guyau, esquisse d'une morale (Paris Alcan)
    Wellhausen, Esboços I/ Berlim Reimer 1884
    Adolf Schöll, Goethe
        "Ensaios conjuntos sobre literatura clássica (Berlim, Hertz)
    Gozzi Casanova Goldoni De Brosses Mayer 4 volumes

[30 = Z II 5, 83. Z II 7b. Z II 6b.
Outono de 1884 – Início de 1885]

30 (1)
Que a Europa produza logo um *grande* estadista e que aqueles que *se encontram* aí agora, na era mesquinha da miopia plebeia, sendo festejados, se revelem em sua *pequenez*.

30 (2)
Para a *primeira parte*: introduzir minha avaliação na lógica, por exemplo, hipótese contra certeza etc.

30 (3)
Onde posso me sentir em casa? Esse é o lugar que há mais tempo procuro, essa busca permaneceu a minha busca constante por uma terra natal.

Para que se apaixonar por línguas feias porque nossas mães as falavam? Por que guardar rancor do vizinho se há tão pouco em mim e nos meus pais para amar!

30 (4)
1. Zaratustra
2. O vidente
3. O primeiro rei
4. O segundo rei
5. O mais feio dos homens
6. O consciencioso
7. O bom europeu
8. O mendigo voluntário
9. O velho papa
10. O terrível mágico

30 (5)
Nem sempre é prejudicial a uma era, quando ela não reconhece o seu grande espírito e não tem olhos para o espantoso

astro que se eleva a partir de sua própria noite. Talvez esta estrela esteja determinada para brilhar em mundos muito mais distantes; talvez fosse mesmo uma fatalidade se ela fosse conhecida cedo demais – poderia ser que, com isto, a era <fosse> desviada de sua tarefa e, por meio daí, causasse uma vez mais danos a uma era vindoura: por meio do fato de ter restado para ela um trabalho que já deveria ter sido feito e que talvez não fosse tão adequado às forças dessa era por vir.

30 (6)
Crítica das avaliações morais

30 (7)
Mas Zaratustra, uma palavra em boa hora! Tu me convidaste hoje para uma ceia: espero que tu não queiras me alimentar com tais discursos?
todo um asno cheio de bom vinho
Tu não tens nenhuma fonte escondida da qual brota vinha
dois cordeiros
Quem quer comer conosco também precisa meter a mão; há aqui cordeiros a matar e fogos a acender
como selvagens na floresta
o poeta deve nos decantar

As saudações.
A ceia.
O improvisador.
O enigma dos animais.
A canção dos que riem.

30 (8)
O feiticeiro
Estou cansado; em vão busco em vida um grande homem. Mas também não há mais nenhum Zaratustra.
Eu te reconheço, disse Zaratustra, tu és o enfeitiçador de todos, mas me parece que tu mesmo colheste apenas o nojo.

É uma honra para ti o fato de que tu almejas a grandeza, mas isto também acaba por trair-te: tu não és grande. Quem és tu? Disse ele com um olhar enojado e hostil, quem pode falar comigo deste jeito? –
Tua má consciência – respondeu Zaratustra e voltou as costas para o feiticeiro.

30 (9)
Na vida morto, na felicidade enterrado – quem se mostra assim – – – quantas vezes ele não precisa ainda ressuscitar!
Ó felicidade, por mim mesmo cheguei pelo ódio e pelo amor à minha superfície: por tempo demais permaneci pendurado a um ar pesado de ódio e amor: o ar pesado me impeliu e me puxou como a uma bola.
Sereno e jovial, como alguém que goza de antemão de sua morte.
O mundo não se encontra mesmo tranquilo? Como ramos e folhas escuros envolvem e perturbam essa calma,
queres cantar, ó minha alma? Mas esta é a hora na qual nenhum pastor toca flautas. Meio-dia dormita nos corredores.
O luto áureo de todos aqueles que degustaram muitas coisas boas.
O quanto permaneci adormecido? Por quanto tempo mais tenho o direito de me despertar!

30 (10)
A urgência junto ao grande perigo de se tornar compreensível, seja para se auxiliar mutuamente, seja para se submeter, não fez outra coisa senão aproximar aquela espécie de homens primitivos uns dos outros, homens que estavam em condições de expressar com sinais semelhantes vivências semelhantes; se eles fossem diferentes demais, eles se compreenderiam de maneira falsa em meio à tentativa de entendimento por meio de sinais: assim não aconteceria, por fim, a aproximação, ou seja, o rebanho. Daí resulta o fato de que, vista como um todo, a comunicabilidade das vivências (ou necessidades ou expectativas)

se mostra como uma força seletiva, cultivadora: os homens *mais semelhantes* restam. Pensar a urgência, toda a *conscienciosidade*, só é possível com base na urgência por se compreender. Em primeiro lugar sinais, em seguida conceitos, por fim, "razão", no sentido usual. Em si, a mais rica vida orgânica pode experimentar seu jogo sem consciência: logo que, porém, sua existência se vê ligada à coexistência de outros animais, surge também uma urgência de consciência. Como essa determinação de consciência é possível? Estou longe de imaginar poder responder a tais questões (trata-se de palavras e nada mais!); em boa hora me vem à cabeça o velho Kant, que colocou para si certa vez a questão: "como são possíveis juízos sintéticos a *priori*?". – Como tem lugar o fato de o ópio levar a dormir? Aquele médico de Molière respondeu: trata-se da *vis* soporífica. Também residia ópio naquela resposta kantiana acerca da "faculdade", ao menos *vis* soporífica: quantos "filósofos" alemães não adormeceram com ela!

30 (11)
Saber e consciência
Por
Friedrich Nietzsche

30 (12)
Meus amigos, vós não compreendeis vossa vantagem: não passa de estupidez, quando homens superiores sofrem com o nosso tempo: as coisas nunca estiveram melhores.

30 (13)
Nascimento da Tragédia
No início do ano de 1872 surgiu na Alemanha um livro que tinha o estranho título *O nascimento da tragédia a partir do espírito da música*, e que forneceu não apenas por meio de seu título um rico impulso para o despontar de espanto e curiosidade. Soube-se que seu autor era um jovem filólogo e que, do mesmo modo, pesavam contra ele por parte de artesãos filológicos, talvez

até mesmo incitados por alguma cabeça escolástica qualquer e por rebanhos de vacas – – –
   – um livro independente, autossuficiente, sobre o qual estavam inscritos os sinais de uma alma mística, sem uma intenção de – – –
   – cheio de juventude e inabilidade, pesado, superabundante, *aussi trop alemand* – no qual se acumulavam e se chocavam talentos quase opostos, também
   – com uma espiritualidade que tocava os sentidos
   – admite-se com algum horror (contanto que se seja sensível na pele) que aqui se fala do mundo secreto das coisas dionisíacas *como que por experiência*, como se se tivesse retornado depois de uma grande proximidade e de um grande contato da mais estrangeira de todas as terras, escondido sob o hábito e o capuz do erudito e não suficientemente escondido.

   E Richard Wagner desvendou a partir da profundidade daquele instinto visionário, que se encontrava em tão grande contradição com a sua formação lacunar e casual, o fato de que ter se encontrado com aquele homem fatídico, o qual teria nas mãos o destino da cultura alemã e não apenas da cultura alemã.

[31 = Z II 8. Inverno 1884-1885]

31 (1)
A superação prática da moral.

31 (2)
Em Zaratustra, 4 é necessário: dizer *exatamente* por que é que *agora* é chegada a hora do grande meio-dia: ou seja, *uma descrição do tempo*, dada por meio das visitas, mas *interpretada* por Zaratustra.

Em Zaratustra, 4 é necessário: dizer *exatamente* por que é que "*o povo eleito*" *precisou ser primeiro criado* – trata-se da oposição das naturezas superiores exitosas em relação aos desvalidos (caracterizada pelos visitantes): *somente* junto a esses visitantes Zaratustra pode se comunicar sobre os problemas derradeiros, *só* deles é que ele pode supor a atividade para essa teoria (eles são fortes, saudáveis e duros o suficiente para tanto, sobretudo, nobres o suficiente!) e só em suas mãos ele pode dar o martelo sobre a terra.

Portanto, é preciso descrever em Zaratustra:
1) o mais extremo perigo do tipo superior (neste momento, Zaratustra se lembra de sua primeira aparição)
2) os bons tomam partido agora *contra* o homem superior: essa é a virada mais perigosa! (– contra a exceção!)
3) degenerar os isolados, não educados, que se declaram falsos, e sua degeneração é sentida como a contrarrazão em relação à sua existência ("neurose do gênio!")
4) Zaratustra precisa explicar o que ele fez ao aconselhar a *emigração* para as ilhas, e por que ele os visitou (1. e 2.) (– eles ainda não estavam maduros para as suas últimas revelações?)

31 (3)
Em Zaratustra, 6 a grande síntese do criador, amante, aniquilador

31 (4)
Em Zaratustra, 4: o grande pensamento como *cabeça de Medusa*: todos os traços do mundo se cristalizam, uma luta mortal congelada.

31 (5)
Tu falaste de ti ou de mim? Quer tu tenhas traído a ti ou a mim, porém, tu estás entre os traidores, tu, poeta!
– desavergonhado em relação àquilo que tu vives, explorando tua vivência, abandonando ao que há de mais amado um olhar impertinente, vertendo teu sangue em todos os copos sorvidos até o fim, tu, de todos o mais vaidoso dos homens!

31 (6)
o gênio vê Zaratustra como a *corporificação* de seu pensamento

31 (7)
Finalmente: abre teus olhos, vê toda a verdade: *ser ou não ser do homem superior*!

31 (8)
"Esta, então, ó Zaratustra, é *tua* miséria! Não te iludas: a visão dos muitos te torna sombrio, porque eles são modestos e baixos? Mas os solitários são muito mais sujeitos ao fracasso" – Contra isso, Zaratustra apresenta as seguintes razões
1) do grande engano da compaixão – *conservou-se* tudo o que é fraco, sofredor
2) ensinou-se "o igual e apenas o igual" e, por meio daí, os eremitas se viram privados da boa consciência – eles foram impelidos à hipocrisia e ao rastejamento
3) as estirpes dominantes representaram mal, em parte aniquilaram a crença no homem superior
4) o império descomunal do feio, onde a plebe impera: aí, a mais nobre alma se traveste de lúmpen e ainda prefere ultrapassar a feiura

5) falta toda educação para eles; eles precisam se encorajar e se deslocar para salvar algo de si.
Em suma: o *grito de socorro* do homem superior para Zaratustra. Zaratustra os adverte a ter paciência, se horroriza por sua parte com eles: "Não se trata de nada que eu mesmo não tenha vivenciado!", consola-se <com> seus bem-aventurados e compreende: "é mais do que tempo". Irrompendo indisposição e *escárnio* quanto às suas esperanças no que diz respeito aos bem-aventurados. "*Tu queres* nos ajudar? Auxilie-nos, então, a uma grande *vingança*!" Tu *és* duro em relação aos infelizes! – Ide embora. Desconfiança e angústia junto a Zaratustra ficaram para trás. Ele envia os animais.

31 (9)
Zaratustra, 4. (Plano)
1. O sacrifício do mel.
2. Grito de socorro do homem superior. Bando (ca. 50 páginas).
3. A compaixão de Zaratustra na altura – mas duro; permanece junto à sua tarefa – "não é tempo".
4. Escárnio de Zaratustra. Partida, enquanto o vidente deixa um espinho.
5. Envia os animais, cheio de medo.
6. *Sétima solidão – por fim "cabeça de Medusa"* (ca. de 40 páginas).
7. O santo o vence. Crise. Repentinamente saltitante. (Contraste intenso em relação à *entrega* casta).
8. "Para a grande natureza". Canção da vitória.
9. Leão e bando de pombos. Retorno dos animais (compreende que todos os presságios estão presentes). A mensagem.
10. Última despedida da caverna (o elemento consolador do eterno retorno mostra pela primeira vez a sua face)

31 (10)
1. o inconstante, apátrida, viandante – que seu povo desaprendeu a amar, porque ele ama muitos povos, o bom europeu.

2. o filho ambicioso e sombrio do povo, tímido, solitário, preparado para tudo, que escolhe a solidão, para não ser um destruidor – se oferece como instrumento
3. o venerador dos *facta*, "o cérebro da sanguessuga", cheio de má consciência em desmedida, quer se *libertar*! A mais fina consciência intelectual
4. o poeta, no fundo aspirando a uma selvagem liberdade, escolhe a solidão e o *rigor* do conhecimento
5. o mais feio dos homens, que precisa se decorar (sentido histórico) e busca sempre um novo disfarce: ele quer tornar a sua visão suportável e se dirige finalmente para a solidão, a fim de não ser visto – *ele se envergonha*.
6. o inventor de novos entorpecentes, músico, o encantador, que se atira finalmente aos pés de um coração adorável e diz: "*não até mim*!, mas até ele quero conduzir-vos!"
7. o rico, que abdica de tudo e a todos pergunta: "há algum supérfluo em ti: dá para mim!" como mendigo
8. os reis, renunciando ao domínio: nós buscamos aquele que *é* "*mais digno* de dominar!"
9. o gênio (como ataque de loucura) congelando por falta de amor "não sou nenhuma ideia, nem tampouco um deus" – grande ternura. "É preciso amá-lo mais!
10. o ator da felicidade
11. os dois reis, contra a "igualdade": falta o *grande* homem e *consequentemente a veneração*
12. os bons   e sua loucura
13. os castos   "para Deus" isto é meu
14. os "por si" e os santos   "para mim"
necessidade de uma confiança ilimitada, ateísmo, teísmo, melancolicamente decidido
a cabeça da Medusa

31 (11)
Projeto
– O sacrifício do mel.
– O grito de socorro.

Diálogo com os reis.
O bom europeu – contado pelos acidentes no mar.
O cérebro da sanguessuga.
O mendigo voluntário.
O encantador.
O mais feio dos homens. (povo.)
– A saudação,
– A ceia.
– O canto do mágico.
Da ciência.
Do homem superior.
– O discurso das rosas.
O eremita conta o ocaso.
Das sete solidões.
O que sente frio.
O juramento.
A última visita da caverna: mensagem dos amigos. Lá ele dorme. De manhã ele se levanta. O leão que ri.
– grande transformação e *endurecimento*: em poucas *palavras*. Evitar "eu"
18: 110   6
   <u>108</u>
      8
    10 a fazer

31 (12)
Para onde tu queres ir?, perguntou ele em voz alta, e sua voz soou estranha e retransformada nele. "Não sei"
E teus animais – onde estão teus animais?
Ó, Zaratustra, não vive mais ninguém a quem tu ames! – ele se lançou ao chão, e gritou de dor e fincou suas mãos no chão.
E tudo foi em vão!

31 (13)
Se algo sai mal para mim, sou por isso um fracassado? E se eu mesmo faço com que as coisas saiam mal, que me importa? O homem é, por isso, fracassado?

Isto é doença e febre.

31 (14)

o leão que ri – há duas luas, ter visto isso teria feito o meu coração girar dentro do meu corpo

31 (15)

Vós chegais um minuto antes de se fecharem as portas de meu coração: eu ainda não vos perdoei o fato de vós só vos dispores a entrar na 12ª hora

31 (16)
1. Até o desentranhamento pleno do eremita.
2. A partir da sétima solidão.
3. Decisão, "Tu queres tudo uma vez mais, toda essa espera etc." – "*eu quero!*" (Avançando no escuro da noite)
4. Na *mais tenra manhã*. O leão que ri, a mensagem, mas duro e rigoroso, mas *ardente*.

31 (17)

Zaratustra *destrói seu coração* contra seus amigos.
                              contra seus animais.
                              contra tudo aquilo que ele amou
                              totalmente vontade de meio-dia
Conclusão: **destruição ditirâmbica de seu coração.**

31 (18)

(diga a ele que já tenho novos amigos –

31 (19)

(tu és mais novo que essas crianças. É esta a segunda infância da qual as pessoas me falavam? Zaratustra, 6)

31 (20)

Assim, Zaratustra levantou-se como um sol matinal, que vem das montanhas: forte e ardente, ele prosseguiu – em direção ao grande meio-dia, pelo qual sua vontade cobiçava, e para baixo, rumo ao seu ocaso.

31 (21)
O leão, porém, lambeu as lágrimas que tinham caído gota a gota nas mãos de Zaratustra. Seu coração estava tocado em seu ponto mais íntimo e transtornado, mas ele não disse uma única palavra. Diz-se, contudo, que a águia, ciumenta, observou o ímpeto do leão.

31 (22)
1. Meia-noite.
2. A partir da sétima solidão.
3. A convalescença.
4. O juramento na mão do eremita.
5. A mensagem dos amigos e do leão que ri.

31 (23)
– O mesmo é atestado também pelo leão, mas apenas parcialmente: pois ele é cego de um olho.

31 (24)
– e eles riram, os dois a plenos pulmões. "O que sabemos nós, poetas, para nos limparmos e nos apoiarmos!" Acho etc.

31 (25)
– um impulso da *autodestruição*: que roube de alguém todo apoio e toda força.

31 (26)
– se vós sentires a lei do prazer e do desprazer sobre vós e *nada mais elevado*: pois muito bem, escolhei para vós as opiniões mais agradáveis e não as mais prováveis: para que o ateísmo junto a vós!

31 (27)
– assim como os homens inferiores levantavam os olhos para Deus, nós devemos *levantar* modicamente os olhos algum dia para o *meu além-do-homem*. Zaratustra, 6.

31 (28)

– o oposto de ateísmo e teísmo *não* é: "verdade" e "não verdade", mas o fato de nós não admitirmos mais para nós uma hipótese, *que nós outros ainda admitimos com prazer* (mais ainda!). *A castidade é a forma unicamente suportável do homem comum: nós queremos* que o povo se torne religioso, para que nós não sintamos nojo dele: como agora, quando a visão da massa é enojante.

31 (29)

Nós *nos* colocamos de maneira muito mais perigosa e nos entregamos muito mais à dor, ao sentimento da privação: nosso ateísmo é um *buscar* a felicidade, para a qual o tipo vulgar de homem não tem nenhuma compreensão no corpo.

31 (30)

Meio-dia e eternidade
Por
Friedrich Nietzsche.
Primeira parte: a tentação de Zaratustra.

31 (31)

Em um ar que começa a clarear, quando do orvalho desce e asperge já consolo sobre a terra, invisível, também sem ser ouvido –

– pois tenros sapatos porta o consolador orvalho.

Tu te recordas nesse momento, tu te recordas, coração caloroso, como tu te encontravas sedento, sedento por lágrimas celestes e por gotas de orvalho, chamuscado e cansado?

– porquanto vagavam à tua volta pelas sendas de grama amarela olhares solares malevolamente noturnos através das árvores negras, raios de sol capazes de cegar, com prazer em causar dor.

Da verdade um homem livre tu? – assim eles falavam com escárnio – Não! Apenas um mágico! Um animal, um animal de rapina astucioso, rastejante, que precisa mentir

que sabe que precisa mentir e gosta de precisar mentir, desejando presas, cheio de larvas coloridas, para si mesmo uma larva, dirigindo a si mesmo para a ponte –
Ora – da verdade um homem livre? Não! Só um louco! Só poeta! Falando de maneira colorida, gritando para fora de maneira colorida a partir de larvas da loucura, subindo e dando voltas em pontes mendazes com um aroma de arco-íris –
não tranquilo como aqueles que tu vistes, rijos, chatos, frios, transformados em imagem, transformados em um pilar de deus, expostos diante dos templos, como guardiões de um deus
não, hostil em relação a tais estátuas da verdade, cheio de uma malícia felina que salta por toda e qualquer janela a cada acaso, em tudo o que é selvagem mais autóctone do que diante dos templos,
farejando nostalgicamente toda e qualquer floresta virgem, pela qual tu passaste com lábios cobiçosos; como animais de rapina pintalgados, dotado de uma saúde pecaminosa e belo, escarnecendo de uma maneira venturosa e venturosamente ávido por sangue.
Ou como a águia, que por muito tempo parada olha para o interior de abismos, de seus abismos, que se circundam em profundezas cada vez maiores,
então, repentinamente, ataques diretos, voos convulsivos, um precipitar-se até o choque com os cordeiros, abruptamente para baixo, ardentemente faminta, zangada com todas as almas de cordeiros e com tudo aquilo que olha apenas com uma benevolência de cordeiros, como uma ovelha cheia de cachinhos:
– portanto, como as águias e as panteras são as nostalgias do mágico, são tuas nostalgias sob mil larvas, tu louco! Tu poeta!
Tu és aquele que olhaste o homem tanto quanto Deus como ovelha: aquele que *ri* ao dilacerar o Deus no homem e ao dilacerar a ovelha no homem –
Esta, esta é tua bem-aventurança! A bem-aventurança de uma águia ou de uma pantera! A bem-aventurança de um mágico ou de um louco!
Na medida em que clareia o ar, quando da lua o crescente se esgueira em um tom de verde entre os vermelhos púrpuras,

– ao dia hostil, cada passo se estendendo secretamente por redes de rosas, até que elas caem, despencam esmaecidas ao cair da noite:
assim eu mesmo caí outrora do meu desvario da verdade, de minhas nostalgias do dia, do meu cansaço diurno, doente da luz – caí para baixo, em direção à noite, às sombras,
queimado e sedento por uma verdade – tu ainda te lembras, tu te lembras, coração quente, o quanto tu estavas sedento? –
que eu tenha sido banido de *toda* verdade! Só louco! Só poeta! – –

31 (32)
Quem me aquece, quem ainda me ama? Oferecei-me mãos quentes, oferecei-me braseiros do coração!
Estendido, trêmulo, como alguém quase morto, de quem se aquecem os pés, abalado, ah!, por febres desconhecidas, tremendo diante de flechas de aço congeladas e pontiagudas –
por ti caçado, pensamento! Inominável, encoberto, criador! Tu caçador entre as nuvens!
Derrubado por teu raio, tu, olhar repentino, que me observa da escuridão
– assim me encontro prostrado, me curvo, me viro, atormentado por todos os eternos mártires, tocado por ti, o mais cruel de todos os eternos caçadores, tu deus desconhecido!
Me acerta mais profundamente, uma vez ainda! Enche de picadas, destrói esse coração! O que significam esses mártires com flechas de dentes gastos e sem corte!
O que tu estás olhando de novo, sem se cansar da aflição humana, com o olhar de raio dos deuses, um olhar que se alegra com o sofrimento? Tu não queres matar? Só torturar, torturar?
Tu que também te arrastas furtivamente pela noite, que me escutas ciumento respirar, ausculta meu coração, entra em minhas lágrimas,
lançando em minhas lágrimas aguçadas dúvidas e setas, destroçando corações: um deus carrasco a qualquer momento preparado, para quê!

Para que me torturar? O que queres arrancar para ti por meio da tortura? O que tu queres que fale?

Ou será que devo girar diante de ti como um cachorro, abanando o rabo e oferecendo para ti amor cheio de entrega, de entusiasmo e fora de mim?

Em vão! Continua picando, ó mais cruel de todos os espinhos! Não, nenhum cachorro – o teu selvagem apenas sou, ó mais cruel de todos os caçadores!

O teu prisioneiro de todos o mais orgulhoso, tu ladrão entre as nuvens! Fala finalmente o que tu queres de mim, tu salteador de estrada! –

Tu encobridor do raio, desconhecido, fala, tu meu pensamento: o que tu *queres*, desconhecido – deus? –

Como? Resgate? O que tu queres como resgate? Exige muito – é o que aconselha meu orgulho. E fala pouco – é o que aconselha meu outro orgulho!

Haha! Tu me queres? A mim – a mim completamente? Haha! E tu me torturas, louco, que tu és, torturas infinitamente meu orgulho?

Me dá *amor* – quem ainda me aquece, quem ainda me ama! Dá-me mãos quentes, dá-me braseiros do coração –

Dá-me, ao mais solitário de todos os solitários, ao qual a própria frieza ensina a estar sequioso mesmo dos inimigos, dos inimigos – dá, sim, obtém para mim o mais cruel dos inimigos – *tu*!

– Ah! Disto! Neste momento, ele mesmo fugiu, meu derradeiro e único companheiro! Meu grande inimigo! Meu desconhecido! Meu deus carrasco!

Não! Volta, com todos os teus martírios! Para a última de todas as solidões – ó, volta!

Todos os meus riachos de lágrimas seguiram o curso que levava até ti! E minha última chama do coração – é por ti que ela arde! Ó, volta, meu deus desconhecido! Minha derradeira felicidade! – –

31 (33)

– assim como o pastor olha sobre as costas dos rebanhos de ovelhas apinhadas em profusão: um mar de pequenas ondas cinza acumuladas.

– rangendo os dentes bato contra as margens de vossa superficialidade, rangendo os dentes como uma onda selvagem, quando ela morde contra a sua vontade a areia –
– cães doces e aduladores.
– submissas, cobiçosas, esquecidas: todas elas não estão muito distantes da puta.
– entusiasmados por legumes verdes, e com aversão pelas alegrias da carne.
– essas coisas são finas: como é que vós poderíeis agarrá-las depois com patas de ovelhas? Nem toda palavra cabe em qualquer boca: mas ai de nós em relação a esse tempo doente e enfermo! Ai de nós quanto à epidemia de falastrões e de patas de ovelhas.
– Oco, caverna, cheio de asas noturnas, decantado e a tudo temendo.
– "estes poetas! Eles ainda se maquiam, quando seus médicos se mostram nus"! E quando Zaratustra não disse não a isto, mas sorriu, vê, o poeta logo segurou sua harpa no braço e continuou abrindo a boca para cantar uma nova canção.
– um raio verde de maldade saltou de seus olhos, ele abriu a boca e a fechou uma vez mais.
– a noite avançou sobre o mar: cavalgando pesadas ondas verdes, ele se agitava, o nostálgico, em suas selas púrpuras –
– apoiado na terra, como um barco que, cansado, entrou em sua baía tranquila: aí é suficiente que uma aranha teça da terra para ele os seus fios, ele não precisa de nenhuma amarra mais forte!

31 (34)
– "Ó, meus animais! Minha grande felicidade me faz girar! Preciso, então, dançar – para que não caia!
– eles se encontram deitados sobre as barrigas diante de pequenos fatos redondos, eles beijam poeira e excrementos aos seus pés: e ainda exultam: "Aqui finalmente está a realidade!"
– vós me falais de vossa esperança? Mas ela não tem pernas curtas e não é vesga? Ela não está sempre olhando de esguelha, para ver se o desespero não está já à espreita por lá?

– E qual de vós ainda fala bem sinceramente em nome do seu depois de amanhã! Quem – ainda *tem o direito* de jurar? Quem permanece ainda cinco anos em uma casa e em uma opinião?
– o homem é mau: assim falavam todos os sábios comigo para me consolar: ah, se isto ainda fosse verdade hoje!
– por que cheguei aqui a essa altura! Não queria por fim ver um grande homem? E vê, eu encontrei um homem velho divertido.
– coveiros cansados que não conseguem mais manter seus mortos. Ai de nós, logo haverá aí redenções!
– do mel: "Não preciso de ti, mas o acolhi como um presente da vida: como o que acolhe eu te abençoo"
– que um raio se abata sobre seus pratos e ensine suas bocas a devorar o fogo!

31 (35)
– tenaz e como um camponês ao mesmo tempo tosco e astuto
– Homens de "boa vontade"? Não confiável
– pergunte às mulheres: não se pare porque dá prazer!
– é por suas virtudes que se é mais duramente punido.
– "está frio, a lua aparece, não há nenhuma nuvem no céu: não vale a pena viver, ó, Zaratustra"!
– Alguns se cansaram de si mesmos: e vê, foi só neste momento que a felicidade chegou até eles, a felicidade que tinha esperado por eles desde o começo.
– Será que sou, afinal, um limite metereológico? Todas as nuvens, porém, chegam até mim e querem uma informação –
– eu me concentro em mim como uma nuvem que cresce e vou me tornando mais tranquilo e mais obscuro: é assim que fazem todos aqueles que devem gerar o raio.
– "vós quereis vos aquecer em mim? Não se aproximai demais de mim, eu vos aconselho: senão vós podereis chamuscar vossas mãos. Pois vede, sou quente demais. É só com esforço que controlo minhas chamas, de tal modo que elas não saiam abruptamente de meu corpo".

– Ataram tuas patas, tu gato de patas afiadas, agora tu não consegues mais arranhar e olhas venenosamente com teus olhos verdes!
– com espadas brilhantes como o raio e secas, que ficaram muito tempo penduradas na parede: elas reluzem de desejo, elas gostariam uma vez mais de beber sangue.
– e as espadas corriam umas através das outras como serpentes manchadas de vermelho.
– eu escutei o eco, ah!, e só ouvi elogios.

31 (36)
– Faça como eu, aprenda como eu: só o homem de ação aprende.
– na veneração há mais injustiça do que no desprezo.
Encantador – eu também já sei colocar cobertas coloridas: e quem entende de cavalos também entende muito bem de selas.
E se tu estiveres zangado com o céu, lança tua estrela para lá no céu –: esta será toda a sua maldade!
– o mundo não se encontra mesmo tranquilo? Como é que, com anéis terríveis, essa tranquilidade me envolve!
– vós sabeis vos disfarçar muito bem, vós, poetas!
– ele se deixou superar pela virtude: e, agora, tudo o que há de ruim nele busca vingança.
– aqui tu és cego, pois aqui cessa tua probidade
– auscultei o eco, mas só ouvi elogios
– ele lançou-se de sua altura para baixo, o amor aos homens baixos o seduziu –: agora ele se encontra com os membros quebrados
– ele fala muito de si, este era seu artifício para se esconder.
– Salve! Como foi possível que a verdade tenha ganhado aqui algum dia? Um erro intenso a ajudou.
– ele se tornou indiferente para mim, ele não se tornou frutífero para mim
– o quão pobre é o homem! Disseram-me que ele ama a si mesmo: ah, o quão pobre é ainda esse amor!
– com essas espadas dilacero até mesmo todas as trevas!

31 (37)
— e quem nasceu é doente.
— todos vós, criadores, há muita coisa impura em vós: isto faz com que vós precisais vos tornar mães.
— a dor faz com que as galinhas e os poetas cacarejem
— uma nova criança, uma nova sujeira. E quem nasceu deve se purificar.
— nas andadeiras de seu orgulho
— como quando se sacode água e óleo um com o outro
— o que habita à sua volta logo habita também em nós.
— os autônomos — vós ainda precisais aprender a vos colocar a vós mesmos ou vós caireis
— eu mesmo coloco essa coroa em minha cabeça: nenhuma outra mão seria forte o suficiente para tanto
— com olhos de ladrões, ver se eles já se encontram sentados na riqueza. E alguns deles denomino colecionadores de lúmpens e urubus.
— todas as coisas grandes seguem de maneira torta até a sua meta e fazem uma corcova e ronronam como gatos. Vede, contudo, se vós tendes a coragem de seguir de maneira torta como uma corrente.
— tua virtude é a precaução das grávidas: tu proteges e poupa teu fruto e teu futuro sagrados.
— um naufrágio o cuspiu de novo para a terra.
Encantadores — vós logo aprendereis uma vez mais a rezar. Os antigos falsários do espírito também falsificaram vosso espírito.

31 (38)
— ele não sabe mais para onde ir? Em terra chove fogo e o mar o cospe de volta para a terra.
— sereno como alguém que desfruta de antemão secretamente de sua morte.
— só quem sabe para onde ele vai sabe também qual é seu vento de popa.
— quando o diabo se despela, seu nome também se desprende dele: o nome também é pele.

– o elemento maternal me é venerável. O pai é sempre apenas um acaso.
– não te esqueças de levar a tua solidão para os momentos de aflição.
– tu querias ser sua luz, mas tu os cegaste. Teu sol mesmo arrancou-lhes os olhos.
– agora brame o mundo inferior, todas as sombras se proliferam contra ti e gritam: vida – é tortura! – e de qualquer modo tu queres ser o porta-voz da vida?
– olhos cobiçosos e um outro adendo de almas amargas.
– onde vejo alguém aparecer com a mão grande, eu o prefiro a quando alguém aparece com a mão pequena.
– o diabo se mantém distante de Deus, pois ele é um amigo do conhecimento.
– bem-aventurado e estranho, como um elefante, que procura ficar de cabeça para baixo.
– não é suficiente que o raio não machuque mais: ele deve aprender a trabalhar para mim.

31 (39)
– ele os convence que eles teriam perdido o caminho – esse bajulador! Ele os bajula dizendo que eles teriam um caminho.
– ele perdeu sua meta: ai de nós, como é que ele vai escarnecer de sua perda e consolar-se dela!
Encantador – o que te trai é o fato de tu aspirares à grandeza: tu não és grande.
– o mais profundo amor que não sabe seu nome e pergunta: "será que sou ódio?"
– em vida morto, velado, enterrado, escondido: ó, Zaratustra, quantas vezes tu ainda ressuscitarás!
– isto se esclareceu: agora nada mais me importa. Toma cuidado! Outrora tudo podias ser esclarecido quanto a muitas coisas!
– não é o espírito livre, mas o espírito novo que os comprometidos odeiam com o seu melhor ódio.
– ó, felicidade, cheguei por meio do ódio e do amor à minha superfície: por tempo demais permaneci preso na profundeza como todos os seres pesados e melancólicos.

– fiquei tempo demais adormecido em relação a mim mesmo para me manter mais longamente desperto.
– exemplarmente injusto, pois eles querem direitos iguais para todos.
– ele meditou com razão por tanto tempo sobre o seu infortúnio: neste feio ovo esconde-se um belo pássaro.
– ele gostaria que, finalmente, as constelações de sua virtude reluzissem: para tanto, ele obscureceu seu espírito e pendurou para si uma nova noite.
– desajeitado como um cadáver.
– "e os quatro animais falaram: amém".

31 (40)
– Mesmo o mais santo pensa: "quero viver como me apetece – ou não tenho mais nenhuma vontade de viver".
– vós ultrarricos, vós gotejais como garrafas abauladas através de gargalos estreitos demais: já se quebraram muito frequentemente tais gargalos, tomai cuidado!
– a pequena boa ação revolta, se é que nem a maior boa ação chega mesmo a ser perdoada.
– onde sempre temi, ainda desejarei finalmente! É por última que se aprende a *amar* o seu abismo.
– o que mais me espanta em um sábio é quando ele é inteligente.
– bem-aventurado e cansado, como todo e qualquer criador no sétimo dia.
Europeu – onde posso me encontrar em casa? É por isto que procuro há mais tempo, esta busca permanece minha busca secreta constante.
– "nós viemos para ver o homem mais feliz do século".
– ele é inabalável: e quando ele se queixa, ele o faz mais por cuidado convosco do que consigo.
– sua dureza recoberta de maneira afável.
– é preferível negociar a ser negociante!
– eles dizem dele: "ele sobe"; como a bola, porém, ele é *pressionado* por vós em sua altura – por meio do vosso e do meu ar pesado é que ele sofre convosco, é isto que o faz subir.

– aqui mesmo a cobiça sufoca; eles têm mais prazer sendo os últimos do que sendo os primeiros.

31 (41)
– vós esquecestes os vindouros quando vós calculastes: vós esquecestes a felicidade da maioria.
– agora não vive mais ninguém que eu ame: como é que deveria suportar ainda a mim mesmo!
– na virtude há apenas saltos e asas: aí não deve estar ninguém –
– ele buscava seu inimigo e encontrou seu amigo.
– vós, ladrões de cadáveres, que sabeis ainda furtar algo de todos esses mortos!
– criar uma espinha dorsal para a vossa vontade.
– para o assassino de Deus, para o sedutor dos bons.
– cheio de uma desconfiança profunda, inundado pelo limo da solidão, com uma vontade longa, um silencioso, o inimigo de todos os concupiscentes –
– e quem os despreza abissalmente (da maneira mais profunda possível), justamente por meio daí ele não se torna o seu maior benfeitor?
– "em suas cabeças há menos um sentido para o que é correto do que no meu dedinho do pé mais à esquerda".
– desconfiado e iracundo, pronto para o querer repentino, alguém que está à espreita e à escuta.
– eu não o queria antes: assim preciso já querê-lo depois – ou seja, preciso "remediar" tudo.
– vós, jaulas e corações estreitos, como é que vós quereis ter um espírito livre!
– vós fumatórios e quartos esfumaçados.
Consciencioso – não é por sua crença que ele é queimado de dentro para fora, mas pelo fato de ele não ter podido encontrar nenhum desejo para a sua crença.

31 (42)
– será que amo, afinal, os homens? Mas eles pertencem à minha obra.

– ó, vós, sábios, que aprendeis a regozijar-se com a vossa tolice! Ó, vós, pobres, baixos, supérfluos, cujo jugo é leve! Emer<son>. 283

– no entanto, quando o velho falou assim, Zaratustra pegou em sua mão e a beijou "te afasta de mim, meu sedutor", falou ele, então, e riu – pois em meio à sua dor veio até ele uma lembrança jocosa.

– os mestres por um dia e outras moscas varejeiras.

– almas estreitas, almas de comerciantes de bugigangas! Pois se o dinheiro salta para as caixas, a alma do comerciante de bugigangas salta junto.

– Muito questionar ou guloseimas do conhecimento.

– onde o ouro ressoa, onde a puta impera.

– Dinheiro e cambistas devem ser tocados com luvas: e tudo aquilo que passa por todos os dedos.

– a maioria dos homens é estúpida demais para o proveito próprio.

– um amor qualquer é a sua loucura; eles sacrificam tudo por uma coisa.

– se tu queres comprar estes homens, então não ofereça pouco demais: se não eles dizem "não" e saem inflados daí, com uma virtude fortalecida, como os "incorruptíveis".

– meu amigo, a virtude não faz nada "por" e "porque" e "para que"; ela não tem ouvidos para tais palavras.

31 (43)

– vós, poetinhas e animais preguiçosos, para quem não tem nada para criar, qualquer coisa é pesada demais!

– fácil e pronto, um preparador de voo, algo que facilmente e divinamente fica logo pronto.

– o que preciso fazer convosco, vós não *poderíeis* fazer uma vez mais para mim: não há nenhuma reparação!

– a solidão amadurece: mas ele não planta.

– eles me perseguem? Pois muito bem, então eles aprendem a me seguir. Todo o sucesso esteve até aqui entre os bem perseguidos.

– ando fugidiamente para além de vós, como um olhar sobre a lama.
– ele viu minha mais profunda vergonha, é da testemunha apenas que quero me vingar.
– Deus que via tudo precisou morrer: o homem não suportou que essa testemunha vivesse.
– um envergonhado a quem se impõe e a quem se precisa emergencialmente cultivar para aquilo que ele mais gostaria de fazer.
– impaciente como um ator: aquele que não tem tempo para esperar pela justiça.
– vós, homens fortes, agora vós ainda olhais com cobiça para as virtudes dos fracos: mas vós deveríeis passar rigorosamente ao largo dessas belas criadas!
– tu não sentes nem mesmo que estás sonhando: ó, assim tu estás longe de acordar!
– Eu não sou um limite metereológico? Todos os ventos não vêm até mim e não perguntam sobre o meu sim e não?

31 (44)
Homem do povo – ele aspira ao proibido: essa é a origem de toda virtude.
– rápido demais tu cavalgas em direção à tua meta: mas teu pé aleijado também se encontra parado junto ao cavalo. Quando tu saltares do cavalo – lá, precisamente à tua altura, tu tropeçarás!
– é nisto que reconheço o ultrarrico: ele agradece àquele que toma.
– dias solitários querem andar com pés corajosos.
– uma nova primavera brota em todas as minhas hastes, a isso se chama convalescença. Ouço a voz do vento do sul e me envergonho: folhas espessas e escuras cobiça a vergonha de minha felicidade.
– nadando em algo módico e tenro, feliz de sua estupidez e que a felicidade sobre a terra seja bem afiada.
– Almas secas e esvaziadas fermento no fundo, berços de rios arenosos.

Apátridas – o quão segura é para os inconstantes mesmo uma prisão! O quão tranquilamente dormem criminosos presos!

Encantadores – aqueles que são convencidos com gestos sublimes, mas que se tornam desconfiados com razões

– excitáveis no cérebro e nas genitálias como judeus e chineses

– vossa crença, em cuja porta se encontra o adultério de Deus

– vós me seguis perto demais, vós, impertinentes, e aos meus pés: inopinadamente pisarei algum dia em vossas cabeças! (fala a verdade para o conscencioso)

– vosso sol da paz continua sempre se mostrando para mim como muito úmido: prefiro ainda me sentar à sombra de minhas espadas

31 (45)

– como um vento, que torna o céu claro e faz com que todos os mares se agitem

– lançados de um lado para o outro, impelidos de um lado para o outro, vós, inconstantes: em todas as superfícies vós dormistes um dia, como poeira vós vos sentais sobre todos os espelhos e vidros

– ele canta: aí ele voou para além até mesmo de sua infelicidade, o pássaro livre: pois o infeliz silencia.

– aconselhai-me: com vossas demonstrações, vós cansais a fome de meu espírito.

– eles inventaram para si o mais sagrado tédio e o desejo de dias lunares e de dias úteis

– em torno daqui giram e circulam coisas terríveis, aqui se escancara o abismo, aqui ladrão cão do inferno, que se chama futuro, aqui a mais sábia alma sente vertigens.

– vós, cativos da riqueza, vossos pensamentos não tilintam como correntes?

– sem mulheres, mal alimentado, expectador de cicatrizes e contando as respirações, os entediados: o que eles podiam inventar melhor do que a volúpia de Deus?

– perambulando pelos mais distantes e mais frios pensamentos, como um fantasma em tetos invernais, no tempo em que a lua se põe a brilhar.

– alguém que sabe remediar poucas coisas junto ao inimigo: pois ele logo ri uma vez mais.

– quem na virtude se encontra em sua terra natal e em casa fala com seus mais íntimos de maneira mais chistosa.

31 (46)
Zaratustra: é preciso ver seu Deus a distância: só assim ele parece bom. É por isto que o diabo se mantém distante de Deus, pois ele é um amigo da bela aparência.

31 (47)
O encantador.
Ajoelhado em face de virtudes e abnegações, como a plebe, estranho, porém, em face da grande castidade: em face dela eu oro e me submeto.

O que era estranho para mim, o que nunca pude conhecer, declarei sagrado: meu nariz, o que ele mais gostava de cheirar, era o que se mostrava para mim como impossível.

Zaratustra diz: é possível que haja muita plebe em ti: quem está aí em sua terra natal e em sua casa fala de modo mais íntimo, mais jocoso.

31 (48)
– esses melancólicos atemorizados, que fazem sua consciência moral grunhir: pois eles sofrem sempre com seu gado interior.

– com céu encoberto, quando se atiram flechas e pensamentos mortais sobre seus inimigos.

– tempos mais pensantes, tempos mais elucubrativos, do que foram o nosso hoje e ontem.

– esse tempo: ele não é como uma mulher doente, que precisa se enfurecer gritar vociferar e quebrar pratos e mesas, até que finalmente recupere a calma?

– espíritos tenazes, finos e mesquinhos.
– ó, o quão tristes sois vós todos! Ó, o quão tristes são mesmo os vossos arlequins!
– vós que desesperais, o quanto de coragem vós não incutis em todos aqueles para quem vós falais!
– as coisas acham-se mais terríveis do que vós pensais: alguns acham que estão mentindo e veem que é aí finalmente que vem à tona a verdade!
– tu és rico demais, ó Zaratustra, tu degradas pessoas demais, tu nos tornas a todos invejosos!
– eles amam, ah, e não são amados: eles dilaceram a si mesmos porque ninguém quer abraçá-los. "Não há nada em mim para amar?", assim grita seu desespero.
– esta é, então, a inclinação das almas pequenas: elas gostariam de bajular a grandeza, levando-a a se rebaixar até elas, de tal modo que ela se sentasse à mesa com elas.

31 (49)

– ah, eles recaem nas palavras fortes e nos atos fracos! Ah, eles se nomeiam uma vez mais virtuosos!
– eles criaram outrora seu Deus a partir do nada: o que há de espantoso no fato de ele ter se tornado iníquo para eles.
– Vós dizeis "Ai de nós! Tudo é aparência!" Mas tudo é mentira. Vós dizeis: "Tudo é sofrimento e ocaso!" Mas vós continuais sempre sem dizer o suficiente: pois tudo quer fazer sofrer e produzir o ocaso!
– sem Deus, sem bens, sem espírito – nós o inventamos, o mais feio de todos os homens!
– ah, meus irmãos! Para onde foram o bem e a crença dos bons! Para onde foi a inocência de todas essas mentiras!
– inábil e tímido, semelhante a um tigre, cujo salto fracassa.
– ele desaprendeu a comer carne e a jogar com mulherezinhas gentis, ele se tornou inofensivo para além das medidas.
– outrora –: ah, o quão distante se acha esse outrora! O quão doce já a palavra "outrora", como toques de sino perdidos, em florestas espessas –

– sim, homem, homem – esta é uma longa corda, e Zaratustra é o nome do nó que foi dado aí dentro! (o vidente)
Fábula – como um viandante que sonha com coisas distantes e se depara em uma rua solitária com um cão dormindo: como inimigos mortais, os dois se entreolharam, esses dois assustados quase até a morte! E, porém, no fundo: o quão pouco faltava para que eles se tocassem e se acariciassem!
– o dia se extingue, é tempo e mais do que tempo de partirmos.

31 (50)
– cabeças de cardo, gotas de sutileza
– super-rápidos como macacos-aranha saltitantes
– entre caixões e serragens
– cães tísicos e uma cria franzina à minha volta
– um banho frio: tu queres entrar aí com a cabeça ou com o coração? Ó, o quão rapidamente tu estarás aí como um caranguejo vermelho!
– o aplicado, fiel, para o qual o dia flui claro como o ouro e homogeneamente
– envolto por eternidades crepusculares, e acima de mim um silêncio sem nuvens
– aquele que dá asas aos asnos e que faz de seus acusadores seus defensores, aquele que ordenha leoas
– as ondas à minha volta sobem cada vez mais: logo minha barca não estará mais no seco.
– vós me prendeis com correntes, mas carrascos e torturadores são razões, com as quais se convence melhor, quando nossas bocas estão fechadas
– vós pensais pouco de mim: vós vos vingais de mim porque eu quis tornar-vos maior!
– no momento em que nenhum pastor sopra mais a flauta: pois o meio-dia dormita nos corredores
– uma mulher que quer sofrer naquilo que ela ama
Mendigos voluntários – aquela velha castidade marota, que falava: "Dar aos povos é emprestar a Deus: sede bons banqueiros!"

E se eu comungasse de tua crença, então também gostaria de passar pela tua mudança.

pois sua vontade exigia o grande meio-dia e o seu ocaso

31 (51)

– Vós me chamais de alguém capaz de sacrifícios? Mas quem já fez um sacrifício sabe que não foram sacrifícios o que ele fez.

– uma quantidade descomunal de supérfluo e de razão, um dissipador com mil mãos, indiferente em relação a isto como um sol

– havia outrora um homem que dizia: "eu sou a verdade", e nunca se respondeu a um imodesto de maneira tão cortês quanto a ele.

Poetas – meu sentido e minha nostalgia estão voltados para poucas coisas e para coisas duradouras: como desprezo vossas pequenas belezas passageiras!

– "nada é verdadeiro, tudo é permitido", assim vós falais? Ah! Portanto, também é verdadeiro esse discurso e o que importa que ele seja permitido!

– falar por meio de imagens, danças, sons e silêncios: e por que todo o mundo estaria presente, se todo mundo não fosse signo e alegoria!

– aí estão eles, os pesados gatos de granito, os valores de tempos imemoriais: quem conseguirá transvalorá-los!

– um grande homem, um tal que joga fora sua compaixão e sabe dilacerar seu módico coração em função da coisa para ele em questão: que ousa e exige de si o sacrifício de muitas coisas e de muitas pessoas, para que Ele prospere –

– erigido como coluna no deserto de uma grande infelicidade – tornou-se rijo, um touro, petrificado

– tranquilo em sua tristeza de um marrom áureo, como alguém que provou o gosto de muitas coisas boas

– meu império de senhores de mil anos, minha sorte –

– tu não sabes disto? Em cada ação que tu realizas está repetida e abreviada a história de todos os acontecimentos

seu sentido é um *non-sense*, seu chiste é um chiste repleto de senões

31 (52)
— ciumento mesmo em casa: tu queres ter teu inimigo apenas para ti!
— o quão pouco estimularia o conhecimento, se ele não houvesse no caminho até ele tanta vergonha a ser superada!
— vós amais a utilidade como o veículo de vossas inclinações: mas o barulho de suas rodas não é insuportável mesmo para vós?
— o passo trai se alguém já caminha ou não em sua via: e quem quer se aproximar de sua meta dança.
— vós falais da vossa fidelidade: mas é o vosso modo cômodo que não quer que vós vos levanteis de vossas camas.
— tua virtude te era cara: assim, ela não se chama mais virtude, mas o teu gosto – é assim justamente que o quer o bom gosto!
— mas Zaratustra, disse a serpente, tu astuto, como tu podes agir assim! Isto foi uma estupidez! – "Também se tornou difícil demais para mim."
— tua má consciência em ti: esta é a voz de teus mais antigos antepassados, que falaram contigo. "Pecado original", meu amigo, esta é certamente uma prova de tua virtude original.
— o que estais vós falando de sentimentos elevados! Na altura me sinto profundo, firme e finito em meu fundamento e no solo de minha terra natal.
— um mestre desde o fundo, alguém que só leva a sério todas as coisas e até a si mesmo em virtude de seus alunos.
— Ter espírito não é suficiente: ainda é preciso tomá-lo sobre si e para tanto é preciso de muita coragem.

31 (53)
— ó, acima do Deus estranho e cruel, que vós louvais como "o amor"! quando *o Deus* surgiu, todo amor ainda se mostrava como pouco divino?

– homens frios e arrefecidos, aqueles nos quais não nos dispomos a acreditar em suas tolices

– quem é dócil e benevolente de coração também ama as escapadelas: ai, porém, de todos os incondicionados! Trata-se de um tipo doente.

– o elogiar não é mais penetrante do que toda repreensão?

– sem razão, vós haveis aprendido outrora a acreditar nisto: como é que eu poderia derrubar isto por meio de razões!

– "amo meu Deus desde o fundamento: como é que poderia querer que ele me amasse por seu lado! Ele *não* deve ser tolo de acreditar em mim! Como fazem todos os que amam.

– vós que sofreis com febres, vós vedes todas as coisas como fantasmas, assim como vós, os sem febre, as vedes como sombras vazias: e, contudo, vós usais os dois as mesmas palavras!

– minha memória diz: "foi isto que eu fiz"; meu orgulho, porém, diz quanto a isto: "isto eu não *podia* fazer" e permanece implacável. Por fim – a memória cede!

– ele tem olhos frios e secos, diante deles todas as coisas se encontram nuas, despenadas e sem cor: e, então, vós pensais que a sua impotência para a mentira seria "amor à verdade"!

– vós contemplais mal a vida, se vós ainda não conseguis olhar para aquele que *mata* com mãos cuidadosas!

– ele se sacode, olha em torno de si, passa com a mão por cima da cabeça – e, então, vós o denominais um homem do conhecimento! Mas liberdade em relação à febre ainda não é conhecimento.

31 (54)

– o homem do conhecimento de hoje, que ensina: outrora Deus queria se tornar animal: vede, eis o homem: – um Deus como animal!

– o grande amor não quer retribuir e ressarcir, no mar do grande amor o ressarcimento se afogou.

– aprendei de mim finalmente: "toda coisa terrível tem seu verso".

– todos vós que vos afogais, vós achais que eu não saberia o que vós quereis aqui? Agarrar-vos a um forte nadador, que sou eu mesmo.
– vós achais que eu gostaria de facilitar as coisas para o homem superior e mostrar para ele sendas mais cômodas? Cada vez mais elementos desse vosso tipo devem perecer e cada vez melhor quero eu mesmo aprender a rir disto
– vós levaríeis mesmo o mais forte de todos convosco para baixo, para a profundeza: tão cega e estupidamente vós vos agarrais em um salvador!
– aprendi a ver uma desgraça maior e não deixo de ter prazer em vos ver gritar.
– o que me importa a vossa miséria! Meu pecado se chamava: compaixão convosco!
– vós achais que eu estaria aí para fazer bem o que vós fazeis mal?
– agora lanço minha vara de pescar de ouro muito longe neste mar obscuro; vibrando, sua seta morde a barriga de sua aflição.
– Agora isco para mim os peixes-homens mais estranhos, agora quero ter meu riso de um marrom áureo acima daquilo tudo aí embaixo que nasceu deformado e torto.
– abre-te, tu colo impuro da loucura humana! Tu, mar abissal, lança para mim teus mais coloridos monstros e caranguejos cintilantes.

31 (55)
Vós, homens mesquinhos e estranhos, vós, desvalidos, o que me importaria a vossa miséria ainda, se não houvesse aí muita coisa para rir! Compaixão convosco: esse era o nome do único pecado que ainda me restava.

Vós todos que vos afogais, vós achais que eu não sei o que quereis de mim em minha altura: o mar os traga para baixo: agora, vós vos agarrais a um forte nadador?

E verdadeiramente, tão cega e selvagemente vós vos agarrais com braços e pernas a um salvador, que vós arrastais mesmo o mais forte nadador para a vossa profundidade!

Quanto a isto rio agora, um forte nadador, que não estende na vossa direção nenhum dedinho: pois, caso vós vos agarrásseis nele, vós também pegaríeis a mão e o coração.

Este é o vosso caráter imodesto, o fato de vós viverdes, querereis viver, por mais que eu perecesse logo por vossa conta.

31 (56)
"Vós reis e tu, um asno!"

31 (57)
O cabelo de Zaratustra se tornando preto (leão e bando de pombos)

31 (58)
– uma nostalgia atravessou a terra e bateu nas portas de todos os eremitas e falou: "Afinal, ainda vive Zaratustra?"

31 (59)
– Para o bom questionador, as coisas já se encontram meio respondidas.

31 (60)
– É preciso ter seus olhos mesmo por detrás da cabeça!

31 (61)
Diálogo com os reis
– "Vejo reis diante de mim: mas procuro o homem superior."
– Com a espada desta palavra, tu escalpelas as trevas de nosso coração.
– nós não *somos* os primeiros e precisamos ter tal significado: nós ficamos fartos e enojados por último com este engodo.
– aprendei finalmente comigo: "toda coisa terrível tem dois bons versos".
– ó Zaratustra, em sua cabeça há menos sentido para o direito do que em teu dedinho do pé.

— sob o peso de uma terrível súcia, a própria ambição se enforca: aqui dá mais prazer a alguém *ser* o último do que ser o primeiro desse povo.
— Para o bom questionador, as coisas já se encontram meio respondidas. —
— vede como isto surgiu e precisou surgir: é preciso ter também seus olhos por detrás da cabeça!
— exemplarmente injusto: pois eles querem a mesma medida para todos
— pertinaz, como um camponês tão tosco quanto ardiloso
— eles se agarram às leis e gostariam de chamar a lei de uma "terra firme": pois eles estão cansados do perigo, mas no fundo buscam um grande homem, um timoneiro, diante do qual mesmo as leis se apagassem
— a grande boca e a epidemia de roubo — coisas finas — eles se atêm a isto com patas de ovelha. Nem toda palavra pertence a uma boca qualquer.

Cães doces e bajuladores quando veneram.

Vossas mulheres: tratáveis, lascivas, esquecidas — todas elas não estão muito distantes da puta.

E qual deles diz algo bom de maneira sincera sobre o seu depois de amanhã? Quem — *pode* ainda jurar e prometer? Qual deles permanece ainda cinco anos em uma casa e com a mesma opinião?

Homens de boa vontade, mas pouco confiáveis, e ansiando pelo novo, essa jaula e esse coração estreito, esses fumeiros e esses quartos abafados — eles querem ter um espírito livre —

eles se sentem tomados pela plebe no corpo e no coração e gostariam de esconder isto <e> de se travestir com as capas da nobreza: eles o denominam educação — eles o empreendem de maneira febril

eles falam da felicidade da maioria e sacrificam por eles todo o futuro

eles possuem a sua virtude, não se pode comprá-los por qualquer preço. Não ofereça pouco, senão eles dizem "Não!" e seguem inflados, fortalecidos em sua virtude. "Nós somos os incorruptíveis!"

os mestres por um dia e outras moscas varejeiras

e com frequência eles são como aqueles seres pudicos, que precisam ser impelidos e cultivados de maneira emergencial para aquilo que eles mais gostariam de fazer.

– o seu sol da paz me parecia úmido demais e fraco: ainda prefiro me sentar à sombra de espadas vibrantes.

– nadando em pasmaceira e amenidades, feliz de sua estupidez e do fato de a felicidade na Terra ser tão bem acabada

31 (62)

A ceia

Assim falou o rei e todos se dirigiram para Zaratustra e lhe apresentaram uma vez mais sua veneração; Zaratustra, porém, balançou a cabeça e os afastou com a mão.

"Bem-vindos aqui!", disse ele aos seus hóspedes. Uma vez mais vos digo bem-vindos, vós, homens espantosos! Meus animais também vos congratulam, cheios de honra e de medo: eles nunca viram hóspedes tão elevados!

Mas vós não sois para mim nenhum pequeno perigo – assim murmuram meus animais. "Tenha atenção diante de tais homens desesperados!", diz-me a serpente em meu peito; – perdoai essa tímida cautela, ela se deve ao seu amor por mim!

Minha serpente me fala secretamente de homens se afogando: o mar os arrasta para baixo – com isto, eles gostariam muito de se agarrar a um forte nadador.

E, verdadeiramente, os que estão se afogando se agarram tão cega e selvagemente com braços e pernas a um salvador e a um homem de boa vontade, que eles arrastam consigo o mais forte dos homens para a sua profundeza. Sois vós – tais afogados?

Já estendo na vossa direção o dedinho. Ai de mim! O que vós ainda retirareis de mim e arrancareis para vós!" –

Assim falou Zaratustra e riu cheio de maldade e de amor, enquanto ele acariciava com a mão a garganta de sua águia: que se encontrava justamente ao lado dele, eriçada, e como se tivesse de proteger Zaratustra contra seus visitantes. Em seguida, porém, ele estendeu para o rei à sua direita a mão para que esse a beijasse e começou de novo, de maneira mais cordata ainda do que antes: – – –

31 (63)
A ceia.
O canto dos que riem.

A saudação.
A ceia.
A improvisação.
O discurso das rosas.

31 (64)
    Quando Zaratustra encontrou os seus convidados uma vez mais de tal modo alegres e falando uns com os outros, ele os abandonou e saiu de sua caverna em passos silenciosos. "Eles estão felizes, eu os curei, falou ele para o seu coração: como pode acabar tão bem esse dia que começou tão mal! Neste momento, a noite se abateu sobre o mar, cavalgando para cá, ele, o nostálgico, ele se pesa em suas selas púrpuras. O céu olha claramente, o mundo se estende profundo: ó, todos vós homens estranhos, que viestes até mim, vós fizestes bem em ter vindo: vale a pena viver comigo!"
    Assim falou Zaratustra para o seu coração e foi ficando cada vez mais tranquilo: entrementes, porém, um depois do outro, todos os convidados tinham saído da caverna; e aquilo que eles viram aí fora fez com que cada um deles finalmente se silenciasse. Assim estavam eles um ao lado dos outros, estendendo as mãos, mudos uns para os outros e olhando para fora: neste momento, contudo, surgiu secretamente da profundidade o som daquele velho som fechado e pesado de sino, daquele sino da meia-noite de Zaratustra, cujas batidas ele gostava de contar e decantar com rimas, e também desta vez ele veio pesadamente carregado com prazer e dor: – neste momento todos eles sentiram seus corações se estremecerem.
    Zaratustra, porém, que desvendou muito bem tudo, falou com maldade tanto quanto com amor, sem olhar para eles, muito

mais como alguém, que fala apenas para si, quase sem som, mas de maneira suficientemente clara: ó, vede estes desesperados! Ó, vede afinal estes desesperados!

– No entanto, logo que seus convidados ouviram essas palavras, eles se conscientizaram imediatamente de sua transformação e de sua convalescença: assim, eles riram de si mesmos e todos pularam sobre Zaratustra, agradecendo, venerando e amando ou beijando suas mãos, tal como era próprio ao modo de ser de cada um: portanto, de tal modo que alguns também choraram. O vidente, porém, dançou de contentamento; e se, como alguns pensam, ele também estava outrora cheio de um doce vinho, então ele estava certamente ainda mais cheio da doce vida e tinha recusado todo cansaço em relação à vida. Zaratustra atentou para o modo como o vidente estava dançando e apontou com o dedo para ele: então, porém, ele se retirou de uma única vez da multidão daqueles que agradeciam e amavam e fugiu para o seu rochedo escarpado, para o qual ele subiu com alguns passos, arrancando para si ao subir algumas rosas e rosas trepadeiras. A partir dessa altura e, como acabamos de dizer, com rosas nas mãos, ele tomou pela última vez a palavra naquela noite: olhando para a multidão de desesperados, que não duvidavam mais, de afogados que se encontravam agora sobre uma boa terra firme, ele riu de todo o coração, formou com as rosas uma coroa e pronunciou o discurso com o nome:

O discurso das rosas

Esta coroa do que ri, esta coroa e esta grinalda de rosas: eu mesmo coloco em minha cabeça essa coroa, eu mesmo santifico minhas gargalhadas. Nenhum outro encontrei hoje forte o suficiente para tanto.

Que bom que vós tenhais vindo para a minha caverna para *ver* isto! Como agradeço pelo vosso cuidado e nostalgia, que subiu montanhas e inquiriu no lugar certo: "Ainda vive Zaratustra?"

Para quem sabe perguntar, as coisas já se encontram a meio caminho de serem respondidas. E, verdadeiramente, uma resposta completamente boa é aquilo que vós só vedes aqui com os olhos: Zaratustra ainda está vivo e mais do que nunca:

– Zaratustra o dançarino, Zaratustra o leve, que acena com as asas, um preparador de voos, acenando para todos os pássaros, pronto e disposto, alguém divinamente leviano – eu mesmo coloco em minha cabeça esta coroa!

– Zaratustra o vidente, Zaratustra aquele que silencia a verdade, não um impaciente, não um incondicionado, alguém que ama saltos e escapadelas – eu mesmo coloco em minha cabeça essa coroa!

Sacudi-me juntamente com todas as lágrimas da terra e com todo o lamento humano: eu sempre estarei na superfície uma vez mais como óleo na água.

E se um dia estiver irado com a terra: estrelas do céu arrastarão, então, minha maldade para a Terra – este é o modo de ser de toda a vingança de Zaratustra.

E se também houver na Terra pântano e aflição e mares inteiros de lama terrível: quem tem pés leves consegue andar mesmo sobre a lama – rápido como sobre ferro varrido.

E se eu precisar de inimigos e se for mesmo com frequência meu pior inimigo: inimigos têm pouco a remediar comigo, eu rio rápido demais de novo depois da tempestade.

E se já tiver estado em muitos desertos e sertões: não me tornei aí nenhum santo do deserto, nem me encontra aí rijo, parado, petrificado, como uma coluna: ao contrário – continuo andando.

O passo revela se alguém já caminha em *sua* via. Pois bem, olhai-me caminhar! Quem, porém, se aproxima de sua meta – dança!

Todas as coisas boas se aproximam de maneira torta de sua meta, como gatos elas preparam uma corcova, elas ronronam por dentro diante de sua felicidade próxima: todas as coisas boas riem!

Qual era aqui na Terra o pior dos pecados? Esse foi a *palavra* daqueles que disseram: "Ai daqueles que riem!"

Ele não encontrou na Terra nenhuma razão para rir? Então ele não procurou senão mal demais: uma criança ainda encontra razões aqui. Ó, se ele tivesse encontrado a si mesmo!

Aquele – não amou o suficiente, senão ele também teria nos amado, a nós que rimos. Mas ele nos odiava e só escarnecia de nós; ele prometia que nós, os que riem, choraríamos e bateríamos os dentes!

Onde quer que não o amassem, a ele, esse incondicionado, aí ele logo queria ferver e assar. Ele mesmo não amava o suficiente: senão ele teria ao menos desejado que as pessoas – *o* amassem.

Fugi do caminho de todos esses seres incondicionados! Esta é uma espécie pobre e doente, uma espécie plebeia. Eles detestam olhar para essa vida, eles têm pés e corações pesados.

Elevai vossos corações, meus irmãos, para cima! Mais para cima! Mas não esquecei tampouco as pernas! Elevai também as vossas pernas, vós, bons dançarinos, e melhor ainda: colocai-vos também sobre as vossas cabeças!

Também há na felicidade um pesado animal, há aleijões desde o começo. Estranhamente é que eles se esforçam, esses homens felizes, tal como um elefante que se esforça para se colocar de ponta cabeça.

É melhor, todavia, ficar louco diante da felicidade do que da infelicidade! É melhor dançar de maneira grosseira do que coxear! Assim, aprendei minha sabedoria: "Toda e qualquer coisa terrível tem dois bons versos."

Assim, desaprendei comigo a soprar a aflição e toda a tristeza dos guardas noturnos! Ó, o quão tristes me parecem hoje mesmo os palhaços! Este hoje é da plebe: assim, desaprendei comigo este – hoje!

Para mim, parece-se com o vento aquele que aqui se precipita e cai de suas cavernas na montanha. Ele quer dançar segundo o seu próprio compasso, os mares tremem e saltam sob os seus passos dançarinos.

Aquele que dá asas para os asnos, que ordenha leoas: honrai em meu nome esse bom espírito indômito, que chega para todo hoje e para toda plebe como um vento tempestuoso –

– das cabeças de cardo e de couve é inimigo e de todas as ervas daninhas pequenas e rabugentas, este vento tempestuoso livre, bom e selvagem, que sopra poeira nos olhos de todos os que veem tudo como pesado e negro, viciados no que é pesado:

– aquele que odeia os cães tísicos da plebe e toda cria fracassada e sombria: honrai em meu nome este espírito de todos os espíritos livres, esta corrente de riso, que dança sobre mares e aflições como sobre os campos.

Para fora, para fora, então, tu traquina e indomável! De quem tu estás falando afinal? Voa para longe daqui, tu bom vento zunidor! Como um grito e um júbilo, tu voas sobre mares vastos, até que tu encontres as ilhas dos bem-aventurados –

– saudai minhas crianças em suas ilhas, trazei para eles a congratulação de um vizinho do sol, de um vizinho da neve, de um vizinho da águia, trazei para eles em congratulação o amor de seu pai!

Minhas crianças, meus bem-nascidos, minha nova e bela estirpe: por que vós hesitais em vossas ilhas?

Já não era tempo e mais do que tempo – então sopra para eles em seus ouvidos, tu bom espírito da tempestade – para que eles finalmente chegassem até seu pai? Não tenho esperado por minhas crianças como alguém, cujo cabelo ficou branco e encaneceu?

Para fora, para fora, tu bom espírito indômito da tempestade! Precipita-te sobre o mar vindo das cavernas da montanha, mexa-te e abençoa ainda antes da noite minhas crianças –

abençoa-as com minha felicidade, com esta felicidade de uma coroa de rosas! Lança essas rosas sobre suas ilhas, como um ponto de interrogação, que pergunta: "De onde veio tal felicidade?"

– até que eles aprendam a perguntar: "Nosso pai ainda vive? Como, nosso pai Zaratustra ainda está vivo? Nosso velho pai Zaratustra ainda ama seus filhos?"

Atrai meus filhos para mim com minha melhor felicidade! Os iça para cima em direção à minha nostalgia paterna fiel de um marrom dourado! Goteja sobre eles o mel de um longo, muito amor de um coração paterno!

O vento sopra, o vento sopra, a lua brilha – ó, minhas crianças distantes, muito distantes, por que não parais por aqui, junto ao vosso pai? O vento sopra, não há nenhuma nuvem no céu, o mundo dormita. – Ó, felicidade! Ó, felicidade!

Zaratustra, porém, mal tinha dito essas palavras, quando ele tremeu até as raízes de seu coração: pois ele notou, ao olhar para os seus pés, que estava totalmente sozinho. Ele tinha esquecido seus convidados – seus convidados também o tinham esquecido? "Onde estais vós? Onde estais vós?", gritou Zaratustra para dentro da noite: mas a noite silenciou. –

"Onde estais vós? Onde estais vós, meus animais?", chamou Zaratustra uma vez mais noite adentro. Mas também seus animais permaneceram calados – –

31 (65)
O canto do mágico.
Da ciência.
O discurso das rosas.

31 (66)
Os felizes são curiosos.

31 (67)
E se vós me chamais de vosso senhor e mestre: então quero vos dizer em rima o que esse mestre pensa de si mesmo.

Portanto, eu escrevi outrora justamente acima da porta de casa, digo, sobre a entrada desta caverna: – – –

31 (68)
Nesta Terra não há nenhuma infelicidade maior do que aquela que acontece quando os poderosos da Terra não se mostram também como os primeiros homens. Aí justamente tudo se torna obliquamente falso e – – –

Mas se tudo se torna falso, qual é o espanto, se, então, a plebe aspira a se tornar senhora? Neste caso, a virtude da plebe fala: "vede, eu apenas sou a virtude!".

Algo deste gênero acontece entre hoje e amanhã: como foi, porém, que isto surgiu e precisou surgir – –

31 (69)
    Quero falar convosco alemão e falar claramente
    Até agora não sei muito o que fazer convosco – O melhor é ainda que nos regalemos uns com os outros.

31 (70)
    os dois reis
    o mendigo voluntário
    o mágico
    o consciencioso do espírito
    o mais feio dos homens
    o papa fora de serviço
    o viandante
    os que dormem a sesta

[32 = Z II 9. Inverno 1884-1885]

32 (1)
  Recondução das avaliações morais às suas raízes

32 (2)
  Ele falou para todos nós, tu nos redimiste do nojo – esta é uma das piores doenças deste tempo terrível.
  Zaratustra: que presente vós trouxestes para mim – vós mesmos não poderíeis saber *o que* vós acabastes de me presentear!

  tu ensinas a cultivar uma nova nobreza
  tu ensinas a fundar colônias e a desprezar a política de mercadores dos Estados
  de ti depende o destino dos homens
  tu conduzes a moral para além de si (superação do homem, não apenas a consciência pecaminosa "do bem e do mal")

  O discurso de Zaratustra sobre o homem superior: vós precisais descobrir as *vantagens* desse terrível tempo

32 (3)
  A boa refeição.
  Dos homens superiores.
  O canto do mágico.
  Da ciência.
  O discurso das rosas.

32 (4)
  Sobre o "mais feio dos homens"
  Não desanimei, ó, minha alma, mesmo do homem! É preferível ainda pousar teus olhos em tudo o que há nele de mau, esquisito e terrível!

"O homem é mau" – assim falavam para o meu consolo mesmo o mais sábio de todos os tempos. Ó, que o tempo tenha me ensinado a suspirar: "Como! Será que isto também é ainda verdade?" Como? O consolo desapareceu? Então suspira *meu* desalento. Agora, porém, o que me consola é esse mais divino de todos os elementos.

32 (5)
    Plebe, isto quer dizer agora: miscelânea. Aí tudo está misturado com tudo: patifes e santos, latifundiários e judeus e todo o tipo de animais da arca de Noé.
    E estas mulheres de hoje – eles não são também mulheres péssimas e plebeias? submissas, prazerosas, esquecidas, compassivas – elas todas não estão muito distantes da puta.
    – Meus amigos, se vós vierdes a contar isto algum dia para as vossas mulheres, dizei de maneira gentil e habilidosa: "Tu apenas, minha querida, és a exceção. E Zaratustra te cumprimenta por isto."

32 (6)
    Tu, velho mágico terrível, eis o teu melhor e mais probo, eis o que honro em ti: o fato de tu teres te cansado finalmente de ti e teres dito: "eu não sou grande". Bem tarde tu chegaste a *esta* probidade.
    Tu que não encontras nunca a paz, tu falso, não redimido, como é que em algumas horas o teu diabo sussurra em teu ouvido: "passa primeiro a acreditar em ti, justamente tu poderias redimi-la, tu és falso o bastante para isto"!

32 (7)
    Mas agora deixa este meu quarto de criança, deixa minha caverna e sai! Refresca aqui fora tua arrogância ardente e aprende a te aquietares diante da felicidade.
    A noite olha claramente, a lua brilha, não há nenhuma nuvem no céu: perguntai-me, perguntai-vos, vós, seres estranhos, se vale a pena – viver!

Zaratustra, porém, disse as palavras que ele já tinha dito um dia, outrora quando ele devotara à vida o seu sim para a eternidade, e a eternidade para essa mesma vida e para essa vida igual: sua voz, contudo, tinha se transformado.

E todos os que ouviam Zaratustra responderam com o coração ao que ele dissera, mas ninguém disse uma palavra. Assim, eles ficaram parados juntos uns dos outros, calados, segurando as mãos uns dos outros e olhando para fora. Neste momento – – –

32 (8)
A nostalgia da terra natal sem terra natal. O viandante.
1. ou seja, que falta pouco para mim para que eu seja o eterno judeu, a não ser o fato de que não sou nem eterno, nem judeu.
2. o que mora à minha volta logo se torna meu hábito.
3. quando o diabo troca de pele, seu nome também se desprende: o nome também é pele.
4. só quem sabe para onde vai sabe também qual é o seu vento de popa.
5. ele perdeu sua meta: ai de nós, como é que ele irá escarnecer e digerir sua perda!
6. ele os está convencendo de que eles teriam perdido o caminho, de que eles devem ter um caminho!
7. isto se esclarece: agora nada mais me diz respeito. – Toma cuidado para que tu não venhas a ser esclarecido sobre coisas demais!
8. o mais santo dos homens também pensa: "quero viver, como me apraz – ou não tenho mais nenhum desejo de viver!
9. onde posso me sentir em casa? É este lugar que venho há mais tempo buscando: a busca se tornou minha prova constante.
10. eu não o queria antes, assim já o preciso querer depois – Tudo, portanto, precisa ser por mim "reconfortado".
11. agora não vive mais ninguém – que eu ame: como é que ainda deveria suportar a mim mesmo!

12. essas jaulas e esses corações estreitos – como é que eles podem querer ter um coração livre! E quem não cometeu todos os tipos de crime como –
13. os mestres por um dia e outras moscas varejeiras.
14. onde ressoa o ouro, onde impera a puta, onde só se pode pegar e agarrar as coisas com luvas.
15. os por demais envergonhados, que precisam ser coagidos e criados necessariamente para aquilo que eles mais gostariam de fazer.
16. excitável nas partes cerebrais e pudendas, como judeus e chineses.
17. aqueles que se convencem com gestos sublimes, mas que se tornam desconfiados com razões.
18. o quão segura é para os inconstantes mesmo uma prisão! O quão tranquilamente não dormem criminosos presos!
19. "toma cuidado para não seguir muito de perto a verdade, mordendo o seu calcanhar: se não ela pode pisar na sua cabeça!
20. Como? Tu achas que tu és um espírito livre? Tu já cometeste todos os crimes? Já dilacerou o teu coração venerador?
21. almas arenosas e ressecadas, berços secos de rios: como – espíritos livres?
22. ele aspirava se lançar no proibido: esta é a origem de toda a sua virtude.
23. tu já lidaste com os pensamentos mais distantes e mais frios, como um fantasma em telhados invernais?
24. revolvido, impelido de um lado para o outro, inconstante: já dormi ao menos uma vez em todas as superfícies, como poeira já pousei em todos os espelhos, em todas as janelas.
25. as coisas são bem piores do que vós pensais: alguns acham que estão mentindo e justamente aí eles encontram pela primeira vez a verdade! –
26. estes seres temerosos e pesados que fazem grunhir sua consciência: não sou como eles.

27. o que faz a Europa? – Ó, trata-se de uma mocinha doente e esquisita: é preciso gritar loucamente e deixar que se quebrem pratos e mesas, se não jamais se terá paz diante dela: uma mulher que quer sofrer com aquilo que ela ama.
28. tempos mais pensantes, tempos macerados pelo pensamento, tal como o nosso hoje e ontem.
29. ah, para onde foram o bem e a crença dos bons! Ah, para onde foi a inocência de todas essas mentiras nobres!
30. o Deus, que eles outrora criaram a partir do nada – o que há para se espantar! Ele se tornou para eles agora um nada.
31. precipitados como macacos-aranha saltando.
32. um banho frio – tu queres entrar aí com a tua cabeça e o teu coração? Ó, o quão rapidamente tu te encontrarás parado como um caranguejo vermelho! (Zaratustra vê surgir um homem vermelho como o fogo.)
33. viver entre caixões e serragens; eu não tinha nenhuma vontade de me dedicar ao artesanato dos coveiros.
34. "nada é verdadeiro! tudo é permitido!" eu cometi todos os crimes: os pensamentos mais perigosos, as mulheres mais perigosas.
35. primeiro meu sentido se dirigiu para poucas coisas durante muito tempo: mas onde se encontraria o hoje! Assim, não desprezo, então, as pequenas belezas breves.
36. o quão pouco o conhecimento seria estimulante, se no caminho até ele não houvesse tanta vergonha a superar –
37. os homens do conhecimento de hoje, que ensinam: outrora aconteceu de Deus ter querido se tornar animal –: Deus mesmo como animal: vê, eis o homem!
38. um espírito livre, mas uma vontade fraca; asas vibrantes, mas uma espinha dorsal quebrada.
39. ora eles se bloqueiam, ora eles se arrastam, essas adoradas pátrias.

1, 9, 24, 2, 39, 14
6, 5, 4, 35, 8, 37, 30
38, 11, 10
21, 32, 33, 23, 27, 16, 28
15, 36, 22, 20, 34, 7, 25, 3, 16, 26, 29
18, 12
19

O bom europeu

1, 9, 24, 2 (rindo das *pátrias*), sem terra natal, vagabundo
13, 14 prazeroso 8
6, 5, 4, 35 sem finalidade, não retido por nada numa cerca
37, 30
38 vontade fraca 11, 10
21, 32, 33 habituado com os pensamentos mais fortes (mais estimulantes), os banhos de todos os mais frios 23:
    27 *antes*: isto significa *europeísmo*
    16, 28 e povos anciãos como os judeus
15, 36 superar a vergonha – – 22, 20 *crime* do pensamento
34 "tudo é permitido"
    7, 25, 3, 16, 26, 29 cheio de escárnio em relação à moral
18, 12 perigo de se aprisionar em uma jaula
19 *cansado do espírito, enojado*

32 (9)

O sapiente e o consciencioso

– Um homem do conhecimento de hoje, que pergunta: o que é, afinal, o homem? Deus mesmo como animal? Outrora justamente, parecia-me que Deus queria se tornar animal.

– homens frios e ousados, aqueles dos quais não se quer acreditar em suas tolices: se os interpreta muito mal como inteligências terríveis.

– sem razões, vós aprendestes a não acreditar nisto: como é que eu poderia, então, derrubar com razões essa vossa crença!

– o elogio não é mais penetrante do que toda censura? Eu também desaprendi a elogiar, falta-me para tanto vergonha.

– esses seres sapientes e conscienciosos; como é que eles com mãos cuidadosas – *matam*!

– vossa memória diz: "foi isto que eu fiz"; vosso orgulho, contudo, diz: "tu não poderias ter feito isto": e não se deixa solicitar. Por fim – vossa memória cede.

– ele tem olhos frios e ressecadores, diante dele todas as coisas se encontram despenadas e sem cor, ele sofre de sua impotência para a mentira e a chama de "vontade de verdade"!

– ele se agita, olha em torno de si, passa a mão por cima da cabeça, e, então, se deixa levar à descompostura por um ser cognoscente. Mas liberdade em relação à febre ainda não é "conhecimento".

– os seres febris veem todas as coisas como fantasmas e os sem febre como sombras vazias – e, contudo, os dois precisam das mesmas palavras.

– Mas tu, astuto, como tu pudeste agir! Foi uma burrice! – "Também ficou difícil demais para mim."

– Ter espírito não é mais suficiente hoje: é preciso ainda tomá-lo sobre si, "extrair" o espírito para si: para tanto é preciso ter muita coragem.

– também há aqueles que são degradados para conhecer, porque eles são mestres: eles só levam as coisas e a si mesmos a sério em virtude dos alunos.

– aí estão eles, os gatos pesados de granito, os valores oriundos de tempos imemoriais: e tu, ó Zaratustra, tu queres derrubá-los?

– vosso sentido é um contrassenso, vosso chiste é um chiste repleto de senões.

– aqueles seres aplicados e fiéis, para os quais todo dia corre claro como o ouro e de maneira homogênea.

– como um viandante, que sonha com coisas distantes e que tropeça sem querer em uma estrada solitária em um cão que dorme: como inimigos mortais os dois se olharam, assustados mortalmente. E, contudo! O quão pouco falta no fundo o fato de eles se tocarem mutuamente, se acariciarem, se consolarem: esses dois solitários!

– espíritos tenazes, finos e pequenos

– aconselha-me: tua demonstração cansa a fome de meu espírito.

– tu nem mesmo sentes que tu sonhas: ó, tu ainda te encontras aí longe do despertar!

– meu amigo, a virtude não faz nada com um "para", um "porquê" ou um "para quê", ela não tem nenhum ouvido para tais palavras pequenas.

– cheio de uma desconfiança profunda, tomado pelo lodo da solidão, com uma longa vontade, um silencioso, tu, amigo de todos aqueles que cobiçam.

– tu não serás queimado por tua crença, desde dentro, com pequenos gravetos verdes: mas pelo fato de ele não poder encontrar mais hoje nenhuma coragem para a sua crença.

– desajeitado como um cadáver, na vida morto, enterrado, escondido: ele não consegue mais ficar parado, este acocorado, esse homem à espreita: como é que ele poderia algum dia ressuscitar!

– não basta que o raio não cause mais danos, ele deve aprender a trabalhar para mim.

– tu querias ser a luz para eles, mas tu os cegaste. Teu próprio sol furou-lhes os olhos.

– como foi que aconteceu de a verdade ter vencido? Será que um forte erro a ajudou?

– aqui tu és cego, pois aqui cessa tua probidade.

– eles deitam sobre suas barrigas diante de pequenos fatos esféricos, eles beijam poeira e fezes aos seus pés, eles exultam: "aqui está finalmente a realidade!".

32 (10)
O mendigo voluntário
Só então ele retornou à natureza

– Tu estás entre aqueles que se entusiasmam com legumes verdes e que detestam todos os amigos da carne? Prega sermões da montanha e filosofia para o adorável gado

– eles são frios: que um raio parte seus pratos e que suas bocas aprendam a devorar fogo!

— cansei-me de mim mesmo: e vê, só agora minha felicidade veio até mim, a felicidade que esperava por mim desde o começo.

— eles se sentam aí com as patas presas, esses gatos e seus arranhões, agora eles não conseguem mais arranhar, mas eles olham com veneno de seus olhos verdes.

— alguns já se jogaram de sua altura para baixo. A compaixão pelo baixo os seduziu: agora, eles se encontram aí com os membros quebrados.

— o que me ajuda o fato de ter agido assim! Eu auscultei o eco, mas só ouvi elogios.

— com olhos de ladrão, por mais que eles já se encontrem em meio à riqueza. E alguns deles chamo de colecionadores de canalhas e abutres.

— 1 eu os vi tal como eles estão acostumados a serem vistos por seus pais, eu os vi com a mão grande: neste momento, preferi uma mão menor.

— 1 olhos cobiçosos, almas gálicas

— 1 é preferível negociar a esses comerciantes! Só se deve tocar dinheiro e cambistas com luvas!

— 1 a pequena benevolência revolta lá onde a grande quase não é perdoada.

— 1 vós ultrarricos, vós gotejais como garrafas rombudas, a partir de gargalos estreitos demais: cuidado, a impaciência já quebrou muitas vezes tais garrafas!

— 1 eu me envergonhei da riqueza, ao ver os nossos ricos, lancei fora o que tinha e joguei a mim mesmo em um deserto.

2 — meu valoroso estrangeiro, onde tu te deténs? Não tentam hoje todos os homens regatear? Todos eles são compráveis; só não o são por qualquer preço: mas se tu os quiseres comprar, só não ofereça pouco, se não tu fortaleces a sua virtude. Se não eles te dizem: não! E saem daí inflados, como os incorruptíveis — todos esses mestres por um dia e moscas varejeiras de papel!

— almas estreitas, almas de mercadores: pois quando o dinheiro salta nas caixas, a alma do mercador salta junto com ele.

— "É nisto que reconheço o ultrarrico: ele agradece àquele que toma", diz Zaratustra.

– 1 Cativos da riqueza, cujas ideias soam frias como correntes.
– 1 eles inventaram para si o mais sagrado tédio e o desejo dos dias lunares e dos dias úteis.
– como um viandante, que sonha com coisas distantes, se choca sem querer em uma estrada silenciosa com um cão que dorme:
– como inimigos mortais os dois se olharam, os dois mortalmente assustados: o quão pouco faltava para que os dois se tocassem e se acariciassem, os dois solitários!
– não por aquela velha castidade finória que diz: "dar aos pobres é emprestar a Deus. Sede bons banqueiros!"
– vós amais a utilidade como o veículo de vossas inclinações, mas o barulho de suas rodas não vos é insuportável? Eu amo o inútil.
– 1 suas mulheres: submissas, cobiçosas, esquecidas: todas elas não estão muito distantes da puta.
Amo a tranquilidade, e eles amam o barulho, por isto – – –

32 (11)
Do homem superior
"Assim vós não sereis como as crianças" – Não! Não! Três vezes não! Isto passou. Nós também não queremos de modo algum entrar no reino dos céus.
Nós nos tornamos homens, assim queremos o reino da Terra. (Não! Não! Três vezes não! O que me importa o repicar do bumbo dos céus! Nós *não queremos* entrar no reino dos céus: o reino da Terra deve ser o nosso reino!)
"vós sois pressionados para o alto, até mim: que o povo fale "vós subis". Vós sois para mim – *pressionados*!
– na era em que a satisfação da plebe impera e na qual o nojo já designa o homem superior:

32 (12)
As sete solidões
E se eu um dia precisar uivar com os lobos, então eu o farei muito bem: "tu uivas melhor do que nós lobos".

32 (13)

O canto de roda

Mas quando eles tinham ficado há muito tempo parados e o caráter obscuro da noite foi chegando cada vez mais próximo de seus corações, neste momento aconteceu aquilo que naquele longo dia espantoso foi de tudo o mais espantoso. Em primeiro lugar, começou justamente o mais feio dos homens de novo a gargarejar e a esbravejar: quando ele, porém, deu a isto a forma de palavras, surgiu uma pergunta de maneira clara e distinta de sua boca, uma pergunta que revirou o coração no corpo de todos aqueles que a escutaram.

Meus amigos como um todo, falou o mais feio dos homens, o que vos parece? Em virtude desse dia – pela primeira vez estou satisfeito por ter vivido toda essa vida.

E que eu o ateste ainda está longe para mim de ser suficiente. Vale a pena viver na Terra; um dia junto com Zaratustra me ensinou a amar a Terra.

"Era *isto* – a vida?, quero falar para a morte. Pois muito bem! Uma vez mais! Em virtude de Zaratustra!"

Meus amigos, o que vos parece? Vós não quereis falar como eu para a morte: "Era *isto* – a vida? Em virtude de Zaratustra – pois muito bem! Uma vez mais!"

E tu nosso médico e salvador – deixai-nos, ó Zaratustra, a partir de agora ir contigo!

Assim falou o mais feio dos homens; todavia, não faltava muito para a meia-noite.

Neste momento, Zaratustra segurou impetuosamente a sua mão, apertou-a em suas mãos e exclamou abalado, com a voz de alguém para o qual cai do céu um presente e uma joia deliciosos.

"Como? Tu estás falando isto, meu amigo? *Esta* é tua vontade? Esta é tua maior, melhor, derradeira e total vontade? Pois muito bem! Dize-a uma vez mais!" – –

E o mais feio dos homens fez aquilo que ele tinha sido conclamado a fazer: no entanto, logo que os outros homens superiores ouviram o seu elogio, eles se conscientizaram de uma vez só de sua transformação e de sua convalescença, assim como de quem lhes as tinha presenteado: com isto, eles saltaram para cima de Zaratustra agradecendo, venerando, acariciando ou beijando-lhe a mão, tal como era próprio ao modo de ser de cada um: ou seja, de tal modo que alguns sorriam, enquanto outros choravam. O velho vidente, porém, dançou de contentamento, e se mesmo ele, como alguns acham, estava outrora cheio de um doce vinho, então é certo que ele estava ainda mais cheio da doce vida e tinha recusado todo cansaço. Há até mesmo aqueles que contam que outrora mesmo o asno teria dançado; o mais feio dos homens justamente tinha lhe dado antes vinho para beber ao invés de água, outrora, quando ele o louvava como o seu novo Deus. As coisas podem ter acontecido muito bem assim ou, então, de um modo diverso – e, verdadeiramente, nem todos aqueles que contam a história de Zaratustra acreditarão nisto –: com certeza, contudo, o mais feio dos homens também seria capaz dessa perfídia.

O próprio Zaratustra, no entanto, atentou para o modo como o vidente dançava e apontou com o dedo para ele; em seguida, então, ele arrancou num golpe só a capa do amoroso e venerador, colocou o dedo na boca e pediu silêncio. Estava-se próximo daquela hora profunda da noite em que Zaratustra entoou o grande canto de roda, no qual seus hóspedes entraram em fila; o asno, a águia e a serpente, porém, se puseram a escutar, assim como a caverna de Zaratustra escutou e a própria noite. Esse canto de roda, contudo, dizia o seguinte:

Elevai vossos corações, meus irmãos, alto! mais alto! – mas só não esqueçais também das pernas! Elevai também as vossas pernas, vós, bons dançarinos, e, melhor ainda, seria colocar-vos sobre vossas cabeças!

Escutai! Escutai! Aproxima-se a profunda meia-noite!

Neste momento, o velho vidente teve uma ideia: "Também há na felicidade animais pesados, há pés de chumbo desde o começo. Só muito penosamente eles se movem, como um elefante, querendo se colocar sobre sua cabeça.

Escutai! Escutai! Aproxima-se a profunda meia-noite!"

Neste momento, o mais feio dos homens teve uma ideia: "Melhor ainda dançar com pés de chumbo do que andar com pernas aleijadas; melhor estar louco de felicidade do que de infelicidade. Esta, porém, é a melhor verdade de Zaratustra: mesmo a mais terrível das coisas possui dois bons versos.
Escutai! Escutai! Aproxima-se a profunda meia-noite!"
Neste momento, o mágico teve uma ideia: "Agora desaprendi a ficar remoendo amargura e toda a tristeza dos guardas noturnos. Quero fazer como o vento, que torna todo céu claro e faz com que todo mar se enfureça: quero a partir de agora fazer o mesmo que Zaratustra.
Escutai! Escutai! Aproxima-se a profunda meia-noite!"
Neste momento, o rei à direita teve uma ideia: "Abalai-me com todas as lágrimas da Terra e com todas as queixas humanas, sempre estarei de novo em cima como o óleo na água. Isto, porém, aprendi com Zaratustra.
Escutai! Escutai! Aproxima-se a profunda meia-noite!"
Neste momento, o rei à esquerda teve uma ideia: "E se eu precisar me enraivecer uma vez mais com a Terra: minha maldade arrastará cá para baixo para a Terra as estrelas do céu: este é o tipo da vingança de Zaratustra.
Escutai! Escutai! Aproxima-se a profunda meia-noite!"
Neste momento, o bom europeu teve uma ideia: "E mesmo que haja sobre a Terra pântano e aflição e mares inteiros de uma lama negra: quem tem pés leves, como Zaratustra, ainda anda sobre a lama, rápido como sobre o aço polido.
Escutai! Escutai! Aproxima-se a profunda meia-noite!"
Neste momento, o mendigo voluntário teve uma ideia: "O passo revela se algum já progride em seu caminho: vede Zaratustra andando! Quem, contudo, se aproxima de sua meta – dança.
Escutai! Escutai! Aproxima-se a profunda meia-noite!"
Neste momento, o velho papa teve uma ideia: "Qual até hoje o maior pecado sobre a Terra? Foi a palavra daquele que disse: 'Ai daqueles que riem!'
Escutai! Escutai! Aproxima-se a profunda meia-noite!"

32 (14)
A derradeira hora
1.
Mas o que aconteceu outrora com o próprio Zaratustra? – Sim, quem poderia desvendar aquilo que ocorreu com ele naquela noite! – Ele caiu no momento em que viu a felicidade de seus homens superiores, caiu de uma vez só como um carvalho, que resistira durante muito tempo a muitos golpes de machado – pesada e repentinamente, para o horror daqueles que queriam vê-lo cair. O machado, porém, que derrubou Zaratustra – *compaixão* se chamava esse machado, compaixão pela *felicidade* dos homens superiores.
2.
Os homens superiores precipitaram-se sobre ele, quando ele assim se encontrava no chão, de tal modo que eles o ajudaram mais uma vez a se levantar: mas ele logo saltou por si mesmo e se colocou de pé, empurrou todos para longe de si, todos aqueles que se aglomeravam ao seu redor, e gritou: "Fora! Fora! Fora!" "Deixai-me", gritou ele, tão dolorosa e terrivelmente, que o coração de seus amigos paralisou; e antes que ao menos uma mão tivesse se estendido para detê-lo, ele retirou sua roupa pela cabeça, correu em direção à noite negra e desapareceu.

Seus amigos, então, permaneceram parados por um tempo atordoados e mudos, pois eles eram estrangeiros nestas montanhas, e ninguém teria a essa hora encontrado mesmo a 100 passos de distância o caminho. Aproximava-se a meia-noite. Então, quando eles não sabiam mais o que fazer ou o que pensar, entraram finalmente uma vez mais na caverna de Zaratustra, como se todos estivessem se sentindo tristes e com frio, e suportaram aí até mesmo a noite, com pouco sono e muitos pensamentos e fantasmas terríveis.

Na hora da primeira aurora aconteceu, porém, de aquele viandante, que se denominava a sombra de Zaratustra, ter abandonado secretamente seus companheiros e ter se colocado diante da caverna, à espreita daquele que tinha se perdido. E não muito tempo depois ele gritou para o interior da caverna: "lá vem chegando Zaratustra!". Neste momento, todos sacudiram de si o sono e os terríveis pensamentos e se levantaram como que por um salto, cheios de esperança de que o dia amanhecesse uma vez mais. No entanto, quando estavam assim uns com os outros à espreita – e mesmo o asno tinha saído com eles e estava à espreita de Zaratustra – vê, eles repentinamente vislumbraram a distância um estranho espetáculo. Zaratustra vinha justamente subindo o caminho, lentamente, muito lentamente: por vezes, ele parava e olhava para trás: atrás dele, porém, caminhava um animal amarelo e poderoso, hesitando como o próprio Zaratustra, com um curso lento e com frequência olhando para trás. Todas as vezes, contudo, que Zaratustra voltava a cabeça para ele, ele andava alguns passos mais rápidos para frente, em seguida, no entanto, hesitava uma vez mais. O que está acontecendo aí?, perguntavam-se os homens superiores, e seus corações batiam acelerados, pois eles desconfiavam que esse poderoso animal amarelo era um leão das montanhas. E, vê, repentinamente o leão percebeu a presença deles: assim, ele emitiu um violento rugido e saltou para cima deles: de tal modo que todos gritaram em uníssono e se puseram a fugir. E rapidamente Zaratustra se viu sozinho e ficou parado, espantado, diante de sua caverna. "O que aconteceu comigo?", disse ele para o seu coração, enquanto o forte leão se envergonhou e se sentou sobre seus joelhos. "Que tipo de grito de socorro eu ouvi!" Neste momento, porém, veio-lhe a lembrança e ele compreendeu de uma vez só tudo o que tinha acontecido. Aqui está a pedra, falou ele exultante, na qual me sentei ontem de manhã: aí ouvi o mesmo grito. Ó, vós, homens superiores, foi o *vosso* grito de socorro que ouvi!

E foi em relação à minha indigência que aquele velho vidente me advertiu ontem de manhã; ele queria me seduzir para o meu derradeiro pecado, para a compaixão por *vossa* indigência!

Mas vossa *felicidade* foi meu perigo –: compaixão por vossa felicidade, *isto* – ele não desvendou! Ó, o que esses homens superiores desvendaram certamente de mim!

Pois muito bem! Eles foram embora – e eu *não* segui com eles: ó, vitória! Ó, felicidade! Isto me saiu bem!

Tu, porém, meu animal e símbolo da verdade, tu leão que ri, tu permaneces comigo! Pois muito bem! Avante! Tu vieste para minha honra e na hora certa, tu és meu terceiro animal venerando!

Assim falou Zaratustra para o leão e se sentou sobre a pedra, na qual ele um dia antes se sentara, com uma profunda respiração –: neste momento, porém, ele olhou de maneira questionadora para a caverna – ele acabara de ouvir sobre si o chamado agudo de sua águia.

Meus animais estão retornando, meus dois velhos animais venerandos, gritou Zaratustra e exultou em seu coração: eles devem inspecionar e dizer se minhas crianças estão a caminho e vindo para mim. E verdadeiramente, minhas crianças vieram, pois o leão que ri já chegou. Ó, vitória! Ó, felicidade!

32 (15)
O sinal

Todavia, na manhã depois dessa noite, Zaratustra saltou de sua cama, cingiu as coxas e saiu de sua caverna, ardente e alegre, como o sol da manhã, que vem das montanhas escuras.

"Eles ainda dormem", gritou ele, "enquanto *eu* estou desperto – *esses* não são meus companheiros corretos, esses homens superiores".

É preciso que venham homens mais elevados do que eles, mais atrevidos, mais livres, mais claros – leões que riem devem vir até mim: o que me interessa toda essa pequena miséria breve e estranha!

"Por isso espero, por isto espero agora" – e ao falar assim, Zaratustra se sentou sobre a pedra diante de sua caverna.

"Quem deve ser o senhor da terra?", assim ele recomeçou a falar. Pois bem! *Estes* aí verdadeiramente não – prefiro esfacelar *estes* daí com meu martelo. Eu mesmo, porém, sou um martelo.

Eles suportam certamente a vida na Terra, quando se os deixam lascivos com o prazer da Terra, quando se lhes fala com o coração. Como! Essa Terra apenas – *suportar*? Em virtude da Terra me envergonho de tais discursos.

Prefiro ter animais selvagens e maus à minha volta a esses mansos fracassados; o quão venturoso quero ser, ao ver uma vez mais os milagres, que o sol quente traz consigo –
– todos os animais maduros e bem constituídos, dos quais a própria Terra está orgulhosa. Foi o homem até aqui um fracasso para ela? Pois muito bem! Mas o leão vingou.

E uma vez mais mergulhou Zaratustra em pensamentos e países distantes e no silêncio que foge mesmo do próprio coração e que não tem nenhuma testemunha.

32 (16)
   O sacrifício do mel.
   O grito de socorro.
   Diálogo com os reis.
   O viandante.
   O mendigo voluntário.
   O papa fora de serviço.
   O expiador do espírito.
   O consciencioso.
   O mais feio dos homens.
   Os que dormem ao meio-dia.
   O cumprimento.
   A ceia.
   Do homem superior.
   O canto do mágico.
   Da ciência.
   O Salma da sobremesa.
   O ressuscitado.
   Meia-noite.
   O caçador selvagem.
   O leão que ri.

32 (17)
   O bom europeu.
   O que é alemão?
   A tartufaria dos bons.

Os grandes espíritos. O filósofo.
Artistas e enganadores.
O pessimismo do intelecto.
Espírito e posse 310.
Do domínio dos que sabem 318.
Sobre a medicina.

32 (18)
Da grande política.
O que é alemão?
Contra o conceito de "punição".
Sobre a medicina.
Contra o amor ao próximo.
Os grandes espíritos.
Dos gregos.
Cristãos e santos.
A tartufaria da moral.
Contra a nossa educação.
Moral de rebanho.

32 (19)
Serviço público e funcionários públicos.
Eruditos – equivocados.
O que é preciso aprender com os gregos
Das superstições dos filósofos.
O bom europeu (socialismo)
Sem Deus, N. 125.
Contra a compaixão e o amor ao próximo.

32 (20)
Em favor do nobre.
Contra a suspensão da escravidão.
Contra os socialistas, N. 235.
Da morte do Estado.
Moral como instinto de rebanho.
O grande homem.

A irrazão na punição.
O quão mendazes são os artistas.
Contra os pessimistas e outros – – –
O bom homem e o emburrecimento.
O valor de uma falsa interpretação, N. 126.
O fino obscurantismo.
O que é alemão.
Incompreensão do gênio.

32 (21)
 Da profundeza brota um aroma, que não tem nenhum nome. Um aroma secreto da eternidade.
 Ó, meia-noite! Ó, eternidade!

32 (22)[106]
  A catástrofe niilista
Sinais: aumento excessivo da compaixão
 a extenuação *espiritual* e a ausência de cultivo
 prazer ou *desprazer* – tudo se reduz a isto –

 Contramovimento em relação à *glória da guerra*
 Contramovimento em relação à demarcação e a *hostilidade entre as nações*
  "fraternidade"
 a *religião* se tornou inútil, na medida em que ela ainda conta fábulas e sentenças duras

 Meditação descomunal:
  Como que em uma antiga fortificação

---
106 Surgiu no início de 1888.

[33 = Z II 10. Inverno de 1884-1885]

33 (1)

A boa ceia

Estávamos na metade desta longa ceia que já tinha começado à tarde. Neste momento, alguém disse: "Ouvi como o vento lá fora zune e apita! Quem é que gostaria de estar agora lá fora no mundo! É bom que nós estejamos sentados na caverna de Zaratustra.

Pois, por mais que ela seja uma caverna, para navios como nós somos, ela é de qualquer modo um bom porto. Que bom que nós estejamos aqui – no porto!"

Quando essas palavras foram ditas, ninguém respondeu, todos, porém, se entreolharam. O próprio Zaratustra, contudo, levantou-se de seu assento, colocou seus hóspedes à prova um depois do outro com uma curiosidade afável e falou finalmente:

"Eu me espanto convosco, meus novos amigos. Vós não tendes a aparência de homens desesperados. Quem poderia acreditar que vós estivestes há tão pouco tempo nessa caverna gritando com desespero!

Parece-me que vós não prestais para a sociedade, vós estragais o humor uns dos outros, quando vós vos sentais juntos? É preciso que haja alguém entre vós que vos faça rir –

– um bom e alegre arlequim, um dançarino com a cabeça e as pernas, um vento e um traquina, um velho louco qualquer e Zaratustra – o que vos parece?"

Ao escutar essas palavras, o rei da direita levantou-se e falou: Não fala com tais pequenas palavras em teu próprio nome, ó, Zaratustra! Tu feres, com isto, a nossa veneração.

Vê, nós sabemos naturalmente quem é capaz de fazer com que nós não gritemos mais de desespero! E por que nossos olhos e nossos corações se encontram abertos e encantados e nossa coragem está se tornando arteira.

Ó, Zaratustra, nada cresce mais feliz sobre a Terra do que uma vontade forte e altiva: essa vontade é sua mais bela florescência. Toda uma paisagem se refresca junto a tal planta.

Com o pinheiro eu comparo quem como tu, ó, Zaratustra, cresce: esguio, silencioso, duro, solitário, da melhor e mais flexível madeira, maravilhoso –

– por fim, porém, se agarrando com suas hastes verdes e fortes em direção ao *seu* domínio, formulando intensas questões diante de ventos e tempestades e em face de tudo aquilo que está em casa nas alturas.

– respondendo de maneira mais áspera, um comandante, um vitorioso: ó, quem não deveria escalar altas montanhas a fim de olhar para tais plantas?

Desta tua árvore, ó, Zaratustra, mesmo o mais sombrio, o mais desvalido, se refresca, ao ver teu rosto mesmo o inconstante fica seguro e cura seu coração.

Que bom, portanto, que nós tenhamos gritado em desespero: assim, *precisamos* subir até a tua vista! Como agradecemos agora todo nojo, todo ar pesado, uma vez que eles nos ensinaram a questionar, a buscar e a subir, –

– ensinaram a questionar no lugar certo, na altura certa: "Zaratustra ainda vive? Como é que Zaratustra ainda vive?"

Aquele que sabe perguntar já se encontra a meio caminho da resposta. E, verdadeiramente, uma resposta totalmente boa é aquilo que vemos aqui com nossos próprios olhos: Zaratustra ainda vive, e mais do que nunca, –

– Zaratustra o dançarino, Zaratustra o leve, que acena com as asas, apontando para todos os pássaros, disposto e pronto, um divinamente leviano,

– Zaratustra, aquele que ri, Zaratustra aquele que silencia, não um impaciente, não um incondicionado, alguém que ama saltos e escapadelas.

– Aquele que porta a coroa do riso, uma coroa de rosas. Tu mesmo justamente, ó, Zaratustra, colocaste essa coroa de flores na cabeça, nenhum outro seria hoje forte o suficiente para tanto!

E por mais que tu tenhas visto coisas mais terríveis e mais negras do que qualquer um daqueles que só veem as coisas pretas e por mais que nenhum santo tenha jamais passado por teus infernos

– por mais que tu tenhas envolvido novas noites em torno de ti e por mais que tu tenhas descido a novos abismos como uma

névoa férrea e sombria: tu sempre estendeste finalmente a tua barraca colorida sobre ti,
 – tu estendes teu sorriso sobre a noite e o inferno e sobre o abismo nebuloso; e onde se encontra tua alta e forte árvore, aí o céu não tem mais o direito de continuar escuro.

Neste momento, porém, Zaratustra interrompeu o discurso do rei, colocou o dedo sobre sua boca e falou: "Sim, esses reis!" –
– Eles sabem homenagear e usar palavras empoladas: eles mesmos estão acostumados com isto! Mas o que não vai acontecer com meus ouvidos aí!

Minhas orelhas vão se tornando neste caso cada vez menores, vós não o estais vendo? Elas se escondem diante de todo grande discurso pomposo.

E verdadeiramente, vós reis, com tal elogio vós poderíeis lançar por terra o mais forte dos homens, não se deve beber um copo de vinho à saúde de ninguém. A não ser de *mim*: pois eu suporto todo elogio, graças à minha testa de aço –

Graças à minha vontade de aço: essa vontade, porém, implora por coisas finas, duras e elevadas: tais coisas não são alcançáveis pelo elogio e pela honraria.

E isto é verdadeiro: não me tornei um santo do deserto, por mais que tenha vivido já em muitos desertos e paragens selvagens e desérticas, ainda não me encontro aí, rígido, esmaecido, petrificado, uma coluna.

Sou como a árvore que tu tinhas em vista, uma árvore alta e forte, isto é verdade: nodoso, encurvado e com uma força flexível me encontro sobre o mar, um farol vivo.

E com prazer gostaria de, meus novos amigos, acenar-vos como tal árvore, com hastes extensas e de muito bom grado: vinde até o alto, até mim, quero falar, e olhai comigo essas amplas distâncias!

33 (2)
Sobre o "Uma vez mais!"
Neste momento aconteceram coisas em série, das quais uma era mais estranha do que a outra.

– e por mais que ele já rangesse os dentes e cerrasse os lábios, a compaixão se abateu sobre ele como uma pesada nuvem e entorpecimento.
Aí – a águia!   – onde estou!
Ele foge.

[34 = N VII 1. Abril – Junho de 1885]

34 (1)
>*Gaia saber*
>*Autoconfissões.*
>Por
>Friedrich Nietzsche.

Autoconfissões: no fundo, essa expressão é para mim por demais festiva: não acredito por mim mesmo nem em confissões, nem em um si mesmo.

No fundo, a expressão é para mim por demais festiva: caso quisesse, contudo, chamar o livro assim como me agradaria mais, "500 mil opiniões", então isso soaria aos meus ouvintes como palhaço demais. Portanto, em consideração aos meus leitores – – –
>*Alta educação.*
>*A mais elevada educação.*
>Pensamentos sobre os filósofos do futuro.
>Suposições sobre os filósofos do futuro.

34 (2)
A cada ano meu coração está mais aberto, na medida em que meu olhar sobre este século XIX tem se tornado cada vez mais profundo, sobre este século da grande tartufaria moral: encontro cada vez menos razões para me manter hoje atrás da montanha. Que opiniões poderiam ser hoje perigosas! Onde nada mais cai "em fontes profundas"! E se elas fossem perigosas e destrutivas: é desejável que muitas coisas caiam por terra, para que muitas precisem ser construídas.

34 (3)
Em minha juventude tive uma infelicidade: um homem muito ambíguo cruzou o meu caminho: quando o reconheci como aquilo ele é, a saber, um grande ator, que não se encontra em nenhuma relação autêntica com coisa alguma (mesmo com a

música): fiquei tão enojado e doente que acreditei que todos os homens famosos teriam sido atores, se não eles não teriam se tornado famosos, e que naquilo que denominei "artista", o principal seria justamente a força *dramática*.

34 (4)
    O quão disfarçadamente não expus o que experimentei como "dionisíaco"! O quão erudita e monocordiamente, o quanto ele ficou muito longe de ser ensinado de tal modo que pudesse ter surgido ao menos o efeito de abrir para algumas gerações de filólogos um novo campo de trabalho! Esse *acesso* à Antiguidade é o que está justamente melhor soterrado; e quem imaginou estar particularmente instruído sobre os gregos, Goethe, por exemplo, assim como Winckelmann, não farejou nada disto. Parece que o mundo grego é 100 mil vezes mais velado e estranho do que poderia desejar o modo impertinente dos eruditos de hoje. Se é que algo deve ser reconhecido algum dia aqui, então sempre apenas o mesmo por meio do mesmo. E uma vez mais – só vivências oriundas de fontes irrompendo – que oferecem também aquele novo e grande olho para reconhecer uma vez mais o mesmo no mundo passado.

34 (5)
    N.B. Os maiores eventos são aqueles que mais dificilmente tocam os sentimentos do homem: por exemplo, o fato de que o Deus cristão "está morto", de que em nossas vivências *não* se expressa mais uma bondade e uma educação celestes, *não* mais uma justiça divina, nem em geral uma moral imanente. Essa é uma novidade terrível, que ainda precisa de alguns séculos para chegar ao *sentimento* dos europeus: e, então, parecerá durante algum tempo, como se todo fiel da balança (todo peso mais pesado) tivesse sido retirado das coisas. –

34 (6)
    Não me deixei iludir pela aparição reluzente do Império Alemão. Tomei como pano de fundo, ao escrever meu Zaratustra,

um estado de coisas na Europa, junto ao qual impera mesmo na Alemanha a mesma jogatina partidária horrível e suja, que já encontramos hoje na França.

34 (7)
　　Já se admitiu algum dia "profundidade" em relação a uma cabeça de mulher? Nunca tive respeito até aqui por nenhuma cabeça de mulher. D'Epinay em comparação com Galiani!
　　E justiça – algum dia essa – – –

34 (8)
　　Os italianos *apenas* na sátira sangrenta autênticos e originais. Desde Buratti, que deu o impulso decisivo para o gênio de Byron. Mesmo em Carducci não há nada que alemães e franceses não tivessem feito melhor.

34 (9)
　　Eu não me conheço: a exigência de autoconhecimento me parece um divertimento divino ou uma infantilidade *grega* (*niaiserie*): eles são ricos nisso! – Se alguém, porém, deu as suas opiniões sobre 500 coisas, então é possível que outros o "conheçam", pois muito bem!

34 (10)
　　Afetação da "cientificidade", por exemplo, "feminismo", mas também de revistas alemãs – "estilo *revue*".

34 (11)
　　Nosso tempo alimenta-se e vive da moralidade de tempos mais antigos.

34 (12)
　　Pascal ofendido pela representação de que o tempo, de que o céu mais claro e mais sereno teria uma influência sobre ele. Agora – a teoria do *milieu* é a mais confortável: *tudo* exerce uma influência, o resultado é o próprio homem.

34 (13)
Coisa com as quais meu estômago tem uma má digestão ou não consegue ter digestão alguma: batatas, presunto, mostarda, cebolas, pimenta, tudo aquilo que é frito em gordura, massa folhada, couve-flor, repolho, salada, legumes oleosos, vinho, salsichas, molhos com base de manteiga na carne, aipo, migalhas de pão frescas, todo pão azedo.

Tudo aquilo que é frito na grelha, toda carne *saignant*, carne de vaca, rosbife, *gigot*, carneiro, gema de ovo, leite, mesmo creme de leite, arroz, sêmola, maçãs quentes cozidas, ervilhas verdes, feijões, cenouras, raízes, peixe, café, manteiga, crosta marrom de pão branco.

34 (14)
O modo de uma familiaridade mais aberta e mais cordial, tão necessário hoje, em uma era democrática, para que se possa ser amado e considerado – em suma, aquilo com vistas ao que se é tratado hoje como um "homem honrado": isto faz rir muito um moralista. Todos os homens profundos gozam aqui de algum tipo de relaxamento: dá tanto prazer desempenhar uma comédia
– – –

34 (15)
Os antigos liam em *voz alta*.

34 (16)
Entre homens descomedidos, por exemplo, a plebe inglesa, a doutrina da contenção conquista naturalmente uma força *descomunal*. Entre homens comedidos, ela é uma coisa que faz rir.

34 (17)
Dionisíaco. Que timidez infeliz falar de uma coisa como erudito, da qual eu teria podido falar como um homem "vivido". E o que importa a "estética" para aquele que tem de poetar! Deve-se levar adiante seu ofício e mandar a curiosidade para o inferno!

34 (18)
O século XX
O abade Galiani disse certa vez – – – uma vez que não compartilho mais de modo algum os pontos de vista não guerreiros de meu falecido amigo Galiani, não tenho medo de prever algumas coisas e, portanto, possivelmente, para evocar as causas das guerras.

34 (19)
Uma *meditação* descomunal, depois do mais terrível terremoto: com novas questões.

34 (20)
N.B. Os penúltimos séculos recusaram o gótico como uma barbárie (o *gothe* como um sinônimo outrora de bárbaro), o penúltimo século recusou Homero. Nisso há *gosto*: uma vontade forte para o *seu* sim e o *seu* não. – A capacidade de se deleitar uma vez mais com Homero talvez seja a maior conquista do homem europeu – mas ela custou muito caro.

34 (21)
Baudelaire, já completamente alemão, descontando certa aflição hipererótica, que cheira a Paris.

34 (22)
Taine, que tinha a ousadia da invenção e a capacidade de encontrar o típico entre Hegel e Henri Beyle, *o seu método*, que diz essencialmente: a história só pode ser compreendida por meio de conceitos, os conceitos, porém, precisam criar o homem histórico: e a história, onde só há quatro ou cinco fatores, é a mais compreensível de todas.

34 (23)
a mascarada do *bourgeois*, por exemplo, como Salambô e como o Santo Antônio

34 (24)

Alguns seres no fundo chatos e levianos – povos tanto quanto particulares – têm seu instante mais digno de avaliação e supremo, quando eles um dia, para seu espanto, se tornam pesados e melancólicos. O mesmo talvez valha para o gado da plebe, que começava a grunhir outrora no puritanismo inglês ou que começa a grunhir hoje como exército da salvação inglês, o espasmo expiatório é sua realização suprema de "humanidade"; isto tem de ser reconhecido sem problemas. –

Mas outros se tornam mais elevados, quando se tornam mais leves! Não há dúvida: se um tipo de homem viveu durante toda uma geração como mestre, médico, cuidador de almas e modelo, sem olhar constantemente para dinheiro, honras ou posições: então surge finalmente um tipo mais elevado, mais fino e mais espiritual. Nesta medida, o sacerdote, contanto que ele se reproduza por meio de mulheres vigorosas, é uma espécie de preparação para o surgimento único de homens superiores.

34 (25)

Tais homens dogmáticos como Dante e Platão são aqueles que se mostram como os *mais distantes* e que, por meio daí, exercem talvez o efeito mais encantador: eles são aqueles que habitam uma casa assoalhada corretamente e marcada por uma crença firme, a casa do conhecimento. Um, em sua própria casa, o outro, na casa cristã-patrística.

Precisa-se de toda uma força e mobilidade diversas para se manter em um sistema inacabado, com perspectivas livres e não concluídas: como em um mundo *dogmático*. Leonardo da Vinci encontra-se em uma posição superior a Michelangelo, Michelangelo em uma mais elevada do que Rafael.

34 (26)

Entre os eruditos de hoje (que todos – *pro pudor!* – leem jornal) elogiam-se os homens profundos. Mas o que podem saber eles mesmos da profundeza aqueles que estão em condições de elogiar homens profundos! – Trata-se de homens perigosos: não há quanto a isto nenhuma dúvida. Não se costuma de qualquer modo elogiar de resto os abismos!

34 (27)

*Cartas
a um amigo filosófico.*
Por ocasião
de Assim falou Zaratustra
De
Friedrich Nietzsche.

34 (28)
Superstição: acreditar no ente, no incondicionado, no espírito puro, no conhecimento absoluto, no valor absoluto, na coisa em si! Nestes pontos de partida esconde-se sempre uma *contradictio*.

34 (29)
Objeções céticas

34 (30)
A percepção dos sentidos acontece para nós inconscientemente: tudo que nos é consciente são percepções já elaboradas.

34 (31)
O grande desprendimento, ele faz *por si* – não que ele o exija de outros ou mesmo veja seu dever em comunicá-lo e impingi-lo a outros.

34 (32)
A grande *enchente* em milênios em termos da invenção de valores.

34 (33)
Os legisladores do futuro.
1. A origem.
2. O espírito mais comprometido.

3. O grande desprendimento.
4. O sofrimento com o homem.
5. A nova vontade.
6. O martelo.

34 (34)
Acedia junto a mim – inversamente como no caso dos monges. Eu me irrito com a compaixão desmedida em mim: alegro-me, quando meu ego está desperto e cheio de coisas boas.

34 (35)
1. *Abelardo* queria levar racionalidade para a autoridade eclesiástica; por fim, *Descartes* achou que *toda* autoridade estaria na razão.
2. *A autossuperação da razão* problema interno de Pascal – em favor da "fé" cristã.

34 (36)
O problema da fé é propriamente o seguinte: *se o instinto tem mais valor do que o raciocínio e por quê?*
Entre as muitas contendas sobre "saber e crença", utilitarismo e intuicionismo, esconde-se *essa* questão da *valoração*.
Sócrates tinha se colocado de maneira ingênua do lado da razão contra o instinto. (No fundo, porém, ele seguiu de qualquer modo todos os instintos morais, só que com uma falsa motivação: *como se* os motivos proviessem da razão. O mesmo aconteceu com Platão etc.)
Involuntariamente, Platão buscava fazer com que a razão e o instinto *quisessem* o mesmo. Exatamente isto foi o que aconteceu desde então até Kant, Schopenhauer, os ingleses.
Na fé, o instinto da *obediência* é colocado antes da *autoridade suprema*, ou seja, *um* instinto. O imperativo categórico é um instinto *desejado*, no qual *esse* instinto e a razão se mostram como um.

34 (37)
Kant, uma cabeça refinada, uma alma pedante.

34 (38)
Perdoem-me esta afirmação arrogante: exatamente porque eu tenho uma concepção mais elevada e mais profunda, mesmo mais científica da mulher do que os seus emancipadores e antecipadoras, eu resisto à emancipação: eu sei *melhor* das coisas, sei onde reside sua força, e digo sobre elas: "elas não sabem o que fazem". Elas dissolvem seus instintos! com as suas aspirações atuais.

34 (39)
Bentham e o utilitarismo são dependentes de *Helvécio* – este foi o último grande *acontecimento da moral*. Na filosofia alemã (Kant, Schopenhauer), o que está em questão continua sendo sempre o "dever" ou o "instinto da compaixão" – os **velhos** problemas desde Sócrates (isto é, desde o Estoicismo *ou* do Cristianismo, aristocracia do indivíduo *ou* bens de rebanho).

34 (40)
Preciso de:
1) Alguém que vigie meu estômago.
2) Alguém que possa rir comigo e tenha um espírito seleto.
3) Alguém que esteja orgulhoso da minha companhia e que mantenha "os outros" da *façon* correta em relação de respeito perante mim.
4) Alguém que leia em voz alta para mim, sem emburrecer um livro.

34 (41)
Plaire – o grande segredo da vontade francesa, e, no fundo, da *moral de rebanho*. "Ter compaixão", altruísmo, é o modo de expressão *hipócrita* para tanto.

34 (42)
N.B. Até aqui, a maioria dos artistas (inclusive os históricos), mesmo alguns dos maiores, estavam entre os servos (seja de classes, de príncipes, de mulheres ou de "massas"); e isto para não falar de sua dependência da Igreja e da lei moral. Assim,

Rubens retratou o mundo distinto de seu tempo, mas segundo um gosto que pairava diante dele, não segundo a *sua* medida de beleza – no todo, portanto, *contra* o seu gosto. Neste ponto, *van Dyk* foi mais nobre: ele entregou a todos aqueles que ele pintou algo que ele mesmo tinha honrado da maneira mais elevada possível em si: ele não *desceu* até eles, mas os trouxe até o alto, ao "produzir uma imagem".

A serviçalidade eslava do artista diante de seu público (tal como Sebastian Bach a confiou em palavras ofensivas para além da morte à escrita de dedicatória de sua Alta Missa) talvez seja mais difícil de reconhecer a partir da música, mas ela se encontra tanto mais profunda e fundamentalmente arraigada aí. Não se suportaria me escutar, se eu quisesse comunicar as minhas opiniões sobre isto.

34 (43)

N.B. A lenta aparição e ascensão das classes média e baixa (incluindo aí o tipo inferior de espírito e de corpo), que tinha experimentado o seu prelúdio antes da Revolução Francesa e que teria encontrado o seu caminho para seguir adiante mesmo sem a Revolução Francesa, no todo, portanto, a preponderância do rebanho sobre todos os pastores e carneiros-mestres, traz consigo

1) Turvamento do espírito – a justaposição de uma *aparência* estoica e frívola de felicidade, tal como é próprio de culturas nobres, se atenua: se *vê* e se *escuta* muito sofrimento que antes se suportava e se escondia.

2) A hipocrisia *moral*, uma espécie de tentativa de se *distinguir* por meio da moral, mas por meio das virtudes de rebanho: compaixão, preocupação, boa ação, que não <costumam> ser reconhecidas e honradas fora da fortuna dos rebanhos.

3) Uma grande quantidade *efetiva* de compaixão e de alegria compartilhada, o bem-estar em meio à grande convivência, tal como todos os animais de rebanho possuem – "sentido comum", "pátria", tudo aquilo em que o indivíduo não é considerado.

34 (44)
Diderot mostrou-se, segundo o julgamento de Goethe, verdadeiramente alemão (Saint Ogan p. 248) em tudo aquilo que os franceses criticavam. Mas também os napolitanos, segundo Galiani, aceitaram seu gosto completamente.

34 (45)
Baudelaire, de um gosto alemão, se é que algum parisiense pode ter tal gosto, ele sente de maneira alemã, quando não suporta Victor Hugo e quando o denomina um "asno de gênio".

34 (46)
Se eu tenho alguma coisa de uma unidade em mim, então ela não reside certamente no eu consciente e no sentir, no querer, no pensar, mas em algum outro lugar: na astúcia conservadora, apropriadora, alijadora e vigilante de meu organismo, do qual meu eu consciente é apenas um instrumento. – Sentir, querer, pensar se mostram por toda parte apenas como epifenômenos, cujas causas me são completamente desconhecidas: a sucessão desses epifenômenos, como se um se seguisse *do* outro, é provavelmente *apenas* uma aparência: em verdade, as causas talvez possam ser ligadas umas às outras sob tal figura que as causas finais me deem a impressão de um laço lógico ou psicológico. *Nego*, porém, que um fenômeno espiritual ou psíquico seja uma causa direta de um outro fenômeno espiritual ou psíquico. *O mundo verdadeiro das causas nos é velado*: ele é indizivelmente mais complicado. O intelecto e os sentidos são um aparato antes de tudo *simplificador*. Nosso mundo *falso*, apequenado, *logicizado*, das causas, contudo, é o mundo no qual nós podemos viver. Nós somos "cognoscentes", na medida em que podemos satisfazer por meio daí nossas necessidades.
O estudo do corpo fornece uma ideia da complicação indizível.
Se nosso intelecto não tivesse algumas formas *fixas*, então não seria possível viver. Com isto, no entanto, não se demonstra nada em relação à verdade de todos os fatos lógicos.

34 (47)

O astuto autoapequenamento socrático, a fim de, com isto, tornar seus adversários ingênuos e deixá-los seguros, de tal modo que ele pudesse seguir em frente, *dizendo precisamente a partir daí* o que pensava: um artifício do homem da plebe! A lógica não estava em casa em Atenas.

34 (48)

N.B. Uma cabeça algo mais clara e uma vontade mais ou menos boa: basta para que não se suporte mais em razão do gosto interpretar as suas vivências de maneira retificadora "em honra a Deus"; acredito estar vendo por toda parte os rastros de sua preocupação, advertência, punição e educação. Do mesmo modo que um bom filólogo (e, em geral, todo e qualquer erudito filologicamente instruído) tem uma má vontade em relação a falsas interpretações textuais (por exemplo, as interpretações dos pregadores protestantes nos púlpitos – razão pela qual as camadas eruditas não vão mais à igreja), o gosto de todas as vivências também se choca, e não em consequência de uma grande "virtude", "probidade" etc., com a produção de moedas falsas por parte da interpretação religiosa. –

34 (49)

Nosso prazer com a simplicidade, com a visão panorâmica, com a regularidade, com a clareza, prazer esse do qual um "filósofo" alemão poderia deduzir algo assim como um imperativo categórico da lógica e do belo – quanto a esse prazer, admito ter um forte *instinto* presente. Ele é tão forte que vigora em todas as nossas atividades sensoriais e reduz para nós a plenitude de percepções reais e efetivas (das inconscientes –); reduz, regula, assimila etc. e a *apresenta* nessa figura retificada *para a nossa consciência*. Esse elemento "lógico", esse elemento "artístico" é a nossa atividade constante. O que tornou essa força tão soberana? Evidentemente, o fato de que, sem ela, diante da confusão das impressões, nenhum ser vivente é capaz de viver.

34 (50)
(Não consigo perceber por que o orgânico precisa ter efetivamente *surgido* um dia – –)

34 (51)
Na química se mostra que toda e qualquer matéria impele sua força a ir tão longe quanto ela puder: daí emerge um terceiro. As propriedades de uma criança não podem ser *derivadas* do mais exato de todos os conhecimentos do pai e da mãe. Pois trata-se dos *efeitos* do terceiro sobre nós, essas propriedades: os efeitos do primeiro, porém, assim como os efeitos do segundo, isto é, *suas* propriedades são impassíveis de ser adicionadas, como "efeitos do terceiro".

34 (52)
A cadeia de causas nos é velada: e o nexo e a sequência dos efeitos fornecem apenas uma sucessão: por mais que isto ocorra de maneira extremamente regular, *com isto não o concebemos como necessário*. – Todavia, podemos constatar uma atrás da outra séries diversas de tais sequências: por exemplo, em meio ao tocar piano a sucessão das teclas batidas, a sucessão das cordas batidas, a sucessão dos tons que ressoam.

34 (53)
Crítica do instinto de causalidade.
Instintivamente, *a crença* em que uma ação acontece com vistas a um motivo foi gradualmente generalizada, em tempos nos quais se imaginou todo acontecimento segundo o modo de ser de seres viventes conscientes. "Todo acontecimento dá-se com base em um motivo: a *causa finalis* é a *causa efficiens*" –
Essa crença é *equivocada*: a finalidade e o motivo são meios de tornar para nós um acontecimento tangivelmente praticável. – A generalização foi tão equivocada quanto ilógica.
Nenhuma meta.
Nenhuma vontade.

34 (54)

A ordem temporal inversa

O "mundo exterior" exerce um efeito sobre nós: o efeito é telegrafado para o cérebro, ele é lá retificado, reconfigurado e reconduzido às suas causas: em seguida, a causa é *projetada* e, então, *pela primeira vez, o fato chega até a nossa* **consciência**. Isto é, o mundo fenomênico nos *aparece* pela primeira vez como causa, depois que "ele" exerceu um efeito e o efeito foi elaborado. *Isto é, nós invertemos constantemente a ordem do acontecimento*. Enquanto "eu" vejo, ele já vê algo diverso. As coisas se dão como na dor.

34 (55)

A crença nos sentidos. Se ela é um fato fundamental de nosso intelecto, ela retira, indo ao encontro deles, o material bruto, que ela *interpreta*. Esse comportamento em relação ao material bruto oferecido pelos sentidos não é, considerado *moralmente*, guiado pela intenção da verdade, mas como que por uma vontade de dominação, de assimilação, de alimentação. Nossas funções constantes são absolutamente egoístas, maquiavélicas, não possuem qualquer hesitação e são refinadas. Comandar e obedecer impelidos ao extremo; e, para que se possa obedecer completamente, o órgão particular tem muita liberdade.

O erro na crença em metas.

Vontade – uma suposição supérflua.

A ordem temporal inversa.

Crítica da crença em causalidade.

A crença nos sentidos como fato fundamental de nossa essência.

A violência central – não deve ser essencialmente diversa daquilo que ela domina.

A história do surgimento não explica as propriedades. Essas propriedades já precisam ser conhecidas. Explicação *histórica* é redução e uma sucessão *habitual*: por meio de analogia.

34 (56)

A explicação mecanicista do mundo é um *ideal*: com tão pouco como possível explicar o máximo possível, isto é, formular o máximo possível. Necessário ainda: a negação do espaço vazio: o espaço a ser pensado como determinado e limitado; assim como o mundo enquanto eternamente se repetindo.

34 (57)
Como surge um caráter popular, uma "alma popular"? Esse surgimento nos ilustra quanto ao surgimento da alma individual. De início, uma *série de atividades* lhe é imposta, atividades que se mostram como condições de existência. Ele se habitua a tais condições, elas se tornam mais firmes e se dirigem mais para a profundeza. Povos, que vivenciam grandes transformações e recaem sob o peso de novas condições, mostram um agrupamento de suas forças; isto e aquilo vêm à tona e recebem a preponderância, porque eles são agora *mais necessários* para a existência, por exemplo, o sentido prático sóbrio no alemão atual. Todo caráter é primeiro *papel*. A "personalidade" dos filósofos – no fundo *persona*.

34 (58)
O número é o nosso maior meio para tornar o mundo manuseável por nós. Nós só concebemos até o ponto em que podemos contar, isto é, até o ponto em que algo se deixa perceber como uma constante.

34 (59)
Foi por meio de intenções morais escondidas que o curso da filosofia foi mais mantido até aqui.

34 (60)
Também no interior de nosso mundo dos sentidos, basta que nós os agucemos ou os pensemos aguçados, para que venha à tona um mundo que atua de maneira totalmente diversa sobre o nosso *sentimento*.

34 (61)
O preconceito da causalidade
O preconceito da vontade

O preconceito da finalidade
O preconceito da personalidade
Conhecimento: um falso conceito, isto é, um conceito a cuja instauração nós não temos nenhum *direito*.
Alijamento 1) da *vontade*
        2) das *finalidades* como "para quê" e "por meio de quê"
        3) *consequentemente* também da *causalidade* (que se deriva dos dois)

34 (62)

"Como são possíveis juízos sintéticos *a priori*?" – "*por meio de uma faculdade para tais juízos*" foi a célebre resposta kantiana, que deu a muitos tal satisfação.

34 (63)

Os conceitos *mais úteis* restaram: por mais falsamente que eles tenham surgido.

34 (64)

Abalar no primeiro livro a "*crença na verdade*": veracidade é útil, mas apenas em uma pequena quantidade, antes de tudo junto àqueles que não têm nada a responder. Assim como a estima pelos filósofos.

34 (65)

O *embrutecimento* geral do espírito europeu, um certo movimento reto como um tapete, que gosta de se ouvir celebrar como retidão, probidade ou cientificidade: isto faz parte do domínio do pensamento do espírito democrático do tempo e de seu ar úmido: ainda mais determinadamente – trata-se do efeito da leitura de jornais. Quer-se comodidade ou embriaguez, quando se lê: em larga medida, a maioria das coisas que são lidas são jornais ou coisas do tipo do jornal. Consideremos nossas *revues*, nossas revistas eruditas: qualquer um que escreva aí fala como se estivesse diante de uma "sociedade não escolhida", e segue em frente, ou, ao contrário, se senta em sua poltrona. – Alguém que coloca todo o acento nos pensamentos que se encontram escondidos, e que ama mais do que tudo aquilo que é expresso por meio dos travessões em seus livros, está sempre em maus lençóis agora. – A liberdade de imprensa leva a pique o estilo e, por fim, o espírito: Galiani já tinha sabido disso há 100 anos. – A "liberdade de pensamento" leva a pique os *pensadores*. – Entre o inferno e o céu, e em meio ao perigo de perseguições, desterros, maldições eternas e visões sem misericórdia dos reis e das mulheres, o espírito tinha se tornado flexível e temerário: ai de nós, para que *vem a ser* hoje o "espírito"!

34 (66)
Sempre *ironice*: é uma sensação deliciosa observar tal pensador veraz. Mas é ainda mais agradável descobrir que tudo isto é primeiro plano, e que ele, no fundo, quer algo diverso e o quer de uma maneira bastante ousada. Acredito que essa foi a magia de Sócrates: ele tinha uma alma e, por detrás dela, ainda uma e, por detrás dessa, ainda uma. No primeiríssimo plano, Xenofonte estava deitado dormindo, no segundo, Platão, e, no terceiro, uma vez mais Platão, mas Platão com sua própria segunda alma. O próprio Platão é um homem com muitas cavernas escondidas e primeiros planos.

34 (67)
N.B. Nossa época é cética em seus instintos mais essenciais: quase todos os eruditos e artistas mais refinados o são, por mais que eles não gostem de admitir. O pessimismo, o *dizer não*, é apenas mais fácil para a comodidade do espírito: nossa época úmida com o seu ar democrático é antes de tudo cômoda. Onde o espírito é mais delicado, ele diz: "eu não sei" e "eu não confio nem em mim, nem em ninguém mais", "eu não sei mais onde sair e onde entrar" e "ter esperança" – essa é uma frase para mentirosos ou para oradores demagógicos e artistas. Ceticismo – é a expressão de certa constituição *fisiológica*, tal como ela surge necessariamente junto a um grande cruzamento de muitas raças:

as muitas avaliações herdadas estão em luta umas com as outras, se perturbam mutuamente em meio ao crescimento. A força que mais se perde aqui é a *vontade*: por isto, grande temor diante da responsabilidade, porque ninguém pode dizer bem de si mesmo. Esconderijo sob a capa das comunidades. "Uma mão *cobre* a outra" é o que se diz. Assim, forma-se uma *espécie de rebanho*: e quem tem uma vontade forte, que comanda e é ousada, também chega incondicionadamente ao domínio em tais tempos.

34 (68)

As pessoas se queixam do quão terrível estavam as coisas até aqui com os filósofos: a verdade é que em todos os tempos as condições para a educação de um espírito poderoso, astuto, ousado, implacável eram mais favoráveis do que hoje. Hoje, o espírito demagogo, assim como o espírito erudito têm condições favoráveis. Mas olhemos para os nossos artistas: como se eles quase não perecessem todos de uma falta de cultivo. Eles não se tornam mais tirânicos. Assim, eles também não aprendem mais a tiranizar a si mesmos. Quando foi que a mulher foi tão insignificante quanto hoje! Tudo se torna mais fraco, porque tudo quer ter condições mais confortáveis. – Atravessei a mais dura escola das dores corporais: e a consciência de ter me mantido aí de maneira silenciosa – – –

34 (69)

As mais refinadas cabeças do século passado, Hume e Galiani, todos familiarizados com serviços públicos: do mesmo modo que Stendhal e Tocqueville.

34 (70)

Hume exige (para falar com as palavras de Kant) da razão que ela lhe entregue um discurso e uma resposta sobre com que direito ela pensa: que algo poderia ser constituído de tal modo que, se ele for posicionado, algo totalmente diverso também precisaria ser posicionado por meio daí, pois é isto que significa o conceito de *causa*. Ele demonstrou de maneira irrefutável que seria totalmente impossível para a razão pensar *a priori* e a partir de conceitos tal ligação etc. – Mas a tolice foi perguntar sobre razões para o direito à fundamentação. Ele realizou a atividade que justamente gostaria de colocar à prova.

34 (71)
A *mentira* do educador, por exemplo, no imperativo categórico de Kant. "E se Deus devesse de qualquer modo ser um enganador, apesar de Descartes?"

34 (72)
N.B. Veraz, moralmente rigoroso e *feio* são termos que se compertencem: isto o Cristianismo sentiu bem. O homem belo não pode ser nem veraz, nem benevolente, só excepcionalmente.

34 (73)
O que nos cinde tanto de Kant, quanto de Platão e Leibniz: nós só acreditamos no devir, mesmo no elemento espiritual, nós somos inteiramente *históricos*. Esta é a grande revolução. Lamarck e Hegel. – Darwin é apenas um efeito posterior. O modo de pensar de *Heráclito* e de *Empédocles* despontou uma vez mais. Mesmo Kant não superou a *contradictio in adjecto*: "espírito puro": nós, porém – – –

34 (74)
O horizonte humano. Pode-se conceber os filósofos como aqueles, que realizam o mais extremo esforço para *colocar à prova* até que ponto o homem poderia *se elevar*, em particular Platão: *até que ponto* alcança sua força. Mas eles o fazem como indivíduos; talvez tenha sido o instinto dos césares, dos fundadores de Estado etc. maior, daqueles que pensam até que ponto o homem poderia ser impelido, no *desenvolvimento* e sob "circunstâncias favoráveis". Mas eles não conceberam suficientemente o que são "circunstâncias favoráveis". Grande questão: onde até aqui a planta "homem" cresceu da maneira mais esplendorosa até aqui? Para isto, o estudo comparativo da história é necessário.

34 (75)
É estranho como os estoicos e quase todos os filósofos não têm nenhum olhar para a distância. E, então, uma vez mais a estupidez dos socialistas, que nunca representam senão as necessidades do *rebanho*.

34 (76)
Privilegiar a representação mecanicista como princípio regulativo do método. Não como a consideração *mais demonstrada de todas* do mundo, mas como aquela que torna necessário o maior rigor e cultivo e que mais coloca de lado toda sentimentalidade. Ao mesmo tempo uma prova para o prosperar físico e psíquico: raças desvalidas e fracas de vontade perecem aí, por meio da sensibilidade ou da melancolia ou ainda, tal como os indianos, por meio das duas coisas.

34 (77)
Grande elogio do Cristianismo como a autêntica religião de *rebanho*.

34 (78)
Meio-dia e eternidade
1. Livre para "verdadeiro" e "não verdadeiro"
2. livre para "bom" e "mau"
3. livre para "belo" e "feio"
4. o homem superior como o mais poderoso, e as tentativas até aqui: "é o tempo certo"
5. o *martelo* – um perigo, junto ao qual o homem pode se esfacelar

34 (79)
Com a sua tábua de categorias na mão, Kant achava que "isto" teria sido "o mais difícil que jamais pôde ser empreendido em auxílio da metafísica" – não se compreende mal, claro, onde é que ele tinha o seu orgulho.

34 (80)

Grosseria e delicadeza juntas em Petrônio, também em Horácio: para mim o mais agradável de tudo. Faz parte do gosto *grego*. Homero era grosseiro demais para as pessoas que se encontravam em torno de La Rochefoucauld, eles não podiam se deleitar com o trivial. Eles retinham uma certa sensação elevada em si, tal como agora muitos alemães, e se desprezavam, quando algo como o deleite se movimentava em suas esferas inferiores. Aristófanes é a contraparte: *nihil humani* – é antigo.

34 (81)

Colocar no ponto mais elevado: mesmo os *instintos vieram a ser*; eles não demonstram nada em relação ao suprassensível, nem mesmo em relação ao animal, nem sequer em relação ao tipicamente humano.

O fato de o espírito ter vindo a ser e ainda estar vindo a ser; o fato de, entre inúmeros tipos de conclusão e de julgamento, que se tornaram para nós correntes agora, ele é o que nos é mais útil e o que se tornou herança: o fato de que, com isto, nada é demonstrado com relação ao "verdadeiro" e o "não verdadeiro", – – –

34 (82)

– Anti-Kant

"Faculdades, instinto, herança, hábito" – quem acredita poder explicar algo com tais palavras precisa se mostrar hoje como modesto e, além disto, mal instruído. No entanto, no início do século passado, essa explicação pululava. Galiani explica tudo a partir de hábitos e instintos. Hume explica o sentido de causalidade a partir do hábito: Kant, com grande calma, diz: "é uma faculdade". Todo mundo estava feliz, particularmente quando Kant descobriu também uma faculdade moral. Aqui residia a magia dessa filosofia: os jovens teólogos da Fundação de Tübingen iam para os arbustos – todos procuravam por – faculdades. E o que foi que não se encontrou! Schelling o batizou como a "intuição intelectual", uma faculdade para o "suprassensível". Schopenhauer pensava ter achado em uma faculdade já suficientemente avaliada, na vontade, o mesmo e mais, a saber, a "coisa em si". Na Inglaterra, surgiram os instintivistas e os intuicionistas da moral. Tratava-se da antiga questão da crença e do saber, uma espécie de "crença formal" que requisitou um conteúdo qualquer. A história dizia respeito essencialmente aos teólogos. Silenciosamente, Leibniz voltou à vida, e, por detrás de Leibniz, Platão. Os conceitos como ἀνάμνησις etc. Esse movimento que começa cético é de fato dirigido contra o ceticismo, *ele tem um deleite na submissão*.

34 (83)

N.B. O que há de mais chato nos escritos levados a termo por espíritos obscuros, mal instruídos e não filosóficos não é nem de longe a sua capacidade falha para tirar conclusões e o curso oscilante e claudicante de sua lógica. Ao contrário, o mais terrível é a falta de firmeza dos conceitos mesmos, para os quais eles se servem das palavras: esses homens só têm na cabeça borrões conceituais que boiam sem configuração. – O que distingue o bom autor, porém, não é apenas a força e a concisão de sua forma proposicional: mas se desvenda, se sente o faro, caso se seja um homem com ventas finas, que tal escritor se impõe constantemente e exercita *fixar* primeiramente os seus conceitos de maneira rigorosa e torná-los *mais firmes*, ou seja, juntar com suas palavras conceitos inequívocos: e, enquanto isto não é feito, ele não pode escrever! – Aliás, há alguma magia mesmo no inseguro, no crepuscular, no lusco-fusco: foi assim que Hegel talvez tenha exercido a maior influência sobre o exterior por meio de sua arte, falando à moda de um bêbado das coisas de todas as mais sóbrias e mais frias. Isto foi efetivamente, no grande reino dos acessos de embriaguez, um dos acessos mais estranhos, que jamais foi inventado – e, por sua vez, uma questão propriamente da genialidade *alemã*! Pois também portamos e trouxemos conosco, lá para onde apenas os alemães e as "virtudes" alemãs estão impelidos, por toda parte o prazer e os desejos do alcoolismo tosco e fino. – Talvez faça parte daqui também a violência fascinante de nossa música alemã.

34 (84)

N.B. O que fez Platão e, no fundo, o que fizeram todos os pós-socráticos: uma certa legislação dos *conceitos*: – eles fixaram para si e para seus jovens que "isto e isto **deve** ser *pensado* e sentido junto a essa palavra"; – com isto, eles se libertaram da maneira mais determinada possível de seu tempo e de seu entorno. Este é *um dos modos* do nojo fino, com o qual naturezas mais elevadas e mais cheias de requisições se revoltaram contra a massa obscura e contra a sua confusão conceitual.

34 (85)

O que é, afinal, esse poder descomunal que enlouquece há dois mil anos os filósofos e faz cair em uma armadilha a razão dos racionais? Aquele instinto, aquela crença, tal como o Cristianismo a exige: trata-se do instinto de rebanho mesmo, da crença dos rebanhos do animal "homem", a exigência de rebanho pela completa submissão a uma autoridade (o mesmo que, a partir do instinto de rebanho alemão, *Kant* batizou como o "imperativo categórico"). De fato, para animais de rebanho fracos, tenros, claudicantes e ameaçados, este foi o maior alívio e a maior boa ação: receber um *comandante* absoluto, um carneiro-mestre. Essa é sua primeira condição vital. Os brâmanes entendiam desse alívio, assim como os jesuítas – quase em todos os monastérios a inclinação fundamental é essa: livrar-se finalmente ao menos uma vez da eterna agitação, que o comandar a si mesmo traz consigo. Esse instinto para crer também é o instinto feminino; e se as mulheres encontrarem algum dia um mestre inexorável, que queira delas obediência e submissão, ou mesmo apenas um artista, que mostre a mulher na atitude de sua "perfeição", como uma criatura veneradora, que se entrega e se acha entregue, que se mostra como pronta ao sacrifício, um artista tal como, por exemplo, Richard Wagner, elas ficam "fora de si" de felicidade: a saber, elas se sentem em seus últimos instintos ratificadas e satisfeitas diante delas mesmas. – Em uma forma mais fraca, vê-se isto nos franceses que, como os europeus mais dignos de amor, são também os mais consonantes com o caráter de rebanho: eles só se sentem bem quando, diante de seu *esprit*, eles se permitem "obedecer algum dia incondicionadamente": como diante de Napoleão. Ou mesmo diante das "ideias da Revolução Francesa" – ou mesmo ainda diante de Victor Hugo (que, durante toda a sua vida, sempre colocou belas palavras e mantos luxuosos sobre esse instinto de rebanho de todos o mais belo em nome da *liberdade*). – A Antiguidade, quando o Cristianismo chegou, estava dilacerada internamente por oposições entre os juízos de valor (em função da condição psicológica do conceito absurdo de igualdades civis Romanus ou daquela ampliação estatal absurda do *Imperium Romanum*) e o Cristianismo propiciou o grande *alívio*.

34 (86)
    Palavras são signos sonoros para conceitos: conceitos, porém, são grupos mais ou menos seguros de sensações que retornam e chegam juntas. Ao fato de as pessoas se entenderem ainda não pertence o fato de as pessoas usarem as mesmas palavras: precisa-se usar as mesmas palavras para o mesmo gênero de vivências internas – e é preciso que se tenha *essas vivências* em **comum**. Por isto, os homens de um povo se compreendem melhor: ou, quando homens vivem durante muito tempo em condições semelhantes de clima, de atividades, de necessidades, então certo gênero de tais vivências *imediatamente* compreensível para todos conquista para eles o primado: o compreender-se rapidamente é a consequência. E o casar-se e a herança são uma vez mais a consequência disso. O que mais firmemente une os homens uns aos outros é a necessidade de dar a entender de maneira rápida e fácil as suas necessidades. Por outro lado, nada de amizade, de amor retém, quando se descobre que se *tem em vista* algo diverso junto às palavras. *Que* grupos de sensações se encontram no primeiro plano, é isto que condiciona justamente as apreciações de valor: as apreciações de valor, contudo, são a consequência de nossas necessidades mais íntimas. –
    Dissemos isto para explicar por que é difícil compreender tais escritos como os meus: as vivências interiores, as apreciações de valor e as necessidades são diversas em mim. Tive durante

muito tempo trânsito com os homens e levei ao ponto máximo a abnegação e a cortesia de nunca falar de coisas que me eram caras ao coração. Sim, foi só quase exclusivamente assim que eu vivi com os homens.

34 (87)
Nós imaginamos que o que comanda, que o elemento supremo, se encontra em nossa consciência. Por fim, temos um duplo cérebro: a capacidade de *querer, sentir e pensar* algo de nosso querer, sentir e pensar *mesmos* é sintetizada por nós com a palavra "consciência".

34 (88)
N.B. Aqueles espíritos normatizadores e tirânicos, que estão em condições de *fixar* um conceito, *de retê-lo*, homens com essa força de vontade espiritual, que sabem quase petrificar e eternizar o que há de mais fluido, o espírito, são homens de comando no sentido supremo: eles dizem "eu quero ver isto e aquilo dessa forma, eu quero as coisas exatamente *assim*, eu o quero *para isto* e só para isto". – Esse tipo de homens legisladores exerceu necessariamente em todos os tempos a mais forte influência: devem-se a eles todas as reconfigurações típicas do homem: eles são os escultores – e o resto (a grande maioria neste caso –) é, contraposto a eles, apenas *som*.

34 (89)
Os movimentos mais fixados de nosso espírito, nossa ginástica conforme à lei, por exemplo, em representações de espaço e tempo, ou na necessidade de "fundamentação": este *habitus filosófico* do espírito humano é nossa potência propriamente dita: ou seja, o fato de que nós, em muitas coisas espirituais, *não podemos mais realizar algo diverso*: aquilo que se denomina uma necessidade psicológica. Essa necessidade *veio a ser*: – e acreditar que *nosso* espaço e *nosso tempo*, nosso instinto de causalidade seriam algo, e isto também abstraindo-se do sentido humano, é francamente uma infantilidade.

34 (90)
Sou hostil 1) em relação à *dissensibilização*: ela provém dos judeus, de Platão, que foi degradado pelos egípcios e pelos pitagóricos (assim como esses o foram por meio dos budistas). Deve-se ao espírito provençal, que permaneceu pagão, ou seja, que "*não* se germanizou", a espiritualização do *amor* que é próprio ao amor sexual: enquanto a Antiguidade não levou senão a uma espiritualização da pederastia.
2) em relação a todas as doutrinas que têm em vista um fim, uma tranquilidade, um "sábado de todos os sábados". Tais modos de pensar caracterizam raças fermentadas, sofredoras, com frequência também em processo de extinção, por exemplo, tais versos como os que encontramos nos "Nibelungos" de Wagner.

34 (91)
"Hábito": junto a um homem com uma postura eslava isto significa algo diverso do que junto a um homem nobre.

34 (92)
Deve-se à Igreja cristã:
1) uma espiritualização da *crueldade*: a representação do inferno, as torturas e os julgamentos dos hereges, assim como os autos de fé são, porém, um grande progresso contra a carnificina luxuosa, mas parcialmente estúpida das arenas romanas. Adjungiu-se muito espírito, muita insidiosidade na crueldade. Ele inventou muitos deleites –
2) ela tornou o espírito europeu *refinado e flexível*, por meio de sua "intolerância". Vê-se imediatamente como é que, em nossa era democrática, com a liberdade de imprensa, o pensamento se torna grosseiro. Os alemães inventaram a pólvora – muita atenção! Mas eles ficaram quites uma vez mais: eles inventaram a imprensa. A *polis* antiga também possuía completamente uma tal mentalidade. O Império Romano deixou, inversamente, muita liberdade na crença e na descrença: mais do que qualquer império deixa hoje: a consequência foi imediatamente a maior de todas as degradações, de todos os joguetes e de todos os em-

brutecimentos do espírito. – Como se apresentam bem Leibnitz e Abelardo, Montaigne, Descartes e Pascal! Ver a ousadia flexível de tais espíritos é um deleite, que se deve à Igreja. – A pressão intelectual da igreja é essencialmente o rigor inflexível, em virtude do qual os conceitos e valorações são tratados como *fixados*, como *aeternae*. Dante nos oferece um deleite único por meio daí: sob um regime absoluto, não se precisa ser de modo algum *limitado*. Se havia barreiras, então elas estavam estendidas em torno de um espaço gigantesco, graças a Platão: e se podia andar aí como Bach nas formas do contraponto, *muito livremente*. – Baco e Shakespeare quase repugnam, quando se aprende a degustar *essa* "liberdade sob a lei". Do mesmo modo a música mais recente em comparação com Bach e Händel.

34 (93)

Como é que Frederico, o grande, ridiculariza constantemente o *"féminisme"* na regência de seus Estados vizinhos, assim como Bismarck em relação ao "parlamentarismo": é um novo meio de se fazer o que se *quer*.

34 (94)

A visão do europeu atual me dá muitas esperanças: ele vem formando uma raça dominante ousada, sobre a largura de uma massa de rebanho extremamente inteligente. Estamos na iminência de ver que os movimentos para a formação dessa massa não se encontra mais apenas no primeiro plano.

34 (95)

Contra o falso *idealismo*, no qual as melhores naturezas do mundo se alienam por meio da *finesse* exagerada. Que pena que todo o Sul da Europa tenha herdado hereditariamente aquela sensibilidade travada, por meio da abstinência do espiritual! E o fato de que pessoas como Shelley, Hölderlin e Leopardi tenham perecido é trivial, não faço grande caso de tais pessoas. Tenho grande deleite em pensar nas revanches, que a rude naturalidade da natureza em tal tipo de homens assume, por exemplo, quando ouço que Leopardi era primeiro adepto do onanismo e, mais tarde, se tornou impotente.

34 (96)
N.B. Um grande homem, um homem que a natureza construiu e inventou em grande estilo, o que é isto? Em primeiro lugar: ele possui em seu fazer conjunto uma longa lógica que, por causa de sua extensão, é difícil de ser vislumbrada, e, consequentemente, tende a induzir em erro; ele possui uma capacidade de expandir sua vontade sobre grandes superfícies de sua vida, de desprezar e lançar fora todo pequeno instrumento em si, mesmo que estejam aí as coisas mais belas e "mais divinas" do mundo. *Em segundo lugar*: *ele é mais frio, mais duro, mais marcado por uma ausência de hesitação* e não tem *medo da "opinião"*; faltam-lhe as virtudes, que estão em conexão com o "respeito" e com o ser respeitado, em geral tudo aquilo que pertence à "virtude do rebanho". Se ele não está em condições de *guiar*, então ele segue sozinho; acontece, então, de ele grunhir para algumas coisas que ele encontra no caminho. 3) ele não quer nenhum coração "participativo", mas servos, instrumentos; no trato com os homens, ele está sempre voltado para *fazer* algo deles. Ele se sabe imediato: ele acha de mau gosto, quando se torna "familiar"; e ele não está habituado a ver as pessoas considerá-lo assim. Quando ele não fala por si, ele tem sua máscara. Ele prefere mentir a dizer a verdade: isto custa mais em termos de espírito e *vontade*. Há uma solidão nele, como algo inatingível pelo elogio e pela censura, como uma judicabilidade própria, que não tem nenhuma instância acima de si.

34 (97)
O que gosto de perceber no alemão é a sua natureza de Mefistófeles: mas dizer a verdade? É preciso ter um conceito mais elevado de Mefistófeles do que aquele do qual Goethe tinha necessidade para ampliar o seu "Fausto interior" e *apequenar* o seu Mefistófeles. O verdadeiro Mefistófeles alemão é muito mais perigoso, mais ousado, mais cruel, mais astuto e, *consequentemente*, de um co-

ração mais aberto; pensemos no elemento interior de Frederico, o grande. Ou naquele Frederico muito maior, daquele Hohenstaufen Frederico II. – O autêntico Mefistófeles alemão sobe os Alpes, ele acredita que tudo lhe pertence por lá. Por isto, os Alpes lhe fazem bem, como faziam para Winckelmann, como faziam para Mozart. Ele considera *Fausto* e *Hamlet* como caricaturas, que foram inventadas para fazer rir, assim como *Lutero*. Goethe teve bons instantes alemães, quando riu interiormente sobre tudo isso. Mas, então, ele mesmo recaiu uma vez mais nas atmosferas úmidas.

    O espanto de Napoleão, ao ver um poeta alemão e – ter encontrado um homem! Ele tinha esperado encontrar um poeta alemão! –

    O alemão é abrangente, há cavernas, passagens intermediárias, ele pode parecer superficial, a abertura e a retidão estão entre as habilidades do alemão. – "Benevolência e perfídia" são uma impossibilidade junto a outros homens; mas só vive algum tempo entre suabos.

34 (98)
    Uma época da democracia impele o ator para a altura, em Atenas tanto quanto hoje. Richard Wagner ultrapassou tudo até aqui, e despertou um conceito elevado do ator, que pode dar pavor. Música, poesia, religião, cultura, livro, família, pátria, tráfego – tudo se mostra por agora como *arte*, quer dizer, como atitude de palco!

34 (99)
    Porcos alemães! – Desculpa! Alemão de jornal! Neste momento, leio Friedrich Albert *Lange*, um animal corajoso, o qual se pode até mesmo, por carência de animais mais corajosos, recomendar para os jovens alemães: mas ele escreve, por exemplo: "Alia-se ao elogio do presente o culto da realidade efetiva. O ideal não tem nenhum *cours*; o que não pode se legitimar científica e historicamente é condenado ao ocaso". Por que se aprende, afinal, nas escolas alemãs latim e grego: se não se aprende nem mesmo o nojo diante de tal miscelânea suja! E que entusiasmo não despertam justamente os degradadores da Alemanha mais

propriamente ditos, outrora *Hegel*, e, recentemente, *Richard Wagner*, e o mais recentemente ainda Eugen Dühring!

34 (100)
É terrível pensar em chegar até as crianças, se eu, por meio de meus pensamentos sobre a mulher, pudesse impelir alguma escritora, depois de ela já ter se torturado e torturado o mundo suficientemente com seus livros, a ideias de vingança!

34 (101)
"Quando uma mulher quer se aproximar das crianças, ela normalmente não deixa as criancinhas, mas os homens virem até ela!", disse uma velha parteira.

34 (102)
– É preciso atentar para se o que os alemães determinam a sua literatura não remonta na sua melhor parte aos filhos de pastores. – Com isto, reside nessa origem da prosa alemã desde o princípio a probabilidade de que os gêneros festivos, plenamente dignos, *lentos*, gravitacionais sejam os gêneros melhor cuidados: de que falte, por sua vez, o Allegro e o Presto. A vivacidade extraordinária de um estilo, como *il principe* (abstraindo-se totalmente da seriedade de sua questão), a brevidade, a força, uma espécie de prazer junto ao acossamento dos pensamentos, se mostram como uma ressonância da eloquência latina, a saber, dos advogados. Também em Voltaire, a habilidade de advogado alcança a posição hierárquica suprema, *um ritmo* de advogado. O ritmo mais rápido com o qual já me deparei em um escritor foi o ritmo de Petrônio. Petrônio corre como um vento veloz e não é lascivo: ele é engraçado demais para tanto.

34 (103)

Os alemães
Suposições e desejos
Por
F. N.

34 (104)
N.B. Os alemães, dos quais apenas falo aqui, são algo jovem e em processo de vir a ser: eu os distingo dos alemães da Reforma e da Guerra dos Trinta Anos e não quero tomar parte na arte de falsário em termos históricos, me lançando para além desse fosso: como se nada tivesse acontecido outrora. O fato de algo ter acontecido com eles no século XVI, o que equivale ao ocaso de uma raça anterior, será difícil de ser negado: esse fenômeno do desencorajamento, da covardia, da senilidade, da trança chinesa, para falar por meio de uma imagem – isto precisa ter sido no todo a consequência de uma degradação terrível do sangue, adicionando a isso o fato de que os homens viris saíam continuamente para o estrangeiro, morriam no estrangeiro ou aí se degradavam. Por outro lado, ocorreu uma mistura involuntária com raças pouco aparentadas: a luxúria da guerra foi, de acordo com todas as descrições, cheia de desgraças para além das medidas. Havia com certeza aqui e acolá ainda resíduos de uma raça mais forte: por exemplo, o músico Händel, nosso mais belo tipo de um *homem* no reino da arte, é um testemunho disso: ou, para citar uma mulher, a Professora Gottsched, que durante um bom tempo conduziu o cetro com toda a legitimidade sobre os professores alemães – basta olhar para as imagens dos dois! Algumas regiões se purificaram mais rapidamente e retornaram à saúde no todo, por exemplo, Hannover, Vestefália, Holstein – aí se encontra assentada mesmo hoje ainda uma raça camponesa e flegmática corajosa. O mais terrível se passou com certeza com a nobreza alemã: ela foi a mais profundamente danificada. O que sobrou disso em casa sofreu de alcoolismo, o que saía e voltava, de sífilis. Até hoje, ela teve pouca voz em questões espirituais; e mesmo no que diz respeito a Bismarck, sua bisavó provinha da classe de professores de Leipzig.

34 (105)
O alemão – para não falar dos estúpidos jovenzinhos germanistas, que continuam tagarelando ainda hoje sobre as "virtudes

alemãs" – sua natureza *mística*. Não houve ainda nenhuma formação alemã: houve eremitas, que souberam se manter escondidos com uma habilidade espantosa, em meio à mais tosca barbárie!

34 (106)
O estilo de escrita alemão.
Mefistófeles.

34 (107)
Brutalidade e cerradamente junto com ela uma ternura doentia do sentimento sensível em R<ichard> W<agner> – é extremamente parisiense.

34 (108)
Considero o movimento democrático como algo inevitável: mas como algo que não é irresistível, mas se deixa adiar. Em larga escala, porém, o domínio do instinto de rebanho e <das> avaliações do rebanho, o epicurismo e o bem querer um com o outro: o homem torna-se fraco, mas bom e agradável.

34 (109)
N.B. Os parlamentos podem ser extremamente úteis para um político forte e flexível, ele tem aí algo em que pode se apoiar – cada coisa como essa precisa poder *resistir*! – algo sobre o que ele pode descarregar muita responsabilidade! No todo, porém, desejaria que a estupidez numérica e a crença supersticiosa nas maiorias não se impusesse na Alemanha como nas outras raças latinas; e que se inventasse finalmente algo *in politics*! Tem pouco sentido e muito perigo deixar que o hábito ainda tão breve e tão facilmente extirpável uma vez mais finque raízes profundas: enquanto sua introdução, porém, foi apenas uma medida de emergência e momentânea.

34 (110)
Parece-me que a maior e mais bem conservada capacidade inventiva, assim como o maior e mais resguardado acúmulo de força

de vontade se encontra junto aos eslavos. Graças a um regimento absoluto: e um regimento de terra *teuto-eslavo* não está entre os mais improváveis. Os ingleses sabem as consequências de não superar a sua própria autocracia casmurra, eles acabam deixando com o tempo os *homines novi* ascenderem ao poder e, por fim, permitem que as mulheres entrem no parlamento. Mas fazer política é, por fim, também uma questão de *herança*: ninguém começa a se tornar um homem com um horizonte descomunal a partir de um ser privado.

34 (111)
Os alemães deveriam cultivar uma casta dominante: admito que sejam imanentes aos judeus capacidades que são imprescindíveis junto a uma raça, que deve fazer política mundial. O sentido para o dinheiro quer ser aprendido, herdado e mil vezes legado: agora mesmo o judeu o aprende com o americano.

34 (112)
Aponto para algo novo: certamente, para um ser democrático há o perigo dos bárbaros, mas só se busca esse perigo na profundidade. Também há um *outro tipo de bárbaros* que vem da altura, uma espécie de naturezas conquistadoras e dominadoras, que procuram uma matéria-prima, que elas possam configurar. Prometeu era um tal bárbaro. –

34 (113)
Nenhum povo de "políticos profissionais", de leitores de jornal!

34 (114)
– – – A pequenez e o caráter deplorável da alma alemã não são de maneira alguma uma consequência do particularismo característico dos pequenos Estados:[107] as pessoas reconhecidamente já se mostraram em Estados muito menores como orgulhosas e au-

---

107 **N.T.:** Em alemão literalmente "a idolatria do pequeno Estado".

tocráticas: e não é o elogio renitente ao grande Estado em si que torna a alma mais livre e mais viril. Não há dúvida de que, na alma em que um imperativo eslavo tal como "tu deves e precisas te ajoelhar!" ordena um curvar as costas involuntário diante de títulos de honra, ordens, olhares misericordiosos vindos de cima para baixo etc., o homem se curva ainda mais profundamente em seu "Reino" e lambe a poeira diante do grande regente de maneira ainda mais fervorosa do que ele fazia diante do pequeno. – Vê-se até hoje junto aos italianos das camadas mais baixas que autossuficiência aristocrática e que cultivo e certeza viris de si mesmos fazem parte dessa cidade que *foi previamente feita* para eles da melhor forma possível; um *gondoliere* de Veneza é sempre uma figura melhor do que um berlinense de um conselho comum efetivo, e, por fim, até mesmo um homem melhor: isto é algo palpável. Perguntem às mulheres.

34 (115)
　As almas servas.
　A degeneração do sangue.
　A tartufaria moral.
　O "ânimo".
　A obscuridade.
　Os hesitantes.
　Conjectura sobre o meridional.
　A feiura.
　A alma por detrás.
　A dependência da França.
　O professor alemão e o oficial.
　A *niaiserie allemande*.
　O estilo alemão de escrever.
　O eremita.
　O "eterno feminino" e a música.
　O "sentido histórico".
　O ator.
　A comodidade (filisteu) e a guerra.
　Os filósofos.
　O pessimismo. (comparação com a França)

Mais animal de rebanho do que nunca – mas há condições favoráveis mesmo para os particulares.

34 (116)
O que há de mais notável mesmo em Kant é que ele escapou da sedução leibniziana e reteve o melhor do século passado, o sensualismo.

34 (117)
N.B. Schopenhauer, em sua juventude seduzido pelo Romantismo e desviado de seus melhores instintos, era no fundo um voltairiano com sua cabeça e suas entranhas, e, com maior razão, um filho do século passado – de resto, porém, ele foi levado para além do gosto francês por meio dos gregos e de Goethe, e, antes de tudo – ele não era *nenhum* teólogo! A "imutabilidade do caráter", em alemão talvez a preguiça, e, por outro lado, a crença na infalibilidade do gênio (em alemão talvez a vaidade) o levaram a declarar *divino* precipitadamente o seu "pecado de juventude", quer dizer, a sua metafísica da vontade; e não se "desenvolver" mais por si mesmo. Um h<omem> com o seu talento e discórdia interior tinha o necessário para cinco sistemas melhores na cabeça, e cada um sempre mais verdadeiro e mais falso do que o outro.

34 (118)
Não compreendemos um nexo "causal", mas vemos que um *factum*, para ser constatado, <deve> conceber em si muitos *facta*. Nossa *análise* expõe uma sucessão sequencial. Os números que são obtidos aí não significam nada para o nexo daqueles fenômenos *entre si*, mas podem induzir em erro: porque o homem está *fixado* em certos instintos, vem à tona uma semelhança das relações numéricas com *ele*.

34 (119)
Nossos pensamentos encontram-se em uma relação causal imediata? Ou a sua ligação lógica é uma aparência? Ou seja, uma

consequência do fato de que os processos provocadores de cada um desses pensamentos se encontram em uma ligação, que se nos apresenta como "conclusão" e coisas do gênero. Eles são puros elos finais? – Ou há um efeito imediato de um pensamento sobre o outro? Há aqui ao menos uma "causação"?

34 (120)
O mundo fenomênico uma "aparência vazia e um engano", a necessidade de causalidade, que produz ligações entre fenômenos, do mesmo modo uma "aparência vazia e um engano" – com isto, a *rejeição* moral do enganador e aparente ganha voz. É preciso ir além disso. Não há nenhuma coisa em si, nem tampouco nenhum conhecimento absoluto, o caráter perspectivístico, ilusório, pertence à existência.

34 (121)
O fato de *minha* apreciação de valor ou meu julgamento de um homem não dar ainda a nenhum outro homem o direito à mesma avaliação e ao mesmo julgamento: – a não ser que ele seja um igual a mim e possua o mesmo nível hierárquico. O modo de pensar oposto é o modo de pensar dos jornais: considera-se que as avaliações de homens e coisas seriam algo "em si", ao qual cada um poderia se ater como à *sua* propriedade. Aqui está justamente o pressuposto de que *todos possuem a mesma posição hierárquica.* – Ser veraz é uma distinção.

34 (122)
O fato de algo que surgiu não ser reconhecido, quando se conhece seu surgimento (pai e mãe): mas de que já se *precisa conhecê-lo*, para descobrir nas condições de seu surgimento algo que lhe é "aparentado" – e que isto na maioria das vezes é uma *aparência*: – em verdade, o reconhecimento do elemento paterno e materno na criança só é possível em um *agregado,* e involuntariamente buscamos, para *explicá-lo,* conceber algo novo *apenas* como um agregado, uma coordenação, isto é, a *análise* refere-se não ao surgimento real e efetivo, mas a uma coordenação e a uma

adição mecânicas fictícias, que não são de modo algum vistas. O que explica acolher os fatos de maneira mais estúpida e mais simples do que eles são.

34 (123)
O fato de o homem ser uma pluralidade de forças, que se encontram em uma ordem hierárquica, de tal modo que há forças que comandam, mas que também o que comanda precisa criar para o que obedece tudo aquilo que serve à sua conservação, e, com isto, é ele mesmo *condicionado* pela sua existência. Todos esses seres vivos precisam ser de um tipo aparentado, senão eles não poderiam servir e obedecer assim uns aos outros: os que servem precisam, em algum sentido qualquer, também ser obedientes, e, em casos mais refinados, o papel entre eles precisa passageiramente mudar, e aquele que costuma mandar precisa uma vez obedecer. O conceito "indivíduo" é falso. Esses seres não se acham de modo algum presentes isoladamente: o fiel da balança (o peso mais pesado) central é algo mutável; a *geração* constante de células etc. fornece uma mudança constante dos números desses seres. E com a *adição* não se faz nada. Nossa aritmética é algo tosco demais para dar conta dessas relações e apenas uma aritmética particular.

34 (124)
A lógica de nosso pensar consciente é apenas uma forma tosca e facilitada daquele pensar de que nosso organismo, sim, de que os órgãos particulares desse organismo necessitam. Um pensar ao mesmo tempo, por exemplo, é necessário, do qual não temos quase nenhuma ideia. Talvez um artista da linguagem: o recontabilizar com o peso e a leveza das sílabas, o contar de antemão, ao mesmo tempo a busca por analogias do peso do pensamento com as condições sonoras ou fisiológicas da laringe, tudo isto acontece ao mesmo tempo – mas naturalmente não como *consciente*.

Nosso sentimento causal é algo completamente tosco e particularizado contra os sentimentos causais reais e efetivos de nosso organismo. A saber, o "antes" e "depois" é uma grande ingenuidade.

Por fim: nós precisamos adquirir tudo para a *consciência*, um sentido temporal, um sentido espacial, um sentido causal: depois de termos existido de maneira mais rica já por longo tempo sem consciência. E, em verdade, uma certa forma maximamente simples, maximamente sem relevos, maximamente reduzida: nosso querer, sentir, pensar *conscientes* estão a serviço de um querer, de um sentir e de um pensar muito mais abrangente. – Efetivamente?

Continuamos incessantemente a crescer, nosso sentido espaço-temporal ainda se desenvolve.

34 (125)
Não é possível prever nada. No entanto, em meio a certa elevação do tipo homem pode se manifestar uma *nova* força, da qual não sabíamos nada até então. (A saber, uma síntese de opostos?)

34 (126)
O suspiro de *Kleist* em relação à incogniscibilidade final.

34 (127)
Somos iniciantes no *aprendizado*, por exemplo, com o nosso tipo de lógica. Ou com as nossas paixões. Ou com a nossa mecânica. Ou com a nossa atomística, que é a mais sincera tentativa de construir o mundo para os olhos e para o entendimento aritmético calculador (*ou seja, de maneira intuitiva e calculável*).

34 (128)
Nossos "meios" e "fins" são abreviações muito úteis para nos tornar ocorrências palpáveis, vislumbráveis panoramicamente.

34 (129)
A vontade de verdade.
Para além de bem e mal.
O homem como artista.
Da grande política.

O pensamento cultivador.

34 (130)
O pensamento abstrato é para muitos um fadiga – para mim, em dias bons, uma festa e uma embriaguez.

34 (131)
Assim como um general de campo não quer e não pode experimentar nada de muitas coisas, para não perder a visão panorâmica conjunta: em nosso espírito consciente, também precisa haver *antes de tudo* um impulso *excludente e alijador*, um impulso seletivo – que só deixa se apresentar para si *certos facta*. A consciência é a mão, com a qual o organismo se agarra da maneira mais ampla possível em torno de si: essa precisa ser uma mão firme. Nossa lógica, nosso sentido temporal, nosso sentido espacial são capacidades descomunais de abreviatura, com a finalidade do comando. Um conceito é uma invenção, a que nada corresponde *completamente*; mas muitas coisas um pouco: uma proposição como "duas coisas, iguais a uma terceira, são iguais a si mesmas" pressupõe 1) coisas, 2) igualdades: as duas coisas não há. Mas com este mundo conceitual e numérico cristalizado inventado, o homem conquista um meio de se apoderar de quantidades descomunais de fatos como que com sinais, inscrevendo-os na memória. Esse aparato de sinais é a sua superioridade, exatamente por meio do fato de ele se distanciar o mais amplamente possível dos fatos particulares. A redução das experiências a *sinais*, e a quantidade cada vez maior de coisas, que, portanto, pode ser apreendida: é sua *força suprema*. Espiritualidade como faculdade de ser senhor sobre uma quantidade descomunal de fatos. *Esse mundo espiritual, esse mundo de sinais, é pura "aparência e engano"*, assim como cada "coisa fenomênica" – e *o "homem moral" certamente se indigna*! (assim como, para Napoleão, só os instintos essenciais do homem são considerados junto aos seus cálculos e ele tinha o direito excepcional de não levar em conta, por exemplo, na compaixão – correndo o risco de errar o cálculo aqui e acolá.)

34 (132)

O que é, afinal, "perceber" (*wahrnehmen*)? *Tomar-algo--por-verdadeiro* (*Etwas-als-wahr-nehmen*):[108] dizer sim a algo.

34 (133)

N.B. Há algo doentio em todo o tipo dos filósofos até aqui, por mais que muitas coisas neles tenham fracassado. Ao invés de conduzir a si mesmo e aos homens mais alto, os filósofos preferem andar para o lado e buscam ver se não haveria um *outro* caminho: isto já é em si um sinal de um instinto *degradado*. O homem bem-sucedido alegra-se com o fato "homem" e no caminho do homem: mas – ele segue *além*!

34 (134)

O que *meu* juízo de valor é, ele não é para um outro. A suposição de juízos de valor como se eles fossem peças de vestuário é, apesar disto, o fato mais frequente: assim surge a partir de fora primeiramente a pele, em seguida a carne, e, por fim, o caráter: *o papel* torna-se verdade.

34 (135)

Observei com frequência esses idealistas alemães, mas eles não me observaram: eles não sabem, nem têm nenhum faro para aquilo que eu sei, eles seguem seu curso suave e vadio, eles têm o coração cheio de outros desejos, diversos dos meus: eles buscam um outro ar, outra alimentação, outro conforto. Eles olham *para cima*, eu olho *para fora* – nós nunca vemos o mesmo.

– Lidar com eles me é repulsivo. Eles podem amar a pureza já em seu corpo: mas seu espírito não cresceu, seu "consequentemente" me parece viciado, eles se desarmam lá onde começa para mim a alegre curiosidade, eles ainda não limparam os ouvidos, quando estou pronto para cantar minha canção.

---

[108] **N.T.:** Nietzsche vale-se aqui da própria etimologia do termo perceber em alemão, que significa literalmente "tomar por verdadeiro".

34 (136)
— Este Sócrates, que buscava razões astutas para agir do modo como os *hábitos* lhe recomendavam, era totalmente talhado segundo o coração dos *"sacerdotes de Delfos"*: e sua conversão de Platão foi a obra-prima de sua arte da sedução. Os conceitos aprendidos como de origem *divina*, as avaliações populares como as *eternas* e imutáveis: — mas requentá-las *de maneira nova* para uma geração mais refinada, associar com elas a pimenta e a Artemísia da alegria dialética, usá-las entre uma juventude faladora e apaixonada para o desencadeamento de uma rivalidade em termos de discursos e de atos —

34 (137)
Eles são para mim tão estranhos: para viver com eles, eu precisaria ensinar sempre justamente o oposto daquilo que tomo por verdadeiro e que me parece agradável: e entre eles lembrei-me do ditado "nem tudo que reluz é ouro".

34 (138)
Na Alemanha, sempre faltou espírito, e as cabeças medianas já recebem aí as maiores honrarias, porque elas mesmas são tão raras. O que é mais valorizado é a carne e a perseverança e certo olhar crítico de sangue frio; e, em virtude de tais propriedades, a filologia alemã e o sistema militar alemão se tornaram senhores sobre a Europa.

34 (139)
N.B. Para ouvidos mais refinados e mais argutos, todo e qualquer elogio de uma virtude soa quase risível: eles não escutam nenhuma virtude, por exemplo, quando alguém é denominado *"modesto"* (caso ele se avalie corretamente!) ou quando alguém se chama *"veraz"* (caso ele não queira ser iludido) ou *"compassivo"* (caso ele tenha um coração mole e pronto a ceder) ou casto (caso ele seja um sapo e, por outro lado, não goste, de qualquer modo, de viver em pântanos).

34 (140)

N.B. Há <uma> ingenuidade dos h<omens> cien<tíficos>, que beira a estupidez: eles não têm nenhum faro para o quão perigosa é a sua obra artesanal, eles acreditam no fundo de seus corações, que o "amor à verdade" e "o bom, belo e verdadeiro" seriam a sua questão propriamente dita. Não tenho em vista "perigoso", por sua vez, com vistas aos efeitos dissolutores, mas com vistas ao fiel da balança (peso mais pesado) descomunal em jogo na responsabilidade que alguém sente sobre si, quando começa a notar, que todas as avaliações, segundo as quais os homens vivem, *com o tempo condenam o homem ao perecimento.*

34 (141)

N.B. O efeito *castrador* e talvez mesmo *supressor da virilidade* que é próprio do muito *rezar* também está entre os danos causados à essência alemã desde a Reforma. Trata-se de uma questão de mau gosto sob todas as circunstâncias oferecer muito, ao invés de dar muito: a mistura de um servilismo humilde com uma impertinência plebeia e altiva, com a qual se revolve, por exemplo, Santo Agostinho em suas confissões diante de Deus, lembra-nos de que o homem talvez não seja o único animal a possuir um sentimento religioso: o cachorro tem pelo homem um "sentimento religioso" semelhante. – O trânsito com Deus por meio da reza cultiva a atmosfera e a atitude humilhante, que mesmo em tempos não castos, por meio de herança, ainda afirma seu direito: os alemães morrem reconhecidamente diante de príncipes ou de dirigentes de partidos ou diante da frase "como o mais serviçal dos escravos". É tempo de que isso seja deixado para trás.

34 (142)

N.B. Nunca pensei em "deduzir" todas as virtudes do egoísmo. Mas gostaria de ter antes demonstrado que se trata de "virtudes" e não apenas de instintos de conservação temporários de determinados rebanhos e comunidades.

34 (143)
Este temor mole diante do "mais horrível fanatismo".

34 (144)
N.B. – ele moveu e fechou uma vez mais os lábios, olhando como alguém que ainda tinha algo a dizer e que hesitava em dizê-lo. E o que parecia para aqueles que o estavam considerando era que sua face tinha se ruborizado levemente. Isto durou um pouquinho: em seguida, porém, de uma vez só, ele balançou a cabeça, fechou voluntariamente os olhos – e morreu –
Assim aconteceu de Zaratustra ter experimentado seu ocaso.

34 (145)
Ele conduziu seus amigos a pontos cada vez mais altos, mesmo para a sua caverna e, finalmente, para a alta montanha: aí ele morreu.
As estações: e cada vez discursos.

Meio-dia e eternidade
De
Friedrich Nietzsche.

Primeira parte:
O clamor do arauto

Segunda parte:
A anunciação

Terceira parte:
Os promissores

Quarta parte:
Ascensão e declínio.

34 (146)
Alguém cujo interesse está voltado para saber sob que condições a planta "homem" cresce até as alturas da maneira mais

vigorosa possível – para alguém de tal modo constituído, a aparição de um novo poder político, caso ele não estabeleça sobre um pensamento, ainda não é nenhum evento: ele quase não tem tempo para considerá-lo mais detidamente.

Não me compreendam mal: gostaria de esclarecer com este livro por que o surgimento do Império Alemão permaneceu indiferente para mim: vejo um passo adiante na democratização da Europa – nada mais, nada novo. A democracia, porém, é a forma de uma *decadência* do Estado, de uma degeneração das raças, de uma preponderância dos desvalidos: já disse isso uma vez.

34 (147)
Um homem, para o qual quase todos os livros se tornaram supérfluos, que só mantém em relação a poucos homens do passado a crença em que eles foram suficientemente profundos para – não escrever o que eles sabiam.

Pensei tantas coisas proibidas e me sinto rodeado por boas coisas e em casa mesmo lá onde espíritos honrados e habilidosos não conseguem respirar: assim, vejo sempre com espanto, quando ainda encontro algo para comunicar. Como se eu já soubesse muito bem que nenhum travessão me é preferível aos meus pensamentos compartilhados.

Quantos eruditos eu poderia ocupar; e se eu tivesse feito isso em casos particulares –

O estado de indigência entra em cena, quando se impelem os eruditos para regiões nas quais a liberdade, a fineza e a não hesitação são necessárias. Esse estado consiste no fato de que eles não conseguem ver para além de *si* – no fato de que eles não possuem nenhum olhar onde eles não têm nenhuma vivência. Para apresentar, por exemplo, o que é a consciência moral, alguém precisaria ser tão profundo, ferido e ingente quanto a consciência de Pascal e, então, possuir ainda aquele céu desprendido de uma espiritualidade clara e cruel, que vê panoramicamente, ordena e ridiculariza vindo de cima para baixo esse bulício de vivências.

Quando era mais jovem, eu achava que me faltavam algumas centenas de eruditos, que eu poderia mandar para os arbustos como cães farejadores – quer dizer, para a história da alma humana –, a fim de caçar minha presa. Entrementes, aprendi que também é difícil encontrar eruditos para as coisas que estimulam minha curiosidade.

34 (148)
Acredito poder sentir que Sócrates era profundo – sua ironia antes de tudo era uma compulsão para se *fazer passar* por superficial, a fim de poder lidar em geral com os homens –; o fato de César ter tido profundidade: do mesmo modo que, talvez, aquele Hohenstaufen Frederico, segundo: com certeza Leonardo Da Vinci; em um grau em nada insignificante Pascal, que apenas morreu cedo demais, aos 30 anos, para que ele pudesse rir acidamente do próprio Cristianismo a partir de sua alma exuberante e causticamente má, tal como ele fez anteriormente, quando era mais jovem, com os jesuítas.

34 (149)
N.B. Honro M<ichelangelo> mais do que Rafael, porque ele, atravessando todos os véus e aprisionamentos cristãos de seu tempo, viu os ideais de uma *cultura mais nobre* do que a cultura cristã rafaelina: enquanto Rafael apenas divinizou fiel e modestamente as valorações que lhe foram dadas e não portou em si os instintos nostálgicos que buscavam espaços mais amplos. M<ichelangelo>, porém, viu e sentiu o problema do legislador de novos valores: do mesmo modo que o problema do vitoriosamente consumado, que tinha primeiro a necessidade de superar mesmo "o herói em si"; o homem elevado a uma posição alta demais, que se tornou sublime mesmo em relação à sua compaixão e que destrói sem misericórdia o que não lhe pertence – brilhando com uma divindade limpa. M<ichelangelo> só era, naturalmente, por instantes tão elevado e tão fora de seu tempo e da Europa cristã: na maioria das vezes, ele se comportava condescentemente em relação ao eterno feminino no Cristianismo; sim, parece que ele ruiu, por fim, precisamente diante desse eterno feminino e *abdicou* do ideal de seus momentos mais elevados. Tratava-se

mesmo de um ideal, ao qual só um homem da mais forte e elevada plenitude vital poderia fazer frente, mas não um homem que tinha ficado velho! No fundo, a partir de seu ideal, ele teria que ter destruído o Cristianismo! Mas ele não era pensador e filósofo suficiente para fazer isso. – Leonardo da Vinci talvez tenha sido o único daqueles artistas a ter uma visão efetivamente supracristã. Ele conhecia "a terra do sol nascente", o interior tanto quanto o exterior. Há algo de supraeuropeu e de silenciado nele, tal como esse algo distingue todo aquele que viu um círculo grande demais de coisas boas e ruins.

34 (150)

N.B. *Schopenhauer*, um pensador honesto, ao mesmo tempo de modo algum um mau escritor sobre objetos filosóficos, ainda que, por si mesmo, não seja nenhum filósofo: em relação à juventude atual (e mesmo em relação a tais idades que, em suas requisições por agudeza dos conceitos tanto quanto por clareza do céu e – cientificidade –, são modestas), ele ainda não tem como ser substituído, pois ele ensina *veneração*, onde ele mesmo venerou: diante do espírito crítico de Kant, diante de Goethe, diante dos gregos, diante dos franceses de espírito livre; em seu tempo, ele talvez fosse o alemão mais bem formado, com um horizonte europeu: há mesmo instantes, nos quais ele vê com um olho oriental. O pessimismo, tal como ele o compreendeu, não é do mesmo modo nenhum pequeno mestre da *veneração* em áreas, nas quais a veneração não se sentia em casa: por exemplo, diante da Antiguidade indiana, diante do antigo Cristianismo propriamente dito, diante do Cristianismo católico, contra o qual a educação escolar protestante costuma voltar seu paladar.

34 (151)

Sobre o "gênio". Quão pouco talento, por exemplo, em R<ichard> W<agner>! Houve algum dia um músico que aos 28 anos era tão pobre (não tão pouco desenvolvido, não tão pouco aberto, mas tão pobre) que tinha inveja de Meyerbeer – tão terrivelmente invejoso a ponto de se irritar durante toda a sua vida com isso? A ponto de, consequentemente, com a consequência das "belas almas", guardar durante toda a sua vida rancor quanto a isso? Por outro lado, aprende-se como Kant com razão, empenho e persistência enaltece etc.

34 (152)
Entre bons músicos, Verdi é considerado rico, em comparação com W<agner>: que tinha razões para ser econômico e para "estabelecer" bem as suas "invenções". Tratar com usura os seus "leitmotivs" e manter o seu "ouro" consigo, de tal modo que se desfrute, por conseguinte, de um crédito mil vezes *grande demais*: será que Wagner aprendeu isso com os judeus?

34 (153)
N.B. Uma mulher quer ser mãe; e se ela não o quiser, caso ela já o pudesse ser, então ela quase entraria num hospício: sua degradação interior seria, então, habitualmente tão grande!

34 (154)
N.B. A Alemanha só produziu um poeta, além de Goethe: trata-se de Heinrich Heine – e, além disto, Heine é um judeu. Mas na França tanto quanto na Itália, na Espanha e na Inglaterra e onde apenas se – – –; ele tinha o mais fino instinto para a flor azul "alemã", naturalmente também para o asno cinza "alemão". Os parisienses afirmam, além disto, que ele representa, juntamente com dois outros não parisienses, a quintessência do espírito de Paris. –

34 (155)
Sobre os filósofos.
Sobre as mulheres.
Sobre os músicos.
Sobre os povos.
Sobre os eruditos.

Sobre os escritores.
Sobre os castos.
Sobre o rebanho e os instintos de rebanho.
"o homem bom"
Sobre os dominantes.
Sobre os antigos gregos.
Dioniso – *diabolus*.
Os bons europeus.
Uma contribuição para a descrição
da alma europeia.

34 (156)
Um prefácio sobre ordem hierárquica.

Estes são *meus* juízos: e assumo que, por meio do fato de imprimi-los, não dou a ninguém o direito de tomá-los na boca como se fossem seus: o que eles menos são para mim é um bem comum público, e estou disposto a "repreender severamente" aquele que maltratá-los. Há algo que soa desagradável em uma era do "mesmo direito para todos": esse algo se chama ordem hierárquica.

34 (157)
N.B. Para a explicação daquele ceticismo interior temerário na Alemanha, que aí mesmo é maior e mais seguro de si do que em qualquer outro país da Europa, é importante aquele fato de que a espiritualidade protestante sempre foi mais frutífera junto às crianças e não teve a sua força, tal como no caso de Lutero, apenas no púlpito; e pela mesma razão, da qual Maquiavel deduz o ceticismo dos italianos – eles sempre tiveram o representante de Deus e sua corte muito próximos dos olhos – *observaram* muitos dos filósofos e eruditos alemães como filhos de pastores e de outros acessórios eclesiásticos do "padre" – e não acreditam mais *consequentemente* em Deus. O protestantismo é desde o princípio essencialmente descrença nos *homines religiosi* e nos santos de segundo escalão, em todos os párocos do interior e de cidades, incluindo aí os teólogos da universidade –

e, nessa medida, a filosofia alemã pode ser um prosseguimento do protestantismo.

34 (158)
N.B. O mundo exterior é a obra de nossos órgãos; por conseguinte, nosso corpo é uma parte do mundo exterior, a obra de nossos órgãos – consequentemente, nossos órgãos são a obra de nossos órgãos. Essa é uma completa *reductio ad absurdum*: consequentemente, o mundo exterior não é a obra de nossos órgãos.

34 (159)
Flechas
Ideias sobre e contra a alma europeia.
O reino dos privilégios.

34 (160)
Flechas
Ideias sobre e contra a alma alemã.
De
Friedrich Nietzsche.

34 (161)
N.B. Um artesão habilidoso ou um erudito habilidoso se apresentam bem, quando eles possuem o seu orgulho em sua arte e olham com modéstia e satisfação para a vida; e nada, em contrapartida, é mais lastimável de observar do que quando um sapateiro ou um mestre de escola, com uma careta sofredora, dão a entender que eles teriam nascido propriamente para algo melhor. Não há nada melhor do que o bom! E isto significa: ter alguma habilidade e criar a partir dela, *virtù*, no sentido italiano da *Renaissance*.

34 (162)
N.B. Hoje, no tempo em que o Estado tem uma barriga absurdamente grande, ainda há em todos os campos e disciplinas, além dos trabalhadores propriamente ditos, "representantes"; por exemplo, além dos eruditos ainda há literatos, além das camadas

populares sofredoras há ainda bons vagabundos fanfarrões e falastrões, que "representam" aquele sofrimento, para não falar dos políticos profissionais, que se sentem bem e que "representam" a plenos pulmões estados de indigência diante de um parlamento. Nossa vida moderna é extremamente *dispendiosa* por meio da quantidade de pessoas intermediárias; em uma cidade antiga, em contrapartida, e, em ressonância com ela, em algumas cidades da Espanha e da Itália, as pessoas se apresentavam por si mesmas e não teriam dado nada a tal representante moderno – a não ser um chute na bunda!

34 (163)
A pressão eclesiástica por milênios criou uma *tensão* exuberante do arco, do mesmo modo que a pressão monárquica: as duas distensões buscadas (ao invés de atirar com o arco) foram 1) o jesuitismo, 2) a democracia. Pascal é o indício maravilhoso daquela tensão frutífera: ele riu dos jesuítas *até a morte*. – Estou satisfeito com estados despóticos, contanto que se esteja lidando com raças mistas, onde quer que uma tensão em geral seja dada. Naturalmente: o perigo de tais tentativas é grande. – A democracia europeia *não* é ou <é apenas> em uma pequena parte um desencadeamento de *forças*, mas antes de tudo um desencadeamento de um deixar-rolar, de um querer-ter-conforto, de uma *preguiça* interior. Assim como a imprensa.

34 (164)
A d<emocracia> europeia é em uma mínima parte um desencadeamento de forças: antes de tudo, ela é um desencadeamento de preguiças, de cansaços, de *fraquezas*.

34 (165)
O espelho
Uma ocasião para o autoespelhamento
para europeus.
De
Friedrich Nietzsche.

34 (166)
O elemento comum no desenvolvimento da *alma europeia* pode ser notado, por exemplo, junto a uma comparação entre Delacroix e R<ichard> W<agner>; um é um *peintre-poète*, o outro um poeta sonoro, com a diferença do talento francês e alemão. De resto, eles são iguais. Delacroix, aliás, também é *bastante* músico – uma *ouverture* de Coriolano. Seu primeiro intérprete, Baudelaire, uma espécie de R<ichard> W<agner> sem música. A *expressão*, a *expression* dos dois é privilegiada, todo o resto é sacrificado. Os dois dependentes da literatura, extremamente cultos e eles mesmos homens de escrita. Atormentados por doenças nervosas, sem sol.

34 (167)
Em todo e qualquer juízo sensível, toda a pré-história orgânica se acha ativa: "isto é verde", por exemplo. *A memória no instinto*, como uma espécie de abstração e de simplificação, comparável com o processo lógico: o mais importante foi sempre uma vez sublinhado, mas mesmo os traços mais fracos *permanecem*. Não há nenhum esquecimento no reino orgânico; com certeza, porém, uma espécie de *digestão* do vivido.

34 (168)
Os bons, sua relação com a estupidez.
Educação e cultivo.
O *liberum* "nego". "Provisoriamente: não!"
Veneração, ira e coragem.

34 (169)
A *contabilidade* de certos processos, por exemplo, de muitos processos químicos, e uma calculabilidade desses processos não nos fornecem nenhuma razão para tocarmos aqui em "verdades absolutas". Trata-se sempre apenas de um número na relação com o homem, com alguma inclinação ou medida que se tornou fixa no homem. O número mesmo é inteiramente uma invenção *nossa*.

34 (170)
Um processo *lógico*, do modo como ele "se encontra no livro", *nunca ocorre*, assim como uma linha reta ou duas "coisas iguais". Nosso pensar transcorre de maneira fundamentalmente diversa: entre uma ideia e a próxima vige um mundo intermediário de um tipo totalmente diferente, por exemplo, impulsos à contradição ou à submissão etc.

34 (171)
Juízos sintéticos *a priori* são certamente possíveis, mas eles são – juízos *falsos*.

34 (172)
Nux et crux
Uma filosofia para dentes bons.

34 (173)
Toda filosofia, como quer que ela tenha surgido, serve a certas finalidades educativas, por exemplo, ao encorajamento ou à tranquilização.

34 (174)
O bem, um estágio prévio do mal; uma dose suave do mal: –

34 (175)
Quando alguém se preocupa com os outros e *não* consigo, isto pode ser um sinal de *estupidez*: assim pensa o "povo" *bonhomie*.

34 (176)
As morais e as religiões são o meio *principal*, com o qual se pode configurar a partir do homem aquilo que é adorável para alguém: contanto que <se> tenha um excesso de forças criadoras e possa impor a sua vontade criadora por longos espaços de tempo, sob a forma de legislações e costumes. Na medida em que

refleti sobre os meios de tornar o homem mais forte e mais profundo do que ele tinha sido até aqui, ponderei antes de tudo sobre a seguinte questão: com a ajuda de que moral algo desse gênero foi levado a termo até aqui. A primeira coisa que compreendi foi que não se pode usar para tanto a moral usual na Europa, da qual, naturalmente, os filósofos e moralistas europeus pensam que ela seria a moral mesma e a única moral – tal uníssono dos filósofos é de fato a melhor demonstração do fato de que aquela moral efetivamente impera. – Pois essa moral é propriamente o instinto de *rebanho*, que só busca conforto, ausência de perigo, facilidade da vida e que, como o último e mais abscôndito desejo, tem mesmo o desejo de poder se livrar de todos os líderes e de todos os carneiros-mestres. As suas duas doutrinas mais bem pregadas são: "igualdade de direitos" e "compaixão em relação a todos os que sofrem" – e o próprio sofrimento é considerado pelos animais de rebanho como algo que se precisa *eliminar*. Quem, porém, reflete sobre isso, sobre onde e como a planta homem tinha crescido da maneira mais forte e bela, retirará, em oposição à moral europeia de rebanho e à produção de moedas falsas históricas, tantas coisas da história que, além disto, a periculosidade de sua situação acabará por ser necessariamente elevada, assim como o seu espírito inventivo e dissimulador acabará necessariamente por se ver fomentado; e que, consequentemente, a crueldade, o silêncio, o mal-estar, a desigualdade dos direitos, a guerra, os abalos de todo tipo, em suma, a oposição a todos os ideais de rebanho são hoje necessários. Que uma moral com tais intenções inversas só pode ser ensinada e cultivada em articulação com a lei moral dominante e sob os seus termos e palavras de ordem; que, portanto, muitas formas transitórias e ilusórias precisam ser inventadas e que, uma vez que a vida de um homem é curta demais para a realização de uma vontade tão longamente duradoura, homens precisam ser cultivados, nos quais seja conferido a tal vontade duração por meio de muitas gerações: tudo isso se compreende tão bem quanto o etc. que há muito tempo não se deixa tão facilmente enunciar dessas ideias. Preparar uma inversão dos valores junto a um determinado tipo forte de homens e, entre eles, desencadear uma quantidade de instintos amaldiçoados e mantidos confinados: refletindo sobre isso, eu ponderei sobre que tipo de homem já tinha trabalhado de maneira involuntária e em geral até aqui na tarefa assim apresentada. Encontrei os pessimistas, na medida em que sua insatisfação com todos os obrigou também logicamente *ao menos* a uma insatisfação com o atual: por isto, privilegiei Schopenhauer e o conhecimento que lentamente alvoreceu sobre a Europa da filosofia indiana. Mesmo uma pressão alpina é um meio para *despertar* repentinamente os homens. – Do mesmo modo, tive um prazer pleno junto a certos artistas inesgotáveis e dualistas que, como Byron, acreditam incondicionadamente no prefácio de homens mais elevados e entorpecem os instintos de rebanho sob a sedução da arte junto aos homens selecionados e conclamam os homens opostos a acordar. Em terceiro lugar, honrei os filólogos e historiadores que deram prosseguimento à descoberta da Antiguidade, porque uma outra moral imperava no mundo antigo, uma moral diversa da que hoje vigora, e, de fato, o homem de outrora, sob o encanto de sua moral, era mais forte, mais cruel e mais profundo: a sedução, que é exercida pela Antiguidade sobre as almas fortes, é provavelmente a mais refinada e discreta de todas as seduções.

Todo esse modo de pensar foi denominado por mim mesmo a filosofia de Dioniso: um modo de consideração que reconhece o prazer supremo da existência na criação e reconfiguração do homem tanto quanto das coisas e na "moral" apenas um meio para dar à vontade dominante tal força e maleabilidade, para, por conseguinte, se imprimir sobre a humanidade. Observei religiões e sistemas educacionais com vistas a até que ponto eles reúnem e legam forças; e nada me parece mais essencial para se estudar do que as *leis do cultivo*, a fim de não perder uma vez mais a maior quantidade de força, por meio de ligações e modos de vida não conformes a fins.

34 (177)

Tenho aversão 1) ao socialismo, porque ele sonha de maneira totalmente ingênua com a tolice de rebanho do "bom, verdadeiro e belo" e com direitos iguais: mesmo o anarquismo quer a mesma coisa, só que de uma maneira brutal; 2) <ao> parlamentarismo e ao modo de ser da imprensa, porque esses são meios, por meio dos quais o animal de rebanho se torna senhor.

34 (178)
 Minha atenção está voltada para em que pontos da história os grandes homens emergem. O significado de longas *morais despóticas*: elas tencionam o arco, quando elas não o destroem.

34 (179)
 O fato de haver um *desenvolvimento* de toda a humanidade é um disparate: isso não seria nem mesmo desejável. Resgatar as muitas figuras do homem, o modo da *pluriconfiguração* do homem, destruindo-o, quando uma espécie de tipo teve sua altura – ou seja, ser criador e aniquilador – esse me parece ser o prazer supremo, que os homens podem ter. Platão certamente não era tão restrito quanto ele fez parecer ao ensinar os conceitos como se eles fossem *firmes e eternos*: mas ele queria que se acreditasse nisso.

34 (180)
 Não inserir mais razão em toda a história do homem do que no resto do mundo: *muitas coisas* são possíveis, mas não se deve querer isso por um prazo longo demais. O acaso destrói tudo uma vez mais.
 O homem como um *espetáculo*: este é o **sentido histórico** – mas ele contém um elemento perigoso, o homem aprende a se sentir como o *configurador*, o qual não apenas observa e quer observar. O alemão - - -
 – é compreensível que pública e recolhidamente só se fale de todas as intenções orgânicas fundamentais do h<omem> sob mil máscaras: basta ler um discurso de Bismarck.
 N.B. – o homem *mais espiritual*, que olhou algumas vezes por detrás das máscaras e sabe ver, aquele que chegou efetivamente a *conceber* como é que tudo é máscara – não se espantou muito com isso e se mostra sempre com *o melhor dos humores*.

"Espiritualidade" é a coceirinha de um eterno carnaval, contanto que nós mesmos brinquemos aí ou sejamos apenas parte da brincadeira.
– o sentido histórico e o exotismo geográfico-climático um ao lado do outro.

34 (181)
Assim eu o quero, como um homem do ócio, que não tem nada melhor a fazer, quero contar algum dia aos meus amigos o que penso com a filosofia de Dioniso: pois o fato de mesmo os deuses filosofarem me parece uma representação digna e casta, na qual mesmo o maior de todos os crentes pode ter ainda a sua alegria. Talvez, seguindo o gosto de meus amigos, levarei a minha narrativa longe demais: esse deus mesmo, porém, em diálogo comigo, foi muito além e eu teria, caso pudesse atribuir a ele nomes belos, pomposos e bajuladores, que decantar muito a fama de minha coragem, de minha sinceridade, de minha veracidade, de minha probidade, "amor à verdade" e coisas do gênero. Mas com toda essa quinquilharia e fausto não sei o que fazer com tal deus – para a minha justificação são suficientes duas palavras que, na Alemanha, não são naturalmente fáceis de traduzir "para o alemão": gaio saber.

Mantenha isso para você e para os que são como você: não tenho nenhuma razão para cobrir minha "nudez". Basta dizer que ele é um tipo totalmente desavergonhado de divindade.

Era primavera, e toda madeira encontrava-se com sua seiva jovem: quando estava atravessando a floresta e refletindo sobre uma infantilidade, esculpi para mim um cachimbo, sem que eu soubesse propriamente o que estava fazendo. No entanto, logo que eu o coloquei na boca e o acendi, apareceu diante de mim o deus, que eu há muito tempo já conhecia.

Pois bem, tu, caçador de ratos, o que tu estás fazendo aí? Tu, semijesuíta e semimúsico – quase um alemão!

Eu me espantei com o fato de o deus ter tentado dessa forma me bajular: e procurei tomar cuidado com ele.

Fiz tudo para torná-los estúpidos, deixei que eles suassem nas camas, dei para eles torrões para que comessem, chamei-os para beber até que eles caíssem, transformei-os em ratos de biblioteca e em eruditos, inculquei neles sentimentos deploráveis de uma alma serviçal.

Tu me pareces carregar algo terrível no escudo, levar os h<omens> a perecer?

Talvez, respondeu o deus; mas de tal modo que algo vem à tona para mim a partir daí.

– O que, afinal?, perguntei curioso.

– *Quem*, afinal?, deverias tu perguntar. Assim falou para mim Dioniso.

34 (182)
Dioniso
Tentativa de uma espécie divina de
Filosofar.
Por
Friedrich Nietzsche.

34 (183)
Como é que acontece de as mulheres darem a luz a seus filhos vivos? Sempre pensei que os pobres animais precisariam, em meio à parca constituição de suas forças de resistência, vir ao mundo sufocados. O portal é estreito e o caminho é apertado, tal como se encontra escrito: ou, como são possíveis crianças vivas *a priori*? – E na medida em que perguntei assim, despertei completamente de meu sono dogmático, dei um empurrão na barriga do deus e perguntei, com a seriedade de um chinês de Koenigsberg: "Em suma: como são possíveis juízos sintéticos *a priori*?" – "Por meio de uma faculdade para tanto", respondeu o deus e segurou sua barriga.

34 (184)
Hegel: a inclinação dos alemães para contradizerem a si mesmos – a partir daí um *gótico*.

Wagner: que não soube encontrar nenhum fim e também transformou isso em um princípio: também um gótico.

34 (185)

Não falsificar o significado *histórico* real e efetivo de *Kant*! Ele mesmo estava orgulhoso de sua tábua de categorias e de ter *descoberto* a faculdade para tanto: seus sucessores estavam orgulhosos de terem descoberto tal faculdade e a fama da filosofia alemã no estrangeiro estava em ligação com isso: a saber, *foi a apreensão intuitiva e instintiva da "verdade"* que produziu a fama dos alemães. Seu efeito está sob a grande *reação*. Uma espécie de *economia* de trabalho científico, um lançar-se de corpo inteiro às "coisas" mesmas – um encurtamento do caminho do conhecimento: *esse* sonho embriagou! – No principal, Schopenhauer trouxe consigo *o mesmo encantamento*: só não junto a h<omens> satisfeitos, marcados por uma mentalidade espinosista, mas junto aos descontentes: ele captura "a vontade" ou muito mais a veleidade da "redução de tudo à vontade", a desejabilidade, o sentido ou o entendimento.

34 (186)

"Serenamente apoiado sobre as graças e as musas" *Schiller* "os artistas".

34 (187)

O desenvolvimento da consciência como de um *aparato de governo*: só acessível para as *generalizações*. Já aquilo que os olhos mostram chega à consciência como *generalizado* e *retificado*.

34 (188)

Prefácio: *a ordem hierárquica dos homens.*
1. *Conhecimento como vontade de poder.*
2. *Para além de bem e mal.*
3. *Os artistas escondidos.*
4. *A grande política.*
5. *O martelo.*

34 (189)

a sensibilidade, que parece tão ridícula junto a pequenos judeus pálidos ou junto a parisienses, e quase *comme une neurose* –

34 (190)
    no século passado, a *bonté*[109] viu a boa consciência passar para o seu lado, boa consciência essa que estava há muito tempo ligada a outros sentimentos.

34 (191)
Meio-dia e eternidade
Uma filosofia do eterno retorno.
Por
Friedrich Nietzsche

Prefácio: da ordem hierárquica humana.
Primeira parte: Saber e consciência.
Segunda parte: Para além de bem e mal.
Terceira parte: Os artistas escondidos.
Quarta parte: Política elevada.
Quinta parte: O martelo (ou Dioniso)

34 (192)
    Prefácio.   Para quem?
O elemento inventivo.
A abrangência da alma.
A profundidade.
A força e a transformação.
A força que comanda.
A dureza.
O saber: prazer do conquistador.
A grande responsabilidade.
A arte das máscaras. Transfiguração.
A força da comunicação.
    – o dionisíaco –

---

109 **N.T.:** Em francês no original: "a bondade".

34 (193)

Os céticos da moral não levam em consideração o quanto de valoração eles portam em seu ceticismo: seu estado é quase o de suicídio da moral e talvez até mesmo uma transfiguração da mesma.

34 (194)

De onde devemos *retirar* as apreciações de valor? Da "vida"? Mas "mais elevadas, mais profundas, mais simples, mais múltiplas" – são as avaliações que primeiro *inserimos* na vida. *"Desenvolvimento"* naquele sentido é sempre também uma perda, um dano; mesmo a especialização de todo e qualquer órgão. A ótica da autoconservação e do crescimento.

Ótica do crescimento
O fato de a destruição de uma ilusão ainda não resultar em nenhuma verdade, mas se mostrar apenas como um *pedaço de insegurança a mais*:

Saber e consciência moral
Uma moral para moralistas.
Por
Felix Fallax.

34 (195)

Os filósofos 1) tiveram desde tempos imemoriais a capacidade maravilhosa da *contradictio in adjecto*.

2) eles confiam nos conceitos de maneira tão incondicional quanto desconfiam dos sentidos: eles não ponderam o fato de que conceitos e termos são nossa herança de tempos, nos quais as coisas se passavam de maneira muito obscura e desprovida de requisições nas cabeças.

N.B. O que alvorece por último para os filósofos: eles não precisam mais deixar que os conceitos lhes sejam apenas presenteados, eles não precisam apenas purificá-los e clareá-los, mas precisam em primeiríssimo lugar *produzi*-los, *criá*-los, expô-los e convencer as pessoas em direção a eles. Até aqui, as pessoas confiavam no todo em seus conceitos, tal como se eles fossem uma *dádiva* maravilhosa vinda de um mundo mágico qualquer: mas eles são, por fim, heranças de nossos ancestrais mais distantes, dos mais estúpidos tanto quanto dos mais inteligentes. A *piedade* em relação àquilo que *se encontra presente em nós* talvez pertença ao **elemento** moral no **conhecimento**. De início, é necessário o ceticismo absoluto em relação a todos os conceitos tradicionais (tal como eles *talvez* já tenham se apossado um dia de um filósofo: Platão: naturalmente, <ele> *ensinou o contrário* – –)

34 (196)
Aqui ganha voz uma filosofia – uma de minhas filosofias – que não quer de maneira alguma ser denominada "amor à verdade", mas que exige para si, talvez por orgulho, um nome mais modesto: um nome até mesmo repulsivo, que já pode contribuir, por sua vez, para que ela permaneça o que ela quer ser: uma filosofia para mim – com o lema: *satis sunt mihi pauci, satis est unus, satis est nullus*.[110] – Essa filosofia justamente chama a si mesma: *a arte da desconfiança* e escreve sobre a porta de sua casa: μέμνησ' ἀπιστεῖν.[111]

34 (197)
Vós demonstrais, a partir da miséria da mulher, que se precisaria aprimorar a sua situação: mas eu queria que vós fizésseis isso com base em sua melhor situação e força.

34 (198)
As grandes virtudes, a responsabilidade.
"Os bons" como um pano de fundo do movimento democrático.

34 (199)
1) Zaratustra preso –

---
110 **N.T.:** Em latim no original: "Me bastam poucas pessoas. Assim, me basta uma só ou mesmo nenhuma."
111 **N.T.:** Em grego no original: "lembre-se da desconfiança".

Discurso de acusação contra ele, como sedutor
Grande contradição entre a descomunal incerteza e o pequeno homem
Zaratustra elogia os que escaparam (grande *crise* em sua casa)
Ele convence os pais a uma festa em memória
Afluem todos os aristocratas vindos de todos os recantos da Terra.
Por fim, veem as próprias crianças.
2) A ordem hierárquica dos homens: ele divide e separa de si os que afluem em grupos, ele designa por fim, com isto, o grau da educação do homem (através de gerações).
3) Diante da menor escolha: o legislador do futuro, com as *grandes virtudes* (responsabilidade), o martelo.
4) A despedida: o retorno como religião das religiões: consolador.
Zaratustra, preso, critica a situação dos que escaparam.
aflui para cá (ao mesmo tempo afastando seu público), por fim vem a multidão.
A ordem hierárquica como níveis da educação do homem (através de muitas gerações)
Os mais elevados legisladores, com o martelo.
Apresentação das *grandes virtudes*.
A despedida.

34 (200)
O filósofo necessita de muitas virtudes de primeiro plano e, dito expressamente, de palavras exuberantes: tais como veracidade, probidade, amor à verdade.

34 (201)
O legislador do futuro
A ordem hierárquica humana.
Para além de bem e mal
O filósofo como artista.
Dioniso.

34 (202)
          Os senhores da terra
      Pensamentos sobre o hoje e o amanhã.
                  Por
          Friedrich Nietzsche.

34 (203)
    O estado da Europa no próximo século cultivará uma vez mais as virtudes viris: porque se vive em constante perigo. O "serviço militar" obrigatório já é hoje o antídoto peculiar contra a moleza das ideias democráticas: crescido a partir da luta entre as nações (nação – homens, que falam uma língua e leem os mesmos jornais, é a isso que se chama hoje "nações"; e as pessoas querem até mesmo ter um futuro e uma história comuns: o que, porém, não teve sucesso mesmo junto às mais irritantes tentativas de falsificação do passado).

34 (204)
    Meus amigos, com o que me ocupo há muitos anos? Eu me empenhei em pensar profundamente o pessimismo, a fim de redimi-lo da estreiteza e da simplicidade cristãs, parcialmente alemãs, nas quais ele veio ao meu encontro pela primeira vez na metafísica de Schopenhauer: de tal modo que o homem estivesse à altura desse modo de pensar por meio da expressão suprema do pessimismo. Do mesmo modo, busquei um ideal inverso – um modo de pensar, que é o mais impertinente, mais vivo e mais afirmador do mundo de todos os modos de pensar possíveis: eu o encontrei pensando até o fim o modo mecânico de consideração do mundo: é necessário verdadeiramente o melhor humor do mundo para suportar tal mundo do eterno retorno, tal como eu o ensinei por meio de meu filho Z<aratustra> – ou seja, para suportarmos a nós mesmos compreendidos no eterno aí até o fim. Em conclusão, veio à tona para mim o fato de o modo de pensar mais negador do mundo dentre todos os possíveis ser aquele que já denomina o devir, o surgimento e o perecimento em si ruins e que só afirma o incondicionado, o uno, o certo, o ente: achei

que *Deus* é o mais aniquilador e o mais hostil à vida de todos os pensamentos, e que só por meio de uma obscuridade descomunal dos caros castos e metafísicos de todos os tempos é que o conhecimento dessa "verdade" deixou que se esperasse por ela por tanto tempo.

Perdoem-me por não estar de maneira alguma disposto a abdicar desses dois modos de pensar – eu precisaria, afinal, abdicar de minha tarefa, que se utiliza de meios opostos. Um modo de pensar pessimista possui hoje o mais elevado valor para arruinar ou para adiar e aprofundar os homens e os povos por um tempo (sob certas circunstâncias por alguns milênios); e quem levanta em um grande sentido as pretensões do criador também precisará erguer as pretensões do aniquilador, ensinando modos de pensar aniquiladores. Neste sentido, dou as boas vindas ao Cristianismo e ao Budismo existentes, as duas formas mais abrangentes da negação atual do mundo; e, a fim de abrir para as raças degeneradas e em extinção, por exemplo, aos indianos e aos europeus de hoje, o reino dos mortos, eu defenderia por mim mesmo a invenção de uma religião e de uma metafísica, por mais rigorosa, autenticamente niilista que ela fosse.

De acordo com isto que disse anteriormente, não deixo naturalmente ninguém ter dúvidas com relação a que significado eu atribuiria em tal religião ao pensamento "Deus". Os melhores niilistas entre os filósofos foram até aqui os eleatas. Seu deus é a melhor e mais fundamental exposição do nirvana budista; ser e nada são aí idênticos.

34 (205)

No que concerne a Richard Wagner: não superei a desilusão do verão de 1876, a quantidade de coisas imperfeitas, na obra e no homem, se tornou para mim repentinamente grande demais: – eu fugi. Mais tarde compreendi que tinha *vislumbrado o seu ideal*. Diante de tal visão, tal como eu a tinha levado a termo em anos mais jovens – testemunho disso é meu pequeno escrito sobre Richard Wagner, que ficou – não me restou outra coisa senão, rangendo os dentes e fora de mim, me despedir dessa "realidade insuportável" – tal como eu a vi de uma vez só. – O fato de ele, envelhecido, ter se transformado é algo que não me diz minimamente respeito: quase todos os românticos desse tipo terminam sob a cruz – eu só amei o Richard Wagner que conheci, isto é, um ateísta e imoralista intransigente, que tinha inventado a figura de Siegfried, de um homem muito livre. Desde então, a partir do aceno modesto de suas folhas de Bayreuth, ele ainda nos deu suficientemente a entender o quão elevadamente ele sabia valorizar o sangue do redentor, e – nós o compreendemos. Muitos alemães, muitos tolos puros e impuros de todo tipo, só acreditam desde então em R<ichard> W<agner> como o seu "redentor". Tudo isso vai de encontro ao meu gosto.

Compreende-se por si mesmo que eu não dou a ninguém tão facilmente o direito de transformar minha avaliação na sua, e a toda súcia desrespeitosa, tal como pulula no corpo atual da sociedade como piolhos, deve permanecer vedado colocar em geral na boca um nome tão grande quanto o de R<ichard> W<agner>, seja para elogiá-lo, seja para contradizê-lo.

34 (206)
 Século das feiras anuais.

34 (207)
 O legislador do futuro.
 Característica da Europa enquanto decadência. Feira anual.
 A grande enchente desde milênios na invenção dos valores.
 Meu encorajamento temporário por meio da música: o que eu compreendi por "dionisíaco". R<ichard> W<agner>.
 A liberação da moral.
 Pessimismo pensado até o fim, assim como o otimismo.
 Os alemães. Hartmann
  Dühring
  Bismarck
  R<ichard> W<agner>

34 (208)
N.B. "A luta pela existência" – isso designa um estado de exceção. A regra é muito mais a luta pelo *poder*, pelo "mais", "melhor", "mais rápido" e "mais frequente".

34 (209)
esse nosso mundo de hoje, nossa era do grande bum, o qual, com o seu gosto próprio às feiras anuais, deixa mesmo junto aos eventos que o descomunal, o barulhento se faça valer e que, por fim – produz tais eventos.

34 (210)
Há, afinal, um século XIX? Ou será que o século XIX não passa de um século XVIII diluído, embrutecido e estendido terrivelmente no comprimento? O que aconteceu, afinal, de grande e o que se criou que não tenha acontecido e sido criador *antes de 1800*? Apesar de alguns frutos, que cresceram e amadureceram no século XVIII, só caíram nesse século da árvore. Se retirarmos a Revolução Francesa e Napoleão da política – retiraremos dela, com isso, a democracia e a – – –, o sensualismo francês e o hedonismo, ao lado do ceticismo teuto-inglês, da filosofia.

34 (211)
A ressonância poderosa dos eventos trágicos daquela geração francesa dos anos de 1830 e 1840, com os quais também se associou, com um instinto correto, Richard Wagner, aquele tipo vistoso e doentio de insaciabilidade, que preludiou Beethoven nos sons e Byron nas palavras: o efeito do descomunal sobre os h<omens>, a força de seus nervos e de sua vontade era fraca demais para tanto.

34 (212)
– o grande *silentium* – na era da feira anual
– *a bênção* do legislador ("vós também deveis ser *vosso* inimigo")
– a partir da alma de seu desenvolvimento: como eles quererem *escapar* de suas tarefas descomunais.

– análise do animal de rebanho. É preciso sacrificar mais homens do que nunca para a guerra.
– as grandes festas horríveis de agradecimento.
– compaixão com o *grande* homem de todos os tempos, não nos deixem descer!
– uma vez que não há mais nenhum Deus, não há mais como suportar a solidão: o homem elevado precisa pôr a mão na obra.
– vós quereis o corpo, os sentidos etc.
– elogio da razão fria, como refresco para o homem do labirinto
– o senhor *de muitas* filosofias, poderoso em relação ao mais profundo pessimismo e à mais elevada transfiguração do mundo.
– os melancólicos necessitam da jovial serenidade.

34 (213)
Gaio saber
Tentativa de um modo divino de filosofar.
Por
Friedrich Nietzsche.
1. Saber e consciência moral.
2. Moral para moralistas.
3. Ideias sobre hoje e amanhã.
4. Da ordem hierárquica.

34 (214)
Autotransfiguração.
Os bons e os maus.
O século XX.

34 (215)
Eugen Dühring, enfeitado com todas as virtudes e erros de um erudito rato de biblioteca e de um homem da plebe, ao que pertence o mau gosto de todas as suas atitudes.

34 (216)

N.B. A) Há horas, horas festivas prazerosas e muito claras da boa consciência, nas quais nós não sabemos designar todo o falatório exuberante dos homens até aqui sobre a moral de outro modo senão com a palavra: "engodo mais elevado".

A loucura do império

B) A não verdade em todos os nossos elogios e censuras, avaliações e condenações, amores e ódios envergonha: trata-se do sofrimento de todo homem profundo. Ainda um passo além: e mesmo essa vergonha envergonha: e *finalmente* – é preciso que ríamos de nós.

34 (217)

N.B. Nós nos encontramos à beira de descobrir que a aparência e a melhor probabilidade imediata são as que merecem menos crença: por toda parte aprendemos a inversão: por exemplo, que a geração sexual é apenas a exceção no reino de todo vivente: que o macho não é no fundo nada *senão* uma fêmea degenerada e depravada: ou que todos os órgãos em seres animais desempenharam originariamente outros serviços do que aqueles com base nos quais nós os denominamos "órgãos": em geral que surgiu tudo menos aquilo que a sua *aplicação definitiva* nos permite supor. A apresentação daquilo que é ainda não ensina nada sobre o seu surgimento: e a história de seu surgimento ainda não ensina nada sobre aquilo que se encontra presente. Os seres históricos de todo tipo se iludem quase todos juntos quanto a isso: porque eles partem do que se acha presente e olham para trás. Mas o presente é algo *novo* e de modo algum *dedutível*: nenhum químico poderia predizer o que *viria a ser* a partir de dois elementos em meio à sua junção, se ele já não o *soubesse*!

34 (218)

N.B. Não é de maneira alguma possível que um homem não tenha as propriedades de seus pais e avós: por mais que a aparência diga o contrário. Supondo que se conhece algo dos pais, então é permitida uma *conclusão* em relação ao filho: assim, por exemplo, uma incontinência qualquer bovina, uma inveja grosseira – essas duas coisas juntas constituem o tipo plebeu – precisam ser transpostas para a criança, e a criança terá de se esforçar muito para ocultar essa herança. O fato de o talento para ator ser maior nos homens de uma ascendência inferior do que nos nobres: e, do mesmo modo, a tartufaria da "virtude".

34 (219)
Para aqueles eruditos superficiais e patetas, que são suficientemente descarados para se sentirem como "espíritos livres", tudo aquilo que pertence ao homem superior é considerado como covardia ou traição à verdade, como fraqueza da vontade: aquele subjugar-se, aquele ter-medo-de-si – – –

34 (220)
Reconciliar os sentimentos cristãos com a beleza grega e, se possível, ainda com o parlamentarismo moderno – é isso que se denomina hoje, por exemplo, em Roma "filosofia". – Para tanto, é necessária muita fineza na cabeça e, por outro lado, muito mais fanatismo.

34 (221)
O melhor que a Alemanha deu: *cultivo crítico* – Kant, F. A. Wolf, Lessing, Niebuhr etc. Defesa em relação ao ceticismo. – Uma coragem mais rigorosa e destemida, a segurança da mão que conduz a faca, prazer com o dizer não e com a decomposição. *Contramovimento*: o Romantismo, com Richard Wagner como o último romântico (patético, – – –

34 (222)
N.B. A diversidade dos homens é até aqui grande demais. Os juízos, que ouvi em minha vida sobre os homens, que eu conhecia, se encontravam habitualmente tão distantes daquilo que eu mesmo considerava como sendo verdadeiro, que eu finalmen-

te criei para meu uso caseiro a máxima: "é indiscreto *não* mentir sobre os homens". Estranhamente causa-me dissabor o fato de algo, em virtude do que um h<omem> me agrada, logo que me disponho a nomeá-lo expressamente, trazer imediatamente consigo um dano para a sua "fama".

34 (223)
N.B. Princípio: há algo de decadência em tudo aquilo que indica o homem moderno: mas bem ao lado da doença encontram-se sinais de uma força e de uma potência da alma não colocadas à prova. *As mesmas razões que produzem o apequenamento dos mesquinhos impelem os mais fortes e os mais raros a ascender à grandeza.*

34 (224)
Ó, ao diabo com tal grasnar! Os alemães vangloriam-se uma vez mais de sua célebre "virtude alemã", da qual a história não sabe pura e simplesmente nada. Os piores são alguns antissemitas, com a adição daquilo que permaneceu sentado no pântano do mestre de Bayreuth.

34 (225)
Lema: não tenho tempo algum para mim – avante!

34 (226)
N.B. *Esfinge.*
Redução ao juízo: "isto não é verdade". Segue-se ao imperativo: consequentemente, tu não *podes* tomá-lo por verdadeiro!. Ou será que isso se chama efetivamente: "*consequentemente, tu não podes mais* tomar isso por verdadeiro"? – Agora, vemos incessantemente, por exemplo, o sol nascer e morrer e acreditamos que o sabemos como algo não verdadeiro. As coisas mostram-se assim por toda parte. Um "tu não *podes*" seria um imperativo que negaria a vida. Consequentemente, é preciso enganar e se deixar enganar.

34 (227)

Aquele R<ichard> W<agner> que é hoje venerado na Alemanha e venerado com toda a quinquilharia fanfarrona do mais terrível germanismo: esse R<ichard> W<agner> eu não conheço, sim – em relação a ele levanto uma suspeita – esse nunca existiu: ele é um fantasma.

34 (228)

Conto como parte do mau gosto do alemão atual: o germanismo virtuoso, que tem a história contra si e que *deveria* ter a vergonha contra si.

34 (229)

N.B. *Erro fundamental* de todos os seres históricos: os fatos são todos muito menores do que a medida que tornaria possível que eles fossem concebidos.

34 (230)

O tentador

Há muitos tipos de olhos. Mesmo a esfinge tem olhos: e, consequentemente, há muitos tipos de "verdades", e, por conseguinte, não há nenhuma verdade.

34 (231)

A espiritualidade mais fina e mais móvel com 100 mil anteninhas sensoriais, formada e levada embora pelo sopro de qualquer suspiro, em meio ao esfacelamento completo da vontade – é algo *muito* ridículo. Tal como nos refinados parisienses, que suspiram, porque tudo se precipita sobre eles.

34 (232)

Quando era jovem, deparei-me com uma perigosa divindade, e não gostaria de contar uma vez mais a ninguém o que atravessou minha alma outrora – tanto em termos de coisas boas, quanto em termos de coisas ruins. Assim, aprendi a silenciar em certos momentos, assim como é preciso que se aprenda a falar para silenciar mais corretamente: como é preciso que um homem tenha a necessidade de primeiros planos a partir de planos de fundo, seja para os outros, seja para si mesmo: pois os primeiros planos são necessários, para que alguém possa se recuperar de si mesmo, e para que ele torne possível aos outros viverem conosco.

34 (233)
Sinais do homem *não* científico: ele toma uma opinião por verdadeira, se ela o bajula, e ele se apresenta bem sob sua luz.

34 (234)
N.B. Ainda não se produziu até hoje a contraprova em relação a se ser bom não seria um sinal de retrocesso espiritual e se a virtude, como sentimento e altivez, não estaria talvez entre os sintomas do começo de uma idiotia, ao menos entre os sintomas de seus achaques. Em meio a uma visão panorâmica da história encontramos o retrocesso por toda parte, em que o animal de rebanho homem conquista a preponderância e em que as condições de vida para o animal de rapina homem, errando singularmente ou em bando, se tornam mais complicadas: nós sempre encontramos nos mesmos pontos do desenvolvimento os homens "bons". Em todos os povos "burros até a santidade".

34 (235)
N.B. Toda moral é um hábito da autodivinização: em virtude da qual uma espécie de homem fica alegre com o seu modo de ser e com a sua vida: com isso, ela defende da influência do homem de outro tipo, afastando-o de si, de tal modo que ela sente esses homens como "entre si".

34 (236)
N.B. O fato de uma mulher precisar ter na cabeça constantemente muitas coisas por demais diminutas e estranhas e de se sentir necessariamente esdrúxula junto às tarefas dos homens – excluindo daí as mulheres feias, das quais são poupadas muitas preocupações em termos do corpo, da cama e do quarto

das crianças e que vêm "botando" ultimamente livros como uma galinha põe ovos – e o fato de ser uma boa ação para todos os homens empreendedores e profundos encontrar seres que são superficialmente mais serenos e que se encontram habilmente dispostos em relação aos desejos agradáveis, para que a aparência mais sombria da vida se atenue para eles. É preciso sentir em toda profundidade que boa ação é *essa* mulher.

34 (237)
　　Antissemitas e uma outra canalha no fundo mendaz que tem a necessidade das grandes palavras, diante de si mesmo mais ainda do que diante de todo mundo.

34 (238)
　　E é preferível se sentar sozinho em sua montanha como um forte negro e parcialmente destruído, de maneira suficientemente reflexiva e tranquila; ou seja, de tal modo que os próprios pássaros temam essa tranquilidade.

34 (239)
　　Desde Bentham, que o assumiu como tarefa de Helvécio, os ingleses procuram demonstrar o fato de ser moral *fazer aquilo que atiça o nosso interesse*. E só isso deve ser moral. Por conseguinte, a moral deve ter surgido com vistas a esse interesse. O que é, em termos históricos, um total disparate: e mesmo agora o gosto se coloca contra essa posição. Ao contrário: antigamente, todos os filósofos procuravam demonstrar que *neminem laede, immo omnes quantum potes juva*[112] seria o fundamento da ética, que se busca há milênios como a pedra filosofal. – Os ingleses procuram se convencer de que o comportamento factual do homem seria *moral*. O fato de o *instinto de rebanho* ser ele mesmo e apenas ele a própria moral, outrora – – –

---
112 **N.T.:** Em latim no original: "não prejudique ninguém, mas sempre ajude a todos na medida do possível".

34 (240)
O problema "homem"
Por
Friedrich Nietzsche.

1. O extravio dos filósofos.
2. O extravio dos pregadores da moral.
3. A ordem hierárquica dos homens. Segundo o quê? Até que ponto eles têm a força para suportar o terrível fato natural e, apesar disso –
4. O problema – para onde? Precisa-se de um novo terrorismo.

34 (241)
NB. Quantas *exegeses* falsas das coisas já não houve! Ponderemos sobre o que todos os homens que rezam precisam pensar para si sobre o laço entre as causas e os efeitos: pois ninguém nos convencerá a eliminar da oração o elemento do "pedido" e a crença em que faz *sentido* pedir, de que ela poderia ser "escutada". Ou aquela outra exegese, segundo a qual os destinos de um homem lhe são "enviados" para o seu aprimoramento, exortação, punição, advertência, de acordo com a qual haveria correção e justiça no transcurso das próprias coisas, e que, por detrás de todo acontecimento causal, haveria ainda uma espécie de sentido de fundo *moral*. Assim, mesmo a interpretação *moral* conjunta *de nosso agir* não poderia ser senão uma incompreensão descomunal: tal como o foi de maneira totalmente evidente a interpretação moral de todo acontecimento natural.

34 (242)
Um homem habilidoso, caridoso, sensato e correto, um homem com o "coração na área correta" – nos faz sempre bem ficar na sua proximidade. Mas por que é que esse homem *não perigoso*, que nos faz bem, deveria ter mais valor para nós do que o homem perigoso, irreconhecível, incalculável, que nos obriga

a nos precavermos? Nosso bem-estar não prova nada. Questão: será que houve algum dia entre homens *grandes* um homem do tipo inofensivo descrito.

34 (243)
N.B. O homem da suprema espiritualidade e força sente-se em condições de fazer frente a todo e qualquer acaso, mas também mesmo nos flocos de neve do acaso ele se acha totalmente presente; ele nega a racionalidade em toda sucessão e traz à luz aí o elemento casual com escárnio. Outrora só se acreditava em finalidades: trocou-se um erro por outro, de tal modo que hoje só se acredita na *causae efficiens*. Não há nem *causae finalis*, nem *efficiens*: nos dois casos tira-se uma falsa conclusão a partir de uma auto-observação falsa: 1) acreditamos que produzimos um efeito por meio da vontade; 2) acreditamos ao menos que *produzimos um efeito*. Naturalmente, sem essa crença não haveria o vivente: será que ela precisa, porém, por isto já – ser verdadeira?

34 (244)
N.B. "Conhecer" é o caminho, para sentirmos que já sabemos algo: ou seja, *o combate de um sentimento de algo novo e a transformação de algo aparentemente novo em algo velho.*

34 (245)
Acho que Mirabeau disse certa vez que "os criminosos do mais alto nível hierárquico estão tão próximos do capitólio quanto as rochas tarpeias".

34 (246)
A vida como um *sonho* acordado; quanto mais refinado e abrangente um homem é, tanto mais ele sente a casualidade como sendo tão horrível quanto sublime em sua vida, em seu querer, em seu ter sucesso, em sua felicidade e em sua intenção; ele treme como o sonhador, que sente por um instante: "eu sonho". A fé na necessidade causal das coisas baseia-se na crença em que *nós* é que produzimos um efeito; caso se perceba a indemonstrabilidade

dessa última posição, então se perde algo da crença naquela primeira posição. Alia-se a isso o fato de "fenômenos" não poderem se mostrar de modo algum como causas. Reconduzir uma coisa incomum a coisas já habituais é perder o sentimento da estranheza – isso *vale* para nosso sentimento enquanto *explicação*. Nós não queremos de modo algum "conhecer", mas queremos que não sejamos perturbados na crença em que já *sabemos* as coisas.

34 (247)
Algo pode ser irrefutável: com isto, porém, ele ainda não se mostra como verdadeiro.

O todo do mundo orgânico é a tessitura dos fios da essência juntamente com os pequenos mundos imaginados em torno dele: na medida em que esses mundos colocam a sua força, os seus desejos, os seus hábitos nas experiências fora de si, como o seu *mundo exterior*. A capacidade de criar (configurar, inventar, imaginar) é a sua capacidade fundamental: de si mesmos, porém, eles só têm naturalmente e do mesmo modo uma tal representação falsa, simplificada e imaginada.

"Um ser com o hábito de um tipo de regra no sonho" – é isso que é um ser vivo. Quantidades descomunais se tornaram por fim tão rígidas, que *espécies* vivem com vistas a elas. Provavelmente, elas se encontram em uma relação favorável com as condições existenciais de tais seres.

Nosso mundo como *aparência, erro* – mas como são possíveis a aparência e o erro? (Verdade designa não uma oposição ao erro, mas o posicionamento de certos erros em relação a outros erros, por exemplo, o fato de eles serem mais velhos e se acharem mais profundamente incorporados, de nós não sabermos viver sem eles e coisas do gênero.)

O elemento criador em todo e qualquer ser orgânico, o que é isto?

– O fato de tudo, de aquilo que se mostra para cada um como o seu "mundo exterior", representar uma soma de apreciações de valor; o fato de verde, azul, vermelho, duro, mole, serem *apreciações de valor* herdadas e *seus emblemas*.

– O fato de as apreciações de valor precisarem se encontrar em uma relação com as condições existenciais, mas sem que elas precisassem ser por isso *verdadeiras* ou *precisas*. O essencial é seu elemento inexato, indeterminado, por meio do qual *surge* uma espécie de *simplificação do mundo exterior* – e precisamente esse tipo de inteligência é favorável à conservação.

– O fato de ser a vontade de poder que conduz também o mundo inorgânico, ou, ao contrário, de não haver nenhum mundo inorgânico. O "efeito a distância" não tem como ser afastado: *algo atrai algo diverso, algo se sente atraído*. Este é o fato fundamental: em contrapartida, a representação mecânica de pressão e choque não passa de uma hipótese com base na *aparência visual* e no *sentimento tátil*, por mais que ela possa ser considerada por nós como uma hipótese regulativa para o mundo da aparência visual!

– O fato de, para que essa vontade de poder possa se manifestar, ela precisar perceber aquela coisa que ela atrai, que ela *sente*, se é que se aproxima dela algo que é assimilável por ela.

– As supostas "leis da natureza" são as fórmulas para "relações de poder" de – – –

O modo de pensar mecânico é uma filosofia do primeiro plano. Ela educa para a constatação das fórmulas, ela traz consigo um grande alívio.

– Os diversos sistemas filosóficos precisam ser considerados como *métodos de educação*: foram eles que melhor *formaram* sempre uma força particular do espírito; com sua exigência unilateral de ver as coisas precisamente assim e não de modo diverso.

34 (248)
Dioniso

Dioniso como educador.
Dioniso como impostor.
Dioniso como aniquilador.
Dioniso como criador.

34 (249)

O paradigma de uma *ficção* completa é a lógica. Aqui se *imagina* um pensamento, onde é estabelecido um pensamento como causa de um outro pensamento; todos os afetos, todo sentir e querer são alijados por parte do pensar. Algo desse gênero não ocorre, em verdade, na realidade efetiva: essa é complicada de uma maneira indizivelmente diversa. Por meio do fato de estabelecermos aquela ficção como *esquema*, ou seja, por meio do fato de *filtrarmos* o acontecimento factual junto ao pensamento por assim dizer por intermédio de um aparato de simplificação: nós o colocamos em uma *linguagem de sinais* e o tornamos *comunicável*, abrindo o espaço para o *caráter notável* dos processos lógicos. Ou seja, considerar o acontecimento espiritual, *como se ele correspondesse ao esquema daquela ficção regulativa*: essa é a *vontade fundamental*. Onde há "memória", essa vontade fundamental vigora. – Na realidade efetiva não há nenhum pensamento lógico, e nenhum princípio da aritmética e da geometria pode ser tomado dela, porque ele simplesmente não ocorre.

Eu me coloco de uma maneira diversa em relação à ignorância e à incerteza. Minha preocupação não é com a possibilidade de que algo permaneça sem ser conhecido; eu *me alegro* muito mais com o fato de que *pode* haver uma espécie de conhecimento e admiro a complexidade dessa possibilitação. O meio é: a introdução de completas ficções como esquemas, segundo os quais nós nos imaginamos mais facilmente do que ele é o acontecimento espiritual. A experiência só é possível com o auxílio da memória: a memória só é possível em função de uma abreviação de um processo espiritual *em um sinal*.

A escrita de sinais.

Explicação: isto é a expressão de uma coisa nova por intermédio dos sinais de coisas já conhecidas.

34 (250)

Nosso crença fundamental é em que nós, seres *produtores de efeito*, somos forças. Livre: *significa* "sem ser empurrado e impelido, sem um sentimento de coerção".

N.B. Onde encontramos uma resistência e precisamos ceder a ela, nós nos sentimos *cativos*: onde nós não cedemos a ela, mas a obrigamos a ceder a nós, nós nos sentimos *livres*. Isto é: é o *sentimento de nosso **mais** de força*, que designamos com a expressão "liberdade da vontade", a consciência de que nossa força *obriga* na relação com uma força, que é obrigada.

34 (251)
No querer há um afeto.

34 (252)
Conhecimento: a possibilitação da *experiência* por meio do fato de que o acontecimento real e efetivo, tanto por parte das forças que exercem uma influência, quanto por parte de nossas forças configuradoras, é extraordinariamente simplificado: *de tal modo que parece haver coisas semelhantes e iguais*. Conhecimento é *falsificação do múltiplo e do incontável em meio ao igual, ao semelhante, ao contável*. Portanto, a *vida* só é possível em função de tal *aparato de falsificação*, pensar é um reconfigurar falsificador, sentir é uma reconfiguração falsificadora, querer é uma reconfiguração falsificadora –: em tudo isso reside a força da assimilação: que pressupõe uma vontade de tornar algo igual *para nós*.

34 (253)
Verdade é a espécie de erro, sem o qual um determinado tipo de ser vivo não poderia viver. O valor para a vida decide por fim. Homens muito vulgares e virtuosos – – –

34 (254)
Eu o amei e ninguém além dele. Ele era um homem talhado para o meu coração, tão imoral, ateu, antinômico, que andava sozinho e nunca se dispôs a acreditar em que – – –

34 (255)
N.B. Um novo modo de pensar – que é sempre um novo modo de medir e pressupõe a presença de uma nova medida, de

uma nova escala de sensações, que é sempre uma autêntica crença – quer se impor e diz com o fogo do primeiro amor para tudo aquilo que lhe opõe resistência: "isto é falso". Nesta luta, ele se refina, aprende a se defender e tem a necessidade, para vencer, de destilar ardilosamente suas armas sobre seu inimigo e aprender sua arte. "Isto é falso" significa originariamente "eu não acredito nisto"; visto de maneira ainda mais fina "não sinto nada aí, não faço nada a partir daí".

34 (256)

Fiz algumas tentativas sem hesitar, a fim de atrair para perto de mim homens para os quais eu pudesse falar de coisas tão estranhas: todos os meus escritos foram até aqui anzóis jogados ao mar: com isto, o que eu gostaria era de fisgar homens com almas ricas, profundas e relaxadas para tanto.

A quem se voltar? Fiz a minha mais longa tentativa junto àquele homem múltiplo e enigmático que, dentre os homens deste século, talvez tenha sido aquele que mais experimentou coisas boas e ruins: junto a R<ichard> W<agner>. Mais tarde, pensei em "seduzir" a juventude alemã – pois me é bem conhecido o quão perigosas estavam as coisas para um alemão nos anos de 1820. Ainda mais tarde construí para mim uma linguagem para cabeças viris e ousadas tanto quanto para corações viris, que estavam em condições de esperar em algum recôncavo da Terra por minhas coisas estranhas. Finalmente – as pessoas não vão acreditar, onde foi que "finalmente" cheguei. Basta, eu inventei "Assim falou Zaratustra".

Devo confessar? Não encontrei ninguém até agora, mas sempre uma vez mais uma forma estranha daquela "estupidez raivosa", que gostaria muito de se deixar ainda louvar como *virtude*: eu prefiro denominá-la "a tartufaria moral", a honro como o vício de nosso século e estou pronto a aduzir a ela uma centena de vitupérios.

34 (257)

H<omens> profundos e distantes têm seus primeiros planos: e, de tempos em tempos, eles têm a necessidade de se fazer passar por pessoas que só têm primeiro plano.

34 (258)
 Solitário em meio a bons amigos e fiéis vizinhos, rindo e espantado em relação à sua "estupidez raivosa", em relação à sua benevolência impertinente.

34 (259)
 Espíritos profundos e distensos!

[35 = W I 3a. Maio – Julho de 1885]

35 (1)
Um moralista é a contraparte de um pregador da moral: a saber, um pensador, que considera a moral como questionável, como digna de pontos de interrogação, em suma, como problema. Lamento acrescentar que o moralista, justamente por isto, está entre os seres de todos mais questionáveis.

35 (2)
O sentido histórico: a capacidade de desvendar rapidamente a ordem hierárquica das valorações, segundo as quais um povo, uma sociedade, um homem vivem – a relação de cada sociedade com as condições de vida, a relação da autoridade dos valores com a autoridade das forças atuantes (o suposto na maioria das vezes ainda mais do que o efetivamente real): poder *imitar* tudo isso constitui o sentido histórico.

35 (3)
Algumas das avaliações estéticas são mais fundamentais do que as avaliações morais, por exemplo, o prazer junto ao ordenado, ao que é passível de ser abarcado panoramicamente, ao limitado, junto à repetição – trata-se dos sentimentos de bem-estar de todos os seres orgânicos na relação com a periculosidade de sua situação ou com a dificuldade de sua alimentação. O conhecimento dá prazer, a visão de algo, do qual esperamos nos *apoderar* facilmente faz bem etc. Os sentimentos de bem-estar lógicos, aritméticos e geométricos formam a base fundamental das valorações estéticas: certas condições de vida são sentidas como tão importantes, e a contradição da realidade efetiva em relação a elas é tão frequente e grande, que o prazer surge junto à percepção de tais formas.

35 (4)
O refinamento da crueldade está entre as fontes da *arte*.

35 (5)
Moral é a doutrina da ordem hierárquica dos homens, e, consequentemente, também da significância de suas ações e obras para essa ordem: portanto, a doutrina das valorações humanas no que concerne a tudo o que é humano. A maioria dos filósofos moralistas não representa senão a ordem hierárquica *atual* dominante; falta de sentido histórico por um lado, e, por outro, eles mesmos são dominados pela moral, que ensina o atual como o eternamente válido. A importância incondicionada, o egoísmo cego, com o qual toda moral trata a si mesma, quer que não possa haver *muitas* morais, ela não quer nenhuma comparação, também nenhuma crítica: mas uma crença incondicionada em si. Portanto, ela é em essência anticientífica – e o moralista perfeito já precisaria, por isto, ser *imoralista*, para além de bem e mal. – Mas a ciência ainda é possível, então? E, sem essas valorações e suas ações correspondentes: como é que a ciência seria possível? Se eliminarmos a conscienciosidade – para onde vai a ciência? O ceticismo em relação à moral não é uma contradição, na medida em que o mais elevado refinamento das pretensões morais precisamente aqui se encontra ativo: logo que o cético não sente mais como normativas essas valorações mais finas do verdadeiro, então ele não tem mais nenhuma razão para duvidar e para investigar: *pois se não, a vontade de saber precisaria ter ainda uma raiz totalmente diversa da veracidade.* –

35 (6)
"Alma": para a designação de um sistema de valorações e *afetos do valor*.

35 (7)
Quando filósofos se reúnem entre si, eles começam a jogar muita quinquilharia fora; antes de tudo, eles não se nomeiam mais "filósofos" e abandonam o "amor à verdade" como uma toga e uma mascarada. "Nós *somos* amigos da desconfiança, dizem eles uns para os outros, *nós não queremos nos deixar enganar. Que nós não queremos enganar ninguém* – nisto as pessoas precisam

naturalmente *acreditar*, disto precisamos *convencer* festivamente todo mundo. Pois cá entre nós: – – –

35 (8)
Os fortes e os fracos
Pensamentos e pausas para a meditação de um
bom europeu.

35 (9)
Esses bons europeus que nós somos: o que nos distingue dos homens das terras pátrias?

Em primeiro lugar: nós somos ateus e imoralistas, mas apoiamos de início as religiões e as morais do instinto de rebanho: justamente com elas, um tipo de homem é preparado, que precisa cair um dia em nossas mãos, que precisa *desejar* nossa mão.

Para além de bem e mal, mas nós exigimos que se considere incondicionadamente sagrada a moral de rebanho.

Nós nos reservamos muitos tipos de filosofia que se precisa ensinar: sob certas circunstâncias, a filosofia pessimista, como martelo; talvez não se pudesse prescindir de um budismo europeu.

Nós apoiamos provavelmente o desenvolvimento e o amadurecimento da essência democrática: ela constitui a fraqueza da vontade: nós vemos no "socialismo" um aguilhão que, diante da comodidade, – – –

Posição em relação aos povos. Nossas predileções; nós prestamos atenção nos resultados do cruzamento.

Afastado, abastado, forte: ironia em relação à "imprensa" e à sua formação. Preocupação para que os homens científicos não se tornem literatos. Nós desprezamos toda e qualquer formação, que se coadune com a leitura de jornais ou mesmo com a escrita de jornais.

Nós assumimos nossas posições casuais (como Goethe, Stendhal) nossas vivências são como cabanas de abrigo, tal como delas necessita e faz uso um viandante – tomamos cuidado para não nos tornarmos autóctones.

Em relação aos nossos próximos, temos uma *disciplina voluntatis* que nos dá um privilégio. Toda força aplicada ao *desenvolvimento da força da vontade*, uma arte que nos permite portar máscaras, da compreensão *para além* dos afetos (pensando também de maneira supraeuropeia por vezes). Preparação para se tornarem os senhores da terra: o legislador do futuro. Ao menos a partir de nossos filhos. Levar em consideração fundamentalmente os casamentos.

35 (10)
As mesmas condições, que impelem para frente o desenvolvimento do animal de rebanho, também impulsionam o desenvolvimento do animal líder.

35 (11)
Em meio à "emancipação da mulher", as mulheres que não conseguem se casar e ter filhos querem influenciar a *posição conjunta* da mulher em relação ao homem, isto é, os elementos *desvalidos* (que em termos numéricos são *por toda parte* preponderantes) querem mudar o posicionamento da espécie, isto é, em favor do número, a qualidade da espécie deve ser reduzida. (Pensemos apenas sobre uma consequência: o fato de, então, mesmo as mulheres *feias exigirem* a satisfação de seus impulsos por meio dos homens – o fundamento inconscientemente impulsionador desse movimento). Ou, em G\<eorg\> Sand, que nunca teve homens suficientes e que, quando os teve, logo se fartou deles.

35 (12)
O disparate do maior número como a maior razão se mostra da maneira mais fatídica possível, quando se pondera, em que medida tudo o que há de bom, bem constituído, feliz, espiritual e espirituoso sobre a Terra, em suma, tudo aquilo por meio do que o homem mediano, desvalido e azedado em seu querer – – –

35 (13)
A Europa é por fim uma mulher: e a fábula ensina que tal mulher se deixa raptar em certas circunstâncias por animais. Ou-

trora, no tempo dos gregos, tratava-se de um touro. Hoje – que o céu me proteja de dizer o nome do animal.

35 (14)
O que são esses bons europeus, dos quais tu falas e ainda mais silencias do que falas? O que os distingue de nós, os bons filhos da pátria?

35 (15)
Para o plano. *Introdução*.
1. As funções orgânicas retraduzidas na vontade fundamental, na vontade de poder – e cindida a partir dela.
2. Pensar, sentir, querer em todo vivente –
o que é um prazer senão: um estímulo do sentimento de poder por meio de um obstáculo (ainda mais intensamente por meio de resistências e obstáculos rítmicos) – de tal modo que ele cresce por meio daí. Portanto, em todo prazer está incluída a dor. – Se o prazer deve ser grande, as dores precisam ser muito longas, e a tensão do arco deve se tornar descomunal.
3. A vontade de poder especializando-se como vontade de alimentação, em direção à propriedade, aos *instrumentos*, aos servos –
Obedecer e dominar: o corpo.
– A vontade mais forte dirige a mais fraca. Não há nenhuma outra causalidade senão a causalidade de vontade para vontade. Não houve até aqui nenhuma causalidade mecanicista – – –
4. As funções espirituais. Vontade de configuração, de tornar-se semelhante etc.
Anexo. As grandes incompreensões dos filósofos.

35 (16)
Poderíamos nos sentir um dia tentados a formular a questão sobre se todos os grandes homens não deveriam ser computados como estando entre os homens maus.

35 (17)
O homem, não importa em que situação ele se encontre, precisa de uma espécie de valorações, em virtude das quais ele justifica suas ações, intenções e estados diante de si mesmo e, nomeadamente, diante de seu entorno, isto é, em virtude dos quais ele se *autodiviniza*. Toda e qualquer moral natural é a expressão da satisfação de certo tipo de homem consigo mesmo: e caso se tenha necessidade de elogio, também se tem necessidade de uma tábua de valores *concordante*, com base na qual as ações mais elevadamente apreciadas são aquelas das quais somos mais capazes, nas quais se expressa nossa *força* propriamente dita. Também queremos ser vistos e honrados pelo lugar onde nossa força está.

35 (18)
Será que não se tem um direito de contar todos os *grandes* homens como estando entre os homens *maus*? No particular, não há como mostrar isso sempre. Com frequência, um jogo de esconde-esconde foi possível para eles, de tal modo que eles assumiram os gestos e as exteriorizações das grandes virtudes. Com frequência, eles veneravam as virtudes seriamente e com uma rigidez apaixonada em relação a si mesmos, mas por crueldade – algo desse gênero ilude, visto a distância. Alguns se compreenderam de maneira falsa, como se eles – – – não raramente uma grande tarefa exige que grandes qualidades despontem, por exemplo, a justiça. O essencial é: os maiores talvez também tenham grandes virtudes, mas precisamente então também seus opostos. Acredito que, a partir da presença das oposições, e a partir de seus sentimentos, precisamente o grande homem, *o arco com a grande tensão*, emerge.

35 (19)
É preciso se livrar da questão: o que é bom? O que é compassivo: – o que precisa ser perguntado, ao contrário, é "o que é *o* bom, o compassivo?"

35 (20)

Uma moral foi até aqui antes de tudo a expressão de uma vontade conservadora de cultivo de um mesmo tipo, com o imperativo: "deve-se evitar toda variação; só deve restar o gozo com o tipo". Aqui, uma grande quantidade de propriedades é durante muito tempo *retida* e *criada até crescer*, enquanto outras propriedades são sacrificadas; todas as morais como essas são *rígidas* (na educação, na escolha da mulher, em geral contra os direitos da juventude); homens com poucas características, mas com características muito fortes e sempre iguais são o resultado. Essas características encontram-se em relação com as bases, sobre as quais tais coletividades se impõem e podem se afirmar contra seus inimigos.

De uma só vez rompem-se o laço e a coerção de tal cultivo (– não há por vezes nenhum inimigo –): o indivíduo não tem mais nenhuma de tais barreiras, ele desabrocha de maneira selvagem, um perecimento descomunal se acha ao lado de uma emergência maravilhosa, múltipla, dotada da força de uma floresta nativa. Surge para os novos homens, nos quais agora *o que há de mais diverso* é herdado, uma coação para transformar a si mesmos em uma *legislação individual*, de maneira adequada para as suas condições e *perigos* exorbitantes. Aparecem os filósofos da moral, que comumente representam algum tipo mais frequente de homem e criam uma utilidade com a sua disciplina para um determinado tipo de homem.

35 (21)

Dissipei meu espírito e <meu> esforço com questões tais como: o que é bom? O que é ruim? – Cada um desses filósofos considerou-se como um homem típico e quis *se* impor contra todos os que tinham outro modo de ser: eles entram na luta com essa sua crença em seu ideal. Sua moral também é a moral da *autossatisfação*, mas do indivíduo.

35 (22)

Sabe-se por experiências dos cultivadores, que espécies, para as quais se concede um excesso de comida e todo o tipo de cuidado e proteção, tendem da maneira mais intensa possível para a variação do tipo e são ricas em milagres e monstruosidades (mesmo em termos de fardos m<onstruosos>). Pois bem, consideremos uma aristocracia como uma instituição com a finalidade do cultivo: por um longo tempo, falta o excesso de condições favoráveis, ela tem a necessidade de efetivamente se impor, ela corre constantemente o risco à sua volta de manter o medo. Além disto, ela sente como necessário que um determinado tipo de propriedades (virtudes) precisa ser conservado antes de tudo e em primeiro lugar: ela *oprime* em favor dessas virtudes todas as outras, ela conduz essas virtudes como condições existenciais. Por fim, surge uma situação feliz, a grande coação não é mais necessária: e imediatamente entra em cena, na estufa de sua cultura, *uma quantidade descomunal de variedades* e de monstros (incluindo aí os gênios): ao mesmo tempo, em sua luta, a coletividade perece.

As *variedades de espécies* (como subespécies, em parte como degradações da espécie) entram em cena, quando as condições favoráveis da vida se fazem presentes: a própria espécie, porém, entra em cena, se *fixa* e se torna *forte* sob a longa luta com as c<ondições> sempre igualmente desfavoráveis.

O cuidado com a *conservação* da espécie, de sua repetição fiel, de sua uniformidade essencial é introduzido pelo amor por essa espécie, pela admiração por ela em meio à comparação com o seu entorno, ou seja, pela *satisfação* com ela: a base de todas as aristocracias; se é feliz em sua espécie e *se quer* dar prosseguimento a *si mesmo* por meio de uma descendência igual: mas é preciso que se seja conservado nessa posição por meio de uma ameaça que constantemente retorna, e por meio da comparação com seres que se encontram próximos, que são inferiores. A ideia de um "progresso" e, do mesmo modo, a ideia de "direitos iguais para todos" precisa permanecer de fora: conservação do tipo, *prazer* com todos os traços característicos *típicos* e, de resto, um caráter contrafeito (mesmo em relação a tudo o que é alheio); *assemelhar-se* o máximo possível aos antepassados como dirigentes morais: luto junto à ideia da transformação e da variedade.

Agora, porém, há espécies sofredoras, oprimidas, semidesvalidas, doentes e descontentes com si mesmas: ainda que elas estejam sedentas por mestres, por consoladores e, por assim dizer, por médicos, ainda que eles criem uma moral: ao que eles mais gostam de se ater e o que eles mais exigem? Antes de tudo não se atêm e exigem a conservação de sua espécie sofredora ou de seus estados. Mas *"para fora daí*! E é melhor a virtude em algum outro lugar!"*. No todo, sua moral torna-se, portanto, uma espécie de autonegação – – – por outro lado, sua práxis mais querida torna-se o "altruísmo", o nojo diante de si, a renúncia ao caráter egoísta – seu grande ódio volta-se contra os felizes, orgulhosos, vitoriosos! Ao lado daí, os encantos do sentimento, que residem na entrega, no sacrifício de si, no esquecimento de si mesmo, no amor: do abanar o rabo do escravo até a mística "união com Deus". De fato, um tipo de sofredores e semidesvalidos é *conservado na vida*, e, em certa medida, se torna *capaz de viver*: e, na medida em que ele aprende antes de tudo a adaptação de uns aos outros, surge um tipo *inferior*, mas mais apto a viver. Por exemplo, o europeu atual, assim como o chinês. O *apequenamento* do homem: mas se todos reúnem suas forças, eles se tornam *senhores* sobre a raça nobre: e como eles mesmos são seduzidos com frequência por seus nobres instintos a se livrar de sua dura existência (mesmo por seus instintos carentes de felicidade), ou mesmo se mostram como degenerados, de tal modo que eles não acreditam mais em si, então acontecem tais grandes estultícias, por exemplo, como os prelúdios da Revolução Francesa. Assim, entra em cena uma espécie de preponderância do maior número, e, consequentemente, do tipo mais iníquo de homem, sobre os mais seletos e os mais raros, um gosto fundamental democrático em toda valoração, junto ao qual, por fim, a crença nas grandes coisas e homens se transforma em desconfiança, finalmente em descrença e em causa do fato de que o grande seja exterminado.

35 (23)

A sede por almas grandes e profundas – e sempre encontrar apenas o animal de rebanho!

35 (24)

1) Ainda é *possível* hoje o "filósofo"? A abrangência do consciente é grande demais? A improbabilidade não é muito grande, a ponto de ele não ter chegado a uma *visão panorâmica*, e, em verdade, quanto mais consciente ele é? *Ou tarde demais*, quando seu melhor tempo tiver passado? Ou degenerado, embrutecido, degenerado, de tal modo que seu *juízo de valor* não significa mais nada? – No outro caso, ele se torna *"diletante"* com mil filamentos nervosos e perde o grande *pathos*, a veneração diante de si mesmo – também a boa e refinada consciência moral. Em suma, ele não conduz mais, ele não comanda mais. Se ele quisesse comandar, então precisaria se tornar o grande ator, uma espécie de *Cagliostro* filosófico.

2) O que significa para nós hoje *viver* filosoficamente, ser sábio? Não é quase um meio para se *retirar* de um terrível jogo? Uma espécie de fuga? E quem vive dessa forma à parte e simplesmente, é provável que ele tenha mostrado com isso para o seu conhecimento o melhor caminho? Ele não precisaria ter experimentado pessoalmente a vida em seus 100 modos de ser, para que pudesse falar concomitantemente sobre o seu valor? Basta, nós acreditamos que alguém precisa ter vivido de maneira completamente "não filosófica", segundo os conceitos até aqui, sobretudo não como um tímido virtuoso – para poder julgar sobre os grandes problemas a partir de *vivências*. O homem das vivências mais abrangentes, que as concentra para tirar conclusões gerais: ele não precisaria ser o homem mais poderoso de todos? – Confundiu-se o sábio por tempo demais com o homem de ciência, e, durante um tempo ainda mais longo, com o homem elevadamente religioso.

35 (25)

Problema: muitos tipos de *grandes homens* talvez *não sejam mais possíveis*? Por exemplo, *o santo*. Talvez mesmo o *filósofo*. Por fim, o *gênio*? As descomunais relações de distância entre homens e homens talvez tenham sido reduzidas, e isto traz consigo como efeito uma postura e um cultivo menos bruscos, em virtude dos quais o homem não consegue mais elevar tão alto esse sentimento como outrora. – Nós precisamos de um novo conceito da *grandeza* do homem; da qual sejamos capazes e da qual a maioria de nós estaria profundamente cindida. *Voilà*: esse mundo democrático transforma todos em uma *especialidade*, portanto, a grandeza é hoje o *ser-universal*. Ela enfraquece a vontade, *ou seja*, a força da vontade é hoje grandeza. Ela desenvolve o animal de rebanho; portanto, a solidão e o viver às suas expensas estão hoje entre as coisas que precisam ser computadas como fazendo parte da grandeza. O homem mais abrangente, indo sozinho, sem instintos de rebanho, e com uma vontade invencível, que lhe permite ter muitas transformações e mergulhar insaciavelmente em novas profundidades da vida. – Nós precisamos buscar a *grandeza do homem* lá, onde nós menos nos encontramos em casa. Para épocas da energia, o homem contemplativo, pronto à renúncia e afável é a grande *exceção*; é preciso grande cultivo interior e rigidez para tanto, para se transformar de um animal semisselvagem em um Sócrates. O indiferentismo de Epicuro dá quase a impressão de uma transfiguração. Nós chegamos aos *ideais* opostos: e, em primeiro lugar, temos de arruinar os velhos ideais para nós mesmos.

35 (26)
Dioniso.
Livro da predição.

35 (27)
Nossos psicólogos, cuja visão permanece involuntariamente presa apenas aos sintomas da *décadence*, sempre dirigem uma vez mais nossa desconfiança contra o espírito.

35 (28)
Novos bárbaros. Vê-se sempre apenas os efeitos enfraquecedores, mimadores, aflitivos do espírito: mas estão chegando agora:

Os cínicos.	União da superioridade
Os tentadores.	espiritual com
Os conquistadores.	o bem-estar e o excesso de forças.

35 (29)
Os epoquistas, os ephektikos[113]
Ele gosta de ficar parado diante de problemas abertos e é ironicamente afinado em relação às hipóteses rápidas; ele recusa o tipo de satisfação, que o arredondar, o encher, o preencher um buraco com uma estopa qualquer trazem consigo. É assim que ele se comporta, não a partir de sua fraqueza, mas a partir de sua força: *ele não perece imediatamente*, quando ele prescinde do *apoio* de tais corrimões, que, por exemplo, ajudam hoje o pessimista como seus apoios. – Fato fundamental: o fato de faltar às regiões morais *toda e qualquer ciência*, mais ainda *todo e qualquer material para a ciência*. As intenções práticas dissimuladas ligam as veias do pesquisador. É tempo para a busca das hipóteses regulativas mais amplas de todas, para juntar material com elas.

Portanto, ainda se está longe aqui de alcançar uma *ephexis* (uma retenção) rigorosa propriamente dita da ciência; nós estamos no *estágio prévio*. A intensificação das requisições metodológicas chegará mais tarde. As ciências não se desenvolvem de maneira alguma ao mesmo tempo; mas, tal como os órgãos têm seu crescimento mais rápido e mais demorado, o seu amadurecimento mais rápido e mais demorado, o mesmo acontece aqui. É natural que a ciência, que mais amplamente se mostrará como retardatária, seja aquela em relação à qual mais houve resistência até aqui, com a crença de que não se deveria de maneira alguma realizar pesquisas em seu âmbito. Aqui, a verdade estaria presente, aqui a crença na verdade seria um dever – ainda agora a "consciência moral" se empertiga com a capa de uma espécie de "filosofia" contra o direito de uma análise da moral. E nossos últimos pesquisadores da moral estão fundamentalmente convencidos disso: de que aqui a ciência só teria de sondar o estado de fato, não *criticá-lo*.

---

113 **N.T.:** Em grego no original: "retraído, indeciso em sua posição".

35 (30)
1. *Ver e mostrar* o problema da moral – esta me parece ser a nova tarefa e a questão principal. Nego que isto tenha acontecido na filosofia moral.

35 (31)
Não se precisa afetar cientificidade, lá onde ainda não é hora de ser científico; mas mesmo o real pesquisador acaba alimentando a vaidade de afetar uma espécie de método, para o qual no fundo ainda não é a hora. "Falsificar" do mesmo modo coisas e ideias, às quais ele chegou de outro modo, não com um falso arranjo de dedução e dialética. Assim, Kant falsifica em sua "moral" a sua inclinação psicológica imanente; um exemplo recente é a ética de Herbert Spencer. – Não se deve encobrir e degradar o *fato* de como nossos pensamentos chegaram até nós. Os livros mais profundos e mais inesgotáveis sempre terão certamente algo do caráter aforístico e repentino dos *Pensées* de Pascal. As forças e as valorações *impulsionadoras* estão há muito tempo sob a superfície; o que vem à tona é efeito.

35 (32)
Eu me remeto contra toda a tartufaria da cientificidade:
1) em relação à *apresentação*, quando ela não corresponde à *gênese* das ideias,
2) nas requisições de *métodos*, que talvez ainda não sejam de maneira alguma possíveis em um determinado tempo da ciência,
3) nas requisições de *objetividade*, de uma personalidade fria, onde, como em todas as valorações, contamos com duas palavras sobre nós e nossas vivências. Há tipos ridículos de vaidade, por exemplo, a de Saint-Beuve, que se irritou durante toda a sua vida por ter tido aqui e acolá efetivamente calor e paixão nos "prós" e "contras" e por ter querido a todo custo fingir que isso não fazia parte de sua vida.

35 (33)
(51)
As pessoas gostam de assumir hoje o *aspecto* de quem embute em si uma camada colorida e multifacetada de cientifi-

cidade – compreensivelmente em um século tão inautêntico, no qual "direitos iguais" também atraem para si "o sentimento de requisições iguais", por exemplo, mesmo a requisição por poder ser científico, contanto apenas que se *queira*. Quase todos os literatos acreditam nisso em relação a si; mais ainda, isto faz parte agora da cobiça dos escritos de romances.

35 (34)
Não há nada mais precário do que a literatura moral da Europa atual. Os ingleses utilitaristas antes de tudo, pesadões como Hornvich seguindo os rastros de Bentham, assim como Bentham mesmo já tinha seguido os rastros de Helvécio; nenhum novo pensamento, nem mesmo uma história real e efetiva do anteriormente pensado, mas sempre a velha tartufaria moral, o peso inglês do *cant* sob a nova forma da cientificidade, ao lado da defesa secreta dos remorsos, tal como eles costumam acometer uma raça de antigos puritanos. – Eles gostariam de se *convencer* a todo custo de que se *precisaria* perseguir a própria utilidade, na medida em que precisamente com isso se serve da melhor maneira possível à utilidade geral, à felicidade da maioria: ou seja, de tal modo que a aspiração pela "felicidade" inglesa, ou seja, a aspiração por *comfort* e *fashion*, estaria na senda correta da virtude: sim, de tal modo que, até onde havia virtude no mundo, ela tinha consistido na aspiração desse gênero por uma felicidade própria, consequentemente também universal: ninguém dentre todos esses animais de rebanho lentos, inquietos na consciência – pois todos eles são assim – quer saber algo sobre o fato de que há uma ordem hierárquica, de que, consequentemente, uma moral para todos é uma restrição dos homens supremos, de que aquilo que é fácil para um ainda não o pode ser de maneira alguma para o outro; de que, ao contrário, a felicidade da maioria é um ideal digno de vômito para todos aqueles que se distinguem por não pertencerem à maioria. – Vindo da França temos recentemente ainda a contraposição superficial de Comte entre altruísmo e egoísmo – mas não há absolutamente nenhum altruísmo! – contraposição essa que penetrou na Inglaterra; e, então, vemos,

por exemplo, em Herbert Spencer, a tentativa de se reconciliar mesmo com isto uma vez mais, com tal má vontade em relação à possibilidade de ainda tomar um conceito rigorosamente, que, desde então, urinar na Inglaterra já deve estar fazendo parte das atividades altruístas. Na Alemanha – onde não se consegue digerir plenamente nem mesmo a ingenuidade moral de Kant e de Schopenhauer, o imperativo categórico e, por outro lado, a "compaixão" – E. H<artmann> fez com que os pensamentos de Comte ganhassem a grande amplitude – a amplitude de 871 páginas –; e sem que qualquer alemão tenha rido disso, ele jogou porta a fora de maneira festiva e formal à frente o egoísmo, a fim de forçá-lo em seguida uma vez mais a entrar em cena em defesa do "altruísmo". De fato, não se pode apresentar melhor ao ânimo o fato ingente de um embrutecimento quase repentino dos povos da Europa – visivelmente presente tanto na Alemanha atual e na Inglaterra quanto na França e na Itália – não se pode conduzir esse fato melhor ao ânimo do que por meio de um folhear em seus livros morais. No máximo saberia destacar três pequenos escritos (apesar de mesmo nesses escritos não ser dito nada fundamental):

Por um lado, o livro de um judeu alemão, Paul Rée, que porta o título – ele conquista, por causa de sua *forma*, uma distinção e traz consigo algo daquele *habitus* autenticamente filosófico em si, ao qual Stendhal deu certa vez uma expressão aguda: – – – Rée retoma com mãos finas os hábitos mais rigorosos dos antigos moralistas franceses em relação ao gosto – seu livro chega como um aroma agradável oriundo daquele "velho e bom tempo", distante de todas as intenções dissimuladas edificantes, de acordo com as quais costumam cheirar livros morais escritos em alemão –: infelizmente, ele também tem as mesmas falhas que aqueles franceses, o horizonte restrito, a mesquinharia do saber: suas hipóteses são baratas e ditas ao vento; faltam-lhe totalmente "a visão histórica e o tato", quer dizer, a virtude propriamente dita e única, que distingue a ciência alemã do século XIX ante todas as ciências mais antigas. Por fim, trata-se de um livro que "abre o apetite".

Em segundo lugar, cito o livro refinado, cordial e pesaroso de um francês – – –, livro esse que, naturalmente, como quase tudo o que vem hoje de Paris, dá a compreender em profusão o que hoje em nossa casa significa propriamente o pessimismo: a saber, *não* na Alemanha. E de que ajuda todo positivismo e o dobrar os joelhos decidido diante dos *"petits faits"*! Sofre-se em Paris como que dos ventos frios do outono, como que do gelo das grandes desilusões, como se o inverno chegasse, o último, derradeiro inverno – e os melhores e mais corajosos, tal como aquele bravo Guyau, <tremendo e estremecendo, ainda que eles mostrassem uma face tão boa para o seu *"positivisme"*: quem acredita neles em relação àquilo de que eles queriam nos convencer com ironia, em relação ao fato de que aquele tremor e estremecimento ainda estavam entre os *estímulos* e as artes de sedução da vida? Naturalmente: "o estremecimento é a parte *mais bela* da humanidade!" – foi o que disse Goethe, e Goethe – *tinha o direito* de dizê-lo! Mas e um parisiense? Finalmente, distingo o escrito polêmico de um alemão meio-inglês, que contém bastante espírito, ácido e ciências, para "decompor" fundamentalmente aquela união de *bêtise* e de darwinismo, que Herbert Spencer trouxe ao mundo sob o título: *Data of Ethics*: Rolph, Problemas biológicos, 1881. Naturalmente, abstraindo-se do elemento polêmico, não há nada a elogiar no livro, assim como no livro que ele combate; há apenas o querer participar do discurso que é próprio de homens insignificantes em regiões, nas quais só um tipo seleto de seres cognoscentes e "vividos" pode aceder à palavra sem imodéstia.>

35 (35)

O que me distingue da maneira mais fundamental possível dos metafísicos é: não concedo a eles de modo algum o fato de que é o "eu" que pensa: ao contrário, considero o *próprio eu como uma construção do pensamento*, do mesmo nível que a "matéria-prima", a "coisa", a "substância", o "indivíduo", a "meta", o "número": ou seja, só como *ficção regulativa*, com cujo auxílio uma espécie de constância, consequentemente de "cognoscibilidade" é inserida, *é imaginada como presente em* um mundo do devir. A fé na gramática, no sujeito linguístico, no objeto, nas palavras de ação subjugou até aqui os metafísicos: eu ensino a abjurar essa fé. O pensar posiciona primeiro o eu: até aqui, porém, acreditava-se, como o "povo", que no "eu penso" se acharia algo imediatamente certo e que esse "eu" seria a causa dada do pensar, segundo cuja analogia nós "compreenderíamos" todas as outras relações causais. Por mais habitual e imprescindível que possa ser agora aquela ficção, isto não prova nada contra o seu ser imaginado: algo pode ser uma condição vital e, *apesar disso*, ser *falso*.

35 (36)
Liberto da tirania dos conceitos "eternos", eu estou, por outro lado, distante de me precipitar, por isto, no abismo de uma arbitrariedade cética: procuro, ao contrário, considerar os conceitos como tentativas, com o auxílio das quais determinados tipos de homens são cultivados e, com vistas à sobriedade e à duração – – –

35 (37)
A falsidade de um conceito não é para mim nenhuma *objeção* contra ele: Nesse ponto, talvez, é que nossa língua soe da maneira mais estranha possível: a questão é até que ponto ele é fomentador de vida, conservador de vida, conservador da espécie. Tenho até mesmo por princípio a crença no fato de que *as suposições mais falsas são aquelas que para nós se mostram como mais imprescindíveis*, que sem um fazer-se valer das ficções lógicas, sem uma medição da realidade efetiva pelo mundo *inventado* do incondicionado, do igual a si mesmo, o homem não consegue viver e que uma negação dessa ficção, uma recusa prática a ela, significaria o mesmo que uma negação da vida. *Admitir a não verdade como condição de vida*: significa afastar de si, naturalmente de uma maneira terrível, os sentimentos valorativos habituais – e, aqui, se é que em algum lugar, não se tornar exangue junto "à verdade conhecida". É preciso evocar imediatamente em meio a esse perigo extremo os instintos fundamentais criadores do homem, que são mais fortes do que todos os sentimentos va-

lorativos: aqueles que são as próprias mães dos sentimentos valorativos e gozam de seu sublime consolo na eterna gestação acima do eterno perecimento de seus filhos. E, por fim: *que violência foi essa, afinal*, que nos obriga a abjurar aquela "fé na verdade", se não tiver sido a *própria* vida e todos os seus instintos fundamentais criadores? – de tal modo que nós, portanto, não necessitamos evocar essas "mães": – elas já estão *em cima*, seus olhos olham para nós, nós levamos a termo justamente aquilo para o quê sua magia nos convenceu.

35 (38)
    – E no que concerne à filo<sofia> propriamente dita na França atual: não se acredita que esses bravos positivistas oriundos da Escola de Comte ou os descendentes de Stendhal, de Montesquieu, de Condillac – justamente o melhor que o século XVIII possuía – assim como Taine, constituem uma oposição à tonalidade afetiva cética do século.

35 (39)
Meio-dia e eternidade
1. Da ordem hierárquica
2. Os legisladores. (Cultivos de novas castas dominantes)
3. Do anel dos anéis. Ou: "o espelho".
4. As grandes bênçãos.

35 (40)
Meio-dia e eternidade
História e predições.

35 (41)
Meio-dia e eternidade
Predições
de um homem do futuro.

Primeira parte:
Da ordem hierárquica

Segunda parte:
Dos senhores da terra.

Terceira parte:
Do anel dos anéis.

Quarta parte:
Do novo morrer.

35 (42)
– até que nós possamos conclamar com bom orgulho a palavra que Péricles conclamou aos seus atenienses naquele necrológio: – por todas as terras e mares, nossa bravura abriu caminho, fundando por toda parte monumentos imperecíveis no bom e no ruim.

35 (43)
Por fim, nós ainda nos voltamos contra o conhecimento humano de tais homens como Saint-Beuve e Renan, contra esse tipo de escuta à alma e de farejamento da alma, tal como ele é manipulado por esses hedonistas nada viris e sem espinha dorsal do espírito: parece-nos ir contra a vergonha, quando eles tocam à sua volta com dedos curiosos nos mistérios de homens ou tempos, que eram mais elevados, mais rigorosos, mais profundos e em todos os aspectos mais nobres do que eles mesmos: de tal modo que eles não teriam tão facilmente aberto suas portas para tais homens meio efeminados que vagueiam por aí. Mas esse século XIX, que perdeu todos os instintos mais refinados da ordem hierárquica, não sabe mais bater nos dedos desses impertinentes indesejados e desses arrombadores de portas; sim, ele está orgulhoso de seu "sentido histórico", em virtude do qual é permitido para o plebeu suado, contanto que ele venha com instrumentos de tortura eruditos e com questionários, penetrar na sociedade da mais suprema inatingibilidade, entre os santos da consciência tanto quanto entre os dominadores eternamente velados do espírito. Sob o sentido e a espreita históricos encontra-se mais ceticismo velado do que se vê de início: um ceticismo ofensivo contra a diversidade de posição hierárquica aplicada de homem para

homem, e a mesma petição desavergonhada por "igualdade" é estendida até mesmo com vistas aos mortos, que os servos pagos da opinião pública extraem para si agora contra todo vivente.

Nós, porém, não somos céticos – nós ainda acreditamos em uma ordem hierárquica dos homens e dos problemas e esperamos pela hora, na qual essa doutrina da posição hierárquica e da ordem se inscreverá uma vez mais no rosto aberto da sociedade plebeia. Talvez essa hora também seja a nossa hora.

Ora, mas se nós não somos céticos, será que somos críticos ou "criticistas"? E se nós sublinhamos particularmente a tentativa e o prazer junto à tentativa por meio de nosso nome, isto acontece, por exemplo, porque nós amamos nos servir do experimento em um sentido amplo e perigoso, mas para auxiliarmos uma crítica compreendida mais profundamente? Será que não somos talvez, secretamente, para o bem de nosso conhecimento, como experimentadores, obrigados a seguir em frente, para além daquilo que pode contar com a aprovação do gosto amolecido e mimado do século? De fato, não gostaríamos de prescindir de todas aquelas propriedades, que distinguem o crítico do cético: a segurança da medida valorativa, o manuseio consciente de uma unidade de método, a coragem ousada, o estar sozinho e poder se responsabilizar: sim, nós admitimos um prazer em dizer não e em decompor, uma certa crueldade da mão, que conduz de maneira segura a faca, ainda que o coração sangre aí. Nós somos mais duros – e talvez não apenas em relação a nós – como homens "humanos" podem desejar; nós não nos metemos com a verdade, porque ela nos "agrada" ou "eleva" ou "entusiasma" – nossa crença é muito mais parca, a crença em que a verdade nunca poderia trazer consigo tais sentimentos agradáveis. Soa constrangedor para muitos ouvidos, quando dizemos: precisamente lá emerge nossa desconfiança, lá onde nosso sentimento se alça ao nível de belas ondulações; nós rimos, quando alguém acredita *demonstrar* algo ao dizer: "Mas esse pensamento me eleva: como é que ele poderia não ser verdadeiro?" Ou: "Essa obra me encanta: como é que ela poderia não ser bela?" Ou: "Este artista me torna maior: como é que ele poderia não ser grande?" Nós temos muito mais em comum com os críticos – – –

35 (44)
Superstição em relação aos filósofos, confusão com o homem de *ciência*. Como se os valores estivessem contidos nas coisas e como se só se tivesse que fixá-los nelas. Em que medida eles pesquisam sob o domínio de valores *dados* (seu ódio à aparência, ao corpo etc.) Schopenhauer em relação à moral. (Escárnio em relação ao utilitarismo.) Por fim, a confusão chega a tal ponto que se considera o darwinismo como filosofia: e, agora, o domínio está junto aos homens *científicos*.

Mesmo os franceses como Taine buscam ou acreditam buscar, sem que eles tenham já o critério de medida. A submissão em face dos "fatos" é uma espécie de culto. De fato, eles *aniquilam* as valorações existentes.

Explicação dessa incompreensão. O que comanda só raramente surge, ele compreende mal a si mesmo. Quer-se recusar inteiramente a autoridade de si e colocá-la nas circunstâncias. – Na Alemanha, a apreciação do crítico pertence à história da *masculinidade* emergente. Lessing etc. (Napoleão sobre Goethe) De fato, esse movimento retroagiu uma vez mais por meio do romantismo alemão: e a fama da filosofia alemã refere-se a ela, como se com ela o perigo do ceticismo tivesse sido afastado, e a *fé* pudesse ser *demonstrada*. Em Hegel, as duas tendências encontram o seu ponto de culminação: no fundo, ele universaliza o fato da crítica alemã e o fato do romantismo alemão – uma espécie de fatalismo dialético, mas em honra do espírito, de fato com a submissão do filósofo *à* realidade efetiva. – *O crítico prepara*: não mais!

Com Schopenhauer experimenta o seu ocaso a tarefa do filó\<sofo\>, o fato de se tratar de uma determinação do *valor*: sempre ainda sob o domínio do eudaimonismo (escárnio em relação a Hartmann) o ideal do pessimismo.

35 (45)
O filósofo como legislador, como experimentador de novas possibilidades, seus meios.
Ele *utiliza* a religião. O novo testamento – o que pode o Cristianismo.

Seu oposto: a moral dos animais de rebanho.
Do mesmo modo os livres-pensadores etc.
Como é que os animais de rebanho pensam hoje o "homem superior":
mostrar a partir de V. Hugo.
Meus preparadores: Schopenhauer –
em que medida eu aprofundei o pessimismo e, por meio da invenção de seu oposto extremo, tornei-o pela primeira vez totalmente sensível para mim.
Em seguida: os artistas ideais, aquela nova geração oriunda do movimento napoleônico.
Em seguida: os europeus mais elevados, precursores da *grande política*.
Em seguida: os gregos e seu surgimento. Fornece indicações em *O nascimento da tragédia* sobre a relação entre "necessidade" e "arte".
Os *alemães* e o *espírito*.
A educação pessoal do filósofo na solidão. O dionisíaco.

35 (46)
  Paete, *non dolet*! Paete, esse pessimismo não dói! Paete, Eduard não morde! Paete, olhai para mim: eu não estou amistosamente embriagado, sim, até mesmo prussianamente embriagado; Paete, de fato, não deixo nada para trás a desejar.
  Paete, *non dolet*! Paete, esse pessimismo não dói! Paete, tua Árria não morde! Paete: Eduard está cheio de considerações, ele é agradável, humano, amistoso, até mesmo simpático ao império, até mesmo prussianamente embriagado, em suma, Eduard é uma moça para tudo e seu pessimismo não deixa para trás nada a desejar.
  Outrora estava errado: achava que E<duard> v<on> H<artmann> seria uma cabeça superior e um brincalhão que estava se divertindo com o impasse pessimista da época; achei que a sua invenção do "inconsciente" era tão precária, tão chistosa, que me parecia uma perfeita ratoeira para os homens de almas turvas e para os estúpidos do diletantismo filosófico, tal como esse se difunde cada vez mais sobre a Alemanha. Então, porém,

as pessoas não pararam de insistir para mim que ele estava falando *sério*: e as pessoas quase me obrigaram a acreditar nisso: ora, mas ele deveria deixar de ser divertido para mim? Será que eu precisava parar de rir, quando essa Árria falava sempre uma vez mais para o seu Eduard, sem *temer* o punhal, ou seja, o pessimismo hatmanniano? Paete a chamou carinhosamente, *non dolet*!

35 (47)
§ Nenhum crítico. A perplexidade. Finalmente "o homem científico". Ingleses.
§ Nem pessimistas, nem otimistas. A grande posição de Schopenhauer – o fato de a destruição de uma ilusão ainda não trazer consigo nenhuma verdade, mas apenas um *pedaço a mais de ignorância*, uma ampliação de nosso "espaço vazio", um crescimento de nosso "deserto" –
§ Pensamento fundamental: os novos valores precisam ser primeiro criados – isso continua sem poder ser *poupado* de nós! O filósofo precisa ser como um legislador. (Assim como até aqui os tipos supremos (por exemplo, os gregos) foram cultivados: **querer** *conscientemente* esse tipo de "acaso".)
§ Seus meios: religiões, morais
§ Significado do Cristianismo.
§ Significado do modo de pensar democrático.
§ Livres pensadores, pertencentes a esse movimento? Victor Hugo.
§ Contramovimentos inconscientes: Napoleão, os anos de 1830, R<ichard> W<agner>.
§ O novo filósofo só pode surgir em ligação com uma casta dominante, como sua mais elevada espiritualização. A grande política, o governo da terra, está próximo; *falta total de princípios* para tanto – (Ironia quanto ao espírito *vazio* alemão)
§ O europeu e sua formação.
§ Período da grande *tentativa*. Homens, com um cânone valorativo próprio. Instituições para o cultivo de homens superiores.
§ O "interregno" do filósofo. Sua solidão.
§ Preparar o "para além de bem e mal". Estado da "moral"

15 § Dioniso.
15 : 100| 6
3 páginas grandes para cada seção

35 (48)

Prefácio

O que me importa hoje não é tanto se eu tinha ou não razão em relação a R<ichard> W<agner> e a Schopenhauer: se eu tiver me equivocado, pois muito bem, meu equívoco não causou nem a desonra dos citados, nem muito menos a minha. É certo que, para mim, naqueles jovens dias, foi uma boa ação descomunal poder pintar minhas cores idealistas, nas quais eu mesmo vislumbrei as imagens <do> filósofo e <do> artista, de modo não completamente irreal, mas por assim dizer com vistas a figuras insignes; e se as pessoas me censuraram pelo fato de eu ter visto os citados com um olhar *amplificador*, então eu me *alegro* com essa censura – e meus olhos também. Ao menos, os leitores da segunda consideração extemporânea não deveriam ficar em uma posição de incerteza quanto à compreensão de o quão pouco o que me importava era a verdade e – – –

O que escrevi outrora – e menos escrevi do que *pintei*, inclusive de modo ardente e, como me parece hoje, em um afresco não sem qualquer reflexão e de maneira temerária: isto não se tornaria *mais verdadeiro* por meio do fato de eu o ter desde então representado, onde talvez a mão e os olhos tinham que aprender algo em acréscimo, de maneira ainda mais terna, mais pura e mais rigorosa. Cada idade da vida compreende a "verdade" à sua própria maneira; e quem se coloca com sentidos joviais e bramantes e com grandes pretensões diante daqueles quadros encontrará tanta verdade neles quanto ele estiver em condições de ver.

Minhas quatro c<onsiderações> e<xtemporâneas>, às quais, então, depois de 10 anos, eu acrescentei uma quinta, uma sexta e uma sétima, foram tentativas de aproximar de mim o tipo de homem que me pertence: ou seja, varas de pescar, lançadas em direção aos "meus iguais". Outrora, eu era jovem o bastante, para seguir com uma esperança impaciente em direção a tal pescaria.

Hoje – depois de 100 anos, se é que posso medir o tempo segundo o meu critério de medida! – ainda não *estou velho* o bastante, para ter perdido toda e qualquer esperança ou paciência. O quão estranha não soa para mim ainda hoje aos meus ouvidos, quando um ancião reúne suas experiências nessas palavras: – – –
É assim que fala Goethe: ele deveria ter razão? O quão pouco de razão não haveria, então, para se tornar tão velho, tão racional quanto Goethe! E seria fácil aprender com os gregos o seu juízo sobre a velhice: – eles odiavam o envelhecimento mais do que a morte, e amavam morrer, quando eles sentiam que estavam começando a se tornar racionais daquela maneira. Entrementes, mesmo a juventude tem o seu modo próprio de razão: uma razão, que acredita na vida, no amor e na esperança.

35 (49)
No que concerne a R<ichard> W<agner>: houve um instante de minha vida no qual eu o empurrei para fora de minha vida com toda a violência. Afasta-te de mim! – foi o que gritei. Este tipo de artista não é digno de confiança precisamente lá onde não tenho nenhuma compreensão para brincadeiras. Ele procurou se "haver" com o Cristianismo existente, na medida em que estendeu a mão esquerda para a ceia protestante – ele tinha me falado sobre os encantos, que ele sabia retirar dessa ceia – enquanto a mão direita, porém, ele estendia ao mesmo tempo para a Igreja católica: ele ofereceu a ela o seu "Parsifal" e se fez passar para todos aqueles que têm ouvidos por um "pequeno romano" em *partibus infidelium*.[114]

35 (50)
As leis do pensamento como resultados do desenvolvimento orgânico – uma força posicionadora fictícia precisa ser assumida – do mesmo modo que a herança e a perduração das ficções.

---

114 **N.T.:** Em latim no original: "no território dos infiéis".

35 (51)
Em um mundo do devir, no qual tudo é condicionado, a suposição do incondicionado, da substância, do ser, de uma coisa etc. não pode ser senão um erro. Mas como é possível o erro?

35 (52)
Mostrar a sucessão de uma maneira cada vez mais clara e distinta significa *explicar*: não mais!

35 (53)
Arranjar um espaço para o *perceber* mesmo para o mundo inorgânico e, em verdade, de maneira absolutamente exata: aí impera "verdade"! Com o mundo orgânico começam a *indeterminação* e a *aparência*.

35 (54)
O fato de uma situação de equilíbrio nunca ser alcançada demonstra que ela não é possível. Mas, em um espaço indeterminado, ela precisa ser alcançada. Do mesmo modo em um espaço esférico. A **figura** do *espaço* precisa ser a causa do movimento eterno, e, por fim, de toda imperfeição.
O fato de "força" e "repouso" "permanecer-igual-a-si-mesmo" se contestarem. A medida da força como grandeza enquanto fixa, sua essência, porém, fluida, tensa, imperativa, – – –

35 (55)
Rejeitar "atemporalmente". Em um instante determinado da força, dá-se a condicionalidade absoluta de uma nova divisão de todas as suas forças: ela não pode ficar parada. "Transformação" pertence à essência, ou seja, também à temporalidade: com o que, porém, só a necessidade da transformação é ainda uma vez conceitualmente estabelecida.

35 (56)
O tempo *não* é dado *a priori* – Spir 2, p. 7.
Caráter ilógico de nosso conhecimento das extensões. ds. 2 p. 93.

35 (57)
O fato de haver coisas iguais, casos iguais, é a *ficção fundamental* já junto ao *juízo*, e, em seguida, junto à conclusão.

35 (58)
No mundo químico impera a mais aguda *percepção* da diversidade da força. Mas um protoplasma, *enquanto uma pluralidade de forças químicas*, tem uma percepção conjunta *incerta e indeterminada* de uma coisa estranha.

35 (59)
A transição do mundo do anorgânico para o interior do mundo orgânico é a transição do mundo das percepções fixas dos valores de forças e das relações de poder para o interior do mundo *das percepções incertas e indeterminadas* – porque uma pluralidade de seres que lutam uns com os outros (= protoplasma) se sente em face do mundo exterior.

35 (60)
A vontade de poder sem trégua ou a vontade de criação constante ou de transformação ou de autossuperação.

35 (61)
"o assim chamado tempo é uma mera abstração, nem objetivamente existente, nem um modo de representação necessário e originário do sujeito" <Spir> 2. p. 15.

35 (62)
Os alemães não possuem nenhuma cultura: agora como antes, eles são *dependentes* de Paris – a causa é, eles ainda não têm nenhum caráter.

Nossos grandes homens não designam nenhuma raça, mas particulares.

O que é, porém, que eu tomei outrora como uma exceção e em que eu fundei minhas esperanças, a *música alemã*?

35 (63)
N.B. A incompreensão sobre Richard Wagner hoje na Alemanha é descomunal: e, uma vez que contribuí para aumentar essa incompreensão, gostaria de remir minha culpa e tentar diminuí-la.

35 (64)
Houve durante todo um século apenas uma oposição entre música francesa e música i<taliana>.

Na luta da felicidade com Puccini, ela se acirrou e atingiu o seu ápice: a felicidade foi sentida aqui inteiramente como representante do *gosto francês* – como representante do nobre, pomposo e racionalista.

Os alemães como músicos obedeceram ora à França, ora à Itália: ainda hoje não há um gosto próprio *alemão* na música.

Parece-me que Wagner levou uma vez mais o *gosto francês* a se sobrepor ao gosto italiano, isto é, a Mozart, Haydn, Rossini, Bellini, Mendelssohn. De qualquer modo, porém, trata-se aí do gosto francês de 1830: a literatura se tornou senhora sobre a música, assim como sobre a pintura: "música de programa", o *"sujet"* à frente!

35 (65)
Beethoven pertence a Rousseau e àquela corrente humanista, que antecipou em parte a revolução, em parte veio depois dela de maneira transfiguradora. Ele faz parte ainda mais, porém, do acontecimento principal do último século, à aparição de Napoleão.

Mozart, pressupondo a sociedade da era do Rococó

35 (66)
Diferença entre atores, como Schiller e Wagner e – – –

Goethe isolado, entre pietismo e helenismo, com uma dúvida quanto a se ele não deve escrever em francês.

Lessing – Bayle

Frederico, o grande, cobiçoso em relação à França.

Frederico II, em relação ao Esclarecimento mourisco-
-oriental.
Leibnitz entre Cristianismo, platonismo e mecânica.
Bismarck aprendendo de Napoleão III e de Cavour.

35 (67)
Se a mecânico só é uma lógica, então também se segue para ela o que vale para toda lógica: ela é uma espécie de espinha dorsal para animais vertebrados, nada-em-si-verdadeiro.

35 (68)
Sobre o anel dos anéis.
N.B. À força, que sempre se transforma e sempre permanece a mesma, pertence um *lado interior*, uma espécie de caráter de Proteus-Dioniso, dissimulando-se e se regozijando na transformação. Conceber a "pessoa" como *ilusão*: de fato, a *herança* é a principal objeção, na medida em que uma grande quantidade de forças formadoras produzem sua consistência incessante a partir de tempos anteriores: em verdade, elas lutam nela e são regidas e domesticadas – uma vontade de poder atravessa a pessoa, ela necessita da *diminuição* das perspectivas, do *egoísmo*, como uma *condição temporária da existência*; ela procura em cada nível o nível superior.
A diminuição do princípio efetivo em direção à "pessoa", ao indivíduo.

35 (69)
N.B. O quanto alguém suporta da *verdade*, sem *se degenerar*, é *seu critério de medida*. Do mesmo modo, o quanto de *felicidade* – – do mesmo modo o quanto de *liberdade* e *poder*!
Sobre a ordem hierárquica

35 (70)
A *mais rigorosa escola* é necessária, a infelicidade, a doença: não haveria nenhum espírito sobre a terra, também nenhum

encanto e júbilo. – Só almas tensionadas e grandiosamente afinadas sabem o que é *arte*, o que é *serenidade*.

35 (71)
    Z<aratustra> só pode tornar feliz, se ele primeiro tiver produzido a *ordem hierárquica*.

35 (72)
    N.B. Precisa haver muitos além-do-homem: todos os bens só se desenvolvem sob seus iguais. Um deus seria sempre um *diabo*! Uma *raça dominante*. Para "os senhores da terra".

35 (73)
    I – Zaratustra só pode tornar feliz, depois que ele tiver produzido a ordem hierárquica. De início, essa ordem hierárquica é *ensinada*.
    II – A ordem hierárquica é levada a termo em um sistema do governo terrestre: os senhores da terra, por fim, uma nova casta dominante. Emergindo deles aqui e acolá, completamente um deus epicurista, o além-do-homem, o transfigurador da existência.
    III – A concepção própria ao além-do-homem do mundo. Dioniso.
    IV – Amando e retornando dessa maior de todas as *alienações* para o que há de mais restrito e diminuto, Zaratustra *abençoando* todas as suas vivências e morrendo como abençoador.

35 (74)
    Zaratustra, 5
    1. Um grande barulho de trombetas de arautos. *Felicidade* dos sons altos! Zaratustra, 1. Eu sou aquele *homem predestinado*, que determina o valor de milênios. Um homem velado, um homem que penetra por toda parte, um homem sem amigos, que afastou de si toda terra natal, toda quietude. O que faz o *grande estilo*: tornar-se **senhor** sobre sua *felicidade* tanto quanto sobre sua *infelicidade*: um – – –

2. Meu *presente* só poderá ser recebido, quando os receptores estiverem presentes: *para tanto* a ordem hierárquica. Os maiores acontecimentos são aqueles que são concebidos mais tarde. – Na medida em que preciso ser legislador.
3. *O tempo de sua aparição*: o *meio* mais perigoso, onde ele pode se tornar, em contrapartida, o "último homem", mas também –
– caracterizado pelo *maior de todos os eventos*: Deus está morto. Só que os homens ainda não notam nada sobre o fato de eles viverem apenas de valores herdados. A negligência e o desperdício universal.
4. – *Intelecção fundamental*: "bom" e "mal" são considerados agora como que pelo olhar do "animal de rebanho". Igualdade dos homens como *meta*. Em contrapartida *eu*. (O Deus uno como preparação da moral de rebanho!) o *mestre da ordem hierárquica*.
5. Líderes, rebanhos e isolados. Os tentadores.
6. Homens completos e fragmentos.
7. Exitosos e fracassados.
8. Criadores e configurados. Diversidade de força.
9. Os artistas como os pequenos consumadores.
10. Os homens de ciência como aqueles que descrevem e como órgãos mais abrangentes.
11. Os homens dominantes, como tentativas de cultivo.
12. Os fundadores de religião, como tentativas de novos estabelecimentos de valores mais universais.
13. O sentimento da imperfeição: os penitentes.
14. O ímpeto em direção a algo perfeito: os castos, as belas almas, a grande nostalgia.
15. A força para *fazer* em algum lugar algo perfeito (mestres artesãos, artistas, funcionários públicos, eruditos etc.
16. A terra residindo agora aí como oficinas de mármore: é *necessária uma raça dominante*, com uma violência incondicionada.

35 (75)
1. Zaratustra despertando na antiga fortificação. Ele ouve os tambores dos arautos.
2. A prova: "será que eles me pertencem?"
3. O cortejo da festa das rosas.
4. A doutrina da ordem hierárquica.
5. À noite sobre a ponte.

35 (76)
O que é *nobre*? Prefácio a *"Opiniões e sentenças misturadas"*
– O cuidado ao extremo, mesmo a aparência f<rívola>, em palavra, roupa, postura, na medida em que esse cuidado demarca, mantém distante, protege da confusão.
– O gesto lento, mesmo o olhar lento. Não há muitas coisas valiosas: e essas coisas vêm e querem chegar por si mesmas ao que é valioso. Nós dificilmente admiramos.
– Suportar a pobreza e a precariedade, mesmo a doença.
– Desviar-se das pequenas honras, e desconfiança em relação a todos aqueles que facilmente elogiam: pois aquele que elogia acredita que compreende o que ele elogia: compreender, porém – Balzac o desvendou, esse típico ambicioso – *comprende c'est égaler*.[115]
– Nossa dúvida quanto à comunicabilidade do coração se lança em direção à profundidade; a solidão não como escolhida, mas como dada.
– A convicção de que só se tem compromissos em relação aos seus iguais, em relação aos outros é preciso se comportar de acordo com o próprio arbítrio: o fato de só se poder esperar por justiça *inter pares* (infelizmente ainda se está muito distante de se poder contar com ela).
– A ironia em relação aos "bem dotados"; a crença no nobre de nascença mesmo em questões éticas. "Aristocracia do espírito" é uma palavra diretriz dos judeus.

---
115 **N.T.:** Em francês no original: "compreender é igualar".

– Sempre se sentir como aquele que tem de *conceder* honras: enquanto não é de modo algum frequente encontrar alguém que tenha o direito de honrá-lo.

– Sempre travestido: quanto mais elevado é o modo de ser, tanto mais o homem carece do incógnito. Deus, se houvesse um, já por razões ligadas ao decoro, só poderia se mostrar como homem no mundo.

– A capacidade para o *otium*, a convicção incondicionada de que um trabalho manual em todos os sentidos, em verdade, não avilta, mas seguramente vulgariza. Não "aplicação" no sentido burguês, por mais que a saibamos honrar, ou como aqueles artistas que nunca se cansam de cacarejar, que o fazem como as galinhas – cacarejar e pôr ovos e cacarejar uma vez mais.

– Nós *protegemos* os artistas e os poetas e quem quer que seja um mestre neste campo: mas como seres, que *são* de um tipo superior, como aqueles que só *podem* algo, como os "homens" meramente "produtivos", nós não nos confundimos com eles.

– O prazer com as *formas*: o tomar sob sua proteção tudo aquilo que é formal, a convicção de que a cortesia é uma das grandes virtudes; a desconfiança em relação a todos os tipos de deixar-se-levar, incluindo aí toda a liberdade de imprensa e de pensamento, porque, entre elas, o espírito se torna acomodado e grosseiro e se espreguiça.

– O bem-estar junto às *mulheres*, como junto a um tipo talvez menor, mas mais refinado e mais leve de essências. Que felicidade encontrar seres, que sempre têm na cabeça dança, tolice e limpeza! Elas são o encanto de todas as almas humanas muito tensas e profundas, cuja vida está sobrecarregada com uma grande responsabilidade.

– O bem-estar junto aos príncipes e aos padres, porque eles retiveram de fato a crença em uma diversidade dos valores humanos, ou seja, a crença na ordem hierárquica e mesmo ainda na valorização do passado ao menos *simbolicamente* e no todo.

– O poder silenciar: mas quanto a isso não dizer nenhuma palavra diante de ouvintes.

– A suportação de longas inimizades: a falta de uma fácil reconciliação.
– O nojo pelo demagógico, pelo "Esclarecimento", pela "comodidade", pela confiabilidade plebeia.
– A reunião de coisas deliciosas, as necessidades de uma alma mais elevada e seletiva; não querer ter nada vulgar. *Seus* livros, *suas* paisagens.
– Nós nos insurgimos contra experiências terríveis e boas e não generalizamos tão rapidamente. O caso particular: o quão irônicos não somos em relação ao caso particular, quando ele tem o mau gosto de assumir ares de regra.
– Nós amamos o ingênuo e os ingênuos, mas como espectadores e seres superiores, achamos Fausto tão ingênuo quanto a sua Gretchen.
– Nós menosprezamos os bons, como animais de rebanho: nós sabemos o quão frequentemente, entre os homens mais terríveis, mais pérfidos e mais rigorosos, se mantém escondida uma gota de ouro inestimável em termos de bondade, uma gota que – – – todo mero caráter benigno e toda alma de leite.
– Nós não consideramos um homem de nosso tipo refutado nem por meio de seus fardos, nem por meio de suas tolices. Nós sabemos que somos difíceis de conhecer, e que nós todos temos razões para nos dar primeiros planos.

35 (77)
Cartas do conde – – –
Organizado
Por
J. v. A.

Depois da morte de minha mãe.
Inventar anedotas.

35 (78)
Prefácio
Tem-se o direito de publicar cartas? – Um amigo venerável nunca costuma pronunciar a palavra "público" sem mal-

dade. O século XIX, disse ele certa vez, ama, como se sabe, a verdade: pois bem, precisamente *este* gosto vai de encontro ao meu gosto! Temo que, se as coisas prosseguirem assim, só se escreverão em breve cartas públicas. Sim, disse ele uma outra vez, poder-se-ia chegar ao ponto de, algum dia, um homem honesto sintetizar em uma frase toda a sua moral: tu deves – mentir! Meu senhor, o senhor deve mentir incondicionadamente e por todo tempo! Ou, porém, também o senhor é o que todo o mundo é – "público"! – Essa era a sua opinião secreta sobre o gosto de nosso século. Quando meditei sobre isso, sobre dar à sua coletânea de cartas e opiniões um título, passou pela minha cabeça designá-las da seguinte forma: "*O espelho*". Uma ocasião para a autoespeculação. Para europeus". Que se possa ao menos deduzir desse *insight* de mau gosto que valor *eu* atribuo comigo mesmo a essas cartas – e por que me dou o *direito* de publicar essas cartas? Justamente por ódio a tudo aquilo que se chama de "público".

35 (79)
    Século de jogadores (os h<omens> do enterro desonroso)
    (Galiani) Tédio dos assassinos.

35 (80)
Os alemães
De ontem e de depois de amanhã
Uma contribuição para a crítica da alma alemã

35 (81)
    Os demagogos na arte – Hugo, Michelet, Sand, R. Wagner

35 (82)
    Um modo de pensar e uma doutrina pessimistas, um niilismo extático, só podem ser imprescindíveis precisamente para o filósofo sob certas circunstâncias: como uma pressão e um martelo poderosos, com os quais ele destroça raças degeneradas e

moribundas e as afasta do caminho, <a fim> de abrir espaço para uma nova ordem da vida ou a fim de inspirar para aquilo que se acha degenerado e que quer morrer a exigência do fim. Para o retardo e o aprofundamento de povos e raças, um modo de pensar pessimista, uma religião da negação e da fuga do mundo, uma dissolução dos sentidos e um embrutecimento da vida – – –

35 (83)
Mas na medida em que eu me preocupo dessa forma e preparo uma longa resposta para tal pergunta – ah, talvez eu mesmo não seja outra coisa senão uma longa resposta a essa questão? – ouço já aquela voz quebrada e maldosa.

35 (84)
Gai saber
Prelúdio para uma filosofia do futuro.
Por
Friedrich Nietzsche.

Junto ao Mistral.
Introdução.
Primeiro livro: os preconceitos dos filósofos.
Segundo livro: para além de bem e mal.
Terceiro livro: para os artistas.
Quarto livro: o espelho. Uma ocasião para a autoespeculação de europeus.
Quinto livro: a alma nobre.
Entre amigos. Um canto posterior.
o monastério ideal, para a conservação das plantas delicadas
o futuro da música – música de europeus
         música do grande estilo
a cilada da linguagem
o wagnerianismo e o hegelianismo como meios de embriaguez
"clássico" – palavra inaplicável na música

os eremitas, como Goethe, Beethoven, e os artistas demagógicos ou palacianos ou compráveis.
formação dos *músicos*
contra as aspirações nacionais na arte
conceito de cultura; – estilo etc.
recusa do pessimismo, assim como de todos os pontos de vista eudaimonistas.
III. Para os artistas. Novo conceito do criador; o *dionisíaco*.
Novas festas. A transfiguração.
"infinitude consumada"
dor e prazer
finalidade
juízos de valor nas sensações de gosto, cores e sons
fixar conceitos
a *reinterpretabilidade* do mundo – mas a fixação dos traços característicos fundamentais
algo doentio nos filósofos
causa e efeito
a administração dos afetos
a "persona"
a linguagem de Lutero, a bíblia como base de uma nova forma poética.

[36 = W I 14. Junho – Julho de 1885]

36 (1)

Gai saber
Prelúdio a uma filosofia do futuro.
Por
Friedrich Nietzsche

Anexo

A alma moderna
Tentativa de um esclarecimento quanto ao hoje e o amanhã.

36 (2)
Nunca se exigiu tanto das criaturas vivas quanto no momento do surgimento da terra firme: nesse momento, eles precisaram, habituados e constituídos para a vida no mar, virar de ponta-cabeça e dar uma guinada de 360 graus em seu corpo e em seus hábitos, assim como precisaram fazer em tudo algo diverso do que eles estavam até aqui exercitados – não houve até aqui nenhuma transformação mais notável sobre a Terra. – Assim como outrora, por meio de um lento colapso da Terra, o mar se precipitou sobre fendas, cavernas e grutas e conquistou *profundidade*: aquilo que acontece agora entre os homens, para falar alegoricamente, também se mostra justamente como a contraparte perfeita dessa transformação: a saber, um tornar-se todo e esférico do homem, um desaparecimento das fendas, das cavernas e grutas e, consequentemente também, um desaparecimento da terra firme. Para um homem produzido por meu modo de pensar de maneira esférica e total, "tudo está no mar", o mar está por toda parte: mas o próprio mar perdeu sua profundidade. – Todavia, estava a caminho de uma alegoria totalmente diferente e apenas me extraviei! Queria dizer: nasci como todo mundo um animal terrestre – e, agora, *preciso* ser, apesar disso, um animal marinho!

36 (3)

Alemanha, que é rica em eruditos hábeis e bem instruídos, sente uma falta em tal medida e há tanto tempo das grandes almas, dos espíritos poderosos, que ela parece ter desaprendido o que é uma *grande* alma, o que é um espírito *poderoso*: e, hoje em dia, quase com uma boa consciência, e desprovidos de todo impasse, homens medianos e, além disto, desvalidos se colocam no mercado e celebram a si mesmos como grandes homens, como reformadores; tal como, por exemplo, Eugen Dühring o faz, um erudito hábil e bem instruído que, porém, revela quase que com cada palavra, que ele abriga uma pequena alma e é esmagado por sentimentos estreitos e invejosos; também que um espírito poderoso, exuberante, prontamente ativo e dissipador não o impele – mas a ambição! Nesta era, porém, cobiçar a honra é para um filósofo muito mais indigno do que em uma época anterior: agora, quando a plebe impera, quando a plebe confere as honras!

36 (4)

Se o filósofo vai ter com os *homines bonae voluntatis*, entre os benevolentes, os compassivos, os suaves, os cotidianos, então as coisas acontecem com ele do mesmo modo que quando ele se vê repentinamente em um ar úmido e sob um céu encoberto: durante um curto espaço de tempo, isto lhe faz bem, ele se sente por assim dizer aliviado. No entanto, se ele presta mais atenção, então ele nota como é que ele mesmo fica acomodado e desleixado em uma região inadequada; mesmo vaidoso – sobretudo, porém, melancólico. Para aprender rápido o quão fraca e parcamente é criado esse troço benevolente com o nome de homem, com toda a sua aparência, ele pode esgarçar sua vaidade e feri-la: neste caso, vem à tona muito rapidamente a "falta de profundidade" dessas águas, assim como certamente também o que se encontra velado sob essa superfície azul, leve e gentil, em termos de areia e de imundície ou em termos de arrogância.

36 (5)

As mulheres na Europa, abstraindo-se totalmente de suas ocupações propriamente ditas ("parir crianças"), são úteis para muitas coisas. Com as vienenses é agradável dançar. Com uma francesa, pode-se *causer*, com uma italiana *poser*, com uma alemã – *oser*. Entre as judias há todos os tipos mais adoráveis de mulheres dadas ao falatório: o paradigma disso, enredado totalmente nos ápices e nas presunções goethianos, era a Raquel. Uma russa habitualmente vivenciou algo, vez por outra mesmo pensou algo. Inglesas sabem ruborizar da maneira mais feminina e mais celeste do mundo, quase sem razão, como os anjos: – em suma, não se chega ao fim, caso se queira *demonstrar* a utilidade da mulher de maneira rígida e constante – algo em que todo mundo *acredita* – apenas segundo o p<aradigma> dos *utilitarians* i<ngleses>.

36 (6)
Gai saber
Prelúdio de uma filosofia do futuro.
Junto ao Mistral. Um canto de dança.

I. Parte. 1. Sem um prazer apaixonado – Conclusão. "E vós sabeis o que para mim é 'o mundo'?" –
II. Parte.
Conclusão. "Quando era muito jovem, Dioniso."
III. Parte. Do futuro das artes.
IV. Parte. O espelho.
V. Parte. Entre espíritos livres.

36 (7)
Minha "compaixão" – Este é um sentimento para o qual nenhum nome é para mim suficiente: eu o experimento lá onde vejo uma dissipação de capacidades deliciosas, por exemplo, em face de Lutero: que força e que problemas de um homem primitivo insípido (em um tempo, no qual, na França, já era possível o ceticismo destemido e marcado pelo ânimo alegre de um Montaigne!). Ou no qual eu, por meio do efeito de uma tolice de acasos, vejo alguém ter ficado aquém daquilo que teria podido se tornar. Ou mesmo junto a um pensamento sobre o destino da

humanidade, como quando eu, com angústia e desprezo, observo a política europeia de hoje, que, em todas as suas circunstâncias, também trabalha na produção do tecido de *todo* o futuro dos homens. Sim, o que poderia surgir a partir "do homem", se – –! Este é meu tipo de "compaixão"; por mais que já não haja nenhum sofredor de quem eu me *com*padeça.

36 (8)
Moralia
Assim como desde muito tempo o homem vive em um profundo desconhecimento de seu *corpo* e tem em algumas fórmulas o bastante para se comunicar sobre o seu bem-estar, o mesmo se dá com os juízos sobre o valor de homens e ações: as pessoas se atêm firmemente a alguns sinais externos e secundários e não têm nenhum sentimento para o *quão profundamente* desconhecidos e estranhos nós mesmos somos. E no que concerne ao juízo sobre outros: o quão *rapidamente* e "seguramente" julga aí ainda o mais cauteloso e justo!

36 (9)
Moralia
Carece-se de uma reflexão econômica, para se aceder ao fato de que não há nada de "bom em si" – ao fato de que algo bom só precisa ser pensado como "bom para o quê", e de que o que é bom em um aspecto, será ao mesmo tempo necessariamente "mau e danoso" em muitos outros aspectos: em suma, o fato de toda e qualquer coisa, à qual nós aduzimos o predicado "bom", justamente com isso também é designado como "mau".

36 (10)
Quanto tempo faz que eu me empenhei junto a mim mesmo para demonstrar a completa *inocência* do devir! E que caminhos estranhos eu já percorri aí! Certa vez, o que me pareceu ser a solução correta foi decretar: "a existência, como algo do tipo de uma obra de arte, não se encontra de maneira alguma sob a *jurisdictio* da moral; ao contrário, a própria moral pertence ao reino

do fenômeno". Uma outra vez disse: todos os conceitos de culpa são, como conceitos objetivos, completamente desprovidos de valor, e, como subjetivos, porém, toda vida é necessariamente injusta e alógica. Uma terceira vez conquistei para mim a negação de todas as finalidades e experimentei a incognoscibilidade das ligações causais. E para que isso tudo? Tudo isto não foi pensado para criar para mim mesmo o sentimento de uma completa responsabilidade – para me manter longe de todo elogio e de toda censura, independente de todo outrora e de todo hoje, perseguindo à minha maneira minhas metas? –

36 (11)
No fundo, a moral tem uma inclinação hostil à ciência: já Sócrates era assim – e, em verdade, porque a ciência considera a coisa importante, a coisa que não tem nada em comum com "bom" e "mau", consequentemente que *retiram o peso* de "bom" e "mau". A moral quer justamente que todo homem e sua força conjunta estejam ao seu serviço: ela considera um desperdício de tal homem, que ele *não seja rico o suficiente* para o desperdício, quando o homem cuida seriamente de plantas e estrelas. É por isto que na Grécia, quando Sócrates arrastou consigo para o interior da ciência a moralização, as coisas rapidamente se movimentaram ladeira abaixo com a cientificidade; uma altura, como aquela que foi alcançada na mentalidade de um Demócrito, de um Hipócrates e de um Tucídides, não foi alcançada uma segunda vez.

36 (12)
Homem no trânsito
Trata-se de uma característica própria a uma falta de mentalidade nobre, quando alguém responde a um cumprimento na rua antes de ter reconhecido a pessoa que cumprimentou: – cumprimento e tipo de cumprimento devem ser distinções – excluindo o caso único de que um príncipe (ou aquele *qui range aux souverains*) segue o seu caminho e é cumprimentado. É seu privilégio não precisar reconhecer ninguém, mas precisar ser reconhecido por todos. Uma alegoria.

36 (13)

O homem com si mesmo sozinho:

O quão diversamente se sente o negócio e o trabalho de sua vida, quando se é o primeiro em sua família ou mesmo quando pai e avô já tinham se mostrado como igualmente ativos! Naquele caso, em que se é o primeiro, tem-se muito mais uma necessidade interna aí, mesmo um orgulho muito mais repentino; a boa consciência ainda não se acha irmanada com tal atividade, e *algo* aí é facilmente experimentado como arbitrário, como contingente.

36 (14)

Que valor Wagner pode ter para o não músico, que valor ele pode mesmo reter doravante: devemos ser poupados por agora dessa questão. Richard Wagner deu sem sombra de dúvida para os alemães dessa época a ideia mais abrangente daquilo que um artista *poderia* ser: – a veneração diante do "artista" cresceu repentinamente em grandeza: por toda parte, ele despertou novas apreciações de valor, novos desejos, novas esperanças; e, talvez, não tenha sido a essência apenas insinuada, incompleta, imperfeita de seus construtos artísticos que menos contribuiu para tanto. Quem não *aprendeu* com ele! E se isso não aconteceu de maneira tão imediata, como ocorre com os artistas da exposição oral e os homens de atitude de todos os tipos, então tudo se deu de qualquer modo ao menos mediatamente, "por ocasião de Richard Wagner", como se poderia dizer. Até mesmo o conhecimento filosófico não recebeu nenhum impulso pequeno por meio de sua aparição – quanto a isto não há qualquer dúvida. Há hoje uma grande quantidade de problemas estéticos, dos quais, antes de Richard Wagner, mesmo os mais refinados não tinham sentido nem mesmo o cheiro – sobretudo o problema do ator e de sua relação com as diversas artes, para não falar de problemas psicológicos, tal como eles são expostos em profusão pelo caráter de Richard Wagner e pela arte wagneriana. Naturalmente: até o ponto em que ele mesmo adentrou o reino do conhecimento, ele não merece nenhum elogio, mas muito mais uma rejeição incondicionada; nos jardins da ciência, ele sempre se portou apenas como o penetra mais imodesto e mais inábil. O "filosofar" de Wagner pertence aos tipos menos permitidos de diletantismo; o fato de as pessoas não terem sabido nem mesmo rir de seu "filosofar" é caracteristicamente alemão e faz parte do antigo "culto" alemão à "obscuridade". Caso se queira muito, contudo, auxiliá-lo ainda como um pensador a chegar às honrarias e às estátuas – a boa vontade e a serviçalidade de seus discípulos não poderá deixar de fazer isso – pois muito bem! Neste caso, eu aconselho a apresentá-lo como o *gênio da obscuridade alemã*, com um archote fumegante na mão, entusiasmado e tropeçando justamente sobre uma pedra. Se Wagner "pensa", ele tropeça. – Mas o que nos importa é o m<úsico> Wagner.

36 (15)
  Se o mundo tivesse uma meta, então ela já precisaria ter sido alcançada. Se houvesse para ele um estado final não intencional, então ele também precisaria ter sido do mesmo modo alcançado. Se ele fosse em geral capaz de um enrijecimento e de uma cristalização, de um "ser", se ele tivesse ao menos por um instante em todo o seu devir, então ele já teria chegado há muito tempo com todo o seu devir a esse fim, ou seja, também com todo pensar, com todo "espírito". O fato do "espírito" *como de um devir* demonstra que o mundo não tem nenhuma meta, nenhum estado final e não é capaz do ser. – O hábito antigo, porém, de pensar em meio a todo acontecimento em metas e em meio ao mundo em um deus criador dirigente é tão poderoso que o pensador tem de se esforçar muito para não pensar para si mesmo uma vez mais a ausência de metas do mundo como intenção. Todos aqueles que gostariam de decretar para o mundo a faculdade da *eterna novidade*, ou seja, de uma força finita, determinada, inalteravelmente com a mesma grandeza, tal como o mundo o é – a capacidade milagrosa de reconfiguração *infinita* de suas formas e situações –, precisam decair neste *insight* – de que, portanto, o mundo *desvia* intencionalmente de uma meta e sabe até mesmo se prevenir artificialmente de cair em um circuito. O mundo, ainda que não haja mais nenhum Deus, deve ser de

qualquer modo capaz da força criadora divina, da força infinita de transformação; ele deve *evitar* voluntariamente recair em uma de suas formas antigas, ele não deve ter apenas a intenção, mas também os *meios* de manter a si *mesmo* para além de toda e qualquer repetição; com isto, a cada instante, ele deve *controlar* cada um de seus movimentos com vistas a evitar as metas, os estados finais e as repetições – e isto independentemente de tudo aquilo que as consequências de tal modo de pensar e de desejar indesculpavelmente tresloucada possam ter. Esse continua sendo o antigo modo religioso de pensar e de desejar, uma espécie de nostalgia de acreditar, *que em algum lugar qualquer* o mundo seria igual para o velho e amado Deus, infinito, ilimitado e criador – que em algum lugar qualquer, porém, "o antigo Deus ainda estaria vivo" – aquela nostalgia de Espinosa, que se expressa na sentença "*deus sive natura*"[116] (ele sentiu até mesmo "*natura sive deus*" –). Quais são, porém, afinal, a sentença e a fé, com as quais se formula da maneira mais determinada possível a virada decisiva, a *preponderância* agora alcançada do espírito científico sobre o espírito religioso que inventa deuses? Isto não significa que o mundo, como força, não deve ser pensado como ilimitado, pois ele não *pode* ser pensado assim – nós nos proibimos de mexer com o conceito de uma força *infinita como incompatível com o conceito "força"*. Ou seja, falta ao mundo mesmo a capacidade para a eterna novidade.

36 (16)
Se as coisas transcorrem de acordo com minha vontade: então é tempo de declarar guerra à moral europeia, assim como a tudo aquilo que cresceu sobre ela. É preciso arruinar essa ordem temporária de povos e Estados da Europa. O modo de pensar democrata-cristão favorece o animal de rebanho, o apequenamento do homem, ele enfraquece os grandes motores (o mal –), ele odeia a compulsão, o duro cultivo, as grandes responsabilidades,

---

116 **N.T.:** Em latim no original: "Deus ou natureza".

as grandes ousadias. Os mais medianos levam o prêmio por isso e impõem suas medidas valorativas.

36 (17)

Mas para quem estou dizendo isto? Onde estão, afinal, aqueles "espíritos livres"? Há, afinal, algum deles "entre nós"? – Olho à minha volta: quem pensa, quem sente aí como eu? Quem quer o que minha vontade mais velada quer? Mas não encontrei ninguém até aqui. Talvez eu tenha apenas procurado mal? Talvez aqueles que sofrem do meu tipo novo de necessidade e de minha nova felicidade precisem se esconder na mesma medida que eu o faço? E colocar máscaras, como eu as coloco? E, consequentemente, eles não estejam bem aptos a buscar seus iguais?

Nós, novos filósofos, nós tentadores, pensamos de maneira diversa – e nós não queremos nos satisfazer com o pensamento. Nós pensamos de modo *mais livre* – talvez chegue o dia em que se perceba a olhos vistos que nós também agimos mais livremente. Por vezes, somos difíceis de reconhecer; as pessoas precisam nos confundir. Somos "livres pensadores"?

Em todos os países da Europa, e, do mesmo modo, na América do Norte, há agora "livres pensadores": eles fazem parte de nosso grupo? Não, meus senhores: vós quereis mais ou menos o *contrário* daquilo que reside nas intenções daqueles filósofos, que denomino os tentadores; esses farejam pouca tentação em trocar convosco amabilidades mendazes. Sim, se vós, "livres pensadores", tivessem mesmo que apenas um halo daquilo *de que* as pessoas podem se tornar livres e *para onde*, então, se seria impelido, vós estaríeis entre os mais iracundos opositores daquilo que eu denomino a minha "liberdade do espírito", meu "para além de bem e de mal".

O fato de eu não ter mais necessidade de acreditar em "almas", de eu negar a "personalidade" e sua suposta unidade e de encontrar em todos os homens o jeito para "pessoas" (e máscaras) muito diversas, de o "espírito absoluto" e o "puro conhecimento" não significarem para mim mais do que seres fabulosos, por detrás dos quais se esconde mal uma *contradictio in adjecto* –

com isto, talvez esteja na mesma via que muitos daqueles "livres pensadores", abstraindo-me ainda completamente da negação de *Deus*, com a qual mesmo hoje alguns burgueses ingleses ainda acham erradamente que estariam dando uma prova descomunal de liberalidade. O que me cinde deles são as valorações: pois eles pertencem todos juntos ao movimento democrático e querem direitos iguais para todos, eles veem nas formas da antiga sociedade até aqui as causas para as mazelas e para as degradações humanas, eles se entusiasmam com a destruição dessas formas: e, por vezes, o que há de mais humano lhes parece ser aquilo que eles podem fazer, ajudar todos os homens a aceder ao seu grau de "liberdade" espiritual. De maneira breve e terrível, eles estão entre os *"niveladores"*, entre aquele tipo de homens, que em todos os aspectos vão de encontro ao meu gosto e, mais ainda, à minha razão. Eu quero, mesmo nas coisas do espírito, guerra e oposições; e mais guerra do que nunca, mais o<posições> do que nunca; eu preferiria ratificar o mais rígido despotismo (como escola para a elasticidade do espírito) a ter o ar morno e úmido de uma época marcada pela "liberdade de imprensa", na qual todo espírito se torna cômodo e estúpido e se espreguiça. Ainda hoje continuo sendo o que era – um "extemporâneo".

Nós, novos filósofos, porém, não começamos apenas com a apresentação da ordem hierárquica e da diversidade valorativa dos homens, mas queremos também precisamente o contrário de um assemelhar-se, de uma equiparação: nós ensinamos o tornar-se estrangeiro em todo e qualquer sentido, nós abrimos fossos, tal como não houve até aqui iguais, nós queremos que o homem se torne mais cruel do que ele jamais foi. Por vezes, vivemos ainda nós mesmos como estrangeiros uns para os outros e escondidos. Por várias razões, é necessário para nós sermos eremitas e colocarmos nós mesmos máscaras – nós nos tornamos, portanto, pouco aptos à busca de nossos iguais. Nós viveremos sozinhos e provavelmente conheceremos os mártires de todas as sete solidões. Se nos cruzamos, contudo, pelo caminho, por acaso, então se pode apostar que não nos reconhecemos e nos enganamos reciprocamente.

36 (18)
Tomo cuidado para não falar de *"leis"* químicas; essa expressão tem um travo moral. Trata-se muito mais de uma constatação absoluta de relações de poder: o mais forte torna-se senhor sobre o mais fraco, até o ponto justamente em que esse não consegue impor o seu grau de autonomia — aqui não há nenhuma misericórdia, nenhuma consideração, nem ainda menos uma atenção a "leis"!

36 (19)
É improvável que nosso "conhecimento" devesse alcançar um ponto para além daquilo que é rigorosamente suficiente para a conservação da vida. A morfologia nos mostra como os sentidos e os nervos, assim como o cérebro se desenvolvem em relação com a dificuldade de alimentação.

36 (20)
Mesmo no reino do inorgânico, só a sua vizinhança é levada em consideração para um átomo de força; as forças a distância se equilibram. Aqui se encontra o cerne do perspectivístico e a razão pela qual um ser vivo é inteiramente "egoísta".

36 (21)
O mais fraco se impõe ao mais forte, por necessidade de alimento; ele busca refúgio nele, procura se possível se *uni*ficar com ele, ele não quer perecer dessa maneira; ao contrário, no crescimento, ele se divide em dois e em mais. Quanto maior é o ímpeto para a unidade, tanto mais se tem o direito de concluir pela fraqueza; quanto maior o ímpeto por variedade, diferença, decomposição interior, tanto mais força se faz presente.

O impulso para se aproximar — e o impulso para repelir são o elo no mundo inorgânico tanto quanto no orgânico. Toda a cisão é um preconceito!

A vontade de poder em toda e qualquer combinação de força, *resistindo ao mais forte, abatendo-se sobre o mais fraco*, é mais correta. N.B. *Os processos* como *"essência"*.

36 (22)

A ligação do inorgânico e do orgânico precisa residir na força repulsiva, que todo átomo de força exerce. Seria preciso definir a vida como uma forma duradoura do *processo* das *constatações de força*, nas quais os diversos combatentes crescem, por sua vez, de maneira desigual. Até que ponto mesmo na obediência se encontra uma contrariedade; o poder próprio não é de modo algum abandonado. Do mesmo modo, há no comando uma admissão de que o poder absoluto do opositor não é vencido, incorporado, dissolvido. "Obedecer" e "comandar" são formas da arte da luta.

36 (23)

As transições incessantes não permitem que se fale de "indivíduo" etc.; o "número" de seres é ele mesmo fluido. Nós não falaríamos de tempo e não saberíamos nada sobre movimento, se não acreditássemos de uma maneira tosca que há "algo em repouso" ao lado do que é movido. Tampouco saberíamos algo sobre causa e efeito; e sem a concepção equivocada do "espaço vazio", não teríamos chegado de maneira alguma à concepção do espaço. O princípio da identidade tem como pano de fundo a "aparência" de que há coisas iguais. Um mundo em devir não poderia ser "concebido", não teria como ser "conhecido" em sentido rigoroso: ele só pode ser conhecido, na medida em que o intelecto "conceptor" e "cognoscente" encontra previamente dado um mundo tosco já criado, construído a partir de puras aparências, mas que se cristalizou, na medida em que esse tipo de aparência conservou a vida – somente na medida em que há algo como "conhecimento": isto é, uma medida do mais antigo e do mais recente a partir de um outro.

36 (24)

O sol: seus movimentos são resultantes: 1) do impulso para se precipitar sobre os planetas, 2) isto produz uma aproximação de todos, 3) resistindo a um sol mais forte.

36 (25)

Acredito no espaço absoluto, como substrato da força: essa delimita e configura. O tempo eterno. Mas não há em si espaço, nem tempo: "transformações" são apenas fenômenos (ou processos sensíveis para nós); se nós ainda estabelecemos entre esses processos um retorno bastante regular, então nada está *fundamentado* com isso senão justamente esse fato de que as coisas sempre aconteceram assim. O sentimento de que o *post hoc* é um *propter hoc*[117] pode ser facilmente deduzido como uma incompreensão; é compreensível. Mas fenômenos não podem ser "causas"!

36 (26)

"Sujeito", "objeto", "predicado" – essas cisões são *feitas* e são agora jogadas sobre todos os fatos aparentes como esquemas. A falsa observação fundamental é que eu acredito que sou eu que faço algo, que sofro algo, que *"tenho"* algo, que *"tenho"* uma propriedade. Esse "fazer", "sofrer", "ter" – – –

36 (27)

A filosofia, no único modo como eu ainda a deixo vigorar, como a forma mais universal da história, como tentativa de descrever de alguma maneira o devir heraclítico e abreviá-lo em sinais (de *traduzi*-lo e mumificá-lo por assim dizer em algum tipo de ser aparente).

36 (28)

O fato de a "herança", como algo completamente inexplicado, não poder ser usada para a explicação, mas apenas para a designação, para a fixação de um problema. Justamente isso é válido para a "capacidade de adaptação". De fato, por meio da apresentação morfológica, contanto que ela seja consumada, nada é *explicado*, mas é apenas um estado de fato descomunal que é *descrito*. Não se explica como um órgão pode ser utili-

---

[117] **N.T.:** Em latim no original: "o depois disso é um antes disso".

zado para uma finalidade qualquer. Com a suposição da *causae finales*, assim como com a *causae efficientes*, nada é explicado nessas coisas. O conceito de "causa" é apenas um meio de expressão, não *mais*; um meio para a designação.

36 (29)

Há analogias. Por exemplo, de nossa memória com uma outra memória, que se torna notável em meio à herança e ao desenvolvimento em formas. Da nossa invenção e experimentação, com uma invenção no emprego de instrumentos para novas finalidades etc. Aquilo que denominamos nossa "consciência" é inocente em todos os processos essenciais de nossa conservação e de nosso crescimento; e nenhuma cabeça seria tão refinada que ela pudesse construir mais do que uma máquina – algo para além do que se encontra todo e qualquer processo orgânico.

36 (30)

As pessoas são injustas em relação a Descartes, quando elas denominam levianamente o seu apelo a Deus credibilidade. De fato, a "verdade" e a busca pela verdade só se mostram em meio à suposição de um Deus, que nos é moralmente congênere, como algo que promete sucesso e tem sentido. Deixado esse Deus de lado, é lícito perguntar se ser enganado não estaria entre as condições da vida.

36 (31)

O conceito vitorioso "força", com o qual nossos físicos criaram Deus e o mundo, carece ainda de um complemento: é preciso que se atribua a ele um mundo interior, que eu designo como "vontade de poder", isto é, como uma exigência insaciável por comprovar o poder; ou como aplicação, exercício do poder, como impulso criador etc. Os físicos não se livram do "efeito a distância" em seus princípios: assim como eles não se livram de uma força repulsiva (ou atrativa). Nada ajuda: é preciso conceber todos os movimentos, todos os "fenômenos", todas as "leis" apenas como sintomas de um acontecimento interior e se servir da analogia do homem até o fim. No animal, é possível deduzir todos os seus impulsos a partir da vontade de poder: assim como todas as funções da vida orgânica dessa fonte una.

36 (32)
Leibniz é perigoso, como um verdadeiro alemão, que tem a necessidade de primeiros planos e de filosofias de primeiros planos, temerário e cheio de mistérios em si até o extremo, mas sem passado. Espinosa é mais profundamente abrangente e esconde em si mais cavernas do que Cartesius, Pascal, por sua vez, é mais profundo do que Espinosa. Medidos em comparação com tais eremitas do espírito e da consciência moral, Hume e Locke são homens da superfície – – –

36 (33)
Para a crítica da alma alemã.

36 (34)
Dentre as interpretações do mundo que foram tentadas até aqui, a interpretação mecanicista parece se encontrar hoje em dia no primeiro plano: evidentemente, ela tem a boa consciência do seu lado; e nenhuma ciência acredita junto a si mesma em um progresso e em um sucesso, a não ser que eles sejam conquistados com o auxílio de procedimentos mecânicos. Todos conhecem esses procedimentos: as pessoas deixam fora de jogo a "razão" e as "finalidades", elas mostram que, em meio à duração temporal pertinente, tudo pode vir a ser a partir de tudo; as pessoas não escondem um sorriso malicioso, quando uma vez mais as "intencionalidades aparentes no destino" de uma planta ou de uma gema de ovo são reconduzidas à pressão e ao choque: em suma, as pessoas celebram de todo o coração, quando em uma ocasião tão séria uma expressão chistosa é permitida, o princípio da maior estupidez possível. Entrementes, precisamente junto aos espíritos buscados, que se encontram nesse movimento, dá-se um pressentimento de que se pode reconhecer uma aflição, como se a teoria tivesse um buraco, que poderia se tornar a curto

ou a longo prazo seu derradeiro furo: ou seja, aquilo a partir do que se assovia, quando as pessoas se encontram na mais extrema indigência. Não se pode "explicar" a pressão e o choque eles mesmos, não se consegue se livrar da *actio in distans*: – perdeu-se a crença no poder explicar mesmo e se admite com caretas ácidas que descrever e não explicar, que a interpretação dinâmica do mundo, com sua negação do "espaço vazio", dos carocinhos de átomos, se apoderará em breve violentamente da física: por mais que, naturalmente, ainda haja uma qualidade interna em relação à dinâmica – – –

36 (35)
A partir do fio condutor do corpo. –

Supondo que "a alma" tenha sido uma ideia atraente e misteriosa, da qual os filósofos com razão só se cindiram contrafeitos – talvez aquilo que eles aprenderam desde então a colocar em seu lugar seja ainda mais atraente e misterioso. O corpo humano, no qual todo o passado mais distante e mais próximo de tudo o que veio a ser orgânico se torna uma vez mais vivo e corporal, por meio do qual, para além do qual e para fora do qual uma corrente descomunalmente inaudita parece fluir: o corpo é um pensamento mais espantoso do que a velha "alma".

36 (36)
Sempre foi em todos os tempos melhor acreditar no corpo do que em nosso ser mais certo, em suma, em nosso ser pensado como ego, como o espírito (ou como a "alma" ou o sujeito, como diz a linguagem escolar agora, ao invés de alma). Ninguém nunca pensou em compreender seu estômago como um estômago alheio, por exemplo, como um estômago divino: mas tomar seus pensamentos como "inculcados", suas valorações como "trazidas para o interior do homem pelo sopro de um deus", seus instintos como uma atividade no crepúsculo: há testemunhos dessa inclinação e desse gosto do homem oriundos de todas as idades da humanidade. Ainda agora há um grande número de casos em que podemos nos deparar com uma espécie de assombro e de suspensão

deferente da decisão, a saber, entre artistas, quando se coloca para eles a questão de saber por meio de que o melhor lance teve sucesso e a partir de que mundo lhes chegou o pensamento criador: eles apresentam, quando eles perguntam desse modo, algo como uma inocência e uma vergonha infantil, eles quase não ousam dizer "isto veio de mim, foi minha mão que lançou os dados". – Inversamente, mesmo aqueles filósofos e religiosos, que tinham o fundamento mais impositivo em sua lógica e castidade para tomar o seu elemento corporal como ilusão, e, em verdade, como ilusão superada e alijada, não conseguiram deixar de reconhecer a estúpida factualidade de que o corpo não se evadiu daí: algo de que os testemunhos mais estranhos podem ser encontrados em parte em Paulo, em parte na filosofia vedanta.

Mas o que significa por fim a *força da fé*! Sempre poderia continuar sendo uma fé muito estúpida! – Aqui é preciso refletir sobre o seguinte:

E, por fim, se a crença no corpo for apenas a consequência de uma conclusão: supondo que fosse uma conclusão falsa, tal como os idealistas afirmam: não se trataria, então, de um ponto de interrogação em relação à credibilidade do próprio espírito, o fato de ele ser desse modo a causa de falsas conclusões? Supondo que a pluralidade e que espaço, tempo e movimento (e tudo aquilo que pode se mostrar como os pressupostos de uma crença na corporeidade) seriam erros, que desconfiança não provocaria em relação ao espírito aquilo que nos levou a tais pressupostos! Basta, a crença no corpo é e continua sendo sempre, entretanto, uma crença mais forte do que a crença no espírito; e quem quiser miná-la, soterrará justamente com isto da maneira mais fundamental possível – também a crença na autoridade do espírito!

36 (37)

I.

Humano, demasiadamente humano: com este título, indica-se a vontade de uma grande *libertação*, a tentativa de um particular de se libertar de todo e qualquer preconceito que fale *em favor* do homem e de seguir todos os caminhos, que conduzem a uma dimensão alta o suficiente para, por um instante ao menos, que se possa olhar *para baixo* para o homem. Não para desprezar o desprezível no homem, mas para perguntar até os fundamentos derradeiros se não continuaria presente algo a desprezar mesmo ainda no que há de mais elevado e melhor e em tudo aquilo, de que o homem até aqui tinha estado orgulhoso; se não haveria algo a desprezar nesse orgulho mesmo e na cautela superficial inofensiva de suas valorações: essa tarefa de modo algum desprovida de gravidade era um meio entre todos os meios, para os quais uma tarefa *maior*, mais abrangente me coagiu. Será que alguém quer percorrer comigo esse caminho? Não *aconselho* ninguém a isto. – Mas eu o quero? Assim, sigamos afinal!

36 (38)
Goethe é uma exceção: ele viveu de esguelha e dissimulado de uma maneira refinada entre alemães; Schiller está entre aqueles alemães que amavam as grandes palavras brilhantes e os gestos exuberantes (– mesmo o seu gosto pertence à moral kantiana e ao seu tom de comando incondicionado –) Dói para os alemães admitir o quanto eles foram os alemães de Kotzebue (e em uma grande parte ainda são); e aquele fanático que traz consigo um risco de vida chamado Sand, talvez ele não venha a se vingar senão no lugar errado, tal como acontece tão frequentemente.
Jans<s>en

36 (39)
Se há alguma coisa que seja suficiente para que se honrem os alemães atuais, então essa coisa é o fato de que eles não conseguiram mais suportar as grandes palavras brilhantes e reluzentes de Schiller, palavras essas que seus avós – – –

36 (40)
As pequenas cidades alemãs, tal como Kotzebue as pintou – e a pintura era boa –, são feitas segundo o modelo dos homens de Weimar, do tempo de Schiller e de Goethe.

36 (41)
A pequenez e o caráter deplorável da alma alemã, seu se sentar ao canto em parte prazeroso, em parte invejoso, seu "provincianismo" encarnado, para lembrar de Kotzebue, sua "perspectiva de sapo", para falar como os pintores, – o quão doloroso – – –

36 (42)
Os judeus prussianos, se as únicas coisas levadas em consideração fossem o espírito, a carne e a destreza, já estariam de posse das posições estatais mais elevadas, em particular na disciplina administrativa: em suma, eles também teriam o "poder" *nas mãos* (tal como eles já têm – de acordo com o que podemos concluir a partir de múltiplos testemunhos – esse poder "no bolso"). O que os exclui de tal possibilidade é a sua incapacidade de representar o poder. Mesmo em sua pátria, os judeus nunca foram uma casta *dominante*: seus olhos não são convincentes, sua língua corre facilmente rápido demais e se atrapalha aí, sua ira não sabe entender o rugido sincero do leão, seu estômago retém grandes porções, seu entendimento não suporta um choro forte) – seus braços e pernas não lhes permitem nenhum afeto orgulhoso (em suas mãos vibra com frequência – não sei que – lembrança); e mesmo o modo como o judeu monta o cavalo (ou um músico judeu chega ao seu tema – "o salto judaico" –) não é para ser considerado levianamente e dá a entender que os judeus nunca foram uma raça de *cavaleiros*. Se os judeus foram tomados em múltiplos aspectos como inaptos para a dignidade de um cavaleiro, então o que é condenado não é sua imoralidade, mas apenas sua insegurança para representar essa moralidade. Pois bem, resulta daí imediatamente o fato de que o judeu da Prússia precisa ser um tipo degradado e estiolado de judeu, pois o Oriente sabe em si realizar a compreensão muito melhor do que, por exemplo, um alemão do Norte: – Delacroix. Essa degradação do judeu está em conexão com um falso clima e com a vizinhança de escravos feios e oprimidos da Hungria e da Alemanha: entre portugueses e mouros, a raça superior dos judeus se conserva, sim, no todo, a festividade da morte e uma espécie de *santificação* da paixão sobre

a terra talvez não tenham sido até hoje mais belamente apresentadas do que por certos judeus do Antigo Testamento: com os quais, mesmo os gregos poderiam ter ido à escola!

36 (43)
Os perigos da alma judaica são: 1) ela gosta de se aninhar parasitariamente em um lugar qualquer, 2) ela sabe se "adaptar", como os pesquisadores naturais costumam dizer: os judeus tornaram-se por meio daí atores inatos, como Pólipo que, decantado por Theógnis, absorve as cores do campo no qual se vê grudado. Seu talento e, mais ainda, sua inclinação e queda para os dois, parecem ser descomunais; o hábito de oferecer para tanto muito espírito e tenacidade em torno de ganhos totalmente modestos deixou para trás um rastro fatídico em seu caráter: de tal modo que mesmo os grandes comerciantes mais notáveis do mercado monetário judeu não conseguiram se impor, quando as circunstâncias tornavam propício lançar mão <não> a sangue frio de pequenos prejuízos mesquinhos, do tipo que um homem de finanças prussiano faria corando de vergonha.

36 (44)
O futuro da cultura alemã repousa sobre os filhos dos *oficiais prussianos*.

36 (45)
    A. Os judeus, a raça mais antiga e mais pura. *Beleza* das mulheres.
    B. Os judeus, os *atores*: em uma era democrática: redução dos literatos aos atores.
    C. Problema de uma fusão da aristocracia europeia ou muito mais dos *junkers* prussianos com judias.

36 (46)
O ateísmo alemão.
A cultura do mestre de escola.
O pessimismo *alemão*.

36 (47)
Os perigos da alma judaica: parasitismo e teatralidade
O judeu não "representa".
A cultura do mestre de escola.
O pessimismo alemão.
Os eremitas.
O germanismo.
A música alemã.
Os literatos.
As mulheres.
Desconfiança em relação às ideias modernas.
O anarquismo alemão.

36 (48)
Hostilidade em relação a tudo o que é literato e ao elemento do esclarecimento popular, em particular contra tudo o que é femininamente degradador, contra tudo o que é femininamente desfigurador – pois o *Esclarecimento espiritual* é um meio infalível, para tornar os homens inseguros, para enfraquecer as suas vontades, para torná-los mais carentes de articulação e apoio, em suma, para desenvolver o *animal de rebanho* no homem: razão pela qual até aqui todos os grandes artistas de governo (Confúcio na China, o *imperium romanum*, Napoleão, o papado, no tempo em que esse detinha o poder e não apenas a plebe para o que havia de melhor), onde os instintos dominantes até aqui *culminaram*, também se serviram do Esclarecimento espiritual; ao menos eles deixavam *vigorar* (como os papas do Renascimento). A autoilusão da massa sobre esse ponto, por exemplo, em toda democracia é extremamente valiosa: o apequenamento e a governabilidade do homem é aspirada como "progresso"!

36 (49)
Sobre o pessimismo alemão. –
A desertificação, a coloração pessimista, se segue necessariamente ao Esclarecimento. Por volta de 1770, já se tinha notado o decréscimo da serenidade; as mulheres pensavam, com

aquele instinto feminino que sempre toma partido em favor da virtude, que a imoralidade seria culpada disso. Galiani acertou em cheio: ele cita o verso de Voltaire. – Se eu, então, assumo a opinião equivocada de que agora, depois de alguns pares de séculos de Voltaires e de Galianis – que era algo muito mais profundo do que Voltaire – estou bem à frente no Esclarecimento: até que ponto precisarei ter chegado, portanto, na desertificação! Isto também é verdade: e eu atentei bem cedo com uma espécie de lamento para a estreiteza dos alemães e dos cristãos, assim como para a falta de consequência lógica do pessimismo schopenhaueriano tanto quanto do leopardiano, de tal modo que busquei a sua forma mais principial (– Ásia –). Entre os pensadores precursores do pessimismo, *não* se encontra, segundo o meu cálculo, E<duard> v<on> H<artmann>, ele se acha inversamente entre as "literaturas agradáveis" --- etc. Para suportar, porém, esse pessimismo extremo (tal como ele soa aqui e acolá a partir de meu *Nascimento da tragédia*) de viver sozinho "sem Deus e sem moral", precisei inventar para mim uma contrapartida. Talvez eu seja aquele que sabe melhor por que só o homem ri: só ele sofre tão profundamente que ele *precisou* inventar o riso. O animal infeliz e melancólico é, como se pode imaginar, o mais sereno.

36 (50)
Sobre os líricos alemães. –

36 (51)
Sul e terra do sol nascente.

36 (52)
Brahms, nenhum "resultado", nenhuma exceção, nenhuma quebra da corrente de Wagner, mas muito mais um elo *a mais*, um – – – Quando nos abstraímos daquilo que ele por assim dizer sacrificou a um gênio amistoso de tipos e homens alheios – computado aí também um sacrifício da piedade em relação a grandes mestres, velhos e novos – então ele se mostra como o músico que levantou até aqui sozinho a pretensão de ser designado "*o músico do Norte da Alemanha*".

36 (53)

Os alemães ainda não são nada, mas *eles vão se tornar* algo; ou seja, eles ainda não têm nenhuma cultura – portanto, eles não *podem* ter nenhuma cultura! Este é o meu princípio: que quem quiser se choque com ele: a saber, quem levar na cachola (ou no escudo) um germanismo! – Eles ainda não são nada: isto é: eles são toda uma série de coisas. Eles *se tornarão* algo: ou seja, eles deixarão algum dia de ser toda essa série de coisas. Esta última possibilidade é no fundo apenas um desejo, quase não vem à tona ainda como uma esperança; felizmente, um desejo pelo qual se pode viver é uma coisa da vontade, do trabalho, da criação e do cultivo, tanto quanto uma coisa da indignação, da exigência, do prescindir, do desconforto, sim, da irritação: em suma, nós, alemães, *queremos* algo de nós, que as pessoas ainda não quiseram de nós – nós queremos algo mais!

O fato de, para esse "alemão que vem a ser, mas ainda não é", advir algo melhor do que a "formação" alemã atual, o fato de tudo "o que vem a ser" precisar ser experimentado com fúria, lá onde ele percebe uma satisfação nesse âmbito ou um "ver a si mesmo se transformar em fumaça": esse é meu segundo princípio, sobre o qual eu também ainda não refiz nenhum aprendizado.

36 (54)

Como é que um teólogo pode ter hoje uma boa consciência em relação ao seu caráter cristão, é algo para mim incompreensível e intangível; mas há bastante boa consciência junto a ele – ele não parece dar muita importância à "boa consciência".

36 (55)

"Alemão"
Questões e pausas para a meditação
Pensamentos sobre a criação e o cultivo.

36 (56)

O orgulho ferido, o desgosto quanto a ter amado lá onde se teria podido desprezar, uma melancolia adicional acima do vazio e do fosso surgido, por fim, o remorso em relação à vaidade intelectual, que disse "tu te deixaste enganar" –: essa foi a vivência mais próxima. Mas um homem filosófico impele todo vivenciado para o interior do universal, todo particular cresce em cadeias.

36 (57)
Os h<omens> asiáticos são 100 vezes mais grandiosos do que os europeus.

36 (58)
A vegetação da floresta nativa "homem" aparece para mim, onde a luta pelo poder foi conduzida há mais tempo. Os *grandes* homens.

36 (59)
Mesmo o desenvolvimento das mais elevadas inteligências foi cultivado sob a *não liberdade* e a contrapressão. Para o "espírito liberal", nada até aqui é devido. Subestima-se que refinamento a aflição da consciência de uma interpretação do mundo ao mesmo tempo cristã e lógico-científica traz consigo para o espírito.

36 (60)
"Para a crítica da alma moderna".

[37 = W I 6a. Junho – Julho de 1885]

37 (1)

Contra aquilo que ouso apresentar neste livro, é possível certamente, considerando mais de perto, e, mais ainda, a distância, fazer algumas objeções cordiais. Eu mesmo antecipei uma parte dessas objeções, graças ao exercício múltiplo na interrogação e no diálogo comigo mesmo. Infelizmente, porém, sempre as respondi também antecipadamente: de tal modo que até aqui *todo* o peso de minhas "verdades" permaneceu sobre minhas costas. Compreender-se-á que se trata aqui de verdades *inconvenientes*; e se há uma oportunidade que torna venturoso, então pois muito bem, aqui temos uma crença, que não faz isso! Mas por que é que as coisas deveriam estar erigidas para nos divertir? Apesar de que eu precisamente dessa vez, dito sinceramente, gostaria muito de gozar da diversão de ser *refutado*. – E se, por outro lado, o conhecimento nos – – – para que, então, o conhecimento?

Por fim, o talvez também é apenas uma questão de tempo: nós mesmos nos entendemos por fim com o diabo. E se as coisas não deveriam estar erigidas para nos divertir, quem poderia nos impedir de – instituí-las com vistas à diversão?

37 (2)

Querer concordar com muitos é de mau gosto. Para mim, já é suficiente no fundo o meu amigo Satis: vós conheceis naturalmente quem ele é, não? *Satis sunt mihi pauci, satis est unus, satis est nullus.*[118] E, por fim, o que resta é: as grandes coisas ficam e estão reservadas para os grandes, os abismos para os profundos, as ternuras e os estremecimentos para os refinados, e, dito de maneira sintética, tudo o que é raro para os raros. Meu juízo é meu juízo: não é fácil para um outro ter esse direito. – E o senhor, meu caro vizinho, que olha para mim justamente por

---

118 **N.T.:** Em latim no original: "Para mim, bastam poucas pessoas. Assim, me basta uma. E, por fim, nenhuma."

cima do ombro em direção ao livro, o senhor até mesmo insiste em concordar comigo nesse ponto? O senhor olha para esse livro e diz sim para ele? Fora daqui com o senhor! Não quero ficar desconfiado do que acabei de escrever por causa do senhor. Eu mesmo, como todos os filósofos, também amo a verdade: todos os filósofos até aqui amaram as suas verdades – –

37 (3)
Esqueci-me de dizer que tais filósofos são jovialmente serenos e que eles gostam de se sentar no abismo de um céu perfeitamente claro: – eles necessitam de outros meios de suportar a vida, meios diversos dos de outros homens, pois eles sofrem de maneira diversa (a saber, do mesmo modo com a profundidade de seu desprezo pelos homens que com o amor). – O animal de todos o mais sofredor sobre a Terra inventou para si – o *riso*.

37 (4)
Moral e fisiologia. – Consideramos uma precipitação o fato de precisamente a consciência humana ter sido por tanto tempo considerada como o nível mais elevado do desenvolvimento orgânico e como o que há de mais espantoso dentre todas as coisas terrenas, sim, por assim dizer, como a sua florescência e meta. O mais espantoso é muito mais o *corpo*: não há como mostrar admiração até o fim pelo modo como o *corpo* humano se tornou possível: o modo como uma tal unificação descomunal de seres vivos, cada um deles dependente e serviçal e, contudo, em certo sentido, comandando e agindo uma vez mais por vontade própria, pode viver, crescer e durante um tempo subsistir como um todo –: e isto *não* acontece evidentemente por meio da consciência! Em relação a esse "milagre dos milagres", a consciência é justamente apenas um "instrumento" e não mais – no mesmo entendimento, segundo o qual o estômago é um instrumento do corpo. A ligação luxuosa da vida múltipla, a disposição e organização das atividades superiores e inferiores, a obediência mil vezes multifacetada que não é nenhuma obediência cega, nem muito menos uma obediência mecânica, mas uma obediência seletiva, inteli-

gente, cheia de considerações, ela mesma resistente – todo esse fenômeno "corpo" é, medido segundo o critério intelectual, tão superior à nossa consciência, ao nosso "espírito", ao nosso pensamento consciente, ao nosso sentir e querer, quanto a Álgebra é superior ao um vezes um. O "aparato nervoso" e o "aparato cerebral" *não* são tão refinada e "divinamente" construídos, para produzirem em geral pensamento, sentimento, querer: ao contrário, parece-me que precisamente para isso, para o pensar, o sentir, o querer, não é necessário de modo algum nenhum "aparato" em si, mas que isto, apenas isto – é a "coisa mesma". Ao contrário, tal síntese descomunal de seres vivos e de intelectos, que se chama "homem", só poderá viver se aquele refinado sistema de ligação e de mediação e, por meio daí, um entendimento rápido como um raio de todos esses seres superiores e inferiores for criado – e, em verdade, por meio de puros mediadores vivos: este, porém, não é um problema mecânico! Imaginar fabulosamente a "unidade", a "alma", a "pessoa", é algo que proibimos hoje a nós mesmos: com tais hipóteses *dificultamos* para nós o problema – ao menos isso está claro. E também aqueles mínimos seres vivos, que constituem nosso corpo (mais corretamente: de cuja ação conjunta aquilo que denominamos "corpo" é a mais bela alegoria –), não são considerados por nós como átomos anímicos, mas muito mais como algo crescente, combatente, que se multiplica e se extingue uma vez mais: de tal modo que sua quantidade muda inconstantemente, e nossa vida se mostra, tal como toda e qualquer vida, ao mesmo tempo como um ininterrupto morrer. Há, portanto, no homem tanta "consciência" quanto há "seres" – em todo e qualquer instante de sua existência – que constituem o seu corpo. O elemento distintivo na "consciência" pensada habitualmente como única, no intelecto, é precisamente o fato de que ela permanece protegida e fechada diante do inumeravelmente plural em meio às vivências dessas muitas consciências e, enquanto uma consciência de um nível hierárquico superior, só se vê diante de uma *seleção* de vivências, e, além disto, de vivências puramente simplificadas, feitas de maneira panorâmica e palpável, ou seja, *falsificadas* – para que ele, por seu lado, prossiga nessa simplificação e nesse tornar panorâmico e para que isto prepare aquilo que se denomina comumente "uma vontade" – todo ato volitivo como tal pressupõe por assim dizer a nomeação de um ditador. Isto, porém, que apresenta para o nosso intelecto essa escolha e que já simplifica anteriormente as vivências não é em todo caso justamente esse intelecto: do mesmo modo como ele não é aquilo que *leva a termo* a vontade, o que acolhe uma representação esmaecida, fraca e extremamente inexata de valor e força e a traduz em uma força viva e em uma medida valorativa exata. E precisamente o mesmo tipo de operação, que transcorre aqui, precisa transcorrer ininterruptamente em todos os níveis mais profundos, no comportamento de todos esses seres superiores e inferiores uns em relação aos outros: essa seleção e exposição mesma de vivências, essa abstração e esse pensar conjuntamente, esse querer, esse retraduzir do querer sempre muito indeterminado em uma determinada atividade. A partir do fio condutor do corpo, como dito, aprendemos que nossa vida é possível por meio de uma conjunção de muitas inteligências de valores muito desiguais e, portanto, só é possível por meio de um obedecer e comandar constante e dotado de mil faces – expresso moralmente: por meio do exercício incessante de muitas *virtudes*. E como é que se poderia parar de falar moralmente! – – tagarelando desse modo, entreguei-me sem travas ao meu impulso doutrinário, pois estava feliz de ter alguém que suportasse me escutar. Todavia, justamente nesse ponto, Ariadne não aguentou mais – a história aconteceu precisamente em minha primeira estada em Naxos –: "mas, meu senhor, ela falou, o senhor está falando um alemão de porcos!" – "Alemão", respondi eu com boa vontade, "simplesmente alemão! Deixai os porcos de lado, minha deusa!" "– Coisas finas!" gritou Ariadne enojada: "mas tudo isto não passa de positivismo! Filosofia de curral! Miscelânea conceitual e lixo conceitual composto a partir de 100 filosofias! Onde é que isto ainda quer chegar!" – e, enquanto ela dizia isso, ela brincava impaciente com o célebre fio, que guiara outrora o seu Teseu através do labirinto. – Assim, chegou o dia em que Ariadne retrocedeu em sua formação filosófica cerca de dois mil anos.

37 (5)
Em livros de aforismos como os meus encontram-se entre e por detrás de breves aforismos longas coisas e cadeias de pensamentos simplesmente proibidos; e algumas dessas coisas podem ser suficientemente questionáveis para Édipo e sua esfinge. Não escrevo tratados: tratados são para asnos e para leitores de jornais. Tampouco escrevo discursos. Minhas "considerações extemporâneas", eu dirigi como um homem jovem para homens jovens, para os quais eu falei de minhas vivências e de meus votos, a fim de relaxá-los em meus labirintos – eu dirigi à juventude alemã: mas as pessoas tentam me convencer a acreditar que a juventude alemã teria morrido. Pois muito bem: se é assim, não tenho mais nenhuma razão para ser "eloquente" daquele modo antigo; hoje – talvez nem conseguisse mais ser "eloquente" assim. Quem se sentou com sua alma na mais familiar discórdia e diálogo por dias, noites, anos a fio, quem se tornou em sua caverna – pode ser um labirinto ou mesmo uma mina de ouro – um urso ou um escavador de tesouros, quem como eu deixou que passasse por sua cabeça e chegasse ao seu coração toda uma série de pensamentos, considerações e graves questões, que ele nem sempre conseguiu comunicar, mesmo que ele tivesse à sua volta espíritos de seu tipo e companheiros corajosos e distensos: em relação a esse homem, seus conceitos conquistam por si mesmos, por fim, uma cor própria de lusco-fusco, um cheiro tanto da profundeza quanto do mofo, algo incomunicável e contrafeito, que sopra um ar frio em todos os curiosos: – e sua filosofia se mostra como uma filosofia de eremita; ainda que ela mesma fosse escrita com uma pata de leão, sempre se pareceria, de qualquer modo, com uma filosofia dos "pés de gansos".

37 (6)
Ouvem-se nos escritos de um eremita algo do eco do deserto, algo do tom de sussurro e o tímido olhar ao seu redor da solidão: em suas palavras mais fortes e em seus gritos mesmos ainda ressoam por assim dizer um novo tipo mais perigoso de silêncio e de silenciamento.

37 (7)

Supondo que se pense um filósofo como um grande educador, suficientemente poderoso, para retirar a partir de uma altitude solitária, descendo, longas cadeias de gerações de sua posição, levando-as até o alto: é preciso admitir em relação a ele também os privilégios ingentes do grande educador. Um educador nunca diz o que ele mesmo pensa, mas sempre apenas aquilo que ele pensa sobre uma coisa em relação com a utilidade para aquele que ele educa. Nesta dissimulação, ele não tem o direito de ser desvendado; faz parte de sua maestria que se acredite em sua sinceridade. Ele precisa ser capaz de todos os meios da criação e do cultivo: ele só leva algumas naturezas para frente por meio de chicotadas do escárnio; outras naturezas, indolentes, irresolutas, covardes, vaidosas, talvez ele leve à frente com um elogio excessivo. Tal educador está para além de bem e mal; mas ninguém pode saber disso.

37 (8)

Aproxima-se, de maneira inexorável, hesitante, terrível como o destino, a grande tarefa e questão: como é que a Terra como um todo deve ser transformada? E para onde "o homem" como um todo – e não mais um povo, uma raça – deve ser levado e para que ele deve ser cultivado?

As morais normativas são os meios principais, com os quais se pode configurar a partir do homem aquilo que é caro a uma vontade criadora e profunda: supondo que tal vontade de artista de um nível supremo tenha a violência nas mãos e possa impor a sua vontade criadora por longos espaços de tempo, sob a forma de legislações, religiões e costumes. Procurar-se-á hoje e provavelmente por um longo tempo em vão por tais homens da grande criação, o homem propriamente grande, tal como eu o compreendo: eles *não estão presentes*; até que, finalmente, depois de muita desilusão, se precisa começar a compreender por que é que eles estão faltando, assim como o fato de que não há nada de hostil ao seu surgimento e desenvolvimento por agora e durante muito tempo obstruindo o caminho para além daquilo que se denomina agora na Europa precisamente "*a moral*": como se não houvesse nem pudesse haver nenhuma outra moral – aquela moral de rebanho anteriormente citada, que aspira na Terra com todas as suas forças a felicidade verde geral do pasto, a saber, a segurança, a ausência de periculosidade, o conforto, a leveza da vida e, por fim, "quando tudo vai bem", que espera se desprender de todos os tipos de pastores e de carneiros guias. Suas duas doutrinas pregadas da maneira mais rica possível são: "igualdade dos direitos" e "compaixão em relação a todos os que sofrem" – e o próprio sofrimento é considerado por eles como algo, que se precisa pura e simplesmente *extinguir*. O fato de tais "ideias" poderem ser sempre ainda modernas oferece um péssimo conceito de – – – No entanto, quem refletir profunda e minuciosamente sobre onde e como a planta homem cresceu até aqui o mais forte possível, precisa supor que isso aconteceu sob as condições *inversas*: que, para tanto, a periculosidade de sua situação precisa crescer até os píncaros, que sua força de invenção e de dissimulação precisa combater a si mesma sob uma longa pressão e coerção e que sua vontade de vida precisa ser elevada até uma vontade de poder e uma superpotencialização incondicionadas, de tal modo que perigo, dureza, violência, risco na rua tanto quanto no coração, desigualdade dos direitos, velamento, estoicismo, arte de experimentador, diabolismos de todo tipo, em suma, o oposto de todas as desejabilidades dos rebanhos, sejam necessários para a elevação do tipo homem.

37 (9)
    Olho para além de todas estas guerras nacionais, para além de todos esses novos "impérios" e do que se encontra de resto no primeiro plano: no que me diz respeito – pois o vejo se preparando de maneira lenta e hesitante – trata-se de *uma* Europa. Junto a todos os homens mais abrangentes e mais profundos desse século, o trabalho conjunto propriamente dito de suas almas foi preparar aquela nova síntese e, de modo experimental, antecipar o "europeu" do futuro: só em suas horas mais fracas, ou quando eles ficaram velhos, eles recaíram na bitolação nacional das

"terras pátrias" – neste caso, então, eles se tornaram "patriotas". Penso em homens como Napoleão, Goethe, Beethoven, Stendhal, Heinrich Heine, Schopenhauer; talvez Richard Wagner também faça parte desse grupo, um homem sobre o qual, como um tipo bem-sucedido de obscuridade alemã, não é possível enunciar nada sem tal "talvez". No que concerne àquilo, porém, que em tais espíritos se agita e se configura como necessidade de uma nova unidade e já como uma nova unidade com novas necessidades, encontra-se ao seu lado de maneira explicativa um grande fato econômico: os pequenos estados da Europa, tenho em vista com isto todos os nossos estados e "impérios" atuais, em meio ao ímpeto incondicionado do grande tráfego e do grande comércio em direção a um limite último, a um tráfego mundial e a um comércio mundial, precisarão se tornar em um curto espaço de tempo economicamente insustentáveis. (O dinheiro por si só já obriga a Europa a, em algum momento, se aglomerar em um único poder.) Todavia, para entrar com boas perspectivas na luta pelo governo da terra – é óbvio contra quem se direcionará essa luta –, a Europa talvez tenha a necessidade de entrar seriamente em "acordo" com a Inglaterra: ela precisa das colônias inglesas para entrar nessa luta, assim como a Alemanha atual necessita das colônias holandesas para se exercitar em seu novo papel como mediadora e como agenciadora. Ninguém mais acredita que a própria Inglaterra seria forte o suficiente para continuar desempenhando o seu papel ainda que por apenas mais 50 anos; perece-se pela impossibilidade de excluir os *homines novi*[119] do governo, e não é preciso haver nenhuma mudança de partido como tal, para – – – tais coisas crônicas. É preciso ser hoje antes de tudo soldado, para não perder seu crédito como comerciante. Basta: neste caso, tal como em outras coisas, o próximo século seguirá as pegadas de Napoleão, o primeiro e o mais nobre homem dos tempos modernos.

---

119 **N.T.:** A expressão latina *homines novus*, que significa literalmente "homem novo", era usada na Roma antiga para designar os primeiros representantes de uma linhagem familiar a servirem no senado romano ou a serem eleitos como cônsules.

Para as tarefas dos próximos séculos, os tipos de "esfera pública" e de parlamentarismo são as organizações que mais se encontram em dissonância em relação a fins.

37 (10)
Eu distingo, entre os homens superiores tanto quanto entre os povos, aqueles que querem ter o mundo redondo, pleno e firme – grande talvez, *muito* grande, mas de maneira alguma "infinito" – e aqueles que amam as nuvens: porque nuvens escondem, porque nuvens nos fazem "pressentir". Entre esses últimos estão, entre os povos, os alemães; e, por isto, não é aconselhável para um pensador dotado de um sentido oposto, construir para si a sua cabana entre eles. O ar aí é para ele por demais nebuloso. A "simplicidade" alemã, a crença alemã nos "tolos puros": essa crença traduz para si esse fato sempre em francês e o denomina a *niaiserie allemande*.[120] O "ânimo" alemão: ela compreende por isso literalmente a mesma coisa que Goethe compreendia: "consideração pelas fraquezas alheias e próprias". A falta de gosto alemã: ela a considera arrancando os cabelos; por ocasião de um livro fraco e senil de Strauss, eu já tinha apontado para esse fato. Visto a partir do estrangeiro, tem-se o direito de duvidar se a Alemanha agora está em condições de indicar 10 homens, que sejam capazes de julgamento e tenham profundidade em questões ligadas à forma literária. Profundidade justamente é necessária para conceber em geral as tênues necessidades de forma: é só a partir da profundeza, é só a partir do abismo que se goza de toda a felicidade, que reside no elemento claro, seguro, colorido e superficial de todos os tipos. Mas os alemães se acreditam profundos, quando eles se sentem pesados e melancólicos: – eles suam, quando pensam, e o suor é considerado por eles uma demonstração de sua "seriedade". Seus espíritos são toscos, o espírito da cerveja exerce um poder mesmo ainda em seus pensamentos – e eles o chamam até mesmo de seu "idealismo"! Naturalmente, os

---

120 **N.T.:** Em francês no original: "a ninharia alemã".

alemães levaram, como eles mesmos ao menos supõem, muito longe precisamente esse idealismo, eles o levaram "até as estrelas", e podem se sentar, se a modéstia alemã de resto o permitir, em seguida destemidamente ao lado dos gregos, como o célebre povo dos "poetas e pensadores". Ou, para deixar falar de maneira imodesta ao menos uma vez essa confiança em si, e, em verdade, com o verso de um grande idealista:
"Por que se elogiam tanto os gregos!
Eles precisam rastejar pelos becos,
Quando a musa alemã se faz sentir.
Horácio em Flemming vive a sorrir,
Em Opitz Naso paira,
Em Greiff de Sêneca a tristeza se espraia."

Leibniz

37 (11)

O socialismo – como a *tirania* pensada até o fim, o que há de mais iníquo e mais estúpido, o mais superficial, o mais invejoso e o mais medíocre ator – é de fato a consequência final das ideias modernas e de seu anarquismo latente: no ar morno de um bem-estar democrático, porém, dormita a capacidade de chegar a conclusões ou até mesmo à *conclusão*. As pessoas seguem – mas não concluem mais. Por isto, o socialismo como um todo é uma coisa desesperançada, ácida: e nada é mais engraçado de ver do que a contradição entre os rostos envenenados e desesperados que os socialistas hoje apresentam – e como o seu estilo não presta um testemunho de sentimentos deploráveis e repisados! – e a felicidade inofensiva de carneiros que é própria às suas esperanças e desejos. Neste caso, em muitos lugares da Europa, pode-se chegar, por sua vez, a golpes de mão ocasionais e a ataques: no próximo século, aparecerão aqui e acolá fundamentalmente "rumores" no corpo, e a comuna parisiense, que também tem seus defensores e porta-vozes na Alemanha (por exemplo, no fazer caretas filosóficas e na salamandra pantanosa de E<ugen> D<ühring> em Berlim), talvez não tenha sido mais do que uma indigestão mais leve, se medida em relação ao que está por vir. Apesar disto, haverá sempre possuidores demais para que o socialismo pudesse significar mais do que um achaque de uma doença: e esses possuidores são como um homem dotado de uma crença: "é preciso possuir algo, para *ser* algo". Este, porém, é o mais antigo e o mais saudável de todos os instintos: eu acrescentaria, que "se precisa querer ter mais do que se tem, para *se tornar* mais". É assim justamente que soa a doutrina que é pregada a tudo o que vive por meio da própria vida: a moral do desenvolvimento. Ter e querer ter mais, crescimento em uma palavra – isto é a própria vida. Na doutrina do socialismo esconde-se mal uma "vontade de negação da vida"; precisa haver homens ou raças fracassados, que pensem tal doutrina até o fim. De fato, eu desejaria que fosse demonstrado por meio de algumas grandes tentativas que, em uma tal sociedade socialista, a vida nega a si mesma, corta as suas próprias raízes. A terra é grande o suficiente e o homem continua sempre ainda inesgotado para que esse ensinamento de tal modo prático e essa *demonstratio ad absurdum*, mesmo que eles fossem conquistados e pagos com um dispêndio descomunal da vida humana, precisassem se mostrar como indesejáveis. Não obstante, já como toupeira inquieta sob o solo de uma sociedade que corre em direção à estupidez, o socialismo pode se tornar algo útil e salutar: ele adia a "paz sobre a Terra" e o tornar completamente amável do animal de rebanho democrático, ele obriga os europeus a manter o espírito, a saber, a reter a astúcia e a precaução, a não abjurar completamente as virtudes masculinas e guerreiras e a reter um resto de espírito, de clareza, de secura e de frieza do espírito – ele protege a Europa por vezes do *marasmus femininus* que ameaça se abater sobre ela.

37 (12)
Na questão principal, dou mais razão aos artistas do que a todos os filósofos até aqui: eles nunca perderam o grande rastro, no qual a vida segue, eles sempre amaram as coisas "deste mundo" – eles amaram seus sentidos. Aspirar à dessensualização: isto me parece uma incompreensão ou uma doença ou quiçá um tratamento, onde ela não é uma mera hipocrisia ou um autoen-

godo. Desejo a mim mesmo e a todos aqueles que vivem sem os medos de uma consciência moral puritana – que *têm o direito* de viver sem tais medos, uma espiritualização cada vez maior e uma multiplicidade cada vez mais intensa das faces dos sentidos; sim, queremos ser gratos aos sentidos pela sua fineza, plenitude e força e lhes oferecer, em contrapartida, o melhor do espírito que nós temos. O que nos importam as condenações dos sentidos como heréticos pelos padres e pelos metafísicos! Não precisamos mais dessas condenações: trata-se de uma característica do ser bem constituído, quando alguém, tal como Goethe, se atém às "coisas do mundo" com um prazer e uma cordialidade cada vez maiores: – deste modo justamente, ele retém a grande concepção do homem, segundo a qual o homem se torna o *transfigurador da existência*, quando aprende a transfigurar a si mesmo. Mas o que tu estás falando?, as pessoas objetam. Não reina entre os artistas precisamente hoje o mais crasso pessimismo? O que tu pensas, por exemplo, de Richard Wagner? Ele não é um pessimista? – aguço o quanto posso os ouvidos e digo: <vós tendes razão, esqueci algo por um instante.>

37 (13)
    Os historiadores querem hoje coisas demais e pecam todos juntos contra o bom gosto: eles penetram nas almas dos homens, a cuja posição hierárquica eles não pertencem e em cuja sociedade eles não têm lugar. O que é, por exemplo, que um plebeu excitado e suado como Michelet tem a fazer com Napoleão! É indiferente saber se ele o odeia ou o ama. Como ele sua, porém, ele não se encontra em sua proximidade. O que têm a fazer aqueles animais medíocres, elegantes no sentido pejorativo do termo, com o mesmo Napoleão! Ele faz rir, o pequeno homem, quando avalia o grande homem em comparação com César, Aníbal e Frederico com a careta de um sábio juiz. Eu avalio isto de maneira mais elevada, quando alguém também se dá a conhecer como historiador, lá onde o solo é por demais quente ou sagrado para os seus pés; um historiador, contudo, que "retira os sapatos" na hora certa ou *veste* as luvas e vai embora, é hoje em dia, na era

da falta de vergonha inocente, uma ave rara. Os eruditos alemães, junto aos quais o sentido "histórico" foi inventado – hoje os franceses também se exercitam nesse sentido –, revelam todos juntos sem exceção que eles não provêm de nenhuma casta dominante; eles são, como seres do conhecimento, impertinentes e padecem da falta de uma vergonha mais refinada.

37 (14)
　　Nomeei meus trabalhadores e preparadores inconscientes. Onde é, porém, que poderia buscar com alguma esperança o meu tipo de filósofos ou ao menos a minha *necessidade de novos filósofos*? Lá apenas, onde impera um modo de pensar nobre, tal modo de pensar que acredita em escravidão e em muitos graus de servidão como o pressuposto de toda e qualquer cultura mais elevada; onde impera um modo de pensar *criador*, que não estabelece como meta a felicidade oriunda da tranquilidade, que não tem o "Sabbath de todos os Sabbaths" como meta e que, mesmo na paz, honra os meios para novas guerras; um modo de pensar que prescreve leis ao futuro e que trata, em função do próprio futuro, a si mesmo e a tudo o que é atual de maneira dura e tirânica; um modo de pensar desprovido de hesitação e "imoral", que se dispõe a cultivar e a deixar crescerem na mesma medida as propriedades boas e terríveis do homem, porque ele se julga capaz de colocar as duas na posição correta – na posição em que elas duas são necessárias uma à outra. Portanto, quem ainda hoje busca filósofos, que perspectiva ele tem de encontrar o que busca? Não é provável que ele, buscando com a melhor lanterna de Diógenes, ande por aí em vão dia e noite? A era tem os instintos *inversos*: ela quer antes de tudo e em primeiríssimo lugar comodidade; ela quer em segundo, publicidade e aquele grande barulho teatral, aquele grande bum-bum, que corresponde ao seu gosto de feira anual; ela quer, em terceiro, que cada um se deite de barriga para baixo com a mais profunda serviçalidade diante da maior de todas as mentiras – essa mentira que se chama "igualdade entre os homens" – e honre exclusivamente as virtudes *igualadoras*, *equiparadoras*. Com isto, porém, vai-se

fundamentalmente de encontro ao surgimento do filósofo tal como eu o compreendo, por mais que se acredite com toda inocência que se está fomentando tal surgimento. De fato, todo mundo se queixa hoje das condições terríveis que os filósofos teriam tido *antigamente*, paralisados entre piras funerárias, má consciência e uma suposta sabedoria de padres da Igreja: a verdade, porém, é que justamente aí tinham sido dadas sempre ainda condições *mais favoráveis* para a educação de uma espiritualidade poderosa, abrangente, astuta e ousadamente temerária do que nas condições da vida atual. Hoje, uma outra espécie de espírito, a saber, o espírito demagogo, o espírito de ator, talvez mesmo o espírito de castor e de formiga do erudito tenha condições mais favoráveis para o seu surgimento. Mas tanto pior se encontram as coisas já em relação aos artistas superiores: quase todos eles não perecem da falta de cultivo interior? Eles não são mais tiranizados de fora por meio das tábuas de valores absolutas de uma igreja ou de uma corte: assim, eles também não aprendem mais a criar o seu "tirano interior", sua *vontade*. E o que é válido para os artistas também é válido em um sentido mais elevado e mais fatídico para os filósofos. Onde *estão* afinal hoje os espíritos livres? As pessoas apontam para mim hoje um espírito livre! – Pois bem! Não falamos alto demais! A solidão é hoje cheia de segredos e mais solidão do que nunca – – De fato, aprendi entrementes que o espírito livre precisa ser um eremita.

37 (15)
    Um outro talento demagógico de nosso tempo é Richard Wagner; mas ele pertence à Alemanha. – Efetivamente? Que as pessoas deixem algum dia uma avaliação inversa ganhar voz! Os parisienses podem se fechar e se eriçar o quanto eles quiserem contra Richard Wagner: por fim, ele faz parte de Paris, e, em todo caso, mais de Paris do que de qualquer outra capital da Europa. Admito que o tipo que lhe é mais aparentado de franceses tenha se tornado agora ele mesmo muito raro por lá: – tenho em vista aquela nova geração do *romantisme* dos anos 1830, entre os quais ele, no tempo mais decisivo de sua vida, tinha *querido*

viver. Lá, ele se sentia em um ambiente familiar e mais em casa do que na Alemanha, com seu desejo descomunal de cheiros e cores eróticos e de novas dissonâncias não colocadas à prova em relação ao sublime, com a sua felicidade aflita e pálida em meio à descoberta do feio e do horrível. O que buscavam esses românticos, o que eles encontraram e inventaram para além de Richard Wagner? Eles todos não eram como ele doentes de sua engenhosidade, violentos e inseguros de si, dominados pela literatura até os seus olhos e ouvidos, na maioria das vezes até mesmo escritores, poetas, artistas da expressão a qualquer preço – eu destaco nesse caso Delacroix – mediadores e misturadores das artes e dos próprios sentidos, plebeus arrivistas, que, como Balzac, <se> mostraram insaciáveis na exigência por brilho e fama e incapazes de um ritmo nobre na vida e na criação – de um ritmo lento? As pessoas admitem: *o quanto* de wagnerianismo não há nesse Romantismo francês! Mesmo aquele traço histérico-erótico, que Wagner tão particularmente amava na mulher e na música, se encontra precisamente em Paris melhor em casa do que em qualquer outro lugar: basta que se pergunte para os médicos de loucos –; e em lugar algum os ataques hipnotizantes e as imposições das mãos, com os quais nosso Magus e nosso Cagliostro musical impele e convence suas mocinhas para o sonambulismo voluptuoso com os olhos abertos e com o entendimento fechado, são tão bem compreendidos quanto entre os parisienses. A proximidade dos desejos doentios, o cio de sentidos que se tornaram furiosos, com os quais se trocam olhares através da bruma e do véu do suprassensível da maneira mais perigosa possível: aonde é que isto se faria mais presente do que no romantismo da alma francesa? Aqui atua uma magia, que ainda converterá um dia inevitavelmente os parisienses a Wagner. – Wagner, porém, é o que se diz, deve ser pura e simplesmente o artista *alemão* propriamente dito: assim se decreta hoje na Alemanha, assim ele é venerado, em um tempo no qual uma vez mais o germanismo fanfarrão é levado às alturas. *Não há de maneira alguma* tal Wagner: suponho que é o aborto de seus rapazes e moças escuros alemães, que quer se divinizar com esse decreto mesmo. Que alguma coisa em Wagner possa ser alemão é provável: mas o quê? Talvez apenas o grau, não a qualidade de seu querer e poder? Talvez apenas o fato de que ele fez tudo de maneira mais forte, mais rica, mais temerária do que qualquer francês do século XIX poderia ter feito? O fato de ele ser mais rigoroso em relação a si mesmo e de ter vivido a parte mais longa de sua vida de modo alemão, *às suas próprias expensas*, como um ateísta, um atomista e um imoralista inexorável? O fato de ele ter criado poeticamente a figura de um homem *muito* livre, de Siegfried, que, de fato, pode ser duro demais, dotado de um bom humor excessivo, por demais acristão para o gosto latino? – Naturalmente, ele também soube acertar as contas uma vez mais em relação a esse pecado cometido contra o Romantismo francês: o último Wagner em seus dias de velhice, com a sua caricatura de Siegfried, ou seja, com o seu Parsifal, não foi apenas ao encontro precisamente do gosto romântico, mas também do gosto católico romano: até que ele, por fim, se despediu até mesmo com uma genuflexão diante da cruz e com uma sede não desprovida de eloquência pelo "sangue do redentor". Também pelo seu próprio sangue! Pois, junto aos românticos envelhecidos, trata-se de uma triste regra que eles "neguem" e desconheçam no final de sua vida a si mesmos e – *passem um risco!* – em sua vida. Por fim, é preciso dizer ainda: se é que aquela geração dos anos de 1830 é constituída em termos de sangue e nervos pelos herdeiros e, ainda mais, pelas *vítimas* daqueles abalos trágicos do tempo napoleônico – Beethoven preludiou essa geração em sons e Byron em palavras –, então não se tem permissão para pensar em uma derivação semelhante da alma de Richard Wagner? Ele nasceu em 1813.

37 (16)
    Observei que, entre aqueles que agora viajam ao redor do mundo, ninguém gosta de ser visto como francês, se ele não o for. Ser apreciado como um inglês parece divertir a alguns habitantes dos países nórdicos, tal como os suecos, por exemplo: o inglês é orgulhoso. O alemão goza agora no exterior de

um acréscimo de espanto e de atenção, se compararmos com tempos mais antigos, mas ele não causa de modo algum alegria nos outros; o prussiano em particular, continua sendo sempre ridículo para os habitantes dos países do Sul da Europa, não por causa de seu orgulho – pois ele não é orgulhoso – mas por causa de sua imodéstia e de suas más maneiras, de suas maneiras rígidas, com frequência impertinentes. Os alemães do Sul são grosseiros, campesinos, bem humorados, e, contudo, não incutem confiança: farejam-se neles as famosas "duas almas dentro de um peito".

37 (17)
Não há como pensar de maneira suficientemente elevada sobre as mulheres: por isto, porém, ainda não se precisa pensar de maneira falsa sobre elas. É preciso tomar fundamentalmente cuidado quanto a isto. O fato de que elas mesmas estariam em condições de esclarecer os homens quanto ao "eterno feminino" é improvável; elas talvez se encontrem próximas demais daí – e, além disto, todo *esclarecimento* ele mesmo – até aqui ao menos – foi uma coisa de homens e um dom masculino. Finalmente tem-se o direito de se reservar uma boa desconfiança em relação a tudo aquilo que as mulheres escrevem sobre a mulher: a saber, uma desconfiança em relação a se uma mulher, de maneira totalmente arbitrária, quando ela escreve, não precisa fazer por fim aquilo que – até aqui ao menos – foi eternamente feminino: a saber, *"assear-se!"*. Já se admitiu algum dia em relação a uma cabeça de mulher que ela teria profundidade? E em relação a um coração de mulher – justiça? Sem profundidade, porém, e justiça – de que vale que as mulheres possam estabelecer julgamentos "sobre a mulher"? Com o amor e o próprio elogio, quando se ama e se elogia a si mesmo, não se atenua certamente o risco de que se seja por demais superficial. Que algumas mulheres possam ter uma boa razão para pensar que os homens não vão ao seu encontro com elogio e amor suficiente, *que, até aqui, "a mulher" foi na maioria das vezes desprezada pelas mulheres* – e de modo algum pelo homem!

37 (18)
Um homem, que aspira à grandeza, considera todos os homens com os quais ele se depara em seu caminho ou bem como meio, ou bem como retardamento ou então como espaço temporário de descanso. A *bondade* elevadamente estabelecida que lhe é peculiar em relação aos seus próximos não é possível, se ele se encontra em sua altitude e aí impera. A impaciência e o sentimento de estar condenado até aí sempre à comédia degradam para ele toda lida: este tipo de homem conhece a solidão e o que ela tem em si de mais venenoso.

[38 = Mp XVI 1a. Mp XVI 2a. Mp XV 2b.
Junho – Julho de 1885]

38 (1)
Na forma em que ele vem, o pensamento é um sinal plurissignificativo, que carece da interpretação, mais exatamente, de um encurtamento e de uma restrição arbitrária, até que ele finalmente se torne inequívoco. Ele emerge em mim – de onde? Por meio do quê? Não sei. Ele vem, independentemente de minha vontade, habitualmente envolto e obscurecido por meio de um apinhado de sentimentos, desejos, aversões, mesmo envolto e obscurecido por outros pensamentos, com frequência sem ter quase como ser distinto de um "querer" ou "sentir". Retira-se tal pensamento dessa aglomeração, ele é purificado, colocado aos seus pés, vê-se como ele se encontra aí presente, como ele anda, tudo em um presto espantoso e, contudo, totalmente sem o sentimento de pressa: *quem* faz tudo isto – eu não sei e sou seguramente mais espectador aí do que autor desse processo. Sentamo-nos, então, no tribunal no qual ele está em questão e perguntamos: "o que ele significa? O que ele pode significar? Ele tem razão ou não tem razão?" – valemo-nos do auxílio de outros pensamentos, o comparamos. Pensar revela-se dessa forma quase como uma espécie de exercício e de ato de justiça, junto ao qual há um juiz, um partido contrário, até mesmo também um interrogatório de testemunhas, às quais posso dar um pouco ouvido – certamente apenas um pouco: a maior parte do que tais testemunhas dizem, é o que parece, me escapa. – Que todo e qualquer pensamento venha em primeiro lugar com muitos significados e se mostre como fluido e em si só sirva como ocasião para a tentativa da interpretação ou para a constatação, que em todo pensamento pareça estar tomando parte uma pluralidade de pessoas –: isto não é de maneira alguma tão fácil de observar, nós somos no fundo instruídos da forma inversa, a saber, em meio ao pensar a não pensar no pensamento. A origem do pensamento permanece velada; a probabilidade é grande de

que ele seja apenas o sintoma de um estado muito mais abrangente; no fato de que precisamente *ele* vem e nenhum outro, de que ele precisamente vem com essa claridade maior ou menor, por vezes com a voz segura e comandando, por vezes com a voz fraca e carecendo de um apoio, no todo sempre emocionante, questionador – para a consciência, cada pensamento atua como um estimulante –: no qual se expressa para todos em sinais algo de nosso estado conjunto. – As coisas se mostram da mesma forma no que concerne a cada sentimento, ele não significa algo em si: quando ele vem, é primeiro interpretado por nós e, com frequência, *o quão estranhamente* interpretado! Pensemos de qualquer modo na necessidade que nos é quase "inconsciente" das entranhas, nas tensões da pressão sanguínea no abdômen, nos estados doentios do *nervus sympathicus* –: e o quanto há de que quase não temos nem mesmo uma sombra de consciência por meio do *sensorium commune*! – Só o que é ensinado anatomicamente nos sugere em meio a tais sentimentos de desprazer o gênero correto e a *região* das causas; todo o resto, porém, no todo, portanto, todos os homens, até quando houver homens, não buscam em tal tipo de dores nenhuma explicação física, mas uma psíquica e moral e imputam às indisposições factuais do corpo uma *fundamentação falsa*, na medida em que eles extraem na esfera de suas experiências e temores desprazerosos uma razão para se encontrarem de tal modo mal. Em meio à tortura, quase todo mundo se confessa culpado; em meio à dor, cuja causa física não se sabe, o torturado pergunta para si mesmo durante muito tempo de modo inquisitório, até que ele *se acha* culpado ou acha os outros culpados: – tal como o faz, por exemplo, o puritano, que interpreta habitualmente de maneira moral o *spleen* que se apega a um modo de viver irracional, a saber, como remorso de sua própria consciência.

38 (2)

O pensamento lógico, do qual a lógica fala, um pensar onde o pensamento mesmo é estabelecido como *causa* de novos pensamentos – é o padrão de uma ficção completa: *um pensar desse tipo nunca ocorre efetivamente na realidade*, mas ele é suposto como esquema de formas e como aparato de filtragem, com o auxílio dos quais diluímos e simplificamos o acontecimento factual, extremamente múltiplo junto ao pensar: de tal modo que, dessa maneira, nosso pensar se torna apreensível em sinais, notável, comunicável. Portanto: considerar assim o acontecimento espiritual, como se ele correspondesse efetivamente àquele esquema regulativo de um pensar ficcional, é o artifício de falsificação, em virtude do qual há algo como "conhecimento" e como "experiência". Experiência só é possível com o auxílio da memória; memória só é possível por intermédio de uma abreviação de um processo espiritual e da formação de sinais. "Conhecimento": essa é a expressão de uma coisa nova por meio dos sinais de coisas já "conhecidas", já experimentadas. – Hoje deparamo-nos naturalmente com um palavrório disparatado sobre uma origem *empírica* da lógica: mas o que não ocorre na realidade efetiva, tal como o pensamento lógico, também não pode ser tomado da realidade efetiva, muito menos como uma lei numérica qualquer, enquanto não tiver havido nenhum caso, no qual a realidade efetiva teria se mostrado equivalente a uma fórmula aritmética. Do mesmo modo, as fórmulas aritméticas só são ficções regulativas, com as quais simplificamos e retificamos o acontecimento efetivo, com a finalidade da exploração prática, com vistas à nossa medida – com vistas à nossa estupidez.

38 (3)

– – – por meio do pensar, o eu é posicionado; até aqui, porém, acreditava-se como o povo que seria no "eu penso" que residiria alguma coisa da consciência moral imediata, de tal modo que esse "eu" seria a *causa* dada do pensar. De acordo com a analogia própria a esse pensar, nós compreenderíamos todas as outras relações causais. Por mais habitual e imprescindível que aquela ficção possa se mostrar agora – *este fato* apenas ainda não demonstra em nada o fato de que ela não possuiria um caráter fictício: uma crença pode ser uma condição vital e, *apesar disso*, ser *falsa*.

38 (4)

"Verdade": no interior de meu modo de pensar, isto não designa necessariamente uma oposição ao erro, mas, nos casos mais fundamentais, apenas uma posição de erros diversos uns em relação aos outros: por exemplo, que um é mais antigo do que o outro, mais profundo do que o outro, talvez até mesmo inexterminável, na medida em que um ser orgânico de nosso tipo não poderia viver sem ele; enquanto outros erros não nos tiranizam da mesma forma como condições de vida, mas muito mais, medidos a partir de tais "tiranos", podem ser afastados e "refutados". Uma suposição, que é irrefutável – por que é que ela já deveria ser por isto *verdadeira*? Essa sentença talvez ofenda o lógico, que estabelece *seus* limites como limites das coisas; mas já declarei há muito tempo guerra a esse otimismo lógico.

38 (5)

Ainda agora, a França continua sendo a sede da cultura mais espiritual e mais refinada da Europa, mas é preciso saber encontrar a "França do gosto". Quem faz parte dessa França sabe muito bem se manter escondido: no primeiro plano revolve-se uma França emburrecida e embrutecida que, recentemente, nos cortejos fúnebres do corpo de Victor Hugo, festejou uma verdadeira orgia do mau gosto – pode ter havido aí um pequeno número, dentre eles homens que não conseguiam se colocar de maneira firme sobre suas pernas, em parte fatalistas, em parte homens mimados (tais que têm razões para se esconder) – todos eles em conjunto reconhecem como seus ancestrais e mestres, por exemplo, os seguintes espíritos superiores. Em primeiro lugar *Stendhal*, o último grande evento do espírito francês a marchar com um ritmo napoleônico sobre a sua Europa não descoberta e o último a se encontrar sozinho – horrivelmente sozinho: pois foram precisas duas gerações, para que alguém se aproximasse dele. Agora, como disse, ele comanda, ele, um portador da voz do comando para os mais seletos dos homens; e quem está dotado de sentidos finos e ousados, quem é curioso até as raias do cinismo, lógico, quase por nojo, decifrador de enigmas e amigo da esfinge como todo europeu nato, esse precisará segui-lo! Que ele também o possa seguir lá onde ele *para* cheio de vergonha diante dos segredos que a grande paixão tem! Essa *noblesse* própria ao *poder*-silenciar, *poder*-permanecer-parado, ela a possui, por exemplo, como um privilégio em relação a Michelet e, em particular, em relação aos eruditos alemães. – Seu discípulo é *Mérimée*, um artista nobre e recatado e um desprezador daqueles sentimentos pavoneados, que são elogiados por uma era democrática como os seus "sentimentos mais nobres", rigoroso em relação a si mesmo e cheio das mais duras requisições à sua lógica artística, constantemente pronto a sacrificar pequenas belezas e pequenos estímulos a uma vontade forte de necessidade: – uma aula autêntica, ainda que não uma alma rica, em um entorno inautêntico e sujo, e bastante pessimista, para participar da comédia sem vomitar. – Um outro discípulo de Stendhal é *Taine*, agora o primeiro historiador vivo da Europa, um homem decidido e destemido mesmo em seu desespero, para o qual a coragem, assim como a força da vontade, não entrou de modo algum em pedaços sob a pressão fatalista do saber, um pensador, que nem Condillac afetou com vistas à profundidade, nem Hegel com vistas à claridade, alguém que sabia muito mais *aprender* e por um longo tempo saberá *ensinar*: – os franceses da próxima geração têm nele o seu mestre criador espiritual. É ele antes de tudo que reprime a influência de Renan e de Saint-Beuve, os dois inseguros e céticos até o último fundamento de seu coração: Renan, uma espécie de Schleiermacher católico, doce, *bonbon*, sentindo as paisagens e as religiões: Saint-Beuve, um poeta sem vintém, que gostaria de se transpor para a bisbilhotice das almas e que gostaria mesmo demais de esconder que ele não tinha uma base nem na vontade, nem na filosofia, sim, falta-lhe até mesmo aquilo que, segundo os dois, não é de se admirar, falta-lhe um gosto *fixo* propriamente dito em *artibus et litteris*. Por fim, nota-se nele o intuito de formar ainda a partir dessa falta uma espécie de princípio e método de neutralidade crítica: mas o enfado se revela de maneira por demais frequente, por um lado quanto ao fato de que ele algumas vezes não se mostrou efetivamente como neutro em relação a certos livros e homens, mas antes como entusiasmado – ele gostaria de eliminar, de dissimular esses *petits faits* terríveis de sua vida – por outro lado, porém, quanto ao *grand fait* muito mais desagradável de que *todos* os conhecedores de homens franceses também tinham ainda no corpo a sua vontade e o seu caráter próprios, de Montaigne, Charron, La Rochefoucauld até Chamfort e Stendhal: – em face de todos eles, Saint-Beuve não permanece sem inveja e, em todo caso, sem predileção e sem uma compreensão prévia. – Muito mais benfazeja, mais unilateral, mais apta em todos os sentidos é a influência de Flaubert: com uma preponderância do caráter, que suportava até mesmo a solidão e o insucesso – algo extraordinário entre franceses –, ele governa instantaneamente no reino da estética do romance e do estilo – ele elevou às alturas o francês ressonante e colorido. Em verdade, também lhe falta, tal como em Renan e em Saint-Beuve, o cultivo filosófico, assim como um conhecimento propriamente dito dos procedimentos científicos: uma necessidade profunda de análise e até mesmo de erudição, contudo, abriu caminho juntamente com um pessimismo instintivo, de maneira estranha talvez, mas de maneira suficientemente intensa para fornecer, com isto, um modelo para os escritores de romance atuais na França. De fato, remonta a Flaubert a nova cobiça da escola mais recente por se apresentar em atitudes científicas e pessimistas. – O que floresce agora na França em termos de poetas encontra-se sob a influência de Heinrich Heine e de Baudelaire, excluindo daí talvez Leconte de Lisle: pois, do mesmo modo que Schopenhauer já é agora mais amado e mais lido na França do que na Alemanha, o culto a Heinrich Heine também emigrou para Paris. No que concerne ao Baudelaire pessimista, ele faz parte do grupo daqueles anfíbios pouquíssimo críveis, que são tanto alemães quanto parisienses; sua poesia tem algo daquilo que se chama na Alemanha ânimo ou "melodia infinita" e, entre outras coisas, também "ressaca". De resto, Baudelaire foi o homem de um gosto talvez velado, mas muito determinado e agudo, além de seguro de si: com isto, ele tiraniza a incerteza de hoje. Se ele foi o primeiro profeta de seu tempo e o porta-voz de Dellacroix:

talvez ele tivesse sido hoje o primeiro "wagneriano" de Paris. Há muito Wagner em Baudelaire.

38 (6)
Victor Hugo, um "asno genial" – a expressão é de Baudelaire – que sempre teve a *coragem* para o seu mau gosto: ele compreendia por tal coragem comandar, ele, o filho de um general napoleônico. Em seus ouvidos, ele tinha as necessidades de uma espécie de retórica militar, ele imitava os tiros de canhões e o crepitar de rojões em suas palavras; o *esprit* francês aparece nele obscurecido por assim dizer pelo vapor e pelo barulho, com frequência até as raias de uma estupidez nua e crua. Nunca antes um mortal conseguiu escrever tais antíteses dotadas de um estalar tão grosseiro. Por outro lado, ele deu também aos desejos de pintor que eram próprios aos seus olhos o domínio sobre o seu espírito: ele regurgita *insights* pitorescos e não faz com frequência outra coisa senão descrever exatamente aquilo que *vê*, aquilo que a alucinação de pintor coloca diante de seus olhos. Ele, o plebeu, que, mesmo com o espírito, fazia as vontades de seus fortes desejos sensíveis, ou seja, de seus ouvidos e olhos – este justamente é o fato fundamental do *romantisme* francês, como uma reação plebeia do gosto: – ele se encontra, com isto, no caminho oposto e quer precisamente o inverso daquilo que os poetas de uma cultura nobre, tal como, por exemplo, Corneille, queriam de si. Pois esses poetas tinham seu gozo e sua ambição em dominar sentidos de um tipo ainda mais forte com o *conceito* e auxiliá-los a vencer as requisições brutais de cores, sons e figuras oriundas de uma espiritualidade fina e clara: com o que, ao que me parece, eles estavam no rastro dos grandes gregos, por mais que eles não tivessem nenhuma consciência disso. Precisamente aquilo que causa um mal-estar para o nosso gosto grosseiramente sensível e natural de hoje em relação aos gregos e aos franceses mais antigos – era o *intuito* de seu querer artístico, mesmo seu triunfo: pois eles combateram e venceram precisamente a "plebe dos sentidos", que nossos poetas, pintores e músicos ambicionam hoje levar até o nível da arte. Concorda com esse querer artístico de

Victor Hugo o seu querer político e moral: ele é superficial e demagógico, submisso em relação a todas as grandes palavras e gestos, um bajulador do povo, que fala com a voz de um evangelhista para todos os seres inferiores, oprimidos, desvalidos, aleijados e não tem a mais mínima ideia do que significam cultivo e probidade do espírito, do que significa consciência intelectual – no todo, um ator inconsciente, como quase todos os artistas do movimento democrático. Seu gênio atua sobre a massa ao modo de uma bebida alcoólica, que ao mesmo tempo embriaga e emburrece. – O mesmo gênero de simpatias e antipatias e algo semelhante no talento é algo que possui outro porta-voz do povo, Michelet; só que ele possui no lugar dos olhos de pintor uma capacidade admirável de captar mimeticamente estados de ânimo em si, à moda dos músicos: – na Alemanha obscura, ele seria hoje interpelado como um homem de *compaixão*. Essa "compaixão" é, em todo caso, algo impertinente; em seu trânsito e, ainda, em sua veneração dos homens do passado, há muita imodéstia, sim, me parece por vezes, como se ele se aproximasse de seu trabalho sentimental com um afã, de tal modo que ele tem a necessidade para tanto de retirar sua casaca. Seus olhos não olham na profundidade: todos os espíritos levemente "entusiasmados" foram até aqui superficiais. Para mim, ele é excitado demais: a justiça é para ele algo tão inacessível quanto aquela graça, que só brota da superioridade suprema. Em certa altura em termos de excitação, abatem-se sobre ele a cada vez as tribunas populares, ele também conhece por experiência própria os ataques de raiva da plebe, ataques esses característicos dos predadores. O fato de tanto Napoleão quanto Montaigne serem alheios a ele designa de maneira suficiente o elemento não nobre de sua moralidade. Estranho que ele, o erudito trabalhador e austero em seus hábitos e costumes, também tenha tomado parte muitas vezes das concupiscências sexuais curiosas de sua raça: e quanto mais velho ele se tornou, tanto mais cresceu esse tipo de curiosidade. – Por fim, democrático e consequentemente teatral é, do mesmo modo, o talento de Georg Sand: ela é eloquente em cada uma de suas más maneiras, de tal modo que seu estilo, um estilo colorido, exagerado ao extremo, atravessa cada metade de uma página com o seu sentimento – não o contrário, por mais que ela queira que se acredite no inverso. De fato, acreditou-se demais em seu sentimento: enquanto ela era rica naquela fria habilidade do ator, que sabe poupar seus nervos e fazer com que todo mundo acredite no contrário disso. Deve-se admitir em relação a ela que ela tem um grande talento para a narrativa; mas ela degradou tudo para sempre por meio de sua fogosa coqueteria feminina, mostrando-se em puros papéis masculinos, que não condiziam justamente com a sua estatura – seu espírito tinha pernas curtas –: de tal modo que os seus livros só foram levados a sério por um curto espaço de tempo e já caíram hoje sob o domínio da literatura involuntariamente cômica. E se não foi apenas coqueteria, mas também inteligência o que ela empreendeu, travestindo-se sempre com problemas masculinos e com os adereços dos homens, incluindo aí calças compridas e cigarros: por fim, apesar disto, saltou aos olhos o problema muito feminino e a infelicidade de sua vida, a saber, o fato de que ela tinha uma necessidade enorme de homens, e que mesmo nessas requisições seus sentidos e seu espírito não se mostravam em unidade. O que ela poderia fazer em relação ao fato de que os homens, com os quais seu espírito encontrou satisfação, sempre foram por demais adoentados para fazer bem aos seus sentidos? Por isto, o eterno problema de dois amantes ao mesmo tempo e uma eterna compulsão da vergonha feminina, para se iludir em relação a esse estado de fato e para agir como se problemas completamente diversos, muito mais universais, muito mais impessoais se encontrassem nela no primeiro plano. Por exemplo, o problema do casamento: mas o que lhe importava, afinal, o casamento!

38 (7)
  Agora impera por toda parte o esforço por desviar o olhar da grande influência propriamente dita que Kant exerceu sobre a Europa – e, dito expressamente, carregá-lo astutamente para além do valor que ele atribuiu a si mesmo. Antes de tudo e primeiramente, Kant estava orgulhoso de sua tábua de categorias e

dizia, com essa tábua nas mãos: "eis o mais difícil que *pôde* até aqui ser empreendido em auxílio da metafísica!" (compreende-se, porém, esse "pôde ser"!) – ele tinha orgulho disso, de ter descoberto no homem uma nova faculdade: a faculdade dos juízos sintéticos *a priori*. Não nos interessa aqui de maneira alguma o quanto ele tinha iludido a si mesmo nesse ponto: mas a filosofia alemã, tal como ela é admirada e tal como ela vem atuando em toda a Europa há séculos, depende desse orgulho e da rivalidade dos mais jovens para descobrir algo ainda mais digno de orgulho – e, em todo caso, novas faculdades! O que fez propriamente a *fama* da filosofia alemã até aqui foi o fato de se ter aprendido a acreditar por meio dela em um tipo de "apreensão intuitiva e instintiva da verdade"; e mesmo Schopenhauer, por mais que ele vociferasse contra Fichte, Hegel e Schelling, estava no fundo na mesma via, quando ele descobriu uma nova faculdade em uma faculdade antiga e conhecida, na vontade – a saber, ser ela mesma a "coisa em si". Isto significou de fato intervir vigorosamente e não poupar seus dedos, colocando-os inteiramente na "essência"! Foi bastante ruim o fato de essa essência ter se revelado aí desagradável, e, em consequência de os seus dedos terem se queimado, o pessimismo e a negação da vontade de vida terem se mostrado completamente necessários! Mas esse destino de Schopenhauer é um caso intermediário, que permaneceu sem influência para o significado conjunto da filosofia alemã, para o seu "efeito" superior: na questão principal, por outro lado, ele significou em toda a Europa uma reação alvissareira contra o racionalismo de Descartes e contra o ceticismo dos ingleses, uma reação em favor do "intuitivo" e "instintivo" e em favor de tudo o que é "bom, verdadeiro e belo". As pessoas acharam que o caminho para o conhecimento teria sido desde então *encurtado*, que se poderia experimentar de maneira corporalmente imediata "as coisas", esperava-se "poupar trabalho": e toda felicidade de que os nobres ociosos, os virtuosos, os sonhadores, os místicos, os artistas, os cristãos de meia pataca, os homens obscuros da política e as aranhas conceituais metafísicas são capazes de sentir foram colocados na conta dos alemães, em sua honra. A boa *fama* dos alemães foi produzida repentinamente na Europa: por meio de seus filósofos! – Espero que ainda se saiba, de qualquer modo, que os alemães tinham na Europa uma má fama! Que se acreditava junto a eles em propriedades servis e deploráveis, na incapacidade para o "caráter", na célebre alma de serviçal! De uma única vez, porém, aprendeu-se a dizer: "os alemães são profundos, os alemães são virtuosos – basta ler seus filósofos para ver isso!" Em seu fundamento último, foi a *castidade* contida e há muito tempo acumulada dos alemães, que finalmente explodiu em sua filosofia, de maneira obscura e incerta, certamente, tal como tudo o que é alemão, a saber, ora em estufas panteístas, como em Hegel e Schelling, como gnose, ora de maneira mística e negadora do mundo, como em Schopenhauer: no principal, porém, uma castidade cristã, e não uma pagã – para a qual Goethe e, antes dele, Espinosa tinham mostrado já uma tão grande boa vontade.

38 (8)

A vontade – Em toda palavra, está reunida uma multiplicidade de *sentimentos*: o sentimento do estado, do qual saímos, o sentimento do estado, para o qual nos dirigimos, o sentimento desse "de lá para cá" mesmo, o sentimento da duração aí, e, por fim, ainda um sentimento muscular que acompanha e que, mesmo sem colocar os braços e as pernas em movimento, desenrola inicialmente o seu jogo por uma espécie de hábito logo que nós "queremos". Portanto, assim como temos de reconhecer o sentimento e, em verdade, o sentir de muitas formas, como um ingrediente da vontade, também temos em segundo lugar o *pensar*: em todo ato de vontade há um pensamento que comanda – e não se deve, claro, acreditar que seria possível cindir esse pensamento do próprio querer, como se o querer, então, restasse. Em terceiro, a vontade não é apenas um complexo de sentir e de pensar, mas antes de tudo ainda um *afeto*: e, em verdade, aquele afeto do comando. Aquilo que é denominado liberdade da vontade é essencialmente o sentimento de superioridade com vistas àquele que precisa obedecer: "eu sou livre, ele precisa obedecer" – esta consciência está presente em toda e qualquer vontade, e mesmo aquela tensão da atenção, aquela visão clara, que tem em vista exclusivamente uma coisa, aquela avaliação exclusiva: "agora é necessário fazer isto e nada além disto", aquela certeza interna quanto ao fato de que se obedece e como isto tudo pertence ao estado do que comanda. Um homem que *quer* – comanda algo em si, que obedece, ou em relação ao que ele acredita que obedece. Agora, porém, observa-se o elemento mais essencial na "vontade", nessa coisa tão complicada, para a qual o povo tem uma única palavra. Na medida em que, no caso dado, nós somos ao mesmo tempo os que comandam e os que obedecem, e na medida em que, como os que obedecem, conhecemos os sentimentos da resistência, da imposição, da pressão, do *movimentar*, sentimentos esses que costumam começar imediatamente depois do ato da vontade; na medida em que, porém, temos o hábito de nos lançarmos para além dessa duplicidade por meio do conceito sintético "eu", *de nos evadirmos ilusoriamente daí*, se prendeu ao querer toda uma cadeia de conclusões falsas e, consequentemente, de falsas avaliações da própria vontade: – de tal modo que o que quer acredita com boa crença que sua vontade mesma seria, em relação à ação, o móbile próprio e suficiente. E como na grande maioria dos casos, só é querido lá onde se tinha o direito de esperar também pelo efeito do comando, o obediente, ou seja, a ação, a aparência traduziu-se, então, no sentimento, como se houvesse aí uma necessidade do efeito: em suma, o que quer acredita, com certo grau de segurança, que a vontade e a ação seriam de algum modo uma mesma coisa – ele computa o sucesso da execução da vontade como cabendo à própria vontade e goza aí de um acréscimo daquele sentimento de poder, que tudo o que comanda traz consigo. "Liberdade da vontade": esta é uma expressão para aquele estado muito misturado do que quer, que comanda e ao mesmo tempo, enquanto executor, goza do triunfo da superioridade sobre as resistências, mas que julga que a própria vontade superaria as resistências: – ele acrescenta os sentimentos de prazer oriundos do instrumento que leva a termo de maneira exitosa – o sentimento da vontade e da subvontade servis – ao seu sentimento de prazer como aquele que comanda. – Esta rede entrelaçada de sentimentos, estados e falsas suposições, que é designado pelo povo com uma palavra e como uma coisa, porque ele é repentino e se faz presente "de uma vez" e porque ele está entre as vivências mais frequentes e, consequentemente, mais conhecidas: *a vontade*, tal como a descrevi – será que se deveria acreditar que ela nunca chegou a ser descrita? Que o preconceito grosseiro do povo se manteve até aqui de maneira plena sem ser colocado à prova? Que, para além disto, não houve até aqui nenhuma diversidade de opiniões entre os filósofos sobre o que o "querer" seria, pois todos acreditavam que precisamente aqui se teria uma certeza imediata, um fato fundamental, que aqui não haveria nenhum lugar para a opinião? E que todos os lógicos ainda ensinam a unidade tripla entre "pensar, sentir e querer", como se "querer" não contivesse nenhum sentir e pensar? – De acordo com tudo isto, o maior engano de Schopenhauer, tomar a vontade como a coisa mais conhecida do mundo, sim, como a única coisa propriamente conhecida, parece menos desvairado e arbitrário: ele apenas assumiu e, tal como fazem em geral os filósofos, exagerou um preconceito descomunal de todos os filósofos até aqui, um preconceito popular.

38 (9)
 O perigo junto a espíritos extraordinários não é nenhum perigo pequeno. Há sempre o perigo de que eles em algum momento aprendam a aspirar aos gozos terríveis oriundos da destruição, do lento levar ao perecimento: a saber, quando o ato criador, por exemplo, por meio da falta de instrumentos ou por algum outro disparate do acaso, lhes é de algum modo recusado. Na administração de tais almas não há, então, nenhum ou-ou mais; e, talvez, eles precisem <degradar> com o prazer de um diabo e de maneira fina e demorada aquilo que eles até aqui mais amaram.

38 (10)
 O homem é uma criatura que cunha formas e ritmos; não há nada em que ele seja mais exercitado e parece que ele não consegue ter prazer em nada mais do que em *inventar* figuras.

É preciso apenas observar com o que nossos olhos se ocupam imediatamente, logo que eles não encontram mais nada para ver: eles *criam* para si algo para ser visto. É de se supor que nossos ouvidos, no mesmo caso, não façam nada além disto: eles se *exercitam*. Sem a transformação do mundo em figuras e ritmos, não haveria nada "igual" para nós, ou seja, nada retornaria, ou seja, não haveria nenhuma possibilidade da experiência e da apropriação, da *alimentação*. Em toda percepção, isto é, em toda apropriação maximamente originária, o acontecimento essencial é um agir, mais rigorosamente ainda: um impor formas: – só os superficiais falam de "impressões". O homem toma inicialmente contato com a sua força como uma força que resiste e, mais ainda, como uma força determinante – rejeitando, escolhendo, formando e conformando, inserindo em seus esquemas. Há algo ativo no fato de que nós acolhemos em geral um impulso e de que o acolhemos como tal estímulo. Esta atividade é apropriada não apenas para estabelecer as formas, os ritmos e as sequências das formas, mas também para avaliar o construto criado com relação à incorporação ou à rejeição. Assim surge nosso mundo, todo o nosso mundo: e esse mundo como um todo, que pertence apenas a nós e que é primeiro criado por nós, não corresponde a nenhuma "realidade efetiva propriamente dita", nenhuma "coisa em si": mas ele mesmo é a nossa única realidade efetiva e o "conhecimento" revela-se, considerado de tal modo, apenas como um *meio da alimentação*. Mas nós somos seres de difícil alimentação e temos por toda parte inimigos e nos deparamos por assim dizer com algo indigerível –: em relação a isto, o conhecimento humano se tornou *refinado* e, por fim, tão orgulhoso de sua fineza, que ele não gosta de ouvir que não seria nenhuma meta, mas um meio ou mesmo um instrumento do estômago – se é que não mesmo uma espécie de estômago! – –

38 (11)

O homem filosófico superior, que tem em torno de si a solidão, não porque ele quer ficar sozinho, mas porque ele *é* algo, que não encontra o seu igual: que perigos e novos sofrimentos não são reservados precisamente hoje para ele, hoje, no momento em que se desaprendeu a crença na ordem hierárquica e em que, consequentemente, não se sabe honrar e compreender essa solidão! Outrora, o sábio quase santificava a si mesmo para a consciência da massa por meio de tal colocar-se à parte – hoje, o eremita se vê como que envolto por uma nuvem turva de dúvidas e de suspeitas. E não, por exemplo, apenas por parte dos invejosos e dos deploráveis: ele precisa experimentar o desconhecimento, o descuido e a superficialidade mesmo junto a todo e qualquer querer bem, que ele vivencia, ele conhece aquela astúcia da compaixão, que se sente bem e sagrada, quando ela busca "salvá-lo" de si mesmo, por exemplo, por meio de situações mais cômodas, por meio de uma sociedade mais organizada, mais confiável – sim, ele terá de admirar o impulso à destruição, com o qual todos os medíocres do espírito se mostram ativos contra ele, e, em verdade, com a melhor crença em seu direito a isto! Para homens dessa solidão incompreensível, é necessário se enredar de maneira hábil e cordial mesmo no manto da solidão exterior, da solidão espacial: isto faz parte de sua inteligência. Mesmo astúcia e dissimulação são hoje necessárias, para que tal homem conserve a si mesmo, mantenha a si mesmo *em cima*, em meio às rápidas correntes do tempo que o puxam para baixo. Toda e qualquer tentativa de suportar isto *no* presente com o presente, toda e qualquer aproximação desses homens e dessas metas de hoje precisam ser expiadas por hoje como o seu pecado propriamente dito: e ele pode olhar embasbacado para a sabedoria velada de sua natureza, que o chamava de volta a si mesmo imediatamente por meio da doença e de acidentes terríveis.

38 (12)
E vós também sabeis o que para mim é "o mundo"? Devo mostrá-lo a vós em meu espelho? Esse mundo: um elemento descomunal de força, sem início, sem fim, uma grandeza fixa de força, com o caráter do bronze, que não se torna maior, nem menor, que não se desgasta, mas apenas se transforma, como um todo imutavelmente grande, uma administração sem gastos

e sem perdas, mas do mesmo modo sem crescimento, sem entradas, envolvida pelo "nada" como por seus limites, nada que se desvaneça, nada que se dissipa, nada infinitamente extenso, mas inserido como força determinada em um espaço determinado, que em algum lugar seria "vazio", mas que se mostra muito mais como força por toda parte, como jogo de forças e ondas de forças ao mesmo tempo um e "muitos", acumulando-se aqui e ao mesmo tempo diminuindo lá, um mar em si de forças que se abatem tempestuosamente sobre si mesmas e que afluem para o interior de si mesmas, eternamente se alterando, eternamente correndo de volta, com anos descomunais do retorno, com uma vazante e uma enchente de suas figuras, impelindo a partir das mais simples em direção às mais multifacetadas, a partir do mais silencioso, mais rígido, mais frio em direção ao mais ardente, mais selvagem, mais contraditório em relação a si mesmo, e, então, uma vez mais retornando ao simples a partir da plenitude, a partir do jogo das contradições de volta para o prazer da ressonância, afirmando a si mesmo ainda nessa igualdade de suas vias e anos, abençoando a si mesmo como aquilo que precisa eternamente retornar, como um devir, que não conhece nenhuma saciedade, nenhum enfado, nenhum cansaço –: esse meu mundo *dionisíaco* do eterno-criar-a-si-mesmo, do eterno-destruir-a-si-mesmo, esse mundo-misterioso da dupla volúpia, esse meu para além de bem e mal, sem meta, se é que não reside na felicidade do círculo uma meta, sem vontade, se é que um anel não tem uma boa vontade em relação a si mesmo – vós quereis um *nome* para esse mundo? Uma *solução* para todos os seus enigmas? Uma *luz* também para vós, os mais abscônditos de todos os abscônditos, os mais fortes, mais destemidos, mais amigos da meia-noite? – *Esse mundo é a vontade de poder – e nada além disto*! E vós também sois essa vontade de poder – e nada além disto!

38 (13)

Quando eu era mais jovem, eu me preocupava com o que seria, afinal, a filosofia: pois eu acreditava perceber características opostas nos célebres filósofos. Finalmente, me veio à cabeça o fato de que há dois tipos diversos de filósofos. Por um lado, aqueles que têm de reter algum grande estado de fato qualquer em termos de apreciações de valor, ou seja, valorações e criações valorativas de outrora (lógicas ou morais), e, por outro, então, aqueles que são eles mesmos legisladores em termos de apreciações de valor. Os primeiros buscam se apoderar do mundo presente ou passado, na medida em que sintetizam e abreviam esse mundo por meio de sinais. Cabe a esses investigadores tornar abarcável com o olhar, reflexível, palpável e manuseável tudo o que aconteceu e foi avaliado até aqui, dominar o passado, encurtar tudo o que é longo, sim, encurtar o próprio tempo: cabe a eles uma tarefa grande e maravilhosa. Os filósofos propriamente ditos, porém, *são aqueles que comandam e que se mostram como legisladores*, eles dizem: *é assim que deve ser*! Eles determinam pela primeira vez o para onde e o para quê do homem e dispõem sobre o trabalho prévio dos trabalhadores filosóficos, daqueles dominadores do passado. Esse segundo tipo de filósofos raramente vinga; e, de fato, sua situação e seu perigo são descomunais. O quão frequentemente eles não fecharam intencionalmente os seus olhos, para que não precisassem ver a beirada estreita, que os separava do abismo e da queda: por exemplo, Platão, ao se convencer de que o bem, tal qual ele o queria, não seria o bem de Platão, mas o bem em si, o eterno tesouro, que um homem qualquer de nome Platão teria encontrado em seu caminho! Em formas muito mais toscas vigora essa mesma vontade de cegueira junto aos fundadores de religião: o seu "tu deves" não pode de modo algum soar em seus ouvidos como um "eu quero" – só como o comando de um Deus é que eles ousam aceder à sua tarefa, só como "inspiração" é que sua legislação dos valores se mostra como um fardo *suportável*, sob o qual sua consciência moral *não* se quebra. – Logo que, então, aqueles dois meios de consolo, o de Platão e o de Maomé, se tornaram caducos e nenhum pensador conseguiu mais relaxar a sua consciência junto à hipótese de um "Deus" ou de "valores eternos", levantou-se a petição do legislador por novos valores ao nível de uma nova crueldade até então ainda não alcançada. Desde então, aqueles escolhidos, diante dos quais começa a alvorecer uma noção de tal dever, passam a fazer a tentativa de saber se eles ainda poderiam escapar "no tempo certo" desse dever como de seu grande perigo por meio de uma escapadela: por exemplo, na medida em que se convencem de que a tarefa já teria sido resolvida, ou de que ela seria insolúvel, ou de que eles não teriam ombros para tais pesos, ou de que eles já estariam sobrecarregados com outras tarefas mais próximas, ou mesmo de que esse novo dever distante seria uma sedução e uma tentação, um desvio de todos os deveres, uma doença, uma espécie de desvario. Alguns podem conseguir de fato se desviar: atravessa toda a história o rastro de tais desviantes e de sua má consciência. Na maioria das vezes, porém, aquela hora redentora, aquela hora outonal da maturidade, chegou para tais homens lá onde eles não precisaram fazer aquilo que eles nem mesmo "queriam": – e o fato, diante do qual eles mais tinham sentido medo anteriormente, caiu para eles da árvore, facilmente e sem que eles o quisessem, como um fato sem arbítrio, quase como um presente. –

38 (14)
    O que nos separa da maneira mais fundamental possível de todos os platônicos e leibnizianos é o seguinte: nós não acreditamos em conceitos eternos, em valores eternos, em formas eternas e em almas eternas; a filosofia, até o ponto em que ela é ciência e não legislação, significa para nós apenas a mais abrangente extensão do conceito de "história". A partir da etimologia e da história da linguagem, nós tomamos todos os conceitos como *tendo vindo a ser*, muitos como ainda estando vindo a ser; e, em verdade, de tal modo que os conceitos mais universais, enquanto *os mais falsos* de todos, também precisam ser os mais antigos. "Ser", "substância" e "incondicionado", "igualdade", "coisa" –: o pensar inventou para si em primeiro lugar e em tempos imemoriais esses esquemas, que de fato contradiziam o mundo do devir da forma mais fundamental possível, mas que *pareciam* corresponder desde o princípio a ele em meio ao embrutecimento e à mesmice da consciência inicial, ainda subanimal: toda "ex-

periência" parecia sublinhá-la sempre de novo e totalmente ela apenas. A igualdade e a semelhança tornaram-se onipresentes, juntamente com o aguçamento dos sentidos e da atenção, com o desenvolvimento e a luta da vida mais multifacetada possível, cada vez mais raramente admitida: enquanto para os seres maximamente inferiores tudo parecia "eternamente igual a si", "uno", "persistente", "incondicionado", "desprovido de propriedades". De maneira onipresente, o "mundo exterior" multiplicou de tal modo as suas faces; mas através de enormes espaços de tempo, uma coisa foi considerada na Terra como igual e coincidente com uma única característica, por exemplo, com uma determinada cor. A pluralidade de características em uma coisa particular foi algo que só foi admitido com a maior lentidão: ainda a partir da história da linguagem humana, vemos uma resistência em relação à pluralidade de predicados. A mais longa confusão, porém, é a de que o sinal-predicado é estabelecido como igual à própria coisa; e os filósofos que reproduziram da melhor maneira possível em si precisamente os mais antigos instintos da humanidade, assim como os temores mais antigos e as superstições mais arcaicas (como a superstição da alma) – pode-se falar neles de um atavismo *par excellence* – eles imprimiram seu selo sobre essa confusão, quando eles ensinaram que precisamente os sinais, a saber, as "ideias", seriam o elemento verdadeiramente presente, imutável e universalmente válido. Enquanto de fato é o pensar, em meio à percepção de uma coisa, que envolve uma série de sinais, que a memória oferece a ele, e que ela busca segundo semelhanças; enquanto o homem, com um sinal semelhante estabelece, capta, *apreende* a coisa como "conhecida", ele achou durante muito tempo que a teria justamente por meio daí *concebido*. A apreensão e a captação, a apropriação significava já para ele um conhecimento, um conhecer até o fim; as palavras, até mesmo na linguagem humana, pareciam – e continuam parecendo para o povo ainda hoje – não ser de modo algum sinais, mas verdades no que diz respeito às coisas designadas com eles. Quanto mais refinados os sentidos, quanto mais rigorosa a atenção, quanto mais multifacetadas as tarefas da vida foram se tornando, tanto mais dificilmente se admitiu também o conhecimento de uma coisa, de um fato, enquanto conhecimento derradeiro; e, por último, mas não menos importante, no ponto para o qual nos impeliu hoje a desconfiança metodológica, não nos damos mais de modo algum o direito de falar de verdades no sentido incondicionado – nós abjuramos a crença na cognoscibilidade das coisas, assim como a crença no conhecimento. A "coisa" é apenas uma ficção, a "coisa em si" até mesmo uma ficção contraditória e inadmissível: mas mesmo o conhecimento, o absoluto e consequentemente também o relativo, também não passa do mesmo modo de uma ficção! Com isto elimina-se também a compulsão para estabelecer algo que "conhece", um sujeito para o ato de conhecer, uma "inteligência" qualquer, um "espírito absoluto": – essa mitologia ainda não completamente abandonada por Kant, a qual Platão preparou para a Europa da maneira mais fatídica possível e que ameaçou com o dogma fundamental cristão "Deus é um espírito" toda ciência do corpo e, por meio daí, também o desenvolvimento ulterior do corpo com a morte – pois bem, essa mitologia teve o seu tempo.

38 (15)
    Vivenciei muitas coisas estranhas em relação ao efeito de meus livros. Recentemente, deparei-me com a carta de um velho nobre holandês que tinha considerado o *Humano, demasiadamente humano* como o seu mais caro companheiro de vida; o *Nascimento da tragédia* talvez tenha produzido em Richard Wagner o maior eco de felicidade de toda a sua vida, ele ficou fora de si, e há coisas maravilhosas no *Crepúsculo dos deuses* que ele produziu neste estado de uma esperança inesperadamente extrema. (Outrora – – –
    Gostaria de saber se esse livro foi compreendido por alguém: seus panos de fundo fazem parte de minha propriedade mais pessoal. Zaratustra tem as avaliações de alguns séculos contra ele; não acredito absolutamente que alguém hoje esteja em condições de ouvir ressoar o seu tom conjunto: sua compreensão também pressupõe tal trabalho filológico, mais do que filosófico,

mas não há hoje ninguém que seja capaz de empregar tal trabalho, por falta de tempo. Eu mesmo estou muito satisfeito com o fato de que meu gosto *in musicis* e *philosophicis*, o qual em 1865 (um momento no qual eu era o único alemão que se mostrava no mesmo nível que Schopenhauer e Wagner – – – pertence agora ao gosto alemão. A seleção que as pessoas empreendem em relação aos meus livros me dá o que pensar.

38 (16)
O uso irrefletido de suplentes, assim como do luxo e da riqueza dos espíritos, para dar aqui os atributos da força a uma fraqueza: o que quase dá o caráter do estilo wagneriano.

38 (17)
A perversidade da mentalidade de Schopenhauer e meu Nascimento da tragédia.

38 (18)
"ele poderia ter agido de outro modo" – este ponto de vista sobre o surgimento do sentimento de justiça foi erradamente compreendido por Rée.

38 (19)
O primeiro rastro de uma reflexão filosófica, da qual eu, olhando panoramicamente para a minha vida, consigo me apoderar, foi uma experiência com a qual me deparei em um pequeno escrito de meus 13 anos: esse escrito contém um *insight* sobre a origem do mal. Meu pressuposto era o de que, para um deus, pensar algo e criar algo seria uma e a mesma coisa. Então, concluí da seguinte forma: Deus pensou a si mesmo outrora, quando ele criou a segunda pessoa da divindade: no entanto, para que ele pudesse pensar a si mesmo, ele precisou primeiro pensar a sua contradição. O diabo tinha, portanto, em minha representação, a mesma idade que o filho de Deus, até mesmo com uma origem mais clara – e a mesma *proveniência*. Sobre a questão de saber se

seria possível para um deus pensar o seu oposto, eu busquei um auxílio para sair daí dizendo: para ele, porém, tudo é possível. E, em segundo lugar, é um fato, caso a existência de um ser divino possa ser considerada um fato; consequentemente também era possível para ele – – –

38 (20)
Sem uma satisfação apaixonada com os aventureiros do conhecimento, será difícil para alguém suportar estar por um longo tempo em seus reinos cheios de perigo; e qualquer um, que seja por demais covarde ou casto para tais "digressões", a ele permitimos com prazer que ele construa a partir daí para si também uma virtude e um elogio. Para os espíritos mais fortes, contudo, vale aquela exigência de que se precisaria ser, em verdade, um homem da paixão, mas também o *senhor* de suas paixões; mesmo com vistas à sua paixão pelo conhecimento. Assim como Napoleão, para o espanto de Talleyrand, deixou que sua ira ladrasse e urrasse no tempo escolhido, e, então, de maneira igualmente repentina, a trouxe de volta ao silêncio, o espírito forte também deve fazer o mesmo com os seus cães selvagens: ele precisa, por mais violenta que seja nele a vontade de verdade – esse é o seu cão mais selvagem – *poder* deixar ser no tempo escolhido a vontade corpórea de não verdade, a vontade de incerteza, a vontade de ignorância, e, antes de tudo, a vontade de *loucura*.

38 (21)
O decréscimo da graça. – Entre os sintomas do embrutecimento geral, tal como esse é adequado a uma era, que transforma cada vez mais a plebe em senhor, não estão entre os menos sensíveis o crescente *laissez-faire* em relação às mulheres e uma espécie de "retorno à natureza", isto é, à plebe: mesmo em lugares, nos quais se insistia anteriormente em hábitos nobres e rigorosos como um privilégio: por exemplo, nas cortes. As pessoas encontram-se estupefatas com a falta de fineza mesmo na lida com as mulheres mais dignas de amor: e nós buscamos auxílio – – –

38 (22)
Um jardim, no qual mesmo a grade é dourada a ouro, não precisa ser protegido apenas em relação aos ladrões e aos vagabundos. Seus piores perigos vêm para ele de seus admiradores impertinentes, que sempre quebram por toda parte algo e que gostaria de carregar consigo isso ou aquilo como lembrança. E vós não notais, afinal, vós ociosos em meu jardim, que vós não conseguis se *justificar* nem mesmo ao lado de minhas ervas e de minhas ervas daninhas, de tal modo que elas vos dizem na cara: fora daqui, ó vós impertinentes – – –

[39 = N VII 2a. Z I 2b. Agosto – Setembro de 1885]

39 (1)
A vontade de poder
Tentativa
de uma interpretação
de todo acontecimento.
Por
Friedrich Nietzsche

39 (2)
"Espírito nublado"
Como uma criança junto a feriados alheios: ela se apresenta tímida – ela nunca tinha escutado ainda esses sinos, nunca tinha visto ornamentos e essas festividades.

Será que sou, afinal, um espelho, que logo fica turvo e cego, quando uma respiração alheia me enche de fumaça e me vaporiza?

O que tu queres ao raspar a penugem de tais coisas? –

Verdades, que não toleram nenhum riso

39 (3)
Zaratustra, 5 (a juventude como tom fundamental)
guerreiro no grau extremo
Em uma antiga *fortificação* os tambores dos arautos.
(finais) da noite como no Rialto.
a festa das rosas.

Zaratustra, o eremita sem Deus, o primeiro solitário, que não orava.

Vós sois fortes o suficiente para as minhas verdades?

Quem me pertence? O que é nobre?

"*Vós sois tais*" (como refrão) a ordem hierárquica: e vós precisais ter tudo em vós, para poder dominar, mas também *entre* vós!

Refrão: e se vós não deveis falar: "nós os honramos, mas somos de um tipo superior" – assim, vós não sois de *meu* tipo.

A festa das rosas.
À noite na ponte.
Zaratustra olhou feliz para o fato de a luta entre as castas ter *passado*, e de, agora, ser finalmente tempo para uma ordem hierárquica dos indivíduos.

O ódio ao sistema de nivelamento democrático está apenas no *primeiro plano*: em verdade, ele está muito feliz em saber que *as coisas chegaram a esse ponto*. Agora, ele pode resolver suas tarefas. –
Suas doutrinas estiveram dirigidas até aqui apenas para as castas dominantes do porvir. Esses senhores da terra devem, então, **substituir** Deus, criando para si a profunda confiança incondicionada dos dominados. Em primeiro lugar: *sua nova sacralidade, sua recusa à felicidade e ao conforto.* Eles deixam para *os mais inferiores* a espera pela felicidade, não para *si*. Eles redimem os desvalidos por meio da doutrina da "morte rápida", eles oferecem religiões e sistemas, sempre de acordo com a ordem hierárquica.

39 (4)
A autoprojeção do espírito, o rangido das engrenagens lógicas, o desvendar dos instintos.

Supondo que vós tivésseis dissolvido tudo em fórmulas: o que aconteceria então? Devemos *viver* com má consciência?

Admiro as grandes *falsificações* e *reinterpretações*: elas nos elevam para além da felicidade do animal.

A superavaliação da veracidade, em círculos do animal de rebanho, tem um bom sentido. Não se deixar enganar – e, consequentemente, não enganar.

Que o veraz tenha em si mais valor do que o mentiroso não tem como ser comprovado: e, supondo, que a vida se baseia em um ser iludido consequente, então um mentiroso consequente poder alcançar as mais elevadas honras. O fato de que se traz prejuízo ao outro, quando não se "diz a verdade", é uma ingenuidade. Se o valor da vida reside em erros nos quais acreditamos bem, o elemento nocivo se encontra no "dizer a verdade".

39 (5)
Alijar a vida no além? – retirou-se da vida o foco.

39 (6)
Assim como a covarde matadora persegue a sua meta, degradando aquilo que ele quer ter apenas como apoio: a razão faz a mesma coisa com os filósofos. O que significa cada filosofia para a vida do homem? Ela se mostraria como elevação do sentimento de poder: ou como meio para mascarar uma existência insuportável? Por detrás da consciência trabalham os *impulsos*.

39 (7)
Alimentação, propriedade, procriação, volúpia (como narcose, trabalho, superação de oscilações).

O homem sublime tem o valor supremo, mesmo quando ele é totalmente terno e frágil, porque uma profusão de coisas completamente difíceis e raras foi cultivada através de muitas gerações e mantida conjuntamente.

Animais da floresta virgem os romanos.

39 (8)
A divinização do diabo – como aconteceu essa ilusão celeste! –

A crença nos bens, justiça e verdade no fundo das coisas tem algo de arrancar os cabelos.

As máscaras do diabo.

39 (9)
A interpretação da natureza: nós nos inserimos aí
– o caráter terrível.

39 (10)
Zaratustra, 1. Os princípios da diferenciação.
Toda felicidade permitida apenas como tratamento e como descanso. Contra os "felizes", os "bons" e os animais de rebanho.
Zaratustra, 2. A *"autossuperação"* do homem.

A maior de todas as lutas e o mais longo cultivo.
Conjurar como meios os "tentadores".
Zaratustra 3 do anel
a floresta virgem, tudo em uma grandeza terrível

39 (11)
Para não enunciar algo oposto à essência do mundo, é preciso insistir no fato de que cada instante significa um adiamento necessário conjunto de todas as transformações; mas como algo pensante, criador, precisa haver naturalmente comparações, que, consequentemente, também podem ser *atemporais* em face de seus próprios estados internos.

39 (12)
   Cap. Alimentação
      Geração.
      Adaptação.   Recondução à vontade de poder.
      Herança.
      Divisão de trabalho.
   Cap. A *justaposição* da consciência ao lado daquilo que propriamente *impele e governa*.
   Cap. A inversão da ordem temporal: também no crescimento embrional (o desenvolvimento orgânico, ao contrário, tal como ele está depositado na memória: ao mesmo tempo o que há de mais antigo como o que há de mais forte à frente). Como é que os erros mais antigos fornecem por assim dizer a engrenagem, na qual todo o resto se retém.
   Cap. O desenvolvimento do lógico.

39 (13)
   As propriedades do orgânico.
   O desenvolvimento dos seres orgânicos.
   A associação do orgânico e do inorgânico.
   "Conhecimento" na relação com as condições da vida. O "elemento perspectivístico".
   "Leis naturais" como constatação de relações de poder.

"Causa e consequência", uma expressão para a necessidade e imprescindibilidade dessa fixação de poder.
Liberdade da vontade de poder.
Dor e prazer na relação com a vontade de poder.
"Pessoa" "sujeito" como ilusão. Uma coletividade dominada. A partir do fio condutor do corpo.
Governar e obedecer como expressão da vontade de poder no orgânico.
Surgimento do lógico como "fundamentação".
Contra o autoespelhamento. Matem<ática>.
O mundo físico tanto quanto o mundo anímico os dois falsos, mas equívocos duradouros.
O artista e a vontade de poder. A impressão de neutralidade é encantadora para animais de rebanho. Palazzo, Pitti e Phídias. Arte a cada vez segundo a moral, para rebanhos ou para líderes: – – –
a *refutação* de Deus; em termos próprios, só o Deus moral é refutado.
Direitos e deveres.
As penas
Ponto de partida. Ironia em relação a Descartes: supondo que haveria no fundo das coisas algo enganador, do qual nós teríamos provindo, de que adianta de *omnibus dubitare*[121]! Este poderia ser o meio mais belo de se enganar. Além disto: ele é possível?

"Vontade de verdade" como "eu não quero ser enganado" *ou* "eu não quero enganar" *ou* "eu quero me convencer e me tornar firme", enquanto forma da vontade de poder.
"Vontade de justiça"
"Vontade de beleza"   tudo vontade de poder
"Vontade de ajudar"
                 Nenhum bem.

---

121 **N.T.:** Em latim no original: "duvidar de tudo".

39 (14)
Como prefácio.

O *conceber* humano – que só é por fim uma interpretação segundo as nossas necessidades – se encontra em uma relação com o nível hierárquico, que o homem assume na ordem de todos os seres. Poderia servir como exemplo o quanto o dedo sabe daquilo que o pianista realiza com ele. Ele não pressentirá a presença de nada senão processos mecânicos e combinará esses processos logicamente. Também entre os homens, os seres inferiores exercem suas forças, sem pressentimento de para que eles servem no grande todo. A causalidade física conjunta é *interpretável* de 100 maneiras, sempre de acordo com o fato de ser um homem ou outros seres que o interpretam. – Para tipos mais toscos de homem, o tipo *humano* de bem, de justiça ou de sabedoria era *comprovável* a partir da natureza. Na medida em que homens mais refinados espiritualmente recusam agora essa comprobabilidade, eles o fazem porque seu conceito de bem, de justiça e de sabedoria amadureceu. O ateísmo é a consequência de uma *elevação do homem*: no fundo, ele se tornou mais envergonhado, mais profundo e mais modesto em face da plenitude do todo; ele concebeu *melhor* a sua ordem hierárquica. Quanto *mais amplamente* nosso conhecimento cresce tanto mais o homem se sente em seu *canto*. Os artigos de fé mais despudorados e mais fixos, que portamos em nós, provêm de tempos da maior ignorância, por exemplo, do fato de nossa *vontade ser causa* etc. O quão ingenuamente nós transportamos as nossas apreciações de valor para o interior das coisas, por exemplo, quando falamos de *leis naturais*! Poderia ser útil fazer ao menos uma vez a tentativa de um modo de interpretação *completamente diverso*: para que, por meio de uma contradição mais encarniçada, seja concebido o quão inconscientemente nosso *cânone moral* (primado da verdade, da lei, da racionalidade etc.) *rege* em *toda a nossa assim chamada ciência.*

Expresso em termos populares: Deus é refutado, mas o diabo não: e todas as funções divinas pertencem concomitantemente à sua essência: o inverso não era válido!

Ele ilude, ele cria mil intelectos.
Ele destrói com predileção
Ele degrada, na medida em que impele para o enobrecimento supremo.
Na floresta: ele deixa que sua inocência seja venerada.
Por fim: por que odiamos tal ser?

39 (15)
Para a introdução.
Não é o pessimismo (uma forma de hedonismo) que é o grande perigo, o acerto de contas sobre prazer e desprazer, e saber se a vida humana talvez traga consigo um excedente de sentimentos de desprazer. Mas a *ausência de sentido* de todo acontecimento! A interpretação moral se tornou caduca ao mesmo tempo que a interpretação religiosa: isto eles não sabem naturalmente, os supérfluos! Instintivamente, eles se agarram, quanto mais desprovidos de castidade eles são, com os dentes nas valorações morais. Schopenhauer como ateu uma maldição em relação ao ateísmo citado, que despe o mundo da significância moral. Na Inglaterra, as pessoas se empenham por irmanar a moral e a física, o senhor von Hartmann e a irracionalidade da existência. Mas o grande temor propriamente dito é: *o mundo não tem mais sentido algum.*
Em que medida juntamente com "Deus" a moral até aqui também se suprimiu: eles se sustentavam mutuamente.
Agora, trago uma nova interpretação, uma interpretação "amoral" aparece na relação com a nossa moral até aqui como caso especial. Dito de maneira popular: Deus é refutado, o diabo não. –

39 (16)
Com a questão insana e imodesta de saber se no mundo prepondera o prazer ou o desprazer, nós nos encontramos no meio do diletantismo filosófico: algo desse gênero deveria ser deixado para os nostálgicos e para as mulherezinhas. Em uma estrela próxima, já poderia haver tanta felicidade e aprazibilidade que, com

isto, compensaria 10 vezes "todo o queixume da humanidade": o que sabemos disso! E, por outro lado, queremos ser, sim, de qualquer modo apenas os herdeiros da perspicácia e da sutileza cristãs, de tal modo que nós não condenamos o sofrimento *em si*: quem não sabe mais utilizar o sofrimento de maneira moral, para a "salvação da alma", deveria ao menos deixá-lo vigorar esteticamente – seja como artista ou como um contemplador das coisas. O mundo, abstraído do sofrimento, é aestético em todos os sentidos: e, talvez, o prazer seja apenas uma forma e um tipo rítmico do sofrimento!

Queria dizer: talvez o sofrimento seja algo de essencial a toda existência.

39 (17)
Pode-se esperar que o homem se alce tão elevadamente que as coisas supremas até aqui, por exemplo, a fé em Deus até aqui, apareçam para ele como infantis e pueris, assim como tocantes, sim, pode-se esperar que ela faça uma vez mais o que ela fez com todos os mitos, a saber, que ela os transforme em histórias de crianças e em contos de fada.

39 (18)
N.B. A credibilidade do corpo é em primeiro lugar a base, segundo a qual o *valor de todo pensamento* pode ser avaliado. Supondo que teríamos *inventado* puras coisas, que não há (como, por exemplo, o supõe Teichmüller!) etc. O corpo comprova-se *cada vez menos* como aparência! Quem teve até aqui *razões* para pensar o corpo como *aparência*? O venerando consumado do Brâmane.

39 (19)
Mulher.
E quando é que uma mulher chega algum dia a se conscientizar de algum dom: o quanto de autoadmiração ridícula, o quanto de "parvoíce" não é desencadeado com isto ao mesmo tempo a cada vez!

39 (20)
Judeu
– Eu destaco com distinção Siegfrid Lipiner, um judeu polonês, que sabe conformar as formas múltiplas da lírica europeia da maneira mais graciosa possível – "quase autêntico", como um ourives diria –

39 (21)
Hellwald, história natural do homem.
Hermann *Müller*   sobre plantas
Burmeister

39 (22)
Zaratustra, 4.
diz para os seus: prestem atenção em quem fala *contra* o sofrimento, a aparência, a loucura
– quem fala assim *pertence ao povo*, mesmo como filósofo. Como é que se pode falar melhor para a massa? *Eu não sei*, não faz parte de minha tarefa. Parece-me que se precisa *dificultar-lhes* a vida bastante, por meio das exigências de virtudes rigorosas: se não, eles ficam preguiçosos e agradáveis, mesmo no pensamento.
Para os homens *inferiores* valem as valorações inversas: o que está em questão é plantar neles as virtudes. Os comandos absolutos, os mestres terríveis da coação, eles arrancam da vida simples
O significado das religiões
Zaratustra como sedutor da juventude, a vingança dos pais, ele os conclama a esperar.
Zaratustra dirigindo-se para as trincheiras do forte: – ele escuta a pregação do pessimismo absoluto. A cidade é cercada. Ele silencia.

[40 = W I 7a. Agosto – Setembro de 1885]

40 (1)
Cansados, sofredores, amedrontados pensam em paz, em imobilidade, em tranquilidade, em algo semelhante ao sono profundo, quando eles pensam na felicidade suprema. Muito dessas coisas entrou na filosofia. Assim como o temor diante do incerto, da plurissignificância, do que é capaz de negociação fez com que se honrasse o seu oposto, o simples, o que permanece igual a si mesmo, o calculável, o certo. – Um outro tipo de ser honraria os estados 7777777inversos. Mas quando eu há 100 anos – – –

40 (2)
A vontade de poder
Tentativa de uma nova interpretação de todo acontecimento.
(Prefácio sobre a ameaça da "falta de sentido". Problema do pessimismo.)
Lógica.
Física.
Moral.
Arte.
Política.

40 (3)
Para quem esta interpretação é importante. Novos "filósofos". Pode haver aqui e acolá alguém que, de maneira semelhante, ame sua independência, – mas nós não nos impomos uns aos outros, nós não "ansiamos" uns pelos outros.

40 (4)
Nós somos os *herdeiros* de um modo ruim e imperfeito, do modo de todos o *mais antigo* de observar e concluir. Nossos conceitos mais fundamentais e mais incorporados serão com certeza os mais falsos: na medida em que é com eles justamente que se torna possível viver! Mas pode-se perguntar inversamente:

a vida seria efetivamente possível com uma observação mais refinada e com um procedimento mais rigoroso e mais cauteloso de estabelecimento de conclusões? Mesmo hoje ainda, a parte prática de nossa vida é no sentido mais tosco possível *experimental*, ela está direcionada para a felicidade: basta ver o que a maioria dos homens sabe sobre a alimentação! O fato de a consonância a fins dos meios na história conjunta dos organismos ter aumentado (como Spencer pensa) é um julgamento inglês e superficial; na relação com o caráter complicado de nossos fins, a estupidez dos meios *permaneceu* provavelmente *igual* a si mesma.

40 (5)
O *acréscimo* da **dissimulação** na ordem hierárquica dos seres (no poder inorgânico contra o orgânico de maneira totalmente crua, no mundo orgânico *astúcia* etc.), os grandes homens como César, Napoleão (as palavras de Stendhal sobre ele), assim como as raças superiores (italianos etc.). Não se deveria considerar como possível que a mais multifacetada astúcia fizesse parte conjuntamente da essência de criaturas superiores? Naturalmente, o sentido da verdade (ver o que *é*) também precisaria experimentar um acréscimo, para poder brilhar. O ator. Dioniso.

40 (6)
O quão pobres foram os filósofos até aqui, quando a língua, ao menos a gramática, não lhes soprou no todo aquilo que neles há do "povo"! Nas palavras escondem-se verdades, ao menos pressentimentos da verdade: todos acreditam nisso de maneira firme e rígida: por isto, a tenacidade com a qual eles se colocam em suspenso junto ao "sujeito", ao "corpo", à "alma", ao "espírito". Que juízo já não se encontra por si só naquele erro mumificado, que a palavra "abstração" abriga em si! Como se por meio do alijamento e não muito mais por meio do sublinhar, do destacar, do intensificar, surgisse aquilo que se designa com isso! Assim como toda e qualquer figura surge e se torna possível em nós, por meio do embrutecimento.

40 (7)
Assim como precisou anteceder o surgimento da Aritmética um longo exercício e uma longa pré-escola no ver de maneira igual, no querer tomar as coisas como iguais, no estabelecimento inicial de casos idênticos, o mesmo também acontece com a conclusão lógica. O juízo é originariamente ainda mais do que a crença em que "isto e aquele *são* verdadeiros", ele diz "eu quero que as coisas sejam verdadeiras de tal e tal modo". O impulso para a assimilação, aquela função fundamental orgânica, na qual se baseia todo crescimento, também se adéqua internamente àquilo de que ele se apropria na proximidade: a vontade de poder funciona nesse envolvimento do novo sob as formas do velho, do já vivenciado, ainda vivo na memória: e nós o chamamos, então, "conceber"!

40 (8)
O conceito de "indivíduo", "pessoa" contém um grande alívio para o pensar naturalista: que se sente bem antes de tudo junto ao um vezes um. De fato, estão imersos aí preconceitos: nós não temos infelizmente nenhuma palavra, para designar o efetivamente presente, a saber, o grau de intensidade no caminho em direção ao indivíduo, à "pessoa". Dois vem a ser a partir de um, um a partir de dois: é isto que temos a olhos vistos em meio à procriação e à propagação dos organismos mais inferiores; o acontecimento real e efetivo contradiz constantemente a matemática, contra*vive*, se é que os senhores me permitem essa expressão. Usei certa vez a expressão "muitas almas mortais": do mesmo modo que cada um tem o que importa para se transformar em muitas *personae*.

40 (9)
Há cabeças esquemáticas, tais cabeças que consideram um complexo de pensamentos como *mais verdadeiro*, quando ele se deixa inscrever em esquemas anteriormente projetados ou em tábuas de categorias. Há inumeráveis autoilusões nesta região: quase todos os grandes "sistemas" fazem parte daí. *O preconceito fundamental* é, porém: que a ordem, a visão panorâmica, o

sistemático precisaria estar arraigado no *ser verdadeiro* das coisas, e que, inversamente, a desordem, o caótico, o incalculável, só viria à tona em um mundo falso ou conhecido de maneira incompleta – em suma, seria um erro –: – o que é um preconceito moral é algo que deduzimos do fato de que o homem verdadeiro e confiável costuma ser um homem da ordem, das máximas, e, no todo, algo calculável e pedante. Ora, mas é completamente indemonstrável que o em si das coisas se comporte de acordo com essa receita de um funcionário padrão.

40 (10)
– Descartes não é suficientemente radical para mim. Em sua exigência por ter algo seguro e em seu "eu não quero ser enganado", é necessário perguntar "por que *não*"? Em suma, preconceitos morais (ou fundamentos da utilidade) em favor da certeza contra a aparência e a incerteza. É a partir daí que considero os filósofos, desde a filosofia veda até agora: por que este ódio em relação ao não verdadeiro, mal, doloroso etc.? – Para o prefácio. Primeiro eliminar as valorações mora<is>! – Faz parte do "imperativo categórico" um imperador!

40 (11)
– As crianças da inocência, que acreditam em "sujeito", predicado e objeto, os que têm fé na gramática, que ainda não ouviram falar de nossa maçã do conhecimento!

40 (12)
Teichmüller, p. 25 "se for uma conclusão o caso em que declaramos as assim chamadas coisas como sendo, então já precisamos saber antes disso que natureza (*terminus medius*) o ente (*terminus major*) possui, a fim de podermos atribuir ou recusar esse conceito às coisas". Em contrapartida digo: "*pensam* saber".

As "leis lógicas" são definidas em Spir I, p. 76, como "princípios gerais de afirmações sobre objetos, isto é, como uma necessidade interior de acreditar em algo dos objetos".

Minhas representações fundamentais: "o incondicionado" é uma ficção regulativa, que não tem como ser imputada a nenhuma existência, a existência não pertence às propriedades necessárias do incondicionado. Do mesmo modo "o ser", "a substância" – todas essas coisas, que não *deveriam* ser hauridas da experiência, mas que, de fato, *por meio de uma interpretação equivocada da experiência, são conquistadas a partir dela.*
As interpretações até aqui tinham todas um certo sentido para a vida – conservando, tornando suportável ou alienando,
Capítulo final refinando, também com certeza separando o doente e levando-o à extinção. Minha nova interpretação oferece aos filósofos do futuro enquanto senhores da terra o desprendimento necessário.
1. Não tanto "refutado", mas incompatível com aquilo que agora consideramos e acreditamos "nobre": nesta medida, a interpretação religiosa e moral é para nós impossível.

40 (13)
A lógica está unida com a seguinte condição: *supondo que há casos idênticos*. De fato, para que se pense e se conclua de maneira lógica, *essa* condição precisa atuar primeiro como preenchida. Ou seja: a vontade de *uma verdade lógica* só pode se realizar depois que é empreendida uma *falsificação* principial de todo acontecimento. Do que se obtém o fato de que vigora aqui um impulso, que é capaz de usar os dois meios, em primeiro lugar a falsificação e, então, a realização de um ponto de vista: a lógica *não* provém da vontade de verdade.

40 (14)
Poder-se-ia dizer que o caráter complicado dos caminhos (por exemplo, de uma planta, para chegar à fecundação) seria um argumento *contra* a sua intenção: pois aqui se pensa um espírito refinado, que escolheria fazer grandes desvios e que, com vistas ao caminho, seria esperto, com vistas à escolha precisamente

desse caminho, estúpido – ou seja, um tipo contraditório de espírito. Contra essa concepção, porém, eu remeteria para a nossa experiência humana: nós precisamos nos valer deste elemento casual e perturbador, acolhendo-o concomitantemente em cada um de nossos projetos, de tal modo que tudo aquilo que levamos a termo portaria todo o caráter igual de um espírito, que alcança seu lugar apesar dos muitos obstáculos, ou seja, com muitas linhas tortas. Se pensássemos nesse caso traduzindo-o no descomunal: então a aparente estupidez do curso do mundo, o caráter de desperdício de vítimas inúteis talvez fosse apenas uma consideração vinda de um *recanto*, uma consideração perspectivística para pequenos seres, tal como nós somos. No que concerne ao fato de nós não conhecermos os *fins*, é infantil criticar os meios segundo o aspecto de sua racionalidade. É certo que eles não são precisamente "humanos".

40 (15)
O juízo se mostra como a crença em que "tal e tal coisa são assim". Portanto, esconde-se no juízo a admissão de que se encontrou um caso idêntico: ele pressupõe, com isto, comparação, com o auxílio da memória. O juízo *não* cria o fato de parecer estar presente um caso idêntico. Ao contrário, ele acredita perceber algo desse gênero; ele trabalha sob o pressuposto de que há em geral casos idênticos. Como se chama, então, aquela função que é muito mais *antiga*, que precisa estar trabalhando anteriormente, que equilibra em si casos desiguais e os torna semelhantes? Como se chama aquela segunda função que, com base nessa primeira etc. "O que desperta sensações iguais é igual": mas como é que se chama aquilo que iguala sensações, que "toma" como igual? – Não poderia haver nenhum juízo em geral, se não fosse levada a termo primeiramente uma espécie de equilíbrio: a memória só é possível com um sublinhar constante do já habituado, vivenciado – – Antes de ser julgado, *o processo da assimilação já precisa ter sido feito*: ou seja, também ocorre aqui uma atividade intelectual, que não cai sob o domínio da consciência, como junto à dor em consequência de

um ferimento. Provavelmente corresponde a todas as funções orgânicas um acontecimento interior, ou seja, uma assimilação, uma cisão, um crescimento etc. Essencial partir do corpo e usá-lo como fio condutor. Ele é o fenômeno muito mais rico, que admite uma observação mais clara. A crença no corpo é melhor constatada do que a crença no espírito. "Por mais que acreditemos de maneira extremamente intensa em uma coisa: não há aí nenhum critério de verdade." Mas o que é a verdade? Talvez um tipo de crença, que se tornou uma condição vital? Neste caso, então, a força seria naturalmente um critério. Por exemplo, no que concerne à causalidade.

40 (16)
O que faz, afinal, no fundo, toda a filosofia mais recente? Ela comete, de maneira escondida ou aberta, um atentado contra o antigo conceito de alma – ou seja, contra a base do Cristianismo, contra o "eu": ela é anticristã no sentido mais refinado possível. Outrora, acreditava-se incondicionalmente na gramática: dizia-se: "eu" é condição, "penso" é predicado. Tentou-se, com uma tenacidade admirável, saber se não seria possível escapar dessa rede – se não seria verdadeiro talvez o contrário: "pensar" condição – e "eu" condicionado, como uma síntese, que o pensamento empreende. Kant queria demonstrar, no fundo, que não se poderia demonstrar o sujeito a partir do objeto, o objeto também não. A possibilidade de uma *existência aparente* do "sujeito" alvorece: um pensamento que, como na filosofia veda, já esteve presente um dia sobre a Terra. Caso se queira uma expressão nova, ainda que muito provisória para isso, então basta ler o <Nascimento da tragédia>.

40 (17)
O *embrutecimento* como meio fundamental para deixar aparecer o retorno, casos idênticos; antes de ter sido "pensado", portanto, já precisa ter sido *poetado*, o sentido formador é mais originário do que o "pensante".

40 (18)

Sobre a moral: *nós nos comportamos de maneira consonante com a ordem hierárquica, à qual pertencemos*: se nós já não o sabemos, os outros têm ainda menor chance de demonstrá-lo. Um imperativo como "comparta-te de acordo com a ordem hierárquica, à qual tu pertences", é um disparate: porque nós *precisaríamos* conhecer 1) a nós mesmos 2) aquela ordem; as duas coisas não são o caso – e 3) porque é supérfluo comandar algo, que acontece pura e simplesmente. Ordem hierárquica: não apenas em relação aos nossos próximos, mas, sob certas circunstâncias, em relação ao mundo posterior, assim como em relação aos habitantes de outras estrelas; pois não sabemos, se alguém está presente, que nos compare com eles. – Tudo o que é imperativo na moral volta-se para a *pluralidade de máscaras*, que portamos em nós, e quer que nós evidenciemos isto e aquilo não, ou seja, *que transformemos nossa aparência*. "Melhoramento" é: deixar que algo se torne visível daquilo que agrada aos bons homens – não mais!

40 (19)

E no que concerne à ascendência: então se precisa se decidir de maneira astuta e a tempo: *aut libri aut liberi*.[122]

40 (20)

Abstraindo-se dos governantes que continuam acreditando ainda hoje na gramática como *veritas aeterna* e, consequentemente, como sujeito, predicado e objeto, não há mais ninguém hoje tão inocente a ponto de estabelecer, à moda de Descartes, o sujeito "eu" como condição do "penso"; ao contrário, por meio do movimento cético da filosofia moderna, é preciso supor o inverso, a saber, o pensar como causa e condição tanto do "sujeito" quanto do "objeto" – isto se tornou mais crível para nós: o que talvez não passe do tipo inverso de erro. Ao menos o seguinte é certo: – nós desistimos da alma e, consequentemente,

---

122 **N.T.:** Em latim no original: "ou livros, ou crianças". (N. T.)

também da "alma do mundo", das "coisas em si" tanto quanto de um início do mundo, de uma "primeira causa". O pensar não é nenhum meio de "conhecer", mas antes um meio para designar o acontecimento, ordenando-o, tornando-o palpável para o nosso uso: é assim que pensamos hoje sobre o pensamento: amanhã talvez pensemos de maneira diversa. Nós não concebemos mais corretamente como é que o "conceber" deveria ser necessário, nem muito menos como é que ele deveria ter surgido: e se <já> nos encontramos incessantemente diante da necessidade de nos valermos da linguagem e dos hábitos do entendimento popular, então a aparência da autocontradição constante ainda não fala contra a justificação de nossa dúvida. Mesmo no que concerne à "certeza imediata", não somos mais tão fáceis de agradar: nós não achamos que a "realidade" e a "aparência" se acham ainda em oposição, falamos antes de *graus* do ser – e, talvez, melhor de graus da aparência – e infundimos de maneira cáustica naquela "certeza imediata", por exemplo, de que pensamos e, consequentemente, de que o pensamento tem realidade, a dúvida quanto a que grau tem esse ser; a dúvida quanto a se, como "pensamentos de Deus", não seríamos talvez, em verdade, efetivamente reais, mas fugidios e aparentes como arco-íris. Supondo que haveria na essência das coisas algo ilusório, insano e enganador, então a melhor vontade de todas iria de *omnibus dubitare*, à moda de Cartesius, e não nos protegeria das ciladas dessa essência; e precisamente aquele meio cartesiano poderia ser um artifício principal, para que se fizesse fundamentalmente troça conosco e para que nos tomassem como loucos. Todavia, já na medida em que, à moda de Cartesius, nós precisássemos tomar parte de algum modo como realidade naquele fundamento enganador e ilusório das coisas e em sua vontade fundamental: – basta, "eu não quero ser enganado" poderia ser o meio de uma vontade mais profunda, mais refinada e mais fundamental, que buscaria precisamente o contrário; a saber, enganar a si mesma.

Em suma: é preciso duvidar de que "o sujeito" pode demonstrar a si mesmo – para tanto, ele precisaria ter um ponto firme justamente fora de si e *esse ponto* não se faz presente!

40 (21)
Ponto de partida pelo *corpo* e pela fisiologia: por quê? – Nós conquistamos a representação correta do tipo de nossa unidade subjetiva, a saber, como regente no ápice de uma coletividade, não como "almas" ou "forças vitais"; ao mesmo tempo em que conquistamos a representação correta da dependência desses regentes em relação aos regidos e em relação às condições da ordem hierárquica e da divisão do trabalho como possibilitação tanto do particular quanto do todo. Do mesmo modo que as unidades vitais surgem e perecem incessantemente e que não pertencem ao "sujeito" eternidade; a luta também se expressa na obediência e no comando e uma determinação fluente dos limites do poder pertence à vida. A *incerteza* certa, na qual o regente é mantido acima dos afazeres particulares e mesmo das perturbações da coletividade, está entre as condições, sob as quais pode ser governado. Em suma, nós conquistamos uma avaliação mesmo para o não saber, o ver no todo e sem refinamento, a simplificação e a falsificação, o elemento perspectivístico. O mais importante, porém, é: o fato de compreendermos o dominador e seus serviçais como *de um mesmo tipo*, todos sentindo, querendo, pensando – e de nós, por toda parte em que vemos ou desvendamos movimento no corpo, aprendemos a concluir por uma vida subjetiva invisível pertinente. Movimento é um simbolismo para os olhos: ele indica que algo foi sentido, querido, pensado. – A inquirição direta do sujeito sobre o sujeito, e todo autoespelhamento do espírito têm seus perigos no fato de que poderia ser útil e importante para a sua atividade interpretar-se de maneira falsa. Por isto, perguntamos para o corpo e recusamos o testemunho dos sentidos aguçados: caso se queira, nós consideramos se os próprios subordinados não podem ter um contato conosco.

40 (22)
N.B. "Pensa-se: consequentemente há aquele que pensa" – é nessa direção que se movimenta a argumentação de Cartesius – mas a realidade de um pensamento não é a que Cartesius queria. Ele queria abandonar a "imaginação" em direção a uma *substância*, que pensa e que imagina.

40 (23)
Sejamos mais cautelosos do que Cartesius, que permaneceu preso à cilada das palavras. *Cogito* é naturalmente apenas uma palavra: mas ela significa algo múltiplo: algumas coisas são múltiplas e nós nos abstraímos disso grosseiramente com a boa-fé de que elas seriam unas. Naquele célebre *cogito* temos 1) dá-se pensamento, 2) e eu acredito que sou eu quem pensa aí, 3) mas mesmo supondo que esse segundo ponto pairasse no ar, como coisa de fé, então aquele primeiro "dá-se pensamento" também conteria ainda uma crença: a saber, de que "pensar" seria uma atividade, em relação à qual um sujeito, ao menos um "se", precisaria ser pensado – e, além disto, o *ergo sum* não significa nada! Mas esta é a fé na gramática. "Coisas" e suas "atividades" já são aí estabelecidas, e estamos longe da certeza imediata. Deixemos, portanto, também aquele "se" problemático de lado e digamos *cogitatur* como estado de fato sem a imiscuição de artigos de fé: assim, iludimo-nos uma vez mais, pois mesmo a forma passiva contém princípios de fé e não apenas "estados de fato": em suma, precisamente o estado de fato não se deixa expor de maneira nua e crua, o "crer" e o "opinar" estão dentro do *cogito* do *cogitat* e do *cogitatur*: quem nos garante que nós não extraímos com o *ergo* algo dessa crença e dessa opinião e que resta daí: acredita-se em algo, consequentemente algo é acreditado – uma forma falsa de conclusão! Por fim, já se precisaria sempre saber o que é "ser", o que é *saber*: passa-se da crença para a lógica – para o *ergo* antes de tudo! – a partir de, e não apenas da exposição de um *factum*! A "certeza" é possível no saber? A certeza imediata não é talvez uma *contradictio in adjecto*? O que é o conhecimento na relação com o ser? Para aquele que já traz consigo princípios de fé prontos para todas essas questões, porém, a cautela cartesiana não tem mais absolutamente nenhum sentido: ela chega tarde demais. Antes da questão do "ser" seria preciso que se tivesse decidido a questão do valor da lógica.

40 (24)
Não se deve poupar a ingenuidade de Cartesius e pô-la em ordem, como o faz, por exemplo, Spir.

"A consciência é em si mesma imediatamente certa: a existência do pensar não pode ser negada, nem colocada em dúvida, pois essa negação ou essa dúvida são justamente elas mesmas estados do pensar ou da consciência, sua própria presença demonstra, portanto, aquilo que elas procuram desmentir, falta-lhes, neste sentido, todo significado." Spir I, 26. "É pensado", *ergo* há algo, a saber, "pensar". Este era o sentido de Cartesius? Em Teichmüller, p. 5 e 40 encontram-se *passagens*. "Algo que é imediatamente certo de si" é um disparate. Supondo, por exemplo, que Deus pensasse por meio de nós, e que nossos pensamentos, na medida em que nos sentimos como causas, seriam uma aparência, então a existência dos pensamentos não seria negada ou colocada em dúvida, mas certamente o *ergo sum*. Senão, ele teria precisado dizer: *ergo est*. – Não há nenhuma certeza imediata: *cogito, ergo sum* pressupõe que se saiba o que é "pensar" e, em segundo lugar, o que é "ser": seria, portanto, se o *est* (*sum*) fosse verdadeiro, uma certeza com base em dois juízos verdadeiros, e, adicionado a isto, a certeza de que se tem um direito em geral para a conclusão, para o *ergo* – portanto, em todo caso, nenhuma c<erteza> imediata. A saber: no *cogito* não se encontra apenas um processo qualquer, que é simplesmente reconhecido – isto é um disparate! –, mas um juízo, segundo o qual tal e tal processo são, e, por exemplo, quem não soubesse distinguir entre pensar, sentir e querer, não poderia constatar de maneira alguma o processo. E no *sum* ou no *est* já se encontra sempre ainda tal *inexatidão* conceitual de que ainda não se nega com isto nem mesmo o *fit* ou o "vem-a-ser". "Algo acontece aí", poderia ser colocado no lugar de "dá-se algo aí, aí existe algo, aí há algo".

40 (25)
    A crença na certeza imediata do pensar é uma crença a mais, e nenhuma certeza! Nós, modernos, somos todos adversários de Descartes e nos voltamos contra a sua leviandade dogmática na dúvida. "É preciso duvidar melhor do que Descartes!" Nós achamos o contrário, o movimento oposto em relação à autoridade absoluta da deusa "razão" por toda parte, onde há homens

mais profundos. Lógicos fanáticos abriram o caminho para que o mundo fosse uma ilusão; e para que apenas no pensar estivesse dado o caminho para o "ser", para o "incondicionado". Em contrapartida, teria prazer com o mundo, *ainda que* ele devesse se mostrar como uma ilusão; e as pessoas sempre ridicularizaram o entendimento dos mais compreensivos quando estavam entre h<omens> mais plenos.

40 (26)

São aparentemente opostos os dois traços que caracterizam os europeus modernos: o *individualista* e a *exigência de direitos iguais*. Foi isto que finalmente compreendi. A saber, o indivíduo é uma vaidade extremamente vulnerável: – isto exige, junto à sua consciência do quão rapidamente ela sofre, que cada outro lhe seja equiparado, que ele só seja *inter pares*. Com isto, está caracterizada uma raça social, na qual, de fato, os dons e as forças não podem divergir significativamente. O orgulho, que quer solidão e menos falastrões, é totalmente incompreensível; só há os "sucessos" completamente "grandiosos" através de massas, sim, quase não se concebe mais que um sucesso de massas é sempre propriamente um sucesso *pequeno*: porque *pulchrum est paucorum hominum*.[123] – Todas as morais não sabem nada sobre a "ordem hierárquica" dos homens; os mestres dos direitos não sabem nada sobre a consciência da comunidade. O princípio individual é negado pelos homens *completamente grandiosos* e exige, entre aqueles que são mais ou menos iguais, o olhar mais refinado e o mais rápido reconhecimento de um talento; e como cada um tem algo de talento, em tais culturas tardias e civilizadas, portanto, cada um pode esperar receber de volta a sua parcela de honra, tem lugar hoje um destacar dos pequenos méritos como nunca antes: – há para a época um aspecto de *conivência ilimitada*. Sua intolerância consiste em uma ira sem limites *não* contra os tiranos e os bajuladores do povo, mesmo nas artes, mas contra os

---

123 **N.T.:** Em latim no original: "Poucos homens são nobres".

homens *nobres*, que desprezam o destino dos muitos. A exigência de direitos iguais (por exemplo, ter o direito de se sentar acima de todos e de cada um) é *antiaristocrática*. Igualmente estranho é para ele o indivíduo desaparecido, a submersão em um grande tipo, o não-querer-ser-pessoa: no que consistia a distinção e o zelo de muitos homens elevados de tempos mais antigos (dentre eles os maiores poetas); ou o "ser-cidade" como na Grécia; Jesuitismo, corpo de oficiais prussiano e funcionalismo; ou ser aluno e prosseguidor de grandes mestres: para o que são necessários estados não sociais e a falta da *pequena vaidade*.

40 (27)

Assim como a matemática e a mecânica foram consideradas durante muito tempo como ciências com uma validade absoluta e só agora se ousa trazer à tona a suspeita de que elas não são nada mais, nada menos do que lógica aplicada a determinadas suposições comprováveis, de que há "casos idênticos" – a lógica mesma, porém, uma escrita consequente de sinais com base no pressuposto levado a termo (de que há casos idênticos) –: assim, outrora, a *palavra* já era considerada como conhecimento de uma coisa, e ainda agora as funções gramaticais são as coisas em que mais acreditamos, diante das quais não se tem como tomar suficientemente cuidado. É possível que o mesmo tipo de homem, que inventou posteriormente as filosofias vedas, milênios antes talvez tivesse inventado para si, com base em linguagens mais imperfeitas, uma linguagem filosófica; *não* como eles achavam, como escrita de sinais, mas como conhecimento do próprio mundo: mas qualquer que tenha sido o "isto é" que tenha sido exposto, um tempo posterior e mais refinado sempre descobriu uma vez mais aí que ele não diz mais do que "isto significa". Ainda agora, a crítica propriamente dita dos conceitos ou (como o designei outrora) uma "história" real e efetiva "do surgimento do pensar" continuam sem ser nem mesmo *intuídas* pela maioria dos filósofos. Dever-se-ia desvelar as *apreciações de valor* e avaliar de maneira nova quais são aquelas que se encontram em torno da lógica: por exemplo, "o certo tem mais valor do que o incerto", "o pensar é a nossa função mais elevada"; do mesmo modo o otimismo no lógico, a consciência da vitória em cada conclusão, o elemento imperativo no juízo, a inocência na crença no caráter concebível por meio dos conceitos.

40 (28)
É preciso que se tenha pensado muito antes de se ter possuído olhos: "linhas e figuras", portanto, não são dadas inicialmente, mas se pensou durante a maior parte do tempo a partir de sentimentos táteis: isto, porém, *não* apoiado pelos olhos, ensina graus do sentimento de pressão, mas ainda não ensina figuras. Antes do exercício, portanto, que nos acostuma a compreender o mundo como figuras móveis, temos o tempo, no qual o mundo foi "concebido" como sensação de pressão mutável e dotada de graus diversos. O fato de se poder pensar em imagens, em sons, é algo para o qual não há nenhuma dúvida. A comparação em relação à força, à direção e à sucessão, à lembrança etc.

40 (29)
No que concerne à memória é preciso reaprender tudo: aqui nos deparamos com a principal sedução para supor uma "alma", que reproduz de maneira atemporal, que reconhece de maneira atemporal etc. Mas o vivenciado continua vivendo "na memória"; que ele "venha" é algo em relação ao que não posso fazer nada, a vontade é para tanto inativa, tal como junto à chegada de todo e qualquer pensamento. Algo acontece, de que eu me conscientizo: agora aparece algo semelhante – quem o chama? Quem o desperta?

40 (30)
O grande perigo encontra-se na suposição de que haveria conhecimento imediato (ou seja, conhecer no sentido rigoroso em geral!) Teichm\<üller\>, p. 35.

40 (31)
Isto precisaria ser algo, não sujeito, não objeto, não força, não matéria-prima, não espírito, não alma: – mas as pessoas me

dirão que algo desse gênero precisaria ter a aparência de uma quimera e se confundir com ela em termos de semelhança? Nisto eu mesmo acredito: e seria pior, se elas não o fizessem! Naturalmente: ele precisa ter o grande traço de família, junto ao qual se reconhece tudo como *aparentado* com ele.

40 (32)
Supondo que vós perguntais: há 50 mil anos, a árvore já tinha se mostrado em sua aparência como verde?, eu responderia: talvez ainda não: talvez houvesse outrora a princípio duas oposições fundamentais, massas mais obscuras e mais claras: – e a partir daí as cores se desenrolaram paulatinamente.

40 (33)
Antes da lógica, que trabalha por toda parte com equações, o igualar, o assimilar precisam ter vigorado: e eles ainda precisam continuar vigorando; e o pensamento lógico é um meio ininterrupto para a assimilação, para o *querer* ver casos idênticos.

40 (34)
Nossa "memória", o que quer que ela seja, pode servir para nós de alegoria para designar algo mais importante: no desenvolvimento de todo e qualquer ser orgânico mostra-se uma coisa extraordinária chamada memória para a sua história prévia conjunta, até o ponto em que seres orgânicos têm uma história prévia – e, em verdade, uma memória conformadora, que antes configura as formas mais antigas e mais duradouras incorporadas do que as últimas vividas: com isto, ela recorre ao passado e não segue progressivamente, como se deveria supor, com um regresso do último ao que há de mais distante enquanto vivenciado, mas precisamente *o contrário*, ela deixa de início de lado tudo o que há de mais recente e mais frescamente impresso. Aqui se faz presente um arbítrio espantoso: – mesmo a "alma", que é habitualmente chamada para auxiliar em todos os impasses filosóficos, não consegue ajudar aqui: ao menos não a alma individual, mas um contínuo de almas, que vigora no processo como um todo de certa série orgânica.

Uma vez mais: uma vez que nem tudo é conformado, mas apenas as formas fundamentais, então precisaria ocorrer constantemente em toda e qualquer memória um pensamento subsumidor, simplificador, redutor: em suma, algo análogo àquilo que designamos a partir de nossa consciência como "lógica". – E até onde pode ir essa conformação do que foi anteriormente vivenciado? Certamente também até a confirmação de cursos de sentimento e de pensamento. Mas o que achamos das "ideias inatas", que Locke inseriu nesses cursos? Isto é seguramente *mais* verdadeiro do que apenas o fato de que ideias são inatas, de que não se sublinha o ato do nascimento junto à palavra "inatas".

40 (35)
 A mendacidade geral dos homens sobre si, a reinterpretação moral daquilo que eles fazem e querem, precisaria ser desprezada, se ela não fosse ao mesmo tempo algo muito divertido: e seria preciso ter mesmo a presença de espectadores – tão interessante é esse o espetáculo! *Não* dos deuses, tal como Epicuro os imaginava! Mas dos deuses homéricos: tão distantes e tão próximos dos homens quanto, por exemplo, Galiani se encontrava em relação a seus gatos e macacos: – ou seja, um pouco aparentados dos homens, mas de um tipo superior!

40 (36)
 Os físicos matemáticos não podem usar seus átomos mínimos para a sua ciência: consequentemente, eles constroem para si um mundo de pontos de força, com o qual se pode contar. De maneira totalmente estruturada desse modo, sem refinamento! Foi assim que os homens e todas as criaturas orgânicas fizeram: a saber, expuseram de maneira retificadora, pensaram de maneira retificadora, poetaram de maneira retificadora, até o ponto em que podiam precisar dessas ações, até o ponto em que se podia "contar" com tal mundo.

40 (37)
 Não deveria ser suficiente pensar para nós como "força" uma unidade, na qual querer, sentir e pensar ainda estivessem

misturados e não isolados? E os seres orgânicos como pontos de partida para a cisão, de tal modo que as funções orgânicas estariam ainda conjuntamente umas ao lado das outras naquela unidade, ou seja, autorregulação, assimilação, alimentação, secreção e troca de materiais? Por fim, não há nada dado como "real" para além do pensar, do sentir e dos impulsos: não é permitido tentar ver se esse dado não seria *suficiente* para construir o mundo? Não tenho em vista como a aparência: mas como tão real quanto nosso querer, sentir, pensar são – mas como forma primitiva deles. A questão é, por fim: se nós reconhecemos efetivamente a vontade como *atuante*? Se fizermos isto, então ela só pode naturalmente atuar sobre algo que é de *seu tipo*: e não sobre "matérias-primas". *Ou bem* se precisa conceber todo efeito como ilusão (pois nós cunhamos para nós a representação de causa e efeito apenas segundo o modelo de nossa vontade como causa!), e, então, não há absolutamente nada concebível: *ou bem* se precisa tentar imaginar todos os efeitos como de um mesmo tipo, como atos da vontade, ou seja, levantar a hipótese de saber, se nem todos os acontecimentos mecânicos, na medida em que há uma força aí, já não se mostram justamente como força da vontade. –

As "almas mortais" e, respectivamente, a impossibilidade de transportar a relação *numérica* para essas coisas. *Contra* o indivíduo. O "contar" é apenas uma simplificação, como todas as coisas. A saber: em geral onde algo deve ser pensado de maneira puramente aritmética, a *qualidade* é eliminada do cômputo. As coisas acontecem da mesma forma, em tudo o que é lógico, onde a *identidade dos casos* é o pressuposto, e, portanto, o *caráter* especial propriamente dito de todo processo é um dia eliminado pelo pensamento (o *novo*, não a partir de condições do surgimento a ser concebido – a respectiva suma conceitual).

40 (38)
O que está em questão é designar corretamente a unidade, na qual pensar, querer e sentidos, assim como todos os afetos são sintetizados: evidentemente, o intelecto é apenas um *instrumento*,

mas em que mãos? Seguramente nas mãos dos afetos: e esses são uma multiplicidade, por detrás da qual não é necessário estabelecer uma unidade: é suficiente tomá-la como uma regência. – O fato de os órgãos terem se conformado por toda parte, algo que o desenvolvimento morfológico nos mostra, também pode ser utilizado como uma alegoria para o elemento espiritual: de tal modo que algo "novo" sempre precisa ser concebido por meio da eliminação de uma força particular a partir de uma força sintética.

O próprio pensar é tal ação, que *explicita* o que propriamente é um. Por toda parte se faz presente tal aparência de que há inúmeras pluralidades, também já no pensamento. Não há nada "adicionado" na realidade efetiva, nada "dividido", uma coisa meio por meio não é igual ao todo.

40 (39)

Os físicos se encontram agora em uma posição unânime junto com os metafísicos quanto ao fato de que nós vivemos em um mundo da ilusão: felizes por não se ter mais a necessidade de ajustar as contas com um Deus quanto a isto, com um Deus de cuja "veracidade" se poderia chegar a ter pensamentos por demais estranhos. O elemento perspectivístico do mundo vai a uma dimensão tão profunda quanto acede hoje a nossa "compreensão" do mundo; e eu ousaria ainda estabelecê-lo lá onde o homem pode de maneira justa se abstrair da compreensão – tenho em vista lá onde os metafísicos estabelecem o reino do que aparentemente aponta para a consciência de si mesmo, para o que é compreensível para si mesmo, isto é, no pensamento. O fato de o número ser uma forma perspectivística, assim como o tempo e o espaço; o fato de nós não abrigarmos nem "uma alma", nem "duas almas" em nosso peito; o fato de os "indivíduos" não se deixarem mais deter como os "átomos" materiais, a não ser para a ação e o uso domésticos do pensar, e terem se volatizado em um nada (ou em uma "fórmula"); o fato de nada vivo e morto poder ser adicionado conjuntamente, de dois conceitos serem falsos, de não haver três faculdades da alma, de "sujeito" e "objeto", "ativo" e "passivo", "causa" e "efeito" serem sempre apenas formas perspectivísticas, em suma, de a alma, o número, o tempo, o espaço, o fundamento, a finalidade – encontrarem-se uns com os outros *e caírem uns com os outros*. Supondo, porém, então, que não somos tão estultos assim, a ponto de avaliar a verdade, nesse casso o x, de maneira mais elevada do que a aparência; supondo que estamos decididos a *viver* – então não queremos permanecer insatisfeitos com esse caráter aparente das coisas e apenas insistir no fato de que ninguém permanece parado em relação a qualquer pensamento velado na apresentação dessa *perspectividade*: – algo com o que de fato quase todos os filósofos até aqui se depararam, pois eles tinham todos pensamentos velados e amavam *suas* "verdades" – naturalmente: nós precisamos levantar aqui o problema da veracidade: supondo que vivemos em consequência do erro, o que pode ser aí, afinal, a "vontade de verdade"? – Ela não precisaria ser uma "vontade de morte"? – Será que a aspiração dos filósofos e dos homens de ciência não seria talvez um sintoma de uma vida degradada e definhante, uma espécie de enfado da vida por parte da própria vida? *Quaeritur*:[124] e se poderia ficar aqui efetivamente pensativo.

40 (40)
Scepsis contra os céticos. – Que felicidade não dá a penugem tenra para as coisas! O quanto toda a vida não brilha de belas aparências! Foram as grandes falsificações e reinterpretações que nos elevaram até aqui acima da felicidade do animal – em direção ao cerne do humano! E, inversamente: o que trouxe consigo até aqui o rangido das engrenagens lógicas, o autoespelhamento do espírito, o desvendar dos instintos? Supondo que vós tivésseis dissolvido tudo em fórmulas, assim como vossas crenças em graus de probabilidade: uma vez que vós não conseguísseis viver de acordo com isto, como? Vós deveríeis viver com má consciência? E se o homem só sentisse a crença em bens como a justiça e a verdade no fundo das coisas como uma *falsificação de ar-*

---

124 **N.T.**: Em latim no original: "A questão está lançada."

rancar os cabelos: como é que ele deveria sentir a *si* mesmo, na medida em que ele <é>, de qualquer modo, parte e pedaço desse mundo? Como algo de se arrancar os cabelos, algo falso: – – –

40 (41)
Não há nenhuma sensação imediata, Spir 2, p. 56.
  nenhuma sensação de dor imediata
  nenhum pensamento imediato
Se houvesse um saber imediato, então não se poderia, como J. St. Mill, falar do "relativismo do saber".

40 (42)
A suposição do *sujeito uno* talvez não seja necessária: talvez também seja igualmente permitido supor uma multiplicidade de sujeitos, cuja conjunção e luta se encontram na base de nosso pensar e, em geral, de nossa consciência? Uma *espécie de aristocracia* de "células", nas quais se baseia o domínio? Com certeza de pares, que estão habituados a governar juntos e sabem comandar?
Minhas hipóteses:
o sujeito como pluralidade
a dor como intelectual e dependente do juízo "nocivo": projetada
o efeito sempre "inconsciente": a "causa" aberta e representada é *projetada*, *se segue* segundo o tempo.
o prazer é uma espécie de dor.
a única *força*, que há, é do mesmo tipo que a da vontade: um comandar junto a outros sujeitos, que se transformam com vistas a isto.
a constante perecibilidade e fluidez do sujeito, "almas mortais".
o número como forma perspectivística.

40 (43)
No interior de um rebanho, de toda e qualquer comunidade, ou seja, *inter pares*, a *superestimação* da veracidade tem um bom sentido. Não se deixar enganar – e, *consequentemente*,

como moral pessoal, não enganar! Um compromisso mútuo entre iguais! *Para fora*, o risco e a cautela exigem que se esteja *sempre precavido em relação ao engodo*: como condição prévia psicológica para tanto também *internamente*. Desconfiança como fonte da veracidade.

40 (44)
    Supondo que o mundo fosse falso, que a vida fosse apenas com base na loucura, sob a proteção da loucura, se ela só pudesse ser compreendida a partir da loucura: o que significaria, então, "viver de acordo com a natureza"? A prescrição não poderia ser justamente: "*seja* um enganador"? Sim, até mesmo: como se poderia evitar que se iludisse? Nós nos enganamos em relação a nós mesmos e somos intangíveis para nós: mas o quão mais intangíveis não somos para os "próximos"! Mas eles não se acreditam iludidos por nós – e *nisso se baseia* toda a lida com direitos e compromissos mútuos. – Admito que o iludir não reside em minha *intenção*! Todavia, considerado de maneira mais fina: também não faço nada para esclarecer os meus próximos quanto ao *fato de que* eles se enganam em relação a mim. Eu não impeço o seu erro, eu não o combato, eu deixo que ele aconteça –: nesta medida, sou por fim o enganador por *vontade*. Exatamente assim, porém, também me comporto em relação a mim mesmo: o autoconhecimento *não* está entre os sentimentos do dever: mesmo quando busco me conhecer, isto acontece por razões ligadas à utilidade e a uma curiosidade mais refinada – *não*, contudo, a partir da vontade de veracidade. – O fato de o veraz ser mais valioso do que o mentiroso, na administração da humanidade, precisaria ser sempre ainda comprovado. Os homens realmente grandes e poderosos *foram* todos até aqui enganadores: isto era requisitado por sua tarefa. Supondo que viesse à tona o fato de que a vida e o avanço só seriam possíveis com base em um ser iludido longo e consequente: então o enganador consequente poderia receber as mais elevadas honras, como condicionador da vida e como fomentador da vida. Que se *produza um dano*, na medida em que não se diz a verdade, é a crença dos ingênuos,

uma espécie de perspectiva batráquia da moral. Se a vida e o *valor* da vida baseiam-se em erros nos quais se acredita bastante, então precisamente aquele que diz a verdade, aquele que quer a verdade, poderia ser dentre todos o mais nocivo dos homens (como o descortinador das ilusões).

40 (45)
O filósofo do futuro
Pensamentos sobre cultivo e criação.

40 (46)
N.B. Nossa distante determinação de outrora continua vigorando sobre nós, por mais que ainda não tenhamos os olhos abertos para elas; por longos tempos vivenciamos apenas enigmas. A escolha de homens e coisas, a escolha dos acontecimentos, o afastamento do que há de mais agradável, com frequência do que há de mais honorável – isto nos assusta como se irrompesse de nós um acaso, um arbítrio aqui e acolá, tal como um vulcão: mas trata-se da razão mais elevada de nossa tarefa futura. Visto prospectivamente, todos os nossos acontecimentos podem se mostrar como uma unanimidade de acaso e disparate: visto retrospectivamente, eu não sei mais, por minha parte, descobrir nada de nenhum dos dois em minha vida.

40 (47)
A proveniência. O que é nobre? O surgimento da nobreza. Os talentos miméticos como Voltaire.
A grande libertação.
As sete solidões.
A vontade de poder.

40 (48)
Sobre a ordem hierárquica
Prelúdio de uma filosofia do futuro.

Primeiro livro: criação e cultivo.

Segundo livro: a grande libertação.
Terceiro livro: as sete solidões
   superação da moral
Quarto livro: a vontade de poder.

40 (49)
Desconfiemos de toda "coetaneidade" aparente! Introduzem-se os fragmentos temporais, que só poderiam ser denominados pequenos segundo uma grande medida, segundo o nosso critério de medida humano; em estados anormais, por exemplo, como fumantes de haxixe ou no instante do perigo de vida, mesmo nós homens chegamos a uma noção de que em um segundo de nosso relógio de bolso mil pensamentos são pensados, mil vivências podem ser vivenciadas. Quando abro os olhos, o mundo visível se faz presente, aparentemente de maneira imediata: entrementes, porém, algo descomunal aconteceu, uma pluralidade de acontecimentos: – em primeiro, em segundo e em terceiro lugares: aqui, porém, os f<isiól>o<gos> podem falar!

40 (50)
Sob o título não desprovido de perigo "a vontade de poder" deve ganhar voz, com isso, uma nova filosofia, ou, dito de maneira mais clara, a *tentativa de uma nova interpretação de todo acontecimento*: naturalmente, apenas de maneira provisória e à guisa de ensaio, só de maneira preparatória e pré-questionadora, só "preludiando" algo sério, para o que se precisa de ouvidos iniciados e seletos, tal como se dá, aliás, junto a tudo aquilo que um fi<lósofo> diz *publicamente*, a tudo o que ele compreende de si – ao menos *deveria* compreender. Mas hoje, graças ao espírito superficial e comedido de uma era, que acredita na "igualdade de todos os direitos", chegou-se ao ponto em que não se pode mais de maneira alguma – – – Pois todo filósofo deve ter a virtude do educador, na medida em que ele, antes de tentar convencer, precisa primeiro saber convencer. Sim, o sedutor tem antes de tudo de soterrar e de abalar demonstrações, tentar primeiramente

antes de tudo comandar e avançar em direção a até que ponto ele sabe também seduzir.

40 (51)
Os conceitos são algo vivo, consequentemente também algo que ora cresce, ora desaparece: também conceitos são vítimas de uma morte miserável. Dito de maneira alegórica, eles precisariam ser primeiro designados como células, com um cerne celular e um corpo à sua volta, que não é fixo e – – –

40 (52)
Há palavras fatídicas, que parecem expressar um conhecimento e, em verdade, *impedem* um conhecimento; dentre elas está a palavra "fenômenos". Que pandemônio os fenômenos estabelecem, é algo que essas proposições podem revelar, que eu tomo de empréstimo a muitos filósofos mais recentes.

40 (53)
Contra a palavra *"fenômenos"*
N.B. *Aparência*, tal como eu a compreendo, é a realidade efetiva e única das coisas – aquilo para que cabem em primeiro lugar todos os predicados presentes e que pode ser designado ainda da maneira relativamente mais apropriada com todos os predicados, ou seja, mesmo com os predicados opostos. Com a palavra, contudo, não se expressa outra coisa para além da sua *insuficiência* para os procedimentos e distinções lógicos: ou seja, "aparência" na relação com a "verdade lógica" – que, porém, ela mesma, só é possível em um mundo imaginário. Não contraponho, portanto, "aparência" a "realidade", mas considero, inversamente, a aparência como a realidade, que se opõe à transformação em um "mundo verdadeiro" imaginativo. Um nome determinado para essa realidade seria "a vontade de poder", a saber, designada de dentro e não a partir de sua natureza de Proteus fluida e intangível.

40 (54)
O *caráter intencional* das ações não é nada decisivo na moral (pertence à tendência míope *individualista*). "Finalidade" e

"meio" estão em uma relação apenas sintomática com toda a espécie da qual eles emergem, em uma relação plurissignificativa e quase intangível. O animal e a planta mostram o seu caráter moral, sempre de acordo com as condições vitais, nas quais eles são colocados. Por detrás do "caráter intencional" reside pela primeira vez o elemento decisivo. Nunca se poderá isolar o indivíduo: "Aqui, é preciso que se diga, há uma criatura com tal história prévia".

40 (55)
A consonância a leis da natureza é uma interpretação falsa e humanitária. Trata-se de uma fixação absoluta de relações de poder, trata-se de toda a brutalidade, sem a atenuação, que na vida orgânica a antecipação do futuro, a precaução, a astúcia e a esperteza, em suma, que o espírito traz consigo. A instantaneidade absoluta da vontade de poder governa; no homem (e já na célula), essa fixação é um processo, que se posterga ininterruptamente em meio ao crescimento de todos os participantes – uma luta, pressupondo que se compreenda essa palavra de maneira tão ampla e tão profunda, a ponto de compreender mesmo a relação do dominador com o dominado como uma luta, e a relação do que obedece com o dominante ainda como uma resistência.

40 (56)
1. *Sobre moral nobre e moral vulgar*
Eticidade: um *tipo* de homem deve ser conservado. Moral nobre.
O humano em qualquer medida deve ser conservado: moral vulgar.
2. *O caráter intencional das ações.*
3. *O mal nas virtudes.*
4. *Os impulsos terríveis* e sua utilidade.

40 (57)
N.B. Ora, mas será efetivamente que algo em repouso é mais feliz do que tudo o que é móvel? O imutável é efetiva e necessariamente mais valioso do que uma coisa que muda? E

se alguém se contradiz mil vezes e segue mil caminhos e porta muitas máscaras, não encontrando em si mesmo nenhum fim e <nenhuma> linha do horizonte derradeira: é provável que tal homem experimente menos a "verdade" do que um estoico virtuoso, que se colocou em seu lugar de uma vez por todas como uma coluna e com a pele dura de uma coluna? Mas tais preconceitos se acham no umbral de todas as filosofias até aqui: e é estranho que a certeza seja melhor do que a incerteza e o mar aberto e que a aparência seja aquilo que um filósofo tem de combater como o seu inimigo propriamente dito.

40 (58)
 O que importa agora é menos o fato de se saber o que eu queria propriamente outrora com Richard Wagner (apesar de os leitores de meu *Nascimento da tragédia* não deverem ter clareza quanto a isso), sim, o fato de eu, por meio de uma exigência desse tipo, ter demonstrado com certeza da maneira mais fundamental possível o quanto eu me encontrava em erro em relação a ele e sua capacidade – inclusive em relação à crença em uma determinação comum e copertinente – algo que não desonrou nem a ele, nem a mim mesmo, e que, sob todas as circunstâncias, foi para nós dois outrora, como dois seres solitários de maneiras muito diversas, mais do que um pequeno alívio e boa ação.
 Chegou o instante em que eu senti em que medida eu tinha querido *demais* da ligação com Richard Wagner: e, algo mais tarde, o instante ainda pior, no qual ele – – – minha

40 (59)
   Conclusão de "*O homem na lida*"
   Prefácio e questionamento prévio

    "O que são espíritos livres?"
      <1>
 "Uma alma, na qual habita a sabedoria do mundo, precisa tornar saudável mesmo o corpo por meio de sua saúde": é assim que fala Montaigne, e eu lhe concedo hoje com prazer o meu

assentimento, como alguém, que tem experiência nesse campo. "Não pode haver nada mais vivaz, mais desperto, quase teria dito, mais divertido do que o mundo e sua sabedoria": assim digo em todo caso com Montaigne – mas sob que máscaras esmaecidas e terríveis a sabedoria não passou por mim outrora! Basta, eu temi por tempo demais a presença da sabedoria e não gostava de modo algum de ficar sozinho com ela – – – e me entreguei, sozinho e em silêncio, mas com uma tenaz "vontade de sabedoria" e com uma tenaz vontade do sul –, à viandança. Outrora eu mesmo tinha me denominado um "espírito livre" ou um "Príncipe Vogelfrei" e quem tivesse me perguntado: onde é que tu ainda te encontras em casa, a esse eu teria respondido "talvez para além de bem e mal, e em nenhum outro lugar". Mas eu tive grandes dificuldades de suportar o fato de não ter companheiros de viandança: assim, lancei um dia uma vara de pescar em busca de outros "espíritos livres" – justamente com este livro que eu já denominara expressamente como "um livro para espíritos livres".

Hoje naturalmente – quantas coisas não se aprendem em 10 anos! – quase não sei mais se estou buscando com esse livro companheiros e parceiros de viandança. Entrementes, aprendi aquilo que agora só poucos sabem, aprendi a suportar a solidão, a – "compreender" – a solidão: e eu colocaria hoje claramente entre os sinais essenciais de um "espírito livre" o fato de ele preferir andar sozinho, voar sozinho, sim, mesmo ainda, ao se ver doente das pernas, o fato de ele preferir se *arrastar* sozinho. A solidão mata, quando ela não cura: isto é verdade; a solidão pertence a uma medicina terrível e perigosa. É certo, porém, que ela, *quando* cura, também coloca o homem mais saudável e mais autocrático do que jamais poderia se encontrar um homem em sociedade, uma árvore em sua floresta. A solidão coloca à prova da maneira mais fundamental possível, mais do que o faz qualquer doença, ela coloca à prova se alguém nasceu e está predeterminado para a *vida* – ou para a morte, como a grande maioria dos homens. Basta, aprendi primeiro a partir da solidão a pensar completamente até o fim os conceitos copertinentes de "espírito livre" e de saúde.

2.

Nós, "espíritos livres", vivemos singularmente aqui e acolá na Terra – não há como alterar isso; nós somos poucos – e é justo que seja assim. Faz parte de nosso orgulho pensar que nosso modo de ser é um modo *raro* e *estranho*; e nós não nos impomos uns aos outros, nós talvez "aspiremos" a estar uns com os outros. Naturalmente: se nos encontramos algum dia, então há logo uma festa! Quando utilizamos a palavra "felicidade" no sentido *de nossa* filosofia, então não pensamos aí como os cansados, angustiados e sofredores entre os filósofos, não pensamos em paz exterior e interior, em ausência de dor, em imobilidade, em ausência de perturbações, em um "Sabah dos Sabahs", em algo que pode se aproximar em termos de valor do sono profundo. O incerto talvez, o mutável, capaz de transformações, plurissignificativo é o *nosso* mundo, um mundo perigoso –: mais ainda seguramente do que o simples, que permanece igual a si mesmo, calculável, fixo, ao qual os filósofos prestaram até aqui as mais elevadas honras, como heranças dos instintos de rebanho e como avaliações de rebanhos. Em muitos países do espírito conhecido e levado por aí etc.

3.

Eu vos descrevi com isto? Ou apenas *silenciei* de maneira nova? Não sei: mas vós me dizeis que eu receio em todo caso que tenha me *equivocado* com este nome? Que o nome "espírito livre" tenha sido antecipado? Que ele induza em erro? Que se irá nos confundir com vistas a esse nome? – Mas por que, dito cá entre nós, por que, afinal, meus amigos, *não deveríamos* induzir em erro? O que importa que as pessoas venham a nos confundir? Nós somos, por isto, confundidos? E por fim: não seria talvez pior se – –?

Pois muito bem, eu vos compreendo: vós gostaríeis naturalmente de um outro nome! "Por orgulho", vós me dizeis: o melhor argumento, com vistas ao qual se pode fazer qualquer burrice. Assim, começo de novo: abri vossas orelhas apenas para minhas novidades!

– Mas vós me interrompeis aqui, vós, espíritos livres. Basta! Basta! Ouço-vos gritar e rir – nós não aguentamos mais! Ó, o que dizer desse pavoroso palhaço! Desses traidores e caluniadores virtuosos! Será que tu queres degradar a nossa fama por todo o mundo? Denegrir o nosso bom nome? Pendurar em nós apelidos que não corroem apenas a pele? Quieto, tu destruidor da paz da consciência! E para que em plena luz do dia bem azul essas caretas sombrias, esses tons guturais, toda essa música negra como o breu? Tu dizes verdades: nenhum pé consegue *dançar* com tais verdades, ou seja, elas não são verdade alguma para *nós*. *Ecce nostrum veritatis sigilum!* E aqui há desvario e um solo macio: o que poderia ser melhor do que afastar rapidamente tuas manias e dizer-nos, depois da tua noite, um bom dia! Mas alguém precisa nos jogar também nessa direção! E mandar embora antes de tudo todas as nuvens no céu! Já está mais do que na hora de um arco-íris se abrir sobre essa Terra: uma bela ponte colorida de mentiras qualquer, sobre a qual só espíritos, espíritos muito livres, muito arejados e divertidos, possam passear! E pela última e pela primeira vez: tu não tens nenhum leite para beber? Tu mesmo nos deixaste com sede do teu leite!

"O quanto vós quiserdes, meus amigos. Vós estais vendo lá ao fundo meus rebanhos saltitarem, todas as minhas cabras e bodes calmos, tenros e solares: e aqui tendes já para vós todo um balde cheio de leite, um balde cheio de verdades que acabaram de ser ordenhadas, ainda suficientemente quentes, para vos aquecer. *Incipit*: "Humano, demasiadamente humano. Bom leite para espíritos livres." Vós quereis tomar desse leite?

É belo silenciar uns com os outros – – –

40 (60)

Pessimismo de artista. – Há muitos tipos diversos de artistas. Se Richard Wagner precisou ser pessimista, então o que o compeliu a esse pessimismo foi a má vontade em relação a si mesmo, o verme do múltiplo desprezo de si, a necessidade de meios de entorpecimento, incluindo aí sua arte, para suportar efetivamente a vida e colocar o asco uma vez mais por detrás da embriaguez; em relação a tudo isso a consciência da teatralidade, a pressão da ausência de liberdade, da qual sofrem todos aqueles que precisam se disfarçar, porque ele não consegue suportar a si mesmo nu – por outro lado, a fome insaciável por elogio e por barulho, porque tais comediantes nunca conseguem senão que a fé em si lhes seja doada de fora e sempre apenas por instantes: eles não são de maneira alguma livres para abdicar do elogio e do barulho! Mas o que adiantam também os instantes mais deliciosos das *vanitatum vanitatis*,[125] de que vale todo incenso, toda autodivinização! Logo em seguida, o velho desgosto soterra novamente! E sobre todas as vozes da paixão ou da incontinência mascarada como paixão, ressoará, por fim, sempre uma vez mais uma voz interior fraca e hesitante, uma voz condenatória: – tais artistas divinizam em sua arte involuntariamente e inevitavelmente seu "não eu" e tudo aquilo que constitui a oposição mais extrema em relação a eles: uma vez que, portanto, no caso de Wagner, todas as virtudes excessivas, por exemplo, a fidelidade incondicionada ou a castidade incondicionada ou a ingenuidade da criança ou os autossacrifícios ascéticos: de tal modo que até certo grau se tem um direito a estar desconfiado em relação ao caráter daquele artista, que nunca diviniza senão virtudes excessivas: pois, com isto, ele quer se livrar de si e negar a si mesmo! Mas não estejamos satisfeitos com isso! Por fim, um artista como esse elogia e dá apreço antes de tudo à sua vontade de negação do mundo, que *é justamente nesse mundo possível: a arte não pode fazer outra coisa além de ser afirmação do mundo*! – E vossa objeção, meus amigos, não era nenhuma objeção.

Portanto, meu amigo: observar-se-á em relação ao seu julgamento, mesmo que ele não venha a ser aplaudido, que ele amou Wagner demais: pois um adversário nunca toma tão profunda-

---

[125] **N.T.:** Em latim no original: "Das vaidades da vaidade". Nietzsche altera levemente a citação bíblica "*vanitas vanitatum*" presente no Eclesiastes, que nos fala justamente da "vaidade das vaidades", mostrando como tudo no fundo é vaidade. A passagem do Eclesiastes 1:1-5 nos diz: "Palavras do pregador, filho de Davi, rei em Jerusalém./ Vaidade de vaidades, diz o pregador, vaidade de vaidades! Tudo é vaidade./ Que proveito tem o homem, de todo o seu trabalho, que faz debaixo do sol?/ Uma geração vai, e outra geração vem; mas a terra para sempre permanece."

mente seu objeto. Não há nenhuma dúvida de que, na medida em que ele sofreu junto a Wagner, também sofreu com Wagner.

40 (61)
Plano
Nosso intelecto, nossa vontade, assim como nossas sensações são dependentes de nossas *avaliações*: essas correspondem a nossos impulsos e às nossas condições de existência. Nossos impulsos são redutíveis à vontade de poder.

A vontade de poder é o derradeiro *factum* ao qual podemos aceder em um movimento descensional.

Nosso intelecto um instrumento
Nossa vontade
Nossos sentimentos de desprazer   já dependentes das
Nossas sensações   apreciações de valor.

40 (62)
A historiografia *mitigante* de *Ranke*, seus passos silenciosos ao entrar em todos os lugares onde o que importa é expor um disparate do acaso como tal; sua crença em um dedo de Deus por assim dizer imanente, que empurra vez por outra para frente ou para trás o mecanismo do relógio, porque não ousa mais, o ultratemeroso, considerar Deus nem como o mecanismo do relógio, nem como o próprio relógio.

40 (63)
Prefácio a "Opiniões e sentenças misturadas".
Que tipo de homem é esse, afinal, que pode ter alegria em tais anotações? – Permitam-me pintar a minha imagem desse tipo rapidamente na melhor parede mais próxima: aqui, nas folhas de um "prefácio". O que menos gostaria de fazer ao mesmo tempo seria pretender ter uma designação, uma única palavra, por mais que possa haver tal designação: – talvez alguém que veja minha imagem encontre por si mesmo a palavra – a "palavra correta".
Este tipo de homem protege o artista e o filósofo, mas não se confunde com eles. Eles são ociosos, eles têm na razão um *otium*.

40 (64)
Durante um longo tempo eu me esforcei ao máximo para ver em R. W<agner> uma espécie de Cagl<iostro>: perdoem-me essa ideia impensada, que ao menos não foi motivada por ódio ou por aversão, mas pelo encanto que esse homem incomparável exerceu mesmo sobre mim: acrescentando aí o fato de que, segundo a minha observação, os *"gênios"* reais e efetivos, os autênticos do nível hierárquico mais elevado possível, *não* "encantam" todos juntos dessa forma, de tal modo que só o "gênio" parecia para mim não ser suficiente para a explicação daquela misteriosa influência.

40 (65)
Prefácio
Quem tem os desejos de uma alma elevada e seletiva, seu perigo será em todos os tempos grande: hoje, porém, ele é extraordinário. Jogado em uma era barulhenta, plebeia, com a qual não consegue comer no mesmo prato, ele pode facilmente perecer de fome e de sede, ou, caso finalmente "intervenha", de nojo. Para um tal homem, alguns acasos fortuitos precisam vir em seu auxílio, acasos que de algum modo ainda produzem equilíbrio lá onde ele, porém, se machucou por conta de uma juventude insaciada, nostálgica e solitária: por exemplo, que se disponha para ele uma profissão rigorosa, em cujo serviço ele vez por outra se aliena de si mesmo e da sua doença e tem de viver de maneira total as exigências de uma espiritualidade mais corajosa. Ou que abra os ouvidos para um filósofo que o leva de volta e para além de tudo aquilo que é temporâneo e agrada ao tempo em direção a metas "duradouras", sem, contudo, ser prejudicado pela negação do sentido da própria veneração junto a seu discípulo; o fato de ele ser amigo da boa música e melhor ainda de bons músicos – um grande alívio (pois os bons músicos são todos eremitas e pessoas "fora do tempo") e um bom antídoto contra um coração por demais guerreiro e irado, que tem prazer em se precipitar sobre os homens e as coisas de hoje.
Aconteceu bem tarde – eu já tinha passado dos 20 anos – de eu ter descoberto o que ainda me faltava total e completamente:

a saber, a justiça. "O que é justiça? E ela é possível? E se ela não devesse ser possível, como seria possível suportar a vida?" – nessa medida eu me questionava ininterruptamente. Angustiava-me profundamente encontrar por toda parte onde eu escavava em busca de mim mesmo apenas paixões, apenas perspectivas angulosas, só a irreflexão, para a qual já faltavam as condições prévias para a justiça: mas onde estava a temperança? – a saber, a temperança a partir de uma intelecção abrangente. A única coisa que admiti foi a *coragem* e uma certa *dureza*, que é o fruto do longo autocontrole. De fato, já é preciso coragem e dureza para admitir tantas coisas e, ainda mais, tão tarde. Basta, encontrei razões e sempre melhores razões para desconfiar de meu elogio tanto quanto de minha censura e para rir da dignidade cavaleira que eu tinha me arrogado, sim, eu *proibi* a mim mesmo por fim com vergonha todo direito a um sim e a um não; ao mesmo tempo despertou uma curiosidade repentina e violenta pelo mundo desconhecido em mim – em suma, eu me decidi por entrar em uma escola nova longa e dura e o máximo possível distante de meu canto. Talvez a caminho a própria justiça venha ao meu encontro uma vez mais! Ou seja, começou para mim um tempo de *viandança*.

 O que aconteceu propriamente naquela época comigo? Eu não me entendia, mas o impulso surgiu como uma ordem. Parece que nossa determinação distante de outrora dispôs de nós; durante muito tempo só vivenciamos enigmas. A escolha dos acontecimentos, a intervenção e a repentina cobiça, o repelir do que havia de mais agradável, com frequência do que havia de mais venerando: algo desse gênero nos assusta, como se saltasse de nós um arbítrio, algo marcado por humores, irado, vulcânico aqui e acolá. Trata-se, porém, apenas da razão e da precaução mais elevadas de nossa tarefa futura. A longa frase de minha vida talvez queira – era assim que eu me perguntava inquieto – ser lida *retroativamente*? Em frente, não há qualquer dúvida quanto a isto, eu só lia outrora "palavras sem sentido".

 Uma grande, cada vez maior *libertação*, um dirigir-se para o estrangeiro arbitrário, uma "alienação", um resfriamento, a conquista de uma sobriedade – isto apenas, nada além disto, foi naqueles anos a minha exigência. Eu colocava à prova tudo aquilo com o que meu coração tinha se ligado até então, eu girava as melhores coisas, as coisas mais adoradas, e considerava o seu verso, eu fazia o oposto com tudo aquilo, em que a arte humana do amaldiçoamento e da vociferação tinham se exercitado da maneira mais refinada possível. Outrora, eu lidava com algumas coisas que tinham permanecido estranhas para mim até com uma curiosidade cuidadosa, mesmo carinhosa, eu aprendi a sentir de maneira mais justa nosso tempo e tudo o que é "moderno". Pode ter sido no todo com certeza um jogo sinistro e mau; – com frequência adoeci disso. (Aquela libertação chega de repente como um terremoto: a alma jovem precisa ver o que está acontecendo com ela.) Trata-se de uma doença ao mesmo tempo, que pode destruir o homem,

esta primeira irrupção de força e de vontade de *autodeterminação*; e muito mais doentias são as primeiras tentativas espantosas e selvagens do espírito de trazer ao seu encontro retificadamente o mundo por conta própria. Mas minha resolução permaneceu firme; e, mesmo doente, fiz as melhores caretas para "o que estava acontecendo comigo" e me lancei com ódio contra toda conclusão na qual *poderiam* estar tomando parte a doença, a solidão ou o cansaço da viandança. "Avante", falei para mim mesmo, "amanhã tu estarás saudável, hoje é suficiente que tu te faças passar por saudável". Outrora, me assenhoreei de tudo o que havia de "pessimista" em mim; a *vontade* de saúde mesma, a teatralidade da saúde foi meu remédio. O que experimentei e *quis* experimentar outrora como "saúde" é expresso por essas sentenças de maneira compreensível e reveladora (p. 37 da primeira edição): "uma alma firme e suave e, no fundo, alegre, uma tonalidade afetiva, que não precisa tomar cuidado com as perfídias e com as repentinas explosões e que não porta em si em suas manifestações nada do tom resmungão e do caráter encarniçado – aquelas conhecidas propriedades chatas de cães e homens velhos, que ficaram por muito tempo presos na corrente; – e como o estado mais desejável aquele pairar livre e destemido acima dos hábitos, das leis e das avaliações tradicionais humanas das coisas". – De fato, uma espécie de liberdade de pássaro e de visão panorâmica de pássaro, algo como um misto de curiosidade e de desprezo ao mesmo tempo, tal como o conhecem todos aqueles que contemplam panoramicamente uma confusão descomunal sem aí tomar parte. – "Um espírito livre" – essa palavra ousada faz bem àquele estado, ele quase o aquece; o homem se tornou a contraparte daqueles que se preocupam com coisas, que não os concernem em nada; ao espírito livre – diziam respeito outrora puras coisas que não o "preocupam" mais.

Não adianta nada se aquilo que quer ser quebrado aqui é uma dura noz: – o homem superior, o homem de exceção, *precisa*, se é que ele – – – quer ser de maneira diversa.

O resultado pessoal de tudo isso foi outrora (*Humano, demasiadamente humano*, p. 31), como eu o designo, a negação lógica do mundo: a saber, o juízo de que o mundo, *que nos concerne em geral*, seria falso. "Não o mundo como coisa em si – esse é vazio, vazio de sentido e digno de uma gargalhada homérica! – mas o mundo como *erro* é tão rico em significados, tão profundo, maravilhoso e porta em seu colo felicidade e infelicidade": assim eu o decretei outrora –. "A superação da metafísica", "uma questão da mais elevada tensão da atitude humana", p. 23, foi considerada por mim como alcançada: e, ao mesmo tempo, coloquei a mim mesmo a exigência de *reter* para mim, em nome desses metafísicos *superados*, uma vez que se chegou por meio deles "ao maior de todos os fomentos da humanidade", um grande sentido de gratidão.

Mas no pano de fundo se encontrava a vontade de uma curiosidade muito mais ampla, sim, de uma tentativa descomunal: a ideia alvoreceu em mim, a ideia sobre se todos os valores não poderiam ser invertidos, de tal modo que sempre retornou uma vez mais a questão: o que significam em geral todas as valorações humanas? O que elas revelam das condições da vida, da tua vida, e, além disso, da vida humana, por fim, da vida em geral? –

40 (66)

Projeto do (2) prefácio: quem não vivenciou algo semelhante não tem como criar nada aqui. Um livro de preparação. É

preciso escrever um prefácio, não apenas para convidar, mas para continuar intimidando.
Nossas mais elevadas intelecções precisam e devem etc.
Acrescentei muitas coisas para evitar a confusão, para completar o *estado*, no qual eu outrora
: ele é um necessário estado de passagem para alguns homens. Podia dizer agora algumas coisas de maneira mais *compreensível*.
Defesa dos "livre-pensadores".
Contra a scabies anarchistica. Trata-se de um livro, por meio do qual as naturezas, que são determinadas a seguir na frente e dominar, sob certas circunstâncias a tomar resoluções terríveis, devem ser levadas a refletir sobre o *cultivo* contra si mesmas, o tipo de superioridade e de acessibilidade a muitos modos de pensar (flexibilidade) e aquela saúde descomunal, que não quer prescindir mesmo da doença em nome de uma finalidade mais elevada.

Aquele cultivo e aquele domínio de si por parte do espírito, que é tanto uma flexibilidade do coração e uma arte da máscara: aquela abrangência e aquele mimo interiores que permitem seguir o caminho em direção a muitos modos de pensar e a modos de pensar opostos, sem que corramos o risco de nos perdermos neles ou de nos apaixonarmos por eles, aquela saúde descomunal, que não quer prescindir ela mesma da doença, sim, aquele excesso de forças plásticas reconfiguradoras e reprodutoras.

40 (67)
Outrora, conquistei pela primeira vez um olhar para a história: Ranke. A ignorância nas ciências naturais e na medicina transforma nossos historiadores em advogados modestos dos *facta*: como se algo de bom fosse "vir à tona" para nós, ao menos um pequeno "dedo de Deus" qualquer.

40 (68)
No I. H. Demasiadamente humano: *A esfinge*. –
Conclusão da seção I: o novo Édipo.

40 (69)
Nosso espírito, juntamente com os nossos "sentimentos" e sensações, é um instrumento que está a serviço de um senhor de muitas cabeças e de muitas camadas: esse senhor são as nossas avaliações. Nossas avaliações revelam, porém, algo daquilo que são as nossas *condições de vida* (na menor parte, as condições da pessoa; em seguida, as condições do gênero "homem"; na maior parte e na máxima extensão as condições, sob as quais em geral a *vida* é possível).

40 (70)
"Alemão"
Questões e pausas para a meditação.
O pessimismo alemão
O Romantismo alemão.
Os redescobridores dos gregos.
O anarquismo alemão.
O perigo da alma judaica.
Os literatos.
As mulheres.
Os eremitas.
Os demagogos na arte.
O estilo alemão.
A música alemã. Sul Oriente (dois suis: Veneza e Provence).
O "Esclarecimento" e as ideias modernas.
A cultura do mestre de escola.
O wagnerianismo.
O europeu.
O espírito alemão.
O judeu.
Voilà un homme
A "profundidade".
O europeu cristão.

[41 = W I 5. Agosto – Setembro de 1885]

41 (1)

Sils-Maria, Final de Agosto de 1885

Friedrich Nietzsche, Escritos reunidos

Primogênitos. O nascimento da tragédia.
Considerações extemporâneas.
Discursos sobre Homero.
Humano, demasiadamente humano. Um livro para espíritos livres.
"Entre nós". Opiniões e sentenças misturadas.
Aurora. Pensamentos sobre os preconceitos morais.
Gai saber. Prelúdio a uma filosofia do futuro.
Assim falou Zaratustra. Um livro para todos e para ninguém.
Meio-dia e eternidade. Patrimônio de um vidente.

"Exultabit Solitudo et florebit quasi lilium"[126]

Isaías.

41 (2)

Nova consideração extemporânea

1.

Venera-se e despreza-se como um louco em anos de juventude e oferecem-se seus sentimentos mais ternos e mais elevados para a interpretação de homens e coisas que não nos pertencem, assim como nós não pertencemos a eles. A própria *juventude* é algo falsificador e enganador. Parece que o elemento venerando e iracundo, que é próprio à juventude, não tem de modo algum nenhuma tranquilidade, até que ele tenha "falsificado" de maneira retificadora os homens e as coisas, até que ele possa descarregar seus afetos sobre eles. Mais tarde, quando nos tornamos mais

---

126 **N.T.**: Em latim no original: "E a solidão exultará e florescerá quase como um lírio."

fortes, mais profundos, mesmo "mais verazes", nos assustamos ao descobrir o quão pouco tínhamos outrora os olhos abertos, quando as pessoas faziam sacrifícios nesses altares. As pessoas se enfurecem por não terem visto todo o elemento vão, excessivo, inautêntico, maquiado, teatral em nossos adorados ídolos – as pessoas se enfurecem por causa dessa autocegueira, como se elas tivessem tido uma cegueira desonesta. Nesta transição, as pessoas se vingam de si mesmas, por desconfiança; as pessoas acabam se precavendo em relação aos seus "sentimentos entusiasmados" – sim, a "boa consciência" mesma acaba aparecendo já como um perigo, como um autoencobrimento e como um cansaço da probidade interior. Uma vez mais, mil anos depois: e se concebe que mesmo tudo isto ainda – era *juventude*.

2.

O que eu mesmo um dia, em meus "anos de juventude", escrevi sobre Schopenhauer e Wagner e talvez mesmo tenha menos escrito do que pintado – talvez em um afresco por demais ousado, por demais impertinente, por demais jovem – é algo que gostaria de ao menos colocar à prova hoje no particular com vistas à sua "verdade" e "falsidade". Supondo, porém, que eu tivesse me equivocado outrora: meu equívoco ao menos não causa nem a desonra dos dois, nem a minha! Uma coisa *é* se enganar *assim*: uma coisa *é* também me seduzir precisamente desse modo para *me* equivocar. Em todo caso, também foi para mim uma boa ação inestimável quando outrora eu me decidi por pintar "o filósofo", "o artista" e por assim dizer meu "imperativo categórico" e pude usar para tanto tintas não tão completamente irreais, mas por assim dizer condizentes com as figuras prelineadas. Sem que eu o soubesse, falei apenas para mim, sim, no fundo apenas de mim. Não obstante: tudo que vivenciei outrora aponta para vivências típicas para certo tipo de homens, que precisamos ajudar a ganhar expressão – – – E quem lê aqueles escritos com uma alma jovem e fogosa talvez desvende os pesados elogios, com os quais eu me decidi por minha vida: que ele seja um daqueles que *podem* se decidir por uma vida igual e pelos mesmos elogios.

3.
Houve um momento em que comecei em segredo a rir de Richard Wagner. Isto se deu outrora, quando ele se preparou para o seu último papel e apareceu com os gestos de um milagreiro, de um anunciador da graça, de um profeta, sim, até mesmo de um filósofo diante dos caros alemães. E como ainda não tinha deixado de amá-lo, então meu próprio riso corroeu meu coração: tal como faz parte da história de todos aqueles que são independentes de seu mestre e que encontram finalmente o seu próprio caminho. Neste tempo surgiu o ensaio vivo que aqui se segue, o ensaio do qual, como me parece, alguns jovens alemães ainda podem retirar hoje o seu proveito: – eu mesmo, tal como agora me encontro disposto, também desejaria ter dito tudo de maneira mais paciente, mais cordial e cuidadosa. Neste ínterim, acabei desvendando coisas demais sobre a tragédia dolorosa e aterradora, que se acha veladamente presente por detrás da vida de um homem tal como Richard Wagner o foi.

4.
Sem sombra de dúvida, para os alemães, Richard Wagner etc.

5.
Mas e o músico Richard Wagner? – "Richard Wagner e nenhum fim" – essa é hoje a solução.

Mas nós, amigos da música, estamos no final de nossa paciência em relação a isso. Ficamos durante muito tempo com um sorriso amarelo no rosto diante do wagnerianismo e dissemos para nós mesmos de modo admoestador durante todo um longo dia de chuva: "Que belo é até mesmo o tempo feio! Quantos impulsos não se encontram escondidos nas dobras da tempestade! O quão refinadamente a chuva sabe tocar a 'melodia infinita'! O quão incomparavelmente o raio brilha em meio às longas trevas terríveis! E mesmo o trovão: o quão bela é a cromática do trovão!" Mas finalmente, finalmente queremos ver de novo também o céu claro e ao menos ter a *bela noite*, que merecemos, depois de um dia tão virtuoso, mas tão ruim! – Realmente? A noite? Já está efetivamente quase "chegando a noite"? Mesmo a nossa melhor arte está se aproximando do fim? Meus amigos, vós tendes aqui alguém que não acredita mais nisso! Ainda falta muito tempo para a noite! E Wagner não significa nem o dia, nem a noite de nossa arte – mas apenas um perigoso caso intermediário, uma exceção e um ponto de interrogação, *que colocou à prova a nossa consciência*! Na hora certa, porém, aprendemos a dizer: não! Todo músico correto e profundo diz hoje não a Wagner e a si mesmo, até o ponto em que ele ainda "wagnerianiza" – e, em verdade, tanto mais fundamentalmente, quanto mais ele tiver ido à escola com Wagner, quanto mais ele tiver aprendido com Wagner.

6.

As coisas devem estar muito piores junto aos músicos pouco talentosos, assim como junto aos músicos ávidos por dinheiro e por fama: precisamente para eles, há seduções ímpares no modo como Wagner faz música. Ora, é *fácil* compor com meios e artifícios wagnerianos. Pode ser mesmo que, em meio à exigência demagógica de artistas de hoje por excitação das "massas", eles sejam mais gratificantes, a saber, "mais plenamente eficazes", "mais preponderantes", "mais impactantes", "mais impressionantes", e como quer que soem as palavras diletas reveladoras da plebe teatral e do fanatismo dos diletantes. Mas o que significa, por fim, em questões ligadas à arte, o barulho e o entusiasmo das "massas"! *Boa* música nunca tem um "público": – ela nunca é, nem pode ser "pública", ela faz parte dos testes seletivos, ela deve estar sempre e apenas presente – dito de maneira alegórica – para a *"câmara"*. As "massas" possuem uma grande empatia por aquele que melhor sabe bajulá-las: elas são gratas à sua maneira a todos os talentos demagógicos e lhes retribuem tanto quanto podem. (Como as "massas" sabem *agradecer*, com que "espírito" e "gosto" é algo de que a morte de Victor Hugo prestou um testemunho instrutivo: será que em todos os séculos da França juntos foram impressos e falados tantos disparates indignos da França quanto nesta ocasião? Mas mesmo no enterro de Richard

Wagner, os bajuladores da gratidão se atreveram a se alçar até a altura do desejo "casto": "Redenção para o redentor!" –)

N.B. Não há nenhuma dúvida quanto ao fato de que a arte w<agneriana> hoje causa um efeito nas massas – não se está dizendo algo sobre a própria arte com isto? As "massas" nunca tiveram nenhum sentido para três boas coisas na arte, para distinção, lógica e beleza – *pulchrum est paucorum hominum*[127] –: para não falar de uma coisa melhor, do *grande estilo*, ao qual até aqui mesmo os artistas mais elevadamente constituídos não tiveram condições de dizer nem sim, nem não: – eles ainda não tiveram direito algum ao grande estilo, eles se sentem diante dele distantes e envergonhados, e essa vergonha foi precisamente a sua mais elevada altitude. Wagner é aquele que mais se encontra distante do grande estilo: o elemento divergente e heroico-fanfarrão se acha claramente em *oposição* ao grande estilo; assim como o elemento terno e sedutor, inquieto, incerto, tenso, instantâneo, secretamente exaltado, todo o jogo de máscaras "suprassensível" de sentidos doentes, e tudo aquilo que pode ser chamado de "wagneriano" no sentido típico. E, no entanto, apesar da mais fundamental incapacidade para tanto: Wagner *lança um olhar vesgo* para o grande estilo, ele, que não consegue alcançar nem mesmo a *lógica* habitual, correta, autêntica! Ele sabe disso muito bem, ele o reconheceu a tempo: mas o que estava imediatamente em questão era, com uma habilidade teatral inimaginável, que constituía a sua maestria, interpretar para si a sua falha como uma vantagem. Há muitas coisas sedutoras no ilógico, no semilógico –: a saber, Wagner desvendou fundamentalmente o seguinte–: para alemães, justamente, junto aos quais a obscuridade é sentida como "profundidade". A masculinidade e o rigor de um desenvolvimento lógico lhe foram recusados: mas ele encontrou algo "mais eficaz"! "A música", ele ensinou, "é sempre apenas um meio, a finalidade é o drama". O drama? Não, a atitude! – era assim que as coisas se mostravam para Wagner junto a si mesmo.

---

127 **N.T.:** Em latim no original: "a beleza é para poucos".

Sobretudo e em primeiro lugar a atitude comovente! Algo que causa espanto e arrepio! O que importa a "razão suficiente"! Uma espécie de multiplicidade, mesmo no fraseado rítmico, está do mesmo modo entre os seus artifícios mais diletos, uma espécie de embriaguez e sonambulismo, que não sabe mais "tirar conclusões" e que desencadeia uma perigosa vontade de consequências e arrefecimentos cegos.

Basta olharmos para as nossas *mulheres*, quando se acham wagnerianizadas: "ausência de liberdade da vontade"! Que fatalismo no olhar que vai se apagando! Que deixar acontecer, que capacidade de suportação! Talvez elas até mesmo pressintam que, nesse estado da vontade "exposta", elas exercem uma magia e um encanto *a mais* para alguns homens? –: que razão *a mais* para a adoração de Cagliostro e de Wundermann! Juntos às "Mênades" da adoração a Wagner, pode-se concluir sem hesitar até mesmo pela histeria e pela doença; alguma coisa não está em ordem em relação à sua sexualidade; ou faltam-lhe crianças, ou, no caso mais suportável, homens.

7.

No que concerne aos *discípulos*, que prestam um culto a Wagner, eles são pura e simplesmente ruins em termos musicais. (Um dos melhores chegou mesmo a me dizer de maneira franca: "não *entendo nada* de música, mas Wagner reúne tudo de bom que há hoje – ele é antissemita, vegetariano e abomina a vivissecção".) A juventude wagneriana, em alguns aspectos um tipo muito agradável e nobre de juventude – venera em Wagner mais ou menos o mesmo que os jovens apaixonados por Victor Hugo por volta de 1828 em relação ao seu ídolo: sobretudo, o mestre das grandes palavras e dos grandes gestos, o porta-voz de todos os sentimentos intumescidos, de todos os instintos sublimes, e, em seguida, o renovador ousado e o destruidor de cadeias na luta e na oposição à instrução mais antiga e mais rigorosa, talvez mais restrita à arte, o possibilitador de novos acessos, de novas vistas, de novas distâncias e de novas profundidades e altitudes, por fim, e não menos importante: a juventude alemã venera em Wagner o

elemento impositivo, a capacidade de dar ordens com muito barulho, de se assentar apenas em si, de remeter apenas para si, de dizer sim de maneira tenaz a si mesmo e sempre em nome do "povo eleito", dos alemães! – em suma, o caráter de tribunal popular e o elemento demagógico em Wagner. Tais discípulos entusiasmados ainda não veem nada do mau gosto, sim, do gosto deplorável, que marca toda essa "autoencenação" wagneriana: a juventude *tem* a princípio um direito ao mau gosto – esse é o seu direito. Caso se queira saber, porém, *para onde* a inocência e a prontidão imediata dos jovens podem ser conduzidas e seduzidas por um velho caçador de ratos tomado por maquinações, então basta lançar um olhar para aquele pântano literário, no qual, por fim, o mestre envelhecido adorava cantar com os seus "discípulos" (será que "cantar" é a palavra certa?) – estou pensando aqui nas famigeradas "Partituras de Bayreuth". Temos aí efetivamente um *pântano*: arrogância, germanismo e confusão conceitual na mais turva confusão, aspergindo sobre o todo um açúcar insuportável da mais "doce" compaixão, e, entre tudo isso, aquela inclinação já indicada para legumes verdes e para a unção e sentimentalidade consciente em termos dos seus fins em favor dos animais, *compactamente presente* ao lado do ódio não disfarçado, autêntico e fundamental à ciência e, em geral, ao lado do escárnio e do vitupério diante de tudo aquilo que se encontra e se encontrava no caminho de Wagner – assim como se encontrava no caminho da influência wagneriana a natureza *mais nobre* de Mendelssohn e a natureza mais pura de Schuhmann! – neste caso, um astuto olhar de esguelha para novas tropas auxiliares, um "vir ao encontro" por parte de partidos poderosos, por exemplo, o brincar e o piscar os olhos completamente impuro com símbolos *cristãos* – Wagner, o antigo ateu, antinomista e imoralista, chega até mesmo a conclamar um dia de maneira ungida o "sangue do redentor"!
– no todo, o atrevimento de um sumo sacerdote velho, gordo e envolto em névoa, que dá voz a seus sentimentos obscuros como revelações para além dos âmbitos que lhe são completamente subtraídos e proibidos do pensamento; e isso tudo em um alemão, em um alemão propriamente pantanoso, marcado por uma

obscuridade e um exagero, tal como esse não foi alcançado nem mesmo pelos alunos de Hegel hostis ao alemão!

8.

Talvez tenha ficado agora pela primeira vez claro *a que espaço* Wagner pertence: a saber, *não* à grande série dos homens autênticos e próprios do mais elevado nível hierárquico, *não* a essa "cortes das cortes" olímpicas. Ao contrário, Wagner merece um nível hierárquico totalmente diverso e uma honra totalmente diferente – e, de fato, nenhuma honra pequena e vulgar: Wagner é um daqueles três gênios teatrais da arte, dos quais a *massa* neste século – e trata-se do "século das massas"! – *aprendeu* quase que pela primeira vez o conceito de "artista": tenho em vista três homens estranhos e perigosos, Paganini, Liszt e Wagner, que, colocados de maneira questionável no ponto médio entre Deus e o macaco, estavam predeterminados tanto para a "imitação" quanto para a invenção, para a criação *na arte da própria imitação*, e cujo instinto desvendou tudo aquilo que pode se tornar propício e profícuo para a finalidade da exposição, da expressão, do efeito, do encantamento, da sedução. Como meios e intérpretes artísticos demoníacos, eles se tornaram – e *são* hoje os mestres de todas as artes da interpretação em geral: todos os homens nesses círculos aprenderam com eles; – entre atores e pessoas com experiência na área de entretenimento de todo tipo, também será preciso buscar, por isto, o lar e a origem do "culto" propriamente dito a Wagner. Abstraindo-nos desses círculos, porém, aos quais se pode atribuir todo o direito à sua crença e à sua superstição, e com vistas ao fenômeno conjunto daqueles três gênios teatrais e de seu sentido mais secreto e mais universal, não consigo deixar de formular sempre uma vez mais a mesma questão: o que se expressa de maneira aparentemente nova naqueles três talvez seja apenas o velho e eterno "Cagliostro", só que com uma nova roupagem, colocado em cena de maneira nova, "musicado", traduzido na linguagem da religião – tal como corresponde mais propriamente ao gosto do novo século – ao século da *massa*, como dissemos? Portanto, *não* mais como o último Cagliostro do que como o sedutor de uma cultura nobre e cansada – como Cagliostro *demagógico*? – e nossa música, com cujo auxílio produz-se aqui "encanto": – o que vos peço e pergunto, meus amigos, é o que significa a nossa música alemã?

9.

– Este *último* Wagner, no fundo um homem destruído e superado, que não conseguiu largar, porém, a grande teatralidade, esse Wagner que chegava mesmo a falar, por fim, dos "encantamentos", que ele sabia alcançar a partir da ceia protestante, enquanto estendia ao mesmo tempo as mãos com a música do seu Parsifal a tudo o que é propriamente *romano*: esse bajulador de todas as vaidades, obscuridades e arrogâncias alemãs, que se oferece por toda parte – esse *último* Wagner deveria ser o último e mais elevado píncaro de nossa música e a expressão da síntese finalmente alcançada da "alma alemã", *o* próprio alemão? – Foi no verão de 1876 que abdiquei *dessa* crença; e, com isso, começou aquele movimento da consciência alemã, do qual se dão a conhecer hoje sinais cada vez mais sérios, cada vez mais claros – e o *retorno* do wagnerianismo!

41 (3)
 Há apenas nobreza de nascença, apenas nobreza de sangue. (Não falo aqui da palavrinha "von" e do calendário de Gotha: ativação para asnos.) Onde se fala de "aristocratas do espírito", não faltam na maioria das vezes razões para esconder algo; como se sabe, trata-se de uma expressão corporal entre judeus ambiciosos. O espírito por si só não enobrece nada; ao contrário, é sempre necessário algo *que enobrece o espírito*. – Do que ele precisa para tanto? Do sangue.

41 (4)
 A filosofia alemã como um todo – Leibniz, Kant, Hegel, Schopenhauer, para nomear os grandes – é o tipo mais fundamental de *Romantismo* e de nostalgia da terra natal, que houve até aqui: a exigência pelo melhor que houve algum dia. Não se

está mais em parte alguma em casa, exige-se por fim a volta, para onde de algum modo se estava em casa, porque só lá se poderia estar em casa: e esse lugar é o mundo grego! Mas precisamente para lá todas as pontes estão quebradas – *excluindo* os arco-íris dos conceitos! E esses levam sempre a todas as terras natais e "terras pátrias", que houve para as almas gregas! Naturalmente, é preciso ser muito refinado, muito leve, muito diáfano, para passar por essas pontes! Mas que felicidade já se encontra nessa vontade de espiritualidade, quase de fantasia espiritual! O quão distante se está, com isto, de "pressão e impulso", da patetice mecânica da ciência natural, dos barulhos das feiras anuais das "ideias modernas"! Quer-se *voltar* por meio dos padres da Igreja até os gregos, a partir do Norte para o Sul, das fórmulas para as formas; as pessoas desfrutam ainda do ponto de partida da Antiguidade, do Cristianismo, como um acesso a ele, como uma boa parte do próprio mundo antigo, como um mosaico brilhante de conceitos antigos e de juízos de valor antigos. Arabescos, floreados, rococós das abstrações escolásticas – sempre ainda melhor, a saber, mais refinado e mais diáfano do que a realidade efetiva campesina e plebeia do Norte europeu: sempre ainda um protesto da mais elevada espiritualidade contra a guerra entre os camponeses e o levante da plebe, que se tornou senhora sobre o gosto espiritual no Norte da Europa e que teve no grande "homem espiritual", em Lutero, o seu comandante. – Neste aspecto, a filosofia alemã é uma contrarreforma, até mesmo ainda uma *Renaissance*, ao menos uma vontade de *Renaissance*, vontade de *seguir em frente* na descoberta da Antiguidade, nas escavações da filosofia antiga, sobretudo dos pré-socráticos – o mais bem soterrado de todos os templos gregos! Talvez se venha a julgar daqui a alguns séculos que todo filosofar alemão tem a sua dignidade propriamente dita aí, em ser uma reconquista gradual do solo antigo, e que toda pretensão de "originalidade" soa mesquinha e ridícula em relação àquela pretensão mais elevada dos alemães de terem atado de maneira nova o laço, que parecia rompido, o laço com os gregos, o tipo "homem" até aqui mais elevadamente constituído. Nós nos reaproximamos hoje de todas aquelas formas fundamentais de interpretação do mundo, que foram inventadas pelo espírito grego, formas que encontramos em Anaximandro, Heráclito, Parmênides, Empédocles, Demócrito e Anaxágoras – nós estamos nos tornando dia a dia *mais gregos*, de início, como de costume, em conceitos e apreciações de valor, por assim dizer como fantasmas helenizantes: mas um dia, é de se esperar, também com o nosso *corpo*! Nisso reside (e sempre residiu) a minha esperança em relação à essência alemã!

41 (5)
Abre-se um livro feminino: – e logo se suspira "uma vez mais uma cozinheira infeliz!"

41 (6)
Para as mais elevadas e mais ilustres alegrias humanas, nas quais a existência festeja a sua própria transfiguração, só vêm, como de costume, aqueles que são de todos os mais raros e os mais bem constituídos: e mesmo esses apenas, depois que eles mesmos e seus antepassados viveram uma longa vida de preparação voltada para essa meta, e não possuem nem mesmo um saber sobre essa meta. Então, uma riqueza superfluente de forças as mais múltiplas e, ao mesmo tempo, o poder mais ágil de uma "vontade livre" e de um dispor imperial habitam em um homem amorosamente um ao lado do outro. O espírito, com isto, se acha em sua terra natal e em sua casa nos sentidos, assim como os sentidos se encontram em sua terra natal e em casa no espírito; e tudo aquilo que transcorre apenas nesse espírito também precisa desencadear naquele uma felicidade e um jogo extraordinários. E, do mesmo modo, inversamente! – pensemos sobre essa inversão por ocasião de Hafis; mesmo Goethe, ainda que em uma imagem atenuada, nos dá uma ideia desse processo. É provável que, junto a tais homens perfeitos e bem constituídos, as instituições de todas as mais sensíveis sejam transfiguradas por uma embriaguez alegórica da mais elevada espiritualidade; eles experimentam em si uma *espécie de divinização do corpo* e estão o mais distante possível das filosofias dos ascetas que se atêm ao princípio

"Deus é um espírito": junto aos quais vem à tona claramente o fato de que o asceta é o "homem desvalido", que só é algo em si e que chama de *bom* precisamente o algo que julga e condena – e se chama "Deus". Daquela altura da alegria, na qual o homem sente a si mesmo completamente como uma forma e uma autojustificação divinizadas da natureza, até descer à alegria de camponeses saudáveis e de animais-parcialmente-humanos saudáveis: toda essa longa e descomunal cadeia de luzes e cores da felicidade foi denominada pelos *gregos*, não sem o arrepio grato daquele que se acha iniciado em um mistério, não sem muita precaução e um casto silêncio – com o nome do deus: Dioniso. – O que sabem, afinal, todos os homens modernos, os filhos de uma mãe estranha, frágil e em muitos aspectos doente, sobre a *abrangência* da felicidade grega, o que eles poderiam saber sobre isso! De onde os escravos das "ideias modernas" poderiam retirar até mesmo um direito a um festejo dionisíaco!

41 (7)

Quando o corpo grego e a alma grega "floresceram", e não, por exemplo, em estados de uma exaltação e loucura doentias, surgiu aquele símbolo extremamente misterioso da mais elevada afirmação do mundo e transfiguração da existência, que houve até aqui sobre a Terra. Ofereceu-se aqui um *critério de medida*, a partir do qual tudo aquilo que desde então surgiu é experimentado como breve demais, pobre demais, restrito demais: – não se precisa senão pronunciar a palavra "Dioniso" diante dos melhores nomes e coisas modernos, diante de Goethe, por exemplo, ou de Beethoven, ou de Shakespeare ou de Rafael: e de uma só vez sentimos as nossas melhores coisas e instantes sendo *julgados*. Dioniso é um *juiz*! – Será que as pessoas me compreenderam? – Não há nenhuma dúvida quanto ao fato de que os gregos buscavam interpretar os últimos segredos "sobre o destino das almas" e sobre tudo aquilo que eles sabiam sobre a educação e a purificação, antes de tudo sobre a ordem hierárquica irrevogável e sobre a desigualdade valorativa entre os homens a partir de suas experiências dionisíacas: para tudo o que é grego, é aqui que se encontra o que é a grande profundidade, o grande silêncio – *não se conhece os gregos*, enquanto ainda persiste soterrado aqui o acesso subterrâneo velado. Olhos eruditos penetrantes nunca verão algo nessas coisas, por mais que a erudição possa ser empregue ainda a serviço daquela escavação –; mesmo o nobre afã de tais amigos da Antiguidade, como o afã de Goethe e de Winckelmann, têm precisamente aqui algo de não permitido, de quase imodesto. Esperar e preparar-se; aguardar o irromper de novas fontes, preparando-se na solidão para histórias e vozes alheias; lavar a sua alma de maneira cada vez mais pura da poeira e do barulho das feiras anuais desse tempo; *superar* tudo o que é cristão por meio de algo supracristão e não apenas alijá-lo de si – pois a doutrina cristã foi a contradoutrina em relação à doutrina dionisíaca –; descobrir uma vez mais o *Sul* em si e abrir um céu claro, brilhante e cheio de mistérios sobre si; apoderar-se novamente da saúde meridional e da potência velada da alma; tornar-se passo a passo cada vez mais abrangente, mais supranacional, mais europeu, mais supraeuropeu, mais oriental, enfim, *mais grego* – pois o grego foi a primeira vinculação e síntese de tudo o que é oriental e justamente com isto o *início* da alma europeia, a descoberta de *nosso "novo mundo"*: – quem vive sob tais imperativos, quem sabe o que pode vir ao encontro de tal dia? Talvez justamente – *um novo dia!*

41 (8)
Declarei guerra quando era mais jovem às condições culturais europeias e conduzi bravamente aí o meu punhal: não se pode fazer outra coisa. As mulheres fora, mesmo as mulheres masculinas e os seres frágeis! A mulher não entende nada de guerra e lamenta à beira quase da morte uma gota de sangue. As pessoas me confrontam com o fato de que eu teria "matado" outrora o velho David Strauss? Com certeza, terei de suportar a morte de outras vidas humanas em minha consciência – mas é assim que se conquista a guerra e a vitória. Uma coisa, que está madura para ser almejada: para que ainda cultivar, poupar e envolver artificialmente algo desse gênero? Nada quer ser poupado, porém, nas condições culturais alemãs: isto *está* "maduro".

41 (9)

Prefácio

Quem tem os desejos de uma alma elevada e seletiva e só cobre raramente a *sua* mesa, quem encontra já a *sua* alimentação pronta: para ele, seu perigo não é hoje nenhum perigo pequeno. Jogado em uma era barulhenta e plebeia, com a qual ele não consegue dividir a mesma mesa, ele pode facilmente perecer de fome e de sede, ou, caso ele finalmente "intervenha" – *de nojo*. Este foi o perigo de minha juventude, de uma juventude insaciável, nostálgica, solitária; e o perigo se elevou às alturas, quando compreendi um dia quais eram os pratos que eu tinha preparado, por fim, para mim mesmo e *para o que* tinha me atraído a fome e a sede impetuosas de minha alma. Foi no verão de 1876. Naquela época afastei, irado de nojo, todas as mesas de mim, nas quais tinha me sentado até então, e prometi para mim mesmo que era melhor viver de maneira casual e ruim, melhor viver de capim e de raízes e a ermo, como um animal, melhor até mesmo não mais viver do que compartilhar minha refeição com o "povo dos atores" e com os "picadores do espírito" – eu usava tais expressões fortes outrora: – pois me parecia que tinha caído entre puros Cagliostros e homens impuros, e me enraivecia e gritava por ter amado lá onde deveria ter desprezado.

Depois de finalmente ter me acalmado, apesar de não ter me tornado de maneira alguma mais compreensível e conciliador, me destaquei lentamente e sem descortesia de minha "sociedade" até então, eu me entreguei à viandança – doente, por muitos anos doente. Um desprendimento grande, cada vez maior – pois homens filosóficos gostam de impelir o particular para o universal – uma "alienação" arbitrária foi naquele tempo meu único lenitivo: coloquei tudo à prova, tudo aquilo em que tinha até então colocado meu coração, inverti as melhores e mais veneráveis coisas e homens e observei seus reversos, fiz o inverso com tudo aquilo em que tinha melhor se exercitado até então a arte humana do amaldiçoamento e da blasfêmia. Foi um jogo perverso: tinha com frequência clareza quanto a isso – mas minha resolução foi mantida. Eu "destruí meu coração venerando" mesmo e considerei ainda os seus pedaços quebrados e seus lados inversos – não sem uma multiplicidade de novos prazeres e curiosidades: pois se é cruel na mesma medida em que se é capaz de amar. Finalmente cheguei, passo a passo, até a última exigência de meu rigor interno: impus-me os sorrisos mais amarelos para os meus exercícios de autoaviltamento, ridicularizei todo "pessimismo" e me voltei perfidamente contra toda conclusão, na qual a doença e a solidão *pudessem* tomar parte: – "avante", disse para mim, "um dia tu serás saudável, hoje basta *se postar* de modo saudável! A vontade de saúde já é o melhor de todos os remédios"!

Foi para isso que abri pela primeira vez meus olhos – e logo vi muitas coisas e muitas cores das coisas, tal como os marginais temerosos e os espíritos ocupados consigo mesmos, que sempre ficam em casa, nunca chegam a ver. Uma espécie de liberdade de pássaro, uma espécie de visão panorâmica de pássaro, uma espécie de mistura de curiosidade e desprezo, tal como a experimentam todos aqueles que contemplam de maneira isenta uma pluralidade descomunal – este foi finalmente o novo estado alcançado, com o qual me mantive durante muito tempo. Um "espírito livre" e nada mais: assim eu me sentia, assim eu me denominava outrora; e, efetivamente, eu me tornei o contrário daqueles que se ocupam com coisas que não lhes dizem respeito – *me* diziam respeito muitas coisas que não me – "afligiam" – mais.

Esses foram anos de *convalescença*, anos multifacetados, cheios de acontecimentos coloridos e magicamente dolorosos, dos quais os homens sãos, os robustos do espírito, do mesmo modo que os doentes, os condenados, os predeterminados à morte e não à vida, também não têm como compreender coisa alguma. Outrora eu ainda não tinha "me" encontrado: mas eu estava corajosamente a caminho de "mim" e coloquei mil coisas e homens à prova, pelos quais eu passei, quanto a se eles não "me" pertenciam ou quanto a se eles ao menos sabiam de "mim". Que surpresas não houve outrora! Que espanto! Que breve e pequeno aceno da felicidade! Que aquietamento no sol! Que ternura! E sempre uma vez mais essa voz interior dura que comandava:

"Saia daqui! Avante, viandante! Ainda restam muitos mares e terras para ti: quem sabe quem é que tu ainda precisas encontrar?"

O fato, portanto, de eu confessar grato: outrora, quando comecei a estudar a regra "homem", vieram ao meu encontro e atravessaram meu caminho espíritos estranhos e não desprovidos de perigos, entre eles até mesmo espíritos *muito* livres – e, antes de tudo, um, e esse sempre uma vez mais, ninguém menos do que o próprio deus Dioniso: – aquele mesmo a quem eu outrora, em anos muito mais jovens, tinha prestado um sacrifício venerado e inocente. Talvez encontre uma vez mais ócio e tranquilidade suficientes, para narrar a meus amigos tudo aquilo que mantive da filosofia do deus Dioniso: a meia-voz, como de costume – pois se trata de muitas coisas secretas, e algumas sinistras. No entanto, o fato de Dioniso ser um filósofo e de, portanto, *deuses* também *filosofarem*, me parece, em todo caso, um comunicado importante e mesmo o mais delicado comunicado de uma circunstância digna, que não tem nada contra si para além do fato de que ela talvez não seja conhecida no tempo certo: pois não se quer acreditar hoje em deuses. Talvez eu precisasse seguir um pouco mais adiante na franqueza de minha narrativa do que aquilo que pode ser agradável aos ouvidos de meus amigos. Com certeza, o citado deus seguiu adiante em nossos diálogos e estava sempre alguns passos à frente: ele *ama* o ir além! Sim, caso fosse permitido, eu daria a ele, segundo os costumes humanos, belos nomes pomposos e virtuosos, nomes bajuladores, celebraria muito a sua coragem como pesquisador e como descobridor, a sua probidade, veracidade e amor à sabedoria. Mas tal deus não sabe o que fazer com todos esses cacarecos e com todo esse luxo. "Guarda tudo isso", ele diria, "antes para ti e para os teus iguais e para quem tiver necessidade disso! *Eu – não tenho nenhuma razão para cobrir minha nudez*".

Vê-se que falta a esse tipo de divindade e de filosofar algo da vergonha. Assim, ele disse para mim logo em nossa primeira conversa: "sob certas circunstâncias, eu amo o homem – e, neste caso, ele estava fazendo uma alusão a Ariadne –: trata-se de um animal agradável e inventivo, que não tem o seu igual sobre a Terra, ele consegue se aprumar em todos os labirintos. Reflito com frequência sobre isso, sobre como posso levá-lo ainda adiante e torná-lo mais forte, mais cruel e mais profundo do que ele é". – Mais forte, mais cruel e mais profundo?, perguntei horrorizado. "Sim", disse ele uma vez mais, "mais forte, mais cruel e mais profundo: também mais belo" – e, em adendo, riu o deus, como se ele tivesse dito com isso uma graça encantadora. Vê-se aqui ao mesmo tempo: não é apenas vergonha que falta a esse deus –; e há em geral boas razões para supor que, em algumas partes, os deuses como um todo poderiam ir à escola para aprender conosco, com os homens. Nós somos *mais humanos*.

E com isto chegamos e ao lugar certo: a saber, no fim. Pois se terá já fartamente compreendido o que deve significar: "humano, demasiadamente humano". E por que esse livro é "um livro para espíritos *livres*".

2.

Já dei a entender o que as palavras "humano, demasiadamente humano" devem significar neste título – ao menos para aqueles que têm ouvidos. O que, porém, tinha eu em mente outrora por "espíritos livres", pelos espíritos em direção aos quais eu lancei a vara de pescar de meu livro? Parece que eu estava desejando para mim – companhia?

41 (10)

– – – Por isto, não tenho como elogiar de maneira suficiente os três casos felizes de minha vida, que se equilibraram ainda no tempo certo, lá onde eu tinha causado danos a mim mesmo por meio de uma juventude insaciável, nostálgica e solitária. O primeiro foi o fato de eu, em meus anos de juventude, ter encontrado uma ocupação notável e erudita, que me permitiu estar em casa na proximidade dos gregos, se é que se está disposto a deixar passar essa expressão imodesta, mas clara. Colocado em tal medida de lado e entretido pelo que havia de melhor, não foi fácil me resolver a me zangar violentamente com algo que acontece hoje. A isso aliou-se o fato de eu ter me deparado com um filósofo que soube contradizer de maneira corajosa tudo o que é atual, sem, contudo, desenraizar a própria veneração junto ao seu discípulo por meio de um excesso de negação. Por fim, desde o berço fui um amante da música e mesmo um amigo a qualquer tempo dos bons músicos: tudo isso junto fez com que eu tivesse menos razões para me preocupar com os homens de hoje: – pois os bons músicos são todos ermitões e seres extemporâneos.

Já tinha passado dos 20 anos, quando descobri que me faltava o conhecimento dos homens. Será provável que alguém possa se tornar um conhecedor dos homens, caso ele não tenha dirigido seriamente o seu sentido nem para a honra, nem para posições, nem para o dinheiro, nem para as mulheres e passe consigo apenas a maior parte de cada dia? Aqui haveria muitas razões para escárnio, se não fosse um atentado contra o bom gosto que o autor de um livro abusasse do seu prefácio para escarnecer de si mesmo. Basta, eu encontrei razões e cada vez mais e melhores razões, para desconfiar fundamentalmente de meu elogio tanto quanto de minha censura; ao mesmo tempo, despertou em mim uma curiosidade violenta e repentina pelos homens: em suma, eu resolvi entrar em uma escola dura e longa.

41 (11)
"Pensar", em seu estado primitivo (pré-orgânico), é *impor figuras*, tal como acontece junto à crisálida. – Em *nosso* pensamento, o *essencial* é a ordenação do novo material nos antigos esquemas (= leito de Procrusto), a *igualação* do novo.

41 (12)
Conclusão I.
Vejo surgir filósofos. Tal como hoje conheço, meus amigos, vossos espíritos livres, também voam entre vós esses pássaros "vindouros", belos, orgulhosos! – eu – – –

41 (13)
– – – no que concerne, porém, ao imperativo introduzido do instinto alemão, que ordena: "Nenhum judeu *novo*! E manter

fechados os tolos do Leste!" – assim, a astuta ponderação poderia aconselhar o próprio judeu alemão a uma "autorregulação dos limites" de tal gênero: sua tarefa é entrar na essência alemã e alcançar um tipo mais alemão de expressão e de gesto, por fim, alcançar a "alma" – pois *este* é o curso, de fora para dentro, da "aparência" ao "ser" – ela não pode ser sempre uma vez mais retrogradada a uma situação de dissolução por meio da feiura pavorosa e desprezível de judeus poloneses e russos, húngaros e galegos. Aqui está o ponto, no qual mesmo os judeus têm de, por sua parte, agir, a saber, "estabelecer limites para si mesmos": – o único e derradeiro ponto, no qual uma vantagem judaica e alemã poderia ainda se equilibrar em uma vantagem conjunta: mas claro, já é tempo, sim, já se faz o tempo supremo!

41 (14)
Ainda não houve nenhuma cultura alemã até aqui. Não se apresenta nenhuma objeção a essa afirmação quando se menciona o fato de que houve na Alemanha grandes eremitas – Goethe, por exemplo: pois esses eremitas tinham a sua própria cultura. Precisamente, porém, em torno de si, por assim dizer como em torno de rochas poderosas, resistentes, dispostas solitariamente, sempre se encontrava o restante do ser alemão como a *sua face oposta*, a saber, como um fundamento maleável, lodoso, inseguro, no qual todo passo e toda entrada em cena do estrangeiro produzia uma "impressão" e criava "formas": a cultura alemã era uma coisa sem caráter, uma flexibilidade quase ilimitada.

41 (15)
Morri publicamente de rir com um livro pobre, arrogante, bolorento, pelo qual tinha se enlouquecido de paixão a "cultura alemã" – agora, pode-se fazer em alguns pontos da Terra um uso algo *mais perigoso* de seu riso! Talvez eu tenha "matado" aí sem querer um velho homem, o velho e digno David Strauss, *virum optime meritum*? – foi o que as pessoas me deram a entender. Mas assim é que se alcança a guerra e a vitória; e quero com boa consciência carregar em "minha consciência" ainda outras vidas

humanas completamente diversas! Só as mulheres que saíam daqui, mesmo as mulheres masculinas e os seres frágeis! A mulher não entende nada de artesanatos bélicos e se queixa quase até a morte de toda e qualquer "falta de compaixão". Para que algo diverso possa começar, é preciso colocar antes de tudo um fim aqui – compreende? Na "formação alemã", porém, nada mais quer ser poupado; aqui é preciso não poupar a si mesmo e, em conclusão, pôr um fim em tudo – ou algo diverso não poderá de modo algum vir à tona.

41 (16)
　Os alemães são profundos.
　O cristão europeu.
　O espírito alemão.
　Aquele entusiasta sem hesitação.
　Os demagogos na arte.
　Da diminuição do wagnerianismo.
　O quão pouco o estilo alemão
　Os judeus
　Ranke, o advogado embelezador dos fatos

[42 = Mp XVII 2a. Agosto – Setembro de 1885]

42 (1)
O espelho
Uma ocasião para a autoprojeção da imagem para europeus.
O anarquismo latente.
Tipos e causas do amaldiçoamento do mundo.
III Os alemães. Ideias sobre cultivo e criação.
Panos de fundo da lógica.
O impasse dos físicos.
II O que são "espíritos livres"?
Os demagogos da arte.
O eterno feminino.
A moral na Europa.
O cultivo da *vontade*.
Da ordem hierárquica.
Cristo e Dioniso.
O historiador.
I Os filósofos do futuro.
O decréscimo da serenidade.
Da solidão.
Sul e Oriente. Uma palavra para músicos.
Interpretação do mundo, não explicação do mundo.
(Literatura e cultura teatral)
O "último Wagner". –

A profissão propriamente *imperial* do filósofo (segundo a expressão do Alcuin do anglo-saxão): *prava corrigere et recta corroborare et sancta sublimare.*
Tentativa de uma crítica da alma moderna.

42 (2)
O ateísmo e suas causas.
O anarquismo latente.
O nacionalismo e a economia mundial.
O ceticismo moral.

O amaldiçoamento do mundo e o decréscimo da serenidade.
Norte Sul.
A música.
Os filósofos.
Os historiadores.
Os demagogos na arte.
A mulher.
O cultivo da vontade.
A alimentação.
Ler e a imprensa literária.

42 (3)
Humano, demasiadamente humano. I *Metafísica*
Se o mundo tivesse um fim, esse fim já precisaria ter sido alcançado
A partir do fio condutor do corpo
Quem percorreu a história de uma ciência particular qualquer
O que vivenciamos no sonho
O que chega até nós de todo modo de pensar platônico e leibniziano.
O homem é uma criatura configuradora de formas e ritmos
O pensamento se mostra na figura, na qual ele vem
"Como são possíveis juízos sintéticos *a priori*
O que me cinde da maneira mais fundamental possível dos metafísicos
Verdade: isto designa no interior de
O pensamento lógico, do qual fala a lógica
Há verdades que concernem melhor a cabeças medíocres
Conclusão: em que rara *simplificação*!
O novo Édipo.
Aparência, tal como eu a compreendo.

Humano, demasiadamente humano II Seção **Moralia.**
"Nossas mais elevadas intelecções precisam – e devem – se mostrar como tolices, sim, como crimes."

"Na medida em que em todos os tempos, porquanto houve homens, também houve rebanhos."
"As morais são o meio principal."
"Ofende a alguém, quando alguém"
"O antigo problema teológico da crença e do saber"
"A vulgaridade. – Palavras são sinais sonoros para conceitos."
"Nada é mais irritante do que a literatura moral".
"A diversidade dos homens não se mostra apenas na diversidade de suas tábuas de bens."
"No fundo, a moral tem uma postura contrária à ciência"

Humano, demasiadamente humano. *Religiosa*.
"As almas humanas e seus limites"
"Os filósofos se tornam para si também os filósofos das religiões"
"No Antigo Testamento judeu –"
"Os ingleses, mais sombrios, sensíveis"
Conclusão "Estão entre os amigos mais elevados e mais atentos dos homens"

Humano, demasiadamente humano. 4. *Arte*
No todo, dou mais razão aos artistas: pessimismo.
Conclusão: Contra R. Wagner. *Do retorno do wagnerianismo*. –
O quão pouco o estilo alemão com o som

Humano, demasiadamente humano. 5. *Cultura mais elevada*.
A filosofia alemã como Romantismo.
Denominam-se os alemães profundos.
Wagner e Paris
Ainda hoje também há a cultura mais refinada
Victor Hugo "*Os demagogos na cultura*"
Influência kantiana na Europa
Supondo que se imagine um filósofo como educador espiritual
Da convicção e da justiça (o antepenúltimo)

O homem no trânsito
Se os filósofos estão entre os *homines*

Humano, demasiadamente humano. *Mulher* e criança.
A maior sensibilidade.
Não se pode pensar de maneira suficientemente elevada sobre as mulheres
O decréscimo da *graça*. –

Humano, demasiadamente humano. *Estado*.
O socialismo é o fim da graça
Acima de todas essas guerras nacionais, um novo império
Há uma nobreza de sangue
Aquele entusiasta irrefletido
Os alemães, em seus antepassados germânicos
Os judeus alemães. – Os bons europeus.
Os alemães ainda não eram nada, pois eles estão se tornando algo

Humano, demasiadamente humano. O homem *sozinho consigo mesmo*.
– O perigo junto a espíritos extraordinários
Um homem que aspira a algo grande
– O fato de muitos falarem sobre coisas, em relação às quais
– O eremita, o homem filosófico superior.

I. em seguida: "livres pensadores"
O antepenúltimo II "O livro pensador" e a solidão
III2 (No fim) *O espírito forte*
IV Conclusão: *em Gênova*: ó, meus amigos. Vós compreendeis esse "apesar de tudo"?

42 (4)
 1. O homem do conhecimento
 2. Para além de bem e mal
 3. Novas fábulas de Deus

4. *Homem e mulher*
5. *Amigo, inimigo* e *solidão*

42 (5)
Sozinho ou a dois – 6, 13, 14, 24, 36, 48
Sacrifício – 19, 18
Desprezo pela mulher – 20, 16, 17, 23, 37
Não tantas palavras – 22, 15
Criança, homem, mulher – 28
Os criadores – 29, 30
Contra o autoconhecimento – 38, 45
Para ser amado – 46
Intenções – 57
Rebanho – 62
Casamento – 60, 53, 18, 17
Diabo Deus – 47
Tempo e futuro – 76, 102

42 (6)
P. 1. Não há nenhum bem comum: essa expressão contradiz a si mesma, pois o que pode ser comum precisa sempre possuir um valor comum e, portanto, não pode ser bom.
   1. Dogmáticos. Platão e o "espírito puro".
     A tensão luxuosa por meio dos dogmáticos
   2. Céticos.
     Os que comandam são raros. Por fim governam na filosofia os mais medianos!
     Onde a vontade ainda se faz presente?
   3. Os críticos
     A filosofia alemã faz parte do movimento crítico ou cético? Kant. Não, trata-se de um contramovimento, no fundo um movimento teológico.
     "sem um prazer apaixonado".
   4. Os ingleses e a filosofia, totalmente inapropriados para a "caça" moral.
     Os franceses. Richard Wagner.

5. Moral de rebanho.
O Cristianismo apequenando o Antigo Testamento.
Socialismo. Livres pensadores. "Esclarecimento"
6. O filósofo como o que tenta novas possibilidades
O valor da imoralidade para a educação.
Sua crueldade.
Sua solidão.
Teichmüller.
7. Meus preparadores.
Sobre as minhas "Considerações extemporâneas"
Uma palavra sobre o pessimismo.
Uma palavra sobre os artistas: o dionisíaco.
Configuração da alma da Europa.
Significado dos gregos, de sua descoberta.
O sentido histórico
8. O dionisíaco.

42 (7)
– Minhas quimeras são facilmente confundíveis
– há 50 mil anos, as árvores já eram verdes?
– antes da lógica, segundo o tempo, encontra-se a produção de *casos idênticos*, assimilação
– a memória na sequência orgânica
– ideias "inatas"
– a hipocrisia precisaria ser eliminada, se não fosse divertido observá-la. Não deuses segundo Epicuro, mas segundo Homero: ou como Galiani.
– Os matemáticos, que prosseguem e concluem, até que o átomo se torne útil para eles! Mas foi assim, de maneira tosca, que os homens sempre fizeram. O que importa a realidade efetiva, enquanto ela não se mostra útil para a nossa casa!

42 (8)
Sim, a filosofia do direito! Trata-se de uma ciência que, como toda ciência moral, não se encontra nem mesmo em suas fraldas.

Desconhece-se, por exemplo, mesmo entre juristas que se arrogam como livres, o *significado* mais antigo e mais valioso da pena – não se conhece de modo algum esse significado: e enquanto a ciência do direito não se colocar sobre um novo solo, a saber, sobre o solo da comparação de histórias e povos, ela permanecerá em meio a lutas inúteis entre abstrações fundamentalmente falsas, que se imaginam hoje como "filosofia do direito" e que são deduzidas em seu conjunto do homem atual. Esse homem atual, porém, é uma rede extremamente intrincada, mesmo em relação a avaliações corretas, de tal modo que ele permite as mais diversas *interpretações*.

[43 = Z I2c. Outono de 1885]

43 (1)

Projeto

O primeiro problema é: o quão profundamente a "*vontade de verdade*" se insere nas coisas? Mensuremos o valor completo da ignorância no liame dos meios para a conservação do vivente, ao mesmo tempo que o valor das simplificações em geral e o valor das ficções regulativas, por exemplo, da ficção lógica: pensemos antes de tudo no valor das interpretações, e em que medida não se trata de "é", mas de "significa"...

Assim, chegamos à seguinte solução: a "vontade de verdade" desenvolve-se a serviço da "vontade de poder": visto de maneira exata, sua tarefa é auxiliar uma espécie determinada de não verdade a vencer e a perdurar, tomar um todo coeso de falsificações como base para a conservação de um determinado tipo de vivente.

Problema: o quão profundamente a *vontade do bem* desce até a essência das coisas. Vê-se por toda parte, nas plantas e nos animais, o contrário disso: a indiferença ou a rigidez ou a crueldade. A "justiça", a "pena". O desenvolvimento da crueldade.

Solução. A compaixão só se faz presente junto às construções sociais (das quais faz parte o corpo humano, que os seres vivos particulares sentem uns com os outros), como consequência do fato de que um todo maior *quer se conservar* contra um outro todo e, uma vez mais, porque na administração conjunta do mundo, onde não há nenhuma possibilidade do perecer e do perder-se, a bondade se tornaria um princípio *supérfluo*.

Problema: o quão profundamente a razão cabe ao fundamento das coisas. Segundo uma crítica às noções de finalidade e meio (– nenhuma relação fática, mas apenas uma relação insinuada), o caráter do desperdício, da loucura, é normal na administração conjunta. A "inteligência" aparece como uma forma particular da irrazão, quase como a sua mais terrível caricatura.

Problema: o quão amplamente a "vontade do belo" alcança. Desenvolvimento intransigente das formas: as mais belas são apenas as mais fortes: elas se mantêm firmemente como as vitoriosas, e se tornam felizes com o seu tipo, procriação. (A crença de Platão, de que mesmo a filosofia seria uma espécie de impulso sexual e de impulso à procriação sublime.)

As coisas, portanto, que nós mais elevadamente apreciamos até aqui: como o "verdadeiro", "bom", "racional", "belo", todas elas revelam-se como casos particulares dos poderes *inversos* – aponta o dedo para essa descomunal *falsificação perspectivística*, em virtude da qual a espécie homem impõe a si mesma. Sua condição vital é o fato de que ela tem prazer consigo mesma (o homem se alegra com os meios de sua conservação: e entre eles estão o fato de o homem não querer se deixar iludir, de os homens se ajudarem mutuamente, de eles estarem prontos a se compreender; de, no todo, os tipos exitosos saberem viver à custa dos fracassados). Em tudo isso, expressa-se a vontade de poder, com sua irreflexividade ao lançar mão dos meios da ilusão: é pensável um *prazer mau*, que um deus experimenta ao ver o homem admirando a si mesmo.

Ou seja: vontade de poder.

Consequência: se essa representação nos é *hostil*, por que cedemos a ela? Avante com as belas ilusões! Sejamos enganadores e embelezadores da humanidade! Fato, *o que* é propriamente *um filósofo*.

43 (2)

Incompreensão da lógica: ela não explica nada, ao contrário.

Incompreensão do desenvolvimento histórico: a sucessão é uma descrição.

Superficialidade de nosso sentido causal.

"Conhecimento" – em que medida em um mundo do devir impossível?

Com o mundo orgânico é dada uma esfera perspectivística.

Cognoscibilidade do mundo – em si uma imodéstia para o homem.

Dissolução dos instintos – transformação em fórmulas e em fórmulas humanas. Contra o naturalismo e o mecanicismo. A "calculabilidade" do mundo: será que ela é desejável? Com isto, também seria "calculável" o ato criador?

Mecânica, uma espécie *ideal*, como método regulativo – não mais.

Escárnio em relação aos idealistas, que acreditam ver a *"verdade"* lá onde eles se sentem "bem" ou "elevados". Clássico: Renan, citado por Bourget.

Negação do espaço vazio e redução da mecânica à tirania do olhar e do tato.

Negação da *actio in distans*. Contra a pressão e o choque.

A *figura* do mundo como causa de seu processo circular. *Não* esfera!

A força contínua.

Contra Laplace-Kant.

Luta dos átomos, assim como dos indivíduos, mas, em certa diversidade de força, a partir de dois átomos surge um, e a partir de dois indivíduos, um. Do mesmo modo, inversamente, a partir de um surgem dois, quando o estado interno produz uma desagregação do centro de poder. – Portanto, *contra* o conceito absoluto "átomo" e "indivíduo"!

O átomo luta pelo seu estado, mas outros átomos o atacam, a fim de ampliar a sua força.

Conceber os dois processos: o processo da dissolução e o processo da sedimentação como *efeitos* da vontade de poder. Até o cerne do mais mínimo fragmento, ele tem a vontade de se sedimentar. Mas ele é *obrigado*, para *de algum modo se sedimentar*, a se diluir em outras passagens etc.

Corpo do mundo e átomo: apenas diversos em termos de grandeza, mas *leis iguais*.

43 (3)

Os alemães, cujos antepassados germânicos não souberam ser honrados em seu espírito por nenhum Tácito, ou mesmo apenas em seu prazer pelo que é espiritual, por exemplo, pelo *argute loqui*, fizeram, além disto, tudo para, através dos séculos, se tornarem estúpidos; e um deus mau, que vigorava sobre eles de maneira germanofóbica – não será talvez por temor diante de seu ateísmo e por saber que seu crepúsculo dos ídolos estaria pré-determinado? – incutiu-lhes puras negações, com as quais esse povo acabou fechando as portas até mesmo para o *advento* do espírito: por exemplo, na medida em que ele os chamou para suar em camas quentes demais, para se acocorarem em quartos pequenos e abafados, para transformar em seus pratos prediletos coisas de digestão extremamente difícil como bolinhos de batata e caldos gordurosos e indigestos, sobretudo para beber até cair: de tal modo que ir dormir e ficar bêbado foram durante muito tempo as representações mais próximas de uma cabeça alemã. Poder-se-ia quase acreditar que, caso devesse existir finalmente algo assim como o *"espírito alemão"*, ele só se tornaria possível por meio de uma desgermanização, ou seja, por meio de uma mistura com sangue estrangeiro. Quem computou o quanto o eslavo e o celta ou o judeu contribuíram efetivamente para a espiritualização da Alemanha! O mais importante, porém, pode ter sido a própria mistura sanguínea, na medida em que ela cultivou no mesmo homem instintos diversos e incutiu em um mesmo peito nem sempre apenas "duas, mas vinte almas", aquela descomunal degradação do sangue da raça, que não tem o seu igual na Europa e que, finalmente, fez do alemão um povo que compreende tudo, que é simpático a tudo e que se apropria de tudo, um povo do meio, da mediação – uma raça de fermento, junto à qual desde então "nada mais é impossível". Computemos a história da alma alemã, concebamos como esses homens em si desequilibradamente multifacetados, plurais, extremamente fracos, servis, acomodados, inábeis, se tornaram internamente um picadeiro de tentativas e lutas espirituais: como é que, por fim, uma espécie de espírito rebelde de camponeses e pastores (Lutero é nesse caso o mais belo exemplo disso, ele, que introduziu a guerra dos camponeses do espírito contra os "homens superiores" da *Renaissance* –), como é que esse espírito de camponeses e pastores se tornou mais tarde o espírito dos cidadãos e dos críticos prontos para o ataque, ávidos por cortar e morder – Lessing é, por outro lado, uma vez mais o mais belo exemplo disso, ele, que introduziu uma "guerra civil", a guerra do *bourgeois* alemão contra o espírito aristocrático da cultura francesa: Lessing contra Corneille, Lessing, o porta-voz de Diderot: até que, por fim, surgiu o nosso último tipo duplo do espírito em contínuo desenvolvimento, Goethe e Hegel, o Boa-constrictor "espírito em si" que a tudo abarca e a sua natureza de fermento trazida à tona, a autossuficiência cosmo e teopolítica do alemão, a superioridade de suas abstrações, a flexibilidade astuta de sua historicização apropriadora: sua derradeira e mais nobre configuração, que – – – uma superioridade e um "além" próprio de mandarins.

– Toda a Europa caiu de joelhos de admiração –

– naturalmente, o mesmo aconteceu com a falta completa de limites, de medida no sentido grego, de "estilo" em todo e qualquer sentido, de *conteúdo* propriamente dito – tenho em vista aqui a falta de estabelecimentos de valor, *de criações valorativas*.

Não obstante, em comparação com essa última grande peculiaridade europeia, em comparação com o "espírito alemão", o "império alemão" por um instante considerado tão importante não se mostra como nenhum objeto de um interesse sério, ao menos aos olhos de um filósofo. Para que, afinal de contas, um novo império, se ele não se baseia em um novo pensamento, de qualquer modo ao menos em uma nova burrice? Mas uma vez mais essa *velha* burrice – direitos políticos iguais, representação popular, parlamentarismo e jornais como base de um Estado – uma vez mais a doença europeia estupidificante estendida a um grande povo a *mais*: o que um filósofo teria de aprender aí de novo – ou mesmo de desprezar! –

[44 = Mp XVII 2b. Outono de 1885]

44 (1)
Os capítulos
Da interpretação.
Da ordem hierárquica.
Os caminhos para o santo.
O eterno retorno.
A superstição dos filósofos críticos.
Crítica a Pascal: ele já tem as *interpretações morais* cristãs acerca da natureza do homem e acredita ter apreendido o "estado de fato". O mesmo acontece com Saint-Beuve.

44 (2)
Nada aconteceu desde Pascal, os filósofos alemães não podem ser levados em consideração em comparação com ele.

44 (3)
Os alemães não têm nenhuma prosa, que soa e salta.

44 (4)
A prosa clássica dos franceses de 1648: o que precisa estar reunido.

44 (5)
A ausência do cultivo moral; deixaram que os homens crescessem. Talvez os homens de Port Royal sejam como jardins *artificiais*.
Falta a *autoridade*.
Falta o caráter *comedido* no interior de um horizonte tranquilo; – fez-se da infinitude uma espécie de embriaguez.
Falta a *fineza* no julgamento.
Impera um caos de avaliações contraditórias.

44 (6)

O que é isso, afinal, essa luta dos cristãos "contra a natureza"? Nós não nos deixaremos iludir por suas palavras e interpretações! Trata-se de uma luta da natureza contra algo que é natureza. Temor junto a muitos, nojo junto aos homens, certa espiritualidade junto aos outros, o amor a um ideal sem carne e sem desejos e um "extrato da natureza" junto aos mais elevados – esses querem fazer frente ao seu ideal. Compreende-se por si mesmo o fato de a humilhação entrar no lugar da autoestima, a precaução angustiada ser preferível aos desejos, a libertação em relação aos compromissos habituais (algo por meio do que se cria o sentimento de um nível hierárquico mais elevado) assumir o lugar de uma luta constante em torno de coisas descomunais, do hábito da efusão sentimental – tudo reunido em um tipo: nele prepondera a *excitabilidade* de um corpo atrofiante, mas o nervosismo e a sua inspiração são *interpretados* de maneira diversa. *O gosto* desse tipo de naturezas se remete 1) para os sutis, 2) para os floridos, 3) para os sentimentos extremos. – As inclinações naturais se satisfazem, *porém*, sob uma nova forma de interpretação, por exemplo, como "justificação de Deus", como "sentimento de redenção na graça" (– todo *bem-estar* indemonstrável é interpretado assim! –) o orgulho, a volúpia etc. – Problema geral: o que acontece com o homem, que se calunia e se nega e enfraquece praticamente? De fato, o Cristo se revela como uma forma *preponderante* de autodominação: para controlar seus desejos, ele parece ter tido a necessidade de aniquilá-los ou crucificá-los.

O tipo epicurista do Cristo, assim como o tipo estoico – ao primeiro tipo pertence François de Sales, ao segundo, Pascal.

Vitória de Epicuro – mais precisamente esse tipo de homem é mal compreendido e *precisa* ser mal compreendido. O tipo estoico (que tem a necessidade de lutar e, *consequentemente*, aprecia o valor do combatente mais do que o valor do imposto –) sempre amaldiçoa o "Epicuro"!

44 (7)

A Antiguidade greco-romana tinha a necessidade de uma moral antinatural tirânica e excessiva; os germanos, em todo caso, em outro aspecto.

Nosso tipo atual de homem *carece* propriamente do cultivo e da disciplina rigorosa; o risco não é grande nesse caso, porque o tipo homem é mais fraco do que tipos anteriores e do que tipos de outros lugares, porque os mestres inconscientes da correção (como a aplicação, a ambição por seguir em frente, a respeitabilidade burguesa) atuam de maneira bastante obstrutiva e mantêm cerceados. – Mas como é que os homens do tempo de Pascal precisavam ser mantidos juntos!

O Cristianismo *supérfluo*: lá onde não são mais *necessários* meios extremos! Tudo se torna falso aí e cada palavra, cada perspectiva cristã, se mostra como uma parvoíce e uma fala empolada.

44 (8)
O novo Japão
Eu li com muita maldade das segundas intenções aquilo que um anarquista alemão – – – sob o conceito "sociedade livre"

"A sociedade livre" – todos os seus traços como o enfeite grotesco em termos de palavras e cores de um pequeno tipo de animais de rebanho.

"A justiça" e a moral dos direitos iguais – a parvoíce dos predicados morais.

"a imprensa", sua idealização

"a eliminação do trabalhador"

"impõe-se a raça voluntarista": e em geral os tipos mais antigos de sociedade

o ocaso da mulher

Os judeus como raça dominante.

Cultura nobre e cultura vulgar.

O erudito superestimado: e uma plenitude triunfante mais adorável e imperial do coração.

– O modo como eu vi tudo isso, talvez sem amor, mas de qualquer modo também sem escárnio, e o que, de acordo com isso, talvez cause espanto – com a curiosidade de uma criança, que se encontra diante das mais coloridas e mais enfeitadas caixas de olho mágico. – – –

44 (9)
    Levemos em consideração o quanto todo e qualquer sofrimento reprime o homem e o recolhe em si mesmo, um dano, supondo que ele torna astuto na mesma medida em que ele também torna mal (estreito, mesquinho, desconfiado, insensível – – –
    Pois seu número é sempre pequeno: os outros, porém, os que sofrem, não têm nada que eles curem *na* medida das terríveis consequências de muitos sofrimentos – – –

[45 = W I 6b. Outono de 1885]

45 (1)
Cultivo do coração

45 (2)
Do príncipe Vogelfrei
Canções e pensamentos
Por
Friedrich Nietzsche.

45 (3)
Dedicatória e canto

45 (4)
Canções e pensamentos
Do príncipe Vogelfrei
Por
Friedrich Nietzsche

45 (5)
A infelicidade apanha o fugitivo – ainda que
Como a aflição áurea da mão empobrecida,
Como a tristeza do eternamente doador:

A infelicidade aprisionou o fugitivo – ainda que
Despreocupada e mesmo irrefletidamente
Ele tenha as pérolas jogado fora

Que coloca de joelhos o vencido
Que todo orgulho em lágrimas torna:
Sinistra figura –
Tu lançaste as pérolas na areia –
O mar as engole em sua goela!
O que a vida deve aos dissipadores

45 (6)

Como se vai além da autodestruição. As harpias. A libertação. Sobre a história do "espírito livre". Descrição do espírito livre.

2) Serenidade 3) Máscaras 4) Nobreza

A questão da mulher
Pessimismo de artista

45 (7)
O dia ressoa, ele doa a si mesmo felicidade e luz,
Meio-dia está distante.
Quanto tempo ainda? Vêm aí lua e estrelas
E vento e maturidade: agora não demoro muito tempo,
Como a fruta, que um sopro da árvore quebra

Posfácio

Os fragmentos póstumos da primavera até o outono de 1884 (Grupo 25-27)

Os fragmentos póstumos do ano de 1884 estendem-se entre o surgimento da terceira e da quarta parte de *Assim falou Zaratustra*; eles surgem de uma constituição interna distensa, refletem uma pausa entre dois momentos de uma autotorrente criadora. Nietzsche se volta para o seu interior, quase como se ele quisesse colocar à prova retrospectivamente o caminho percorrido, medita circunspectamente sobre pensamentos velhos e novos, sem o ímpeto para uma formulação imediata e definitiva; seu ânimo é acolhedor, e ele se dedica a múltiplas leituras, cujos rastros se encontram uma vez mais em suas anotações. Trata-se de um refluxo sereno, uma alternativa da sobriedade em relação aos estados de excitação precedentes, alternativa essa na qual se destrinça um bolo de imagens e símbolos em uma língua mais calma e mais serena e em uma reflexão meditativa. Nessa equiparação entre o abstrato e o intuitivo, entre o discursivo e o *insight* reluzente emergem alguns problemas tenazes, sedimentam-se indicações anteriores e elas buscam novas formulações. O tema da casualidade oferece um dos exemplos mais interessantes desse desenvolvimento.

Em *Assim falou Zaratustra*, o tema do jogo e do acaso é articulado de uma maneira francamente apaixonada com o caráter da personagem principal, enquanto o tema oposto da necessidade, cujo acento provém em Nietzsche dos anos de seu amor à ciência, é, de qualquer modo, mantido, sim, se entrelaça de uma maneira estranha com o primeiro. Não é fácil para Nietzsche unir a necessidade enquanto característica com a figura de Zaratustra, e, contudo, em *Assim falou Zaratustra*, fala-se essencialmente com mais frequência de necessidade do que de casualidade, e, no elogio da necessidade, tenta-se vincular o tema do jogo uma vez mais com ela. Neste período da circunspecção, no qual os afetos violentos se sedimentam, vem à tona uma vez mais, então, de maneira clara a casualidade, e procura se contrapor por vezes – tal como de resto é mais do que natural – à necessidade. Toda uma série de fragmentos se ocupa com esse tema, procura introduzir a casualidade no tecido dos conceitos, que determinam a visão conjunta de Nietzsche nessa época, e atestar discursivamente o papel essencial dessa casualidade sob perspectivas diversas. Assim, lemos sobre a formação do organismo: "Pois, por fim, o homem também é uma pluralidade de existências: elas não se criaram para essas finalidades esses órgãos conjuntos, órgãos tais como circulação sanguínea, concentração dos sentidos, estômago etc., mas formações casuais, que alcançaram a utilidade de conservar melhor o todo, se desenvolveram melhor e se mantiveram" (26 [157]). E, no que concerne ao conhecimento, à estrutura do intelecto, ele nos diz: "(...) essa condição existencial *factual* talvez seja apenas casual e talvez não seja de modo algum necessária. Nosso aparato do conhecimento não está *erigido* com vistas ao 'conhecimento'" (26 [127]). A mesma argumentação é estendida para o âmbito do comportamento: "Em todo e qualquer fazer, *por mais conscientemente ligado a fins que ele esteja*, a soma do casual, do que não se mostra conforme a fins, do inconscientemente ligado a finalidades é completamente preponderante" (25 [127]). Aplicado ao âmbito histórico, esse ponto de vista leva Nietzsche aos seguintes enunciados: "Não se deve buscar na história necessidade com vistas aos meios e ao fim! A regra é a irracionalidade do acaso!" (25, [166]) – uma perspectiva que também retorna nos julgamentos históricos do presente: "A massa descomunal do casual, contraditório, desarmônico, tolo no mundo humano atual aponta para o futuro" (26 [228]). E, no que concerne à constituição do indivíduo excepcional: "acaso" – nos grandes espíritos uma profusão de concepções e possibilidades, por assim dizer jogo de figuras, e, a partir daí, seleção e adaptação ao anteriormente selecionado" (26[53]). Em particular, o elemento da casualidade é descoberto por Nietzsche no grande indivíduo cognoscente, no sábio: "O mais sábio dos homens seria o *mais rico em contradições*, aquele que tem por assim dizer órgãos táteis para todos os tipos de homem: e, entre eles, seus grandes instantes *de uma ressonância grandiosa* – o elevado acaso também em nós!" Elogios do acaso também podem ser encontradas em Nietzsche naqueles anos, que antecedem ao *Zaratustra*. Agora, porém, ele consegue unir todas as suas perspectivas umas com as outras por meio dessa avaliação de princípio. Algumas das passagens citadas já apontam para a antítese entre acaso e necessidade, que, no entanto, não vem à tona no Zaratustra. O pensamento dominante de Nietzsche neste tempo, o pensamento do eterno retorno, reflete em seu surgimento a necessidade como o lugar de gestação. Nos fragmentos de 1884, em contrapartida, Nietzsche se afasta daí. De fato, ele diz em conexão com a temática do eterno retorno: "Comprovar o caráter descomunalmente *casual* de todas as combinações: *daí se segue* que toda postura de um homem tem uma *influência ilimitadamente grande* sobre tudo o que está por vir" (25 [158]). E de maneira totalmente expressa, entre aquilo que é necessário "para *suportar* o pensamento do retorno", apresenta-se o "afastamento do conceito de necessidade" (26 [283]). Paralelamente à casualidade elogia-se o jogo, aquilo que pode ser designado como o seu lado intuitivo: "No fato de que o mundo é um jogo divino e para além de bem e mal – tenho a filosofia Veda e Heráclito como antecessores" (26 [193]).

De maneira análoga a isso se movimenta a especulação moral. No âmbito dos modos de comportamento humanos, Nietzsche busca um ponto preponderante, uma constante tangível. E nos fragmentos póstumos de 1884, talvez seja possível reencontrar um resultado dessa busca – no nexo com o tema da hipocrisia. A psicologia de Nietzsche recorre, como se sabe, com frequência a esse conceito. Aqui, porém, ele é colocado no centro de contextos decisivos, em um contexto respectivamente elucidativo. "O traço característico do grande homem era a profunda intelecção da *hipocrisia moral* de todo e qualquer homem" (26 [98]). Também neste caso, participa-se de uma elaboração discursiva de momentos intuitivos: nas palavras de Zaratustra encontra-se constantemente a ligação com a hipocrisia humana. Aqui nos fragmentos, Nietzsche esboça uma generalização teórica: "Eu olhei à minha volta, mas não vi até aqui nenhum perigo maior para todo conhecimento do que a hipocrisia moral: ou, para não deixar nenhuma dúvida, aquela hipocrisia que se chama moral" (26 [188]); e logo em seguida ele anota o título: "*Moral como hipocrisia*" (26 [189]). Sob esse título temos, então, ainda alguns pontos de divisão: " (...) *dissimulação* ante 'o seu igual' como origem da moral de rebanho. Temor. Querer se entender. Mostrar-se como igual. *Tornar-se igual* (...). Sempre ainda uma hipocrisia geral. Moralidade como reboco e como adorno, como *disfarce* da natureza digna de se envergonhar" (27 [47]). E em meio a uma ampliação da visão: "(...) em face do rebanho, o ideal do animal de rebanho (*igual*) – em face do poderoso, o *instrumento* mais venerando e mais útil (próprio aos escravos) 'desigual' (isso traz consigo uma segunda hipocrisia)" (27 [42]). Um pouco mais tarde, Nietzsche tenta uma outra formulação: "Moral sob o ponto de vista da dissimulação (igualar), astúcia e hipocrisia ('*não se dar a conhecer*') – como falsificação da expressão do ânimo (autodominação), a fim de despertar uma incompreensão" (27 [56]). Notável nesse ponto é o fato de que mesmo a autodominação é reconduzida à hipocrisia.

Com isso, também se estende a consideração dos modos de comportamento para as "naturezas mais elevadas". E, de fato, Nietzsche se ocupa precisamente nesse tempo internamente com a quarta parte do *Zaratustra*, que ele escreverá um pouco mais tarde e cujo tema central é composto pelos "homens superiores". Os filósofos e cientistas ganham o primeiro plano: "*Da hipocrisia dos filósofos*. Os gregos: encobrem seu afeto agonal, vestem-se como 'os mais felizes dos homens' por meio da virtude, e, enquanto os mais virtuosos de todos (dupla hipocrisia) (...) Leibniz, Kant, Hegel, Schopenhauer, sua dupla natureza alemã. Espinosa e o efeito vingativo, a hipocrisia da superação dos afetos. A hipocrisia da 'pura ciência', do 'conhecimento em função do conhecimento'" (26 [285]). E a hipocrisia dos filósofos se manifesta não apenas em sua postura, mas também em sua doutrina: "Da insinceridade dos filósofos, *deduzindo* algo que eles desde o princípio acreditam que seja bom e verdadeiro" (Tartufaria, por exemplo,

Kant razão prática) (27 [76]). Considerações análogas também são estabelecidas sobre a ciência. "*Ciência* é uma coisa *perigosa*: e antes de nós sermos perseguidos por causa dela, não há nada com a sua 'dignidade'." Falsa é a popularidade da ciência: "(...) isso se deve ao fato de que ela sempre foi empreendida com uma *tartufaria* moral". "Quero pôr um fim nisso" (25 [309]).

O acento no tema da hipocrisia estende-se finalmente, tal como é normal em Nietzsche, também para o campo histórico. "– a '*transformação*' de um homem por meio de uma representação dominante é o fenômeno psicológico originário, sobre o qual o Cristianismo construiu; (...) Não acredito de modo algum que um homem se torne de uma vez um homem *mais elevado e mais valoroso*; o Cristo é para mim um homem totalmente extraordinário com um par de outras palavras e avaliações. *Com o tempo*, essas palavras e obras atuam naturalmente e criam talvez um tipo: *o Cristo como o tipo mais mendaz de homem*" (25 [499]). E se Nietzsche se aproxima do presente, isto significa: "*A profunda mendacidade* é europeia. Quem quis exercer um efeito sobre europeus em larga escala teve até aqui a necessidade da tartufaria moral (por exemplo, o primeiro Napoleão em suas proclamações, recentemente R. Wagner em virtude de sua música de atitudes)" (25 [254]). Isto não é válido, porém, apenas para aquele que quer exercer um efeito em larga escala: "Na questão principal, contudo, acredito que a mendacidade nas coisas morais pertence ao caráter dessa época democrática. Tal época justamente, que tomou como lema a grande mentira da 'igualdade de direitos', é superficial, precipitada, e ela pensa que as coisas vão bem com o homem" (26 [364]).

O que se pode fazer contra a hipocrisia? Transformá-la em mentira desejada, diz Nietzsche. O que está em questão é "transformar toda a conduta dos príncipes e dos políticos em uma *mentira intencional*, trazê-la para o campo da boa consciência e **excluir uma vez mais a tartufaria inconsciente do corpo do homem europeu**" (25 [294]).

A partir de tudo isso é possível alcançar uma visão panorâmica sobre as intuições de Nietzsche nesse ano de 1884, ano esse no qual o acaso se apresenta para ele como o princípio das coisas e a hipocrisia como o princípio da moral. Esses dois princípios podem ser até mesmo unidos, na medida em que aquilo que Nietzsche denomina agora o acaso se transforma, na última fase de seu pensamento, em princípio da mentira como raiz universal do homem e de toda vida orgânica. De fato, a hipocrisia é um aspecto da mentira, seu aspecto pervertido e, por isto, a ser recusado, assim como toda e qualquer atividade do homem, desde a cultura até a ciência, mostram-se como mentira, ilusão, sendo que a moral representa o aspecto pervertido da mentira. Com a hipocrisia finge-se algo, que é aprovado, e esconde-se por detrás daí algo que é desaprovado. Na brincadeira, na mentira finge-se sem reserva, de maneira criadora, enquanto na hipocrisia aprovação e desaprovação se fundam em um juízo de rebanho, ou seja, representam uma solidificação. Por isto, essa mentira não é criadora, originariamente, ela não surgiu da natureza, mas apenas sublinha um juízo já existente.

Por outro lado, nesses fragmentos de 1884 aparece refreada a inclinação para a teorização, quase reprimida para o plano de fundo; e não tanto em favor do "agir" e do "ser". Nietzsche parece se interessar mais pela vida do que pelo pensar. E, paralelamente a isso, em um filósofo o que lhe interessa é mais a pessoa, a propriedade vital, do que as suas doutrinas. Nesse sentido, não são apenas os lados negativos do filósofo que são considerados, mas também os positivos. O mesmo interesse também se mostrará presente nos fragmentos póstumos de ano seguinte, assim como, em uma determinada perspectiva, que se estende dos filósofos para os "homens superiores", na quarta parte do *Zaratustra*. No que concerne ao filósofo como indivíduo pleno, como tipo humano superior, encontramos formulado em 1884 o seguinte: "Razão pela qual o filósofo *raramente* vinga: entre suas condições de possibilidade estão propriedades, que habitualmente levam um homem ao fundo" (26 [425]). E, em outro lugar, especifica-se: "Um intelecto magnífico é o efeito de uma grande quantidade de qualidades morais, por exemplo, coragem, força de vontade, justeza, seriedade – ao mesmo tempo, porém, também de muita πολυτροπια, dissimulação, transformação, experiência em oposições, maldade, destemor, perfídia, caráter indômito" (26 [101]). O voo para além de si e a imediatidade vital são outras condições: "É preciso ser capaz de violentos espantos e se arrastar de maneira rastejante até o coração de muitas coisas: se não, não se dá para filósofo. Olhos sombrios e frios não sabem quanto pesam as coisas" (26 [451]).

Se o filósofo é tudo isso, ele deixa de ser um homem do conhecimento discursivo; Nietzsche fala de uma "contradição das primeiras funções do 'conhecimento' com a vida. Quanto mais cognoscível algo é, tanto mais distante do ser, tanto mais conceito" (26 [70]). Ou dito de um modo melhor, o conhecimento discursivo é degradado e transformado em um estágio de preparação: "(...) o novo sentimento de poder: o estado místico, e a mais clara e mais ousada racionalidade como um caminho para aí" (26 [241]). Observa-se que Nietzsche não fala de conhecimento, mas de "estado", de um estado místico, fala, portanto, de um ser, não de um conhecer (diferentemente da época de *O nascimento da tragédia*, na qual o "conhecimento" era antes de tudo a intuição dionisíaca do sofrimento do mundo). De resto, não se pode subestimar o reconhecimento do estado místico enquanto o ápice da vida filosófica: "A finalidade propriamente dita de todo filosofar é a *intuitio* mística" (26 [308]). Esse reconhecimento encontra-se apenas nesse período. Em outros contextos, a palavra "misticismo" tem em Nietzsche um travo negativo. É a lembrança da própria experiência que altera seu posicionamento, a lembrança de sua intuição do eterno retorno do mesmo. Com isto, ou, de qualquer modo, com algo semelhante, é que ele coloca em contato, então, também a mística de Espinosa: "O fato de algo assim como o *amor dei* de Spinosa ter podido ser uma vez mais *vivenciado* é o *seu* grande evento. (...) Que felicidade o fato de as coisas mais deliciosas estarem pela segunda vez presentes! – Todos os filósofos! São homens, que vivenciaram algo *extraordinário*" (26 [416]).

Mas a reflexão sobre esse tipo de experiência o conduz uma vez mais para os antigos gregos: "Mais alto do que o 'tu deves' se encontra o 'eu quero' (os heróis): mais elevado do que o 'eu quero' o 'eu sou' (os deuses dos gregos)" (25 [351]). Sob essa luz atenua-se até mesmo o rancor usual de Nietzsche contra Platão, sim, esse rancor se transforma em admiração: "Platão tem mais valor do que sua filosofia! Nossos instintos são melhores do que sua expressão em conceitos" (26 [355]). E mais ainda: "Os êxtases são diversos junto a um homem casto, sublime e nobre como Platão – e junto a cameleiros, que fumam haxixe" (26 [312]). Por isto, é provável que o tema polêmico antissistemático nesse período ainda não possua o pano de fundo cético usual, mas um pano de fundo místico: "Todos os sistemas filosóficos são *superados*; os gregos reluzem em um brilho maior do que nunca, sobretudo os gregos antes de Sócrates" (26 [43]).

Os fragmentos póstumos do outono de 1884 até o outono de 1885
(Grupos 28 – 40)

O primeiro grupo desses fragmentos póstumos, que surgiram no outono de 1884 e no inverno que se seguiu a ele (28 – 33), é constituído por tentativas poéticas e pelo material de preparação para a quarta parte do *Zaratustra*. Trata-se de início de um grupo abrangente de poesias e de fragmentos poéticos (28), cuja forma poética em sua maior parte ainda é tradicional, poesias e fragmentos que, contudo, representam um testemunho significativo da fase de surgimento da quarta parte de *Assim falou Zaratustra*. Neste ponto temporal, no outono de 1884, Nietzsche chegou a ponderar sobre a publicação de um puro volume de poesias. Todavia, tratava-se de uma "tentação" se entregar à poesia, tentação essa que foi superada pela construção da quarta parte do *Zaratustra* de uma maneira francamente plástica. As preparações uma vez mais muito abrangentes para tanto (29 – 33) são constituídas por breves imagens poéticas, planos, reuniões de sentenças e alegorias, que ainda necessitavam de concepções provisórias, mas já coesas de capítulos particulares. Em termos literários, esses fragmentos possuem um grande interesse, e, em verdade, tanto para o estudo do desenvolvimento estilístico na grande obra de Nietzsche quanto – junto a passagens que não foram inseridas na versão definitiva de *Assim falou Zaratustra* – vistas em si mesmas. Os fragmentos posteriores, do período que vai da primavera até o outono de 1885 (34 – 40), oferecem outra imagem; eles passam gradualmente do âmbito poético para o abstrato. O estado ditirâmbico de excitação extinguiu-se, ele se transformou, então, em uma reflexão madura, melancólica. Nietzsche se concentra uma vez mais em si e em seu próprio passado, ele considera a possibilidade de uma elaboração de suas obras anteriores.

O *Zaratustra* fez com que ele ultrapassasse a filosofia. Repentinamente não lhe interessa mais nada daquilo que foi tradicionalmente considerado como filosofia. Não apenas o que é escrito é incapaz de mediar estados internos de exceção: "Pelo fato de as pessoas se entenderem", elas precisam "usar as mesmas palavras mesmo para o mesmo gênero de vivências internas". A ligação foi cortada, logo que faltou o acesso ao interior: "Isto é dito para explicar por que é difícil compreender tais escritos como os meus: as vivências, as valorações e as necessidades internas são em mim diversas das dos outros" (34 [86]). Essa desconfiança da comunicação leva Nietzsche ao passado: "Um homem, para o qual quase todos os livros se tornaram superficiais, para o qual não restou senão em face de poucos homens do passado ainda a crença em que eles possuíram profundidade suficiente, para – não escreverem o que eles sabiam" (34 [147]). A Grécia se lhe impõe uma vez mais aos sentidos, lá onde a mais elevada sabedoria do escrever ainda se mostrava como dependente da palavra. Aliás, Nietzsche apenas retorna com isso para algo, para o que ele já tinha apontado anteriormente: sua concepção do "dionisíaco" referia-se já a essa sabedoria: "Esse acesso à Antiguidade é o que se encontra melhor soterrado (...). Parece que o mundo grego é 100 vezes mais velado e alheio do que poderia desejar o tipo impertinente de eruditos de hoje. Se algo deve ser algum dia conhecido aqui, então certamente o igual por meio do igual" (34 [4]). Em consonância com a sua intuição do isolamento torturante do interior, com a convicção da incomunicabilidade da sabedoria, sua visão da Grécia assume outros traços, misteriosos e velados. Ambiguidade impera sobre a imagem: "Acho que a magia de Sócrates era: ele tinha uma alma e, por detrás dela, ainda uma outra e atrás dessa uma outra." A oposição consiste no fato de que Dioniso é a imediatidade da vida, enquanto nossa filosofia, em contrapartida, é escrita e expressa em palavras: "Quando o corpo grego e a alma grega 'floresceram', e não mais ou menos em estados de uma exaltação e de um desvario doentios, surgiu aquele símbolo rico em mistérios da afirmação da vida e da transfiguração da existência mais elevadamente alcançada até aqui sobre a Terra." Aos olhos de Nietzsche, portanto, o conceito do dionisíaco se aprofunda, seu cerne não consiste mais no elemento orgiástico, exaltado: "É dado aqui um critério de medida, junto ao qual tudo aquilo que desde cresceu é considerado curto demais, pobre demais, estreito demais: – só se enuncia a palavra 'Dioniso' diante dos melhores nomes e coisas mais recentes, diante de Goethe, por exemplo, ou de Beethoven, ou de Shakespeare, ou de Rafael: e de uma só vez sentimos as nossas melhores coisas e os nossos melhores instantes *julgados*. Dioniso é um *juiz*! As pessoas me compreenderam?" O que Nietzsche tem em vista não é uma vida imediata, pura e simples sem propriedades, mas viva como conquista do conhecimento, como ápice da humanidade: "Não há qualquer dúvida quanto ao fato de os gregos buscarem interpretar os últimos segredos 'do destino das almas' (...) a partir de suas experiências dionisíacas: aqui está para tudo o que é grego a grande profundidade, o grande silêncio, – *não se conhecem os gregos*, enquanto se acha soterrado aqui ainda o acesso subterrâneo velado" (41 [7]). Portanto, foi a experiência dos mistérios dos gregos que é colocada no centro desse enigma. O "acesso subterrâneo" conduz a uma visão mística. De resto, Nietzsche já tinha afirmado antes, que a crença nos mistérios na Grécia tinha consistido na intuição do eterno retorno.

A essa nova orientação de seu pensamento na primavera de 1885, Nietzsche dá o nome de "Filosofia de Dioniso". Até mesmo em tempos de juventude, ele encontra apoio para essa nova filosofia: os pessimistas com a sua condenação do presente, artistas como Byron, que acreditam em uma ordem hierárquica dos homens, e, por fim, os cientistas ligados à Antiguidade. "O 'filósofo' ainda é possível hoje?" O campo do conhecimento é grande demais, de tal modo que alguém, que tente ser filósofo, muito provavelmente "não chegará a ter a *visão panorâmica* (...). Ou só chegará *tarde demais*, quando seu melhor tempo tiver passado? Ou ferido (...), de tal modo que seu *juízo de valor* não significa mais nada"? E o que mais conta: falta a ele a imediatidade da experiência: "Ele não precisaria ter feito pessoalmente experimentos com a vida de 100 formas, para que ele pudesse falar concomitantemente sobre o seu valor?" (35 [24]). O filósofo encontra-se agora destacado da vida: "As pessoas se queixam do quão terrível as coisas se mostraram até aqui para os filósofos: a verdade é que em todos os tempos as condições para a educação de um espírito poderoso, astuto, ousado, inexorável foram mais favoráveis do que hoje" (34 [68]). Paralelamente a isso, a avaliação da verdade se inverte completamente. A recusa da filosofia (e da ciência) é uma recusa da verdade: se um grande homem "não fala para si, ele tem a sua máscara. Ele prefere mentir a dizer a verdade: dizer a verdade custa mais espírito e *vontade*" (34 [96]). E se a filosofia e a ciência sempre se mostraram como a busca pela verdade, então a "filosofia de Dioniso" deve ser a busca pelo engano: "Supondo que o mundo seja falso, [...] a prescrição não poderia ser justamente: 'sê um enganador'? [...] Os completamente grandes e poderosos foram até aqui enganadores: sua tarefa o exigia deles." O mundo, porém, é certamente falso, e os filósofos, enquanto os que buscam a verdade, contradizem o sentido da vida: "se a vida e o *valor* da vida se baseiam em erros nos quais bem acreditamos, então poderia muito bem ser que precisamente aquele que diz a verdade, aquele que quer a verdade, fosse o mais nocivo dos seres" (40 [44]). E mesmo a vida equivale ao erro, e a morte, à verdade: "supondo que vivemos em consequência do erro, o que pode se mostrar aí como a 'vontade de verdade'? Ela não precisaria ser uma 'vontade de morte'?" (40 [39]).

Neste momento, Nietzsche estava maduro para o silêncio em relação aos mistérios. Mas o destruidor da filosofia continuou sendo sempre ainda um filósofo, e, sobretudo, o tipo de sua solidão não podia abdicar do consolo por meio da palavra. Assim, ele passa a projetar uma filosofia do erro, do engano e da ilusão. A ilusão mais difundida, mais concreta e mais enganadora é o mundo dos seres que nos envolvem, o princípio da individuação: "O fato de o homem ser uma pluralidade de forças, que se encontram em uma ordem hierárquica"; "o indivíduo é constituído a partir de muitos seres vivos", "e aquele que, de resto, comanda precisa ao mesmo tempo obedecer. O conceito 'indivíduo' é falso. Esses seres não se acham de maneira alguma presentes isolados" (34 [123]). A partir da ilusão em relação ao indivíduo vem à tona a ilusão ainda maior sobre a consciência, o intelecto: "Assim como um general quer e não pode experimentar muitas coisas, a fim de não perder a visão de conjunto: também precisa haver em nosso espírito conjunto antes de tudo um impulso *excludente*, *alijador*, um espírito seletivo – que só deixa que lhe sejam apresentados certos *facta*. A consciência é a mão, com a qual o organismo, da maneira mais ampla possível, pega as coisas à sua volta (...). Um conceito é uma invenção, para a qual nada corresponde totalmente, mas muitas coisas correspondem um pouco." O caminho da abstração intensifica ainda o elemento ilusório: "Mas com esse mundo conceitual e numérico fixo inventado, o homem conquista um meio para se apoderar por assim dizer com sinais de quantidades descomunais de fatos (...). *Esse mundo espiritual, esse mundo de sinais é pura 'aparência e ilusão'*" (34 [131]).

E precisamente a dissolução da realidade efetiva no erro e no engodo desperta a necessidade de uma base fixa, de um pano de fundo, diante do qual o elemento ilusório poderia ser delineado. Este é o primeiro desenvolvimento da doutrina da vontade de poder: "Conceber a 'pessoa' como *ilusão* (...) – uma vontade de poder atravessa as pessoas, ela tem a necessidade da diminuição das perspectivas, do '*egoísmo*', como *existência temporária* – como *condição* (...). A redução do princípio atuante e a sua transformação na 'pessoa', no indivíduo" (35 [68]). A individuação é o engodo, no qual a vontade de poder se encobre. Assim, Nietzsche traçou para si a possibilidade de desenvolver uma doutrina construtiva. Mas o fio das especulações epistemológicas tinha se rompido na época de *Assim falou Zaratustra*. Agora, Nietzsche o retoma uma vez mais, mas se encontra em face de uma concepção teórica, que não lhe parece ser mais adequada. Nesses fragmentos póstumos do verão de 1885, vivencia-se um momento interessante no desenvolvimento de Nietzsche: o surgimento da teoria da vontade de poder parte da linguagem de seu assim chamado período positivista, das formulações mecânicas e do conceito científico-natural de "força": "o fato de ser a vontade de poder que conduz mesmo o mundo inorgânico (...). Não há como afastar o 'efeito' à distância: *algo atrai algo diverso para próximo de si, algo se sente atraído*. Este é o fato fundamental: em contrapartida, a representação mecânica da pressão e do choque é apenas uma hipótese com base na aparência visual e no sentimento do tato" (34 [247]). Como se vê, Nietzsche continua tentando agora como antes persistir no terreno positivista: "O conceito vitorioso de 'força', com o qual nossos físicos criaram Deus e o mundo, carece ainda de um complemento: precisa ser atribuído a ele um mundo interior, que eu designo como 'vontade de poder', isto é, como exigência insaciável por exposição do poder". E aqui ocorre a transição metafísica: atribui-se à força um mundo interior, um dentro, um substrato; algo não físico, não experimentável, uma exigência, um *conatus* espinosista ou schopenhaueriano: "Não há nada que ajude: é preciso conceber todos os movimentos, todos os 'fenômenos', todas as 'leis' apenas como sintomas de um acontecimento interior e se servir, por fim, da analogia do homem" (36 [31]). A ciência é denunciada: sabe-se o quão terrivelmente caluniado é o analogismo na ciência, e, além disto – com vistas a um juízo rigoroso sobre o acontecimento cósmico – tal confissão antropomórfica soa ingênua.

 A estrutura interna dessa vontade de poder é vista empedoclesianamente, como um jogo de atração e repulsão: "O mais fraco se impõe sobre o mais forte (...). O mais forte repele inversamente de si (...). Quanto maior é o impulso para a unidade, tanto mais se deve concluir pela fraqueza; quanto maior é o impulso para a variedade, diferença, para a decomposição interna, tanto mais força se faz presente." Aqui vem à tona uma intuição lógica de um alto nível: o fato de que uma cisão é sempre ainda um laço: "O impulso para se aproximar – e o impulso para repelir algo são o laço tanto no mundo inorgânico quanto no mundo orgânico. Toda essa cisão é um preconceito. A vontade de poder em toda e qualquer combinação de força, resistindo *ao mais forte, se precipitando sobre o mais fraco*, é mais correta" (36 [21]). Se na estrutura do indivíduo o ímpeto para excluir, afugentar, for determinante para a ampliação da consciência, então isto também valerá para a estrutura da vontade de poder, cuja projeção ilusória é o indivíduo: "A ligação entre o inorgânico e o orgânico precisa residir na força repulsiva, que é exercida por todo átomo de força. A vida precisaria ser definida como uma forma duradoura do processo das *fixações de forças* (...). Em que medida mesmo no obedecer há uma resistência; o poder próprio não é de maneira alguma abandonado. Do mesmo modo, no comandar se faz presente um admitir que o poder absoluto do adversário não é vencido, não é incorporado, dissolvido. 'Obedecer' e 'comandar' são formas da luta" (36 [22]). Essa última formulação torna possível pensar até mesmo uma substituição da "vontade de poder" como princípio pela "luta pelo poder": "uma luta, supondo que se compreende de maneira ampla e profunda essa expressão, a ponto de poder compreender mesmo a relação do dominante com o dominado ainda como uma luta, e a relação do que obedece com o que impera como um resistir" (40 [55]). O mesmo é dito uma vez mais em uma linguagem mais "física" e positivista: "Luta dos átomos (...). O átomo luta pelo seu estado, mas outros átomos o atacam, para ampliar sua força. Os dois processos: o processo da dissolução e o processo do adensamento precisam ser concebidos como *efeitos* da vontade de poder" (43 [2]).

Para minar essa intuição, a perspectiva do interior precisa ser ampliada, sua validade universal e objetiva postulada, ou seja, a operação metafísica precisa ser completada: "A questão é (...):

se nós reconhecemos ou não a vontade efetivamente como atuante? Se o fizermos, então ela só pode efetuar algo que é de seu tipo: e não produzir um efeito na 'matéria-prima': ou bem se precisa conceber todo efeito como ilusão (...) e, então, nada é concebível: ou se precisa tentar imaginar todos os efeitos como de um mesmo tipo, como atos de vontade, ou seja, levantar a hipótese de saber se todo acontecimento mecânico, na medida em que há força aí, não seria justamente força de vontade" (40 [37]).

Pode-se consequentemente resumir: espírito, sentimentos e sensações em nós encontram-se a serviço de nossas avaliações. Essas, porém, revelam algo sobre as nossas condições de vida, em sua maior parte sobre as condições, que tornam a vida em geral possível (40 [69]). Essas condições existenciais, por sua vez, podem ser reconduzidas à vontade de poder. Essa formulação não é inequívoca, e, de fato, Nietzsche também acrescenta: "A vontade de poder é o *factum* derradeiro, ao qual nós nos encontramos subsumidos" (40 [61]). Mas para demonstrar que a vontade de poder não é *nenhum factum* já é suficiente tudo aquilo que dissemos e citamos até aqui. O preconceito positivista não morre tão fácil. E mesmo quando Nietzsche se eleva ao nível de abstrações metafísicas, ele acredita poder manter nas mãos ainda "fatos". Nietzsche é mais hábil na defesa em relação a um outro ataque, que poderia ser dirigido contra a vontade de poder – caso se quisesse compreendê-la de maneira substancial, quase como oposição ao elemento ilusório do mundo, do qual a investigação partira: "Aparência, tal como eu a compreendo, é a realidade efetiva e única das coisas (...). Um nome determinado para essa realidade seria 'a vontade de poder', a saber, designada de dentro e não a partir de sua natureza intangível e fluida de Proteu" (40 [53]).

Giorgio Colli

www.forenseuniversitaria.com.br
bilacpinto@grupogen.com.br

Pré-impressão, impressão e acabamento

grafica@editorasantuario.com.br
www.editorasantuario.com.br

Aparecida-SP